회계사 · 세무사  !을 위한

해커스 경영아카데미
합격 시스템

해커스 경영아카데미 인강

취약 부분 즉시 해결!
**교수님께 질문하기
게시판 운영**

무제한 수강 가능+
**PC 및 모바일
다운로드 무료**

온라인 메모장+
**필수 학습자료
제공**

* 인강 시스템 중 무제한 수강, PC 및 모바일 다운로드 무료 혜택은 일부 종합반/패스/환급반 상품에 한함

해커스 경영아카데미 학원

쾌적한 환경에서 학습 가능!
**개인 좌석 독서실
제공**

철저한 관리 시스템
**미니 퀴즈+출석체크
진행**

복습인강 무제한 수강+
**PC 및 모바일
다운로드 무료**

* 학원 시스템은 모집 시기별로 변경 가능성 있음

회계사 · 세무사 · 경영지도사 단번에 합격! **해커스 경영아카데미** cpa.Hackers.com

해커스
IFRS
김승철
중급회계 상

해커스 경영아카데미

▌이 책의 저자

김승철

학력
연세대학교 경영학과 졸업

경력
현 | 해커스 경영아카데미 교수
　　상장사협의회, 국세청 강사
　　진회계법인 근무

전 | 아이파 경영아카데미 세무사 재무회계 전임강사
　　한국경제, 롯데그룹, 포스코, LG 등 강사
　　삼일회계법인 근무
　　안진회계법인 IFRS 본부(교육, 집필 등)

자격증
한국공인회계사, 세무사

저서
해커스 IFRS 김승철 중급회계 상/하
해커스 IFRS 김승철 객관식 재무회계
IFRS 회계원리
IFRS 중급회계

김승철 선생님과 직접 소통할 수 있습니다.
✉ kscyk@hanmail.net 🐾 cafe.naver.com/ksccpa

머리말

본서는 공인회계사·세무사 시험을 준비하는 수험생들이 방대하고 어려운 재무회계를 체계적으로 학습할 수 있도록 역점을 두어 집필된 교재입니다.

본서의 주요 특징은 다음과 같습니다.

첫째, 공인회계사, 세무사 시험의 출제범위와 수준을 철저히 분석하여 공인회계사·세무사 회계학 시험에 최적화된 내용으로 구성하였습니다.

둘째, 각 주제별 기본이론을 일관된 논리와 풀이과정으로 설명함으로써 국제회계기준에 대한 이해도를 높이고 실전에서 계산문제 풀이에 대한 응용력을 높일 수 있도록 하였습니다.

셋째, 2024년부터 시행되는 국제회계기준 제·개정 사항들을 모두 반영하였습니다. 그리고 이에 따라 변경되는 다른 기준서 내용들도 모두 새로운 기준서에 입각하여 기술하였습니다.

넷째, 최근의 공인회계사, 세무사 시험의 주요 기출문제들을 최대한 많이 수록하여 변화하는 출제경향에 효율적으로 대비할 수 있도록 하였습니다.

힘든 수험의 길을 가고 있는 수험생 분들께 많은 도움을 드리기 위해 할 수 있는 모든 노력을 다하여 집필하였습니다. 이 책이 여러분들을 합격의 길로 이끌어드릴 수 있는 훌륭한 길잡이가 될 것임을 자신있게 말씀드립니다.

이 책이 출간되기까지 많은 분들의 도움을 받았습니다. 이 책의 출간에 물심양면으로 힘써 주신 유동균 원장님과 해커스 경영아카데미 관계자 여러분, 그리고 편집자 분께 많은 감사드립니다. 그리고 무엇보다 이 책으로 학습하시는 모든 수험생 분들이 만족할 만한 결과를 얻고 합격할 수 있기를 진심으로 기원합니다.

김승철

목차

해커스 IFRS 김승철 중급회계 상

회계사 · 세무사 · 경영지도사 단번에 합격! 해커스 경영아카데미
cpa.Hackers.com

제1장

재무보고를 위한 개념체계

제1절 | 개념체계의 의의

01 개념체계의 목적과 위상

(1) 개념체계의 목적

'재무보고를 위한 개념체계'(이하 '개념체계')는 일반목적재무보고의 목적과 개념을 서술한다. 개념체계의 목적은 다음과 같다.

> ① **회계기준위원회**: 한국회계기준위원회가 일관된 개념에 기반하여 한국채택국제회계기준을 제 · 개정하는 데 도움을 준다.
> ② **재무제표 작성자**: 특정 거래나 다른 사건에 적용할 회계기준이 없거나 회계기준에서 회계정책 선택이 허용되는 경우에 재무제표 작성자가 일관된 회계정책을 개발하는 데 도움을 준다.
> ③ **재무제표 이용자**: 모든 이해관계자가 회계기준을 이해하고 해석하는 데 도움을 준다.

(2) 개념체계와 한국채택국제회계기준의 관계

① 개념체계는 회계기준이 아니다. 따라서 이 개념체계의 어떠한 내용도 회계기준이나 회계기준의 요구사항에 우선하지 아니한다.

> **승철쌤's comment 개념체계의 위상**
>
> ① 개념체계는 회계기준(IFRS)이 아니라 지침이나 가이드일 뿐이다.
> ② 따라서 회계기준에 관련 규정이 있는 경우에는 회계기준을 우선 적용하고, 회계기준에 관련 규정이 없는 경우에만 개념체계를 참고하여 재무제표를 작성하는 것이다.

② 일반목적재무보고의 목적을 달성하기 위해 회계기준위원회는 개념체계의 관점에서 벗어난 요구사항을 (회계기준에) 정하는 경우가 있을 수 있다. 만약, 회계기준위원회가 그러한 사항을 정한다면, 해당 기준서의 결론도출 근거에 그러한 일탈에 대해 설명할 것이다.

③ 개념체계는 회계기준위원회가 관련 업무를 통해 축적한 경험을 토대로 수시로 개정될 수 있다. 개념체계가 개정되었다고 자동으로 회계기준이 개정되는 것은 아니다.

02 일반목적재무보고

(1) 개요

① 재무보고(financial reporting)는 기업의 주주와 채권자 등 다양한 외부 이해관계자들의 경제적 의사결정에 도움을 주기 위해 경영자가 기업실체의 재무상태, 경영성과 등에 대한 재무정보를 제공하는 것을 말한다.

② 그러나 외부 이해관계자들이 요구하는 정보는 매우 다양하지만 그들이 원하는 정보를 모두 제공하는 것은 현실적으로 불가능하다. 따라서 기업은 외부 정보이용자들이 공통적으로 요구하는 정보를 산출하여 제공하는데 이를 일반목적재무보고라 하며, 일반목적재무보고의 수단으로 제공되는 재무제표를 일반목적재무제표라고 한다.

> **승철쌤's comment 일반목적의 의미**
>
> 일반목적(general purpose): 정보이용자들이 요구하는 정보를 (모두 제공하는 게 아니라) 재무제표를 통해 공통적으로 제공한다는 의미이다.

③ 그리고 일반목적재무제표의 작성을 위해 필요한 회계기준을 일반적으로 인정된 회계원칙이라고 하는데, 현재 우리나라의 일반적으로 인정된 회계원칙은 상장기업과 금융기관이 적용하는 한국채택국제회계기준과 그 이외의 기업들이 적용하는 일반기업회계기준으로 이원화되어 있다.

(2) 일반목적재무보고의 목적

일반목적재무보고의 목적은 현재 및 잠재적 투자자, 대여자와 그 밖의 채권자가 기업에 자원을 제공하는 것과 관련된 의사결정을 할 때 유용한 보고기업 재무정보를 제공하는 것이다. 그 의사결정은 다음을 포함한다.

> ① 지분상품 및 채무상품의 매수, 매도 또는 보유
> ② 대여 및 기타 형태의 신용 제공 또는 결제
> ③ 기업의 경제적 자원 사용에 영향을 미치는 경영진의 행위에 대한 의결권 또는 영향을 미치는 권리 행사

현재 및 잠재적 투자자, 대여자와 그 밖의 채권자의 의사결정은 그들이 기대하는 수익, 예를 들어, 배당, 원금 및 이자의 지급 또는 시장가격의 상승에 의존한다. 투자자, 대여자와 그 밖의 채권자의 수익에 대한 기대는 기업에 유입될 미래 순현금유입의 금액, 시기 및 불확실성(전망) 및 기업의 경제적 자원에 대한 경영진의 수탁책임에 대한 그들의 평가에 달려 있다. 현재 및 잠재적 투자자, 대여자와 그 밖의 채권자는 그러한 평가에 도움을 주는 정보를 필요로 한다.

(3) 일반목적재무보고의 보고대상

① 많은 현재 및 잠재적 투자자, 대여자 및 그 밖의 채권자는 정보를 제공하도록 보고기업에 직접 요구할 수 없고, 그들이 필요로 하는 재무정보의 많은 부분을 일반목적재무보고서에 의존해야만 한다. 따라서 그들이 일반목적재무보고서의 대상이 되는 주요이용자이다.

② 한편, 보고기업의 경영진도 해당 기업에 대한 재무정보에 관심이 있다. 그러나 경영진은 필요로 하는 재무정보를 내부에서 직접 구할 수 있기 때문에 일반목적재무보고서에 의존할 필요가 없다. 또한 그 밖의 당사자들(예 규제기관, 일반대중)도 일반목적재무보고서가 유용하다고 여길 수 있다. 그렇더라도 일반목적재무보고서는 이러한 그 밖의 집단을 주요 대상으로 한 것이 아니다.

(4) 일반목적재무보고의 한계

정보이용자의 정보욕구는 매우 다양하고 때로는 상충되기도 한다. 이에 따라 일반목적재무보고는 정보이용자에게 재무정보를 제공함에 있어 다음과 같은 한계점이 있을 수 있다.

---

① 일반목적재무보고서는 현재 및 잠재적 투자자, 대여자와 그 밖의 채권자가 필요로 하는 모든 정보를 제공하지는 않으며 제공할 수도 없다. 따라서 일반목적재무보고서의 이용자들은, 예를 들어, 일반 경제적 상황 및 기대, 정치적 사건과 정치 풍토, 산업 및 기업 전망과 같은 다른 원천에서 입수한 관련 정보를 함께 고려할 필요가 있다.

② 일반목적재무보고서는 보고기업의 가치를 보여주기 위해 고안된 것이 아니다. 그러나 그것은 현재 및 잠재적 투자자, 대여자와 그 밖의 채권자가 보고기업의 가치를 추정하는 데 도움이 되는 정보를 제공한다.

③ 각 주요이용자의 정보수요 및 욕구는 다르고 상충되기도 한다. 회계기준위원회는 회계기준을 제정할 때 최대 다수의 주요이용자 수요를 충족하는 정보를 제공하기 위해 노력할 것이다. 그러나 공통된 정보수요에 초점을 맞춘다고 해서 보고기업으로 하여금 주요이용자의 특정 일부집단에게 가장 유용한 추가 정보를 포함하지 못하게 하는 것은 아니다.

④ 재무보고서는 정확한 서술보다는 상당 부분 추정, 판단 및 모형에 근거한다. 개념체계는 그 추정, 판단 및 모형의 기초가 되는 개념을 정한다. 이 개념은 회계기준위원회와 재무보고서의 작성자가 노력을 기울이는 목표이다. 대부분의 목표가 그러하듯 이상적 재무보고에 대한 개념체계의 비전은 적어도 단기간 내에 완전히 달성될 가능성은 낮다. 거래와 그 밖의 사건을 분석하는 새로운 방식을 이해하고, 수용하며, 실행하는 데 시간이 걸릴 것이기 때문이다. 그러나 재무보고가 그 유용성을 개선하기 위해 발전해야 한다면 지향할 목표를 수립해야 하는 것은 필수적이다.

---

03 일반목적재무보고가 제공하는 정보

일반목적재무보고서는 다음과 같은 정보를 제공한다.

> ① 보고기업의 재무상태에 관한 정보, 즉 기업의 경제적 자원 및 보고기업에 대한 청구권에 관한 정보를 제공한다. 이때 기업의 경제적 자원은 자산을 의미하고, 보고기업에 대한 청구권은 부채와 자본을 의미한다.
> ② 재무보고서는 보고기업의 경제적 자원과 청구권을 변동시키는 거래와 그 밖의 사건의 영향에 대한 정보도 제공한다.

상기 두 유형의 정보는 기업에 대한 자원 제공 관련 의사결정에 유용한 투입요소를 제공한다.

(1) 경제적 자원 및 청구권

보고기업의 경제적 자원 및 청구권의 성격 및 금액에 대한 정보는 다음과 같이 이용자들이 보고기업의 재무적 강점과 약점을 식별하는 데 도움을 줄 수 있다.

> ① 이용자들이 보고기업의 유동성과 지급능력, 추가적인 자금조달의 필요성 및 그 자금조달이 얼마나 성공적일지를 평가하는 데 도움을 줄 수 있다.
> ② 이용자들이 기업의 경제적 자원에 대한 경영진의 수탁책임을 평가하는 데에도 도움이 될 수 있다.
> ③ 현재 청구권에 대한 우선순위와 지급 요구사항에 대한 정보는 이용자들이 기업에 대한 청구권이 있는 자들에게 미래현금흐름이 어떻게 분배될 것인지를 예측하는 데 도움이 된다.

(2) 경제적 자원 및 청구권의 변동

보고기업의 경제적 자원 및 청구권의 변동은 그 기업의 재무성과, 그리고 채무상품이나 지분상품의 발행과 같은 그 밖의 사건이나 거래에서 발생한다. 보고기업의 미래 순현금유입액에 대한 전망과 기업의 경제적 자원에 대한 경영진의 수탁책임을 올바르게 평가하기 위하여 정보이용자는 이 두 가지 변동을 구별할 수 있는 능력이 필요하다.

> ① 보고기업의 재무성과에 대한 정보는 그 기업의 경제적 자원에서 해당 기업이 창출한 수익을 이용자들이 이해하는 데 도움을 준다.
> ② 기업이 창출한 수익에 대한 정보는 이용자들이 기업의 경제적 자원에 대한 경영진의 수탁책임을 평가하는 데 도움을 줄 수 있다. 특히 미래현금흐름의 불확실성을 평가하는 데 있어서는 그 수익의 변동성 및 구성요소에 대한 정보도 역시 중요하다.
> ③ 보고기업의 과거 재무성과와 그 경영진이 수탁책임을 어떻게 이행했는지에 대한 정보는 기업의 경제적 자원에서 발생하는 미래 수익을 예측하는 데 일반적으로 도움이 된다.

(3) 발생기준 회계가 반영된 재무성과

발생기준 회계는 거래와 그 밖의 사건 및 상황이 보고기업의 경제적 자원 및 청구권에 미치는 영향을, 비록 그 결과로 발생하는 현금의 수취와 지급이 다른 기간에 이루어지더라도, 그 영향이 발생한 기간에 보여준다. 이것이 중요한 이유는 보고기업의 경제적 자원과 청구권 그리고 기간 중 변동에 관한 정보는 그 기간의 현금 수취와 지급만의 정보보다 기업의 과거 및 미래 성과를 평가하는 데 더 나은 근거를 제공하기 때문이다.

> ① 한 기간의 보고기업의 재무성과에 투자자와 채권자에게서 직접 추가 자원을 획득한 것이 아닌 경제적 자원 및 청구권의 변동이 반영된 정보는 기업의 과거 및 미래 순현금유입 창출 능력을 평가하는 데 유용하다.
> ② 보고기업의 한 기간의 재무성과에 대한 정보는 이용자들이 기업의 경제적 자원에 대한 경영진의 수탁책임을 평가하는 데에도 도움을 줄 수 있다.
> ③ 한 기간의 보고기업의 재무성과에 대한 정보는 시장가격 또는 이자율의 변동과 같은 사건이 기업의 경제적 자원 및 청구권을 증가시키거나 감소시켜 기업의 순현금유입 창출 능력에 영향을 미친 정도도 보여줄 수 있다.

> ⊘참고 **기업의 경제적 자원 사용에 관한 정보**
>
> 보고기업의 경영진이 기업의 경제적 자원을 얼마나 효율적이고 효과적으로 사용하는 책임을 이행하고 있는지에 대한 정보는 이용자들이 해당 자원에 대한 경영자의 수탁책임을 평가할 수 있도록 도움을 준다. 그러한 정보는 미래에 얼마나 효율적이고 효과적으로 경영진이 기업의 경제적 자원을 사용할 것인지를 예측하는 데에도 유용하다. 따라서 그 정보는 미래 순현금유입에 대한 기업의 전망을 평가하는 데 유용할 수 있다.

(4) 과거 현금흐름이 반영된 재무성과

한 기간의 보고기업의 현금흐름에 대한 정보는 이용자들이 기업의 미래 순현금유입 창출 능력을 평가하고 기업의 경제적 자원에 대한 경영진의 수탁책임을 평가하는 데에도 도움이 된다.

> ① 채무의 차입과 상환, 현금배당 등 투자자에 대한 현금 분배 그리고 기업의 유동성이나 지급능력에 영향을 미치는 그 밖의 요인에 대한 정보를 포함하여, 보고기업이 어떻게 현금을 획득하고 사용하는지 보여준다.
> ② 현금흐름에 대한 정보는 이용자들이 보고기업의 영업을 이해하고, 재무활동과 투자활동을 평가하며, 유동성이나 지급능력을 평가하고, 재무성과에 대한 그 밖의 정보를 해석하는 데 도움이 된다.

[표 1-1] 재무정보의 질적특성

구분	구성요소	포괄적인 제약요인
근본적 질적특성	① 목적적합성(예측가치, 확인가치, 중요성) ② 표현충실성(완전성, 중립성, 오류 없음)	효익 > 원가
보강적 질적특성	비교가능성, 검증가능성, 적시성, 이해가능성	

① 유용한 재무정보의 질적특성은 재무보고서에 포함된 정보(재무정보)에 근거하여 보고기업에 대한 의사결정을 할 때 현재 및 잠재적 투자자, 대여자와 그 밖의 채권자에게 가장 유용할 정보의 유형을 식별하는 것이다. 유용한 재무정보의 질적특성은 재무제표에서 제공되는 재무정보에도 적용되며, 그 밖의 방법으로 제공되는 재무정보에도 적용된다.

② 재무정보의 질적특성에는 근본적 질적특성과 보강적 질적특성이 있다. 즉, 재무정보가 유용하기 위해서는 목적적합해야 하고 나타내고자 하는 바를 충실하게 표현해야 한다(근본적 질적특성). 그리고 재무정보가 비교가능하고, 검증가능하며, 적시성 있고, 이해가능한 경우 그 재무정보의 유용성은 보강된다(보강적 질적특성).

01 근본적 질적특성

근본적 질적특성에는 목적적합성과 표현충실성이 있다.

1. 목적적합성

① 목적적합한 재무정보는 정보이용자의 의사결정에 차이가 나도록 할 수 있다. 즉, 의사결정에 차이가 난다는 것은 정보이용자가 어떤 재무정보를 이용함으로써 해당 정보가 없었을 때보다 더 나은 의사결정을 하는 데 도움을 준다는 의미이다. 그리고 정보는 일부 이용자들이 이를 이용하지 않기로 선택하거나 다른 원천을 통하여 이미 이를 알고 있다고 할지라도 의사결정에 차이가 나도록 할 수 있다.

② 재무정보에 예측가치, 확인가치 또는 이 둘 모두가 있다면 그 재무정보는 정보이용자의 의사결정에 차이가 나도록 할 수 있다.

(1) 예측가치

정보이용자들이 미래 결과를 예측하기 위해 사용하는 절차의 투입요소로 재무정보가 사용될 수 있다면, 그 재무정보는 예측가치를 갖는다. 다만, 재무정보가 예측가치를 갖기 위해서 재무정보 자체가 예측치 또는 예상치일 필요는 없다. 예측가치를 갖는 재무정보는 정보이용자 자신이 예측하는 데 사용된다. 즉, 재무제표에는 일반적으로 과거정보가 표시되지만, 그 과거정보도 적절하게 배열하고 구분하여 표시해 주면 정보이용자들이 그 기업의 미래를 예측하는 데 도움이 된다는 의미이다.

> ⊘ 참고   재무정보의 예측가치를 높이는 사례
> ① 포괄손익계산서에 수익이나 비용의 비경상적, 비정상적 그리고 비반복적인 항목을 구분표시하면 포괄손익계산서의 예측가치는 제고된다(예 영업손익과 영업외손익의 구분표시, 계속영업손익과 중단영업손익의 구분표시).
> ② 재무상태표에 매각예정으로 결정된 비유동자산(부채)을 매각예정비유동자산(부채)으로 구분표시하면 재무상태표의 예측가치는 제고된다.

(2) 확인가치

① 재무정보가 과거 평가에 대해 피드백을 제공한다면 확인가치를 갖는다. 이때 피드백이란 정보이용자들의 과거 평가를 확인하거나 변경시킨다는 것을 말한다. 즉, 피드백이란 정보이용자들이 어떤 재무정보를 보고 과거 자신의 의사결정이 올바른 의사결정이었다고 확인하거나, 잘못된 의사결정이어서 과거 의사결정을 변경해야 한다는 사실을 알게 해 주는 것을 말한다.

② 재무정보의 예측가치와 확인가치는 상호 연관되어 있다. 그리고 예측가치를 갖는 정보는 확인가치도 갖는 경우가 많다. 예를 들어, 미래 연도 수익의 예측 근거로 사용될 수 있는 당해 연도 수익 정보를 과거 연도에 행한 당해 연도 수익 예측치와 비교할 수 있다. 그 비교 결과는 이용자가 그 과거 예측에 사용한 절차를 수정하고 개선하는 데 도움을 줄 수 있다.

예측가치와 확인가치

① A기업의 당기 매출액 정보를 이용하여 정보이용자들이 A기업의 내년 매출액 규모를 예측할 수 있다.
  ⇨ A기업의 당기 매출액 정보는 예측가치가 있다.

② A기업의 당기 매출액 정보를 이용하여 정보이용자들이 작년에 예측한 A기업의 당기 매출액 예측치가 올바른 예측이었는지 여부를 확인할 수 있다. ⇨ A기업의 당기 매출액 정보는 확인가치도 있다.

③ A기업의 정보이용자는 작년에 예측한 A기업의 당기 매출액 추정치를 확인하여 차이를 수정한 후, 이를 반영하여 A기업의 내년 매출액 규모를 예측할 것이다. ⇨ 예측가치와 확인가치는 상호 연관되어 있다.

(3) 중요성

① 특정 보고기업에 대한 재무정보를 제공하는 일반목적재무보고서에 정보를 누락하거나 잘못 기재하거나 불분명하게 하여, 이를 기초로 내리는 주요이용자들의 의사결정에 영향을 줄 것으로 합리적으로 예상할 수 있다면 그 정보는 중요한 것이다.

② 이러한 중요성은 개별 기업 재무보고서 관점에서 해당 정보와 관련된 항목의 성격이나 규모 또는 이 둘 모두에 근거하여 해당 기업에 특유한 측면의 목적적합성을 의미한다. 따라서 회계기준위원회는 중요성에 대한 획일적인 계량 임계치를 정하거나 특정한 상황에서 무엇이 중요한 것인지를 미리 결정할 수 없다.

승철쌤's comment 상대적 중요성

① 중요성은 상대적인 개념이므로 기업마다 다르게 결정될 것이다.

② 따라서 회계기준위원회에서 회계기준(IFRS)을 제정할 때 얼마가 중요한지, 무엇이 중요한지를 회계기준에 미리 규정할 수 없는 것이다.

2. 표현충실성

① 재무보고서는 경제적 현상을 글과 숫자로 나타내는 것이다. 재무정보가 유용하기 위해서는 목적적 합한 현상을 표현하는 것뿐만 아니라 나타내고자 하는 현상의 실질을 충실하게 표현해야 한다. 많은 경우, 경제적 현상의 실질과 그 법적 형식은 같다. 만약 같지 않다면, 법적 형식에 따른 정보만 제공해서는 경제적 현상을 충실하게 표현할 수 없을 것이다.

② 완벽한 표현충실성을 위해서는 서술이 완전하고, 중립적이며, 오류가 없어야 할 것이다. 물론 완벽함은 이루기 매우 어렵다. 회계기준위원회의 목적은 가능한 한 이러한 특성을 극대화하는 것이다.

(1) 완전한 서술

① 완전한 서술은 필요한 기술과 설명을 포함하여 정보이용자가 서술되는 현상을 이해하는 데 필요한 모든 정보를 포함하는 것이다.

② 예를 들어, 자산 집합에 대한 완전한 서술은 적어도 집합 내 자산의 특성에 대한 기술과 집합 내 모든 자산의 수량적 서술, 그러한 수량적 서술이 표현하고 있는 기술 내용(예 역사적 원가 또는 공정가치)을 포함한다. 일부 항목의 경우 완전한 서술은 항목의 질과 성격, 그 항목의 질과 성격에 영향을 줄 수 있는 요인과 상황, 그리고 수량적 서술을 결정하는 데 사용된 절차에 대한 유의적인 사실에 대한 설명을 수반할 수도 있다.

(2) 중립적 서술

① 중립적 서술은 재무정보의 선택이나 표시에 편의가 없는 것이다. 중립적 서술은 정보이용자들이 재무정보를 유리하게 또는 불리하게 받아들일 가능성을 높이기 위해 편파적이 되거나, 편중되거나, 강조되거나, 경시되거나 그 밖의 방식으로 조작되지 않는다. 유의할 점은 중립적인 정보라고 하여 목적이 없거나 행동에 대한 영향력이 없는 정보를 의미하는 것은 아니라는 것이다. 오히려 목적적합한 재무정보는 정의상 정보이용자의 의사결정에 차이가 나도록 할 수 있는 정보이다.

② 중립성은 신중을 기함으로써 뒷받침된다. 신중성은 불확실한 상황에서 판단할 때 주의를 기울이는 것이다. 신중을 기한다는 것은 자산과 수익이 과대평가되지 않고 부채와 비용이 과소평가되지 않는 것을 의미한다. 마찬가지로, 신중을 기한다는 것은 자산이나 수익의 과소평가나 부채나 비용의 과대평가를 허용하지 않는다. 그러한 그릇된 평가는 미래 기간의 수익이나 비용의 과대평가나 과소평가로 이어질 수 있다.

> ⊘ 참고 **신중성과 비대칭의 필요성**
>
> ① 신중을 기하는 것이 비대칭의 필요성을 내포하는 것은 아니다. 이때 비대칭이란, 예를 들어, 자산이나 수익을 인식하기 위해서는 부채나 비용을 인식할 때보다 더욱 설득력 있는 증거가 뒷받침되어야 한다는 구조적인 필요성을 말한다.
>
> ② 그러한 비대칭은 유용한 재무정보의 질적특성이 아니다. 그럼에도 불구하고, 나타내고자 하는 바를 충실하게 표현하는 가장 목적적합한 정보를 선택하기 위한 결과가 비대칭성이라면, '특정 회계기준'에서 그러한 비대칭적인 요구사항을 포함할 수도 있다(예 재고자산의 저가법 평가, 충당부채와 우발자산의 인식 등).

(3) 오류 없는 서술

① 오류가 없다는 것은 현상의 기술에 오류나 누락이 없고, 보고 정보를 생산하는 데 사용되는 절차의 선택과 적용 시 절차상 오류가 없음을 의미한다. 이 맥락에서 오류가 없다는 것은 모든 면에서 완벽하게 정확하다는 것을 의미하지는 않는다.

② 예를 들어, 관측가능하지 않은 가격이나 가치의 추정치는 정확한 금액은 아니다. 그러나 추정치로서 금액을 명확하고 정확하게 기술하고, 추정 절차의 성격과 한계를 설명하며, 그 추정치를 도출하기 위해 적절한 절차를 선택하고 적용하는 데 오류가 없다면 그 추정치의 표현은 충실하다고 할 수 있다.

승철쌤's comment   오류의 의미

① 표현충실성에서 언급하는 오류는 재무정보 산출방법상의 오류와 산출한 재무정보를 재무제표에 기술하는 방법상의 오류를 말한다.
② 따라서 이 두 가지 측면의 오류만 없다면, 해당 재무정보는 (완벽하게 정확하지 않다 하더라도) 오류가 없다고 할 수 있는 것이다.

③ 재무보고서의 화폐금액을 직접 관측할 수 없어 추정해야만 하는 경우에는 측정불확실성이 발생한다. 합리적인 추정치의 사용은 재무정보의 작성에 필수적인 부분이며, 추정이 명확하고 정확하게 기술되고 설명되는 한 정보의 유용성을 저해하지 않는다. 측정불확실성이 높은 수준이더라도 그러한 추정이 무조건 유용한 재무정보를 제공하지 못하는 것은 아니다.

3. 근본적 질적특성의 적용

정보가 유용하기 위해서는 목적적합하고 충실하게 표현되어야 한다. 근본적 질적특성을 적용하기 위한 가장 효율적이고 효과적인 절차는 일반적으로 다음과 같다.

> ① 보고기업의 재무정보 이용자에게 유용할 수 있는 경제적 현상을 식별한다.
> ② 이용가능하고 충실히 표현될 수 있다면 가장 목적적합하게 될 정보의 유형을 식별한다.
> ③ 그 정보가 이용가능하고 충실하게 표현될 수 있는지 결정한다. 만약 그러하다면, 근본적 질적특성의 충족 절차는 그 시점에 끝난다. 만약 그렇지 않다면, 차선의 목적적합한 유형의 정보에 대해 그 절차를 반복한다.

⊘참고 근본적 질적특성 간 절충

> ① 경우에 따라 경제적 현상에 대한 유용한 정보를 제공한다는 재무보고의 목적을 달성하기 위해 근본적 질적특성 간 절충(trade-off)이 필요할 수도 있다. 예를 들어, 어떤 현상에 대한 가장 목적적합한 정보가 매우 불확실한 추정 치일 수 있다. 어떤 경우에는 추정치 산출에 포함된 측정불확실성의 수준이 너무 높아 그 추정치가 현상을 충분히 충실하게 표현할 수 있을지 의심스러울 수 있다. 그러한 경우에는 추정치에 대한 기술과 추정치에 영향을 미치는 불확실성에 대한 설명이 부연된다면 매우 불확실한 추정치도 가장 유용한 정보가 될 수 있다.
> ② 그러나 그러한 정보가 현상을 충분히 충실하게 표현할 수 없는 경우에 가장 유용한 정보는 다소 목적적합성이 떨어 지지만 측정불확실성이 더 낮은 다른 유형의 추정치일 수 있다. 일부 제한된 상황에서는 유용한 정보를 제공하는 추정치가 없을 수도 있다. 그러한 제한된 상황에서는 추정에 의존하지 않는 정보를 제공해야 할 수 있다.

02 보강적 질적특성

비교가능성, 검증가능성, 적시성 및 이해가능성은 목적적합하고 충실하게 표현된 정보의 유용성을 보강시키는 질적특성이다. 보강적 질적특성은 만일 어떤 두 가지 방법이 현상을 동일하게 목적적합하고 충실하게 표현하는 것이라면, 이 두 가지 방법 가운데 어느 방법을 현상의 서술에 사용해야 할지를 결정하는 데에도 도움을 줄 수 있다.

(1) 비교가능성

비교가능성은 정보이용자가 항목 간의 유사점과 차이점을 식별하고 이해할 수 있게 하는 질적특성이다. 다른 질적특성과 달리 비교가능성은 단 하나의 항목에 관련된 것이 아니다. 비교하려면 최소한 두 항목이 필요하다.

> ① 일관성은 한 보고기업 내에서 기간 간 또는 같은 기간 동안에 기업 간, 동일한 항목에 대해 동일한 방법을 적용하는 것을 말한다. 일관성은 비교가능성과 관련은 되어 있지만 동일하지는 않다. 비교가능성은 목표이고 일관성은 그 목표를 달성하는 데 도움을 준다.
> ② 비교가능성은 통일성이 아니다. 즉, 정보가 비교가능하기 위해서는 비슷한 것은 비슷하게 보여야 하고 다른 것은 다르게 보여야 한다. 재무정보의 비교가능성은 비슷한 것을 달리 보이게 하여 보강되지 않는 것처럼, 비슷하지 않은 것을 비슷하게 보이게 한다고 해서 보강되지 않는다.
> ③ 또한 단 하나의 경제적 현상을 충실하게 표현하는 데 여러 방법이 있을 수 있으나, 동일한 경제적 현상에 대해 대체적인 회계처리방법을 허용하면 비교가능성이 감소한다.

근본적 질적특성을 충족하면 어느 정도의 비교가능성은 달성될 수 있을 것이다. 즉, 목적적합한 경제적 현상에 대한 표현충실성은 다른 보고기업의 유사한 목적적합한 경제적 현상에 대한 표현충실성과 어느 정도의 비교가능성을 자연히 가져야 한다.

필수암기! **일관성**

① 일관성
  ㉠ 동일한 건 동일하게, 다른 건 다르게 회계처리하는 것
  ㉡ 일관성 있게 회계처리하면 정보의 비교가능성이 높아짐
  ㉢ 다만, 일관성과 비교가능성은 동일한 개념이 아님. 즉, 비교가능성이 목표이고, 일관성은 비교가능성을 달성하는 데 도움을 주는 수단임
② 통일성
  ㉠ 동일한 건 동일하게, 다른 것도 동일하게 회계처리하는 것
  ㉡ 통일성을 강조하면 정보의 비교가능성이 감소함
③ 대체적인 회계처리방법
  ㉠ 동일한 것도 다르게 회계처리하는 것
  ㉡ 대체적인 회계처리방법을 허용하면 정보의 비교가능성이 감소함

---

(2) 검증가능성

검증가능성은 정보가 나타내고자 하는 경제적 현상을 충실히 표현하는지를 정보이용자가 확인하는 데 도움을 준다.

① 검증가능성은 합리적인 판단력이 있고 독립적인 서로 다른 관찰자가 어떤 서술이 표현충실성이라는 데, 비록 반드시 완전히 의견이 일치하지는 않더라도, 합의에 이를 수 있다는 것을 의미한다.
② 계량화된 정보가 검증가능하기 위해서 단일의 점추정치이어야 할 필요는 없다. 가능한 금액의 범위 및 관련된 확률도 검증될 수 있다.
③ 검증은 직접 또는 간접으로 이루어질 수 있다. 직접 검증은 직접적인 관찰을 통하여 금액이나 내용을 검증하는 것을 말한다. 간접 검증은 모형, 공식에의 투입요소를 확인하고 같은 방법을 사용하여 그 결과를 재계산하는 것을 말한다. 예를 들어, 투입요소(수량과 매입단가)를 확인하고 동일한 원가흐름가정을 사용(예) 선입선출법 사용)하여 기말 재고자산을 재계산하여 재고자산의 장부금액을 검증하는 것이다.
④ 어느 미래 기간 전까지는 어떤 설명과 미래전망 재무정보를 검증하는 것이 전혀 가능하지 않을 수 있다. 이용자들이 그 정보의 이용 여부를 결정하는 데 도움을 주기 위해서는 일반적으로 기초가 된 가정, 정보의 작성 방법과 정보를 뒷받침하는 그 밖의 요인 및 상황을 공시하는 것이 필요하다.

(3) 적시성

적시성은 의사결정에 영향을 미칠 수 있도록 의사결정자가 **정보를 제때에 이용가능하게 하는 것을** 의미한다.

일반적으로 정보는 오래될수록 유용성이 낮아진다. 그러나 일부 정보는 보고기간 말 후에도 오랫동안 적시성이 있을 수 있다. 예를 들어, 일부 정보이용자는 추세를 식별하고 평가할 필요가 있을 수 있기 때문이다.

(4) 이해가능성

정보를 명확하고 간결하게 분류하고, 특징지으며 표시하면 이해가능하게 된다. 한편, 일부 현상은 본질적으로 복잡하여 이해하기 쉽지 않으며, 그러한 정보를 재무보고서에서 제외하면 그 재무보고서의 정보를 더 이해하기 쉽게 할 수 있다. 그러나 그러한 재무보고서는 불완전하기 때문에, 잠재적으로 정보이용자들의 의사결정을 오도할 수 있다.

승철쌤's comment   이해하기 어려운 재무정보

① 이해하기 어려운 재무정보를 재무제표에서 제외할 경우, 해당 재무제표는 정보이용자들의 의사결정에 필요한 정보를 완전히 포함하지 않을 수 있다(근본적 질적특성인 표현충실성 위배).
② 따라서 정보이용자들의 의사결정에 영향을 미칠 수 있는 정보는 이해하기 어렵다는 이유로 재무제표에서 제외하면 안 되며, 특별한 주의를 기울여서 이해가능성을 증진시켜 보고해야 한다.

재무보고서는 사업활동과 경제활동에 대해 합리적인 지식이 있고, 부지런히 정보를 검토하고 분석하는 정보이용자를 위해 작성된다. 때로는 박식하고 부지런한 정보이용자도 복잡한 재무정보를 이해하기 위해 자문가의 도움을 받는 것이 필요할 수 있다.

(5) 보강적 질적특성의 적용

① 보강적 질적특성은 가능한 한 극대화되어야 한다. 그러나 보강적 질적특성은 정보가 목적적합하지 않거나 충실하게 표현되지 않으면, 개별적으로든 집단적으로든 그 정보를 유용하게 할 수 없다.

② 보강적 질적특성을 적용하는 것은 어떤 규정된 순서를 따르지 않는 반복적인 과정이다. 때로는 하나의 보강적 질적특성이 다른 질적특성의 극대화를 위해 감소되어야 할 수도 있다.

> 예를 들어, 회계기준이 개정되었을 때 이를 (소급적용하지 않고) 전진적으로 적용하면 재무정보의 기간별 비교가능성은 일시적으로 감소할 것이다. 그러나 장기적으로 근본적 질적특성인 목적적합성이나 표현의 충실성을 향상시키기 위해서라면 이러한 비교가능성(보강적 질적특성)의 저하는 감수할 수도 있다. 이때 적절한 주석공시는 이러한 비교가능성의 미비를 부분적으로 보완할 수 있을 것이다.

03 유용한 재무보고에 대한 원가제약

원가는 재무보고로 제공될 수 있는 정보에 대한 포괄적 제약요인이다. 즉, 재무정보의 보고에는 원가가 소요되고, 해당 정보 보고의 효익이 그 원가를 정당화한다는 것이 중요하다. 고려해야 할 몇 가지 유형의 원가와 효익이 있다.

① 재무정보의 제공자는 재무정보의 수집, 처리, 검증 및 전파에 대부분의 노력을 기울인다. 그러나 이용자들은 궁극적으로 수익 감소의 형태로 그 원가를 부담한다. 재무정보의 이용자들에게도 제공된 정보를 분석하고 해석하는 데 원가가 발생한다. 필요한 정보가 제공되지 않으면, 그 정보를 다른 곳에서 얻거나 그것을 추정하기 위한 추가적인 원가가 이용자들에게 발생한다.

② 목적적합하고 나타내고자 하는 바가 충실하게 표현된 재무정보를 보고하는 것은 이용자들이 더 확신을 가지고 의사결정하는 데 도움이 된다. 이것은 자본시장이 더 효율적으로 기능하도록 하고, 경제 전반적으로 자본비용을 감소시킨다. 개별 투자자, 대여자와 그 밖의 채권자도 더 많은 정보에 근거한 의사결정을 함으로써 효익을 얻는다. 그러나 모든 이용자가 목적적합하다고 보는 모든 정보를 일반목적재무보고서에서 제공하는 것은 가능하지 않다.

③ 원가제약요인을 적용함에 있어서, 회계기준위원회는 특정 정보를 보고하는 효익이 그 정보를 제공하고 사용하는 데 발생한 원가를 정당화할 수 있을 것인지 평가한다. 제안된 회계기준을 제정하는 과정에 원가제약요인을 적용할 때, 회계기준위원회는 그 회계기준의 예상되는 효익과 원가의 성격 및 양에 대하여 재무정보의 제공자, 이용자, 외부감사인, 학계 등으로부터 정보를 구한다. 대부분의 상황에서 평가는 양적 그리고 질적 정보의 조합에 근거한다.

④ 본질적인 주관성 때문에, 재무정보의 특정 항목 보고의 원가 및 효익에 대한 평가는 개인마다 달라진다. 따라서 회계기준위원회는 단지 개별 보고기업과 관련된 것이 아닌, 재무보고 전반적으로 원가와 효익을 고려하려고 노력하고 있다. 그렇다고 원가와 효익의 평가가 모든 기업에 대하여 동일한 보고 요구사항을 정당화하는 것은 아니다. 기업 규모의 차이, 자본 조달 방법(공모 또는 사모)의 차이, 이용자 요구의 차이, 그 밖의 다른 요인 때문에 달리하는 것이 적절할 수 있다.

제3절 | 재무제표와 보고기업

01 재무제표

(1) 재무제표의 목적과 범위

재무제표의 목적은 보고기업에 유입될 미래 순현금흐름에 대한 전망과 보고기업의 경제적 자원에 대한 경영진의 수탁책임을 평가하는 데 유용한 보고기업의 자산, 부채, 자본, 수익 및 비용에 대한 재무정보를 재무제표 이용자들에게 제공하는 것이다. 이러한 정보는 다음을 통해 제공된다.

> ① 자산, 부채 및 자본이 인식된 재무상태표
> ② 수익과 비용이 인식된 재무성과표
> ③ 다음에 관한 정보가 표시되고 공시된 다른 재무제표와 주석
>   ㉠ 인식된 자산, 부채, 자본, 수익 및 비용(그 각각의 성격과 인식된 자산 및 부채에서 발생하는 위험에 대한 정보를 포함)
>   ㉡ 인식되지 않은 자산 및 부채(그 각각의 성격과 인식되지 않은 자산과 부채에서 발생하는 위험에 대한 정보를 포함)
>   ㉢ 현금흐름
>   ㉣ 자본청구권 보유자의 출자와 자본청구권 보유자에 대한 분배
>   ㉤ 표시되거나 공시된 금액을 추정하는 데 사용된 방법, 가정과 판단 및 그러한 방법, 가정과 판단의 변경

(2) 재무제표에 채택된 관점

재무제표는 기업의 현재 및 잠재적 투자자, 대여자와 그 밖의 채권자 중 특정 집단의 관점이 아닌 보고기업 전체의 관점에서 거래 및 그 밖의 사건에 대한 정보를 제공한다.

(3) 보고기간

재무제표는 특정 기간(보고기간)에 대하여 작성되며, 다음에 관한 정보를 제공한다.

> ① 보고기간 말 현재 또는 보고기간 중 존재했던 자산과 부채(미인식된 자산과 부채 포함) 및 자본
> ② 보고기간의 수익과 비용

재무제표 이용자들이 변화와 추세를 식별하고 평가하는 것을 돕기 위해, 재무제표는 최소한 직전연도에 대한 비교정보를 제공한다. 그리고 재무제표의 목적을 달성하기 위해 보고기간 후 발생한 거래 및 그 밖의 사건에 대한 정보를 제공할 필요가 있다면 재무제표에 그러한 정보를 포함한다.

다음 모두에 해당하는 경우에는 미래전망정보(미래에 발생할 수 있는 거래 및 사건에 대한 정보)를 재무제표에 포함한다.
① 그 정보가 보고기간 말 현재 또는 보고기간 중 존재했던 기업의 자산, 부채(미인식 자산이나 부채 포함)나 자본 또는 보고기간의 수익이나 비용과 관련된 경우
② 재무제표 이용자들에게 유용한 경우

예를 들어, 미래현금흐름을 추정하여 자산이나 부채를 측정한다면, 그러한 추정 미래현금흐름에 대한 정보는 재무제표 이용자들이 보고된 측정치를 이해하는 데 도움을 줄 수 있다. 그러나 일반적으로 재무제표는 다른 유형의 미래전망정보(예 보고기업에 대한 경영진의 기대와 전략에 대한 설명자료)를 제공하지는 않는다.

(4) 계속기업 가정

① 재무제표는 일반적으로 보고기업이 계속기업이며 예측가능한 미래에 영업을 계속할 것이라는 가정 하에 작성된다. 따라서 기업이 청산을 하거나 거래를 중단하려는 의도가 없으며, 그럴 필요도 없다고 가정한다.
② 그러나 만일 그러한 의도나 필요가 있다면, 재무제표는 계속기업과는 다른 기준에 따라 작성되어야 한다. 그러한 경우라면, 사용된 기준(예 청산기준)을 재무제표에 기술한다.

계속기업을 가정함으로써 다음과 같은 회계적 측정과 공시가 가능하게 된다.
① 자산과 부채를 역사적 원가로 측정하는 것이 가능하다. 왜냐하면 기업이 곧 청산될 것으로 가정한다면 역사적 원가보다 청산가치가 더 유용한 정보이기 때문이다.
② 유형자산과 무형자산에 대한 감가상각이 가능하게 된다. 만일 기업이 청산될 것으로 가정한다면 유형자산의 취득원가를 사용하는 기간 동안 비용으로 배분할 수 없을 것이다.
③ 자산과 부채를 유동항목과 비유동항목으로 구분하여 표시할 수 있다. 즉, 기업이 청산될 것으로 가정한다면 모든 자산과 부채가 곧 현금화되거나 결제될 것이므로 비유동항목의 개념을 적용할 수 없을 것이다.
④ 비용을 인식할 때 수익·비용 대응의 개념을 적용할 수 있다. 왜냐하면 기업이 곧 청산될 것으로 가정한다면 발생한 지출을 관련 수익이 발생할 때까지 이연할 수 없기 때문이다.

02 보고기업

(1) 보고기업의 정의

보고기업은 재무제표를 작성해야 하거나 작성하기로 선택한 기업이다. 보고기업은 단일의 실체이거나 어떤 실체의 일부일 수 있으며, 둘 이상의 실체로 구성될 수도 있다. 보고기업이 반드시 법적 실체일 필요는 없다.

(2) 보고기업별 재무제표

① 한 기업(지배기업)이 다른 기업(종속기업)을 지배하는 경우가 있다. 보고기업이 지배기업과 종속기업으로 구성된다면 그 보고기업의 재무제표를 연결재무제표라고 부른다. 보고기업이 지배기업 단독인 경우 그 보고기업의 재무제표를 비연결재무제표라고 부른다.

② 한편, 보고기업이 지배-종속관계로 모두 연결되어 있지는 않은 둘 이상 실체들로 구성된다면 그 보고기업의 재무제표를 결합재무제표라고 부른다.

> ⊘ 참고 비연결재무제표(별도재무제표)와 개별재무제표
>
> 한국채택국제회계기준에서는 종속기업이 있지만 보고기업이 지배기업 단독인 재무제표(비연결재무제표)를 별도재무제표라고 한다. 그리고 종속기업이 없는 단일기업의 재무제표를 개별재무제표라고 한다.

필수암기! 보고기업별 재무제표의 명칭

구분	보고기업의 구성
연결재무제표	보고기업이 지배기업과 종속기업으로 구성된 경우
비연결재무제표	종속기업은 있지만, 보고기업이 지배기업 단독인 경우
결합재무제표	보고기업이 지배종속관계가 없는 둘 이상의 실체로 구성된 경우

제4절 | 재무제표 요소

01 재무제표 구성요소

개념체계에서는 재무제표의 (구성)요소를 보고기업의 재무상태와 관련된 자산, 부채 및 자본과 보고기업의 재무성과와 관련된 수익 및 비용의 5가지로 식별하고 있다.

[표 1-2] 재무제표 요소

구분	요소	정의
재무상태표	자산	① 과거사건의 결과로 기업이 통제하는 현재의 경제적 자원 ② 경제적 자원: 경제적효익을 창출할 잠재력을 지닌 권리
	부채	① 과거사건의 결과로 기업의 경제적 자원을 이전해야 하는 현재의무 ② 현재의무: 기업이 회피할 수 있는 실제 능력이 없는 책무나 책임
	자본	기업의 자산에서 모든 부채를 차감한 후의 잔여지분
포괄손익계산서	수익	① 자본의 증가를 가져오는 자산의 증가나 부채의 감소 ② 단, 자본청구권 보유자의 출자와 관련된 것은 제외
	비용	① 자본의 감소를 가져오는 자산의 감소나 부채의 증가 ② 단, 자본청구권 보유자에 대한 분배와 관련된 것은 제외

02 자산

(1) 자산의 정의

자산은 과거사건의 결과로 기업이 통제하는 현재의 경제적 자원이다. 이때 경제적 자원은 경제적효익을 창출할 잠재력을 지닌 권리를 말한다.

(2) 권리의 존재

① 경제적효익을 창출할 잠재력을 지닌 권리는 다음을 포함하여 다양한 형태를 갖는다.

구분	사례
다른 당사자의 의무에 해당하는 권리	⊙ 현금을 수취할 권리(예 매출채권, 미수금) ⓒ 재화나 용역을 제공받을 권리(예 선급금, 선급비용) ⓒ 유리한 조건으로 다른 당사자와 경제적 자원을 교환할 권리(예 현재 유리한 조건으로 경제적 자원을 구매하는 선도계약 또는 경제적 자원을 구매하는 옵션) ⓔ 불확실한 특정 미래사건이 발생하면 다른 당사자가 경제적효익을 이전하기로 한 의무로 인해 효익을 얻을 권리
다른 당사자의 의무에 해당하지 않는 권리	⊙ 유형자산 또는 재고자산과 같은 물리적 대상에 대한 권리(예 물리적 대상을 사용할 권리 또는 리스제공자산의 잔존가치에서 효익을 얻을 권리) ⓒ 지적재산 사용권

② 많은 권리들은 계약, 법률 또는 이와 유사한 수단에 의해 성립된다. 예를 들어, 기업은 특정 물리적 대상을 보유하거나 리스함으로써 권리를 획득할 수 있고, 채무상품이나 지분상품을 소유하거나 등록된 특허권을 소유함으로써 권리를 획득할 수 있다.

③ 그러나 기업은 그 밖의 방법으로도 권리를 획득할 수 있다. 예를 들면 다음과 같다.

> ⊙ 공공의 영역(public domain)에 속하지 않는 노하우의 획득이나 창작
> ⓒ 실무 관행, 공개한 경영방침, 특정 성명(서)과 상충되는 방식으로 행동할 수 있는 실제 능력이 없기 때문에 발생하는 다른 당사자의 의무

④ 일부 재화나 용역(예 종업원이 제공한 용역)은 제공받는 즉시 소비된다. 이러한 재화나 용역으로 창출된 경제적효익을 얻을 권리는 기업이 재화나 용역을 소비하기 전까지 일시적으로 존재한다.

⑤ 기업의 모든 권리가 그 기업의 자산이 되는 것은 아니다. 권리가 기업의 자산이 되기 위해서는, 해당 권리가 다른 모든 당사자들이 이용가능한 경제적효익을 초과하는 경제적효익을 창출할 잠재력이 있고, 그 기업에 의해 통제되어야 한다. 예를 들어, 유의적인 원가를 들이지 않고 모든 당사자들이 이용가능한 권리를 보유하더라도 일반적으로 그것은 기업의 자산이 아니다. 그러한 권리의 예로는 토지 위의 도로에 대한 공공권리 또는 공공의 영역에 속하는 노하우와 같은 공공재에 접근할 수 있는 권리가 있다.

⑥ 기업은 기업 스스로부터 경제적효익을 획득하는 권리를 가질 수는 없다.

> ⑦ 따라서 기업이 발행한 후 재매입하여 보유하고 있는 채무상품(예 자기사채)이나 지분상품(예 자기주식)은 기업의 경제적 자원이 아니다.
> ⑥ 만약 보고기업이 둘 이상의 법적 실체를 포함하는 경우, 그 법적 실체들 중 하나가 발행하고 다른 하나가 보유하고 있는 채무상품이나 지분상품은 그 보고기업의 경제적 자원이 아니다.

⑦ 원칙적으로 기업의 권리 각각은 별도의 자산이다. 그러나 회계목적상, 관련되어 있는 여러 권리가 단일 자산인 단일 회계단위로 취급되는 경우가 많다.

> 예를 들어, 물리적 대상에 대한 법적 소유권은 다음을 포함한 여러 가지 권리를 부여해 줄 수 있다.
> ⑦ 대상을 사용할 권리
> ⑥ 대상에 대한 권리를 판매할 권리
> ⑥ 대상에 대한 권리를 담보로 제공할 권리
> ⑧ 위 ⑦~⑥에 열거되지 않은 그 밖의 권리

⑧ 많은 경우에 물리적 대상에 대한 법적 소유권에서 발생하는 권리의 집합은 단일 자산으로 회계처리한다. 개념적으로 경제적 자원은 물리적 대상이 아니라 권리의 집합이다. 그럼에도 불구하고, 권리의 집합을 물리적 대상으로 기술하는 것이 때로는 그 권리의 집합을 가장 간결하고 이해하기 쉬운 방식으로 충실하게 표현하는 방법이 된다.

⑨ 경우에 따라 권리의 존재 여부가 불확실할 수 있다. 예를 들어, 한 기업이 다른 당사자로부터 경제적 자원을 수취할 수 있는 권리가 있는지에 대해 서로 분쟁이 있을 수 있다. 그러한 존재 불확실성이 해결(예 법원의 판결)될 때까지 기업은 권리를 보유하는지 불확실하고, 결과적으로 자산이 존재하는지도 불확실하다.

(3) 경제적효익을 창출할 잠재력의 존재

① 경제적 자원은 경제적효익을 창출할 잠재력을 지닌 권리이다. 잠재력이 있기 위해 권리가 경제적효익을 창출할 것이라고 확신하거나 그 가능성이 높아야 하는 것은 아니다. 권리가 이미 존재하고, 적어도 하나의 상황에서 그 기업을 위해 다른 모든 당사자들에게 이용가능한 경제적효익을 초과하는 경제적효익을 창출할 수 있으면 된다.

② 경제적효익을 창출할 가능성이 낮더라도 권리가 경제적 자원의 정의를 충족할 수 있고, 따라서 자산이 될 수 있다. 그럼에도 불구하고, 그러한 낮은 가능성은 자산의 인식 여부와 측정방법을 포함하여, 자산과 관련하여 제공해야 할 정보와 그 정보를 제공하는 방법에 대한 결정에 영향을 미칠 수 있다.

> **⊘참고 경제적효익의 창출방법**
>
> 경제적 자원은 기업에게 예를 들어, 다음 중 하나 이상을 할 수 있는 자격이나 권한을 부여하여 경제적효익을 창출할 수 있다.
> ① 계약상 현금흐름 또는 다른 경제적 자원의 수취
> ② 다른 당사자와 유리한 조건으로 경제적 자원을 교환
> ③ **예를 들어, 다음과 같은 방식으로 현금유입의 창출 또는 현금유출의 회피**
>   ⊙ 경제적 자원을 재화의 생산이나 용역의 제공을 위해 개별적으로 또는 다른 경제적 자원과 함께 사용
>   ⓒ 경제적 자원을 다른 경제적 자원의 가치를 증가시키기 위해 사용
>   ⓒ 경제적 자원을 다른 당사자에게 리스 제공
> ④ 경제적 자원을 판매하여 현금 또는 다른 경제적 자원을 수취
> ⑤ 경제적 자원을 이전하여 부채를 상환

③ 경제적 자원의 가치가 미래경제적효익을 창출할 현재의 잠재력에서 도출되지만, 경제적 자원은 그 잠재력을 포함한 현재의 권리이며, 그 권리가 창출할 수 있는 미래경제적효익이 아니다.

> 예를 들어, 매입한 옵션은 미래의 어떤 시점에 옵션을 행사하여 경제적효익을 창출할 잠재력에서 그 가치가 도출된다. 그러나 경제적 자원은 현재의 권리이며, 그 권리는 미래의 어떤 시점에 옵션을 행사할 수 있다는 것이다. 경제적 자원은 옵션 행사 시 보유자가 받게 될 미래경제적효익이 아니다.

④ 한편, 지출의 발생과 자산의 취득은 밀접하게 관련되어 있으나 양자가 반드시 일치하는 것은 아니다.

> ⊙ 따라서 기업이 지출한 경우 이는 미래경제적효익을 추구하였다는 증거가 될 수는 있지만, 자산을 취득하였다는 확정적인 증거는 될 수 없다(**예** 비용으로 인식되는 지출).
> ⓒ 마찬가지로 관련된 지출이 없더라도 특정 항목이 자산의 정의를 충족하는 것을 배제하지는 않는다. 예를 들어, 자산은 정부가 기업에게 무상으로 부여한 권리 또는 기업이 다른 당사자로부터 증여받은 권리를 포함할 수 있다.

(4) 자원에 대한 통제

① 통제는 경제적 자원을 기업에 결부시킨다. 통제의 존재 여부를 평가하는 것은 기업이 회계처리할 경제적 자원을 식별하는 데 도움이 된다.

> 예를 들어, 기업은 부동산 전체의 소유권에서 발생하는 권리를 통제하지 않고, 부동산 지분에 비례하여 통제할 수 있다. 그러한 경우, 기업의 자산은 통제하고 있는 부동산의 지분이며, 통제하지 않는 부동산 전체의 소유권에서 발생하는 권리는 아니다.

② 기업은 경제적 자원의 사용을 지시하고 그로부터 유입될 수 있는 경제적효익을 얻을 수 있는 현재의 능력이 있다면, 그 경제적 자원을 통제하는 것이다. 통제에는 다른 당사자가 경제적 자원의 사용을 지시하고 이로부터 유입될 수 있는 경제적효익을 얻지 못하게 하는 현재의 능력이 포함된다. 따라서 일방의 당사자가 경제적 자원을 통제하면 다른 당사자는 그 자원을 통제하지 못한다.

③ 기업이 경제적 자원을 통제하기 위해서는 해당 자원의 미래경제적효익이 (다른 당사자가 아닌) 그 기업에게 직접 또는 간접으로 유입되어야 한다. 통제의 이러한 측면은 모든 상황에서 해당 자원이 경제적효익을 창출할 것이라고 보장할 수 있음을 의미하지는 않는다. 그 대신, 자원이 경제적효익을 창출한다면, 기업은 직접 또는 간접으로 그 경제적효익을 얻을 수 있음을 의미한다.

④ 경제적 자원의 통제는 일반적으로 법적 권리를 행사할 수 있는 능력에서 비롯된다. 그러나 통제는 경제적 자원의 사용을 지시하고 이로부터 유입될 수 있는 효익을 얻을 수 있는 현재의 능력이 기업에게만 있도록 할 수 있는 경우에도 발생할 수 있다.

> 예를 들어, 기업은 공공의 영역에 속하지 않는 노하우에 접근할 수 있고, 그 노하우를 지킬 수 있는 현재 능력이 있다면, 그 노하우가 등록된 특허에 의해 보호받지 못하더라도 노하우를 사용할 권리를 통제할 수 있다.

⑤ 경제적 자원에 의해 창출되는 경제적효익의 유의적인 변동에 노출된다는 것은 기업이 해당 자원을 통제한다는 것을 나타낼 수도 있다. 그러나 그것은 통제가 존재하는지에 대한 전반적인 평가에서 고려해야 할 하나의 요소일 뿐이다.

03 부채

(1) 부채의 정의

부채는 과거사건의 결과로 기업이 경제적 자원을 이전해야 하는 현재의무이다. 부채가 존재하기 위해서는 다음의 3가지 조건을 모두 충족하여야 한다.

① **현재의무**: 기업에게 의무가 있다.
② **미래 경제적 자원의 이전**: 의무는 경제적 자원을 이전하는 것이다.
③ **과거사건**: 의무는 과거사건의 결과로 존재하는 현재의무이다.

(2) 의무의 존재

① 부채의 첫 번째 조건은 기업에게 의무가 있다는 것이다. 의무란 기업이 회피할 수 있는 실제 능력이 없는 책무나 책임을 말한다. 의무는 항상 다른 당사자에게 이행해야 한다. 이때 다른 당사자는 사람이나 또 다른 기업, 사람들 또는 기업들의 집단, 사회 전반이 될 수 있다. 다만, 의무를 이행할 대상인 당사자의 신원을 알 필요는 없다.

② 한 당사자가 경제적 자원을 이전해야 하는 의무가 있는 경우, 다른 당사자는 그 경제적 자원을 수취할 권리가 있다. 그러나 한 당사자가 부채를 인식하고 이를 특정 금액으로 측정해야 한다는 요구사항이 다른 당사자가 자산을 인식하거나 동일한 금액으로 측정해야 한다는 것을 의미하지는 않는다.

③ 예를 들어, 한 당사자의 부채와 이에 상응하는 다른 당사자의 자산에 대해, 서로 다른 인식기준이나 측정 요구사항이 표현하고자 하는 것을 가장 충실히 표현하고 가장 목적적합한 정보를 선택하기 위한 결정이라면, 특정 회계기준은 그러한 서로 다른 기준이나 요구사항을 포함할 수 있다.

> **승철쌤's comment   자산과 부채에 대한 서로 다른 인식과 측정기준**
>
> ① 일반적으로 기업이 부채를 인식하면 거래상대방은 동일한 금액을 자산으로 인식한다. 예를 들어, 구매자인 기업이 매입채무를 인식하면, 판매자인 상대방은 동일한 금액을 매출채권으로 인식하는 경우이다.
> ② 그러나 국제회계기준에서 자산과 부채에 대해 서로 다른 인식과 측정기준을 요구하는 경우가 있기 때문에, 반드시 그런 것은 아니라는 것이다.
> ③ 예를 들어, 피고인 기업이 손해배상소송에서 패소하여 충당부채를 인식해야 하지만, 원고인 상대방은 우발자산에 해당되므로 관련 자산을 인식하지 않을 수 있다. 또 다른 예로, 기업이 사채를 발행하고 이를 상각후원가로 측정하여 회계처리하지만, 투자자인 상대방은 (상각후원가가 아닌) 공정가치 측정 범주로 분류하여 회계처리할 수도 있는 것이다.

④ 많은 의무가 계약, 법률 또는 이와 유사한 수단에 의해 성립되며, 당사자가 채무자에게 법적으로 집행할 수 있도록 한다(법적의무). 그러나 기업이 실무 관행, 공개한 경영방침, 특정 성명서와 상충되는 방식으로 행동할 실제 능력이 없는 경우, 기업의 그러한 실무 관행, 경영방침이나 성명서에서 의무가 발생할 수도 있다. 그러한 상황에서 발생하는 의무는 의제의무라고 불린다.

(3) 경제적 자원의 이전

① 부채의 두 번째 조건은 경제적 자원을 이전하는 것이 의무라는 것이다. 이 조건을 충족하기 위해, 의무에는 기업이 경제적 자원을 다른 당사자에게 이전하도록 요구받게 될 잠재력이 있어야 한다. 그러나 그러한 잠재력이 존재하기 위해서, 기업이 경제적 자원의 이전을 요구받을 것이 확실하거나 그 가능성이 높아야 하는 것은 아니다. 예를 들어 불확실한 특정 미래사건이 발생할 경우에만 이전이 요구될 수도 있다. 의무가 이미 존재하고, 적어도 하나의 상황에서 기업이 경제적 자원을 이전하도록 요구되기만 하면 된다.

② 경제적 자원을 이전할 가능성이 낮더라도 의무가 부채의 정의를 충족할 수 있다. 그럼에도 불구하고, 그러한 낮은 가능성은 부채의 인식 여부와 측정방법의 결정을 포함하여, 부채와 관련하여 제공해야 할 정보와 그 정보를 제공하는 방법에 대한 결정에 영향을 미칠 수 있다.

> **⊘ 참고 경제적 자원의 이전 의무**
>
> 경제적 자원을 이전해야 하는 의무는 다음의 예를 포함한다.
> ① 현금을 지급할 의무
> ② 재화를 인도하거나 용역을 제공할 의무
> ③ 불리한 조건으로 다른 당사자와 경제적 자원을 교환할 의무. 예를 들어, 이러한 의무는 현재 불리한 조건으로 경제적 자원을 판매하는 선도계약 또는 다른 당사자가 해당 기업으로부터 경제적 자원을 구입할 수 있는 옵션을 포함한다.
> ④ 불확실한 특정 미래사건이 발생할 경우 경제적 자원을 이전할 의무
> ⑤ 기업에게 경제적 자원을 이전하도록 요구하는 금융상품을 발행할 의무

③ 한편, 경제적 자원을 수취할 권리가 있는 당사자에게 그 경제적 자원을 이전해야 할 의무를 이행하는 대신에, 예를 들어 기업은 다음과 같이 결정하는 경우가 있다.

> ㉠ 의무를 면제받는 협상으로 의무를 이행
> ㉡ 의무를 제3자에게 이전
> ㉢ 새로운 거래를 체결하여 경제적 자원을 이전할 의무를 다른 의무로 대체
>
> 다만, 상기에 기술한 상황에서, 기업은 해당 의무를 이행, 이전 또는 대체할 때까지는 경제적 자원을 이전할 의무가 있다.

(4) 과거사건으로 생긴 현재의무

부채의 세 번째 조건은 의무가 과거사건의 결과로 존재하는 현재의무라는 것이다. 현재의무는 다음 모두에 해당하는 경우에만 과거사건의 결과로 존재한다.

> ① 기업이 이미 경제적효익을 얻었거나 조치를 취했고,
> ② 그 결과로 기업이 이전하지 않아도 되었을 경제적 자원을 이전해야 하거나 이전하게 될 수 있는 경우

현재의무의 첫 번째 요건 중 기업이 얻은 경제적효익의 예에는 재화나 용역이 포함될 수 있다. 기업이 취한 조치의 예에는 특정 사업을 운영하거나 특정 시장에서 영업하는 것이 포함될 수 있다. 기업이 시간이 경과하면서 경제적효익을 얻거나 조치를 취하는 경우, 현재의무는 그 기간 동안 누적될 수 있다.

> ⊙ 참고 현재의무의 발생: 법적의무와 의제의무
>
> ① 새로운 법률이 제정되는 경우에는, 그 법률의 적용으로 경제적효익을 얻게 되거나 조치를 취한 결과로, 기업이 이전하지 않아도 되었을 경제적 자원을 이전해야 하거나 이전하게 될 수도 있는 경우에만 현재의무가 발생한다. 법률 제정 그 자체만으로는 기업에 현재의무를 부여하기에 충분하지 않다.
> ② 이와 유사하게, 기업의 실무 관행, 공개된 경영방침 또는 특정 성명서(의제의무)는, 그에 따라 경제적효익을 얻거나 조치를 위한 결과로, 기업이 이전하지 않아도 되었을 경제적 자원을 이전해야 하거나 이전하게 될 수도 있는 경우에만 현재의무를 발생시킨다.

미래의 특정 시점까지 경제적 자원의 이전이 집행될 수 없더라도 현재의무는 존재할 수 있다. 예를 들어, 계약에서 미래의 특정 시점까지는 지급을 요구하지 않더라도, 현금을 지급해야 하는 계약상 부채가 현재 존재할 수 있다. 이와 유사하게, 거래상대방이 미래의 특정 시점까지는 업무를 수행하도록 요구할 수 없더라도, 기업에게는 미래의 특정 시점에 업무를 수행해야 하는 계약상 의무가 현재 존재할 수 있다.

04 자산과 부채의 회계단위

(1) 개요

① 회계단위는 인식기준과 측정개념이 적용되는 권리나 권리의 집합, 의무나 의무의 집합 또는 권리와 의무의 집합을 말한다.

② 인식기준과 측정개념이 자산이나 부채 그리고 관련 수익과 비용에 어떻게 적용될 것인지를 고려하여, 그 자산이나 부채에 대해 회계단위를 선택한다. 어떤 경우에는 인식을 위한 회계단위와 측정을 위한 회계단위를 서로 다르게 선택하는 것이 적절할 수 있다. 예를 들어, 계약은 개별적으로 인식될 수 있지만 계약포트폴리오의 일부로 측정될 수도 있다. 표시와 공시를 위해 자산, 부채, 수익 및 비용은 통합하거나 구성요소로 분리하여야 할 수 있다.

> ⊘참고 **회계단위에 대한 원가제약**
>
> ① 원가가 다른 재무보고 결정을 제약하는 것처럼, 회계단위 선택도 제약한다. 따라서 회계단위를 선택할 때에는, 그 회계단위의 선택으로 인해 재무제표 이용자들에게 제공되는 정보의 효익이 그 정보를 제공하고 사용하는데 발생한 원가를 정당화할 수 있는지를 고려하는 것이 중요하다.
> ② 일반적으로 자산, 부채, 수익과 비용의 인식 및 측정에 관련된 원가는 회계단위의 크기가 작아짐에 따라 증가한다. 따라서 일반적으로 동일한 원천에서 발생하는 권리 또는 의무는 정보가 더 유용하고 그 효익이 원가를 초과하는 경우에만 분리한다.

③ 권리와 의무 모두 동일한 원천에서 발생하는 경우가 있다. 예를 들어, 일부 계약은 각 당사자의 권리와 의무 모두를 성립시킨다. 그러한 권리와 의무가 상호의존적이고 분리될 수 없다면, 이는 단일한 불가분의 자산이나 부채를 구성하며, 단일의 회계단위를 형성한다. 미이행계약이 그 예이다.

④ 다만, 유의할 점은 단일 회계단위로 권리와 의무의 집합을 처리하는 것은 자산과 부채를 상계하는 것과 다르다는 것이다. 반대로, 권리가 의무와 분리될 수 있는 경우, 권리와 의무를 별도로 분리하여 하나 이상의 자산과 부채를 별도로 식별하는 것이 적절할 수 있다. 다른 경우에는 분리가능한 권리와 의무를 단일 회계단위로 묶어 단일의 자산이나 부채로 취급하는 것이 더 적절할 수 있다.

> ⊘참고 **권리와 의무의 집합을 단일 회계단위로 처리: 확정매입계약 사례**
>
> ① 기업이 토지를 3개월 후에 ₩100에 매입하기로 하는 확정계약을 체결한 경우, 기업은 토지를 받을 권리와 매입대금을 지급할 의무를 부담하게 되며 이는 상호의존적이므로 분리될 수 없다.
> ② 이때 토지의 공정가치가 ₩80으로 하락하여 ₩20(= 100 - 80)의 손실이 예상되는 경우, 기업은 토지인수권리 ₩80과 대금지급의무 ₩100을 각각 자산과 부채로 인식하는 것이 아니라, 예상되는 손실 ₩20만을 부채(충당부채)로 인식한다. 다만, 이렇게 토지인수권리와 대금지급의무를 묶어서 하나의 회계단위로 회계처리하는 것이 자산과 부채를 상계하는 것은 아니다.

(2) 미이행계약

① 미이행계약은 계약당사자 모두가 자신의 의무를 전혀 수행하지 않았거나 계약당사자 모두가 동일한 정도로 자신의 의무를 부분적으로 수행한 계약이나 그 계약의 일부를 말한다.

② 미이행계약은 경제적 자원을 교환할 권리와 의무가 결합되어 성립된다. 그러한 권리와 의무는 상호 의존적이어서 분리될 수 없다. 따라서 결합된 권리와 의무는 단일 자산 또는 단일 부채를 구성한다. 교환 조건이 현재 유리할 경우, 기업은 자산을 보유한다. 교환 조건이 현재 불리한 경우에는 부채를 보유한다. 다만, 그러한 자산이나 부채가 재무제표에 포함되는지 여부는 그 자산 또는 부채에 대해 적용되는 인식기준과 측정기준 및 손실부담계약인지에 따라 달라진다.

> ⊘참고 **미이행계약: 확정매입계약 사례**
>
> 기업이 토지를 3개월 후에 ₩100에 매입하기로 하는 확정계약을 체결한 경우, 동 확정매입계약은 현재 미이행계약 이다. 기업은 토지를 받을 권리와 매입대금을 지급할 의무를 부담하게 되며 이는 상호의존적이므로 분리될 수 없다.
> ① 만일 토지의 공정가치가 ₩110으로 상승하면 기업은 ₩10(= 110 - 100)만큼 이득이므로 자산을 보유하게 되 며, 토지의 공정가치가 ₩80으로 하락하면 ₩20(= 100 - 80)만큼 손실이므로 부채를 보유하게 된다.
> ② 다만, 토지의 공정가치가 ₩80으로 하락하면 ₩20을 부채(충당부채)로 인식하지만, 토지의 공정가치가 ₩110으 로 상승할 경우에는 우발자산에 해당하므로 자산을 인식하지 않는다.

③ 당사자 일방이 계약상 의무를 이행하면 그 계약은 더 이상 미이행계약이 아니다.

> ㉠ 기업이 먼저 의무를 이행한다면, 그렇게 수행하는 것은 기업의 경제적 자원을 교환할 권리와 의무를 경제 적 자원을 수취할 권리로 변경하는 사건이 된다. 그 권리는 자산이다.
> ㉡ 다른 당사자가 먼저 의무를 이행한다면, 그렇게 수행하는 것은 기업의 경제적 자원을 교환할 권리와 의무 를 경제적 자원을 이전할 의무로 변경하는 사건이 된다. 그 의무는 부채이다.

> ⊘참고 **미이행계약의 이행: 확정매입계약 사례**
>
> 기업이 토지를 3개월 후에 ₩100에 매입하기로 하는 확정계약을 체결한 경우, 동 확정매입계약은 현재 미이행계약 이다. 기업은 토지를 받을 권리와 매입대금을 지급할 의무를 부담하게 되며 이는 상호의존적이므로 분리될 수 없다.
> ① 만일 기업이 먼저 매입대금 ₩100을 지급한 경우, 기업은 매입대금을 지급할 의무가 소멸된다. 따라서 지급한 금액 ₩100을 선급금(자산)으로 인식한다.
> ② 만일 거래상대방이 먼저 토지를 기업에게 인도한 경우, 기업은 토지를 인도받을 권리가 소멸된다. 따라서 매입 대금 지급의무 ₩100을 미지급금(부채)으로 인식한다.

(3) 계약상 권리와 의무의 실질

① 계약조건은 계약당사자인 기업의 권리와 의무를 창출한다. 그러한 권리와 의무를 충실하게 표현하기 위해서는 재무제표에 그 실질을 보고한다. 어떤 경우에는 계약의 법적 형식에서 권리와 의무의 실질이 분명하다. 다른 경우에는 그 권리와 의무의 실질을 식별하기 위해서 계약조건, 계약집합이나 일련의 계약을 분석할 필요가 있다.

② 계약의 모든 조건은 명시적 또는 암묵적이든, 실질이 없지 않는 한, 고려되어야 한다. 암묵적 조건의 예에는 법령에 의해 부과된 의무(예 고객에게 상품을 판매하기 위해 계약을 체결할 때 부과되는 법정 보증의무)가 포함될 수 있다.

> ⊘ 참고 **실질이 없는 조건**
>
> 실질이 없는 조건은 무시된다. 조건이 계약의 경제적 측면에서 구별될 수 있는 영향을 미치지 않는다면, 그 조건은 실질이 없다. 실질이 없는 조건의 예에는 다음을 포함할 수 있다.
> ① 당사자 그 누구도 구속하지 않는 조건
> ② 권리 보유자가 어떠한 상황에서도 행사할 실제 능력을 갖지 못하는 권리(옵션 포함)

③ 계약의 집합 또는 일련의 계약은 전반적인 상업적 효과를 달성하거나 달성하도록 설계될 수 있다. 그러한 계약의 실질을 보고하려면, 해당 계약의 집합 또는 일련의 계약에서 발생하는 권리와 의무를 단일 회계단위로 처리해야 할 수 있다. 예를 들어, 한 계약의 권리나 의무가 동일한 거래상대방과 동시에 체결된 다른 계약의 모든 권리나 의무를 무효화하는 경우, 두 계약의 결합효과는 어떠한 권리나 의무도 창출하지 않는다.

④ 반대로, 둘 이상의 별도로 체결하는 계약으로 창출될 수 있었을 둘 이상의 권리나 의무의 집합을 단일 계약으로 창출하는 경우, 기업은 권리와 의무를 충실하게 표현하기 위하여 권리나 의무의 집합을 마치 각각 별도의 계약에서 발생한 것처럼 회계처리할 필요가 있을 수 있다.

05 자본

(1) 자본의 정의

자본은 기업의 자산에서 모든 부채를 차감한 후의 잔여지분이다. 자본청구권은 기업의 자산에서 모든 부채를 차감한 후의 잔여지분에 대한 청구권이다. 즉, 부채의 정의에 부합하지 않는 기업에 대한 청구권이다. 그러한 청구권은 계약, 법률 또는 이와 유사한 수단에 의해 성립될 수 있으며, 부채의 정의를 충족하지 않는 한, 다음을 포함한다.

> ① 기업이 발행한 다양한 유형의 지분(예 보통주, 우선주 등)
> ② 기업이 또 다른 자본청구권을 발행할 의무(예 전환권, 신주인수권 등)

(2) 자본의 특성

① 법률, 규제 또는 그 밖의 요구사항이 자본금 또는 이익잉여금과 같은 자본의 특정 구성요소에 영향을 미치는 경우가 있다. 예를 들어, 그러한 요구사항 중 일부는 분배가능한 특정 준비금(예 이익준비금)이 충분한 경우에만 자본청구권 보유자에게 분배(배당)를 허용한다.

② 한편, 사업활동은 개인기업, 파트너십, 신탁 또는 다양한 유형의 정부 사업체와 같은 실체에서 수행되는 경우가 있다. 그러한 실체에 대한 법률 및 규제 체계는 회사에 적용되는 체계와 다른 경우가 있다. 예를 들어, 그러한 실체에 대한 자본청구권 보유자에게 분배제한이 거의 없을 수(있더라도 드물게) 있다. 그럼에도 불구하고, 개념체계의 자본의 정의는 모든 보고기업에 적용된다.

06 수익과 비용

(1) 수익과 비용의 정의

수익과 비용은 기업의 재무성과와 관련된 재무제표 요소이다. 재무제표 이용자들은 기업의 재무상태와 재무성과에 대한 정보가 필요하다. 따라서 수익과 비용은 자산과 부채의 변동으로 정의되지만, 수익과 비용에 대한 정보는 자산과 부채에 대한 정보만큼 중요하다. 개념체계에서 규정하고 있는 수익과 비용의 정의는 다음과 같다.

> ① 수익은 자산의 증가 또는 부채의 감소로서 자본의 증가를 가져오며, 자본청구권 보유자의 출자와 관련된 것을 제외한다.
> ② 비용은 자산의 감소 또는 부채의 증가로서 자본의 감소를 가져오며, 자본청구권 보유자에 대한 분배와 관련된 것을 제외한다.

이러한 수익과 비용의 정의에 따라, 자본청구권 보유자로부터의 출자는 수익이 아니며 자본청구권 보유자에 대한 분배는 비용이 아니다.

(2) 수익과 비용의 유형

서로 다른 거래나 그 밖의 사건은 서로 다른 특성을 지닌 수익과 비용을 발생시킨다. 수익과 비용의 서로 다른 특성별로 정보를 별도로 제공하면 재무제표 이용자들이 기업의 재무성과를 이해하는 데 도움이 될 수 있다.

> ⊘ **참고 다양한 유형의 수익과 비용**
>
> ① 개정 전 개념체계에서는 광의의 수익에 정상영업활동의 일환으로 발생하는 수익(매출액 등)과 차익(유형자산처분이익 등)이 포함되고, 광의의 비용에 정상영업활동의 일환으로 발생하는 비용(매출원가, 판매관리비)과 차손(유형자산처분손실 등)이 포함되는 것을 강조한 내용이 포함되었다.
> ② 그러나 개정된 개념체계에서는 이러한 강조가 이제는 불필요하며 수익과 비용의 하위항목을 정의하는 것은 도움이 되지 않는다고 결정하여 이러한 내용을 삭제하였다.

제5절 | 재무제표 요소의 인식과 제거

01 인식

(1) 인식절차

① 인식은 자산, 부채, 자본, 수익 또는 비용과 같은 재무제표 요소 중 하나의 정의를 충족하는 항목을 재무상태표나 재무성과표에 포함하기 위하여 포착하는 과정이다. 인식은 그러한 재무제표 중 하나에 어떤 항목을 명칭과 화폐금액으로 나타내고, 그 항목을 해당 재무제표의 하나 이상의 합계에 포함시키는 것과 관련된다. 그리고 자산, 부채 또는 자본이 재무상태표에 인식되는 금액을 장부금액이라고 한다.

> **승철쌤's comment   장부금액**
>
> ① 개념체계에서는 자산, 부채 또는 자본이 재무상태표에 인식되는 금액을 장부금액이라고 정의하고 있다. 이때 대손충당금, 재고자산평가충당금 등 차감계정을 이용하여 표시하는 자산과 부채의 경우에는 차감계정을 차감한 순액을 장부금액으로 이해하면 된다.
> ② 예를 들어, 재무상태표에서 매출채권 ₩100에서 대손충당금 ₩20이 차감표시된 경우, 매출채권의 장부금액은 ₩80(= 100 - 20)이 된다.

② 인식에 따라 재무제표 요소, 재무상태표 및 재무성과표가 다음과 같이 연계된다.

> ㉠ 재무상태표의 보고기간 기초와 기말의 총자산에서 총부채를 차감한 것은 총자본과 같다.
> ㉡ 보고기간에 인식한 자본 변동은 다음과 같이 구성되어 있다.
> ⓐ 손익거래: 재무성과표에 인식된 수익에서 비용을 차감한 금액
> ⓑ 자본거래: 자본청구권 보유자로부터의 출자에서 자본청구권 보유자에의 분배를 차감한 금액

[그림 1-1] 인식에 따라 재무제표 요소들이 연계되는 방법

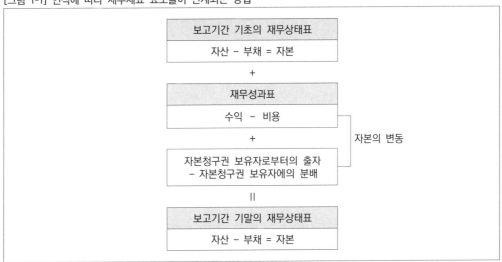

③ 거래나 그 밖의 사건에서 발생된 자산이나 부채의 최초인식에 따라 수익과 관련 비용을 동시에 인식할 수 있다. 예를 들어, 재화의 현금판매에 따라 수익(현금과 같은 자산의 인식으로 발생)과 비용(재화의 판매와 같이 다른 자산의 제거로 발생)을 동시에 인식하게 된다.

④ 수익과 관련 비용의 동시 인식은 때때로 수익과 관련 원가의 대응을 나타낸다. 재무보고를 위한 개념체계의 개념을 적용하면 자산과 부채의 변동을 인식할 때, 이러한 대응이 나타난다. 그러나 원가와 수익의 대응은 개념체계의 목적이 아니다. 개념체계는 재무상태표에서 자산, 부채, 자본의 정의를 충족하지 않는 항목의 인식을 허용하지 않는다.

승철쌤's comment   수익 · 비용 대응의 원칙과 자산 · 부채의 인식

① 비용은 발생한 시점에 인식한다. 다만, 비용은 수익을 획득하기 위해 희생된 자원의 가치이므로 관련된 수익이 인식되는 시점과 동일한 시점에 인식해야 경영자의 기간별 경영성과를 적정하게 측정할 수 있을 것이다. 이에 따라 비용은 관련된 수익이 인식되는 회계기간과 동일한 회계기간에 인식해야 하는데, 이를 회계이론에서는 수익 · 비용대응의 원칙이라고 한다.

② 예를 들어, 기업이 상품을 취득한 경우 아직 관련 수익이 발생하지 않았으므로 이를 비용으로 인식하지 않고 재고자산으로 인식한다. 그리고 재고자산을 판매하여 매출액이 발생할 때 재고자산을 제거하면서 매출원가로 인식하면, 관련된 수익(매출액)을 인식하는 기간에 비용(매출원가)을 인식하게 된다.

③ 다만, 개념체계에 따르면, 자산의 정의를 충족하지 않는 항목을 관련된 수익이 발생되지 않았다는 이유로 자산으로 인식하는 것은 안 된다는 것이다. 즉, 자산의 정의를 충족하지 않으면 관련된 수익이 발생하지 않았더라도 해당 지출을 비용으로 인식해야 한다.

⊘참고   수익 · 비용 대응의 유형

비용은 원칙적으로 관련된 수익이 발생하는 기간에 인식한다(수익 · 비용 대응의 원칙). 다만, 관련된 수익과 대응되는 방식에는 다음과 같이 여러 가지가 있다.

① **관련된 수익과 직접적으로 대응**: 관련된 수익을 직접적으로 식별(추적)할 수 있기 때문에 관련된 수익이 발생될 때 즉시 비용을 인식한다. 매출이 발생함과 동시에 매출원가를 인식하는 것을 예로 들 수 있다.

② **합리적인 배분의 방식으로 대응**: 관련된 수익이 (한 시점이 아니라) 여러 회계기간에 걸쳐 발생할 것으로 기대되고 수익과의 관련성이 단지 포괄적으로 또는 간접적으로만 결정될 수 있는 경우에는 비용을 체계적이고 합리적인 기준에 따라 배분한 금액으로 포괄손익계산서에 인식한다. 유형자산의 내용연수에 걸쳐 인식되는 감가상각비가 그 예이다.

③ **즉시 비용인식**: 미래경제적효익이 기대되지 않는 지출이거나, 자산으로 인식되기 위한 조건을 충족하지 못하는 지출은 즉시 비용으로 인식한다. 광고선전비 등 판매관리비가 그 예이다.

(2) 인식기준

① 자산, 부채 또는 자본의 정의를 충족하는 항목만이 재무상태표에 인식된다. 마찬가지로 수익이나 비용의 정의를 충족하는 항목만이 재무성과표에 인식된다. 그러나 그러한 요소 중 하나의 정의를 충족하는 항목이라고 할지라도 항상 인식되는 것은 아니다.

② 요소의 정의를 충족하는 항목을 인식하지 않는 것은 재무상태표 및 재무성과표를 완전하지 않게 하고 재무제표에서 유용한 정보를 제외할 수 있다. 반면에, 어떤 상황에서는 요소의 정의를 충족하는 일부 항목을 인식하는 것이 오히려 유용한 정보를 제공하지 않을 수 있다. 따라서 자산이나 부채를 인식하고 이에 따른 결과로 수익, 비용 또는 자본 변동을 인식하는 것이 재무제표 이용자들에게 다음과 같이 유용한 정보를 모두 제공하는 경우에만 자산이나 부채를 인식한다.

> ㉠ 자산이나 부채에 대한 그리고 이에 따른 결과로 발생하는 수익, 비용 또는 자본 변동에 대한 목적적합한 정보
> ㉡ 자산이나 부채 그리고 이에 따른 결과로 발생하는 수익, 비용 또는 자본 변동의 충실한 표현

> **승철쌤's comment   개정된 개념체계의 인식기준**
>
> 목적적합성과 충실한 표현은 근본적 질적특성이다. 결국 개정된 개념체계에 따르면, 재무제표 요소는 정보이용자에게 근본적 질적특성을 충족하는 정보를 제공할 수 있는 경우에만 인식한다.

③ 자산이나 부채의 정의를 충족하는 항목이 인식되지 않더라도, 기업은 해당 항목에 대한 정보를 주석에 제공해야 할 수도 있다. 재무상태표와 재무성과표에서 제공하는 구조화된 요약에 그 항목이 포함되지 않은 것을 보완하기 위해 그러한 정보를 어떻게 충분히 보여줄 수 있는지를 고려하는 것이 중요하다.

④ 자산, 부채, 자본, 수익과 비용에 대한 정보는 재무제표 이용자들에게 목적적합하다. 그러나 특정 자산이나 부채 및 수익, 비용 또는 자본 변동을 인식하는 것이 항상 목적적합한 정보를 제공하는 것은 아닐 수 있다. 예를 들어, 다음과 같은 경우에 그러할 수 있다.

> ㉠ 자산이나 부채가 존재하는지 불확실하다.
> ㉡ 자산이나 부채가 존재하지만 경제적효익의 유입가능성이나 유출가능성이 낮다.

⑤ 특정 자산이나 부채를 인식하는 것은 목적적합한 정보를 제공할 뿐만 아니라 해당 자산이나 부채 및 수익, 비용 또는 자본 변동에 대한 충실한 표현을 제공할 경우에 적절하다. 충실한 표현이 제공될 수 있는지는 자산이나 부채와 관련된 측정불확실성의 수준 또는 다른 요인에 의해 영향을 받을 수 있다.

> **⊘참고   경제적효익의 낮은 유입(유출)가능성**
>
> ① 경제적효익의 유입가능성이나 유출가능성이 낮더라도 자산이나 부채가 존재할 수 있다. 경제적효익의 유입가능성이나 유출가능성이 낮다면, 그 자산이나 부채에 대해 가장 목적적합한 정보는 발생가능한 유입이나 유출의 크기, 발생가능한 시기 및 발생가능성에 영향을 미치는 요인에 대한 정보일 수 있다. 이러한 정보는 일반적으로 주석에 기재한다.
> ② 경제적효익의 유입가능성이나 유출가능성이 낮더라도, 자산이나 부채를 인식하는 것이 목적적합한 정보를 제공할 수 있다. 이러한 경우에 해당되는지는 다양한 요인에 따라 달라질 수 있다.

① 원가는 다른 재무보고 결정을 제약하는 것처럼, 인식에 대한 결정도 제약한다. 즉, 자산이나 부채를 인식할 때 원가
가 발생한다. 재무제표 작성자는 자산이나 부채의 목적적합한 측정을 위해 원가를 부담한다. 재무제표 이용자들도
제공된 정보를 분석하고 해석하기 위해 원가를 부담한다.

② 따라서 재무제표 이용자들에게 제공되는 정보의 효익이 그 정보를 제공하고 사용하는 원가를 정당화할 수 있을 경
우에 자산이나 부채를 인식한다. 어떤 경우에는 인식하기 위한 원가가 인식으로 인한 효익을 초과할 수 있다.

02 제거

제거는 기업의 재무상태표에서 인식된 자산이나 부채의 전부 또는 일부를 삭제하는 것이다. 제거는 일반
적으로 해당 항목이 더 이상 자산 또는 부채의 정의를 충족하지 못할 때 발생한다.

① 자산은 일반적으로 기업이 인식한 자산의 전부 또는 일부에 대한 통제를 상실하였을 때 제거한다.
② 부채는 일반적으로 기업이 인식한 부채의 전부 또는 일부에 대한 현재의무를 더 이상 부담하지 않을 때 제거한다.

어떤 경우에는 기업이 자산이나 부채를 이전하는 것처럼 보일 수 있지만, 그럼에도 불구하고 그 자산이
나 부채가 기업의 자산이나 부채로 남아있을 수 있다. 그러한 예는 다음과 같다.

① 기업이 자산을 이전했지만 여전히 그 자산에서 발생할 수 있는 경제적효익 중 유의적인 양(+) 또는 음(−)의
변동에 노출되는 경우, 이는 때때로 기업이 그 자산을 계속 통제할 수 있음을 나타낸다.
② 기업이 다른 당사자에게 자산을 이전하였으나 그 다른 당사자가 그 기업의 대리인으로서 자산을 보유하고 있는
경우, 양도인은 여전히 자산을 통제한다.

제6절 | 재무제표 요소의 측정

01 자산과 부채의 측정기준

자산·부채의 측정기준 요약

구분		자산	부채
역사적 원가 (거래가격)		① 자산의 취득 또는 창출을 위하여 지급한 대가 ② 거래원가를 포함	① 부채를 발생시키거나 인수하면서 수취한 대가 ② 거래원가를 차감
현행가치	현행원가	① 동등한 자산에 대해 지급할 대가 ② 그 날에 발생할 거래원가를 포함	① 동등한 부채에 대해 수취할 대가 ② 그 날에 발생할 거래원가를 차감
	공정가치	① 시장참여자 사이의 정상거래에서 자산을 매도할 때 받게 될 가격 ② 주의 거래원가 포함하지 않음	① 시장참여자 사이의 정상거래에서 부채를 이전할 때 지급할 가격 ② 주의 거래원가 차감하지 않음
	사용가치 (이행가치)	① 자산의 사용과 궁극적인 처분으로 얻을 것으로 기대하는 현금흐름 또는 그 밖의 경제적효익의 현재가치 ② 취득 시 거래원가 포함하지 않음 주의 처분 시 발생할 거래원가의 현재가치는 포함함	① 부채를 이행할 때 이전해야 하는 현금이나 그 밖의 경제적 자원의 현재가치 ② 인수 시 거래원가 포함하지 않음 주의 이행 시 발생할 거래원가의 현재가치는 포함함

1. 측정기준 일반

① 재무제표에 인식된 요소들은 화폐단위로 수량화되어 있다. 이를 위해 측정기준을 선택해야 한다. 측정기준은 측정 대상 항목에 대해 식별된 속성(예 역사적 원가, 공정가치 또는 이행가치)이다. 자산이나 부채에 측정기준을 적용하면 해당 자산이나 부채, 관련 수익과 비용의 측정치가 산출된다.

② 유용한 재무정보의 질적특성과 원가제약을 고려함으로써 서로 다른 자산, 부채, 수익과 비용에 대해 서로 다른 측정기준을 선택하는 결과가 발생할 수 있을 것이다.

③ 개별 기준서에는 그 기준서에서 선택한 측정기준을 적용하는 방법이 기술될 필요가 있을 것이다 (예 재고자산 기준서의 순실현가능가치). 개념체계는 측정기준을 크게 역사적 원가와 현행가치로 구분한다. 그리고 현행가치 측정기준은 다음을 포함한다.

> ㉠ 현행원가
> ㉡ 공정가치
> ㉢ 자산의 사용가치 및 부채의 이행가치

2. 역사적 원가

자산과 부채의 역사적 원가는 다음과 같다.

> ① 자산을 취득하거나 창출할 때의 역사적 원가는 자산의 취득 또는 창출에 발생한 원가의 가치로서, 자산을 취득 또는 창출하기 위하여 지급한 대가와 거래원가를 포함한다.
> ② 부채가 발생하거나 인수할 때의 역사적 원가는 부채를 발생시키거나 인수하면서 수취한 대가에서 거래원가를 차감한 가치이다.

역사적 원가 측정치는 적어도 부분적으로 자산, 부채 및 관련 수익과 비용을 발생시키는 거래나 그 밖의 사건의 가격에서 도출된 정보를 사용하여 자산, 부채 및 관련 수익과 비용에 관한 화폐적 정보를 제공한다. 현행가치와 달리 역사적 원가는 자산의 손상이나 손실부담에 따른 부채와 관련되는 변동을 제외하고는 가치의 변동을 반영하지 않는다.

⊘ 참고 간주원가

① 시장 조건에 따른 거래가 아닌 사건의 결과로 자산을 취득하거나 창출할 때 또는 부채를 발생시키거나 인수할 때, 원가를 식별할 수 없거나 그 원가가 자산이나 부채에 관한 목적적합한 정보를 제공하지 못할 수 있다. 이러한 경우 그 자산이나 부채의 현행가치가 최초인식시점의 간주원가로 사용되며, 그 간주원가는 역사적 원가로 후속 측정할 때의 시작점으로 사용된다.

② 예를 들어, 토지를 취득하면서 국채를 공정가치보다 높은 금액으로 취득한 경우, 국채의 공정가치를 초과하여 지급한 금액은 (국채의 취득원가가 아니라) 토지의 취득원가에 포함한다. 결국 국채의 취득원가는 공정가치로 인식되는데, 이 금액을 간주원가라고 한다.

⊘ 참고 상각후원가

① 역사적 원가 측정기준을 금융자산과 금융부채에 적용하는 한 가지 방법은 상각후원가로 측정하는 것이다. 금융자산과 금융부채의 상각후원가는 최초인식시점에 결정된 이자율로 할인한 미래현금흐름 추정치를 반영한다. 변동금리 상품의 경우, 할인율은 변동금리의 변동을 반영하기 위해 갱신된다. 금융자산과 금융부채의 상각후원가는 이자의 발생, 금융자산의 손상 및 수취 또는 지급과 같은 후속 변동을 반영하기 위해 시간의 경과에 따라 갱신된다.

② 예를 들어, 상각후원가 측정 금융자산의 경우 유효이자율법에 따라 유효이자를 이자수익으로 인식하면 장부금액이 매년 상각액만큼 증가(감소)하게 된다. 이렇게 최초인식금액(원가)에 상각액을 가감한 금액을 상각후원가라고 하는데, 상각후원가도 역사적 원가 중의 하나이다.

3. 현행가치

① 현행가치 측정치는 측정일의 조건을 반영하기 위해 갱신된 정보를 사용하여 자산, 부채 및 관련 수익과 비용의 화폐적 정보를 제공한다. 이러한 갱신에 따라 자산과 부채의 현행가치는 이전 측정일 이후의 변동, 즉 현행가치에 반영되는 현금흐름과 그 밖의 요소의 추정치의 변동을 반영한다.

② 또한 역사적 원가와는 달리, 자산이나 부채의 현행가치는 자산이나 부채를 발생시킨 거래나 그 밖의 사건의 가격으로부터 부분적으로라도 도출되지 않는다. 즉, 자산이나 부채의 현행가치는 자산이나 부채를 최초에 인식할 때 금액과 아무런 관계가 없다는 의미이다.

(1) 현행원가

자산과 부채의 현행원가는 다음과 같다.

> ① 자산의 현행원가는 측정일 현재 동등한 자산의 원가로서 측정일에 지급할 대가와 그 날에 발생할 거래원가를 포함한다.
> ② 부채의 현행원가는 측정일 현재 동등한 부채에 대해 수취할 수 있는 대가에서 그 날에 발생할 거래원가를 차감한다.

현행원가는 역사적 원가와 마찬가지로 유입가치이다. 이는 기업이 자산을 취득하거나 부채를 발생시킬 시장에서의 가격을 반영한다. 이런 이유로, 현행원가는 유출가치인 공정가치, 사용가치 또는 이행가치와 다르다. 그러나 현행원가는 역사적 원가와 달리 측정일의 조건을 반영한다.

승철쌤's comment 유입가치와 유출가치

> ① 유입가치는 자산이나 부채를 재무상태표에 인식(예 자산의 취득, 부채의 인수 등)할 때의 측정치이다.
> ② 유출가치는 자산이나 부채를 재무상태표에서 제거(예 자산의 처분, 부채의 상환 등)할 때의 측정치이다.

(2) 공정가치

① 자산과 부채의 공정가치는 다음과 같다.

> ㉠ 자산의 공정가치는 측정일에 시장참여자 사이의 정상거래에서 자산을 매도할 때 받게 될 가격이다.
> ㉡ 부채의 공정가치는 측정일에 시장참여자 사이의 정상거래에서 부채를 이전할 때 지급하게 될 가격이다.

② 공정가치는 기업이 접근할 수 있는 시장의 참여자 관점을 반영한다. 즉, 시장참여자가 경제적으로 최선의 행동을 한다면 자산이나 부채의 가격을 결정할 때 사용할 가정과 동일한 가정을 사용하여 그 자산이나 부채를 측정한다.

③ 그리고 공정가치는 자산이나 부채를 발생시킨 거래나 그 밖의 사건의 가격으로부터 부분적이라도 도출되지 않기 때문에, 공정가치는 자산을 취득할 때 발생한 거래원가로 인해 증가하지 않으며 부채를 발생시키거나 인수할 때 발생한 거래원가로 인해 감소하지 않는다. 또한 공정가치는 자산의 궁극적인 처분이나 부채의 이전 또는 결제에서 발생할 거래원가를 반영하지 않는다.

(3) 사용가치와 이행가치

① 자산의 사용가치와 부채의 이행가치는 다음과 같다.

> ㉠ 자산의 사용가치는 기업이 자산의 사용과 궁극적인 처분으로 얻을 것으로 기대하는 현금흐름 또는 그 밖의 경제적효익의 현재가치이다.
>
> ㉡ 부채의 이행가치는 기업이 부채를 이행할 때 이전해야 하는 현금이나 그 밖의 경제적 자원의 현재가치이다. 이러한 현금이나 그 밖의 경제적 자원의 금액은 거래상대방에게 이전되는 금액뿐만 아니라 기업이 그 부채를 이행할 수 있도록 하기 위해 다른 당사자에게 이전해야 할 것으로 기대하는 금액도 포함한다.

② 사용가치와 이행가치는, 공정가치와 달리, 시장참여자의 가정보다는 기업 특유의 가정을 반영한다. 일부 경우에 실무에서 시장참여자가 사용할 가정과 기업이 자체적으로 사용하는 가정 간에는 차이가 거의 없을 것이다.

③ 그리고 사용가치와 이행가치는 미래현금흐름에 기초하기 때문에 자산을 취득하거나 부채를 인수할 때 발생하는 거래원가는 포함하지 않는다. 그러나 사용가치와 이행가치에는 기업이 자산을 궁극적으로 처분하거나 부채를 이행할 때 발생할 것으로 기대되는 거래원가의 현재가치는 포함한다.

02 측정기준별 특징

(1) 특정 측정기준에 의해 제공되는 정보

① 역사적 원가는 자산이나 부채를 발생시킨 거래나 그 밖의 사건의 가격에서 도출된 정보를 적어도 부분적으로 사용하기 때문에, 역사적 원가로 자산이나 부채를 측정하여 제공하는 정보는 재무제표 이용자들에게 목적적합할 수 있다.

② 역사적 원가는 자산의 소비(감가상각)와 손상을 반영하여 감소하기 때문에, 역사적 원가로 측정된 자산에서 회수될 것으로 예상되는 금액은 적어도 장부금액과 같거나 장부금액보다 크다. 마찬가지로, 부채의 역사적 원가는 손실부담이 되는 경우 증가하기 때문에 부채를 이행하기 위하여 필요한 경제적 자원을 이전할 의무의 가치는 부채의 장부금액을 초과하지 않는다.

③ 현행원가로 측정한 자산과 부채에 관한 정보는 현행원가가 측정일 현재 동등한 자산을 취득하거나 창출할 수 있는 원가를 반영하거나, 동등한 부채를 발생시키거나 인수하기 위해 수취할 대가를 반영하기 때문에 목적적합할 수 있다.

④ 역사적 원가와 마찬가지로 현행원가는 소비된 자산의 원가나 부채의 이행에서 생기는 수익에 관한 정보를 제공한다. 이 정보는 현재 이익을 도출하는 데 사용될 수 있으며 미래 이익을 예측하는 데 사용될 수 있다. 역사적 원가와 달리 현행원가는 소비하거나 이행하는 시점의 일반적인 가격을 반영한다. 가격변동이 유의적일 경우, 현행원가를 기반으로 한 이익은 역사적 원가를 기반으로 한 이익보다 미래 이익을 예측하는 데 더 유용할 수 있다.

⑤ 공정가치로 자산과 부채를 측정하여 제공하는 정보는 예측가치를 가질 수 있다. 공정가치는 미래현금흐름의 금액, 시기 및 불확실성에 대한 시장참여자의 현재 기대를 반영하기 때문이다. 이러한 기대치는 시장참여자의 현재 위험선호도를 반영하는 방식으로 가격에 반영된다. 이러한 정보는 또한 종전 기대에 대한 피드백을 제공함으로써 확인가치를 가질 수 있다.

⑥ 사용가치는 자산의 사용과 궁극적인 처분으로부터 발생하는 추정 현금흐름의 현재가치에 관한 정보를 제공한다. 이 정보는 미래 순현금유입에 대한 예상치를 평가하는 데 사용할 수 있기 때문에 예측가치를 가질 수 있다.

⑦ 이행가치는 부채의 이행에 필요한 추정 현금흐름의 현재가치에 관한 정보를 제공한다. 따라서 이행가치는 부채가 이전되거나 협상으로 결제될 때보다는 특히 이행될 경우에 예측가치를 가질 수 있다.

(2) 측정기준을 선택할 때 고려할 요인

① 자산이나 부채, 이와 관련된 수익과 비용의 측정기준을 선택할 때, 그 측정기준으로 재무상태표와 재무성과표에서 산출할 정보의 성격뿐만 아니라 그 밖의 요인을 고려할 필요가 있다. 대부분의 경우, 어떤 측정기준을 선택해야 하는지를 결정하는 단일의 요인은 없다. 각 요인의 상대적 중요성은 사실과 상황에 따라 달라질 것이다.

② 측정기준에 의해 제공되는 정보는 재무제표 이용자들에게 유용해야 한다. 이를 달성하기 위해서는 정보가 목적적합해야 하고 나타내고자 하는 바를 충실하게 표현해야 한다. 또한, 제공되는 정보는 가능한 한 비교가능하고 검증가능하며 적시성이 있고 이해가능해야 한다.

③ 보강적 질적특성 중 비교가능성, 이해가능성, 검증가능성 및 원가제약은 측정기준의 선택에 영향을 미친다. 다만, 보강적 질적특성 중 적시성은 측정에 특별한 영향을 미치지 않는다.

④ 많은 경우에 역사적 원가를 측정하는 것이 현행가치를 측정하는 것보다 더 단순하고 비용이 적게 든다. 또한, 역사적 원가 측정기준을 적용하여 결정한 측정은 일반적으로 잘 이해되며 대부분 검증가능하다. 그러나, 소비를 추정하고 손상차손 또는 손실부담부채를 식별하고 측정하는 것은 주관적일 수 있다. 따라서 때로는 자산이나 부채의 역사적 원가도 현행가치만큼 측정하거나 검증하기 어려울 수 있다.

⑤ 역사적 원가 측정기준을 사용할 경우, 다른 시점에 취득한 동일한 자산이나 발생한 동일한 부채가 재무제표에 다른 금액으로 보고될 수 있으므로 비교가능성을 저하시킬 수 있다.

⑥ 현행원가 측정기준을 사용할 경우, 동일한 자산(부채)을 다른 시점에 취득하더라도 재무제표에 같은 금액으로 보고하므로 비교가능성을 향상시킬 수 있다. 그러나 현행원가를 결정하는 것은 복잡하고 주관적이며 비용이 많이 들 수 있다.

⑦ 현행원가 장부금액의 변동을 소비한 것의 현행원가와 가격변동 효과로 나누는 것은 복잡하고 자의적인 가정이 필요할 수 있다. 이러한 어려움 때문에 현행원가 측정치는 검증가능성과 이해가능성이 결여될 수 있다.

⑧ 공정가치는 (개별 기업의 관점이 아닌) 시장참여자의 관점에서 결정되고 자산(부채)을 취득하는 시점과는 독립적이다. 따라서 동일한 자산(부채)은 원칙적으로 동일한 금액으로 측정되므로 비교가능성을 높일 수 있다. 반대로, 사용가치와 이행가치는 개별 기업의 관점을 반영하여 측정한다. 따라서 동일한 자산(부채)을 다른 기업이 보유할 경우 다른 금액으로 측정될 수 있으므로 비교가능성을 저하시킬 수 있다.

⑨ 사용가치와 이행가치는 직접 관측될 수 없으며 현금흐름기준 측정기법으로 결정된다.

(3) 하나 이상의 측정기준

때로는 기업의 재무상태와 재무성과를 충실히 표현하는 목적적합한 정보를 제공하기 위해 자산이나 부채, 관련된 수익과 비용에 대해 하나 이상의 측정기준이 필요하다는 결론에 이르게 될 수도 있다. 예를 들어, 재고자산을 기말에 평가할 때 역사적 원가와 순실현가능가치 중 작은 금액으로 평가하는 경우가 있다.

03 자본의 측정기준

(1) 자본의 측정

① 자본은 기업의 자산에서 모든 부채를 차감한 후의 잔여지분이다. 따라서 자본의 총장부금액(총자본)은 직접 측정하지 않는다. 이는 인식된 모든 자산의 장부금액에서 인식된 모든 부채의 장부금액을 차감한 금액과 동일하다.

② 총자본은 직접 측정하지 않지만, 자본의 일부 종류(또는 일부 구성요소)에 대한 장부금액은 직접 측정하는 것이 적절할 수 있다. 그럼에도 불구하고, 총자본은 잔여지분으로 측정되기 때문에 적어도 자본의 한 종류(또는 한 구성요소)는 직접 측정할 수 없다.

(2) 자본의 총장부금액

일반목적재무제표는 기업의 가치를 보여주도록 설계되지 않았기 때문에 자본의 총장부금액은 일반적으로 다음의 금액과 동일하지 않을 것이다.

---

① 기업의 자본청구권에 대한 시가총액
② 계속기업을 전제로 하여 기업 전체를 매각하여 조달할 수 있는 금액
③ 기업의 모든 자산을 매각하고 모든 부채를 상환하여 조달할 수 있는 금액

자본의 개별 항목(또는 구성요소)의 장부금액은 일반적으로 양(+)의 값이지만 일부 상황에서는 음(-)의 값을 가질 수 있다. 마찬가지로 총자본은 일반적으로 양(+)의 값이지만 어떤 자산과 부채가 인식되는지와 어떻게 측정되는지에 따라 음(-)의 값을 가질 수 있다.

04 현금흐름 측정기법

때로는 측정치를 직접 관측할 수 없다. 이러한 경우 측정치를 추정하는 한 가지 방법은 현금흐름기준 측정기법을 사용하는 것이다. 이러한 기법은 측정기준이 아니다. 이것은 측정기준을 적용하는 데 사용되는 기법이다. 따라서 이러한 기법을 사용할 때 어떤 측정기준이 사용되는지 그리고 그 기법이 그 측정기준에 적용될 수 있는 요인을 어느 정도 반영하는지 확인하는 것이 필요하다.

제7절 | 표시와 공시

01 일반사항

(1) 개요

① 보고기업은 재무제표에 정보를 표시하고 공시함으로써 기업의 자산, 부채, 자본, 수익 및 비용에 관한 정보를 전달한다.

② 재무제표의 정보가 효과적으로 소통되면 그 정보를 보다 목적적합하게 하고 기업의 자산, 부채, 자본, 수익 및 비용을 충실하게 표현하는 데 기여한다. 또한 이는 재무제표의 정보에 대한 이해가능성과 비교가능성을 향상시킨다. 재무제표의 정보가 효과적으로 소통되려면 다음이 필요하다.

> ㉠ 규칙에 초점을 맞추기보다는 표시와 공시의 목적과 원칙에 초점을 맞춘다.
> ㉡ 유사한 항목은 모으고 상이한 항목은 분리하는 방식으로 정보를 분류한다.
> ㉢ 불필요한 세부사항 또는 과도한 통합에 의해 정보가 가려져서 불분명하게 되지 않도록 통합한다.

> **⊘참고 표시와 공시의 원가제약**
>
> 원가가 다른 재무보고 결정을 제약하는 것처럼 표시와 공시의 결정도 제약한다. 따라서 표시와 공시를 결정할 때 특정 정보를 표시하거나 공시함으로써 재무제표 이용자들에게 제공되는 효익이 그 정보를 제공하고 사용하는 데 드는 원가를 정당화할 수 있는지를 고려하는 것이 중요하다.

(2) 표시와 공시의 목적과 원칙

재무제표의 정보가 쉽고 효과적으로 소통되기 위해 회계기준의 표시와 공시 요구사항을 개발할 때 다음 사이의 균형이 필요하다.

> ① 기업의 자산, 부채, 자본, 수익 및 비용을 충실히 표현하는 목적적합한 정보를 제공할 수 있도록 기업에 융통성을 부여한다.
> ② 한 보고기업의 기간 간 그리고 같은 보고기간의 기업 간 비교가능한 정보를 요구한다.

표시와 공시의 목적을 회계기준에 포함시킴으로써 정보가 재무제표에서 효과적으로 소통되는 데 도움을 준다. 왜냐하면 그러한 목적은 기업이 유용한 정보를 식별하고 가장 효과적인 방식으로 정보가 소통되는 방법을 결정하는 데 도움이 되기 때문이다. 다음의 원칙을 고려하면 재무제표에서 효과적인 소통에 도움이 된다.

> ① 기업 특유의 정보가 때로 표준 문안이라고 불리우는 표준적 설명보다 유용하다.
> ② 재무제표의 서로 다른 부분에서 정보를 중복하여 작성하는 것은 일반적으로 불필요하며 재무제표를 이해하기 어렵게 만들 수 있다.

02 분류

(1) 개요

① 분류란 표시와 공시를 위해 자산, 부채, 자본, 수익이나 비용을 공유되는 특성에 따라 구분하는 것을 말한다. 이러한 특성에는 항목의 성격, 기업이 수행하는 사업활동 내에서의 역할, 이들 항목을 측정하는 방법이 포함되나 이에 국한되지는 않는다.

② 상이한 자산, 부채, 자본, 수익이나 비용을 함께 분류하면 목적적합한 정보를 가려서 불분명하게 하고, 이해가능성과 비교가능성이 낮아질 수 있으며, 표현하고자 하는 내용을 충실하게 표현하지 못할 수 있다.

(2) 자산과 부채의 분류

① 분류는 자산 또는 부채에 대해 선택된 회계단위별로 적용하여 분류한다. 그러나 자산이나 부채 중 특성이 다른 구성요소를 구분하여 별도로 분류하는 것이 적절할 수도 있다. 이것은 이러한 구성요소를 별도로 분류한 결과 재무정보의 유용성이 향상되는 경우에 적절할 것이다.

② 예를 들어, 자산이나 부채를 유동요소와 비유동요소로 구분하고 이러한 구성요소를 별도로 분류하는 것이 적절할 수 있다.

(3) 상계

상계는 기업이 자산과 부채를 별도의 회계단위로 인식하고 측정하지만 재무상태표에서 단일의 순액으로 합산하는 경우에 발생한다. 상계는 서로 다른 항목을 함께 분류하는 것이므로 일반적으로는 적절하지 않다. 다만, 이러한 자산과 부채의 상계는 권리와 의무의 집합(세트)을 단일의 회계단위로서 취급하는 것과 다르다.

(4) 자본의 분류

① 유용한 정보를 제공하기 위해, 자본청구권이 다른 특성을 가지고 있는 경우에는 그 자본청구권을 별도로 분류해야 할 수도 있다.

② 마찬가지로, 유용한 정보를 제공하기 위해, 자본의 일부 구성요소에 특정 법률, 규제 또는 그 밖의 요구사항이 있는 경우에는 자본의 그 구성요소를 별도로 분류해야 할 수 있다. 예를 들어, 일부 국가에서는 기업이 분배가능하다고 특정한 준비금이 기업에 충분히 있는 경우에만 자본청구권의 보유자에게 분배를 허용한다. 이러한 준비금을 별도로 표시하거나 공시하면 유용한 정보를 제공할 수 있다.

(5) 수익과 비용의 분류

① 수익과 비용은 분류되어 다음 중 하나에 포함된다.

> ㉠ 손익계산서(당기손익)
> ㉡ 손익계산서 이외의 기타포괄손익

② 손익계산서는 해당 기간의 기업 재무성과에 관한 정보의 주요 원천이기 때문에 모든 수익과 비용은 원칙적으로 손익계산서에 포함된다. 그러나 회계기준위원회는 회계기준을 개발할 때 자산이나 부채의 현행가치의 변동으로 인한 수익과 비용을 기타포괄손익에 포함하는 것이 그 기간의 기업 재무성과에 대한 보다 목적적합한 정보를 제공하거나 보다 충실한 표현을 제공하는 예외적인 상황에서는 그러한 수익이나 비용을 기타포괄손익에 포함하도록 결정할 수도 있다.

③ 원칙적으로, 한 기간에 기타포괄손익에 포함된 수익과 비용은 미래 기간에 기타포괄손익에서 당기손익으로 재분류한다. 이런 경우는 그러한 재분류가 보다 목적적합한 정보를 제공하는 손익계산서가 되거나 미래 기간의 기업 재무성과를 보다 충실하게 표현하는 결과를 가져오는 경우이다. 그러나 예를 들어, 재분류되어야 할 기간이나 금액을 식별할 명확한 근거가 없다면, 회계기준위원회는 회계기준을 개발할 때, 기타포괄손익에 포함된 수익과 비용이 후속적으로 재분류되지 않도록 결정할 수도 있다.

03 통합

(1) 개요

① 통합은 특성을 공유하고 동일한 분류에 속하는 자산, 부채, 자본, 수익 또는 비용을 합하는 것이다. 통합은 많은 양의 세부사항을 요약함으로써 정보를 더욱 유용하게 만든다.

② 그러나 통합은 그러한 세부사항 중 일부를 숨기기도 한다. 따라서 목적적합한 정보가 많은 양의 중요하지 않은 세부사항과 섞이거나 과도한 통합으로 인해 가려져서 불분명해지지 않도록 균형을 찾아야 한다.

(2) 통합의 수준

재무제표의 서로 다른 부분에서는 다른 수준의 통합이 필요할 수 있다. 예를 들어, 일반적으로 재무상태표와 재무성과표는 요약된 정보를 제공하고, 자세한 정보는 주석에서 제공한다.

제8절 │ 자본 및 자본유지의 개념

01 개요

① 자본유지개념은 기업이 유지하려고 하는 자본을 어떻게 정의하는지와 관련된다. 자본유지개념은 이익이 측정되는 준거기준을 제공함으로써 자본개념과 이익개념 사이의 연결고리를 제공한다. 자본유지를 위해 필요한 금액을 초과하는 자산의 유입액만이 이익으로 간주될 수 있고 결과적으로 자본의 투자수익이 된다.

② 따라서 자본유지개념하에서의 이익(자본의 투자수익)은 소유주와의 자본거래를 제외하고 기말 자본에서 기초 자본(유지해야 할 자본)을 차감한 금액으로 결정된다.

> **자본유지개념의 이익(자본거래 제외) = 기말 자본 − 기초 자본(유지해야 할 자본)**

02 자본의 개념

① 자본의 개념에는 재무적 개념의 자본과 실물적 개념의 자본이 있다.

> ㉠ **재무적 개념**: 자본을 투자된 화폐액 또는 투자된 구매력으로 보는 재무적 개념하에서 자본은 기업의 순자산이나 지분과 동의어로 사용된다.
> ㉡ **실물적 개념**: 자본을 조업능력으로 보는 자본의 실물적 개념하에서는 자본은 기업의 생산능력(예 1일 생산수량)으로 간주된다.

② 기업은 재무제표 이용자의 정보요구에 기초하여 적절한 자본개념을 선택하여야 한다. 따라서 재무제표의 이용자가 주로 명목상의 투하자본이나 투하자본의 구매력 유지에 관심이 있다면 재무적 개념의 자본을 채택하여야 한다. 그러나 이용자의 주된 관심이 기업의 조업능력 유지에 있다면 실물적 개념의 자본을 사용하여야 한다.

③ 대부분의 기업은 자본의 재무적 개념에 기초하여 재무제표를 작성한다. 비록 자본개념을 실무적으로 적용하는 데는 측정의 어려움이 있을 수 있지만, 선택된 자본개념에 따라 이익의 결정 목표가 무엇인지 알 수 있게 된다.

03 자본유지개념과 이익의 결정

[표 1-3] 자본유지개념과 이익의 측정

구분		자본의 개념	이익의 측정
재무자본유지	명목화폐단위	투자된 화폐액(취득원가)	명목 화폐자본의 증가
	불변구매력단위	투자된 구매력	투자된 구매력의 증가
실물자본유지		조업능력(생산능력)	실물생산능력의 증가

(1) 자본유지개념

전술한 자본의 개념에 따라 자본유지개념을 다음과 같이 재무자본유지개념과 실물자본유지개념으로 도출할 수 있다.

① 재무자본유지: 재무자본유지개념 하에서 이익은 해당 기간 동안 소유주에게 배분하거나 소유주가 출연한 부분을 제외하고 기말 순자산의 재무적 측정금액(화폐금액)이 기초 순자산의 재무적 측정금액(화폐금액)을 초과하는 경우에만 발생한다. 또한 재무자본유지는 명목화폐단위 또는 불변구매력단위를 이용하여 측정할 수 있다.

② 실물자본유지: 실물자본유지개념 하에서 이익은 해당 기간 동안 소유주에게 배분하거나 소유주가 출연한 부분을 제외하고 기업의 기말 실물생산능력이나 조업능력(또는 그러한 생산능력을 갖추기 위해 필요한 자원이나 기금)이 기초 실물생산능력을 초과하는 경우에만 발생한다. 실물자본유지개념을 사용하기 위해서는 현행원가기준에 따라 측정해야 한다. 이는 재무자본유지개념이 특정한 측정기준의 적용을 요구하지 아니하는 것과 차이가 있다.

(2) 이익의 측정

재무자본유지개념과 실물자본유지개념의 주된 차이는 기업의 자산과 부채에 대한 가격변동 영향의 처리방법에 있다. 일반적으로 기초에 가지고 있던 자본만큼을 기말에도 가지고 있다면 이 기업의 자본은 유지된 것이며, 기초 자본을 유지하기 위해 필요한 부분을 초과하는 금액이 이익이다.

구분	이익의 측정
명목화폐단위 재무자본유지개념	① 자본을 명목화폐단위로 정의한 재무자본유지개념 하에서 이익은 해당 기간 중 명목 화폐자본의 증가액을 의미한다. ② 따라서 기간 중 보유한 자산가격의 증가 부분, 즉 보유이익은 개념적으로 이익에 속한다. 그러나 보유이익은 자산이 교환거래에 따라 처분되기 전에는 이익으로 인식되지 않을 것이다.
불변구매력단위 재무자본유지개념	① 만일 재무자본유지개념이 불변구매력 단위로 정의된다면 이익은 해당 기간 중 투자된 구매력의 증가를 의미하게 된다. ② 따라서 일반물가수준에 따른 가격상승을 초과하는 자산가격의 증가 부분만이 이익으로 간주되며, 그 이외의 가격증가 부분은 자본의 일부인 자본유지조정으로 처리된다.
실물생산능력 실물자본유지개념	① 자본을 실물생산능력으로 정의한 실물자본유지개념 하에서 이익은 해당 기간 중 실물생산능력의 증가를 의미한다. ② 기업의 자산과 부채에 영향을 미치는 모든 가격변동은 해당 기업의 실물생산능력에 대한 측정치의 변동으로 간주되어 이익이 아니라 자본의 일부인 자본유지조정으로 처리된다.

예제 1 │ 자본유지개념

> (1) (주)한국은 20×1년 1월 1일, 현금 ₩1,000을 출자하여 설립되었다. (주)한국은 1월 1일 재고자산 1단위를 ₩1,000에 구입하여 ₩1,500에 판매하여 20×1년 말 현재 현금 ₩1,500을 보유하고 있다.
> (2) 20×1년 중 일반물가상승률은 10%이며, 20×1년 말 현재 동일한 재고자산의 구입가격은 ₩1,200이다.

[요구사항]

1. 명목화폐단위 재무자본유지개념에 따라 (주)한국이 유지해야 할 자본과 이익을 측정하시오.

2. 불변구매력단위 재무자본유지개념에 따라 (주)한국이 유지해야 할 자본과 이익을 측정하시오.

3. 실물자본유지개념에 따라 (주)한국이 유지해야 할 자본과 이익을 측정하시오.

해답　1. **명목화폐단위 재무자본유지개념**
　　　① 기초 자본: 1,000
　　　② 유지해야 할 자본: 1,000$^{(*)}$
　　　　　$^{(*)}$ 명목화폐단위 재무자본유지개념에서는 유지해야 할 자본을 명목상 화폐금액으로 측정한다. 따라서 20×1년 1월 1일의 명목상 화폐금액 ₩1,000이 유지해야 할 자본이 된다.
　　　③ 자본유지조정: 유지해야 할 자본 - 기초 자본 = 1,000 - 1,000 = 0
　　　④ 이익: 기말 자본 - 유지해야 할 자본 = 1,500 - 1,000 = 500

　　　2. **불변구매력단위 재무자본유지개념**
　　　① 기초 자본: 1,000
　　　② 유지해야 할 자본: 1,000 × (1 + 10%) = 1,100$^{(*)}$
　　　　　$^{(*)}$ 불변구매력단위 재무자본유지개념에서는 유지해야 할 자본을 일반물가상승률을 고려하여 측정한다. 따라서 기초 시점의 명목상 화폐금액 ₩1,000에 일반물가상승률 10%를 반영하면 유지해야 할 자본이 ₩1,100이 된다.
　　　③ 자본유지조정: 유지해야 할 자본 - 기초 자본 = 1,100 - 1,000 = 100
　　　④ 이익: 기말 자본 - 유지해야 할 자본 = 1,500 - 1,100 = 400

　　　3. **실물자본유지개념**
　　　① 기초 자본: 1,000
　　　② 유지해야 할 자본: 재고자산 1단위 × 1,200 = 1,200$^{(*)}$
　　　　　$^{(*)}$ 실물자본유지개념에서는 유지해야 할 자본을 실물로 측정한다. 따라서 기초 시점의 재고자산 1단위가 유지해야 할 자본이 되며, 이를 20×1년 말의 금액(현행원가)으로 환산하면 ₩1,200이 된다.
　　　③ 자본유지조정: 유지해야 할 자본 - 기초 자본 = 1,200 - 1,000 = 200
　　　④ 이익: 기말 자본 - 유지해야 할 자본 = 1,500 - 1,200 = 300

개념정리 OX문제

01 개념체계는 한국채택국제회계기준의 제정과 검토의 지침이 되기 때문에 개념체계와 (O, X)
특정 회계기준이 상충될 경우에는 개념체계가 우선한다.

02 기업은 외부 정보이용자들이 요구하는 모든 정보를 산출하여 재무제표를 통하여 제공 (O, X)
하는데, 이를 일반목적재무보고라고 한다.

03 재무정보의 질적특성에는 근본적 질적특성과 보강적 질적특성이 있으며, 이 중 근본적 (O, X)
질적특성으로는 목적적합성과 표현충실성이 있다.

04 재무정보가 예측가치를 갖기 위해서는 재무정보 자체가 예측치 또는 예상치이어야 한다. (O, X)

05 완벽한 표현충실성을 위해서는 서술이 완전하고, 중립적이며, 오류가 없어야 한다. (O, X)

06 중립적 서술은 필요한 기술과 설명을 포함하여 정보이용자가 서술되는 현상을 이해하 (O, X)
는 데 필요한 모든 정보를 포함하는 것이다.

정답 및 해설

01 X 개념체계는 회계기준이 아니므로 개념체계의 어떠한 내용도 회계기준이나 그 요구사항에 우선하지 않는다.

02 X 외부 정보이용자들의 정보욕구는 매우 다양하기 때문에 그들이 요구하는 모든 정보를 제공하는 것은 현실적으로
불가능하다. 따라서 일반목적 재무보고란 외부 정보이용자들이 공통적으로 요구하는 정보를 산출하여 제공하는 것
을 말한다.

03 O

04 X 재무정보가 예측가치를 갖기 위해서 재무정보 자체가 예측치 또는 예상치일 필요는 없다. 즉, 정보이용자들이 미
래 결과를 예측하기 위해 사용하는 절차의 투입요소로 재무정보가 사용될 수 있다면, 그 재무정보는 충분히 예측
가치를 갖는 것이다.

05 O

06 X 중립적 서술은 재무정보의 선택이나 표시에 편의가 없는 것을 말한다. 그리고 완전한 서술은 정보이용자가 서술되
는 현상을 이해하는 데 필요한 모든 정보를 포함하는 것을 말한다.

07 비교가능성, 신뢰성, 적시성 및 이해가능성은 목적적합하고 충실하게 표현된 정보의 (O, X) 유용성을 보강시키는 질적특성이다.

08 자산은 과거사건의 결과로 기업이 통제하는 현재의 경제적 자원이다. 이때 경제적 자 (O, X) 원은 경제적효익을 창출할 잠재력을 지닌 권리를 말한다.

09 부채의 본질적인 특성은 기업에게 현재의무가 있다는 것이다. 이때 현재의무란 기업이 (O, X) 회피할 수 있는 실제 능력이 없는 책무나 책임을 말하며, 실무관행, 경영방침이나 성명 서에 발생하는 의무는 포함되지 않는다.

10 인식은 자산, 부채, 자본, 수익 또는 비용과 같은 재무제표 요소 중 하나의 정의를 충족 (O, X) 하는 항목을 재무상태표와 재무성과표 그리고 자본변동표에 포함하기 위하여 포착하 는 과정이다.

11 자산의 역사적원가는 자산의 취득 또는 창출에 발생한 원가의 가치로서, 자산을 취득 (O, X) 또는 창출하기 위하여 지급한 대가와 거래원가를 포함한다.

12 자산의 사용가치는 기업이 자산의 사용과 궁극적인 처분으로 얻을 것으로 기대하는 현 (O, X) 금흐름 또는 그 밖의 경제적효익의 현재가치로서, 거래원가를 포함한다.

정답 및 해설

07 X 보강적 질적특성은 비교가능성, 검증가능성, 적시성 및 이해가능성을 말한다.

08 O

09 X 기업이 실무관행, 공개한 경영방침, 특정 성명서와 상충되는 방식으로 행동할 실제 능력이 없는 경우, 그러한 실무 관행 등에서 발생하는 의무를 의제의무라고 한다. 법적의무 뿐만 아니라 의제의무도 부채의 정의에서 언급하는 현 재의무에 포함된다.

10 X 인식은 재무제표 구성요소를 회계장부에 기록하는 과정으로 분개와 동일한 의미이다. 다만, 재무제표 중 분개로 작성되는 재무제표는 재무상태표와 재무성과표(포괄손익계산서) 밖에 없다. 따라서 인식은 인식은 재무제표 요소 중 하나의 정의를 충족하는 항목을 재무상태표나 재무성과표에 포함하기 위하여 포착하는 과정이다.

11 O

12 X 자산의 사용가치는 미래현금흐름에 기초하여 측정하기 때문에, 자산을 취득할 때 발생하는 거래원가를 포함하지 않는다. 그러나 기업이 자산을 궁극적으로 처분할 때 발생할 것으로 기대되는 거래원가의 현재가치는 포함한다.

일반목적재무보고

01 일반목적재무보고에 관한 설명으로 옳지 않은 것은? [세무사 19]

① 현재 및 잠재적 투자자, 대여자 및 기타채권자에 해당하지 않는 기타 당사자들(예를 들어, 감독 당국)이 일반목적재무보고서가 유용하다고 여긴다면 이들도 일반목적재무보고의 주요 대상에 포함된다.

② 일반목적재무보고서는 현재 및 잠재적 투자자, 대여자 및 기타 채권자가 필요로 하는 모든 정보를 제공하지는 않으며 제공할 수도 없다. 그 정보이용자들은, 예를 들어, 일반 경제적 상황 및 기대, 정치적 사건과 정치 풍토, 산업 및 기업 전망과 같은 다른 원천에서 입수한 관련 정보를 고려할 필요가 있다.

③ 재무보고서는 정확한 서술보다는 상당 부분 추정, 판단 및 모형에 근거한다.

④ 일반목적재무보고서는 보고기업의 가치를 보여주기 위해 고안된 것이 아니다. 그러나 그것은 현재 및 잠재적 투자자, 대여자 및 기타 채권자가 보고기업의 가치를 추정하는 데 도움이 되는 정보를 제공한다.

⑤ 일반목적재무보고의 목적은 현재 및 잠재적 투자자, 대여자 및 기타 채권자가 기업에 자원을 제공하는 것에 대한 의사결정을 할 때 유용한 보고기업 재무정보를 제공하는 것이다. 그 의사결정은 지분상품 및 채무상품을 매수, 매도 또는 보유하는 것과 대여 및 기타 형태의 신용을 제공 또는 결제하는 것을 포함한다.

02 재무정보의 질적특성에 관한 설명으로 옳지 않은 것은? [세무사 17]

① 유용한 재무정보의 근본적 질적특성은 목적적합성과 표현충실성이다. 유용한 재무정보의 질적특성은 재무제표에서 제공되는 재무정보에도 적용되며, 그 밖의 방법으로 제공되는 재무정보에도 적용된다.

② 비교가능성, 검증가능성, 적시성 및 이해가능성은 목적적합하고 충실하게 표현된 정보의 유용성을 보강시키는 질적특성이다. 보강적 질적특성을 적용하는 것은 어떤 규정된 순서를 따르지 않는 반복적인 과정이다. 때로는 하나의 보강적 질적특성이 다른 질적특성의 극대화를 위해 감소되어야 할 수도 있다.

③ 검증가능성은 합리적인 판단력이 있고 독립적인 서로 다른 관찰자가 어떤 서술이 표현충실성이라는 데, 비록 반드시 완전히 일치하지는 못하더라도, 합의에 이를 수 있다는 것을 의미한다. 계량화된 정보가 검증가능하기 위해서 단일 점추정치이어야 한다.

④ 표현충실성은 모든 면에서 정확한 것을 의미하지는 않는다. 오류가 없다는 것은 현상의 기술에 오류나 누락이 없고, 보고 정보를 생산하는 데 사용되는 절차의 선택과 적용 시 절차상 오류가 없음을 의미한다. 이 맥락에서 오류가 없다는 것은 모든 면에서 완벽하게 정확하다는 것을 의미하지는 않는다.

⑤ 목적적합한 재무정보는 정보이용자의 의사결정에 차이가 나도록 할 수 있다. 재무정보에 예측가치, 확인가치 또는 이 둘 모두가 있다면 그 재무정보는 의사결정에 차이가 나도록 할 수 있다.

03 유용한 재무정보의 질적특성에 관한 설명으로 옳지 않은 것은? [세무사 20]

① 재무정보가 예측가치를 갖기 위해서 그 자체가 예측치 또는 예상치일 필요는 없다.

② 하나의 경제적 현상은 여러 가지 방법으로 충실하게 표현될 수 있으나, 동일한 경제적 현상에 대해 대체적인 회계처리방법을 허용하면 비교가능성이 감소한다.

③ 목적적합하지 않은 현상에 대한 표현충실성과 목적적합한 현상에 대한 충실하지 못한 표현 모두 이용자들이 좋은 결정을 내리는 데 도움이 되지 않는다.

④ 회계기준위원회는 중요성에 대한 획일적인 계량 임계치를 정하거나 특정한 상황에서 무엇이 중요한 것인지를 미리 결정할 수 없다.

⑤ 보강적 질적특성은 정보가 목적적합하지 않거나 나타내고자 하는 바를 충실하게 표현하지 않더라도 그 정보를 유용하게 만들 수 있다.

재무제표와 보고기업

04 개념체계에 대한 다음의 설명 중 옳지 않는 것은?

① 재무제표는 기업의 현재 및 잠재적 투자자, 대여자와 그 밖의 채권자 중 특정 집단의 관점이 아닌 보고기업 전체의 관점에서 거래 및 그 밖의 사건에 대한 정보를 제공한다.

② 재무제표 이용자들이 변화와 추세를 식별하고 평가하는 것을 돕기 위해, 재무제표는 최소한 직전 연도에 대한 비교정보를 제공한다.

③ 재무제표는 일반적으로 보고기업이 계속기업이며 예측가능한 미래에 영업을 계속할 것이라는 가정하에 작성된다.

④ 보고기업은 재무제표를 작성해야 하거나 작성하기로 선택한 기업이다. 보고기업은 단일의 실체이거나 어떤 실체의 일부일 수 있으며, 둘 이상의 실체로 구성될 수도 있다. 보고기업이 반드시 법적 실체일 필요는 없다.

⑤ 한 기업(지배기업)이 다른 기업(종속기업)을 지배하는 경우가 있다. 보고기업이 지배기업과 종속기업으로 구성된다면 그 보고기업의 재무제표를 '연결재무제표'라고 부른다. 그리고 보고기업이 지배-종속관계로 모두 연결되어 있지는 않은 둘 이상 실체들로 구성된다면 그 보고기업의 재무제표를 '비연결재무제표'라고 부른다.

재무제표 요소 - 자산의 정의 및 특징

05 '재무보고를 위한 개념체계'에 따르면 자산은 과거사건의 결과로 기업이 통제하는 현재의 경제적 자원이며, 경제적 자원은 경제적효익을 창출할 잠재력을 지닌 권리로 정의된다. 자산과 관련된 다음의 설명으로 타당하지 않은 것은?　　　　　　　　　　　　　　　　　　　　　　　　[회계사 10 수정]

① 자산과 관련된 많은 권리들은 계약, 법률 또는 이와 유사한 수단에 의해 성립된다. 그러나 기업은 그 밖의 방법으로도 권리를 획득할 수 있다.

② 기업은 기업 스스로부터 경제적효익을 획득하는 권리를 가질 수는 없다. 따라서 기업이 발행한 후 재매입하여 보유하고 있는 채무상품이나 지분상품은 기업의 경제적 자원이 아니다.

③ 일반적으로 지출의 발생과 자산의 취득은 밀접하게 관련되어 있다. 따라서 무상으로 증여받은 자산은 자산의 정의를 충족할 수 없다.

④ 원칙적으로 기업의 권리 각각은 별도의 자산이다. 그러나 회계목적상, 관련되어 있는 여러 권리가 단일 자산인 단일 회계단위로 취급되는 경우가 많다.

⑤ 경제적 자원의 가치가 미래경제적효익을 창출할 현재의 잠재력에서 도출되지만, 경제적 자원은 그 잠재력을 포함한 현재의 권리이며, 그 권리가 창출할 수 있는 미래경제적효익이 아니다.

재무제표 요소 - 인식과 측정

06 자산의 인식과 측정에 관한 설명으로 옳지 않은 것은? [세무사 20]

① 자산의 정의를 충족하는 항목만이 재무상태표에 자산으로 인식된다.

② 합리적인 추정의 사용은 재무정보 작성의 필수적인 부분이며 추정치를 명확하고 정확하게 기술하고 설명한다면 정보의 유용성을 훼손하지 않는다.

③ 사용가치는 기업이 자산의 사용과 궁극적인 처분으로 얻을 것으로 기대하는 현금흐름 또는 그 밖의 경제적효익의 현재가치이다.

④ 공정가치는 자산을 취득할 때 발생한 거래원가로 인해 증가하지 않는다.

⑤ 경제적효익의 유입가능성이 낮으면 자산으로 인식해서는 안 된다.

재무제표 요소 - 측정

07 재무보고를 위한 개념체계 중 측정에 관한 다음의 설명 중 옳지 않은 것은? [회계사 21]

① 역사적 원가 측정기준을 사용할 경우, 다른 시점에 취득한 동일한 자산이나 발생한 동일한 부채가 재무제표에 다른 금액으로 보고될 수 있다.

② 공정가치는 자산을 취득할 때 발생한 거래원가로 인해 증가하지 않으며, 또한 자산의 궁극적인 처분에서 발생할 거래원가를 반영하지 않는다.

③ 자산의 현행원가는 측정일 현재 동등한 자산의 원가로서 측정일에 지급할 대가와 그 날에 발생할 거래원가를 포함한다.

④ 현행가치와 달리 역사적 원가는 자산의 손상이나 손실부담에 따른 부채와 관련되는 변동을 제외하고는 가치의 변동을 반영하지 않는다.

⑤ 이행가치는 부채가 이행될 경우보다 이전되거나 협상으로 결제될 때 특히 예측가치를 가진다.

자본유지개념

08 20×1년 초 도소매업으로 영업을 개시한 (주)세무는 현금 ₩1,800을 투자하여 상품 2개를 단위당 ₩600에 구입하고, 구입한 상품을 단위당 ₩800에 판매하여 20×1년 말 현금은 ₩2,200이 되었다. 20×1년 중 물가상승률은 10%이며, 20×1년 기말 상품의 단위당 구입가격은 ₩700이다. 실물자본유지개념을 적용하여 산출한 20×1년 말에 인식할 이익과 자본유지조정 금액은? [세무사 20]

① 이익 ₩100, 자본유지조정 ₩300

② 이익 ₩180, 자본유지조정 ₩220

③ 이익 ₩220, 자본유지조정 ₩180

④ 이익 ₩300, 자본유지조정 ₩100

⑤ 이익 ₩400, 자본유지조정 ₩0

정답 및 해설

정답

01 ① 　 02 ③ 　 03 ⑤ 　 04 ⑤ 　 05 ③ 　 06 ⑤ 　 07 ⑤ 　 08 ①

해설

01 ① 많은 현재 및 잠재적 투자자, 대여자 및 기타 채권자는 일반목적재무보고서가 대상으로 하는 주요이용자이다. 기타 당사자들(예 감독당국, 일반대중 등)도 일반목적재무보고서가 유용하다고 여길 수 있다. 그렇더라도 일반목적재무보고서는 이러한 기타 집단을 주요 대상으로 한 것이 아니다.

02 ③ 계량화된 정보가 검증가능하기 위해서 단일의 점추정치이어야 할 필요는 없다. 가능한 금액의 범위 및 관련된 확률도 검증될 수 있다.

03 ⑤ 보강적 질적특성은 정보가 목적적합하지 않거나 나타내고자 하는 바를 충실하게 표현하지 않으면, 개별적으로든 집단적으로든 그 정보를 유용하게 할 수 없다.

04 ⑤ 보고기업이 지배 - 종속관계로 모두 연결되어 있지는 않은 둘 이상 실체들로 구성된다면 그 보고기업의 재무제표를 '결합재무제표'라고 부른다. '비연결재무제표'는 보고기업이 지배기업 단독인 경우 그 보고기업의 재무제표를 말하며, 한국채택국제회계기준에서는 이를 '별도재무제표'라고 한다.

05 ③ 지출의 발생과 자산의 취득은 밀접하게 관련되어 있으나 양자가 반드시 일치하는 것은 아니다. 관련된 지출이 없더라도 특정 항목이 자산의 정의를 충족하는 것을 배제하지는 않는다. 예를 들어, 자산은 정부가 기업에게 무상으로 부여한 권리 또는 기업이 다른 당사자로부터 증여받은 권리를 포함할 수 있다.

06 ⑤ 경제적효익의 유입가능성이 낮더라도, 자산을 인식하는 것이 목적적합하고 표현이 충실한 정보를 제공할 수 있다면 자산으로 인식한다.

07 ⑤ 이행가치는 부채의 이행에 필요한 추정 현금흐름의 현재가치에 관한 정보를 제공한다. 따라서 이행가치는 부채가 이전되거나 협상으로 결제될 때보다는 특히 이행될 경우에 예측가치를 가질 수 있다.

08 ① (1) 자본유지조정

    ㉠ 기초에 구입가능한 상품수량[*]: 1,800 ÷ @600 = 3개

      [*] 기초에 (실제로 구입한 상품수량이 아니라) 기초 자본으로 구입가능한 상품수량을 기준으로 계산한다.

    ㉡ 유지해야 할 자본: 3개 × @700 = 2,100

    ㉢ 자본유지조정: 유지해야 할 자본 - 기초 자본 = 2,100 - 1,800 = 300

(2) 이익

    기말 자본 - 유지해야 할 자본 = 2,200 - 2,100 = 100

해커스 IFRS 김승철 중급회계 상

제2장

재무제표 표시

제1절 | 일반사항

01 재무제표의 목적

재무제표는 기업의 재무상태와 재무성과를 체계적으로 표현한 것이다. 재무제표의 목적은 광범위한 정보이용자의 경제적 의사결정에 유용한 기업의 재무상태, 재무성과와 재무상태변동에 관한 정보를 제공하는 것이다. 또한 재무제표는 위탁받은 자원에 대한 경영진의 수탁책임 결과도 보여준다. 이러한 목적을 충족하기 위하여 재무제표는 다음과 같은 기업 정보를 제공한다.

> ① 자산
> ② 부채
> ③ 자본
> ④ 차익(gains)과 차손을 포함한 광의의 수익(income)과 비용
> ⑤ 소유주로서의 자격을 행사하는 소유주에 의한 출자와 소유주에 대한 배분
> ⑥ 현금흐름

이러한 정보는 주석에서 제공되는 정보와 함께 재무제표 이용자가 기업의 미래현금흐름, 특히 그 시기와 확실성을 예측하는 데 도움을 준다.

02 전체재무제표

① 전체재무제표는 다음을 모두 포함하여야 하며, 각각의 재무제표는 전체재무제표에서 동등한 비중으로 표시한다. 또한 이 기준서에서 사용하는 재무제표의 명칭이 아닌 다른 명칭을 사용할 수 있다.

> ㉠ 기말 재무상태표
> ㉡ 기간 포괄손익계산서
> ㉢ 기간 자본변동표
> ㉣ 기간 현금흐름표
> ㉤ 주석(중요한 회계정책 정보와 그 밖의 설명 정보로 구성)
> ㉥ 회계정책을 소급하여 적용하거나, 재무제표의 항목을 소급하여 재작성 또는 재분류하는 경우 전기 기초 재무상태표

② 많은 기업은 재무제표 이외에도 그 기업의 재무성과와 재무상태의 주요특성 및 기업이 직면한 주요 불확실성을 설명하는 경영진의 재무검토보고서를 제공한다. 또한 환경 요인이 유의적인 산업에 속해 있는 경우나 종업원이 주요 재무제표 이용자인 경우에 재무제표 이외에도 환경보고서나 부가가치보고서와 같은 보고서를 제공한다. 그러나 이러한 재무제표 이외의 보고서는 한국채택국제회계기준의 적용범위에 해당하지 않는다.

③ 한편, 상법 등 관련 법규에서 이익잉여금처분계산서(또는 결손금처리계산서)의 작성을 요구하는 경우에는 재무상태표의 이익잉여금(또는 결손금)에 대한 보충정보로서 이익잉여금처분계산서(또는 결손금처리계산서)를 주석으로 공시한다.

03 일반원칙

1. 공정한 표시와 한국채택국제회계기준의 준수

① 재무제표는 기업의 재무상태, 재무성과 및 현금흐름을 공정하게 표시해야 한다. 한국채택국제회계기준에 따라 작성된 재무제표는 공정하게 표시된 재무제표로 본다.

② 한국채택국제회계기준을 준수하여 재무제표를 작성하는 기업은 그러한 준수 사실을 주석에 명시적이고 제한없이 기재한다. 다만, 재무제표가 한국채택국제회계기준의 요구사항을 모두 충족한 경우가 아니라면 한국채택국제회계기준을 준수하여 작성되었다고 기재하여서는 아니 된다. 또한 부적절한 회계정책은 이에 대하여 공시나 주석 또는 보충 자료를 통해 설명하더라도 정당화될 수 없다.

> ⊘ 참고 일탈
>
> 극히 드문 상황으로서 한국채택국제회계기준의 요구사항을 준수하는 것이 오히려 '개념체계'에서 정하고 있는 재무제표의 목적과 상충되어 재무제표 이용자의 오해를 유발할 수 있다고 경영진이 결론을 내리는 경우에는, 관련 감독체계가 이러한 요구사항으로부터의 일탈을 의무화하거나 금지하지 않는다면, 한국채택국제회계기준의 요구사항을 달리 적용한다.

2. 계속기업

① 경영진이 기업을 청산하거나 경영활동을 중단할 의도를 가지고 있지 않거나, 청산 또는 경영활동의 중단 외에 다른 현실적 대안이 없는 경우가 아니면 계속기업을 전제로 재무제표를 작성한다.

② 계속기업으로서의 존속능력에 유의적인 의문이 제기될 수 있는 사건이나 상황과 관련된 중요한 불확실성을 알게 된 경우, 경영진은 그러한 불확실성을 공시하여야 한다. 만일 재무제표가 계속기업의 기준하에 작성되지 않는 경우에는 그 사실과 함께 재무제표가 작성된 기준 및 그 기업을 계속기업으로 보지 않는 이유를 공시하여야 한다.

③ 계속기업의 가정이 적절한지의 여부를 평가할 때 경영진은 적어도 보고기간 말로부터 향후 12개월 기간에 대하여 이용가능한 모든 정보를 고려한다. 다만, 기업이 상당 기간 계속 사업이익을 보고하였고, 보고기간 말 현재 경영에 필요한 재무자원을 확보하고 있는 경우에는 자세한 분석이 없이도 계속기업을 전제로 한 회계처리가 적절하다는 결론을 내릴 수 있다.

3. 발생기준 회계

기업은 현금흐름 정보를 제외하고는 발생기준 회계를 사용하여 재무제표를 작성한다. 발생기준 회계를 사용하는 경우, 각 항목이 개념체계의 정의와 인식요건을 충족할 때 자산, 부채, 자본, 광의의 수익 및 비용으로 인식한다.

4. 중요성과 통합표시

① 유사한 항목은 중요성 분류에 따라 재무제표에 구분하여 표시한다. 상이한 성격이나 기능을 가진 항목은 구분하여 표시한다. 다만 중요하지 않은 항목은 성격이나 기능이 유사한 항목과 통합하여 표시할 수 있다.

② 개별적으로 중요하지 않은 항목은 재무제표나 주석의 다른 항목과 통합한다. 재무제표에는 중요하지 않아 구분하여 표시하지 않은 항목이라도 주석에서는 구분표시해야 할 만큼 충분히 중요할 수 있다. 일부 한국채택국제회계기준에서는 재무제표에 포함할 것을 요구하는 정보를 명시하고 있다. 그러나 한국채택국제회계기준의 요구에 따라 공시되는 정보가 중요하지 않다면 그 공시를 제공할 필요는 없다.

5. 상계

한국채택국제회계기준에서 요구하거나 허용하지 않는 한, 자산과 부채 그리고 수익과 비용은 상계하지 아니한다(상계금지의 원칙). 왜냐하면 포괄손익계산서와 재무상태표에서의 상계표시는 발생한 거래, 그 밖의 사건과 상황을 이해하고 기업의 미래현금흐름을 분석할 수 있는 재무제표 이용자의 능력을 저해하기 때문이다. 다만, 재고자산에 대한 재고자산평가충당금과 매출채권에 대한 대손충당금과 같은 평가충당금을 차감하여 관련 자산을 순액으로 측정하는 것은 상계표시에 해당하지 아니한다.

승철쌤's comment **차감계정의 순액표시**

① 재무상태표의 상계표시는 차변(자산)과 대변(부채)을 상계하는 것을 말한다.
② 그러나 자산의 차감계정을 차감하여 관련 자산을 순액표시하는 것은 (차변과 대변을 상계하는 것이 아니라) 차변과 부의 차변을 상계하는 것이므로 상계의 정의에 해당하지 않는 것이다.

그러나 만일 동일 거래에서 발생하는 수익과 관련 비용의 상계표시가 거래나 그 밖의 사건의 실질을 반영한다면 그러한 거래의 결과는 상계하여 표시한다. 예를 들면 다음과 같다.

① 투자자산 및 영업용자산을 포함한 비유동자산의 처분손익은 처분대금에서 그 자산의 장부금액과 관련 처분비용을 차감하여 표시한다.
 ⇨ 재고자산이 아닌 자산의 처분손익은 관련된 수익과 비용을 상계하여 표시하는 것이 원칙이다.
② 충당부채와 관련된 지출을 제3자와의 계약관계(예 공급자의 보증약정)에 따라 보전받는 경우, 당해 지출과 보전받는 금액은 상계하여 표시할 수 있다.
 ⇨ 충당부채 지출과 제3자의 대리변제 금액은 재무상태표에서는 총액으로 표시하지만, 포괄손익계산서에는 상계하여 표시할 수 있다(자세한 내용은 제10장 '충당부채와 보고기간후사건' 참고).
③ 외환손익 또는 단기매매 금융상품에서 발생하는 손익과 같이 유사한 거래의 집합에서 발생하는 차익과 차손은 순액으로 표시한다. 그러나 그러한 차익과 차손이 중요한 경우에는 구분하여 표시한다.
 ⇨ 관련된 차익과 차손의 과대표시를 방지하기 위해 순액표시를 원칙으로 규정한 것이다.

6. 보고빈도

전체재무제표(비교정보를 포함)는 적어도 1년마다 작성한다. 보고기간 종료일을 변경하여 재무제표의 보고기간이 1년을 초과하거나 미달하는 경우 재무제표 해당 기간뿐만 아니라 다음 사항을 추가로 공시한다.

> ① 보고기간이 1년을 초과하거나 미달하게 된 이유
> ② 재무제표에 표시된 금액이 완전하게 비교가능하지는 않다는 사실

일반적으로 재무제표는 일관성 있게 1년 단위로 작성한다. 그러나 실무적인 이유로 어떤 기업은 예를 들어 52주의 보고기간을 선호한다. 이 기준서는 이러한 보고관행을 금지하지 않는다.

7. 비교정보

(1) 최소한의 비교정보

한국채택국제회계기준이 달리 허용하거나 요구하는 경우를 제외하고는 당기 재무제표에 보고되는 모든 금액에 대해 전기 비교정보를 표시한다. 당기 재무제표를 이해하는 데 목적적합하다면 서술형 정보의 경우에도 비교정보를 포함한다. 즉, 최소한 두 개의 재무상태표와 두 개의 포괄손익계산서, 두 개의 별개 손익계산서(표시하는 경우), 두 개의 현금흐름표, 두 개의 자본변동표 그리고 관련 주석을 표시해야 한다.

(2) 회계정책 변경, 소급재작성 또는 소급재분류

다음 모두에 해당된다면 최소한의 비교재무제표에 추가하여 전기 기초를 기준으로 세 번째 재무상태표를 표시한다. 그러나 전기 기초의 개시 재무상태표에 관련된 주석을 표시할 필요는 없다.

> ① 회계정책을 소급하여 적용하거나, 재무제표 항목을 소급하여 재작성 또는 재분류한다.
> ② 소급적용, 소급재작성 또는 소급재분류가 전기 기초 재무상태표에 중요한 영향을 미친다.

8. 표시의 계속성

재무제표 항목의 표시와 분류는 다음의 경우를 제외하고는 매기 동일하여야 한다.

> ① 사업내용의 유의적인 변화나 재무제표를 검토한 결과 다른 표시나 분류방법이 더 적절한 것이 명백한 경우
> ② 한국채택국제회계기준에서 표시방법의 변경을 요구하는 경우

기업은 변경된 표시방법이 재무제표 이용자에게 신뢰성 있고 더욱 목적적합한 정보를 제공하며, 변경된 구조가 지속적으로 유지될 가능성이 높아 비교가능성을 저해하지 않을 것으로 판단할 때에만 재무제표의 표시방법을 변경한다.

제2절 | 재무상태표

01 재무상태표에 표시되는 정보

재무상태표는 일정 시점 현재 기업이 보유하고 있는 경제적 자원인 자산과 경제적 의무인 부채, 그리고 자본에 대한 정보를 제공하는 재무제표이다. 재무상태표에는 다음에 해당하는 금액을 나타내는 항목을 표시한다.

[자산]
① 유형자산
② 투자부동산
③ 무형자산
④ 금융자산[단, ⑤, ⑧ 및 ⑨는 제외]
⑤ 지분법에 따라 회계처리하는 투자자산
⑥ 기업회계기준서 제1041호 '농림어업'의 적용범위에 포함되는 생물자산
⑦ 재고자산
⑧ 매출채권 및 기타 채권
⑨ 현금및현금성자산
⑩ 기업회계기준서 제1105호 '매각예정비유동자산과 중단영업'에 따라 매각예정으로 분류된 자산과 매각예정으로 분류된 처분자산집단에 포함된 자산의 총계

[부채]
⑪ 매입채무 및 기타 채무
⑫ 충당부채
⑬ 금융부채[단, ⑪과 ⑫는 제외]
⑭ 기업회계기준서 제1012호 '법인세'에서 정의된 당기 법인세와 관련한 부채와 자산
⑮ 기업회계기준서 제1012호에서 정의된 이연법인세부채 및 이연법인세자산
⑯ 기업회계기준서 제1105호에 따라 매각예정으로 분류된 처분자산집단에 포함된 부채

[자본]
⑰ 자본에 표시된 비지배지분
⑱ 지배기업의 소유주에게 귀속되는 납입자본과 적립금

이 기준서에서는 단순히 재무상태표에 구분표시하기 위해 성격이나 기능면에서 명확하게 상이한 항목명을 제시하고 있는 것이며, 재무상태표에 표시되어야 할 항목의 순서나 형식을 규정하지 아니한다. 그리고 기업의 재무상태를 이해하는 데 목적적합한 경우 재무상태표에 항목, 제목 및 중간합계를 추가하여 표시한다.

02 자산 · 부채 표시방법(배열방법)

(1) 유동 · 비유동 구분법

① 유동성순서에 따른 표시방법이 신뢰성 있고 더욱 목적적합한 정보를 제공하는 경우를 제외하고는, 자산을 유동자산과 비유동자산, 부채를 유동부채와 비유동부채로 재무상태표에 구분하여 표시한다.

② 기업이 명확히 식별가능한 영업주기 내에서 재화나 용역을 제공하는 경우, 재무상태표에 유동자산과 비유동자산 및 유동부채와 비유동부채를 구분하여 표시한다.

③ 한편, 기업이 재무상태표에 자산을 유동자산과 비유동자산, 그리고 부채를 유동부채와 비유동부채로 구분하여 표시하는 경우, 이연법인세자산(부채)은 유동자산(부채)으로 분류하지 아니한다.

(2) 유동성순서에 따른 표시방법(유동성순서배열법)

① 유동성순서에 따른 표시방법이 신뢰성 있고 더욱 목적적합한 정보를 제공하는 경우에는 유동성순서에 따른 표시방법을 적용하여 모든 자산과 부채를 유동성(liquidity)의 순서에 따라 표시한다.

② 금융회사와 같은 일부 기업의 경우에는 오름차순이나 내림차순의 유동성순서에 따른 표시방법으로 자산과 부채를 표시하는 것이 유동 · 비유동 구분법보다 신뢰성 있고 더욱 목적적합한 정보를 제공한다. 이러한 기업은 재화나 서비스를 명확히 식별가능한 영업주기 내에 제공하지 않기 때문이다.

(3) 혼합표시방법

① 신뢰성 있고 더욱 목적적합한 정보를 제공한다면 자산과 부채의 일부는 유동 · 비유동 구분법으로, 나머지 일부는 유동성순서에 따른 표시방법으로 표시하는 것이 허용된다.

② 이러한 혼합표시방법은 기업이 다양한 사업을 영위하는 경우에 필요할 수 있다.

승철쌤's comment   자산 · 부채 표시방법(배열방법)

① 유동 · 비유동 구분법으로 표시하는 것이 원칙이다.
② 유동성순서배열법과 혼합표시방법은 해당 방법으로 표시하는 것이 더욱 목적적합한 정보를 제공하는 경우에 허용되는 예외적인 방법이다.

필수암기!   자산 · 부채 표시방법(배열방법)

구분	내용	적용기업
유동 · 비유동 구분법	① 원칙적인 방법 ② 자산(부채)을 유동자산(부채)과 비유동자산(부채)으로 구분하여 표시	명확히 식별가능한 영업주기가 있는 기업(일반 제조기업과 상기업)
유동성순서배열법	모든 자산과 부채를 유동성(liquidity)의 순서에 따라 표시(오름차순과 내림차순 모두 가능)	금융기관
혼합표시방법	자산과 부채 중 일부는 유동 · 비유동 구분법으로, 나머지 일부는 유동성순서배열법으로 혼합하여 표시	다양한 사업을 영위하는 기업

03 유동과 비유동의 구분

1. 유동자산과 비유동자산

① 자산은 다음의 경우에 유동자산으로 분류하며, 그 밖의 모든 자산은 비유동자산으로 분류한다.

> ⊙ 기업의 정상영업주기 내에 실현될 것으로 예상하거나, 정상영업주기 내에 판매하거나 소비할 의도가 있다.
> ⓒ 주로 단기매매 목적으로 보유하고 있다.
> ⓒ 보고기간 후 12개월 이내에 실현될 것으로 예상한다.
> ② 현금이나 현금성자산으로서, 교환이나 부채상환 목적으로의 사용에 대한 제한 기간이 보고기간 후 12개월 이상이 아니다.

② 이때 정상영업주기는 영업활동을 위한 자산의 취득시점부터 그 자산이 현금이나 현금성자산으로 실현되는 시점까지 소요되는 기간을 말한다. 정상영업주기를 명확히 식별할 수 없는 경우에는 그 기간이 12개월인 것으로 가정한다.

③ 재고자산 및 매출채권과 같이 정상영업주기의 일부로서 판매, 소비 또는 실현되는 자산의 경우에는 보고기간 후 12개월 이내에 실현될 것으로 예상되지 않는 경우에도 유동자산으로 분류한다. 또한 비유동금융자산 중에서 유동항목으로 대체된 부분도 유동자산으로 분류한다.

승철쌤's comment 정상영업주기 적용대상 자산과 부채

> ① 정상영업주기 기준은 기업의 정상영업과 관련 있는 자산(예 재고자산, 매출채권)과 부채(예 매입채무, 기타영업부채)에만 적용한다.
> ② 기업의 정상영업과 관련이 없는 자산(예 대여금, 투자자산)과 부채(예 차입금, 사채)는 12개월 기준을 적용하여 유동항목과 비유동항목을 구분한다.

2. 유동부채와 비유동부채

① 부채는 다음의 경우에 유동부채로 분류하며, 그 밖의 모든 부채는 비유동부채로 분류한다.

> ㉠ 정상영업주기 내에 결제될 것으로 예상하고 있다.
> ㉡ 주로 단기매매 목적으로 보유하고 있다.
> ㉢ 보고기간 후 12개월 이내에 결제하기로 되어 있다.
> ㉣ 보고기간 말 현재 보고기간 후 적어도 12개월 이상 부채의 결제를 연기할 수 있는 권리를 가지고 있지 않다.
>> ⇨ 한편, 부채의 결제를 연기할 수 있는 권리가 '무조건적'일 필요는 없다. 왜냐하면 차입금의 결제를 연기할 수 있는 권리가 무조건적인 경우는 매우 드물고, 종종 계약사항의 준수를 조건으로 하는 경우가 많기 때문이다.

② 매입채무 그리고 종업원 및 그 밖의 영업원가에 대한 미지급비용과 같은 유동부채는 기업의 정상영업주기 내에 사용되는 운전자본의 일부이다. 이러한 항목은 보고기간 후 12개월 후에 결제일이 도래한다 하더라도 유동부채로 분류한다.

③ 보고기간 후 적어도 12개월 이상 부채의 결제를 연기할 수 있는 기업의 권리는 실질적이어야 하고, 보고기간말 현재 존재해야 한다. 만약 특정 조건을 준수해야만 결제를 연기할 수 있는 권리가 있다면, 기업이 보고기간말 현재 해당 조건들을 준수한 경우에만 그 권리가 보고기간말 현재 존재한다. 비록 대여자(채권자)가 해당 조건의 준수 여부를 보고기간 말 후에 확인하더라도 기업은 보고기간 말 현재 해당 조건들을 준수해야 한다.

④ 부채의 분류는 기업이 보고기간 후 적어도 12개월 이상 부채의 결제를 연기할 권리의 행사 가능성에 영향을 받지 않는다. 부채가 비유동부채로 분류되는 기준을 충족한다면, 비록 경영진이 보고기간 후 12개월 이내에 부채의 결제를 의도하거나 예상하더라도, 또는 보고기간 말과 재무제표 발행승인일 사이에 부채를 결제하더라도 비유동부채로 분류한다. 다만, 그러한 상황 중 하나에 해당하는 경우, 재무제표이용자가 기업의 재무상태에 부채가 미치는 영향을 이해할 수 있도록 결제 시기에 대한 정보를 공시할 필요가 있을 수 있다.

> ⊘**참고 부채의 결제**
>
> ① 부채를 유동 또는 비유동으로 분류할 때, **부채의 결제**란 부채를 소멸시키기 위해 계약 상대방에게 다음 ㉠ 또는 ㉡을 이전하는 것을 말한다.
>> ㉠ 현금이나 그 밖의 경제적 자원(예 재화나 용역)
>> ㉡ 기업 자신의 **지분상품**
> ② 다만, 계약 상대방의 선택에 따라 기업이 자신의 지분상품을 이전하여 부채를 결제할 수 있는 조건(예 전환사채의 전환권)은, 기업이 그 옵션을 **지분상품**으로 분류하고 동 옵션을 복합금융상품의 **자본요소로서 부채와 분리하여 인식**하는 경우라면, 부채의 유동 · 비유동 분류에 **영향을 미치지 아니한다.** 예를 들어, 전환사채의 전환권이 전환사채와 분리하여 자본으로 인식(전환권대가)된 경우, 전환권 행사시점은 전환사채의 유동 · 비유동 분류에 영향을 미치지 아니한다.

3. 장기금융부채의 유동성 분류

(1) 장기금융부채

금융부채의 원래 결제기간이 12개월을 초과하는 경우에도 보고기간 후 12개월 이내에 결제일이 도래하면 이를 유동부채(유동성장기부채)로 분류한다(유동성 대체).

(2) 단기금융부채

구분	내용
유동부채	보고기간 후 12개월 이내에 결제일이 도래하는 단기금융부채로서, 보고기간 후 재무제표 발행승인일 전에 장기로 차환하는 약정 또는 지급기일을 장기로 재조정하는 약정이 체결된 경우에는 유동부채로 분류한다.
비유동부채	기업이 보고기간 말 현재 기존의 대출계약조건에 따라 보고기간 후 적어도 12개월 이상 부채를 연장할 권리가 있다면, 보고기간 후 12개월 이내에 만기가 도래한다 하더라도 비유동부채로 분류한다. 그러나 만약 기업에 그러한 권리가 없다면, 차환가능성을 고려하지 않고 유동부채로 분류한다. ⇨ 비유동부채로 분류하기 위해 "1년 이상 만기를 연장할 것으로 기대하고 있을 것"을 요구하는 문구는 삭제되었다. 즉, 보고기간 말 현재 1년 이상 만기를 연장할 수 있는 권리가 있으면 만기연장 가능성에 관계없이 비유동부채로 분류하라는 의미이다.

승철쌤's comment   단기금융부채의 유동성 분류

① 보고기간 말 이전에 채권자와 1년 이상 만기연장 약정 체결: 비유동부채 분류
② 보고기간 말 후에 채권자와 1년 이상 만기연장 약정 체결: 유동부채 분류

┤ 사례 ├

12월 말 결산법인인 (주)한국의 20×1년 재무제표의 발행승인일은 20×2년 2월 10일이며, 20×1년 말 현재 20×2년 말에 만기가 도래하는 차입금이 있다.

① (주)한국이 동 차입금을 새로운 3년 만기의 장기차입금으로 차환하는 약정을 20×1년 12월 30일에 은행과 체결한 경우: 20×1년 말 재무상태표에 비유동부채로 분류한다.
② (주)한국이 동 차입금을 새로운 3년 만기의 장기차입금으로 차환하는 약정을 20×2년 2월 5일에 은행과 체결한 경우: 20×1년 말 재무상태표에 유동부채로 분류한다.
③ (주)한국이 기존의 대출계약조건에 따라 동 차입금의 만기를 20×3년 말까지 연장할 수 있는 권리가 있는 경우: 20×1년 말 재무상태표에 비유동부채로 분류한다.

(3) 장기차입약정을 위반한 장기금융부채

구분	내용
유동부채	보고기간 말 이전에 장기차입약정의 조건을 위반했을 때 대여자가 즉시 상환을 요구할 수 있는 채무는 보고기간 후 재무제표 발행승인일 전에 대여자가 약정위반을 이유로 상환을 요구하지 않기로 합의하더라도 유동부채로 분류한다. 그 이유는 기업이 보고기간 말 현재 그 시점으로부터 적어도 12개월 이상 결제를 연기할 수 있는 권리를 가지고 있지 않기 때문이다.
비유동부채	그러나 대여자가 보고기간 말 이전에 보고기간 후 적어도 12개월 이상의 유예기간을 주는 데 합의하여 그 유예기간 내에 기업이 위반사항을 해소할 수 있고, 또 그 유예기간 동안에는 대여자가 즉시 상환을 요구할 수 없다면 그 부채는 비유동부채로 분류한다.

> **승철쌤's comment   장기차입약정을 위반한 장기금융부채의 유동성 분류**
>
> ① 보고기간 말 이전에 채권자와 1년 이상 상환유예 약정 체결: 비유동부채 분류
> ② 보고기간 말 후에 채권자와 1년 이상 상환유예 약정 체결: 유동부채 분류

┌─ 사례 ─

12월 말 결산법인인 (주)한국의 20×1년 재무제표의 발행승인일은 20×2년 2월 10일이며, 20×1년 말 현재 20×3년 말에 만기가 도래하는 장기차입금이 있다. 다만, (주)한국은 20×1년 12월 20일에 은행과의 차입약정을 위반하여 은행이 즉시 상환을 요구할 수 있다.

① 20×1년 12월 30일에 은행과의 협상을 통하여 은행이 20×2년 중에는 상환청구권을 행사하지 않기로 합의한 경우: 20×1년 말 재무상태표에 비유동부채로 분류한다.
② 20×2년 2월 5일에 은행과의 협상을 통하여 은행이 20×2년 중에는 상환청구권을 행사하지 않기로 합의한 경우: 20×1년 말 재무상태표에 유동부채로 분류한다.
③ 20×1년 12월 30일에 은행과의 협상을 통하여 은행이 20×2년 6월 30일까지 상환청구권을 행사하지 않기로 합의한 경우: 20×1년 말 재무상태표에 유동부채로 분류한다.

(4) 보고기간후사건 공시

다음과 같은 사건이 보고기간 말과 재무제표 발행승인일 사이에 발생하면 수정을 요하지 않는 사건으로 주석에 공시한다.

┌───┐
│ ① 유동으로 분류된 부채를 장기로 차환한 경우
│ ② 장기차입약정 위반으로 유동으로 분류된 부채에서 해당 위반사항이 해소된 경우
│ ③ 장기차입약정 위반으로 유동으로 분류된 부채에서 해당 위반사항을 해소할 수 있는 유예기간을 대여자로부터 부여받은 경우
│ ④ 비유동으로 분류된 부채를 결제한 경우
└───┘

제3절 | 포괄손익계산서

01 포괄손익계산서에 표시되는 정보

(1) 포괄손익계산서의 의의

포괄손익계산서는 소유주(주주)와의 자본거래에 따른 자본의 변동을 제외한 기업 순자산(자본)의 변동을 표시하는 보고서이다. 포괄손익계산서에 표시되는 (총)포괄손익은 당기순손익과 기타포괄손익의 모든 구성요소를 포함한다.

> **(총)포괄손익 = 당기순손익 + 기타포괄손익(재분류조정 포함)**

① **당기순손익**: 수익에서 비용을 차감한 금액(기타포괄손익의 구성요소 제외)
② **기타포괄손익**: 다른 한국채택국제회계기준서에서 요구하거나 허용하여 당기손익으로 인식하지 않은 수익과 비용항목(재분류조정 포함)
③ **재분류조정**: 당기나 과거 기간에 기타포괄손익으로 인식되었으나 당기손익으로 재분류된 금액
④ **총포괄손익**: 거래나 그 밖의 사건으로 인한 기간 중 자본의 변동(주주와의 자본거래로 인한 자본의 변동 제외)

한 기간에 인식되는 모든 수익과 비용항목은 한국채택국제회계기준이 달리 정하지 않는 한 당기손익으로 인식한다. 당기손익 이외의 항목으로 인식하는 상황은 다음과 같다.

① 전기오류의 수정과 회계정책의 변경의 누적효과를 이익잉여금으로 직접 반영하는 경우
② 다른 한국채택국제회계기준서에서 기타포괄손익으로 인식할 것을 요구하거나 허용하는 경우

기업의 경영성과는 '포괄손익'으로 측정하는데, 포괄손익은 다음과 같이 '당기손익'과 '기타포괄손익'으로 구성되어 있다.

기업의 경영성과: 포괄손익 = 당기손익 + 기타포괄손익

포괄손익계산서   손익계산서

① **포괄손익**: 주주와의 거래(자본거래)로 인한 자본의 변동을 제외한 모든 자본의 변동(즉, 손익거래로 인한 자본의 변동)을 말하며, 당기손익과 기타포괄손익으로 구성된다.

② **당기손익 또는 당기순이익(손실)**: 손익거래로 인한 자본의 변동 중에서 이미 실현(현금화)되었거나 조만간에 실현될 가능성이 높은 미실현손익을 말한다. 현금화될 가능성이 높기 때문에 재무상태표에는 주주들에게 배당금을 지급하는 재원인 이익잉여금에 누적된다.

③ **기타포괄손익**: 포괄손익 중에서 당기손익으로 인식하지 않은 기타의 포괄손익을 말하며, 주로 단기간 내 실현될(현금화될) 가능성이 높지 않은 장기미실현손익으로 구성된다. 다만, 단기간 내 실현될 가능성이 높지 않기 때문에, 재무상태표에는 배당이 불가능한 손익거래 자본인 기타자본구성요소(또는 기타포괄손익누계액)에 누적된다.

결국 포괄손익계산서는 당기손익과 기타포괄손익을 모두 포함한 포괄손익의 세부내역을 나타내는 재무제표이며, 손익계산서는 포괄손익 중 당기손익의 내역까지만 표시한 재무제표이다. 국제회계기준에서는 포괄손익계산서를 기본재무제표 중 하나로 규정하고 있다.

(2) 포괄손익계산서에 표시되는 항목

당기손익 부분(손익계산서)에는 다른 한국채택국제회계기준서가 요구하는 항목에 추가하여 당해 기간의 다음 금액을 표시하는 항목을 포함한다.

① 수익(revenue)
② 금융원가
③ 지분법 적용대상인 관계기업과 공동기업의 당기순손익에 대한 지분
④ 법인세비용
⑤ 중단영업의 합계를 표시하는 단일금액(중단영업손익)

기업의 재무성과를 이해하는 데 목적적합한 경우에는 당기손익과 기타포괄손익을 표시하는 보고서에 항목, 제목 및 중간합계를 추가하여 표시한다. 다만, 수익과 비용의 어느 항목도 당기손익과 기타포괄손익을 표시하는 보고서 또는 주석에 특별손익 항목으로 표시할 수 없다.

02 포괄손익 표시방법

포괄손익은 당기손익과 기타포괄손익으로 구성된다. 기업은 포괄손익을 다음 중 하나의 방법으로 표시할 수 있다.

① **단일의 포괄손익계산서에 모두 포함하여 표시**: 당기손익과 기타포괄손익을 단일의 포괄손익계산서에 두 부분으로 나누어 표시할 수 있다. 이 두 부분은 당기손익 부분을 먼저 표시하고, 바로 이어서 기타포괄손익 부분을 표시함으로써 함께 표시한다.

② **두 개의 보고서로 분리하여 표시**: 당기손익 부분은 별개의 손익계산서에 표시하고, 기타포괄손익 부분은 포괄손익계산서(당기순손익에서 시작하여 기타포괄손익 항목 표시)에 분리하여 표시할 수 있다. 다만, 이 경우 별개의 손익계산서는 포괄손익계산서 바로 앞에 위치해야 한다.

[그림 2-1] 단일의 포괄손익계산서, 두 개의 손익계산서

단일의 포괄손익계산서 20×1.1.1 ~ 20×1.12.31	
수익	×××
매출원가	(×××)
매출총이익	×××
판매비와관리비	(×××)
영업이익	×××
영업외수익	×××
영업외비용	(×××)
금융원가	(×××)
법인세비용차감전순이익	×××
법인세비용	(×××)
계속영업손익	×××
세후중단영업손익	×××
당기순손익	×××
기타포괄손익	×××
총포괄손익	×××

별개의 손익계산서 20×1.1.1 ~ 20×1.12.31	
수익	×××
매출원가	(×××)
매출총이익	×××
판매비와관리비	(×××)
영업이익	×××
영업외수익	×××
영업외비용	(×××)
금융원가	(×××)
법인세비용차감전순이익	×××
법인세비용	(×××)
계속영업손익	×××
세후중단영업손익	×××
당기순손익	×××

포괄손익계산서 20×1.1.1 ~ 20×1.12.31	
당기순이익	×××
기타포괄손익	×××
총포괄손익	×××

03 영업이익 표시방법

기업은 수익에서 매출원가 및 판매비와관리비(물류원가 등을 포함)를 차감한 영업이익(또는 영업손실)을 포괄손익계산서에 구분하여 표시한다. 영업이익의 구성요소인 수익(매출액), 매출원가 및 판매비와관리비에 대한 설명은 다음과 같다.

구분	내용
수익	수익은 기업의 주된 영업활동에서 발생한 금액으로서 제조업 등의 경우 매출액을 의미한다. 매출액은 제품, 상품, 용역 등의 총매출액에서 매출할인, 매출환입, 매출에누리 등을 차감한 금액이다.
매출원가	매출원가는 제품, 상품 등의 매출액에 대응되는 원가로서, 판매된 제품이나 상품 등에 대한 제조원가 또는 매입원가를 말한다.
판매비와관리비	① 판매비와관리비는 제품, 상품, 용역 등의 판매활동과 기업의 관리활동에서 발생하는 비용으로서 매출원가에 속하지 아니하는 비용을 말하며, 급여(임원급여, 급료, 임금 및 제수당 등을 포함한다), 퇴직급여, 명예퇴직금(조기퇴직의 대가로 지급하는 인센티브 등을 포함한다), 복리후생비, 임차료, 접대비, 감가상각비, 무형자산상각비, 세금과공과, 광고선전비, 연구비, 경상개발비, 대손상각비 등을 포함한다. ② 한편, 빈번하게 발생하는 것은 아니지만 영업활동과 관련하여 비용이 감소함에 따라 발생하는 퇴직급여충당부채환입, 판매보증충당부채환입 및 대손충당금환입 등은 판매비와관리비의 부(-)의 금액으로 표시한다.

한편, 영업의 특수성을 고려할 필요가 있는 경우(예 매출원가를 구분하기 어려운 경우)나 비용을 성격별로 분류하는 경우에는 영업수익에서 영업비용을 차감한 영업이익(또는 영업손실)을 포괄손익계산서에 구분하여 표시할 수 있다.

> ⊘ 참고   조정영업이익의 공시
>
> 영업이익 산정에 포함된 항목 이외에 기업의 고유 영업환경을 반영하는 그 밖의 수익 또는 비용항목이 있다면, 이러한 항목을 영업이익에 추가하여 별도의 영업성과 측정치를 산정하고, 이를 포괄손익계산서 본문에 표시되는 영업이익과 명확히 구별되도록 조정영업이익의 명칭으로 주석에 공시할 수 있다.

04 비용의 분류

① 기업은 비용의 성격별 또는 기능별 분류방법 중에서 신뢰성 있고 더욱 목적적합한 정보를 제공할 수 있는 방법을 적용하여 당기손익으로 인식한 비용의 분석내용을 표시한다.

② 비용의 기능별 분류 또는 성격별 분류에 대한 선택은 역사적, 산업적 요인과 기업의 성격에 따라 다르다. 각 방법이 상이한 유형의 기업별로 장점이 있기 때문에 신뢰성 있고 보다 목적적합한 표시방법을 경영진이 선택하도록 하고 있다.

(1) 성격별 분류법

① 개념: 성격별 분류법은 당기손익에 포함된 비용을 그 성격(예 감가상각비, 원재료의 구입, 운송비, 종업원급여와 광고비)별로 통합하여 표시하는 방법이며, 비용을 기능별로 재배분하지 않는다.

② 장점: 성격별 분류법은 기업의 미래현금흐름을 예측하는 데 유용하며, 비용을 기능별 분류로 배분할 필요가 없기 때문에 적용이 간단할 수 있다.

(2) 기능별 분류법

① 개념: 기능별 분류법은 비용을 매출원가, 그리고 물류원가와 관리활동원가 등과 같이 기능별로 분류하는 방법이다. 이 방법에서는 적어도 매출원가를 다른 비용과 분리하여 공시하므로 매출원가법이라고도 한다.

② 장·단점: 기능별 분류법은 성격별 분류보다 재무제표 이용자에게 더욱 목적적합한 정보를 제공할 수 있는 장점이 있다. 그러나 비용을 기능별로 배분하는데 자의적인 배분과 상당한 정도의 판단이 개입될 수 있는 단점이 있다.

③ 추가 요구사항: 비용을 기능별로 분류하는 기업은 감가상각비, 기타상각비와 종업원급여비용을 포함하여 비용의 성격에 대한 추가 정보를 주석으로 공시해야 한다.

[그림 2-2] 기능별 분류와 성격별 분류 손익계산서 사례

손익계산서(기능별 분류) 20×1.1.1 ~ 20×1.12.31		손익계산서(성격별 분류) 20×1.1.1 ~ 20×1.12.31	
수익	×××	수익	×××
매출원가	(×××)	제품과 재공품의 변동	(×××)
매출총이익	×××	원재료와 소모품의 사용액	(×××)
물류원가(판매비)	(×××)	종업원급여비용	(×××)
관리비	(×××)	감가상각비와 기타상각비	(×××)
영업이익	×××	영업이익	×××
영업외수익	×××	영업외수익	×××
영업외비용	(×××)	영업외비용	(×××)
금융원가	(×××)	금융원가	(×××)
법인세비용차감전순이익	×××	법인세비용차감전순이익	×××

05 기타포괄손익의 표시

(1) 기타포괄손익의 종류와 표시방법

기타포괄손익은 다음과 같이 후속적으로 당기손익으로 재분류되지 않는 항목과 당기손익으로 재분류되는 항목으로 구분된다.

---

① **후속적으로 당기손익으로 재분류되지 않는 항목**
  ⊙ 재평가잉여금의 변동
  ⓛ 당기손익 - 공정가치 측정 항목으로 지정한 특정 금융부채의 신용위험 변동으로 인한 공정가치 변동
  ⓒ 기타포괄손익 - 공정가치 측정 항목으로 지정한 지분상품에 대한 투자에서 발생한 손익
  ⓔ 확정급여제도의 재측정요소
  ⓜ 관계기업 및 공동기업의 재분류되지 않는 기타포괄손익에 대한 지분
② **후속적으로 당기손익으로 재분류되는 항목**
  ⊙ 기타포괄손익 - 공정가치 측정 금융자산(채무상품)에 대한 투자에서 발생한 손익
  ⓛ 해외사업장의 재무제표 환산으로 인한 손익
  ⓒ 현금흐름위험회피에서 위험회피수단의 평가손익 중 효과적인 부분
  ⓔ 관계기업 및 공동기업의 재분류되는 기타포괄손익에 대한 지분

기타포괄손익 부분에는 해당 기간의 금액을 표시하는 항목을 다음의 항목으로 표시한다.

---

① 성격별로 분류하고, 다른 한국채택국제회계기준에 따라 다음의 집단으로 묶은 기타포괄손익의 항목
  (아래 ②의 금액 제외)
  ⊙ 후속적으로 당기손익으로 재분류되지 않는 항목
  ⓛ 특정 조건을 충족하는 때에 후속적으로 당기손익으로 재분류되는 항목
② 지분법으로 회계처리하는 관계기업과 공동기업의 기타포괄손익에 대한 지분으로서 다른 한국채택국제회계기준에 따라 다음과 같이 구분되는 항목에 대한 지분
  ⊙ 후속적으로 당기손익으로 재분류되지 않는 항목
  ⓛ 특정 조건을 충족하는 때에 후속적으로 당기손익으로 재분류되는 항목

---

(2) 기타포괄손익의 법인세효과 표시방법

기타포괄손익의 항목과 관련한 법인세비용 금액은 포괄손익계산서나 주석에 공시한다. 즉, 기타포괄손익의 항목은 포괄손익계산서에 다음 중 한 가지 방법으로 표시할 수 있다.

① **세전금액으로 표시**: 기타포괄손익 항목을 관련된 법인세효과 반영 전 금액(세전금액)으로 표시하고, 각 항목들에 관련된 법인세효과는 단일 금액으로 합산하여 표시
② **세후금액으로 표시**: 기타포괄손익 항목을 관련된 법인세효과를 차감한 순액(세후금액)으로 표시

다만, 기타포괄손익의 법인세효과를 포괄손익계산서에 둘 중 어떤 방법으로 표시하더라도 재무상태표에는 항상 관련 법인세효과를 차감한 순액(세후금액)으로 표시된다(구체적인 내용은 제21장 '법인세회계' 참고).

[그림 2-3] 기타포괄손익의 표시사례(관련 법인세효과를 차감한 순액으로 표시한 경우)

포괄손익계산서 20×1.1.1 ~ 20×1.12.31	
당기순이익	×××
기타포괄손익	
당기손익으로 재분류되지 않는 항목	
재평가잉여금	×××
기타포괄손익-공정가치 측정 금융자산(지분상품) 평가손익	×××
확정급여제도의 재측정요소	×××
관계기업 기타포괄손익(관계기업 재평가잉여금)	×××
당기손익으로 재분류될 수 있는 항목	
기타포괄손익-공정가치 측정 금융자산(채무상품) 평가손익	×××
해외사업장환산차이	×××
파생상품평가손익	×××
관계기업 기타포괄손익(관계기업 해외사업장환산차이)	×××
재분류조정	×××
법인세비용차감후 기타포괄손익	×××
총포괄이익	×××

제4절 | 기타 재무제표

01 자본변동표

자본변동표는 자본의 크기와 당해 회계기간 동안의 변동에 관한 정보를 제공하는 재무제표이다. 자본변동표에 대한 자세한 내용은 제11장 '자본'에서 설명하기로 한다.

02 현금흐름표

현금흐름정보는 기업의 현금및현금성자산 창출 능력과 기업의 현금흐름 사용 필요성에 대한 평가의 기초를 재무제표 이용자에게 제공한다. 현금흐름표에 대한 자세한 내용은 제23장 '현금흐름표'에서 설명하기로 한다.

03 주석

① 주석은 재무상태표, 포괄손익계산서, 자본변동표 및 현금흐름표에 표시하는 정보에 추가하여 제공된 정보를 말한다. 주석은 상기 재무제표에 표시된 항목을 구체적으로 설명하거나 세분화하며, 상기 재무제표 인식요건을 충족하지 못하는 항목에 대한 정보를 제공한다.

② 이러한 주석은 실무적으로 적용 가능한 한 체계적인 방법으로 표시하며, 일반적으로 다음과 같은 순서로 표시한다.

> ㉠ 한국채택국제회계기준을 준수하였다는 사실
> ㉡ 적용한 중요한 회계정책 정보
> ㉢ 재무상태표, 포괄손익계산서, 자본변동표 및 현금흐름표에 표시된 항목에 대한 보충정보(재무제표의 배열 및 각 재무제표에 표시된 개별 항목의 순서에 따라 표시)
> ㉣ 다음을 포함한 기타 공시
>   ⓐ 우발부채와 재무제표에서 인식하지 아니한 계약상 약정사항
>   ⓑ 비재무적 공시항목(예 기업의 재무위험관리목적과 정책 등)

개념정리 OX문제

01 기업이 회계정책을 소급하여 적용하거나, 재무제표의 항목을 소급하여 재작성 또는 재   (O, X)
분류하는 경우에는 전기 기초 재무상태표를 추가로 표시해야 한다.

02 재고자산에 대한 재고자산평가충당금과 매출채권에 대한 대손충당금과 같은 평가충당   (O, X)
금을 차감하여 관련 자산을 순액으로 측정하는 것은 상계표시에 해당한다.

03 공시나 주석 또는 보충 자료를 통해 충분히 설명한다면 부적절한 회계정책도 정당화될   (O, X)
수 있다.

04 한국채택국제회계기준이 달리 허용하거나 요구하는 경우를 제외하고는 당기 재무제표   (O, X)
에 보고되는 모든 금액에 대해 전기 비교정보를 표시한다. 다만, 서술형 정보의 경우에
는 비교정보를 생략할 수 있다.

05 유동성순서에 따른 표시방법이 신뢰성 있고 더욱 목적적합한 정보를 제공하는 경우를   (O, X)
제외하고는 자산과 부채를 유동과 비유동으로 재무상태표에 구분하여 표시한다.

06 유동자산은 보고기간 후 12개월 이내에 실현될 것으로 예상되지 않는 경우에도 재고자   (O, X)
산 및 매출채권과 같이 정상영업주기의 일부로서 판매, 소비 또는 실현되는 자산을 포
함한다.

정답 및 해설

01 O

02 X 재무상태표에서 상계란 차변항목과 대변항목을 상계하는 것을 말한다. 따라서 자산을 관련 차감계정(예 재고자산
평가충당금, 대손충당금, 감가상각누계액 등)을 차감한 순액으로 표시하는 것은 (차변과 대변을 상계하는 것이 아
니라) 차변과 부의 차변을 상계하는 것이므로 상계의 정의에 해당하지 않는다.

03 X 부적절한 회계정책은 이에 대하여 공시나 주석 또는 보충 자료를 통해 설명하더라도 정당화될 수 없다(한국채택국
제회계기준을 준수한 것으로 볼 수 없다).

04 X 당기 재무제표를 이해하는 데 목적적합하다면 서술형 정보(주석)의 경우에도 비교정보를 포함한다.

05 O

06 O

07 보고기간 후 적어도 12개월 이상 부채의 결제를 연기할 수 있는 무조건의 권리를 가지 (O, X)
고 있지 않은 경우에는 유동부채로 분류한다.

08 기업이 보고기간 말 현재 기존의 대출계약조건에 따라 보고기간 후 적어도 12개월 이 (O, X)
상 부채를 연장할 것으로 기대하고 있고, 그러한 권리가 있다면, 보고기간 후 12개월
이내에 만기가 도래한다 하더라도 비유동부채로 분류한다.

09 당기손익 부분을 별개의 손익계산서에 표시하는 경우, 별개의 손익계산서는 포괄손익 (O, X)
을 표시하는 보고서의 바로 다음에 위치한다.

10 비용을 기능별로 분류하는 기업은 수익에서 매출원가 및 판매비와관리비(물류원가 등 (O, X)
을 포함)를 차감하여 영업이익을 측정한다.

11 비용의 기능에 대한 정보가 미래현금흐름을 예측하는 데 유용하기 때문에, 비용을 성 (O, X)
격별로 분류하는 경우에는 추가 공시가 필요하다.

12 당해 기간의 기타포괄손익금액을 다른 한국채택국제회계기준서에 따라 후속적으로 당 (O, X)
기손익으로 재분류되지 않는 항목과 재분류되는 항목을 각각 집단으로 묶어 표시한다.

정답 및 해설

07 X 유동부채로 분류되기 위해 부채의 결제를 연기할 수 있는 권리가 '무조건적'일 필요는 없다. 왜냐하면 차입금의 결
제를 연기할 수 있는 권리가 무조건적인 경우는 매우 드물고, 종종 계약사항의 준수를 조건으로 하는 경우가 많기
때문이다.

08 X 비유동부채로 분류하기 위해 "1년 이상 만기를 연장할 것으로 기대하고 있을 것"을 요구하는 문구는 삭제되었다.
즉, 보고기간 말 현재 1년 이상 만기를 연장할 수 있는 권리가 있으면, 만기연장 가능성에 관계없이 비유동부채로
분류한다.

09 X 포괄손익 중 당기손익 부분을 별개의 손익계산서에 분리하여 표시할 수 있다. 이 경우, 별개의 손익계산서는 포괄
손익을 표시하는 보고서 바로 앞에 위치해야 한다.

10 O

11 X 비용의 성격에 대한 정보가 미래현금흐름을 예측하는 데 유용하기 때문에, 비용을 기능별로 분류하는 경우에는 비
용의 성격에 대한 추가 정보를 주석으로 공시해야 한다. 참고로, 비용을 성격별로 분류하는 경우에는 비용의 기능
에 대한 추가 정보를 공시할 필요가 없음에 유의한다.

12 O

일반원칙

01 **재무제표 표시에 관한 설명으로 옳지 않은 것은?** [세무사 14]

① 재고자산에 대한 재고자산평가충당금과 매출채권에 대한 대손충당금과 같은 평가충당금을 차감하여 관련 자산을 순액으로 측정하는 것은 상계표시에 해당한다.

② 중요하지 않은 정보일 경우 한국채택국제회계기준에서 요구하는 특정 공시를 제공할 필요는 없다.

③ 상이한 성격이나 기능을 가진 항목을 구분하여 표시하되, 중요하지 않은 항목은 성격이나 기능이 유사한 항목과 통합하여 표시할 수 있다.

④ 투자자산 및 영업용자산을 포함한 비유동자산의 처분손익은 처분대금에서 그 자산의 장부금액과 관련 처분비용을 차감하여 표시한다.

⑤ 외환손익 또는 단기매매금융상품에서 발생하는 손익과 같이 유사한 거래의 집합에서 발생하는 차익과 차손은 순액으로 표시하되, 그러한 차익과 차손이 중요한 경우에는 구분하여 표시한다.

재무제표 표시 - 종합

02 **재무제표 표시에 관한 설명으로 옳지 않은 것은?** [세무사 13]

① 비용을 기능별로 분류하는 기업은 감가상각비, 기타상각비와 종업원급여비용을 포함하여 비용의 성격에 대한 추가 정보를 공시한다.

② 부적절한 회계정책은 이에 대하여 공시나 주석 또는 보충 자료를 통해 설명하더라도 정당화될 수 없다.

③ 계속기업의 가정이 적절한지의 여부를 평가할 때 경영진은 적어도 보고기간 말로부터 향후 12개월 기간에 대하여 이용가능한 모든 정보를 고려한다.

④ 보고기간 종료일을 변경하여 재무제표의 보고기간이 1년을 초과하거나 미달하는 경우에는 재무제표 해당 기간뿐만 아니라 보고기간이 1년을 초과하거나 미달하게 된 이유와 재무제표에 표시된 금액이 완전하게 비교가능하지 않다는 사실을 추가로 공시한다.

⑤ 기업이 재무상태표에 유동자산과 비유동자산, 그리고 유동부채와 비유동부채로 구분하여 표시하는 경우, 이연법인세자산(부채)은 유동자산(부채)으로 분류한다.

03 **재무제표 표시와 관련된 다음의 설명 중 옳지 않은 것은?** [회계사 14]

① 기업이 재무상태표에 유동자산과 비유동자산, 그리고 유동부채와 비유동부채로 구분하여 표시하는 경우, 이연법인세자산(부채)은 유동자산(부채)으로 분류하지 아니한다.

② 보고기간 말 이전에 장기차입약정의 조건을 위반했을 때 대여자가 즉시 상환을 요구할 수 있는 채무는 보고기간 후 재무제표 발행승인일 전에 대여자가 약정위반을 이유로 상환을 요구하지 않기로 합의한다면 비유동부채로 분류한다.

③ 기업은 변경된 표시방법이 재무제표 이용자에게 신뢰성 있고 더욱 목적적합한 정보를 제공하며, 변경된 구조가 지속적으로 유지될 가능성이 높아 비교가능성을 저해하지 않을 것으로 판단할 때에만 재무제표의 표시방법을 변경한다.

④ 극히 드문 상황으로서 한국채택국제회계기준의 요구사항을 준수하는 것이 오히려 '개념체계'에서 정하고 있는 재무제표의 목적과 상충되어 재무제표 이용자의 오해를 유발할 수 있다고 경영진이 결론을 내리는 경우에는 관련 감독체계가 이러한 요구사항으로부터의 일탈을 의무화하거나 금지하지 않는다면, 한국채택국제회계기준의 요구사항을 달리 적용한다.

⑤ 기업이 보고기간 말 현재 기존의 대출계약조건에 따라 보고기간 후 적어도 12개월 이상 부채를 연장할 권리가 있다면, 보고기간 후 12개월 이내에 만기가 도래한다 하더라도 비유동부채로 분류한다.

04 **다음 중 재무제표의 작성과 표시에 대한 설명으로 타당하지 않은 것은 어느 것인가?** [회계사 11]

① 해당 기간에 인식한 모든 수익과 비용항목은 (1) 별개의 손익계산서와 당기순손익에서 시작하여 기타포괄손익의 구성요소를 표시하는 보고서 또는 (2) 단일 포괄손익계산서 중 한 가지 방법으로 표시한다.

② 유동성순서에 따른 표시방법을 적용할 경우에는 모든 자산과 부채를 유동성의 순서에 따라 표시한다.

③ 영업활동을 위한 자산의 취득시점부터 그 자산이 현금이나 현금성자산으로 실현되는 시점까지 소요되는 기간이 영업주기이다.

④ 매입채무 그리고 종업원 및 그 밖의 영업원가에 대한 미지급비용과 같은 기업의 정상영업주기 내에 사용되는 운전자본 항목은 보고기간 후 12개월 후에 결제일이 도래한다 하더라도 유동부채로 분류한다.

⑤ 비용의 기능에 대한 정보가 미래현금흐름을 예측하는 데 유용하기 때문에, 비용을 성격별로 분류하는 경우에는 비용의 기능에 대한 추가 정보를 공시하는 것이 필요하다.

05 **영업이익 공시에 관한 설명으로 옳지 않은 것은?** [세무사 13]

① 한국채택국제회계기준은 포괄손익계산서의 본문에 영업이익을 구분하여 표시하도록 요구하고 있다.

② 비용을 기능별로 분류하는 기업은 수익에서 매출원가 및 판매비와관리비(물류원가 등을 포함)를 차감하여 영업이익을 측정한다.

③ 금융회사와 같이 영업의 특수성으로 인해 매출원가를 구분하기 어려운 경우, 영업수익에서 영업비용을 차감하는 방식으로 영업이익을 측정할 수 있다.

④ 영업이익에는 포함되지 않았지만, 기업의 영업성과를 반영하는 그 밖의 수익 또는 비용항목이 있다면 영업이익에 이러한 항목을 가감한 금액을 조정영업이익 등의 명칭으로 포괄손익계산서 본문에 보고한다.

⑤ 영업이익 산출에 포함된 주요항목과 그 금액을 포괄손익계산서 본문에 표시하거나 주석으로 공시한다.

06 **기타포괄손익 항목 중 후속적으로 당기손익으로 재분류조정될 수 있는 것은?** [세무사 18]

① 최초인식시점에서 기타포괄손익 – 공정가치 측정 금융자산으로 분류한 지분상품의 공정가치 평가손익

② 확정급여제도의 재측정요소

③ 현금흐름위험회피 파생상품평가손익 중 위험회피에 효과적인 부분

④ 무형자산 재평가잉여금

⑤ 관계기업 유형자산 재평가로 인한 지분법기타포괄손익

정답 및 해설

정답

01 ①　02 ⑤　03 ②　04 ⑤　05 ④　06 ③

해설

01　①　평가충당금(예) 재고자산평가충당금, 대손충당금 등)을 차감하여 관련 자산을 순액으로 측정하는 것은 상계표시에 해당하지 아니한다.

02　⑤　이연법인세자산(부채)은 비유동자산(부채)으로 분류한다.

03　②　보고기간 말 이전에 장기차입약정을 위반했을 때 대여자가 즉시 상환을 요구할 수 있는 채무는 보고기간 후 재무제표 발행승인일 전에 대여자가 약정위반을 이유로 상환을 요구하지 않기로 합의한다면 (비유동부채가 아니라) 유동부채로 분류한다. 즉, 차입약정을 위반한 장기채무를 비유동부채로 분류하기 위해서는 채권자(대여자)와의 상환유예 합의가 보고기간 말 이전에 이루어져야 하며, 상환유예 합의기간도 적어도 12개월(1년) 이상이어야 한다.

04　⑤　비용의 성격에 대한 정보가 미래현금흐름을 예측하는 데 유용하기 때문에, 비용을 기능별로 분류하는 경우에는 비용의 성격에 대한 추가 정보를 공시하는 것이 필요하다. 반면, 비용을 성격별로 분류하는 경우에는 비용의 기능별 분류에 대한 추가공시가 필요 없다.

05　④　조정영업이익은 포괄손익계산서 (본문이 아니라) 주석에 공시할 수 있다.

06　③　관계기업의 기타포괄손익에 대한 지분액은 관계기업의 기타포괄손익이 당기손익으로 재분류조정되는지에 따라 재분류조정 여부가 결정된다. 관계기업의 유형자산 재평가잉여금은 당기손익으로 재분류조정되는 항목이 아니므로 지분법기타포괄손익도 재분류조정하지 않는다.

cpa.Hackers.com

제3장

공정가치 측정과 현재가치 평가

제1절 | 공정가치 측정

01 공정가치의 정의

공정가치는 측정일에 시장참여자 사이의 정상거래에서 자산을 매도할 때 받거나 부채를 이전할 때 지급하게 될 가격을 말한다.

(1) 공정가치 측정대상

공정가치의 정의는 자산과 부채에 초점을 두는데, 이는 자산과 부채가 회계에서 측정의 주요 대상이기 때문이다. 또한 이 기준서는 공정가치로 측정하는 자기지분상품에도 적용된다.

(2) 유출가격으로 정의

공정가치는 자산을 매도할 때 받거나 부채를 이전할 때 지급하게 될 가격, 즉, 자산과 부채를 재무제표에서 제거할 때 가격이므로 유출가격이다.

(3) 시장에 근거한 측정치

① 공정가치는 시장에 근거한 측정치이며 기업 특유의 측정치가 아니다. 만일 동일한 자산이나 부채의 가격을 관측할 수 없는 경우에는 관측할 수 있는 관련된 투입변수를 최대한으로 사용하고 관측할 수 없는 투입변수를 최소한으로 사용하는 다른 가치평가기법을 사용하여 공정가치를 측정한다.

② 공정가치는 시장에 근거한 측정치이므로 위험에 대한 가정을 포함하여, 시장참여자가 자산이나 부채의 가격을 결정할 때 사용하게 될 가정을 사용하여 측정된다. 결과적으로 기업이 자산을 보유하려는 의도나 부채를 결제하거나 이행하려는 의도는 공정가치를 측정할 때 관련이 없다.

> ⊘ 참고 **시장에 근거한 측정치**
>
> ① 일부 자산과 부채의 경우에는 관측할 수 있는 시장 거래나 시장 정보를 구할 수 있다. 다른 자산과 부채의 경우에는 관측할 수 있는 시장 거래와 시장 정보를 구하지 못할 수 있다.
> ② 그러나 두 경우 모두 공정가치를 측정하는 목적은 측정일 현재의 시장 상황에서 시장참여자 사이에 자산을 매도하거나 부채를 이전하는 정상거래가 있는 경우의 가격(자산을 보유하거나 부채를 부담하는 시장참여자의 관점에서 측정일의 유출가격)을 추정하는 것이라는 점에서 같다.

02 공정가치의 측정

(1) 자산 또는 부채

공정가치 측정은 특정 자산이나 부채에 대한 것이다. 따라서 공정가치를 측정할 때에는 시장참여자가 측정일에 자산이나 부채의 가격을 결정할 때 고려하는 그 자산이나 부채의 특성을 고려한다. 예를 들면, 그러한 특성에는 다음 사항이 포함된다.

① 자산의 상태와 위치
② 자산의 매도나 사용에 제약이 있는 경우에 그러한 사항

(2) 시장참여자 사이의 정상거래

① 공정가치는 측정일 현재의 시장 상황에서 자산을 매도하거나 부채를 이전하는 시장참여자 사이의 정상거래에서 자산이나 부채가 교환되는 것으로 가정하여 측정한다.
② 여기서 정상거래는 측정일 전의 일정기간에 해당 자산이나 부채와 관련되는 거래를 위하여 통상적이고 관습적인 마케팅활동을 할 수 있도록 시장에 노출되는 것을 가정한 거래를 말한다. 즉, 강제된 거래(예 강제 청산이나 재무적 어려움에 따른 매각)가 아니다.
③ 그리고 기업은 시장참여자가 경제적으로 최선의 행동을 한다는 가정하에 시장참여자가 자산이나 부채의 가격을 결정할 때 사용할 가정에 근거하여 자산이나 부채의 공정가치를 측정하여야 한다. 다만 그러한 가정을 도출하기 위하여 특정 시장참여자를 식별할 필요는 없다.

(3) 시장

① 공정가치 측정은 자산을 매도하거나 부채를 이전하는 거래가 다음 중 어느 하나의 시장에서 이루어지는 것으로 가정한다.

○ **자산이나 부채의 주된 시장**: 해당 자산이나 부채를 거래하는 규모가 가장 크고 빈도가 가장 잦은 시장
○ **자산이나 부채의 주된 시장이 없는 경우에는 가장 유리한 시장**: 거래원가나 운송원가를 고려했을 때, 자산을 매도할 때 받는 금액을 최대화하거나 부채를 이전할 때 지급하는 금액을 최소화하는 시장

② 주된 시장이나 가장 유리한 시장(주된 시장이 없는 경우)을 식별하기 위하여 합리적으로 구할 수 있는 모든 정보를 고려한다. 이 경우에 반증이 없으면, 자산을 매도하거나 부채를 이전하기 위해 통상적으로 거래를 하는 시장을 주된 시장이나 가장 유리한 시장(주된 시장이 없는 경우)으로 본다.
③ 자산이나 부채에 대한 주된 시장이 있는 경우에는 다른 시장의 가격이 측정일에 잠재적으로 더 유리하다고 하더라도, 주된 시장의 가격이 공정가치 측정치를 나타낸다.
④ 측정일에 자산의 매도나 부채의 이전에 대한 가격결정 정보를 제공할 수 있는 관측할 수 있는 시장이 없더라도, 자산을 보유하거나 부채를 부담하는 시장참여자의 관점을 고려한 거래가 측정일에 이루어질 것으로 가정하여 공정가치를 측정한다. 이러한 가정에 따른 거래가 자산을 매도하거나 부채를 이전하는 가격을 추정하기 위한 근거가 된다.

① 기업은 측정일에 주된(또는 가장 유리한) 시장에 접근할 수 있어야 한다. 서로 다른 활동을 하는 다른 기업은 다른 시장에 접근할 수도 있기 때문에 동일한 자산이나 부채라고 하더라도 기업별로 주된(또는 가장 유리한) 시장은 다를 수 있다. 따라서 주된(또는 가장 유리한) 시장은 기업의 관점에서 고려하며, 이에 따라 다른 활동을 하는 기업 간의 차이는 허용된다.
② 측정일에 그 시장에 접근할 수 있어야 하지만, 그 시장의 가격에 근거하여 공정가치를 측정하기 위해 측정일에 특정 자산을 매도할 수 있거나 특정 부채를 이전할 수 있어야만 하는 것은 아니다.

(4) 가격

공정가치는 시장참여자 사이의 정상거래에서 자산을 매도할 때 받거나 부채를 이전할 때 지급하게 될 가격(유출가격)이다. 이때 그 가격은 직접 관측할 수도 있으며 다른 가치평가기법을 사용하여 추정할 수도 있다.

① **거래원가**: 자산이나 부채의 공정가치를 측정하기 위하여 사용하는 주된(또는 가장 유리한) 시장의 가격에는 거래원가를 조정하지 않는다. 왜냐하면 거래원가는 자산이나 부채의 특성이 아니라 거래에 특정된 것이어서 자산이나 부채를 어떻게 거래하는지에 따라 달라지기 때문이다.
② **운송원가**: 거래원가에는 운송원가를 포함하지 않는다. 위치가 자산(예 상품의 경우)의 특성에 해당한다면 현재의 위치에서 주된(또는 가장 유리한) 시장까지 자산을 운송하는 데에 드는 원가가 있을 경우에 주된(또는 가장 유리한) 시장에서의 가격을 그 원가만큼 조정(차감)한다.

필수암기! 공정가치 측정

[거래원가와 운송원가]
① **공정가치의 측정**: 운송원가는 차감하지만, 거래원가는 차감하지 않는다.
② **가장 유리한 시장의 결정**: 운송원가와 거래원가를 모두 차감한 순현금유입액을 기준으로 결정한다.

[공정가치와 순공정가치]
① 공정가치 = 자산(부채)을 매도(이전)하면서 받을(지급하게 될) 가격 - 운송원가
② 순공정가치 = 자산과 부채의 공정가치 - 거래원가

예제 1 공정가치의 측정(기업회계기준서)

자산이 두 개의 서로 다른 활성시장에서 서로 다른 가격으로 매도된다. 기업은 두 시장 모두에서 거래하며 측정일에 그 자산에 대한 두 시장의 가격을 이용할 수 있다.

(1) 시장 A: 자산을 시장 A에 매도하는 경우 수취할 가격은 ₩260이다. 그리고 시장 A로 자산을 운송하기 위한 원가는 ₩20이며, 시장 A에서의 거래원가는 ₩30이다.

(2) 시장 B: 자산을 시장 B에 매도하는 경우 수취할 가격은 ₩250이다. 그리고 시장 B로 자산을 운송하기 위한 원가는 ₩20이며, 시장 B에서의 거래원가는 ₩10이다.

[요구사항]

1. 시장 A가 주된 시장인 경우 자산의 공정가치를 계산하시오.

2. 주된 시장이 없다고 할 경우 자산의 공정가치를 계산하시오.

해답 1. 시장 A가 주된 시장인 경우
공정가치: 260(수취할 금액) - 20(운송원가) = 240

2. 주된 시장이 없는 경우

	시장 A	시장 B
수취할 금액	260	250
운송원가	(20)	(20)
공정가치	240	230
거래원가	(30)	(10)
수취할 순금액	210	220

⇨ 주된 시장이 없는 경우에는 가장 유리한 시장을 시장으로 보며, 가장 유리한 시장은 운송원가와 거래원가를 모두 고려했을 때 수취할 순금액이 가장 큰 시장을 말한다. 시장 B에 매도할 경우 수취할 순금액이 더 크므로 시장 B가 가장 유리한 시장이 되며, 따라서 공정가치는 230이 된다.

03 비금융자산의 공정가치 측정

비금융자산(예 유형자산, 무형자산 등)의 공정가치를 측정하는 경우에는 시장참여자 자신이 그 자산을 최고 최선으로 사용하거나 최고 최선으로 사용할 다른 시장참여자에게 그 자산을 매도함으로써 경제적 효익을 창출할 수 있는 시장참여자의 능력을 고려한다.

> ⊘참고 최고 최선의 사용
>
> ① 최고 최선의 사용은 기업이 다르게 사용할 의도가 있더라도 시장참여자의 관점에서 판단한다.
> ② 그러나 시장참여자가 비금융자산을 다르게 사용하여 그 가치를 최대화할 것이라는 점이 시장이나 그 밖의 요소에 의해 제시되지 않으면 기업이 비금융자산을 현재 사용하는 것을 최고 최선의 사용으로 본다.

경쟁력 있는 지위를 보호하거나 또는 그 밖의 이유로 취득한 비금융자산을 의도적으로 활발히 사용하지 않으려고 하거나 최고 최선으로 자산을 사용하지 않으려고 할 수 있다. 예를 들면 기업이 취득한 무형자산을 다른 기업이 사용하는 것을 제한함으로써 그 무형자산을 방어적으로 사용하려고 계획할 수 있다. 그렇다 하더라도 비금융자산의 공정가치는 시장참여자의 최고 최선의 사용을 가정하여 측정한다.

04 부채와 자기지분상품의 공정가치 측정

1. 일반원칙

부채와 자기지분상품은 측정일에 금융부채 또는 비금융부채나 자기지분상품(예 사업결합의 대가로 발행된 지분)이 시장참여자에게 이전되는 것으로 가정하여 공정가치를 측정한다.

(1) 부채와 지분상품을 다른 상대방이 자산으로 보유하는 경우

① 동일하거나 비슷한 부채 또는 자기지분상품을 이전하기 위한 공시가격을 구할 수는 없으나 다른 상대방이 동일한 항목을 자산으로 보유하고 있는 경우에, 부채 또는 지분상품의 공정가치는 측정일에 동일한 항목을 자산으로 보유하고 있는 시장참여자의 관점에서 측정한다.

② 다른 상대방이 자산으로 보유하고 있는 부채 또는 자기지분상품의 공시가격은 그 부채 또는 지분상품의 공정가치 측정에 적용할 수 없는 자산에 특정된 요소가 있는 경우에만 조정한다. 자산의 가격에는 그 자산의 매도를 제한하는 제약의 영향을 반영하지 말아야 한다. 자산의 공시가격을 조정해야 함을 나타내는 일부 요소의 예는 다음과 같다.

> ㉠ 자산의 공시가격이 다른 상대방이 자산으로 보유하고 있는 비슷한(그러나 동일하지는 않은) 부채 또는 지분상품과 관련되어 있다. 예를 들면 부채 또는 지분상품은 자산으로 보유하고 있는 비슷한 부채 또는 지분상품의 공정가치에 반영된 특성과는 다른 특성(예 발행자의 신용 상태)을 가지고 있을 수 있다.
> ㉡ 자산의 회계단위가 부채 또는 지분상품의 회계단위와 같지 않다. 예를 들면, 부채의 경우에 자산의 가격이 발행자가 지급해야 하는 금액과 제3자의 신용보강으로 구성되는 묶음의 결합가격을 반영한 경우가 있다. 부채의 회계단위가 그 결합된 묶음이 아니라면 부채의 공정가치를 측정하는 목적은 그 결합된 형태의 공정가치가 아닌 발행자 부채의 공정가치를 측정하는 것이다. 따라서 그러한 경우에 관측한 자산가격에서 제3자의 신용보강의 영향이 제외되도록 조정한다.

(2) 부채와 지분상품을 다른 상대방이 자산으로 보유하지 않는 경우

동일하거나 비슷한 부채 또는 자기지분상품을 이전하기 위한 공시가격을 구할 수 없으며 다른 상대방이 동일한 항목을 자산으로 보유하지 않는 경우에는, 부채를 부담하거나 자본에 대한 청구권을 발행한 시장참여자의 관점에서 가치평가기법을 사용하여 부채 또는 지분상품의 공정가치를 측정한다.

2. 불이행위험

① 부채의 공정가치는 불이행위험의 영향을 반영한다. 불이행위험은 기업이 의무를 이행하지 않을 위험을 말하며, 기업 자신의 신용위험을 포함하지만 이것만으로 한정되는 것은 아니다. 불이행위험은 부채의 이전 전·후에 같은 것으로 가정한다.

② 신용보강(예 채무에 대한 제3자의 보증)을 부채와 분리하여 회계처리하는 경우에 발행자는 부채의 공정가치를 측정할 때 자신의 신용수준을 고려하되 제3자 보증인의 신용수준은 고려하지 않는다.

3. 부채 또는 자기지분상품의 이전을 제한하는 제약

부채 또는 자기지분상품의 공정가치를 측정할 때 부채나 자기지분상품의 이전을 제한하는 제약이 존재하는 것과 관련하여 별도의 투입변수를 포함하거나 다른 투입변수를 조정하지 않는다. 왜냐하면 부채 또는 자기지분상품의 이전을 제한하는 제약의 영향은 공정가치 측정을 위한 다른 투입변수에 암묵적으로 또는 분명하게 포함되어 있기 때문이다.

---

① 예를 들면, 거래일에 채권자와 채무자는 모두 의무가 그 의무의 이전을 제한하는 제약을 포함하고 있다는 점을 충분히 인지하고 부채의 거래가격을 받아들였다. 제약이 거래가격에 포함되어 있으므로 이전에 대한 제약의 영향을 반영하기 위해 거래일에 별도의 투입변수나 기존 투입변수에 대한 조정이 필요하지 않다.

② 이와 비슷하게 이전에 대한 제약의 영향을 반영하기 위하여 후속측정일에 별도의 투입변수나 기존 투입변수에 대한 조정이 반드시 필요하지 않다.

---

4. 요구불 특성을 가진 금융부채

요구불 특성을 가진 금융부채(예 요구불예금)의 공정가치는 요구하면 지급하여야 하는 첫날부터 할인한 금액 이상이어야 한다. 예를 들어, 요구불 특성을 가진 금융부채의 채권자가 20×1년 10월 1일부터 지급을 요구할 수 있다고 할 경우, 해당 금융부채의 공정가치는 20×1년 10월 1일에 지급할 금액의 현재가치 이상이어야 한다.

05 최초인식시점의 공정가치

① 자산을 취득하거나 부채를 인수하는 경우 거래가격(transaction price)은 자산을 취득하면서 지급하거나 부채를 인수하면서 받는 가격(유입가격)이다. 이와 반대로 자산이나 부채의 공정가치는 자산을 매도할 때 받거나 부채를 이전할 때 지급하게 될 가격(유출가격)이다.

② 많은 경우에 거래가격은 공정가치와 같을 것이다. 그러나 만일 다른 기준서에서 최초에 자산이나 부채를 공정가치로 측정하여 인식할 것을 요구하기 때문에 최초인식하는 공정가치와 거래가격이 다른 경우에는 (해당 기준서에서 별도의 규정이 없는 한) 이로 인한 손익을 당기손익으로 인식한다.

승철쌤's comment   (순)공정가치로 최초인식하는 자산이나 부채

① 일반적으로 자산이나 부채를 최초인식할 때는 거래가격(역사적원가)으로 측정하여 인식한다. 다만, 생물자산과 수확물은 해당 자산의 순공정가치로 최초인식하며, 금융자산과 금융부채는 해당 자산이나 부채의 공정가치로 최초인식한다.

② 공정가치로 최초인식하는 자산(부채)의 최초인식 시 공정가치와 거래가격이 다르지만, 차이금액을 당기손익으로 인식하지 않는 예는 다음과 같다.

   ⊙ **유형자산 취득 시 불가피하게 매입한 국공채**: 국공채 취득금액과 국공채 공정가치의 차이는 (당기손익이 아니라) 해당 유형자산의 취득원가에 가산한다.

   ⊙ **시장이자율보다 낮은 이자율로 차입한 정부차입금**: 정부차입금 수령액과 차입금 공정가치의 차이는 (당기손익이 아니라) 정부보조금으로 인식한다.

06 가치평가기법

(1) 가치평가기법의 종류

가치평가기법을 사용하는 목적은 측정일에 현재의 시장 상황에서 시장참여자 사이에 이루어지는 자산을 매도하거나 부채를 이전하는 정상거래에서의 가격을 추정하는 것이다. 널리 사용하는 가치평가기법은 다음과 같다.

> ① **시장접근법**: 동일하거나 비교할 수 있는(비슷한) 자산, 부채, 사업과 같은 자산과 부채의 집합에 대해 시장 거래에서 생성된 가격이나 그 밖의 목적적합한 정보를 사용하는 가치평가기법
> ② **원가접근법**: 자산의 사용능력을 대체할 때 현재 필요한 금액을 반영하는 가치평가기법(통상 현행대체원가라고 함)
> ③ **이익접근법**: 미래 금액(예 현금흐름이나 수익과 비용)을 하나의 현재의(할인된) 금액으로 전환하는 가치평가기법

공정가치 측정을 위해 사용하는 가치평가기법은 일관되게 적용한다. 그러나 가치평가기법이나 그 적용방법을 변경(예 여러 개의 가치평가기법을 사용하는 경우에 가중치를 변경하거나 가치평가기법에 적용하는 조정을 변경)하는 것이 그 상황에서 공정가치를 똑같이 또는 더 잘 나타내는 측정치를 산출해낸다면 이러한 변경은 적절하다. 다만, 가치평가기법이나 그 적용방법이 바뀜에 따른 수정은 (회계정책의 변경이 아니라) 회계추정의 변경으로 회계처리함에 유의한다.

(2) 투입변수

투입변수는 자산이나 부채의 가격을 결정할 때 시장참여자가 사용할 가정을 말하며, 관측할 수 있거나 관측하지 못할 수 있다. 공정가치를 측정하기 위해 사용하는 가치평가기법은 관측할 수 있는 관련된 투입변수를 최대한으로 사용하고 관측할 수 없는 투입변수를 최소한으로 사용하는 다른 가치평가기법을 사용하여 측정한다.

> ① **관측할 수 있는 투입변수**: 실제 사건이나 거래에 관해 공개적으로 구할 수 있는 정보와 같은 시장 자료를 사용하여 개발하였으며 자산이나 부채의 가격을 결정할 때 시장참여자가 사용할 가정을 반영한 투입변수
> ② **관측할 수 없는 투입변수**: 시장 자료를 구할 수 없는 경우에, 자산이나 부채의 가격을 결정할 때 시장참여자가 사용할 가정에 대해 구할 수 있는 최선의 정보를 사용하여 개발된 투입변수

(3) 공정가치 서열체계

① 공정가치 측정 및 관련 공시에서 일관성과 비교가능성을 높이기 위하여, 이 기준서는 공정가치를
측정하기 위하여 사용하는 가치평가기법에의 투입변수를 세 가지 수준으로 분류하는 공정가치 서열
체계를 정한다.

[표 3-1] 공정가치 서열체계

구분	내용	사례
수준 1 투입변수	측정일에 동일한 자산이나 부채에 대해 접근할 수 있는 활성시장의 조정하지 않은 공시가격	거래소시장, 딜러시장, 중개시장, 직거래시장의 공시가격
수준 2 투입변수	수준 1의 공시가격 외에 자산이나 부채에 대해 직접적으로나 간접적으로 관측할 수 있는 투입변수	보유하고 있는 건물과 비슷한 위치의 비교할 수 있는 건물과 관련된 관측할 수 있는 거래의 가격에서 도출한 배수에서 도출한 건물의 m²당 가격
수준 3 투입변수	자산이나 부채에 대한 관측할 수 없는 투입변수	현금창출단위의 경우 기업 자신의 자료를 사용하여 개발한 재무예측

② 관련 투입변수의 사용가능성과 이들 투입변수의 상대적인 주관성은 적절한 가치평가기법을 선택
하는 데에 영향을 미칠 수 있다. 그러나 공정가치 서열체계는 가치평가기법에의 투입변수에 우선순
위를 부여하는 것이지, 공정가치를 측정하기 위해 사용하는 가치평가기법에 우선순위를 부여하는
것은 아니다.

③ 관측할 수 있는 투입변수를 관측할 수 없는 투입변수를 사용해 조정해야 하고 그러한 조정으로 공
정가치 측정치가 유의적으로 더 높아지거나 더 낮아진다면, 그러한 측정치는 공정가치 서열체계
중 수준 3으로 분류할 것이다.

제2절 │ 현재가치 평가

01 현재가치와 복리이자

1. 현재가치의 계산

(1) 화폐의 시간가치

① 화폐는 시간이 경과함에 따라 가치가 변동한다. 예를 들어, 현재 보유하고 있는 현금 100만원은 1년 후의 100만원과 당연히 그 가치가 다를 것이다. 왜냐하면 현재 시중금리가 연 10%라고 가정할 때, 보유 현금 100만원을 1년 동안 은행에 예치하면 1년 후에는 110만원을 받을 수 있기 때문이다. 이때 현재의 현금 100만원과 1년 후에 수령하는 현금 110만원의 차이 10만원을 일상적으로는 이자라고 하며, 회계에서는 화폐의 시간가치라고 한다. 즉, 내가 누군가에게 현금을 일정기간 동안 빌려주면, 빌려주는 기간에 대한 대가로 미래에 이자를 추가로 받아야 하는 것이다.

② 결과적으로 현재 현금의 가치(현재가치)에 이자를 더한 금액이 현금의 미래가치가 되며, 현재 현금에 대한 이자의 비율을 회계에서는 이자율, 할인율 또는 수익률이라고 한다.

현재가치	+	이자	= 미래가치
현재가치	×	(1 + 이자율)	= 미래가치
미래가치	÷	(1 + 이자율)	= 현재가치

(2) 이자계산방식

① 이자를 계산하는 방식에는 단리이자와 복리이자의 두 가지가 있다. 단리이자는 최초의 원금에만 이자가 붙는 이자계산방식이다. 그리고 복리이자는 미수한 이자(또는 미지급한 이자)가 있으면, 동 미수이자(미지급이자)가 다시 원금에 가산되어, 가산된 원금에 다시 이자가 붙는 이자계산방식이다. 간단한 사례를 들어 설명해보자.

│사례│

회사가 20×1년 1월 1일 현재 ₩100을 은행에 연 10%로 2년간 정기예금으로 예치하였다. 이때, 이자가 단리이자와 복리이자가 적용되는 경우로 구분하여 2년 후의 현금수령액을 각각 계산하면 다음과 같다.

	단리이자 계산방식		복리이자 계산방식	
원금		₩100		₩100
이자				
20×1년	100 × 10% =	10	100 × 10% =	10
20×2년	100 × 10% =	10	110 × 10% =	11
합계		₩120		₩121

---

② 단리이자는 원금에만 이자가 붙기 때문에 이자는 매년 ₩10으로 동일하다. 반면에 복리이자는 1차 연도에 수령하지 못한 미수이자 ₩10이 원금에 가산되고, 가산 후 원금 ₩110에 대하여 20×2년의 이자가 계산되기 때문에 20×2년의 이자는 ₩11(= 110 × 10%)으로 증가하게 된다.

③ 즉, 20×1년의 복리이자 ₩10은 20×1년 초에 예치한 예금채권 ₩100에 10%를 곱하여 계산되고, 20×2년의 복리이자 ₩11은 20×2년 초 예금채권 ₩110(20×1년에 발생한 미수이자 ₩10을 가산한)에 10%를 곱하여 계산된다. 이를 일반화하면 다음과 같이 복리이자 계산공식을 도출할 수 있다.

> **복리이자** = 기초 시점의 채권·채무(미수이자·미지급이자 포함) × 복리이자율

④ 회계에서는 복리로 계산한 이자를 포괄손익계산서에 이자수익(또는 이자비용)으로 인식한다. 따라서 이후의 내용은 모두 복리이자를 가정하여 설명하기로 한다.

(3) 현재가치 계산

[그림 3-1] 현재가치와 미래가치

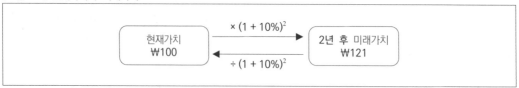

① 이자계산을 복리로 가정할 경우, 원금 ₩100을 연 10% 이자율로 2년간 은행에 예치하면 2년 후 수령할 원리금은 ₩121이 된다. 이때 2년 후 수령하는 ₩121을 현재 ₩100의 2년 후 미래가치 (FV, Future Value)라고 하며, 구체적으로는 다음과 같이 계산된다.

> 현재 ₩100의 1년 후 미래가치: 100 × (1 + 10%) = ₩110
> 현재 ₩100의 2년 후 미래가치: 110 × (1 + 10%) = 100 × (1 + 10%) × (1 + 10%)
> $\qquad\qquad\qquad\qquad\qquad\quad = 100 × (1+10\%)^2 = ₩121$

② 즉, 현재 ₩100에 '1 + 이자율(10%)'을 2번 곱하면 2년 후의 미래가치 ₩121이 계산된다. 이를 일반화하면 다음과 같이 미래가치를 계산하는 공식을 도출할 수 있다.

> 복리이자율을 r, 현재 PV(현재가치)의 n년 후 미래가치를 FVn라고 하면,
> $$FV_n = PV × (1 + r)^n$$

③ 현재가치(PV, Present Value)는 미래에 발생하는 현금흐름을 현재시점의 화폐가치로 환산한 금액을 말한다. 현재가치를 계산하는 방법은 상기 미래가치 계산과정을 역으로 생각하면 된다.

④ 즉, 현재가치에서 미래가치를 계산할 때 '1+이자율'을 매년 곱하여 계산하였으므로, 미래가치에서 현재가치를 계산할 때는 반대로 '1 + 이자율'을 매년 나누어 주면 계산된다. 이를 일반화하면 다음과 같이 현재가치를 계산하는 공식을 도출할 수 있다.

> 복리이자율을 r, n년 후 FVn의 현재가치를 PV라고 하면,
> $$PV = FV_n ÷ (1 + r)^n$$

2. 현재가치계수, 연금의 현재가치계수

(1) 현재가치계수

[그림 3-2] 현재가치계수

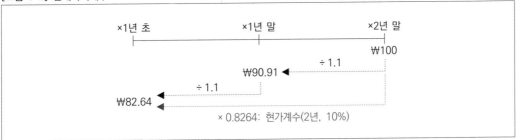

① 예를 들어, 이자율을 10%로 가정할 때, 2년 후 ₩100의 현재가치를 계산하면 다음과 같다.

$$₩100 ÷ 1.1^2 = ₩82.64$$

② 다만, 이를 아래와 같이 계산할 수도 있다.

$$₩100 × 1 ÷ 1.1^2 = ₩100 × 0.8264 = ₩82.64$$

③ 여기서 0.8264를 현재가치계수(2년, 10%)라고 한다. 즉, 현재가치계수(또는 현가계수)는 미래의 현금 ₩1을 기준으로 현재가치를 계산한 값을 말한다.

④ 예를 들어, 이자율을 10%라고 가정할 때, 1년 후 ₩1의 현재가치는 ₩0.9091(= $1 ÷ 1.1^1$)이며, 2년 후 ₩1의 현재가치는 ₩0.8264(= $1 ÷ 1.1^2$)이다. 이때 0.9091을 현재가치계수(1년, 10%)라고 하며, 0.8264를 현재가치계수(2년, 10%)라고 표현한다. 현재가치계수를 문제에서 제시하므로 현재가치계수를 이용하면 현재가치를 간편하게 계산할 수 있는 것이다.

(2) 연금의 현재가치계수

[그림 3-3] 연금의 현재가치계수

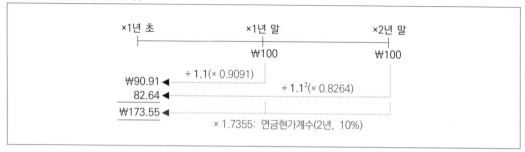

① 연금의 현가계수는 현가계수의 합계를 말한다. 예를 들어, 이자율이 10%라고 할 때, 2년 동안 매년 말 발생하는 ₩100의 현재가치는 다음과 같이 계산한다.

$$₩100 ÷ 1.1^1 + ₩100 ÷ 1.1^2 = ₩173.55$$

② 다만, 이를 아래와 같이 계산할 수도 있다.

$$₩100 × (1 ÷ 1.1^1 + 1 ÷ 1.1^2) = ₩100 × (0.9091 + 0.8264) = ₩100 × 1.7355 = ₩173.55$$

③ 여기서 1.7355를 연금의 현재가치계수(2년, 10%)라고 한다. 즉, 연금의 현재가치계수는 매년 말 발생하는 ₩1의 현재가치를 합계한 값을 말한다. 연금의 현재가치계수도 문제에서 제시하므로 연금의 현재가치계수를 이용하면 연금의 현재가치를 보다 간편하게 계산할 수 있다.

[표 3-2] 현가계수와 연금현가계수: 이자율(할인율)이 10%일 경우

기간	현가계수	연금현가계수(현가계수의 합계)
1기간	$\dfrac{1}{1.1^1}$ = 0.9091	0.9091
2기간	$\dfrac{1}{1.1^2}$ = 0.8264	0.9091 + 0.8264 = 1.7355
3기간	$\dfrac{1}{1.1^3}$ = 0.7513	1.7355 + 0.7513 = 2.4868

02 장기성 채권·채무의 현재가치 평가

(1) 현재가치 평가대상

① 장기성 채권·채무는 장기연불조건의 매매거래 또는 장기금전대차거래에서 발생하는 채권·채무를 말한다. 장기성 채권·채무는 대가가 장기간에 걸쳐 회수되거나 지급되기 때문에, 미래에 회수되거나 지급될 명목금액(미래현금흐름)에는 금융요소가 포함되어 있다.

② 이 경우 미래현금흐름에 포함된 금융요소는 별도로 구분하여 이자수익이나 이자비용으로 인식하고 장기성 채권·채무 자체는 이자를 제외한 금액으로 보고하는 것이 타당하다. 이를 위해서는 장기성 채권·채무를 적정한 이자율(할인율)로 할인한 현재가치로 평가해야 한다.

③ 한편, 대가를 회수하거나 지급되는 시점이 1년 이내인 단기성 채권·채무의 경우에는 대가에 포함되어 있는 금융요소를 별도로 구분하지 않고 명목금액으로 보고하는 실무적 간편법을 사용할 수 있다.

(2) 현재가치 평가거래의 유형

장기성 채권·채무가 발생하는 거래는 크게 장기연불조건의 매매거래와 장기금전대차거래가 있다.

---
① **장기연불조건의 매매거래**: 거래대상이 재화나 용역인 거래를 말하며, 그 예로 재화나 용역의 장기할부판매(매입), 유형자산의 장기할부판매(매입) 등이 있다. 장기연불조건의 매매거래에서는 장기매출채권(매입채무), 장기미수금(미지급금) 등의 채권·채무가 발생한다.

② **장기금전대차거래**: 거래대상이 금전인 거래를 말하며, 그 예로 차입금이나 사채발행을 통한 자금조달(대여)거래가 있다. 장기금전대차거래에서는 장기대여금(장기차입금), 투자사채, 사채 등의 채권·채무가 발생한다.

한편, 장기연불조건의 매매거래는 매매거래와 금전대차거래로 구성되어 있다. 예를 들어, 고객에게 재고자산을 ₩100,000에 판매하고 판매대금을 3년 후에 받기로 하는 장기할부판매거래는 고객에게 재고자산을 판매하는 매매거래와 고객에게 3년 동안 ₩100,000(금전)을 대여하는 금전대차거래로 구성되어 있다. 따라서 장기연불조건의 매매거래는 재화나 용역의 매매거래와 금전의 대여(차입)거래로 구분하여 회계처리해야 한다.

> **승철쌤's comment　매매거래와 금전대차거래**
> ① **매매거래**: 재화나 용역을 사고파는 거래
> ② **금전대차거래**: 금전(현금)을 사고파는 거래. 즉, 돈 빌려주고 돈 빌리는 거래

(3) 현재가치 평가에 적용할 이자율

장기성 채권·채무의 미래현금흐름을 현재가치로 평가할 때 사용하는 할인율을 유효이자율(effective interest rate)이라고 한다. 유효이자율은 당해 거래에 내재된 내재이자율(internal rate of return)이 되며, 내재이자율은 다음 중 더 명확히 결정할 수 있는 것으로 한다.

---

① 재화나 용역의 대가를 현금으로 결제한다면 지급할 가격(현금결제가격)으로 약속한 대가의 명목금액을 할인하는 이자율
② 거래상대방과 별도 금융거래를 한다면 반영하게 될 할인율

승철쌤's comment   내재이자율의 결정

① 재화나 용역의 현금결제가격(이자가 제외된 금액)을 알 수 있는 경우에는 미래현금흐름(명목금액)의 현재가치를 현금결제가격과 일치시키는 할인율을 내재이자율로 사용한다. 예를 들어, 재고자산의 현금판매가격이 ₩100,000이지만, 이를 2년 후에 ₩121,000을 수령하기로 하는 조건으로 판매한 경우, 내재이자율(r)은 아래와 같이 계산된다.
   ⇨ $121,000 \div (1 + r)^2 = 100,000$ 등식에서 r을 계산하면, r = 10%
② 그러나 재화나 용역의 현금결제가격을 알 수 없는 거래도 있을 수 있다. 이 경우에는 상대방과 별도 금융거래를 한다면 반영할 할인율을 내재이자율로 사용한다.

03 회계처리

(1) 최초인식

장기성 채권·채무는 미래현금흐름을 유효이자율(내재이자율)로 할인한 현재가치로 측정하여 인식한다. 이때 장기성 채권·채무를 재무상태표에 표시하는 방법에는 다음과 같이 두 가지 방법이 있다.

> ① **순액표시방법**: 장기성 채권·채무를 현재가치로 평가한 순액으로 표시하는 방법
> ② **총액표시방법**: 채권·채무의 명목금액에서 현재가치할인차금(차감계정)을 차감하여 표시하는 방법. 이때 명목금액은 미래현금흐름 중 표시이자를 제외한 원금만을 의미한다.
> ⇨ 현재가치할인차금 = 채권·채무의 명목금액(원금) - 채권·채무의 현재가치

│ 사례 │

최초인식

20×1년 초, (주)한국은 장부금액 ₩70,000의 기계장치를 ₩100,000(판매원금)에 처분하였다. 판매원금은 3년 후에 수령하고, 매년 말 6%의 표시이자를 수령하기로 하였다. 동 장기할부판매거래의 내재이자율은 10%로 가정한다.

① 최초인식금액: 20×1년 초에 장기미수금으로 인식할 금액은 다음과 같이 현재가치로 계산된다.
  100,000 × 0.7513(현가계수, 3기간, 10%) + 6,000 × 2.4868(연금현가계수, 3기간, 10%) = 90,051

② 재무상태표 표시

총액표시방법		순액표시방법	
장기미수금	100,000	장기미수금	90,051
현재가치할인차금	(9,949)		
	90,051		

③ 최초인식일(20×1년 초)의 회계처리

[총액표시방법]

(차) 장기미수금	100,000	(대) 현재가치할인차금	9,949
		기계장치	70,000
		유형자산처분이익	20,051

[순액표시방법]

(차) 장기미수금	90,051	(대) 기계장치	70,000
		유형자산처분이익	20,051

한편, 두 가지 방법 중 어떤 방법으로 표시할 지는 회계관행의 문제이다. 다만, 표시방법에 따라 기업의 재무상태와 경영성과가 달라지는 것은 아니다.

> ① **총액표시가 관행인 채권·채무**: 장기매출채권(매입채무), 장기미수금(미지급금), 장기대여금(차입금), 사채
> ② **순액표시가 관행인 채권·채무**: 투자사채, 충당부채, 확정급여채무, 금융리스채권(채무)

(2) 최초인식 후 이자의 인식

장기성 채권·채무의 현재가치와 미래현금흐름의 차이는 채권·채무의 상환기간에 걸쳐 이자수익(이자비용)으로 인식한다. 따라서 장기성 채권·채무에서 인식할 총이자수익(이자비용)은 표시이자와 현재가치할인차금의 합계액이 된다.

> **총이자수익(이자비용)**
> = 채권·채무의 미래현금흐름(원금 + 표시이자의 합계) − 채권·채무의 현재가치
> = 표시이자의 합계액 + (원금 − 채권·채무의 현재가치)
> = 표시이자의 합계액 + 현재가치할인차금

이때 총이자수익(이자비용) 중 현재가치할인차금을 채권·채무의 상환기간 동안 이자수익(이자비용)으로 인식하는 방법으로는 정액법과 유효이자율법이 있다. 다만, 국제회계기준에서는 유효이자율법만을 인정하고 있다. 유효이자율법을 적용한 이자수익(이자비용)의 인식은 다음과 같다.

> ① 매 회계기간별로 인식할 이자(유효이자)는 채권·채무의 기초 장부금액에 유효이자율을 곱하여 계산한다.
> ② 이렇게 계산한 유효이자와 표시이자의 차액을 상각액이라고 하는데, 이 상각액이 현재가치할인차금 중에서 당 회계기간에 이자수익(이자비용)으로 인식할 금액이 된다.
> ③ 이자수익(이자비용)으로 인식한 상각액은 해당 채권·채무의 장부금액에 가산된다. 이에 따라 보고기간 말의 채권·채무 장부금액은 기초 장부금액에 상각액을 가산한 금액이 되는데, 이를 상각후원가라고 한다.

> **유효이자율법을 적용한 이자수익(이자비용)의 인식**
> ① 유효이자 = 채권·채무의 기초 장부금액 × 유효이자율
> ② 현재가치할인차금 상각액 = 유효이자 − 표시이자
> ③ 채권·채무의 기말 장부금액(상각후원가) = 채권·채무의 기초 장부금액 + 상각액

│ 사례 │

이자수익 인식

앞의 사례에서 20×1년 이자수익 인식 회계처리와 20×1년 말 재무상태표를 표시하면 다음과 같다.

① 이자수익 인식

  [총액표시방법]

  (차) 현금(표시이자)   6,000   (대) 이자수익(유효이자)   9,005[*]

       현재가치할인차금(상각액)   3,005

         [*] 90,051(장기미수금의 기초 장부금액) × 10% = 9,005

  [순액표시방법]

  (차) 현금(표시이자)   6,000   (대) 이자수익(유효이자)   9,005

       장기미수금(상각액)   3,005

② 20×1년 말 재무상태표

총액표시방법		순액표시방법	
장기미수금	100,000	장기미수금	[*]93,056
현재가치할인차금	[*](6,944)		
	93,056		
[*] 9,949 − 3,005 = 6,944		[*] 90,051 + 3,005 = 93,056	

※ 어떤 표시방법을 적용하여도 20×1년 말 재무상태표상 장기미수금 상각후원가(93,056)와 20×1년 포괄손익
계산서의 이자수익(9,005)은 동일함을 알 수 있다.

│ 예제 2 │ 장기연불조건의 매매거래

> (1) 20×1년 1월 1일, (주)한국은 장부금액 ₩80,000의 기계장치를 ₩100,000에 처분하였다. 판매원금은 3년 후
> 에 수령하고, 매년 말 8%의 표시이자를 수령하기로 하였다.
> (2) 기계장치 장기할부판매거래의 내재이자율은 10%이며, 10%, 3기간, 현재가치계수는 0.7513, 10%, 3기간, 연
> 금현재가치계수는 2.4868이다.

[요구사항]

1. (주)한국이 20×1년 1월 1일에 인식할 유형자산처분이익과 기계장치 판매대금의 할부기간 동안 인식할 총이자수익을
   각각 계산하시오.

2. 기계장치의 장기할부판매거래와 관련한 현재가치할인차금상각표를 작성하시오.

3. (주)한국이 일자별로 수행할 회계처리를 제시하시오.

해답 **1. 유형자산처분이익과 총이자수익**

(1) 유형자산처분이익

① 기계장치의 처분금액

액면금액의 현재가치	100,000 × 0.7513 =	75,130
표시이자의 현재가치	8,000 × 2.4868 =	19,894
기계장치의 처분금액		95,024

② 유형자산처분이익

기계장치의 처분금액	95,024
기계장치의 장부금액	(80,000)
유형자산처분이익	15,024

(2) 총이자수익

미래현금수령액의 합계액	100,000 + 8,000 × 3 =	124,000
기계장치의 처분금액		(95,024)
총이자수익		28,976

2. 현재가치할인차금상각표

일자	유효이자(10%)	표시이자(8%)	상각액	장부금액
20×1.1.1				95,024
20×1.12.31	9,502	8,000	1,502	96,526
20×2.12.31	9,653	8,000	1,653	98,179
20×3.12.31	(*)9,821	8,000	1,821	100,000
	28,976	24,000	4,976	

(*) 끝수조정

유효이자(10%)	+ 9,502	+ 9,653	+ 9,821
표시이자(8%)	− 8,000	− 8,000	− 8,000
상각액	+ 1,502	+ 1,653	+ 1,821
	20×1년 초	20×1년 말	20×2년 말	20×3년 말
미수금 장부금액	95,024	96,526	98,179	100,000

3. 일자별 회계처리

20×1.1.1	(차) 장기미수금	100,000	(대) 기계장치	80,000	
			현재가치할인차금	(*)4,976	
			유형자산처분이익	15,024	⇨ 95,024

(*) 100,000(원금) − 95,024(현재가치) = 4,976

20×1.12.31	(차) 현금	8,000	(대) 이자수익	9,502	
	현재가치할인차금	1,502			⇨ 96,526
20×2.12.31	(차) 현금	8,000	(대) 이자수익	9,653	
	현재가치할인차금	1,653			⇨ 98,179
20×3.12.31	(차) 현금	8,000	(대) 이자수익	9,821	
	현재가치할인차금	1,821			⇨ 100,000
	(차) 현금	100,000	(대) 장기미수금	100,000	⇨ 0

4. 참고 순액표시방법에 따른 회계처리

20×1.1.1	(차) 장기미수금	95,024	(대) 기계장치	80,000		
			유형자산처분이익	15,024	⇨	95,024
20×1.12.31	(차) 현금	8,000	(대) 이자수익	9,502		
	장기미수금	1,502			⇨	96,526
20×2.12.31	(차) 현금	8,000	(대) 이자수익	9,653		
	장기미수금	1,653			⇨	98,179
20×3.12.31	(차) 현금	8,000	(대) 이자수익	9,821		
	장기미수금	1,821			⇨	100,000
	(차) 현금	100,000	(대) 장기미수금	100,000	⇨	0

01 공정가치는 측정일에 시장참여자 사이의 정상거래에서 자산을 매도할 때 받거나 부채   (O, X)
를 이전할 때 지급하게 될 가격을 말한다.

02 공정가치는 시장에 근거한 측정치이며 기업 특유의 측정치가 아니다.   (O, X)

03 자산이나 부채의 공정가치는 기업이 경제적으로 최선의 행동을 한다는 가정하에 기업   (O, X)
이 자산이나 부채의 가격을 결정할 때 사용할 가정에 근거하여 측정하여야 한다.

04 자산이나 부채에 대해 가장 유리한 시장이 있는 경우에는 해당 자산이나 부채에 대한   (O, X)
주된 시장이 있더라도, 가장 유리한 시장의 가격이 공정가치 측정치를 나타낸다.

05 자산이나 부채의 공정가치를 측정하기 위해 사용하는 주된(또는 가장 유리한) 시장의   (O, X)
가격에는 거래원가는 조정하지만 주된(또는 가장 유리한) 시장까지 자산을 운송하는
데 발생하는 원가는 조정하지 않는다.

06 비금융자산의 공정가치를 측정하는 경우에는 시장참여자 자신이 그 자산을 최고 최선   (O, X)
으로 사용하거나 최고 최선으로 사용할 다른 시장참여자에게 그 자산을 매도함으로써
경제적효익을 창출할 수 있는 시장참여자의 능력을 고려한다.

정답 및 해설

01 O

02 O

03 X 공정가치는 (기업 특유의 측정치가 아니라) 시장에 근거한 측정치이다. 따라서 자산(부채)의 공정가치는 (기업이
아니라) '시장참여자'가 경제적으로 최선의 행동을 한다는 가정하에 '시장참여자'가 자산(부채)의 가격을 결정할 때
사용할 가정에 근거하여 측정하여야 한다.

04 X 자산이나 부채에 대한 주된 시장이 있는 경우에는 다른 시장의 가격이 측정일에 잠재적으로 더 유리하다고 하더
라도, 주된 시장의 가격이 공정가치 측정치를 나타낸다.

05 X 자산(부채)의 공정가치를 측정할 때 사용하는 주된(또는 가장 유리한) 시장의 가격에는 거래원가를 조정하지 않는
다. 그러나 위치가 자산의 특성에 해당한다면, 주된(또는 가장 유리한) 시장까지 자산을 운송하는 데 발생하는 원
가(운송원가)는 주된(또는 가장 유리한) 시장에서의 가격을 운송원가 만큼 조정(차감)한다.

06 O

07 장기성 채권·채무는 미래현금흐름을 유효이자율(내재이자율)로 할인한 현재가치로 측 (O, X)
정하여 인식한다.

08 대가를 회수하거나 지급되는 시점이 1년 이내인 단기성 채권·채무의 경우에는 대가 (O, X)
에 포함되어 있는 금융요소를 별도로 구분하지 않고 명목금액으로 보고하는 실무적 간
편법을 사용할 수 있다.

09 장기성 채권·채무가 발생하는 거래는 크게 장기연불조건의 매매거래와 장기금전대차 (O, X)
거래가 있는데, 이 중 장기금전대차거래는 매매거래 요소와 금전대차거래 요소로 구성
되어 있다.

10 재화나 용역의 현금결제가격을 관측할 수 있는 경우에는 거래상대방과 별도 금융거래 (O, X)
를 한다면 반영하게 될 할인율을 유효이자율로 사용한다. 그러나 재화나 용역의 현금
결제가격을 관측할 수 없는 경우에는 약속한 대가의 명목금액을 현금결제가격으로 할
인하는 이자율을 유효이자율로 사용한다.

11 장기성 채권(채무)의 현재가치와 미래현금흐름의 차이는 채권·채무의 상환기간에 걸 (O, X)
쳐 이자수익(이자비용)으로 인식한다. 따라서 장기성 채권·채무에서 인식할 총이자
수익(이자비용)은 표시이자와 현재가치할인차금의 합계액이 된다.

12 현재가치로 평가하는 장기성 채권·채무에서 현재가치할인차금을 채권·채무의 상환 (O, X)
기간 동안 이자수익(이자비용)으로 인식하는 방법으로는 정액법과 유효이자율법이 있
다. 다만, 국제회계기준에서는 유효이자율법만을 인정하고 있다.

정답 및 해설

07 O

08 O

09 X 장기연불조건의 매매거래(예 장기할부판매)는 매매거래와 금전대차거래로 구성되어 있다. 예를 들어, 재고자산의
장기할부판매 거래는 재화(재고자산)를 판매하는 매매거래와 고객에게 금전을 대여하는 금전대차거래로 구성되어 있
다. 그러나 장기금전대차거래는 매매거래 요소는 없으며, 순수 금전대차거래로만 구성되어 있다(예 사채발행 거래).

10 X 재화나 용역의 현금결제가격을 관측할 수 있는 경우에는 약속한 대가의 명목금액을 현금결제가격으로 할인하는
이자율을 유효이자율로 사용한다. 그러나 재화나 용역의 현금결제가격을 관측할 수 없는 경우에는 거래상대방과
별도 금융거래를 한다면 반영하게 될 할인율을 유효이자율로 사용한다.

11 O

12 O

공정가치의 정의

01 기업회계기준서 제1113호 '공정가치 측정'에 관한 다음의 설명 중 올바르지 않은 것은?

① 자산이나 부채의 공정가치는 자산을 매도할 때 받거나 부채를 이전할 때 지급하게 될 가격(유출가격)이다.

② 공정가치는 시장에 근거한 측정치이며 기업 특유의 측정치가 아니기 때문에, 자산을 보유하거나 부채를 결제하거나 이행할 기업의 의도는 공정가치를 측정할 때 관련되지 않는다.

③ 거래원가는 거래의 특성이 아니라 자산이나 부채의 특성이기 때문에, 자산이나 부채의 공정가치를 측정하기 위하여 사용하는 주된 또는 가장 유리한 시장의 가격에는 거래원가를 조정하여 결정한다.

④ 자산이나 부채에 대한 주된 시장이 있는 경우에는 다른 시장의 가격이 측정일에 잠재적으로 더 유리하다고 하더라도, 주된 시장의 가격이 공정가치 측정치를 나타낸다.

⑤ 위치가 자산의 특성에 해당한다면 현재의 위치에서 주된 또는 가장 유리한 시장까지 자산을 운송하는 데에 드는 원가가 있을 경우에 주된 또는 가장 유리한 시장에서의 가격을 그 원가만큼 조정한다.

공정가치의 측정

02 다음은 두 개의 활성시장에서 다른 가격으로 매도되는 자산에 대한 자료이다. 기업회계기준서 제1113호 '공정가치 측정'에 의할 경우, 다음의 설명 중 올바르지 않은 것은?

> (1) 시장 A: 수취할 가격은 ₩1,000이며, 그 시장에서의 거래원가는 ₩250, 그 시장으로 자산을 운송하기 위한 원가는 ₩50이다.
>
> (2) 시장 B: 수취할 가격은 ₩950이며, 그 시장에서의 거래원가는 ₩100, 그 시장으로 자산을 운송하기 위한 원가는 ₩100이다.

① 시장 A가 주된 시장인 경우 공정가치는 ₩950이다.

② 시장 B가 주된 시장인 경우 공정가치는 ₩850이다.

③ 주된 시장이 없는 경우 공정가치는 ₩750이다.

④ 공정가치는 측정일에 시장참여자 사이의 정상거래에서 자산을 매도하면서 수취하거나 부채를 이전하면서 지급하게 될 가격으로 정의한다.

⑤ 공정가치는 시장에 근거한 측정치이며 기업 특유의 측정치가 아니다.

정답 및 해설

정답

01 ③   02 ③

해설

01 ③ 자산이나 부채의 공정가치를 측정하기 위하여 사용하는 주된 또는 가장 유리한 시장의 가격에는 거래원가를 조정하지 않는다. 왜냐하면 거래원가는 자산이나 부채의 특성이 아니라 거래에 특정된 것이어서 자산이나 부채를 어떻게 거래하는지에 따라 달라지기 때문이다.

02 ③ **(1) 주된 시장이 있는 경우**
　① 주된 시장이 있는 경우에는 주된 시장의 가격에 기초하여 공정가치를 측정한다. 이때 공정가치는 정상거래에서 수취할 가격에서 운송원가를 차감한 금액으로 거래원가는 차감하지 않는다.
　② 공정가치
　　㉠ 시장 A가 주된 시장인 경우 공정가치: 1,000 - 50 = 950
　　㉡ 시장 B가 주된 시장인 경우 공정가치: 950 - 100 = 850
(2) 주된 시장이 없는 경우
　① 만일 주된 시장이 없다면 가장 유리한 시장의 가격에 기초하여 공정가치를 측정한다. 이때 가장 유리한 시장은 거래원가나 운송원가를 모두 고려했을 때 자산을 매도하면서 수취하는 금액을 최대화하는 시장이다.
　② 가장 유리한 시장: 자산으로 수취할 순금액은 시장 A는 700(= 1,000 - 250 - 50), 시장 B는 750(= 950 - 100 - 100)이므로 가장 유리한 시장은 B이다.
　③ 주된 시장이 없는 경우 공정가치: 850(시장 B의 공정가치)

해커스 IFRS 김승철 중급회계 상

제4장

재고자산

제1절 | 재고자산의 기초

01 재고자산의 의의

① 재고자산은 통상적인 영업과정에서 판매를 위하여 보유 중인 자산(제품, 상품)과 통상적인 영업과정에서 판매를 위하여 생산 중인 자산(반제품, 재공품) 및 판매목적인 자산의 생산이나 용역제공에 사용될 원재료나 저장품을 말한다.

> ⊘ 참고 재고자산의 분류
>
> ① **제품**: 판매목적으로 제조한 생산품
> ② **상품**: 판매를 목적으로 구입한 상품, 미착상품, 적송품 등
> ③ **반제품**: 자가제조한 중간제품과 부분품으로서 현 상태에서도 판매가 가능한 미완성품
> ④ **재공품**: 제품 또는 반제품의 제조를 위하여 재공과정 중에 있는 미완성품
> ⑤ **원재료**: 제품 생산에 소비할 목적으로 구입한 원료 · 재료, 미착원재료 등
> ⑥ **저장품**: 공장용 · 영업용 · 사무용으로 쓰이는 소모품 등으로서 보고기간 말 현재 미사용액

② 재고자산은 외부로부터 매입하여 재판매를 위해 보유하는 상품, 토지 및 기타 자산을 포함한다. 또한 재고자산은 완제품과 생산 중인 재공품을 포함하며, 생산에 투입될 원재료와 소모품을 포함한다. 그리고 용역제공기업의 재고자산에는 관련된 수익이 아직 인식되지 않은 용역원가가 포함된다.

③ 재고자산은 통상적인 영업과정에서 판매를 위하여 보유하는 자산이므로 기업의 통상적인 영업활동이 무엇이냐에 따라 달라진다. 예를 들어, 부동산매매가 통상적인 영업활동인 기업이 보유하는 토지나 건물은 재고자산으로 분류되지만, 상품매매기업이 보유하는 토지나 건물은 유형자산으로 분류된다.

제2절 | 재고자산의 취득원가

01 일반사항

[그림 4-1] 취득원가 결정의 일반원칙

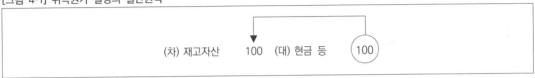

(차) 재고자산　100　(대) 현금 등　100

① 재고자산의 취득원가는 매입원가, 전환원가 및 재고자산을 현재의 장소에 현재의 상태로 이르게 하는 데 발생한 기타 원가 모두를 포함한다. 즉, 재고자산은 재고자산을 취득하기 위하여 지출한 금액(역사적 원가)으로 기록한다. 그리고 기타 원가(취득부대비용)는 재고자산을 현재의 장소에 현재의 상태로 이르게 하는데 발생한 범위 내에서만 취득원가에 포함된다.

② 한편, 재고자산의 취득원가에 포함할 수 없으며 발생기간의 비용으로 인식하여야 하는 원가의 예는 다음과 같다.

> ㉠ 재료원가, 노무원가 및 기타 제조원가 중 비정상적으로 낭비된 부분
> ㉡ 후속 생산단계에 투입하기 전에 보관이 필요한 경우 이외의 보관원가
> 　　⇨ 후속 생산단계에 투입하기 전에 보관이 필요한 경우의 보관원가는 원재료 보관원가, 그 이외의 보관원가는 완성품(상품, 제품) 보관원가를 예로 들 수 있다.
> ㉢ 재고자산을 현재의 장소에 현재의 상태로 이르게 하는데 기여하지 않은 관리간접원가
> ㉣ 판매원가(예 매출운임)

⊘참고　매출원가 포함 항목

① 당기에 비용으로 인식하는 재고자산 금액은 일반적으로 매출원가로 불리우며, 판매된 재고자산의 원가와 배분되지 않은 제조간접가 및 제조원가 중 비정상적인 부분의 금액으로 구성된다.
② 또한 기업의 특수한 상황에 따라 물류원가(예 위탁판매의 적송운임)와 같은 다른 금액들도 매출원가에 포함될 수 있다.

필수암기!　재고자산의 취득원가

① 재고자산을 취득하기 위해 지출한 금액(역사적 원가)으로 측정한다.
② 재고자산의 취득기간 동안 발생한 지출이어야 한다(∵ 수익비용 대응).
③ 꼭 필요한 지출이 아닌 경우에는 취득원가에 포함하지 않고 비용으로 인식한다.

02 자가제조: 제조기업의 제품 취득원가

제조기업의 재고자산(제품) 취득원가는 직접재료원가에 전환원가를 가산한 금액이다. 전환원가는 다음의 원가를 포함한다.

① 직접노무원가 등 생산량과 직접 관련된 원가
② 원재료를 완제품으로 전환하는데 발생하는 고정 및 변동제조간접원가의 체계적인 배부액

[제품 취득원가의 구성]
직접재료원가 + 전환원가(직접노무원가 + 제조간접원가의 체계적인 배부액)

고정제조간접원가는 공장건물이나 기계장치의 감가상각비와 수선유지비 및 공장 관리비처럼 생산량과는 상관없이 비교적 일정한 수준을 유지하는 간접제조원가를 말한다. 변동제조간접원가는 간접재료원가나 간접노무원가처럼 생산량에 따라 직접적으로 또는 거의 직접적으로 변동하는 간접제조원가를 말한다.

⊘ 참고 제조간접원가의 배부

① **고정제조간접원가**
  ㉠ 고정제조간접원가는 생산설비의 정상조업도에 기초하여 전환원가에 배부하는데, 실제조업도가 정상조업도와 유사한 경우에는 실제조업도를 사용할 수 있다. 정상조업도는 정상적인 상황에서 상당한 기간 동안 평균적으로 달성할 수 있을 것으로 예상되는 생산량을 말하는데, 계획된 유지활동에 따른 조업도 손실을 고려한 것을 말한다.
  ㉡ 생산단위당 고정제조간접원가 배부액은 낮은 조업도나 유휴설비로 인해 증가되지 않으며, 배부되지 않은 고정제조간접원가는 발생한 기간의 비용으로 인식한다. 그러나 비정상적으로 많은 생산이 이루어진 기간에는, 재고자산이 원가 이상으로 측정되지 않도록 생산단위당 고정제조간접원가 배부액을 감소시켜야 한다.
② **변동제조간접원가**: 변동제조간접원가는 생산설비의 실제 사용에 기초하여 각 생산단위에 배부한다. 따라서 변동제조간접원가는 재고자산에 배분된 원가와 실제원가의 차이가 발생하지 않는다.

03 외부구입: 상품매매기업의 상품 취득원가

(1) 상품 취득원가의 구성

상품매매기업의 재고자산(상품) 취득원가는 매입원가로 한다. 매입원가는 매입가격에 수입관세와 제세금(과세당국으로부터 추후 환급받을 수 있는 금액은 제외), 매입운임, 하역료 그리고 완제품, 원재료 및 용역의 취득 과정에 직접 관련된 기타 원가(매입부대비용)를 가산한 금액이다. 매입할인, 리베이트 및 기타 유사한 항목은 매입원가를 결정할 때 차감한다.

> **[상품 취득원가(매입원가)의 구성]**
> ① **매입가격:** 매입할인, 리베이트는 차감
> ② **기타 원가(매입부대비용):** 수입관세 및 제세금(단, 환급받을 수 있는 금액은 제외), 매입운임, 하역료 등

(2) 매입에누리와 환출, 매입할인

상품 취득원가 중 매입가격은 거래상대방에게 직접 지급한 상품의 구입가격으로서, 다음과 같은 이유로 감소할 수 있다.

> ① **매입에누리:** 매입한 상품에 파손·부패·결함 등 하자가 있어 판매자가 상품의 가격을 깎아주는 것을 말한다. 또한 일정기간 동안 거래되는 수량이나 거래금액에 따라 가격을 깎아주는 것도 매입에누리에 포함된다.
> ② **매입환출:** 매입한 상품에 파손·부패·결함 등이 발생하여 매입한 상품을 반환하는 것을 말한다.
> ③ **매입할인:** 외상매입대금을 조기에 결제한 경우 판매자가 상품의 가격을 깎아주는 것을 말한다.

매입에누리와 환출, 매입할인이 발생하면 상품 취득을 위한 지출액이 감소하므로 동 금액만큼 상품 취득원가에서 차감하는 것이다. 이때 당기의 상품 취득원가를 순매입액이라고도 하며, 따라서 순매입액은 다음과 같이 표현할 수 있다.

> 순매입액(당기의 상품 취득원가) = 매입가격 + 매입부대비용(예 매입운임 등)
> = 총매입액 − 매입에누리와 환출 − 매입할인 + 매입부대비용

> **[매입에누리와 환출 발생 시]**
> (차) 매입채무(부채↓)　　　　　　　×××　(대) 상품[*](자산↓)　　　　　×××
> 　[*] 또는 재고자산 수량결정방법으로 실사법 적용 시 '매입에누리와 환출' 계정(매입의 차감계정)
>
> **[매입할인 발생 시]**
> (차) 매입채무(부채↓)　　　　　　　×××　(대) 상품[*](자산↓)　　　　　×××
> 　[*] 또는 재고자산 수량결정방법으로 실사법 적용 시 '매입할인' 계정(매입의 차감계정)

(3) 매입운임

상품을 매입할 때 부담하는 운반비(매입운임)는 매입부대비용이므로 상품 취득원가에 포함한다. 다만, 보고기간 말 현재 운송 중인 상품의 운임은 다음과 같이 거래상황에 따라 달라짐에 유의한다.

> ① **FOB 선적지인도조건**: FOB 선적지인도조건으로 매입한 재고자산이 기말 현재 운송 중인 경우에는 상품을 선적한 시점에 소유권이 회사(매입자)에게 이전된다. 이 경우 회사가 부담하는 매입운임은 상품을 취득할 때 발생하는 매입부대비용이므로 회사의 상품 취득원가에 포함한다.
>
> ② **FOB 도착지인도조건**: FOB 도착지인도조건으로 판매한 재고자산이 기말 현재 운송 중인 경우에는 상품이 도착한 시점에 소유권이 거래상대방(매입자)에게 이전된다. 이 경우 상품이 상대방에게 도착할 때까지 회사(판매자)가 부담하는 운반비는 (상품 취득원가가 아니라) 상품을 판매할 때 발생하는 판매부대비용(매출운임)이므로 판매비와관리비(당기비용)로 인식한다.

[매입운임 발생 시]

(차) 상품^(*)(자산↑)　　　　　　　　　　×××　　(대) 현금 등(자산↓)　　　　　　　×××
　　^(*) 또는 재고자산 수량결정방법으로 실사법 적용 시 '매입' 계정

---

04 기타의 유형별 취득원가

(1) 용역제공기업의 재고자산

용역제공기업이 재고자산을 가지고 있다면, 이를 제조원가로 측정한다. 다만, 용역제공기업의 영업활동은 (물리적 실체가 있는 재화를 판매하는 것이 아니라) 무형의 용역(서비스)을 제공하는 것이다. 따라서 용역제공기업의 재고자산은 용역제공에 직접 관련된 인력에 대한 노무원가와 기타 직·간접원가로 구성된다.

> **[용역제공기업의 재고자산 취득원가의 구성]**
> 용역제공에 직접 관련된 인력의 노무원가 + 기타 직·간접원가

(2) 재고자산의 장기할부매입

① 재고자산은 역사적 원가로 측정하여 인식한다. 이때 재고자산을 후불조건으로 취득(할부매입)하는 경우 계약이 실질적으로 금융요소(이자요소)를 포함하고 있다면, 금융요소는 별도로 분리하여 금융이 이루어지는 기간(할부기간) 동안 이자비용으로 인식한다. 이에 따라 장기할부로 매입하는 재고자산의 취득원가는 금융요소가 제외된 금액(현금구입가격 상당액)이 된다.

② 이 경우 금융요소가 제외된 금액, 즉, 현금구입가격상당액은 취득일 현재의 공정가치와 동일한 금액으로서 미래에 지급할 총지급액을 내재이자율로 할인한 현재가치로 계산한다. 미래에 지급할 명목금액은 장기매입채무로 계상하고, 미래 총지급액의 현재가치와의 차이는 현재가치할인차금의 과목으로 장기매입채무에서 차감하는 형식으로 표시한다. 현재가치할인차금은 장기매입채무의 상환기간에 걸쳐 유효이자율법을 적용하여 상각하고 동 금액을 이자비용으로 인식한다.

> **[재고자산 취득 시]**
> (차) 재고자산   ×××   (대) 장기매입채무   ×××
>   현재가치할인차금   ×××
>
> **[매 결산일]**
> (차) 이자비용(유효이자)   ×××   (대) 현금(표시이자)   ×××
>   현재가치할인차금(상각액) ×××

예제 1   재고자산의 취득원가

다음은 (주)한국의 재고자산의 매입 및 제조과정 중에 발생한 원가의 내역이다.

○ 매입가격(부가가치세 포함)	₩440,000	○ 보관원가	₩8,000
○ 매입에누리와 환출	20,000	○ 수입관세 납부액	25,000
○ 매입운임	30,000	○ 수입관세 환급금	13,000
○ 하역료	45,000	○ 매출운임	70,000
○ 제조원가 중 비정상적으로 낭비된 부분	90,000		
○ 배부되지 않은 고정제조간접원가	75,000		

한편, 상기 매입가격 ₩440,000 안에는 부가가치세 ₩40,000이 포함되어 있으며, 보관원가는 후속 생산단계에 투입하기 전에 보관이 필요한 경우가 아니다.

[요구사항]

재고자산의 원가에 포함될 금액을 계산하시오. 단, (주)한국은 부가가치세 과세사업자이며, 부가가치세는 환급대상에 속하는 매입세액이다.

해답　1. **발생 시 비용인식 지출**
　　　① 후속 생산단계에 투입하기 전에 보관이 필요한 경우 이외의 보관원가, 제조원가 중 비정상적으로 낭비된 부분, 배부되지 않은 고정제조간접원가는 당기비용으로 처리한다.
　　　② 매출운임은 재고자산을 판매할 때 발생하는 지출이므로 판매비와관리비(당기비용)로 처리한다.

　　　2. **재고자산의 취득원가**

매입가격	440,000
부가가치세	(40,000)
매입에누리와 환출	(20,000)
매입운임	30,000
하역료	45,000
수입관세 납부액	25,000
수입관세 환급금	(13,000)
계	467,000

(1) (주)대한은 20×1년 1월 1일 (주)민국으로부터 상품 250개를 취득하면서 ₩50,000은 즉시 지급하고, 나머지 대금 ₩200,000은 20×2년 말에 지급하기로 하였다.

(2) 취득일 현재 상품의 현금가격상당액은 총지급액을 유효이자율로 할인한 현재가치와 동일하며, 동 거래에 적용되는 유효이자율은 연 9%이다.

(3) 9%의 1기간과 2기간 기간 말 단일금액 ₩1의 현가계수는 각각 0.9174와 0.8417이다. 금액계산은 소수점 첫째자리에서 반올림한다.

[요구사항]

1. (주)대한이 20×1년 1월 1일에 상품의 취득원가로 인식할 금액을 계산하시오.

2. 상품과 관련하여 (주)대한의 20×1년 당기손익에 미치는 영향을 계산하시오.

3. 상품과 관련하여 (주)대한이 20×1년에 해야 할 회계처리를 제시하시오.

해답 1. 상품의 취득원가(상품 매입액)

20×1.1.1 현금지급액		50,000
20×2년 말 지급액의 현재가치	200,000 × 0.8417 =	168,340
상품 취득원가		218,340

2. 20×1년 당기손익 효과

장기매입채무 이자비용: 168,340 × 9% = 15,151 감소

3. 20×1년 회계처리

20×1.1.1	(차) 상품	218,340	(대) 현금	50,000	
	현재가치할인차금	(*)31,660	장기매입채무	200,000 ⇨	168,340
	(*) 200,000 − 168,340 = 31,660				
20×1.12.31	(차) 이자비용	(*)15,151	(대) 현재가치할인차금	15,151 ⇨	183,491
	(*) 168,340 × 9% = 15,151				

4. 참고 순액표시방법에 따른 회계처리

20×1.1.1	(차) 상품	218,340	(대) 현금	50,000	
			장기매입채무	168,340 ⇨	168,340
20×1.12.31	(차) 이자비용	15,151	(대) 장기매입채무	15,151 ⇨	183,491

제3절 | 재고자산의 원가배분

01 의의

[그림 4-2] 재고자산의 원가배분

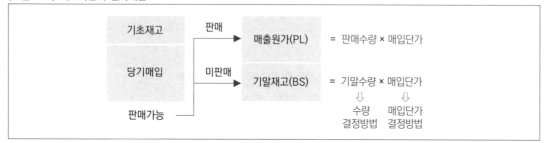

① 기초재고자산과 당기에 매입한 재고자산을 합한 금액이 판매가능재고자산이다. 다만, 판매가능재고자산 중 일부는 당기에 판매되었고 일부는 보고기간 말 현재 기업이 보유하고 있을 것이다.

② 따라서 판매가능재고자산 중 당기에 판매된 재고자산은 장부에서 제거하면서 포괄손익계산서에 매출원가로 보고하고, 기말 현재 보유하고 있는 재고자산은 재무상태표에 재고자산으로 보고해야 한다. 이렇게 판매가능재고자산의 원가를 포괄손익계산서의 매출원가(판매분)와 재무상태표의 기말재고자산(미판매분)으로 배분하는 과정을 재고자산의 원가배분이라고 한다.

③ 이러한 원가배분 과정을 수량 측면의 원가배분인 수량의 결정과 단위당 원가 측면의 원가배분인 원가흐름의 가정으로 나누어 설명하기로 한다.

02 재고자산 수량의 결정

재고자산 수량의 결정은 판매가능재고자산 중에서 당기 중에 판매된 수량(판매수량)과 기말 현재 보유하고 있는 수량(기말재고수량)을 결정하는 것을 말한다. 이때 재고자산의 수량을 기록하는 방법에는 계속기록법과 실지재고조사법(실사법) 및 병행법이 있다.

(1) 계속기록법

계속기록법은 재고자산의 입고(매입)와 출고(판매) 시마다 수량을 계속기록하는 방법이다. 따라서 계속기록법은 판매가능수량 중에서 ① 당기에 실제로 판매된 수량을 차감하여 ② 기말재고수량을 결정한다. 다만, 이렇게 결정된 기말재고수량은 장부상으로만 관리되는 수량일 뿐이며, 창고에 실제로 보관되어 있는 수량(실사수량)과는 차이가 있다.

[계속기록법에 의한 수량의 결정]

상품				
기초수량	100개	판매수량	×××개	① 기중에 판매할 때마다 계속기록
매입수량	200개	기말수량	×××개	② 장부상 기말수량(감모수량 포함됨)
판매가능수량	300개		300개	

계속기록법에 의할 경우 시점별 회계처리는 다음과 같다.

① **기중에 상품 매입 시**: 매입한 상품의 취득원가를 장부에 기록한다.
② **기중에 상품 판매 시**: 상품 판매로 수취한 대가를 매출액으로 인식한다. 동시에, 판매시점에 파악한 판매수량에 단위당 매입단가를 곱한 금액(판매된 상품의 원가)을 장부에서 제거하고 매출원가를 인식한다.
③ **기말 결산 시**: 기말에 장부에 남아있는 상품수량이 기말재고수량으로 결정된다. 기중에 상품 판매 시에 매출원가를 인식하였으므로 원가배분을 위한 별도의 결산수정분개는 수행하지 않는다.

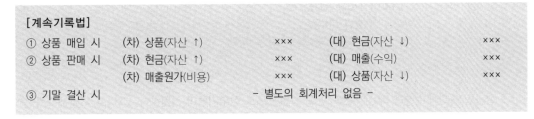

계속기록법은 재고자산 수량을 적시에 파악이 가능하므로 재고자산의 내부관리나 통제목적에는 적합한 방법이다. 그러나 재고자산의 입고, 출고 시마다 수량을 계속기록해야 하므로 재고자산 매매거래가 빈번할 경우에는 번거로울 수 있으며, 또한 기말재고자산이 실제수량에 기초하여 계산된 금액이 아니기 때문에 외부보고 목적으로는 적합하지 않다.

(2) 실지재고조사법

실지재고조사법(실사법)은 ① 보고기간 말에 창고를 실사하여 기말재고수량을 결정하고, 판매가능재고수량 중에서 기말 실사수량을 차감한 ② 나머지 수량을 판매수량으로 결정하는 방법이다.

[실사법에 의한 수량의 결정]

상품

기초수량	100개	판매수량	×××개	② 역산으로 계산(감모수량 포함됨)
매입수량	200개	기말수량	×××개	① 기말 실사수량
판매가능수량	300개		300개	

실사법에 의할 경우 시점별 회계처리는 다음과 같다.

---

① **기중에 상품 매입 시**: 매입한 상품의 취득원가를 장부에 기록한다. 단, 실사법에서는 상품을 매입할 때 (상품계정을 사용하지 않고) '매입'계정으로 기록한다. 매입계정은 기말 결산수정분개로 소멸시키는 계정이므로 재무제표에는 나타나지 않고 수정전시산표에서 결산수정분개까지만 나타나는 임시계정이다.

② **기중에 상품 판매 시**: 상품 판매로 수취한 대가를 매출액으로 인식한다. 다만, 판매시점에 판매수량을 파악하지 않으므로 판매된 재고자산의 원가를 알 수 없다. 따라서 기중에 상품 판매 시에 매출액은 인식하지만, 매출원가는 인식하지 않는다.

③ **기말 결산 시**: 기중에 상품을 판매할 때 매출원가를 인식하지 않았으므로 기말재고자산 장부에는 판매가능재고자산(= 기초상품 + 당기매입상품)이 모두 남아있다. 따라서 판매가능재고자산을 매출원가와 기말재고로 배분(원가배분)하는 결산수정분개를 수행한다.

[실사법]

① 상품 매입 시	(차) 매입(임시계정)	×××	(대) 현금(자산 ↓)	×××
② 상품 판매 시	(차) 현금(자산 ↑)	×××	(대) 매출(수익)	×××
③ 기말 결산 시	(차) (기말)상품(자산 ↑)	(*1)×××	(대) (기초)상품(자산 ↓)	×××
	매출원가(비용)	(*2)×××	매입(임시계정)	×××

(*1) 기말 실사수량 × 단위당 매입단가

(*2) 대차차액

실사법은 판매수량을 계속기록할 필요가 없으므로 장부기록이 간편하다. 그리고 기말재고자산이 실제수량에 기초하여 보고되므로 외부보고 목적에 충실하다는 장점이 있다. 그러나 재고자산 수량을 적시에 파악할 수 없고, 도난, 자연감소 등으로 감소한 재고자산이 당기판매수량에 포함되는 문제점이 있다.

(3) 병행법

도난, 자연감소 등의 이유로 감소한 재고자산 수량(감모수량)이 계속기록법에서는 기말재고수량에 포함되고, 실사법에서는 당기판매수량에 포함되는 문제점이 있다. 따라서 실무적으로는 계속기록법에 의하여 ① 기중 판매수량과 기말 장부상 수량을 파악하고, 기말 장부상 수량과 ② 기말 실사를 통하여 파악한 실사수량과의 차이를 ③ 감모수량으로 결정한다.

[병행법에 의한 수량의 결정]

상품				
기초수량	100개	판매수량	×××개	① 기중에 판매할 때마다 기록
매입수량	200개	감모수량	×××개	③ 역산으로 계산
		기말수량	×××개	② 기말 실사수량
판매가능수량	300개		300개	

예제 3 계속기록법과 실지재고조사법

(1) 다음은 (주)한국의 당기 상품의 매입 및 매출자료이다.

일자	수량	단위당 원가
기초재고	100개	@₩10
당기매입	200개	@₩10
당기판매	250개	

(2) 20×1년 말 실지재고조사에 의한 실사수량은 30개이다. 모든 거래는 현금거래이며, 당기에 판매된 상품은 단위당 ₩12에 판매되었다.

[요구사항]

1. 계속기록법에 따라 판매수량과 기말재고수량을 계산하고, 20×1년에 필요한 회계처리를 수행하시오.

2. 실지재고조사법에 따라 판매수량과 기말재고수량을 계산하고, 20×1년에 필요한 회계처리를 수행하시오.

3. 병행법에 따라 판매수량과 기말재고수량을 계산하고, 20×1년에 필요한 회계처리를 수행하시오.

해답 1. **계속기록법**

(1) 수량의 결정

		상품		
기초수량	100개	판매수량	250개	① 장부상 판매수량
매입수량	200개	기말수량	50개	② 장부상 기말수량
	300개		300개	

(2) 20×1년 회계처리

매입 시	(차) 상품	2,000	(대) 현금	2,000
판매 시	(차) 현금	(*1)3,000	(대) 매출	3,000
	(차) 매출원가	(*2)2,500	(대) 상품	2,500

(*1) 250개 × @12 = 3,000

(*2) 250개 × @10 = 2,500

결산 시 　　　　　　　　　　　　　　 – 회계처리 없음 –

2. **실지재고조사법**

(1) 수량의 결정

		상품		
기초수량	100개	판매수량	270개	② 역산
매입수량	200개	기말수량	30개	① 실사수량
	300개		300개	

(2) 20×1년 회계처리

매입 시	(차) 매입	2,000	(대) 현금	2,000
판매 시	(차) 현금	3,000	(대) 매출	3,000
결산 시	(차) 상품(기말)	(*1)300	(대) 상품(기초)	1,000
	매출원가	(*2)2,700	매입	2,000

(*1) 30개 × @10 = 300

(*2) 270개 × @10 = 2,700(또는 대차차액)

※ 재고자산의 수량결정방법으로 실사법(실지재고조사법)을 적용하는 경우, 매출액을 인식할 때 판매수량과 매출원가를 인식할 때 판매수량이 달라질 수 있음에 유의한다. 본 예제의 경우에도 실사법 적용 시 상품매출액은 판매수량 250개를 기준으로 인식되었지만, 상품매출원가는 판매수량 270개를 기준으로 계산되었다. 그 이유는 상품 매출액은 (수량결정방법으로 어떤 방법을 적용하든) 기중의 실제 판매수량(250개)으로 인식되지만, 실사법 적용 시 상품 매출원가를 인식하기 위한 판매수량은 실제 판매수량(250개) 뿐만 아니라 감모수량(20개)을 포함한 수량으로 결정되기 때문이다.

3. 병행법

(1) 수량의 결정

	상품			
기초수량	100개	판매수량	250개	① 장부상 판매수량
매입수량	200개	감모수량	20개	③ 역산
		기말수량	30개	② 실사수량
	300개		300개	

(2) 20×1년 회계처리

매입 시	(차) 상품	2,000	(대) 현금	2,000
판매 시	(차) 현금	3,000	(대) 매출	3,000
	(차) 매출원가	(*)2,500	(대) 상품	2,500
	(*) 250개 × @10 = 2,500			
결산 시	(차) 감모손실	(*)200	(대) 상품	200
	(*) (50개 – 30개) × @10 = 200			

03 단위당 취득원가의 결정(원가흐름의 가정)

1. 개요

(1) 의의

① 수량결정방법에 따라 재고자산의 당기판매수량과 기말재고수량이 결정되었다면, 각각의 수량에 단위당 원가(매입단가)를 곱하면 재무제표에 보고할 매출원가와 기말재고원가가 결정된다. 그러나 재고자산은 매입과 판매가 빈번하게 발생하고, 매입시점의 단위당 원가도 수시로 변동하는 것이 일반적이므로 판매된 재고자산과 기말재고자산의 단위당 원가를 결정할 때 어려움이 많을 것이다.

② 따라서 이러한 실무적인 어려움을 고려하여 재고자산의 실제 물량흐름과 관계없이 일정한 가정을 통하여 판매된 재고자산과 기말재고자산의 단위당 원가를 결정하는데, 이를 원가흐름의 가정이라고 한다.

(2) 일반사항

① 성격과 용도 면에서 유사한 재고자산에는 동일한 단위원가 결정방법을 적용하여야 하며, 성격이나 용도 면에서 차이가 있는 재고자산에는 서로 다른 단위원가 결정방법을 적용할 수 있다. 예를 들어, 동일한 재고자산이 동일한 기업 내에서 영업부문에 따라 서로 다른 용도로 사용되는 경우에는 서로 다른 단위원가 결정방법을 적용할 수 있다.

② 그러나 재고자산의 지역별 위치나 과세방식이 다르다는 이유만으로 동일한 재고자산에 다른 단위원가 결정방법을 적용하는 것이 정당화될 수는 없다.

2. 개별법

개별법(specific identification of cost method)은 식별되는 재고자산별로 특정한 원가를 부과하는 방법이다. 이 방법은 외부 매입이나 자가제조를 불문하고, 특정 프로젝트를 위해 분리된 항목에 적절한 방법이다. 따라서 통상적으로 상호교환될 수 없는 재고자산 항목의 원가와 특정 프로젝트별로 생산되고 분리되는 재화 또는 용역의 원가는 개별법을 사용하여 결정한다.

> **승철쌤's comment 개별법**
>
> 개별법은, 쉽게 말하면, 재고자산을 일일이 추적하여 판매가능재고 중에서 실제로 판매된 재고의 원가를 매출원가로 배분하고, 실제로 남아있는 재고를 기말재고로 배분하는 방법이다.

그러나 통상적으로 상호교환 가능한 대량의 재고자산 항목에 개별법을 적용하는 것은 적절하지 아니하다. 왜냐하면 그러한 경우에는 기말재고로 남아있는 항목을 선택하는 방식을 이용하여 손익을 자의적으로 조정할 수도 있기 때문이다. 따라서 이러한 경우에는 후술하는 선입선출법이나 가중평균법을 사용하여 재고자산의 단위원가를 결정한다.

[장점]
① 원가흐름이 실제 물량흐름과 동일하므로 이론적으로 가장 이상적인 방법이다.
② 실제원가가 실제수익에 대응되므로 수익·비용 대응의 원칙에 충실한 방법이다.

[단점]
① 재고자산의 종류와 수량이 많고 거래가 빈번한 경우에는 실무적으로 적용하기 어렵다.
② 상호교환 가능한 재고자산을 대량으로 판매하는 경우 경영자가 판매된 재고자산의 단위당 원가를 임의로 결정할 수 있으므로 당기손익을 조작할 가능성이 있다.

3. 선입선출법

① 선입선출법(FIFO, first-in first-out method)은 실제 물량흐름과 관계없이 먼저 매입한 재고자산이 먼저 판매된 것으로 가정하여 판매된 재고자산과 기말재고자산의 단위당 원가를 결정하는 방법이다. 즉, 먼저 매입한 재고자산이 먼저 판매된 것으로 가정하므로 매출원가는 과거에 구입한 재고자산으로 구성되고, 기말재고자산은 최근에 구입한 재고자산으로 구성된다고 가정한다.
② 한편, 선입선출법은 (다른 단위원가 결정방법과 달리) 수량결정방법으로 실사법과 계속기록법 중 어느 방법을 적용해도 매출원가와 기말재고로 배분되는 금액은 원칙적으로 동일하게 결정된다는 특징이 있다.

[장점]
㉠ 선입선출 가정은 실제 물량흐름과 유사하므로 개별법과 유사한 결과를 얻을 수 있다.
㉡ 기말재고자산이 현행원가의 근사치로 표시되므로 자산보고에 충실한 방법이다.

[단점]
㉠ 매출액은 현행판매가격으로 결정되는데, 매출원가는 과거에 매입 또는 생산한 재고자산의 원가로 표시되므로 수익·비용 대응의 원칙에 충실하지 못하다.
㉡ 물가가 상승하는 경우에는 기말재고자산이 과대평가되고 매출원가가 과소계상되어 당기순이익이 과대계상된다. 이에 따라 법인세를 과다 납부하고 실물자본의 유지가 어려워질 수 있다.

4. 후입선출법

① 후입선출법(LIFO, last-in first-out method)은 실제 물량흐름과 관계없이 나중에 매입한 재고자산이 먼저 판매된 것으로 가정하여 판매된 재고자산과 기말재고자산의 단위당 원가를 결정하는 방법이다. 즉, 나중에 매입한 재고자산이 먼저 판매된 것으로 가정하므로 매출원가는 최근에 구입한 재고자산으로 구성되고, 기말재고자산은 과거에 구입한 재고자산으로 구성된다고 가정한다.

② 다만, 국제회계기준에서는 후입선출법의 사용을 허용하지 않고 있다.

[장점]

㉠ 매출원가가 최근에 매입 또는 생산된 재고자산의 원가로 표시되므로 수익 · 비용 대응의 원칙에 충실하다.

㉡ 물가가 상승하는 경우에는 당기의 이익을 미래로 이연시켜 세금납부를 이연시키는 법인세 이연효과가 있다.

[단점]

㉠ 일반적인 실제 물량흐름에 역행하는 방법이다.

㉡ 기말재고자산이 과거에 매입 또는 생산된 재고자산의 원가로 기록되므로 현행가치를 나타내지 못한다.

㉢ 물가가 상승하고 재고자산 판매량이 급증(기초재고자산 수량 > 기말재고자산 수량)하는 경우, 과거에 낮은 가격으로 구입했던 재고자산이 당기에 매출원가로 계상되어 오히려 당기순이익이 증가하고 수익 · 비용 대응이 왜곡되는 후입선출청산(LIFO liquidation) 현상이 발생할 수 있다.

㉣ 기업이 재고자산의 매입시점을 통제함으로써 당기손익을 조작할 가능성이 있다. 즉, 물가 상승 시 후입선출청산 현상을 회피하기 위해 재고자산을 과다 매입하거나, 반대로 당기순이익을 증가시키기 위해 재고자산의 매입시점을 지연시켜 비자발적 청산을 유발할 수 있다.

⊘ 참고 국제회계기준에서 후입선출법의 사용을 배제한 이유

후입선출법은 가장 최근에 구입한 재고자산이 우선적으로 판매된다고 가정한다. 그러나 일반적으로 이러한 가정은 실제 재고자산 흐름을 신뢰성 있게 표시하지 않는다. 또한 후입선출법을 적용하면 재무상태표에 보고되는 기말재고자산이 최근의 원가와 거의 관련이 없는 과거의 원가로 보고되는 문제점이 있다. 이러한 이유로 국제회계기준에서는 후입선출법의 사용을 허용하지 않는다.

5. 가중평균법

① 가중평균법(weighted average cost method)은 실제 물량흐름과 관계없이 재고자산이 골고루 평균적으로 판매된다고 가정하여 재고자산의 단위당 원가를 결정하는 방법이다. 즉, 가중평균법은 기초재고자산과 기중에 매입한 재고자산의 원가를 가중평균한 평균매입단가를 재고자산의 단위당 원가로 결정하는 방법이다.

② 이 경우 평균은 재고자산을 매입(판매)할 때마다 계산할 수 있지만, 기업의 상황에 따라 일별, 월 별, 연도별 등 주기적으로 계산할 수 있다. 즉, 가중평균법은 수량결정방법으로 어떤 방법을 적용하는지에 따라 다시 이동평균법과 총평균법으로 나누어진다.

(1) 이동평균법

수량결정방법으로 계속기록법을 적용한 가중평균법을 말하며, 재고자산을 판매(매입)할 때마다 재고자산의 원가를 평균하는 방법이다. 즉, 재고자산을 판매할 때 판매 직전의 재고자산 장부금액을 판매 시점의 장부상 수량으로 나눈 평균매입단가(이동평균단가)를 판매된 재고자산의 매입단가로 결정하는 방법이다.

$$\text{이동평균단가} = \frac{\text{판매 직전의 재고자산 장부금액}}{\text{판매 직전의 재고자산 장부상 수량}}$$

(2) 총평균법

수량결정방법으로 실사법을 적용한 가중평균법을 말하며, 기말에 한번만 재고자산의 원가를 평균하는 방법이다. 즉, 기말 결산 시에 판매가능재고자산의 총금액을 판매가능재고자산의 총수량으로 나눈 평균매입단가(총평균단가)를 당기에 판매된 재고자산과 기말재고자산의 매입단가로 결정하는 방법이다.

$$\text{총평균단가} = \frac{\text{판매가능재고자산 총금액}}{\text{판매가능재고자산 총수량}} = \frac{\text{기초재고자산 + 당기매입재고}}{\text{기초재고수량 + 당기매입수량}}$$

[장점]
① 실무적으로 적용하기 간편하며 객관적이므로 이익조작의 가능성이 적다.
② 실제물량흐름을 개별 항목별로 파악하는 것은 현실적으로 불가능하므로 평균원가의 사용이 보다 적절할 수 있다.

[단점]
① 거래가 빈번하게 발생하는 경우 이동평균법은 계산이 복잡하다.
② 기초재고자산의 원가가 평균 매입원가를 계산할 때 합산되어 기말재고자산 금액에 영향을 미칠 수 있다.

다음은 (주)한국의 20×1년 중 상품의 매입 및 매출과 관련한 자료이다.

일자	적요	수량	단가	금액
1월 1일	기초재고	100개	@₩20	₩2,000
2월 10일	매입	150개	@₩25	₩3,750
5월 10일	매출	(150개)		
8월 10일	매입	200개	@₩32	₩6,400
10월 10일	매출	(100개)		
합계		200개		₩12,150

[요구사항]

다음의 각 방법에 따라 (주)한국의 20×1년 매출원가와 20×1년 말 재고자산원가를 계산하시오. 단, 단위당 취득원가 계산 시 소수점 이하는 절사한다.

	수량결정방법		원가흐름의 가정
1.	실지재고조사법	+	선입선출법
2.	계속기록법	+	선입선출법
3.	실지재고조사법	+	후입선출법
4.	계속기록법	+	후입선출법
5.	실지재고조사법	+	가중평균법
6.	계속기록법	+	가중평균법

해답 　**1. 실지재고조사법 + 선입선출법**

상품

기초재고	2,000	매출원가	5,750	⇐ ② 12,150 − 6,400
당기매입	10,150	기말재고	6,400	⇐ ① 200개 × @32
	12,150		12,150	

2. 계속기록법 + 선입선출법

상품

기초재고	2,000	매출원가	5,750	⇐ ① (100개 × @20 + 50개 × @25) + 100개 × @25
당기매입	10,150	기말재고	6,400	⇐ ② 12,150 − 5,750
	12,150		12,150	

3. 실지재고조사법 + 후입선출법

상품

기초재고	2,000	매출원가	7,650	⇐ ② 12,150 − 4,500
당기매입	10,150	기말재고	4,500	⇐ ① 100개 × @20 + 100개 × @25
	12,150		12,150	

4. 계속기록법 + 후입선출법

상품			
기초재고	2,000	매출원가	6,950
당기매입	10,150	기말재고	5,200
	12,150		12,150

⇐ ① 150개 × @25 + 100개 × @32
⇐ ② 12,150 − 6,950

5. 실지재고조사법 + 가중평균법(총평균법)

상품			
기초재고	2,000	매출원가	6,750
당기매입	10,150	기말재고	5,400
	12,150		12,150

⇐ ② 12,150 − 5,400
⇐ ① 200개 × [*]@27

[*] 12,150 ÷ 450개 = @27

6. 계속기록법 + 가중평균법(이동평균법)

상품			
기초재고	2,000	매출원가	6,350
당기매입	10,150	기말재고	5,800
	12,150		12,150

⇐ ① 150개 × [*1]@23 + 100개 × [*2]@29
⇐ ② 12,150 − 6,350

[*1] (2,000 + 3,750) ÷ 250개 = @23
[*2] (100개 × @23 + 6,400) ÷ (100개 + 200개) = @29

---

6. 단위당 원가 결정방법의 비교

물가가 지속적으로 상승하고, 재고청산이 없는 경우(기말재고자산이 기초재고자산보다 많은 경우), 단위당 원가 결정방법별로 아래와 같은 상대적인 관계가 성립한다.

구분	크기 비교
기말재고자산 ⇧	선입선출법 > 이동평균법 > 총평균법 > 후입선출법
매출원가 ⇩	선입선출법 > 이동평균법 > 총평균법 > 후입선출법
당기순이익 ⇧	선입선출법 > 이동평균법 > 총평균법 > 후입선출법
법인세부담액 ⇧	선입선출법 > 이동평균법 > 총평균법 > 후입선출법
순현금흐름 ⇩	선입선출법 > 이동평균법 > 총평균법 > 후입선출법

제4절 | 기말재고자산의 수량부족과 평가

[그림 4-3] 재고자산감모손실과 평가손실의 인식

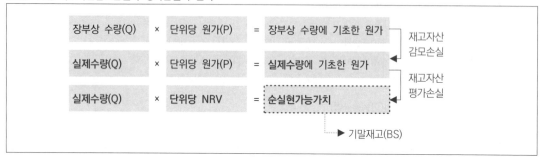

01 기말재고자산의 수량부족(재고자산감모손실)

① 기업은 기말에 존재하는 재고자산의 실제수량에 기초한 금액을 재무상태표에 보고해야 한다. 그런데 계속기록법에 따라 결정된 기말재고수량은 장부상의 수량이므로 창고에 보관되어 있는 실제수량과는 차이가 있다.

② 따라서 만약 실제수량이 장부상 수량에 미달하는 경우, 수량부족분에 해당하는 취득원가 금액은 기말재고자산에서 직접 차감하고 재고자산감모손실의 과목으로 하여 당기비용으로 인식한다.

재고자산감모손실 = 감모수량(장부상 수량 − 실제수량) × (*)장부상 매입단가
(*) 원가흐름의 가정에 따라 산정한 단위당 원가

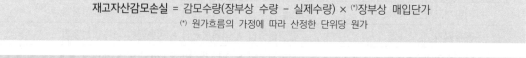

(차) 재고자산감모손실(비용) ××× (대) 재고자산(자산 ↓) ×××

③ 한편, 재고자산을 판매하는 과정에서 불가피하게 발생하는 감모수량을 정상적인 감모수량이라고 하고, 그 이외 부주의나 도난, 분실 등으로 발생하는 감모수량을 비정상적인 감모수량이라고 한다.

승철쌤's comment   감모손실의 포괄손익계산서상 분류

① 국제회계기준에서는 감모손실을 당기비용으로 인식한다고만 언급하고 있을 뿐, 포괄손익계산서상 비용의 분류에 대해서는 언급이 없다.
② 그러나 정상적인 감모손실은 원가성이 인정되므로 매출원가로 분류하고, 비정상적으로 발생한 감모손실은 원가성이 인정되지 않으므로 기타비용(영업외비용)으로 분류하는 것이 타당하다.
③ 다만, 수험목적으로는 문제에서 제시하는 분류에 따라 답을 하면 된다.

02 기말재고자산의 저가평가(재고자산평가손실)

1. 개요

기말재고자산은 일반적으로 취득원가로 보고하지만, 재고자산의 판매로부터 회수될 것으로 기대되는 금액(순실현가능가치)이 취득원가보다 하락할 수 있다. 다음의 경우에는 재고자산의 원가를 회수하기 어려울 수 있다.

> ① 물리적으로 손상된 경우
> ② 완전히 또는 부분적으로 진부화된 경우
> ③ 판매가격이 하락한 경우
> ④ 완성하거나 판매하는 데 필요한 원가가 상승한 경우

이와 같이 재고자산의 순실현가능가치가 취득원가 이하로 하락하여 재고자산의 원가를 회수하기 어려운 경우에는 재고자산을 순실현가능가치로 감액하고 당기비용으로 인식하는데, 이렇게 재고자산을 취득원가와 순실현가능가치 중 낮은 금액으로 평가하는 방법을 저가법이라고 한다.

승철쌤's comment 저가법 적용

> ① 재고자산은 원가로 평가하므로 평가이익을 인식하지 않는다. 다만, 재고자산의 순실현가능가치가 원가 이하로 하락하여 손실이 예상되는 경우에는 예상손실을 조기에 반영하기 위해 평가손실(성격은 손상차손)을 인식한다.
> ② 결국 평가손실은 인식하지만, 평가이익은 인식하지 않는다고 하여 저가법이라고 부르는 것이다.

2. 평가손실의 인식

(1) 평가손실 인식단위

재고자산을 순실현가능가치로 감액하는 저가법은 항목별(개별 품목별)로 적용한다. 다만, 경우에 따라서는 서로 유사하거나 관련 있는 항목들을 통합하여 적용(조별 기준)하는 것이 적절할 수 있다. 그러나 특정 영업부문이나 특정 지역에 속하는 모든 재고자산을 통합하여 저가법을 적용하는 총계기준은 적절하지 않다.

필수암기! 평가손실 인식단위

> ① **항목별(품목별) 기준**: 품목별 평가손실과 평가이익이 상쇄되지 않음 ⇨ 원칙
> ② **조별 기준**: 평가손실과 평가이익이 유사한 품목끼리만 상쇄됨 ⇨ 예외적으로 인정
> ③ **총계기준**: 품목별 평가손실과 평가이익이 모두 상쇄됨 ⇨ 재고자산과 당기순이익이 과대평가되는 문제가 있으므로 인정하지 않음

(2) 평가손실 회계처리

저가법을 적용하여 순실현가능가치의 하락을 인식하는 경우, 취득원가와 순실현가능가치의 차이를 재고자산평가충당금의 과목으로 하여 재고자산의 차감계정으로 표시하고, 동 금액을 재고자산평가손실의 과목으로 하여 당기비용으로 인식한다.

(차) 재고자산평가손실(비용)	×××	(대) 재고자산평가충당금((-)자산 ↑)	×××

한편, 국제회계기준에서는 재고자산평가손실의 포괄손익계산서상 분류에 대해 언급이 없지만 재고자산평가손실은 매출원가로 분류하는 것이 타당하다.

승철쌤's comment   감모손실과 평가손실 회계처리

① 감모손실은 재고자산 실물이 없어진 것이므로 재고자산을 직접 차감하였다.
② 반면에, 평가손실은 재고자산 실물이 있는 상태에서 가치만 하락한 것이므로 (재고자산을 직접 차감하지 않고) 평가충당금이라는 차감계정을 이용하여 재고자산의 가치 감소를 간접 표시하는 것이다.
③ 그리고 기말에 실제로 존재하는 재고자산에 대하여 평가손실을 인식해야 할 것이다. 따라서 감모손실을 먼저 인식한 후에 평가손실을 인식한다.

3. 순실현가능가치의 측정

(1) 완성품, 재공품

재고자산의 저가법 평가를 위한 순실현가능가치(NRV, Net Realizable Value)는 통상적인 영업과정에서 재고자산의 판매를 통해 실현할 것으로 기대하는 순매각금액을 말한다. 따라서 순실현가능가치는 통상적인 영업과정의 예상 판매가격에서 예상되는 추가 완성원가와 판매비용을 차감한 금액으로 측정된다.

(2) 확정판매계약

재고자산의 순실현가능가치를 추정할 때는 재고자산의 보유목적도 고려하여야 한다. 예를 들어, 확정판매계약 또는 용역계약을 이행하기 위하여 보유하는 재고자산의 순실현가능가치는 계약가격에 기초한다. 그러나 만일 보유하고 있는 재고자산의 수량이 확정판매계약의 이행에 필요한 수량을 초과하는 경우에는 그 초과 수량의 순실현가능가치는 일반판매가격에 기초한다.

(3) 원재료

원재료의 현행대체원가는 순실현가능가치에 대한 최선의 이용가능한 측정치가 될 수 있다. 다만, 완성될 제품이 원가 이상으로 판매될 것으로 예상하는 경우에는 그 생산에 투입하기 위해 보유하는 원재료 및 기타 소모품을 순실현가능가치로 감액하지 아니한다. 반면 원재료 가격이 하락하여 제품의 원가가 순실현가능가치를 초과할 것으로 예상된다면 해당 원재료를 순실현가능가치로 감액한다.

> ⊙참고 **순실현가능가치와 순공정가치**
>
> ① 순실현가능가치는 통상적인 영업과정에서 재고자산의 판매를 통해 실현할 것으로 기대하는 순매각금액을 말한다. 그리고 공정가치는 측정일에 시장참여자 사이의 정상거래에서 자산을 판매할 때 수취하는 금액을 말한다.
> ② 즉, 순실현가능가치는 기업특유의 가치이지만, 공정가치는 (기업특유의 가치가 아니라) 시장에서 형성되는 판매가격이므로 순실현가능가치와 순공정가치는 일치하지 않을 수도 있다.

필수암기! **재고자산 종류별 순실현가능가치 측정**

구분	순실현가능가치
완성품(제품, 상품)	예상 판매가격 - 예상 판매비용
재공품	예상 판매가격 - 예상 판매비용 - 추가 완성원가
확정판매계약을 위해 보유 중인 재고	① 계약가격에 기초하여 측정 ② 단, 확정판매계약의 이행에 필요한 수량 초과분: 일반판매가격에 기초하여 측정
원재료	① 현행대체원가(현재 구입가격) ② 단, 완성될 제품이 원가 이상으로 판매될 것으로 예상되는 경우에는 원재료에 대해 평가손실을 인식하지 않음 ⇨ 평가손실 계산문제를 풀이할 때는 제품, 원재료의 순서로 계산하는 것이 시행착오와 실수를 줄일 수 있다.

4. 순실현가능가치의 회복

① 순실현가능가치로 감액한 재고자산을 계속 보유하는 경우에는 매 후속기간에 순실현가능가치를 재평가해야 한다. 이에 따라 순실현가능가치가 다시 회복된 명백한 증거가 있는 경우에는 최초의 장부금액(회복시점의 원가)을 초과하지 않는 범위 내에서 평가손실을 환입한다.

② 순실현가능가치의 회복으로 인한 재고자산평가손실의 환입은 환입이 발생한 기간의 비용으로 인식된 재고자산 금액(매출원가)의 차감액으로 인식한다.

(차) 재고자산평가충당금((-)자산 ↓)	×××	(대) 재고자산평가충당금환입((-)비용)	×××
		(매출원가에서 차감)	

⊘ 참고 재고자산평가손실 및 환입 회계처리

재고자산은 매입 및 매출거래가 빈번하게 발생하므로 재고자산을 판매할 때마다 해당 재고자산의 평가충당금을 함께 환입(제거)하고, 기말에 보유 중인 재고자산에 대하여 평가충당금을 다시 설정하는 것은 매우 번거로울 것이다.
따라서 일반적으로는 보고기간 말에 재무상태표에 보고할 평가충당금(누적평가손실)을 먼저 계산하고, 이를 기초 평가충당금과 비교하여 차이금액을 추가로 설정하거나 환입하는 방식(보충법)으로 회계처리를 수행한다.

[기초 평가충당금 < 기말 평가충당금]

(차) 재고자산평가손실(비용)	×××	(대) 재고자산평가충당금((-)자산 ↑)	×××
(매출원가)			

[기초 평가충당금 > 기말 평가충당금]

(차) 재고자산평가충당금((-)자산 ↓)	×××	(대) 재고자산평가충당금환입((-)비용)	×××
		(매출원가에서 차감)	

이에 따라 재무상태표에 보고할 재고자산평가충당금은 기말 현재 누적금액으로 표시되며, 포괄손익계산서에 보고할 재고자산평가손실(환입)은 평가충당금의 당기 변동액이므로 기말금액과 기초금액의 차액으로 표시된다. 이는 다음과 같이 계산할 수 있다.

① **재무상태표의 재고자산평가충당금(누적평가손익)**
= 실제수량 × (장부상 매입단가 - 단위당 순실현가능가치)
② **포괄손익계산서의 재고자산평가손실(환입)(당기평가손익)**
= 기말 재고자산평가충당금 - 기초 재고자산평가충당금

한편, 서로 유사하거나 관련 있는 항목들을 통합하여 저가법을 적용(조별 기준)하는 경우, 재고자산의 평가충당금과 평가손실은 다음과 같이 계산한다.

① **재무상태표의 재고자산평가충당금(누적평가손익)**
= 조별 원가합계 - 조별 순실현가능가치 합계
② **포괄손익계산서의 재고자산평가손실(환입)(당기평가손익)**
= 기말 재고자산평가충당금 - 기초 재고자산평가충당금

예제 5 재고자산감모손실과 평가손실

다음은 단일상품을 판매하는 (주)한국의 20×1년 기말재고자산의 평가와 관련한 자료이다. 단, 전기 이월 재고재산평가충당금은 없다.

장부수량	실지재고수량	단위당 매입원가	단위당 순실현가치
500개	400개	₩100	₩90

재고자산감모수량 중 80%만 원가성이 있는 것으로 판단된다.

[요구사항]

1. 재고자산감모손실과 재고자산평가손실을 반영하기 전 재고자산 금액을 계산하시오.

2. (주)한국이 20×1년에 인식할 재고자산감모손실과 재고자산평가손실을 각각 계산하시오.

3. (주)한국이 20×1년 말 재무상태표에 보고할 재고자산 금액을 계산하시오.

4. (주)한국의 20×1년 재고자산감모손실과 평가손실 인식 회계처리를 제시하시오. 단, 원가성이 없는 감모손실은 매출원가에서 제외한다.

해답 1. 재고자산감모손실과 평가손실 반영 전 재고자산

장부상 수량 × 장부상 매입단가 = 500개 × @100 = 50,000

2. 20×1년 재고자산감모손실과 평가손실

(1) 감모손실: (장부상 수량 - 실제수량) × 장부상 매입단가

= (500개 - 400개) × @100

= 10,000

(2) 평가손실: 실제수량 × (장부상 매입단가 - 단위당 순실현가능가치)

= 400개 × @(100 - 90)

= 4,000

3. 20×1년 말 재고자산

실제수량 × Min[장부상 매입단가, 단위당 순실현가능가치]

= 400개 × Min[100, 90] = 36,000

4. 감모손실과 평가손실 인식 회계처리

(1) 감모손실: (차) 재고자산감모손실(매출원가) $^{(*)}$8,000   (대) 재고자산   10,000

재고자산감모손실(기타비용)   2,000

$^{(*)}$ 10,000 × 80% = 8,000

(2) 평가손실: (차) 재고자산평가손실(매출원가)   4,000   (대) 재고자산평가충당금   4,000

5. 참고 20×1년 말 부분재무상태표

부분 재무상태표

20×1년 12월 31일 현재

유동자산		
재고자산	$^{(*)}$40,000	
재고자산평가충당금	(4,000)	
	36,000	

$^{(*)}$ 평가손실 반영 전 재고자산: 400개 × @100 = 40,000

---

(1) (주)한국은 원재료 A를 가공하여 제품 A를 생산하여 판매하고 있으며, 원재료 B를 가공하여 제품 B를 생산하여 판매하고 있다. 각 재고자산 항목들은 성격이나 용도가 유사하지 않다.

(2) (주)한국의 20×1년 말 현재 재고자산에 관한 자료는 다음과 같다. 단, 전기 이월 재고자산평가충당금은 없다.

항목	보고기간 말 실사수량	단위당			
		취득(제조)원가	현행대체원가	예상 판매가격	예상 판매비용
원재료 A	30kg	₩10	₩8	₩15	₩4
원재료 B	20kg	20	16	23	5
제품 A	200개	200	180	150	20
제품 B	300개	150	160	200	30

[요구사항]

1. (주)한국이 20×1년 포괄손익계산서에 재고자산평가손실로 보고할 금액을 재고자산 종류별로 계산하시오.

2. [본 물음은 독립적이다] 20×1년 말 제품 A 200개 중 50개는 거래처와의 확정판매계약을 이행하기 위하여 보유하고 있으며, 단위당 계약가격은 ₩120이라고 가정한다. 이 경우 제품 A와 관련하여 20×1년 포괄손익계산서에 재고자산평가손실로 보고할 금액을 계산하시오. 단, 확정판매계약에 따른 판매의 경우에는 판매비용이 발생하지 않는다.

해답 　**1. 원재료가 있는 경우의 재고자산평가손실**

　　(1) 품목 A

　　　① 제품 A: 200개 × @(200 - 130) = 14,000

　　　② 원재료 A: 30kg × @(10 - 8) = 60

　　(2) 품목 B

　　　① 제품 B: 300개 × @(150 - 170) = (-)6,000 ⇨ (*)영(0)

　　　　(*) 제품 B는 평가이익이므로 평가손실을 인식하지 않는다.

　　　② 원재료 B: (*)영(0)

　　　　(*) 제품 B에서 평가이익이 예상되므로 원재료 B는 현행대체원가(순실현가능가치)가 원가에 미달하더라도 평가손실을 인식하지 않는다.

　2. 확정판매계약이 체결된 재고자산의 평가손실

　　(1) 20×1년 말 제품 A 200개 중에서 확정판매계약이 체결된 50개의 순실현가능가치는 계약가격으로 하며, 나머지 150개의 순실현가능가치는 일반판매가격에 기초한 금액으로 한다.

　　(2) 제품 A 재고자산평가손실

확정계약 이행에 필요한 수량	50개 × @(200 - 120) =	4,000
확정계약 이행을 초과하는 수량	150개 × @(200 - 130) =	10,500
계		14,500

03 당기에 인식된 비용

[그림 4-4] 판매가능재고의 배분

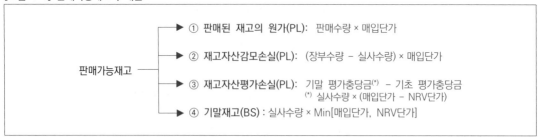

① 판매가능재고자산 중 당기에 판매된 재고자산의 원가는 매출원가에 포함하여 비용으로 인식한다. 그리고 기말까지 미판매된 재고자산의 원가는 수량부족분과 순실현가능가치 하락분에 대한 원가를 각각 재고자산감모손실과 재고자산평가손실로 하여 비용으로 인식하고, 나머지 금액을 재무상태표에 기말재고로 보고한다.

② 결과적으로 판매가능재고자산의 원가 중 판매된 재고자산의 원가, 재고자산감모손실과 재고자산평가손실은 포괄손익계산서에 비용으로 배분되고, 나머지 금액은 재무상태표에 기말재고로 배분되는 것이다.

> **[판매가능재고 원가의 배분]**
> 판매가능재고 = 판매된 재고자산의 원가 + 미판매된 재고자산의 원가
>
> = 판매된 재고자산의 원가 + 재고자산감모손실 + 재고자산평가손실 + 기말재고
>
>   포괄손익계산서   재무상태표

③ 따라서 재고자산과 관련하여 당기에 비용으로 인식된 금액은 포괄손익계산서에 비용으로 인식된 금액(판매된 재고자산의 원가, 평가손실, 감모손실)을 각각 계산한 후 합계하여 계산할 수 있지만, 판매가능재고에서 재무상태표에 보고되는 기말재고를 차감하여 간접계산할 수도 있다. 이때 재무상태표에 보고되는 기말재고는 실제수량에 단위당 취득원가와 단위당 순실현가능가치 중에서 작은 금액을 곱하여 계산한다.

> **[당기에 인식된 비용의 계산]**
> 당기에 인식된 비용 = 판매된 재고자산의 원가 + 재고자산감모손실 + 재고자산평가손실
>
> = 판매가능재고 − [*]기말재고
>
> [*] [종목별 평가] 실제수량 × Min[장부상 매입단가, 단위당 순실현가능가치]
>   [조별 평가] Min[조별 원가합계, 조별 순실현가능가치 합계]
>
> **[매출원가의 계산]**
> ※ 정상감모는 매출원가, 비정상감모는 기타비용 가정 시
>
> 매출원가 = 판매된 재고자산의 원가 + 정상감모손실 + 재고자산평가손실
>
> = 판매가능재고 − 기말재고 − 비정상감모손실

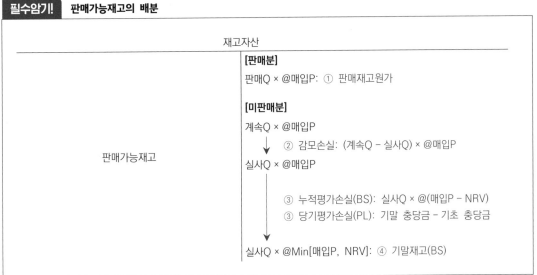

재고자산

[판매분]

판매Q × @매입P: ① 판매재고원가

[미판매분]

계속Q × @매입P

↓ ② 감모손실: (계속Q − 실사Q) × @매입P

실사Q × @매입P

↓ ③ 누적평가손실(BS): 실사Q × @(매입P − NRV)
③ 당기평가손실(PL): 기말 충당금 − 기초 충당금

실사Q × @Min[매입P, NRV]: ④ 기말재고(BS)

판매가능재고

예제 7 | 당기에 인식된 비용

다음은 (주)한국의 20×1년 재고자산과 관련된 자료이다.

(1) (주)한국의 20×1년 기초재고자산은 ₩16,000이며, 전기 이월된 재고자산평가충당금은 없다. 당기 재고자산 매입액은 ₩160,000이다.
(2) 20×1년 말 장부상 재고자산 수량은 200개이나 재고실사 결과 재고자산 수량은 190개이다. 재고자산 감모수량 중 60%는 정상적으로 발생한 것이다. (주)한국은 재고자산의 정상적인 감모는 매출원가로, 비정상적인 감모는 영업외비용으로 처리한다.
(3) 재고자산의 20×1년 말 단위당 취득원가는 ₩220이고 단위당 순실현가능가치는 ₩190이다.

[요구사항]

1. (주)한국이 20×1년에 인식할 재고자산감모손실과 평가손실을 각각 계산하고, 관련된 결산수정분개를 제시하시오.

2. (주)한국이 재고자산과 관련하여 20×1년에 인식할 비용과 매출원가 금액을 각각 계산하시오.

3. 기초재고자산의 장부금액 ₩16,000이 취득원가 ₩20,000, 재고자산평가충당금 ₩4,000으로 구성되어 있다고 가정할 경우, [요구사항 1]에 답하시오.

해답 **1. 재고자산감모손실과 평가손실**

    (1) 감모손실

        (장부수량 − 실제수량) × 단위당 취득원가 = (200개 − 190개) × @220 = 2,200

    (2) 평가손실

        실제수량 × (단위당 취득원가 − 단위당 순실현가능가치)

        = 190개 × @(220 − 190) = 5,700

        ※ 기초 평가충당금이 없기 때문에 기말 평가충당금과 포괄손익계산서상 평가손실 금액이 동일하다.

    (3) 20×1년 말 결산수정분개

        ① 감모손실: (차) 재고자산감모손실(매출원가)   (*)1,320   (대) 재고자산   2,200

                            재고자산감모손실(기타비용)   880

                            (*) 2,200 × 60% = 1,320

        ② 평가손실: (차) 재고자산평가손실(매출원가)   5,700   (대) 재고자산평가충당금   5,700

2. 당기에 인식된 비용

    (1) 총비용

        ① 기말재고: 실제수량 × Min[단위당 취득원가, 단위당 순실현가능가치]

            = 190개 × Min[220, 190] = 36,100

        ② 총비용: 판매가능재고 − 기말재고 = (16,000 + 160,000) − 36,100 = 139,900

    (2) 매출원가

        ① 비정상감모손실: 2,200 × 40% = 880

        ② 매출원가: 총비용 − 비정상감모손실 = 139,900 − 880 = 139,020

3. 기초 재고자산평가충당금이 있는 경우

    (1) 감모손실

        (장부수량 − 실제수량) × 단위당 취득원가 = (200개 − 190개) × @220 = 2,200

    (2) 평가손실

        ① 재고자산평가충당금(BS): 실제수량 × (단위당 취득원가 − 단위당 순실현가능가치)

            = 190개 × @(220 − 190) = 5,700

        ② 재고자산평가손실(PL): 기말 평가충당금 − 기초 평가충당금 = 5,700 − 4,000 = 1,700

    (3) 20×1년 말 결산수정분개

        ① 감모손실: (차) 재고자산감모손실(매출원가)   (*)1,320   (대) 재고자산   2,200

                            재고자산감모손실(기타비용)   880

                            (*) 2,200 × 60% = 1,320

        ② 평가손실: (차) 재고자산평가손실(매출원가)   1,700   (대) 재고자산평가충당금   1,700

예제 8 재고자산평가손실 - 항목별 평가와 조별 평가

(1) (주)한국의 20×1년 기초재고자산은 ₩30,000이며, 전기 이월 재고자산평가충당금은 없다. 20×1년 상품의 순매입액은 ₩200,000이다.

(2) (주)한국의 20×1년 기말재고자산 관련 자료는 다음과 같다. (주)한국은 재고자산감모손실과 재고자산평가손실을 매출원가에 포함한다.

항목	보고기간 말 장부수량	보고기간 말 실사수량	단위당	
			취득원가	순실현가능가치
상품 A	110개	100개	₩200	₩180
상품 B	260개	240개	100	105

[요구사항]

1. (주)한국이 항목별 기준 저가법을 적용할 경우, (주)한국이 20×1년 포괄손익계산서에 보고할 재고자산평가손실과 매출원가를 각각 계산하시오.

2. [본 물음은 독립적이다] 상품 A와 상품 B가 성격과 용도가 유사하며 동일한 조에 속한다고 가정한다. (주)한국이 조별 기준 저가법을 적용한다고 할 경우, (주)한국이 20×1년 포괄손익계산서에 보고할 재고자산평가손실과 매출원가를 각각 계산하시오.

해답   1. **항목별 저가법 적용 시**

(1) 재고자산평가손실: 실사수량 × @(단위당 매입단가 - NRV 단가)

상품 A	100개 × @(200 - 180) =	2,000
상품 B	240개 × @(100 - 105) =	— (∵평가이익)
계		2,000

(2) 기말재고: 실사수량 × @Min[단위당 매입단가, NRV 단가]

상품 A	100개 × @Min[200, 180] =	18,000
상품 B	240개 × @Min[100, 105] =	24,000
계		42,000

(3) 매출원가: (30,000 + 200,000) - 42,000 = 188,000

2. **조별 기준 저가법 적용 시**

(1) 재고자산평가손실: 조별 원가합계 - 조별 순실현가능가치 합계

= [*1]44,000 - [*2]43,200 = 800

   [*1] 조별 원가합계: 100개 × @200 + 240개 × @100 = 44,000

   [*2] 조별 NRV 합계: 100개 × @180 + 240개 × @105 = 43,200

(2) 기말재고: Min[조별 원가합계, 조별 순실현가능가치 합계]

= Min[44,000, 43,200] = 43,200

(3) 매출원가: (30,000 + 200,000) - 43,200 = 186,800

※ 조별 저가 평가시 매출원가가 항목별 저가 평가시 매출원가보다 1,200(= 188,000 - 186,800) 만큼 작다. 그 이유는 상품 B의 평가이익 1,200(= 240개 × @5)이 조별 저가 평가시에는 동일한 조에 속한 상품 A의 평가손실과 상쇄되는 반면, 항목별 저가 평가시에는 상품 A의 평가손실과 상쇄되지 않기 때문이다.

제5절 | 기말재고 소유권 판단

01 개요

[그림 4-5] 기말재고 소유권 판단

```
         기말 실사재고(창고보유재고)        ×××
     −   기말 창고(○) + 회사 소유(×)      (×××)    : 미인도청구판매재고 등
     +   기말 창고(×) + 회사 소유(○)       ×××     : 위탁판매재고, 시용판매재고, 운송 중인 재고 등
         올바른 기말재고(재무상태표)         ×××
```

① 재무상태표에 보고할 재고자산 금액을 확정하기 위해서는 보고기간 말에 창고에 보관되어 있는 재고자산 수량을 실사를 통하여 확인해야 한다. 그러나 이렇게 확인한 실사수량이 그대로 회사의 재고자산으로 보고되는 것은 아니다. 왜냐하면 회사의 창고에는 보관되어 있지만 회사 소유가 아닌 재고자산이 있을 수 있으며, 반대로 회사의 창고에는 보관되어 있지 않지만 회사 소유의 재고자산이 있을 수 있기 때문이다. 따라서 이러한 상황을 모두 고려하여 재무상태표에 보고될 기말재고자산 금액을 결정해야 한다.

② 특정 재고자산을 기말재고에 포함할 지는 해당 재고자산의 수익인식 여부에 따라 결정된다. 즉, 해당 재고자산에 대한 수익이 인식되었다면 기말재고수량에서 제외하고, 수익이 인식되지 않았다면 기말재고수량에 포함한다. 다만, 재고자산 판매로 인한 수익인식에 대한 구체적인 내용은 제14장 '고객과의 계약에서 생기는 수익'에서 설명하기로 한다.

02 기말재고에 포함할 항목

(1) 운송 중인 재고자산(미착상품)

기말 현재 운송 중인 재고자산은 매매계약조건에 따른 법률적인 소유권이 누구(판매자 또는 매입자)에게 있는가에 따라 회사의 재고자산에 포함될 수도 있고 포함되지 않을 수도 있다.

① **FOB 선적지인도조건**: FOB 선적지인도조건으로 매입한 재고자산이 기말 현재 운송 중인 경우에는 상품을 선적한 시점에 소유권이 회사(매입자)에게 이전되므로 회사(매입자)의 기말재고자산에 포함한다. 그러나 선적지인도조건으로 판매한 재고자산이 기말 현재 운송 중인 경우에는 회사(판매자)의 기말재고자산에 포함하지 않는다.

② **FOB 도착지인도조건**: FOB 도착지인도조건으로 판매한 재고자산이 기말 현재 운송 중인 경우에는 상품이 도착한 시점에 소유권이 거래상대방(매입자)에게 이전되므로 회사(판매자)의 기말재고자산에 포함한다. 그러나 도착지인도조건으로 매입한 재고자산이 기말 현재 운송 중인 경우에는 회사(매입자)의 기말재고자산에 포함하지 않는다.

(2) 위탁판매(적송품)

① 위탁판매는 판매자가 상품의 판매를 다른 기업에게 위탁하고 그 대가로 수수료를 지급하는 형태의 판매거래를 말한다. 이때 상품의 판매를 위탁한 기업을 위탁자라고 하고, 상품의 판매를 위탁받은 기업을 수탁자라고 한다. 그리고 위탁자가 수탁자에게 판매를 위탁하기 위하여 보낸(적송한) 상품을 적송품이라고 한다.

② 위탁자가 상품의 판매를 위해 상품을 수탁자에게 적송하는 행위는 단순히 상품의 보관장소만을 이전한 것에 불과하다. 따라서 기말 현재까지 수탁자가 제3자에게 판매하지 못하고 보관하고 있는 적송품은 (위탁자의 창고에는 없지만) 위탁자의 기말재고에 포함한다.

승철쌤's comment   위탁판매거래의 수탁자인 경우

만일 기업이 위탁판매거래에서 수탁자인 경우에는, 기말 현재 제3자에게 판매하지 못하고 보관하고 있는 적송품은 회사의 창고에는 보관되어 있지만 위탁자 소유의 재고이므로 회사(수탁자)의 기말재고를 결정할 때 실사재고에서 차감해야 함에 유의한다.

(3) 시용판매(시송품)

① 시용판매(sales on approval)는 상품을 고객에게 일정기간 동안 사용하게 한 후 구입 여부를 결정하게 하는 조건의 판매를 말하며, 시용판매 조건으로 고객에게 보낸 재고자산을 시송품이라고 한다.

② 시용판매에서는 고객의 매입의사 표시가 있기 전까지는 판매된 것이 아니다. 따라서 기말 현재까지 고객의 매입의사 표시가 없는 시송품은 (판매자의 창고에는 없지만) 판매자의 기말재고에 포함한다.

(4) 담보제공 재고자산

금융기관 등으로부터 자금을 차입하고 담보로 제공한 재고자산은 담보권이 실행되기 전까지는 담보제공자인 회사에게 해당 재고자산의 소유권이 있다. 따라서 담보로 제공된 재고자산은 담보권이 실행되어 소유권이 상대방에게 이전되기 전까지는 (회사의 창고에는 없지만) 회사의 재고자산에 포함한다.

(5) 할부판매 재고자산

할부판매는 재고자산을 고객에게 판매하고 판매대금은 미래에 분할하여 회수하기로 하는 조건의 판매를 말한다. 할부판매는 판매대금의 회수 여부와 관계없이 재고자산을 고객에게 인도한 시점(수행의무 이행시점)에 수익을 인식한다. 따라서 고객에게 재고자산을 인도하였다면 기말 현재까지 판매대금을 모두 회수하지 못했다 하더라도 판매자의 기말재고에 포함하지 않는다. 또한, 고객에게 인도되어 창고에 보관되어 있지 않은 재고자산이므로 판매자의 기말재고를 결정할 때 실사재고에서 조정할 금액은 없다.

(6) 미인도청구판매

① 미인도청구판매란 재고자산의 인도가 고객의 요청에 따라 지연되고 있으나, 고객이 재고자산의 소유권을 가지며 대금청구를 수락하는 조건의 판매를 말한다. 예를 들어, 고객이 제품을 보관할 수 있는 공간이 부족하여 판매한 재고자산을 기업이 대신 보관하고 있는 경우가 이에 해당한다.

② 이러한 미인도청구판매재고는 회사의 창고에는 보관되어 있지만 고객소유의 자산이므로 회사의 기말재고를 결정할 때 실사재고에서 차감해야 한다.

(7) 반품권이 부여된 판매

반품권이 부여된 판매의 경우에는 판매대가 중 반품이 예상되는 금액은 수익을 인식하지 않고 환불부채로 인식한다. 그리고 반품이 예상되는 재고자산의 원가는 반품재고회수권으로 하여 자산으로 인식한다.

[반품권이 부여된 판매]

(차) 현금(자산 ↑)	×××	(대) 매출액(수익)	×××
		환불부채(부채 ↑)	(*)×××

^(*) 판매대가 중 반품이 예상되는 금액

(차) 매출원가(비용)	×××	(대) 재고자산(자산 ↓)	×××
반품재고회수권(자산 ↑)	(*)×××		×××

^(*) 반품이 예상되는 재고자산의 원가

반품재고회수권은 환불부채를 결제할 때 고객에게서 제품을 회수할 기업의 권리를 나타내는 자산이므로 재고자산으로 표시하지 않는 것이 타당하다. 따라서 반품권이 부여된 판매의 경우에는 회사의 기말재고에 포함될 금액은 없다. 또한, 고객에게 인도되어 창고에 보관되어 있지 않은 재고자산이므로 판매자의 기말재고를 결정할 때 실사재고에서 조정할 금액도 없다.

필수암기! **기말재고 소유권 판단**

기말 실사재고(창고보유재고)	×××
− 차감 조정(회사의 창고에는 보관되어 있지만 회사소유가 아닌 재고)	
① 수탁자가 보관 중인 위탁판매 재고자산(회사가 수탁자인 경우)	(×××)
② 미인도청구판매재고	(×××)
+ 가산 조정(회사의 창고에는 보관되어 있지 않지만 회사소유의 재고)	
① 운송 중인 재고(선적지인도조건의 매입상품, 도착지인도조건의 판매상품)	×××
② 수탁자가 보관 중인 위탁판매 재고자산(회사가 위탁자인 경우)	×××
③ 고객의 매입의사 표시 없는 시용판매 재고자산(시송품)	×××
④ 담보로 제공된 재고자산	×××
올바른 기말재고(재무상태표)	×××

12월 말 결산법인인 (주)한국의 20×1년 기초재고자산은 ₩350,000이고 당기 매입액은 ₩2,600,000이다. (주)한국은 20×1년도 결산을 하는 과정에서 상품 재고자산을 실사한 결과 ₩100,000인 것으로 파악되었다. 20×1년 결산 중에 발견한 추가적인 사항은 다음과 같다.

(1) 20×1년 12월 25일에 (주)월드로부터 FOB 선적지인도조건으로 매입한 상품(송장가격: ₩150,000)이 20×1년 12월 31일 현재 선박으로 운송 중에 있다. 동 상품은 20×2년 1월 9일에 도착할 예정이다.

(2) 20×1년 12월 30일에 (주)민국으로부터 FOB 도착지인도조건으로 매입한 상품(송장가격: ₩210,000)이 20×1년 12월 31일 현재 항공편으로 운송 중에 있다. 동 상품은 20×2년 1월 2일에 도착할 예정이다.

(3) (주)한국이 시용판매 조건으로 고객에게 발송한 상품(원가: ₩150,000) 중 20×1년 12월 31일 현재 원가 ₩100,000에 해당하는 상품에 대해서만 고객이 매입의사를 표시하였다.

(4) 위탁판매를 위하여 수탁자인 (주)서울에 적송한 상품 ₩400,000(원가) 중 20×1년 12월 31일 현재 (주)서울이 보관하고 있는 금액은 ₩180,000이다.

(5) (주)한국이 은행에서 자금을 차입하면서 은행에 담보로 제공한 상품은 20×1년 12월 31일 현재 ₩70,000(원가)이 있으며, 동 상품은 기말재고를 실사할 때 포함되지 않았다.

(6) (주)한국은 20×1년 12월 30일에 장기할부조건(할부기간 3년)으로 원가 ₩200,000의 상품을 ₩250,000에 판매하였다.

(7) 20×1년 말 현재 실사된 재고에는 거래처의 요청에 따라 인도가 지연되고 있으나 거래처가 소유권을 가지며 대금청구를 수락한 재고자산이 존재한다. 해당 재고자산의 원가는 ₩30,000이다.

(8) (주)한국은 20×1년 12월 30일에 반품조건부로 상품(원가 ₩100,000)을 ₩120,000에 판매하였다. 반품기한은 20×2년 1월 10일까지이며, 20×1년 말 현재 판매대가 중 ₩30,000의 반품이 예상된다.

[요구사항]

1. (주)한국이 20×1년 재무상태표에 보고할 재고자산 금액을 계산하시오.

2. (주)한국이 20×1년 포괄손익계산서에 보고할 매출원가를 계산하시오. 단, 재고자산감모손실 및 평가손실은 없다고 가정한다.

해답 1. 20×1년 말 재고자산

창고에 보관 중인 재고자산(실사재고)		100,000
(1) 운송 중인 매입상품(FOB 선적지인도조건)		150,000
(2) 운송 중인 매입상품(FOB 도착지인도조건)		–
(3) 고객의 매입의사 표시 없는 시용판매 상품	150,000 - 100,000 =	50,000
(4) 수탁자가 보관하고 있는 위탁판매 상품		180,000
(5) 담보제공 상품		70,000
(6) 할부판매 상품		–
(7) 미인도청구판매 재고자산		(30,000)
(8) 반품권이 부여된 판매		–
올바른 기말재고자산		520,000

2. 20×1년 매출원가

  (1) 거래의 분석

   ① 반품조건부 판매거래가 있는 경우, 판매가능재고는 매출원가(판매예상 재고자산의 원가)와 기말재고(미판매 재고자산의 원가) 뿐만 아니라 반품재고회수권(반품예상 재고자산의 원가)으로도 배분된다.

   ② 따라서 반품조건부 판매거래가 있는 경우 매출원가 금액은 판매가능재고에서 기말재고 뿐만 아니라 반품재 고회수권으로 배분되는 금액도 차감하여 계산해야 함에 유의한다.

  (2) 20×1년 매출원가

   판매가능재고 - 올바른 기말재고 - 반품재고회수권(반품예상 재고자산의 원가)

   = (350,000 + 2,600,000) - 520,000 - $^{(*)}$25,000 = 2,405,000

   $^{(*)}$ 30,000 × 100,000 ÷ 120,000 = 25,000

예제 10 · 기말재고 소유권판단(2)

상품매매기업인 (주)한국의 20×1년 기초 재고자산은 ₩500,000이고 당기 매입액은 ₩2,400,000이다. 20×1년 말 장부상 상품수량은 190개였으나, 실지재고조사 결과 기말수량은 160개(단위당 취득원가 ₩3,000, 단위당 순실현가능가치 ₩2,900)로 확인되었다. 관련된 추가자료는 다음과 같으며, 전기이월 재고자산평가충당금은 없다.

(1) (주)한국은 20×1년 10월 1일에 (주)서울상사에게 상품 15개를 발송하였으며, 발송운임은 발생하지 않았다. (주)서울상사는 20×1년 12월 하반기에 수탁받은 상품의 9개를 판매하였다고 (주)한국에 통보하였다. (주)한국은 이에 대한 회계처리를 적절하게 수행하였다. (주)서울상사는 기말 현재 수탁상품 중 미판매분을 보유하고 있다.

(2) (주)한국이 시용판매 조건으로 고객에게 발송한 상품 30개 중 20×1년 말 현재 20개에 해당하는 상품에 대해서만 고객이 매입의사를 표시하였다. (주)한국은 이에 대한 회계처리를 적절하게 수행하였다.

(3) 재고자산감모손실 중 70%는 원가성이 있으며, (주)한국은 원가성이 있는 감모손실은 매출원가로, 원가성이 없는 감모손실은 기타비용으로 보고한다. 재고자산평가손실은 전액 매출원가에 포함한다.

[요구사항]

1. (주)한국이 20×1년에 인식할 재고자산감모손실과 재고자산평가손실을 계산하시오.
2. (주)한국이 20×1년 말 재무상태표에 보고할 재고자산을 계산하시오.
3. (주)한국이 20×1년 포괄손익계산서에 보고할 매출원가를 계산하시오.

해답　1. 20×1년 재고자산감모손실과 재고자산평가손실

(1) 재고자산감모손실
① 소유권 판단 후 실사수량: 160개 + 6개(= 15개 - 9개) + 10개(= 30개 - 20개) = 176개
② 재고자산감모손실: (장부수량 - 소유권 판단 후 실사수량) × @단위당 매입단가
= (190개 - 176개) × @3,000 = 42,000

(2) 재고자산평가손실
소유권 판단 후 실사수량 × @(단위당 매입단가 - 단위당 순실현가능가치)
= 176개 × @(3,000 - 2,900) = 17,600

2. 20×1년 말 재고자산

= 소유권 판단 후 실사수량 × @Min[단위당 매입단가, NRV 단가]
= 176개 × @Min[3,000, 2,900] = 510,400

참고 재고자산감모손실과 재고자산평가손실 그리고 기말재고를 계산하는 공식에서 '실사수량'은 '소유권 판단 후 실사수량'을 의미함에 유의하기 바란다.

3. 20×1년 매출원가

= 매출원가 = 판매가능재고 - 기말재고 - 비정상감모손실
= 2,900,000(= 500,000 + 2,400,000) - 510,400 - 12,600(= 42,000 × 30%) = 2,377,000

제6절 │ 재고자산의 추정

01 매출총이익률법

1. 개요

① 매출총이익률법은 화재나 도난 등으로 인하여 재고자산에 대한 회계기록을 이용할 수 없거나 재고 실사를 할 수 없을 때 기말재고자산 금액을 추정하기 위하여 흔히 사용된다. 즉, 이러한 경우 당기 의 정확한 매출원가율이나 매출총이익률 자료를 이용할 수 없으므로 과거의 매출총이익률을 이용 하여 재고자산 금액을 추정하는 것이다.

② 다만, 재고자산을 추정에 의하여 계산하는 방법이므로 한국채택국제회계기준에서는 매출총이익률법 을 인정하지 않고 있다.

2. 매출총이익률법의 적용

[그림 4-6] 매출총이익률법을 적용한 기말재고 추정

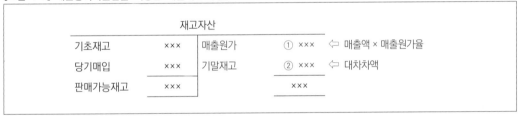

매출총이익률법에서는 과거의 매출총이익률을 이용하여 매출원가를 추정하고, 판매가능재고에서 매출원가 추정치를 차감하여 재고자산을 추정한다.

(1) 매출원가의 추정

매출총이익률법에서는 먼저 매출액에 매출원가율을 곱하여 매출원가를 추정한다. 이때 매출원가율은 (1 − 매출총이익률)로 계산된다.

> **[매출원가율, 매출총이익률]**
> ① 매출원가율 = 매출원가 ÷ 매출액
> ② 매출총이익률 = 매출총이익 ÷ 매출액
> ③ 매출원가율 + 매출총이익율 = 1 ⇨ ∴ 매출원가율 = 1 − 매출총이익률
>
> **[당기 매출원가의 추정]**
> 매출원가(추정) = 매출액 × 매출원가율(1 − 매출총이익률)

① 매출원가 대비 매출총이익률(원가가산이익률)이 제시되는 경우가 있다. 이 경우에는 원가가산이익률을 매출총이익률로 환산하여야 한다.
② 예를 들어, 문제에서 원가가산이익률이 25%로 제시되면, 원가가산이익률이 25%가 되도록 임의의 숫자를 가정해보는 것이다. 즉, 매출원가에 25%의 이익을 가산하여 판매한다는 의미이므로 매출원가를 ₩100이라고 가정하면, 매출총이익은 ₩25가 되고 매출액은 ₩125(= 100 + 25)가 된다. 따라서 매출총이익률(매출액 대비 매출총이익률)은 20%(= 25 ÷ 125)가 되는 것이다.

(2) 재고자산의 추정

판매가능재고(= 기초재고자산 + 당기매입액)에서 과거의 매출총이익률을 이용하여 추정한 매출원가를 차감하여 재고자산을 추정한다.

> [매출총익률법을 적용한 재고자산의 추정]
> ① 매출원가(추정): 매출액 × 매출원가율(1 - 매출총이익률)
> ② 재고자산(추정): 판매가능재고(기초재고자산 + 당기매입액) - 매출원가(추정)

(3) 재고자산 손실액

> [재고자산 손실액 계산]
>
> | | | |
> |---|---|---|
> | 재고자산 추정액 | | ××× |
> | 재해발생 직후 재고자산 | | |
> | ① 회사의 창고(○) + 손상되지 않은 재고자산의 원가 | ××× | |
> | ② 회사의 창고(○) + 손상된 재고자산의 NRV | ××× | |
> | ③ 회사의 창고(×) + 회사소유의 재고 | ××× | (×××) |
> | 재고자산 손실액 | | ××× |

① 매출총이익률법을 적용하여 추정한 재고자산은 재해발생 당시의 재고자산 추정액이다. 따라서 재해로 인한 재고자산 손실액은 재고자산 추정액에서 재해발생 직후 재고자산을 차감하여 계산한다.
② 이때 재해발생 직후 재고자산은 다음과 같이 3가지로 구성된다.

> ㉠ 재해 직후 회사의 창고에 보관되어 있으며 손상되지 않은 재고자산의 원가
> ㉡ 재해 직후 회사의 창고에 있지만 손상된 재고자산의 처분가치(순실현가능가치)
> ㉢ 재해 당시 회사의 창고에는 보관되어 있지 않지만 회사소유의 재고(예) 운송 중인 재고)

3. 매출총이익률법의 기타사항

(1) 매출액 계산

매출액은 발생주의 순매출액을 의미하므로 총매출액에 매출에누리와 환입, 매출할인을 차감하여 계산한다. 한편, 발생주의 매출액 관련 자료가 제시되지 않고, 현금주의 매출액과 관련된 자료가 제시되는 경우에는 현금주의 매출액에 매출채권 증가액(감소액)을 가산(차감)하여 발생주의 순매출액을 계산한다.

> **발생주의 순매출액** = 총매출액 − 매출에누리와 환입 − 매출할인
> = (*) 현금주의 매출액 + 매출채권 증가액 − 매출채권 감소액
> (*) 현금 매출액 + 매출채권 회수액

승철쌤's comment   매출운임

① 매출운임은 (재화의 판매가격을 깎아준 것이 아니라) 재고자산의 판매부대비용이다. 즉, 매출운임은 (매출 차감이 아니라) 당기비용(판매비와관리비)으로 인식한다.
② 따라서 매출운임은 순매출액과 무관하므로 순매출액을 계산할 때 별도로 고려할 필요가 없음에 유의한다.

(2) 당기매입액 계산

당기매입액은 발생주의 순매입액을 의미하므로 총매입액에 매입운임을 가산하고 매입에누리와 환출, 매입할인을 차감하여 계산한다. 한편, 발생주의 매입액 관련 자료가 제시되지 않고, 현금주의 매입액과 관련된 자료가 제시되는 경우에는 현금주의 매입액에 매입채무 증가액(감소액)을 가산(차감)하여 발생주의 순매입액을 계산한다.

> **발생주의 순매입액** = 총매입액 + 매입운임 − 매입에누리와 환출 − 매입할인
> = (*) 현금주의 매입액 + 매입채무 증가액 − 매입채무 감소액
> (*) 현금 매입액 + 매입채무 상환액

예제 11 매출총이익률법(1)

(1) (주)한국은 20×1년 8월 31일 창고에 화재가 발생하여 대부분의 재고자산이 소실되었다. 과거의 경험에 따르면 (주)한국이 판매하는 재고자산의 매출총이익률은 20%이다.

(2) 20×1년 1월 1일부터 8월 31일까지 (주)한국의 재고자산과 관련된 자료는 다음과 같다.

구분	1월 1일	8월 31일
재고자산	₩100,000	?
총매출액(1.1 ~ 8.31)		₩340,000
매출에누리및환입(1.1 ~ 8.31)		15,000
매출할인(1.1 ~ 8.31)		25,000
총매입액(1.1 ~ 8.31)		220,000
매입에누리와 환출(1.1 ~ 8.31)		25,000
매입할인(1.1 ~ 8.31)		5,000
매입운임(1.1 ~ 8.31)		10,000

(3) 화재 직후 실사 결과 남아있는 재고자산이 ₩20,000으로 평가되었다.

[요구사항]

1. 화재발생일 현재 (주)한국의 재고자산 금액을 추정하시오.

2. (주)한국이 화재로 인하여 인식할 재고자산 손실액을 계산하시오.

해답   **1. 화재발생일의 재고자산 추정**

(1) (순)매입액

220,000 - 25,000 - 5,000 + 10,000 = 200,000

(2) (순)매출액

340,000 - 15,000 - 25,000 = 300,000

(3) 화재발생일의 재고자산(추정)

기초재고자산	100,000
당기매입액	200,000
판매가능재고자산	300,000
매출원가(추정) 300,000 × (1 - 20%) =	(240,000)
화재발생일 재고자산	60,000

2. 재고자산손실액 계산

화재발생일 재고자산(추정) - 화재 직후 재고자산: 60,000 - 20,000 = 40,000

(1) (주)한국은 20×1년 8월 31일 창고에 화재가 발생하여 대부분의 재고자산이 소실되었다. 과거의 경험에 따르면 (주)한국이 판매하는 재고자산의 매출총이익률은 20%이다.

(2) 20×1년 1월 1일부터 8월 31일까지 (주)한국의 재고자산과 관련된 자료는 다음과 같다.

구분	1월 1일	8월 31일
재고자산	₩100,000	?
매출채권	190,000	₩140,000
매입채무	50,000	70,000
매출채권 회수액(1.1 ~ 8.31)		320,000
현금매출액(1.1 ~ 8.31)		30,000
매출할인(1.1 ~ 8.31)		25,000
매입채무 지급액(1.1 ~ 8.31)		140,000
현금매입액(1.1 ~ 8.31)		40,000
매입할인(1.1 ~ 8.31)		5,000

(3) 화재로 인하여 손상된 재고자산의 처분가치는 ₩5,000이고, 손상되지 않은 재고자산의 원가는 ₩4,000(판매가 ₩6,000)이다. 그리고 화재발생일 현재 FOB 선적지인도조건으로 매입한 재고자산 ₩10,000이 운송 중에 있다.

(4) 한편, (주)한국은 재고자산의 화재발생에 대비하여 화재보험에 가입하고 있었으며, 화재로 인하여 수령한 보험금은 ₩50,000이다.

[요구사항]

1. 화재발생일 현재 (주)한국의 재고자산 금액을 추정하시오.
2. (주)한국이 화재로 인하여 인식할 재고자산 손실액 또는 보험차익을 계산하시오.

해답   1. 화재발생일의 재고자산 추정

　　(1) (순)매입액

　　　　^(*)180,000(현금주의 매입액) + 20,000(매입채무 증가) = 200,000

　　　　^(*) 40,000(현금매입액) + 140,000(매입채무 지급액) = 180,000

　　(2) (순)매출액

　　　　^(*)350,000(현금주의 매출액) - 50,000(매출채권 감소) = 300,000

　　　　^(*) 30,000(현금매출액) + 320,000(매출채권 회수액) = 350,000

　　(3) 화재발생일의 재고자산(추정)

기초재고자산		100,000
당기매입액		200,000
판매가능재고자산		300,000
매출원가(추정)	300,000 × (1 - 20%) =	(240,000)
화재발생일 재고자산		60,000

2. 재고자산손실액(또는 보험차익) 계산

　　(1) 화재발생 직후 재고자산

손상된 재고자산의 순실현가능가치	5,000
손상되지 않는 재고자산의 원가	4,000
화재발생일 현재 운송 중인 재고자산	10,000
계	19,000

　　(2) 재고자산 손실액(보험금 수령 전)

　　　　60,000 - 19,000 = 41,000

　　(3) 보험차익

　　　　50,000 - 41,000 = 9,000

02 소매재고법

1. 개요

① 소매재고법은 기말재고자산을 판매가격으로 계산한 후, 판매가격(매가)으로 표시된 기말재고자산에 원가율을 곱하여 기말재고자산의 원가를 추정하는 방법이다. 이 방법은 매가로 계산된 기말재고자산을 원가로 환산(환원)하여 계산하므로 매출가격환원법이라고도 한다.

② 소매재고법은 기말재고자산을 실제원가가 아니라 추정에 의하여 계산하는 방법이므로 소매재고법에 의한 기말재고자산 평가 결과가 실제원가와 유사한 경우에 편의상 사용할 수 있다. 따라서 소매재고법은 이익률이 유사하고 품종변화가 심한 다품종 상품을 취급하는 유통업(예 백화점, 대형할인점, 편의점 등)에서 실무적으로 다른 원가측정법을 사용할 수 없는 경우에 흔히 사용한다.

2. 소매재고법의 적용절차

(1) 기말재고자산(매가)의 산정

① 매가(판매가격) 기준으로 파악한 판매가능재고액에서 매출액(매출원가의 매가)을 차감하여 기말재고자산(매가)을 산정한다.

② 한편, 재고자산의 판매가격은 회계기간 중에 인상되거나 인하될 수 있으며, 또한 인상되거나 인하된 가격이 취소될 수도 있다. 이때 판매가격 인상액에서 인상취소액을 차감한 금액을 순인상액, 인하액에서 인하취소액을 차감한 금액을 순인하액이라고 한다. 따라서 판매가능재고(매가)를 산정할 때는 최초의 판매가격에 순인상액은 가산하고 순인하액은 차감하여야 한다.

[그림 4-7] 기말재고(매가)의 산정

재고자산(매가)			
기초재고	×××	순매출액	×××
순매입액	×××	기말재고(①)	××× ⇐ 차변합계 − 순매출액
순인상액	×××		
순인하액	(×××)		
판매가능재고	×××		×××

(2) 원가율 산정

　　매가로 산정된 기말재고자산을 원가로 환산하기 위해 원가율을 산정한다. 원가율은 판매가능재고(원가)를 판매가능재고(매가)로 나눈 비율을 말한다. 즉, 판매가능재고의 매가 대비 원가의 비율이 기말재고자산의 매가 대비 원가의 비율과 동일하다고 가정하는 것이다.

[그림 4-8] 원가율 산정

재고자산(매가)					재고자산(원가)			
기초재고	×××	순매출액	×××		기초재고	×××	매출원가	×××
순매입액	×××	기말재고	×××		순매입액	×××	기말재고	×××
순인상액	×××							
순인하액	(×××)							
판매가능재고	×××		×××		판매가능재고	×××		×××

원가율(②) = 판매가능재고(원가) ÷ 판매가능재고(매가)

(3) 기말재고자산(원가)의 추정

　　매가로 산정한 기말재고자산(상기 ①)에 원가율(상기 ②)을 곱하여 기말재고자산의 원가를 추정한다.

[그림 4-9] 기말재고(원가)의 추정

재고자산(원가)				
기초재고	×××	매출원가(④)	×××	⇐ 대변합계 − 기말재고(원가)
순매입액	×××	기말재고(③)	×××	⇐ 기말재고(매가) × 원가율
판매가능재고	×××		×××	

3. 원가흐름의 가정과 원가율

소매재고법은 원가흐름의 가정에 따라 평균원가 소매재고법, 선입선출 소매재고법, 저가기준 소매재고법으로 구분할 수 있다. 각각의 방법은 원가율을 어떻게 산정하느냐에 따라 달라진다.

(1) 평균원가 소매재고법

평균원가 소매재고법은 기초재고자산과 당기매입재고자산이 평균적으로 판매된다고 가정한다. 따라서 기말재고자산도 기초재고자산과 당기매입재고자산이 평균적으로 구성되어 있다고 가정하여 원가율을 산정한다. 이에 따라 평균원가 소매재고법의 원가율은 기초재고자산과 당기매입재고자산을 합한 판매가능재고자산을 기준으로 산정한다.

[평균원가 소매재고법하의 원가율]

$$원가율 = \frac{판매가능재고(원가)}{판매가능재고(매가)} = \frac{기초재고(원가) + 당기매입(원가)}{기초재고(매가) + 당기매입(매가) + 순인상액 - 순인하액}$$

(2) 선입선출 소매재고법

선입선출 소매재고법은 기초재고자산이 먼저 판매된다고 가정한다. 따라서 기말재고자산은 당기매입재고자산으로만 구성되어 있다고 가정하여 원가율을 산정한다. 이에 따라 선입선출 소매재고법의 원가율은 기초재고자산을 제외한 당기매입재고자산만을 기준으로 산정한다. 이때 순인상액과 순인하액은 모두 당기매입재고자산에서 발생한 것으로 가정한다.

[선입선출 소매재고법하의 원가율]

$$원가율 = \frac{당기매입(원가)}{당기매입(매가) + 순인상액 - 순인하액}$$

(3) 저가기준 소매재고법

저가기준 소매재고법은 원가율을 산정할 때 분모에서 순인하액을 제외한다. 즉, 저가기준 소매재고법은 원가율을 낮게 산정하여 기말재고자산을 낮게 평가하는 방법이다. 저가기준 소매재고법은 다른 원가흐름의 가정과 결합하여 적용할 수 있으므로 저가기준 평균원가 소매재고법(전통적 소매재고법)과 저가기준 선입선출 소매재고법으로 세분할 수 있다.

[저가기준 평균원가 소매재고법하의 원가율]

$$원가율 = \frac{판매가능재고(원가)}{판매가능재고(매가)} = \frac{기초재고(원가) + 당기매입(원가)}{기초재고(매가) + 당기매입(매가) + 순인상액}$$

[저가기준 선입선출 소매재고법하의 원가율]

$$원가율 = \frac{당기매입(원가)}{당기매입(매가) + 순인상액}$$

다음은 소매업을 영위하고 있는 (주)한국의 당기 재고자산 관련 자료이다. (주)한국은 소매재고법을 적용하여 재고자산 원가를 측정한다.

구분	원가	매가
기초재고액	₩7,000	₩12,000
당기매입액	88,000	154,000
당기매출액	–	146,000
당기가격인상	–	21,000
당기가격인상취소	–	4,000
당기가격인하	–	8,000
당기가격인하취소	–	2,000

[요구사항]

1. 기말재고자산(매가)을 계산하시오.

2. 다음의 각 방법에 따라 기말재고자산(원가)과 매출원가를 계산하시오. 단, 원가율(%) 계산 시 소수점 이하 둘째 자리에서 반올림하여 첫째 자리로 계산하시오. (예) 5.67%는 5.7%로 계산)
   (1) 평균원가 소매재고법
   (2) 선입선출 소매재고법
   (3) 저가기준 평균원가 소매재고법(전통적 소매재고법)
   (4) 저가기준 선입선출 소매재고법

해답   1. 기말재고자산(매가)의 계산

재고자산

	원가	매가		원가	매가
기초재고	7,000	12,000	매출액	?	146,000
당기매입액	88,000	154,000	기말재고(역산)	?	31,000
순인상액		(*1)17,000			
순인하액		(*2)(6,000)			
판매가능재고	95,000	177,000		95,000	177,000

(*1) 순인상액: 21,000 – 4,000 = 17,000

(*2) 순인하액: 8,000 – 2,000 = 6,000

참고 원가율을 어떤 방법에 따라 결정하는지에 따라 기말재고(매가) 금액이 달라지는 것은 아님에 유의하기 바란다. 원가율 산정 이후의 금액인 기말재고(원가)와 매출원가 금액만 달라지는 것이다.

2. 기말재고(원가)와 매출원가의 계산

  (1) 평균원가 소매재고법

    ① 원가율: 95,000 ÷ 177,000 = 53.7%

    ② 기말재고자산(원가): 31,000 × 53.7% = 16,647

    ③ 매출원가: 95,000 - 16,647 = 78,353

  (2) 선입선출 소매재고법

    ① 원가율: (95,000 - 7,000) ÷ (177,000 - 12,000) = 53.3%

    ② 기말재고자산(원가): 31,000 × 53.3% = 16,523

    ③ 매출원가: 95,000 - 16,523 = 78,477

  (3) 저가기준 평균원가 소매재고법

    ① 원가율: 95,000 ÷ (177,000 + 6,000) = 51.9%

    ② 기말재고자산(원가): 31,000 × 51.9% = 16,089

    ③ 매출원가: 95,000 - 16,089 = 78,911

  (4) 저가기준 선입선출 소매재고법

    ① 원가율: (95,000 - 7,000) ÷ (177,000 - 12,000 + 6,000) = 51.5%

    ② 기말재고자산(원가): 31,000 × 51.5% = 15,965

    ③ 매출원가: 95,000 - 15,965 = 79,035

4. 소매재고법의 특수항목

[그림 4-10] 특수항목의 고려

재고자산				원가	매가
	원가	매가			
기초재고	×××	×××	총매출액		×××
총매입액	×××	×××	매출에누리·환입		(×××)
매입운임	×××		매출할인		(×××)
매입에누리	(×××)		종업원할인		×××
매입환출	(×××)	(×××)	정상파손		×××
매입할인	(×××)		기말재고		×××
순인상액		×××			
순인하액		(×××)			
비정상파손	(×××)	(×××)			
판매가능재고	×××	×××		×××	×××

기말재고자산(매가)과 원가율 산정 시 다음 항목이 있는 경우 이를 추가로 고려해야 한다.

(1) 매출에누리와 환입, 매출할인: 매출액을 감소시키므로 매출액에서 차감한다.

(2) 매입운임, 매입에누리와 환출, 매입할인

① 매입운임: 당기매입액을 증가시키므로 당기매입액(원가)에 가산한다.
② 매입에누리, 매입할인: 당기매입액을 감소시키므로 당기매입액(원가)에서 차감한다.
③ 매입환출: 당기매입액을 감소시키므로 당기매입액(원가)에서 차감한다. 또한 매입환출은 상품을 반환하는 것이므로 당기매입액(매가)에서도 차감한다.

(3) 종업원할인

① 종업원할인은 재고자산을 종업원에게 판매하면서 판매가격을 할인해 주는 금액을 말한다. 종업원할인액은 매출액을 감소시키지만, 기말재고자산(매가)을 계산할 때는 매출액에 다시 가산한다.
② 왜냐하면 소매재고법에서 기말재고자산(매가)은 판매가능재고자산(매가)에서 매출액을 차감하여 계산하는데, 이때 매출액에 종업원할인액을 다시 가산하지 않으면 기말재고자산(매가)이 그만큼 과대평가되기 때문이다.

(4) 파손

① 정상파손: 정상파손은 영업활동 과정에서 정상적으로 파손된 재고자산을 말한다. 정상파손은 매출액으로 인식되지 않지만, 기말재고자산(매가)을 계산할 때는 매출액에 다시 가산한다. 왜냐하면 소매재고법에서 기말재고자산(매가)은 판매가능재고자산(매가)에서 매출액을 차감하여 계산하는데, 이때 매출액에 정상파손액을 다시 가산하지 않으면 기말재고자산(매가)이 그만큼 과대평가되기 때문이다.
② 비정상파손: 비정상파손은 정상적인 영업활동과 무관하게 발생한 것이므로 매출원가와 기말재고자산의 계산에 반영되면 안 된다. 따라서 비정상파손은 원가율을 계산할 때 처음부터 구입하지 않은 것으로 가정하여 판매가능재고의 원가와 매가에서 각각 차감한다.

다음은 소매업을 영위하고 있는 (주)한국의 당기 재고자산 관련 자료이다. (주)한국은 소매재고법을 적용하여 재고자산 원가를 측정한다.

구분	원가	매가
기초재고액	₩7,000	₩12,000
당기총매입액	88,000	154,000
매입운임	2,500	–
매입환출	1,000	2,000
매입할인	3,000	–
당기총매출액	–	146,000
매출환입	–	17,000
순인상액	–	17,000
순인하액	–	6,000
종업원할인	–	3,000
정상파손	–	4,000
비정상파손	5,000	7,000

[요구사항]

1. 기말재고자산(매가)을 계산하시오.

2. 다음의 각 방법에 따라 기말재고자산(원가)과 매출원가를 계산하시오. 단, 원가율(%) 계산 시 소수점 이하 둘째 자리에서 반올림하여 첫째 자리로 계산하시오. (예 5.67%는 5.7%로 계산)
   (1) 평균원가 소매재고법
   (2) 선입선출 소매재고법
   (3) 저가기준 평균원가 소매재고법(전통적 소매재고법)
   (4) 저가기준 선입선출 소매재고법

해답 1. 기말재고자산(매가)의 계산

재고자산

	원가	매가		원가	매가
기초재고	7,000	12,000	총매출액	?	146,000
총매입액	88,000	154,000	매출환입		(17,000)
매입운임	2,500	–	종업원할인		3,000
매입환출	(1,000)	(2,000)	정상파손		4,000
매입할인	(3,000)	–	기말재고(역산)	?	32,000
순인상액	–	17,000			
순인하액	–	(6,000)			
비정상파손	(5,000)	(7,000)			
판매가능재고	88,500	168,000		88,500	168,000

2. **기말재고(원가)와 매출원가의 계산**

(1) 평균원가 소매재고법
   ① 원가율: 88,500 ÷ 168,000 = 52.7%
   ② 기말재고자산(원가): 32,000 × 52.7% = 16,864
   ③ 매출원가: 88,500 - 16,864 = 71,636

(2) 선입선출 소매재고법
   ① 원가율: (88,500 - 7,000) ÷ (168,000 - 12,000) = 52.2%
   ② 기말재고자산(원가): 32,000 × 52.2% = 16,704
   ③ 매출원가: 88,500 - 16,704 = 71,796

(3) 저가기준 평균원가 소매재고법
   ① 원가율: 88,500 ÷ (168,000 + 6,000) = 50.9%
   ② 기말재고자산(원가): 32,000 × 50.9% = 16,288
   ③ 매출원가: 88,500 - 16,288 = 72,212

(4) 저가기준 선입선출 소매재고법
   ① 원가율: (88,500 - 7,000) ÷ (168,000 - 12,000 + 6,000) = 50.3%
   ② 기말재고자산(원가): 32,000 × 50.3% = 16,096
   ③ 매출원가: 88,500 - 16,096 = 72,404

01 재고자산의 취득원가는 매입원가, 전환원가 및 재고자산을 현재의 장소에 현재의 상태   (O, X)
로 이르게 하는 데 발생한 기타 원가 모두를 포함한다.

02 후속 생산단계에 투입하기 전에 보관이 필요한 경우 이외의 보관원가는 재고자산의 취   (O, X)
득원가로 인식한다.

03 재고자산의 수량결정방법 중 실지재고조사법(실사법)은 보고기간 말에 창고를 실사하   (O, X)
여 기말재고수량을 먼저 결정하고, 판매가능재고수량 중에서 기말 실사수량을 차감한
나머지 수량을 판매수량으로 결정하는 방법이다.

04 재고자산의 단위원가 결정방법 중 선입선출법은 수량결정방법으로 실사법과 계속기록   (O, X)
법 중 어느 방법을 적용해도 매출원가와 기말재고로 배분되는 금액은 원칙적으로 동일
하게 결정된다는 특징이 있다.

05 물가가 지속적으로 상승하는 경제하에서 후입선출법하에서의 당기순이익이 선입선출   (O, X)
법하에서의 당기순이익보다 적어지는데, 이는 후입선출법이 수익비용의 대응을 왜곡
하는 일례이다.

06 실제수량이 장부상 수량에 미달하는 경우, 수량부족분에 해당하는 취득원가 금액은 기   (O, X)
말재고자산에서 직접 차감하고 재고자산감모손실의 과목으로 하여 당기비용으로 인식
한다.

정답 및 해설

01 O

02 X   후속 생산단계에 투입하기 전에 보관이 필요한 경우의 보관원가(예 원재료 보관원가)는 재고자산의 취득원가로 인
식한다. 그러나 그 이외의 보관원가(예 후속 생산단계가 없는 완성품 보관원가)는 발생기간의 비용으로 인식한다.

03 O

04 O

05 X   후입선출법에서는 최근에 매입·생산한 재고자산이 매출원가로 인식되므로 수익(매출액)과 비용(매출원가)이 모두
최근 금액으로 보고된다. 따라서 후입선출 재고청산 현상이 발생하지 않는 한, 물가가 지속적으로 상승한다 하더
라도 후입선출법은 수익비용이 적절하게 대응되는 방법이다.

06 O

07 재고자산을 순실현가능가치로 감액하는 저가법은 항목별로 적용해야 하므로 서로 유 (O, X)
사하거나 관련 있는 항목들을 통합하여 적용하는 것은 인정되지 않는다.

08 회사가 실지재고조사법만을 사용하는 경우에는 재고자산평가손실을 파악할 수 없다. (O, X)

09 완성될 제품이 원가 이상으로 판매될 것으로 예상하는 경우에는 그 생산에 투입하기 (O, X)
위해 보유하는 원재료 및 기타 소모품을 감액하지 아니한다. 따라서 제품의 원가가 순
실현가능가치를 초과할 것으로 예상되더라도 해당 원재료를 순실현가능가치로 감액하
지 않는다.

10 재고자산의 감액을 초래했던 상황이 해소되거나 경제상황의 변동으로 순실현가능가치 (O, X)
가 상승한 명백한 증거가 있는 경우에는 최초의 장부금액을 초과하지 않는 범위 내에
서 평가손실을 환입한다.

11 FOB 선적지인도조건으로 매입한 재고자산이 기말 현재 운송 중인 경우에는 회사(매 (O, X)
입자)의 기말재고자산에 포함하지 않는다.

12 위탁판매거래에서 기말 현재까지 수탁자가 제3자에게 판매하지 못하고 보관하고 있는 (O, X)
재고자산(적송품)은 위탁자의 창고에는 없지만 위탁자의 기말 재고자산에 포함한다.

정답 및 해설

07 X 재고자산의 저가평가는 항목별(개별 품목별)로 적용하는 것이 원칙이다. 다만, 기업의 회계처리 편의를 위해 서로
유사하거나 관련 있는 항목들을 통합하여 적용(조별 기준)하는 방법을 예외적으로 인정하고 있다.

08 X 재고자산평가손실은 실사수량에 단위당 평가손실을 곱하여 계산하므로 실사수량만 파악하면 평가손실을 계산할
수 있다. 따라서 재고자산의 수량 결정방법(계속기록법, 실지재고조사법) 중 실지재고조사법만을 적용하여 실사수
량만 파악하더라도 평가손실을 계산할 수 있는 것이다.

09 X 완성될 제품이 원가 이상으로 판매될 것으로 예상(즉, 제품에서 평가이익이 예상)되는 경우에는 그 생산에 투입하
기 위해 보유하는 원재료 및 기타 소모품을 감액하지 않는다. 반면에, 제품의 원가가 순실현가능가치를 초과할 것
으로 예상되면(즉, 제품에서 평가손실이 예상되면) 해당 원재료를 순실현가능가치로 감액한다.

10 O

11 X FOB 선적지인도조건으로 매입한 재고자산이 기말 현재 운송 중인 경우에는 상품을 선적한 시점에 소유권이 회사
(매입자)에게 이전되므로 회사(매입자)의 기말재고자산에 포함한다.

12 O

원가배분 – 이동평균법

01 (주)한국은 계속기록법으로 재고자산을 회계처리하고 있으며 단가는 가중평균법으로 계산하고 있다. 20×1년 3월 한달간 재고자산의 매입과 매출에 관한 자료가 다음과 같을 경우, (주)한국이 20×1년 3월 말에 보유하고 있는 재고자산은 얼마인가? (단, 20×1년 3월 말 재고실사 결과 장부상 재고와 일치한다)

일자	적요	수량	[*]단가	금액
3월 1일	기초재고	10개	₩50	₩500
3월 5일	매입	20개	80	1,600
3월 12일	매출	(10개)	120	1,200
3월 18일	매입	10개	100	1,000
3월 25일	매출	(15개)	140	2,100

[*] 매입 시 매입단가, 매출 시 판매단가를 의미함

① ₩1,050
② ₩1,163
③ ₩1,200
④ ₩1,252
⑤ ₩1,500

원가배분 + 감모 · 평가손실

02 (주)한국은 상품재고자산의 단위원가 결정방법으로 매입 시마다 평균을 계산하는 가중평균법을 채택하고 있다. (주)한국의 20×1년 상품재고자산과 관련된 자료는 다음과 같다. 20×1년 말 현재 상품재고자산의 단위당 순실현가능가치가 ₩200이라면, (주)한국이 20×1년에 인식하여야 할 재고자산감모손실과 재고자산평가손실은 각각 얼마인가? (단, 20×1년 기초재고의 단위당 원가와 순실현가능가치는 동일하였다고 가정한다) [세무사 10]

구분	수량	단위당 원가
기초재고(1월 1일)	200개	₩100
매입(2월 10일)	200개	₩200
매출(5월 1일)	300개	
매입(12월 1일)	100개	₩300
장부상 기말재고	200개	
실사 결과 기말재고	150개	

	재고자산감모손실	재고자산평가손실		재고자산감모손실	재고자산평가손실
①	₩9,000	₩3,750	②	₩9,000	₩6,000
③	₩10,000	₩5,000	④	₩11,250	₩3,750
⑤	₩11,250	₩5,000			

평가손실: 원재료 있는 경우

03 20×1년에 설립된 (주)한국이 20×1년 말 현재 보유하고 있는 재고자산에 관한 자료는 다음과 같다.

구분	장부수량	실사수량	단위당		
			원가	현행대체원가	순실현가능가치
원재료	1,050개	1,020개	₩430	₩350	₩400
제품	2,350개	2,230개	2,800	2,770	3,000
상품	1,530개	1,460개	2,300	2,200	2,250

(주)한국은 원재료를 사용하여 제품을 직접 생산·판매하며, 상품의 경우 다른 제조업자로부터 취득하여 적절한 이윤을 덧붙여 판매하고 있다. 20×1년도 (주)한국이 인식해야 할 재고자산평가손실은?

① ₩73,000
② ₩76,500
③ ₩103,600
④ ₩154,600
⑤ ₩160,500

평가손실: 확정판매계약 체결 재고

04 20×1년 초에 설립한 (주)대한은 20×1년 말 다음과 같이 성격과 용도가 다른 세 종목의 상품을 보유하고 있다.

구분	수량	단위당 원가	단위당 예상 판매가격	단위당 예상 판매비용
A상품	1,800개	₩1,000	₩1,100	₩50
B상품	1,000개	950	950	50
C상품	500개	1,200	1,150	100

(주)대한의 기말재고에는 확정판매계약(단위당 계약가격: ₩950)을 이행하기 위하여 보유한 A상품 1,300개가 포함되어 있으며, 확정판매계약 이행을 위한 판매비용은 발생하지 않는다. (주)대한이 20×1년도 포괄손익계산서에 반영할 재고자산평가손실은? [세무사 13]

① ₩65,000
② ₩75,000
③ ₩115,000
④ ₩125,000
⑤ ₩190,000

총비용 인식액

05 (주)대한의 20×1년도 재고자산(상품 A)과 관련된 자료가 다음과 같을 때, 20×1년도에 비용으로 인식할 금액의 합계액은? [세무사 13]

> (1) 기초재고 ₩700,000(재고자산평가충당금 ₩0)
> (2) 매입액   ₩6,000,000
> (3) 매출액   ₩8,000,000
> (4) 기말재고 장부수량 3,000개, 개당 취득원가   ₩200
>   실사수량 2,500개, 개당 순실현가능가치 ₩240
> (5) 재고자산 감모분 중 50%는 정상적인 것으로 판단되었다.

① ₩6,000,000　　　　　　　　② ₩6,050,000
③ ₩6,100,000　　　　　　　　④ ₩6,150,000
⑤ ₩6,200,000

총비용 인식액

06 (주)세무의 20×1년도 및 20×2년도 상품 관련 자료는 다음과 같다.

> ○ 20×1년도 기말재고자산: ₩4,000,000(단위당 원가 ₩1,000)
> ○ 20×2년도 매입액: ₩11,500,000(단위당 원가 ₩1,250)
> ○ 20×2년도 매출액: ₩15,000,000

20×2년 말 장부상 상품수량은 4,000개였으나, 실지재고조사 결과 기말수량은 3,500개로 확인되었다. 20×2년 말 현재 보유하고 있는 상품의 예상 판매가격은 단위당 ₩1,500이며, 단위당 ₩300의 판매비용이 예상된다. (주)세무가 선입선출법을 적용할 때, 20×2년도에 인식할 당기손익은? [세무사 17]

① ₩3,000,000 이익　　　　　② ₩3,700,000 이익
③ ₩3,875,000 이익　　　　　④ ₩4,300,000 이익
⑤ ₩4,500,000 이익

매출원가 인식액

07 (주)세무의 20×1년 초 상품재고액은 ₩80,000(재고자산평가충당금 ₩0)이다. (주)세무의 20×1년과 20×2년의 상품매입액은 각각 ₩520,000과 ₩600,000이며, 기말상품재고와 관련된 자료는 다음과 같다. (주)세무는 재고자산평가손실(환입)과 정상적인 재고자산감모손실은 매출원가에 반영하고, 비정상적인 재고자산감모손실은 기타비용에 반영하고 있다. (주)세무의 20×2년도 매출원가는? [세무사 22 수정]

항목	장부수량	실제수량	정상감모수량	단위당 취득원가	단위당 순실현가능가치
20×1년 말	450개	400개	20개	₩300	₩250
20×2년 말	650개	625개	10개	₩350	₩330

① ₩481,000   ② ₩488,500   ③ ₩496,000

④ ₩501,000   ⑤ ₩523,500

판매재고원가 추정

08 (주)세무는 단일상품을 판매하는 기업으로, 20×1년 결산 이전 재고자산의 정상적인 수량부족과 평가손실을 반영하지 않은 매출원가는 ₩989,400이다. 재고와 관련된 자료가 다음과 같을 때, 20×1년 기초재고자산은? (단, 재고자산의 정상적인 수량부족과 평가손실은 매출원가로 처리하고, 비정상적인 수량부족은 기타비용으로 처리한다) [세무사 20]

○ 당기매입 관련 자료
  - 당기상품매입액: ₩800,000
  - 매입운임: ₩60,000
  - 관세환급금: ₩10,000
○ 기말재고 실사자료
  - 기말재고 장부상 수량: 500개
  - 기말재고 실제수량: 480개(14개는 정상적인 수량부족임)
  - 단위당 취득단가: ₩900
  - 단위당 순실현가능가치: ₩800

① ₩584,000   ② ₩586,600

③ ₩587,400   ④ ₩589,400

⑤ ₩596,600

기말재고 소유권 판단

09 (주)세무의 20×1년 재고자산 관련 현황이 다음과 같을 때, 20×1년 말 재무상태표의 재고자산은?

- 20×1년 말 재고실사를 한 결과 (주)세무의 창고에 보관 중인 재고자산의 원가는 ₩100,000 이다.
- 20×1년도 중 고객에게 원가 ₩80,000 상당의 시송품을 인도하였으나, 기말 현재까지 매입 의사를 표시하지 않았다.
- 20×1년도 중 운영자금 차입목적으로 은행에 원가 ₩80,000의 재고자산을 담보로 인도하였 으며, 해당 재고자산은 재고실사 목록에 포함되지 않았다.
- (주)한국과 위탁판매계약을 체결하고 20×1년도 중 원가 ₩100,000 상당의 재고자산을 (주) 한국으로 운송하였으며, 이 중 기말 현재 미판매되어 (주)한국이 보유하고 있는 재고자산의 원가는 ₩40,000이다.
- (주)대한으로부터 원가 ₩65,000의 재고자산을 도착지인도조건으로 매입하였으나 20×1년 말 현재 운송 중이다.

① ₩220,000 ② ₩260,000
③ ₩300,000 ④ ₩320,000
⑤ ₩365,000

소매재고법: FIFO + 저가기준

10 (주)세무는 저가기준으로 선입선출 소매재고법을 적용하고 있다. 재고자산과 관련된 자료가 다음과 같을 때, 매출원가는? (단, 원가율은 소수점 이하 셋째 자리에서 반올림한다)

[세무사 20]

구분	원가	판매가
기초재고	₩12,000	₩14,000
매입	649,700	999,500
매입운임	300	-
매출	-	1,000,000
매출환입	-	500
순인상	-	500
순인하	-	300
정상파손	100	200

① ₩652,670 ② ₩652,770
③ ₩652,800 ④ ₩652,870
⑤ ₩652,900

정답 및 해설

정답

01 ③ 02 ④ 03 ① 04 ⑤ 05 ⑤ 06 ② 07 ② 08 ④ 09 ③ 10 ⑤

해설

01 ③

일자	금액	수량	평균단가
3월 초	500	10개	@50
3월 5일	1,600	20개	
	2,100	30개	@70
3월 12일	(700)	(10개)	
3월 18일	1,000	10개	
	2,400	30개	@80
3월 25일	(1,200)	(15개)	
3월 말	1,200	15개	@80

02 ④ **(1) 재고자산감모손실**

① 기말재고의 매입단가(이동평균단가)

2/10: (20,000 + 40,000) ÷ 400개 = 150/개

12/31: (60,000 - 300개 × @150 + 30,000) ÷ 200개 = 225/개

② 재고자산감모손실: (장부수량 - 실사수량) × @매입단가 = (200개 - 150개) × @225 = 11,250

(2) 재고자산평가손실

실사수량 × @(매입단가 - NRV 단가) = 150개 × @(225 - 200) = 3,750

03 ① **(1) 재고자산 항목별 평가손실 분석**

① 제품: 제품의 단위당 순실현가능가치 3,000이 단위당 원가 2,800보다 크므로 제품에서 평가이익이 예상된다. 평가이익은 안식하지 않으므로 제품에 대해 인식할 평가손실은 영(0)이 된다.

② 원재료: 원재료의 단위당 현행대체원가 350이 단위당 원가 430보다 낮다. 그러나 완성될 제품에서 평가이익이 예상되므로 원재료에 대해서도 평가손실을 인식하지 않는다. 따라서 원재료의 평가손실은 영(0)이 된다.

③ 상품: 1,460개 × @(2,300 - 2,250) = 73,000

(2) 20×1년 재고자산평가손실

0(제품) + 0(원재료) + 73,000(상품) = 73,000

04 ⑤ **(1) 확정판매계약이 체결된 재고자산의 NRV**

확정판매계약가격

(2) 재고자산평가손실

실사수량 × @(매입단가 - NRV 단가)

종목	구분	재고자산평가손실		비고
상품 A	확정판매계약분	1,300개 × [1,000 - 950(계약가격)] =	65,000	
	일반판매분	500개 × [1,000 - 1,050(= 1,100 - 50)] =	-	평가이익
상품 B	일반판매분	1,000개 × [950 - 900(= 950 - 50)] =	50,000	
상품 C	일반판매분	500개 × [1,200 - 1,050(= 1,150 - 100)] =	75,000	
합계			190,000	

05 ⑤ **(1) 기말재고**

실사수량 × @Min[단위당 매입단가, NRV 단가] = 2,500개 × @Min[200, 240] = 500,000

(2) 총비용

판매가능재고 - 기말재고 = (700,000 + 6,000,000) - 500,000 = 6,200,000

06 ② **(1) 거래의 분석**

재고자산과 관련하여 당기손익에 미치는 효과는 매출액에서 재고자산 관련 총비용을 차감한 금액이다. 문제에서 매출액을 제시하고 있으므로 결국 재고자산 관련 총비용을 계산하라는 문제이다.

(2) 재고자산 관련 총비용

① 기말재고: 실사수량 × @Min[단위당 매입단가, NRV 단가]

= 3,500개 × @Min[[(*1)]1,250, [(*2)]1,200] = 4,200,000

[(*1)] 선입선출법을 적용하므로 당기매입 재고의 단위당 원가가 기말재고의 단위당 원가가 된다.

[(*2)] 단위당 순실현가능가치: 1,500 - 300 = 1,200

② 재고자산 관련 총비용: 판매가능재고 - 기말재고

= (4,000,000 + 11,500,000) - 4,200,000 = 11,300,000

(3) 20×2년 당기손익

15,000,000(매출액) - 11,300,000(총비용) = 3,700,000 이익

07 ② **(1) 각 연도 말 재고자산**

실제수량 × @Min[매입단가, NRV단가]

① 20×1년 말 재고자산: 400개 × @Min[300, 250] = 100,000

② 20×2년 말 재고자산: 625개 × @Min[350, 330] = 206,250

(2) 20×2년 비정상감모손실

비정상감모수량 × @매입단가

= [25개(= 650개 - 625개) - 10개] × @350 = 5,250

(3) 20×2년 매출원가

판매가능재고(= 기초재고 + 당기매입) - 기말재고 - 비정상감모손실

= (100,000 + 600,000) - 206,250 - 5,250 = 488,500

08 ④ **(1) 거래의 분석**

정상감모손실과 평가손실을 반영하지 않은 매출원가는 판매된 재고의 원가를 의미한다.

(2) 판매된 재고의 원가

① 기말재고(감모손실과 평가손실 반영 전): 장부상 수량 × 매입단가 = 500개 × @900 = 450,000

② 판매된 재고의 원가: 판매가능재고 - 기말재고(감모손실과 평가손실 반영 전)

= (기초재고 + 800,000 + 60,000 - 10,000) - 450,000 = 989,400 ⇨ 기초재고자산 589,400

(3) (방법 2)

① 감모손실: 감모수량 × 매입단가 = 20개 × @900 = 18,000

② 평가손실: 실제수량 × (매입단가 - NRV단가) = 480개 × @(900 - 800) = 48,000

③ 기말재고: 실제수량 × Min[매입단가, NRV단가] = 480개 × Min[900, 800] = 384,000

④ 판매가능재고 = 판매된 재고의 원가 + 감모손실 + 평가손실 + 기말재고

기초재고 + 800,000 + 60,000 - 10,000 = 989,400 + 18,000 + 48,000 + 384,000

⇨ 기초재고자산 589,400

09 ③

실사재고(창고재고)	100,000
시용판매재고	80,000
담보제공재고	80,000
위탁판매재고	40,000
운송 중인 재고(도착지 매입)	-
올바른 기말재고	300,000

10 ⑤ **(1) 기말재고자산(매가)의 계산**

재고자산

	원가	매가		원가	매가
기초재고	12,000	14,000	매출	?	1,000,000
매입액	649,700	999,500	매출환입		(500)
매입운임	300	–	정상파손		200
순인상액		500			
순인하액		(300)	기말재고	?	(*)14,000
판매가능재고	662,000	1,013,700		662,000	1,013,700

(*) 역산

(2) 매출원가의 계산

① 원가율(FIFO + 저가기준)

650,000(= 662,000 - 12,000) ÷ 1,000,000(= 1,013,700 - 14,000 + 300) = 0.65(65%)

② 기말재고자산(원가): 14,000 × 65% = 9,100

③ 매출원가: 662,000 - 9,100 = 652,900

원가흐름의 가정: 가중평균법

[세무사 2차 17]

01 다음은 (주)한국의 상품에 관련된 자료이다.

(1) 모든 매입·매출거래는 현금거래이다.

(2) 상품의 단위당 판매가격은 ₩1,500이고, 20×1년 상품의 매입·매출에 관한 자료는 다음과 같다.

일자	구분	수량(개)	단위원가	금액
1월 1일	기초상품	200	₩1,100	₩220,000
2월 28일	매입	2,400	1,230	2,952,000
3월 5일	매출	2,100		
3월 6일	매출환입	100		
8월 20일	매입	2,600	1,300	3,380,000
12월 25일	매출	1,500		
12월 31일	기말상품	1,700		

(3) 상품의 원가흐름에 대한 가정으로 가중평균법을 적용하고 있다.

(4) 20×1년 12월 31일 상품에 대한 실사수량은 1,700개이다.

[물음 1] 상품에 대한 회계처리로 계속기록법을 적용하는 경우, 20×1년 12월 25일에 필요한 회계처리를 제시하시오.

(차) ①	(대) ②

[물음 2] 상품에 대한 회계처리로 실지재고조사법을 적용하는 경우, 20×1년 포괄손익계산서에 보고되는 매출원가를 계산하시오.

해답 **[물음 1] 이동평균법**

1. 일자별 매출원가, 기말재고 계산

일자	금액	수량	평균단가
1.1(기초)	220,000	200개	@1,100
2.28	2,952,000	2,400개	
	3,172,000	2,600개	@1,220
3.5 ~ 3.6	(2,440,000)	(2,000개)	
8.20	3,380,000	2,600개	
	4,112,000	3,200개	@1,285
12.25	(1,927,500)	(1,500개)	
12.31(기말)	2,184,500	1,700개	

2. 20×1.12.25 회계처리

(차) 현금 　　　 (*)2,250,000 　(대) 매출 　　 2,250,000

　　(*) 1,500개 × @1,500 = 2,250,000

(차) 매출원가 　　 1,927,500 　(대) 상품 　　 1,927,500

[물음 2] 총평균법

1. 총평균단가
   ① 판매가능재고: 220,000 + 2,952,000 + 3,380,000 = 6,552,000
   ② 판매가능재고수량: 200개 + 2,400개 + 2,600개 = 5,200개
   ③ 총평균단가(① ÷ ②): 6,552,000 ÷ 5,200개 = @1,260

2. 매출원가: (*)3,500개 × @1,260 = 4,410,000
   (*) 2,100개 - 100개 + 1,500개 = 3,500개

02 다음은 (주)대한의 20×1년 재고자산과 관련된 회계자료이다.

(1) 기초재고자산은 ₩5,000,000이다. 당기총매입은 ₩25,000,000, 추가로 (주)대한이 부담한 매입운임은 ₩2,000,000, 매입에누리와 환출은 ₩2,300,000, 매입할인은 ₩700,000 이다.

(2) 당기총매출은 ₩32,000,000, (주)대한이 부담한 매출운임은 ₩1,000,000, 매출에누리와 환입은 ₩1,500,000, 매출할인은 ₩500,000이다.

(3) 기말재고자산의 장부재고수량과 실지재고수량, 취득원가 및 순실현가능가치는 다음과 같다.

재고자산 종류	재고자산 수량		단위당 취득원가	단위당 순실현가능가치
	장부재고	실지재고		
A상품	1,000개	900개	₩1,000	₩800
B상품	2,000개	1,700개	₩2,000	₩1,500

(4) 재고자산감모손실 중 70%는 원가성이 있는 것으로, 30%는 원가성이 없는 것으로 판명되었다. 원가성이 있는 재고자산감모손실은 매출원가에 포함하며, 원가성이 없는 재고자산감모손실은 기타비용으로 회계처리한다.

(5) 재고자산의 저가기준 평가는 항목별 기준을 적용하며, 재고자산평가손실은 전액 매출원가에 포함한다.

[물음 1] (주)대한이 20×1년 포괄손익계산서에 인식할 매출액을 계산하시오.

[물음 2] (주)대한이 20×1년 포괄손익계산서에 인식할 매출원가를 계산하시오.

해답 [물음 1] 매출

총매출	32,000,000
매출에누리와 환입	(1,500,000)
매출할인	(500,000)
(순)매출	30,000,000

※ (주)대한이 부담한 매출운임: (매출 차감이 아니라) 판매비와관리비로 처리한다.

[물음 2] 매출원가

1. 순매입액

총매입액	25,000,000
매입운임	2,000,000
매입에누리와 환출	(2,300,000)
매입할인	(700,000)
순매입액	24,000,000

2. 감모손실

A상품	(1,000개 - 900개) × @1,000 =	100,000
B상품	(2,000개 - 1,700개) × @2,000 =	600,000
계		700,000

3. 기말재고

A상품	900개 × Min[1,000, 800] =	720,000
B상품	1,700개 × Min[2,000, 1,500] =	2,550,000
계		3,270,000

4. 매출원가

기초재고		5,000,000
당기매입액		24,000,000
기말재고		(3,270,000)
비정상감모손실	700,000 × 30% =	(210,000)
매출원가		25,520,000

03 다음에 제시되는 물음은 각각 독립된 상황이다. 제시된 물음에 답하시오.

[물음 1] 다음은 (주)대한의 20×1년 12월 31일로 종료되는 회계연도에 대한 회계기록이다.

> ○ 기말재고자산[*] 　　　　₩10,000
> ○ 기말매입채무 　　　　　　20,000
> ○ 당기 매출액 　　　　　　　90,000
>
> [*] 기말 현재 (주)대한의 공장에 있는 재고자산을 실사한 결과에 따른 금액임

재고자산의 단위원가는 선입선출법을 사용하여 결정한다. 추가 정보는 다음과 같다.

> (1) 위 기말재고자산 금액에는 원재료 A의 매입운임 ₩800, 운송보험료 ₩50, 보세창고 보관료 ₩100 및 (주)대한의 공장에 있는 원재료 A의 보관창고 비용 ₩300이 포함되어 있다. 이 원재료 A의 매입할인 ₩400은 매입원가에서 차감하였다. 원재료 A 기말재고는 곧 제품 생산에 투입될 예정이다.
>
> (2) 위 기말재고자산 금액에는 상품 B의 하역료 ₩100, 수입관세 ₩150 및 (주)대한의 공장에 있는 상품 B의 보관창고 비용 ₩200이 포함되어 있다. 상품 B의 구입과 관련하여 매입거래처로부터 리베이트 ₩500을 수령하였는데 이를 기타수익으로 처리하였다. 상품 B의 당기 판매분은 없다.
>
> (3) (주)대한은 위탁판매를 위해 수탁자에게 제품 C를 적송하고 적송시점에 매출 ₩3,000을 기록하였다. 판매가격은 원가에 20%를 가산한 금액이며, 이 중 ₩1,200은 기말 현재 수탁자가 보관하고 있다.
>
> (4) 20×2년 1월 4일에 20×1년 12월분 매입운임 ₩6,000의 지급을 요청하는 청구서를 받았다. 이 청구서는 20×1년 12월에 구입한 상품 D와 관련된 것인데, 상품의 60%가 20×1년 말 현재 재고자산에 포함되어 있다. 회사는 20×1년 말 현재 이 매입운임 ₩6,000을 재고자산이나 매입채무에 포함시키지 않았다.

아래 양식에 따라 위 회계기록에 대한 수정표를 작성하시오. 단, 수정사항이 없는 경우에는 "0"으로 표시한다.

구분	재고자산	매입채무	매출액
수정 전 금액	₩10,000	₩20,000	₩90,000
1			
2			
3			
4			
수정 후 금액			

[물음 2] 12월 말 결산법인인 (주)동해의 20×1년 말 현재 재고자산 평가와 관련된 자료는 다음과 같다.

구분	재고 수량	단위당				
		원가	현행 대체원가	판매가격	추가 완성원가	판매비용
원재료 A	100개	₩210	₩190	₩180	₩ -	₩10
재공품 A	50개	400	-	440	60	10
제품 A	300개	480	460	440	-	10
원재료 B	200개	460	430	420	-	10
재공품 B	70개	750	-	840	90	10
제품 B	400개	810	860	840	-	10

원재료 A와 재공품 A는 제품 A를 생산하기 위한 것이고, 원재료 B와 재공품 B는 제품 B를 생산하기 위한 것이다. 제품 A와 제품 B는 동일한 영업부문에 속하는 재고자산이며, 유사한 목적 또는 용도를 갖는 동일한 제품군과 관련되어 있지 않다. 장부수량과 실사수량은 같으며, 전기까지 발생한 재고자산평가손실은 없다. 이 경우 (주)동해가 20×1년 회계연도에 재고자산평가손실로 인식해야 하는 금액을 계산하시오.

해답 [물음 1]

1. 답안의 작성

구분	재고자산	매입채무	매출액
수정 전 금액	10,000	20,000	90,000
1	-	-	-
2	(700)	-	-
3	1,000	-	(1,200)
4	3,600	6,000	-
수정 후 금액	13,900	26,000	88,800

2. 각 항목의 계산근거

① 원재료 A는 곧 생산에 투입될 예정이다. 따라서 원재료 A의 보관창고 비용은 후속 생산단계에 투입하기 전에 보관이 필요한 경우의 보관원가이므로 기말재고자산의 취득원가에 포함한다. 다만, 기말재고 금액에 이미 포함되어 있으므로 조정할 금액은 없다.

② 상품 B는 후속 생산단계가 없다. 따라서 상품 B의 보관창고 비용 ₩200은 당기비용이므로 재고자산 금액에서 차감 조정한다. 그리고 매입처로부터 수령한 리베이트 ₩500도 (수익이 아니라) 재고자산 취득원가에서 차감해야 하므로 차감 조정한다.

③ 수탁자가 보관하고 있는 적송품의 원가 ₩1,000(= 1,200 ÷ 1.2)은 회사의 재고자산이므로 기말재고자산에 가산 조정한다. 또한 동 재고자산을 수탁자에게 적송할 때 매출로 인식하였으므로 매출에서도 차감 조정한다.

④ 20×1년에 매입한 상품 D의 매입운임 ₩6,000은 20×1년 말 재고자산의 취득원가와 매입채무에 포함해야 한다. 다만, 20×1년 말 현재 동 상품의 40%(= 1 - 60%)가 판매되었으므로 기말재고자산에 가산할 금액은 ₩3,600(= 6,000 × 60%)이다.

[물음 2]

1. A품목 평가손실

제품 A	300개 × @(480 - [*1]430) =	15,000
재공품 A	50개 × @(400 - [*2]370) =	1,500
원재료 A	100개 × @(210 - [*3]190) =	2,000
계		18,500

[*1] 440 - 10 = 430
[*2] 440 - 60 - 10 = 370
[*3] 현행대체원가

2. B품목 평가손실

제품 B	400개 × @(810 - [*1]830) =	[*2]_
재공품 B	70개 × @(750 - [*3]740) =	700
원재료 B		[*4]_
계		700

[*1] 840 - 10 = 830
[*2] 제품 B는 평가이익 8,000이므로 평가손실을 인식하지 않는다.
[*3] 840 - 90 - 10 = 740
[*4] 제품 B에서 **평가이익이 예상되므로** 원재료 B는 (현행대체원가가 원가에 미달하더라도) **평가손실을 인식하지 않는다.**

3. 평가손실 합계: 18,500(A품목) + 700(B품목) = 19,200

재고자산평가손실: 조별평가

04 유통업을 영위하는 (주)대한의 20×1년도 기초재고자산은 ₩855,000이며, 기초 재고자산평가충당금은 ₩0이다. 20×1년도 순매입액은 ₩7,500,000이다. (주)대한의 20×1년도 기말재고자산 관련 자료는 다음과 같다.

조	항목	장부수량	실제수량	단위당 원가	단위당 순실현가능가치
A	A1	120개	110개	₩800	₩700
	A2	200개	200개	₩1,000	₩950
B	B1	300개	280개	₩900	₩800
	B2	350개	300개	₩1,050	₩1,150

(주)대한은 재고자산감모손실과 재고자산평가손실을 매출원가에 포함한다. 다음 요구사항에 답하시오.

[요구사항]

[물음 1] (주)대한이 항목별 기준 저가법을 적용할 경우 20×1년도 포괄손익계산서에 보고할 재고자산평가손실과 매출원가를 각각 계산하시오.

[물음 2] (주)대한이 조별 기준 저가법을 적용할 경우 20×1년도 포괄손익계산서에 보고할 재고자산평가손실과 매출원가를 각각 계산하시오.

해답 **[물음 1] 항목별 저가법 적용 시**

1. 재고자산평가손실: 실사수량 × @(단위당 매입단가 - NRV 단가)

A1	110개 × (800 - 700) =	11,000
A2	200개 × (1,000 - 950) =	10,000
B1	280개 × (900 - 800) =	28,000
B2	300개 × (1,050 - 1,150) =	- (∵ 평가이익)
계		49,000

2. 기말재고: 실사수량 × @Min[단위당 매입단가, NRV 단가]

A1	110개 × Min[800, 700] =	77,000
A2	200개 × Min[1,000, 950] =	190,000
B1	280개 × Min[900, 800] =	224,000
B2	300개 × Min[1,050, 1,150] =	315,000
계		806,000

3. 매출원가: (855,000 + 7,500,000) - 806,000 = 7,549,000

[물음 2] 조별 기준 저가법 적용 시

1. 재고자산평가손실: 조별 원가 합계 - 조별 NRV 합계
   ① A조 평가손실: [*1]288,000 - [*2]267,000 = 21,000
      [*1] A조 원가 합계: 110개 × @800 + 200개 × @1,000 = 288,000
      [*2] A조 NRV 합계: 110개 × @700 + 200개 × @950 = 267,000
   ② B조 평가손실: [*1]567,000 - [*2]569,000 = 0 (∵ 평가이익)
      [*1] B조 원가 합계: 280개 × @900 + 300개 × @1,050 = 567,000
      [*2] B조 NRV 합계: 280개 × @800 + 300개 × @1,150 = 569,000
   ③ 평가손실 합계: 21,000(A조) + 0(B조) = 21,000

2. 기말재고(조별 저가법): Min[조별 원가 합계, 조별 NRV 합계]
   ① A조 기말재고: Min[288,000, 267,000] = 267,000
   ② B조 기말재고: Min[567,000, 569,000] = 567,000
   ③ 기말재고 합계: 267,000(A조) + 567,000(B조) = 834,000

3. 매출원가: (855,000 + 7,500,000) - 834,000 = 7,521,000

소매재고법

05 소매업을 영위하고 있는 (주)대한의 재고자산 관련 자료를 이용하여 물음에 답하시오.

(1) 당기 재고자산 관련 자료

구분	원가	판매가
기초재고액	₩10,000	₩15,000
당기총매입액	80,000	126,000
매입환출	8,000	11,000
매입할인	5,000	
매입에누리	3,000	
당기총매출액		75,000
매출환입	4,000	7,000
매출할인		3,000
매출에누리		2,000
당기가격인상액		15,000
당기가격인상취소액		3,000
당기가격인하액		10,000
당기가격인하취소액		2,000
종업원할인		5,000
정상파손	4,000	6,000
비정상파손	10,000	15,000

(2) 정상파손의 원가는 매출원가에 포함하며, 비정상파손의 원가는 영업외비용으로 처리한다.

[물음] 소매재고법을 적용하여 재고자산 원가를 측정한다고 할 때 아래 항목의 금액을 계산하시오. 단, 원가율은 소수점 아래 둘째 자리에서 반올림하여 첫째 자리로 계산하시오. (예) 5.67%는 5.7%로 계산)

구분	매출원가
가중평균법	①
저가기준 선입선출법	②

해답 1. 기말재고자산(매가)의 계산

<table>
<tr><td colspan="7" align="center">재고자산</td></tr>
<tr><td></td><td>원가</td><td>매가</td><td></td><td>원가</td><td>매가</td></tr>
<tr><td>기초재고</td><td>10,000</td><td>15,000</td><td>총매출액</td><td>?</td><td>75,000</td></tr>
<tr><td>총매입액</td><td>80,000</td><td>126,000</td><td>매출환입</td><td></td><td>(7,000)</td></tr>
<tr><td>매입환출</td><td>(8,000)</td><td>(11,000)</td><td>매출할인</td><td></td><td>(3,000)</td></tr>
<tr><td>매입할인</td><td>(5,000)</td><td></td><td>매출에누리</td><td></td><td>(2,000)</td></tr>
<tr><td>매입에누리</td><td>(3,000)</td><td></td><td>종업원할인</td><td></td><td>5,000</td></tr>
<tr><td>순인상액</td><td></td><td>12,000</td><td>정상파손</td><td></td><td>6,000</td></tr>
<tr><td>순인하액</td><td></td><td>(8,000)</td><td>기말재고(역산)</td><td>?</td><td>45,000</td></tr>
<tr><td>비정상파손</td><td>(10,000)</td><td>(15,000)</td><td></td><td></td><td></td></tr>
<tr><td>판매가능재고</td><td>64,000</td><td>119,000</td><td></td><td>64,000</td><td>119,000</td></tr>
</table>

2. 가중평균법
   ① 가중평균원가율: 64,000 ÷ 119,000 = 53.8%
   ② 기말재고자산: 45,000 × 53.8% = 24,210
   ③ 매출원가: 64,000 − 24,210 = 39,790

3. 저가기준 선입선출법
   ① 저가기준 당기매입원가율: (64,000 − 10,000) ÷ (119,000 − 15,000 + 8,000) = 48.2%
   ② 기말재고자산: 45,000 × 48.2% = 21,690
   ③ 매출원가: 64,000 − 21,690 = 42,310

06 (주)한국은 20×3년 말 결산을 앞두고 홍수로 인해 보관 중인 상품의 대부분이 소실되었고, 남아있는 상품의 원가는 ₩50,000이다. 홍수발생 당일에 목적지인도조건(F.O.B. destination)으로 매입한 원가 ₩20,000의 상품이 운송 중이었다. (주)한국은 상품 원가의 125%에 해당하는 금액으로 상품을 판매하고 있다. 재고자산과 관련된 20×3년도 (주)한국의 재무자료는 다음과 같다. 단, 홍수로 인한 재고자산손실 이외의 손실은 없다.

○ 20×3년 1월 1일 재고실사를 한 결과, 기초재고는 원가 ₩1,000,000이었다.
○ 20×3년도에 발생한 거래내역은 다음과 같다.

매출액	₩2,100,000
매입액	820,000
매출에누리와 환입	100,000
매출 관련 판매수수료	40,000
매입에누리와 환출	20,000

[물음] (주)한국이 홍수로 인하여 20×3년도에 피해를 입은 재고자산의 손실금액을 추정하시오.

해답 1. 관련 자료의 정리

① (순)매입액: 820,000 - 20,000 = 800,000

② (순)매출액: 2,100,000 - 100,000 = 2,000,000

   ※ 매출 관련 판매수수료: 매출차감이 아니라 **당기비용**(판매비와관리비)으로 인식한다.

③ 매출총이익률: 25 ÷ 125 = 20%

2. 화재발생일의 재고자산 추정

기초재고자산		1,000,000
당기매입액		800,000
판매가능재고자산		1,800,000
매출원가(추정)	2,000,000 × (1 - 20%) =	(1,600,000)
화재발생일 재고자산		200,000

3. 재고자산 손실액

화재발생일 재고자산	200,000
화재 직후 재고자산	(*)(50,000)
재고자산 손실액	150,000

(*) 화재발생일 현재 운송 중인 재고는 도착지인도조건으로 매입한 재고이다. 따라서 화재발생일 현재 회사의 재고자산이 아니므로 고려할 필요가 없다.

해커스 IFRS 김승철 중급회계 상

제5장

유형자산(Ⅰ): 최초인식

제1절 | 인식과 분류

01 인식

(1) 유형자산의 정의

기업은 사업활동을 영위하는 과정에서 토지, 건물, 기계장치, 비품 등 여러 가지 자산들을 사용하는데, 이러한 자산들을 유형자산이라고 한다. 국제회계기준에 따르면, 유형자산은 재화나 용역의 생산이나 제공, 타인에 대한 임대 또는 관리활동에 사용할 목적으로 보유하는 물리적 형태가 있는 자산으로서 한 회계기간을 초과하여 사용할 것이 예상되는 자산으로 정의된다. 따라서 유형자산은 다음과 같은 특징을 가지고 있다.

① 기업이 보유하는 자산 중에서 영업활동에 사용할 목적으로 보유하는 자산이다.
② 물리적인 형태가 있는 자산이다. 사용목적으로 보유하더라도 물리적인 형태가 없는 자산(예) 특허권, 산업재산권 등)은 유형자산이 아니라 무형자산으로 분류된다.
③ 한 회계기간(일반적으로 1년)을 초과하여 사용해야 한다. 사용목적으로 보유하고 물리적인 형태가 있더라도, 1년 이내에 사용·소비되는 자산은 유형자산이 아니라 재고자산(소모품이나 저장품)으로 분류된다.

예비부품, 대기성장비 및 수선용구와 같은 항목은 일반적으로 한 회계기간 이내에 사용되므로 재고자산(예) 소모품, 저장품 등)으로 인식하고, 사용하는 시점에 당기비용으로 인식한다. 그러나 한 회계기간을 초과하여 사용할 것으로 예상되면(즉, 유형자산의 정의를 충족하면) 유형자산으로 인식하여 회계처리한다.

(2) 인식기준(인식시점)

유형자산은 다음의 조건을 모두 충족하는 경우에 인식한다.

① 유형자산의 정의를 충족한다.
② 유형자산으로부터 발생하는 미래경제적효익이 기업에 유입될 가능성이 높다.
③ 유형자산의 원가를 신뢰성 있게 측정할 수 있다.

> ⊘ 참고 안전 또는 환경상의 이유로 취득하는 유형자산
>
> ① 안전 또는 환경상의 이유로 취득하는 유형자산은 그 자체로는 직접적인 미래경제적효익을 얻을 수 없지만, 다른 자산에서 미래경제적효익을 얻기 위하여 필요할 수 있다. 이러한 유형자산은 당해 유형자산을 취득하지 않았을 경우보다 관련 자산으로부터 미래경제적효익을 더 많이 얻을 수 있게 해주기 때문에 자산으로 인식할 수 있다.
> ② 예를 들면, 화학제품 제조업체가 위험한 화학물질의 생산과 저장에 관한 환경규제요건을 충족하기 위하여 새로운 화학처리공정설비를 설치하는 경우가 있다. 이때 이러한 설비 없이는 화학제품을 제조 및 판매할 수 없기 때문에 관련 증설원가를 자산으로 인식한다.

02 분류

유형자산은 영업상 특성과 용도가 비슷한 자산의 집합인 유형별로 분류한다. 다음은 개별 유형(분류)의 예이다.

구분		내용
사용 중인 자산	토지	대지, 임야 등
	건물	건물과 건물 부속설비
	구축물	교량, 궤도, 갱도, 정원설비 및 기타의 토목설비 또는 공작물
	기계장치	기계장치, 운송설비(콘베이어, 기중기 등)와 기타의 부속설비
	기타 유형자산	집기비품, 차량운반구, 선박, 항공기 등
건설중인자산		취득 또는 건설 중인 상태에 있는 유형자산

제2절 | 최초원가(인식금액)

01 일반원칙

[그림 5-1] 취득원가 결정의 일반원칙

(차) 기계장치　　100　(대) 현금 등　　100

유형자산은 인식시점의 원가(취득원가)로 측정하는 것을 원칙으로 한다. 이때 원가는 자산을 취득하기 위하여 자산의 취득시점이나 건설시점에서 지급한 현금 또는 현금성자산이나 제공한 기타 대가의 공정가치를 말한다. 즉, 유형자산의 최초인식금액은 유형자산을 취득하기 위해서 지출한 금액(역사적 원가)으로 장부에 기록한다는 의미이다.

02 외부구입

① 유형자산을 외부에서 구입하는 경우의 원가는 다음과 같이 구성된다.

> ㉠ **원본 구입가격**: 관세 및 환급 불가능한 취득 관련 세금을 가산하고 매입할인과 리베이트 등을 차감한 구입가격
> ㉡ **취득부대비용**: 경영진이 의도하는 방식으로 자산을 가동하는 데 필요한 장소와 상태(사용가능시점)에 이르게 하는 데 직접 관련되는 원가
> ㉢ **복구원가**: 자산을 해체, 제거하거나 부지를 복구하는 데 소요될 것으로 최초에 추정되는 원가

⊘참고　직접 관련 원가(취득부대비용)의 예

① 유형자산의 매입 또는 건설과 직접적으로 관련되어 발생한 종업원급여
② 설치장소 준비원가
③ 최초의 운송 및 취급 관련 원가
④ 설치원가 및 조립원가
⑤ 유형자산이 정상적으로 작동되는지 여부를 시험하는 과정(예 자산의 기술적, 물리적 성능이 재화나 용역의 생산이나 제공, 타인에 대한 임대 또는 관리활동에 사용할 수 있는 정도인지를 평가)에서 발생하는 원가
　　⇨ 단, 유형자산을 사용가능한 시점에 이르게 하는 동안에 생산된 재화(예 자산의 정상 작동 여부를 시험할 때 생산되는 시제품)의 매각금액과 그 재화의 원가는 (취득원가 차감이 아니라) 당기손익으로 인식함
⑥ 전문가에게 지급하는 수수료

승철쌤's comment　시험과정에서 생산된 재화의 순매각금액

① 유형자산의 시험과정에서 생산된 재화(예 시제품)의 매각금액과 그 재화의 원가는 당해 유형자산의 취득원가에서 차감하는 회계처리에서 당기손익으로 인식하는 것으로 개정되었다.
② 한편, 이때 생산된 재화의 원가는 재고자산 기준서의 측정 요구사항을 적용하여 측정한다.

② 그러나 유형자산의 취득과 직접 관련이 없는 다음의 원가는 유형자산의 원가에 포함하지 않는다.

> ㉠ 새로운 시설을 개설하는 데 소요되는 원가
> ㉡ 새로운 상품과 서비스를 소개하는 데 소요되는 원가(예 광고 및 판촉활동과 관련된 원가)
> ㉢ 새로운 지역에서 또는 새로운 고객층을 대상으로 영업을 하는 데 소요되는 원가(예 직원 교육훈련비)
> ㉣ 관리 및 기타 일반간접원가

③ 또한 유형자산의 취득이 완료되어 경영진이 의도하는 방식으로 가동될 수 있는 장소와 상태에 이른 후에 발생하는 원가도 유형자산의 원가에 포함하지 않는다. 그러한 원가의 예는 다음과 같다.

> ㉠ 유형자산이 경영진이 의도하는 방식으로 가동될 수 있으나 아직 실제로 사용되지는 않고 있는 경우 또는 가동수준이 완전조업도 수준에 미치지 못하는 경우에 발생하는 원가
> ㉡ 유형자산과 관련된 산출물에 대한 수요가 형성되는 과정에서 발생하는 가동손실과 같은 초기 가동손실
> ㉢ 기업의 영업 전부 또는 일부를 재배치하거나 재편성하는 과정에서 발생하는 원가
> ⇨ 재배치나 재편성 원가의 사례로 운반비와 설치비가 있다. 즉, (유형자산을 최초 취득할 때 발생하는 운반비나 설치비가 아니라) 유형자산을 취득한 후 사용하는 과정에서 잠시 장소를 이전할 때 발생하는 운반비나 설치비가 재배치나 재편성 원가의 사례에 해당한다.

④ 한편, 유형자산의 건설 또는 개발과 관련하여 부수적인 영업활동이 이루어질 수 있다. 이러한 부수적인 영업에서 발생하는 수익과 관련 비용은 해당 유형자산의 취득과 직접 관련된(꼭 필요한) 활동이 아니므로 (취득원가에 가감하지 않고) 당기손익으로 인식하고 각각 수익과 비용항목으로 구분하여 표시한다. 예를 들어, 건설이 시작되기 전에 건설용지를 주차장 용도로 잠시 사용함에 따라 수익이 발생할 수 있다. 이때 건설용지를 주차장 용도로 사용하는 활동은 건설용지의 취득을 위해 꼭 필요한 활동이 아니다. 따라서 관련 수익은 (건설용지의 취득원가에서 차감하지 않고) 당기손익으로 인식한다.

필수암기! **유형자산의 취득원가**

① 유형자산을 취득하기 위해 지출한 금액(역사적 원가)으로 측정한다.
② 유형자산의 취득기간 동안 발생한 지출이어야 한다(∵ 수익·비용 대응).
③ 해당 유형자산의 취득과 직접 관련이 있는 지출이어야 한다.

예제 1 유형자산의 취득원가

(주)한국은 20×1년 1월 1일 기계장치를 구입하면서 현금 ₩900,000을 지급하였으며, 기계장치 취득과 관련한 추가 자료는 다음과 같다.

(1) 기계장치를 취득하는 과정에서 운반비 ₩5,000과 설치비 ₩8,000이 발생하였다. 그리고 기계장치 판매회사로부터 리베이트 성격의 구매 장려금으로 현금 ₩3,000을 수령하였다.

(2) 기계장치를 취득하면서 취득세 및 등록면허세로 ₩13,500을 지출하였다.

(3) 기계장치를 설치 완료한 후 시험가동을 하는 과정에서 ₩11,100의 원가가 발생하였으며, 시험가동 과정에서 생산된 시제품(원가 ₩7,000)을 매각하여 ₩7,600을 수령하였다.

(4) 기계장치는 시험가동을 완료한 20×1년 4월 1일부터 사용이 가능하게 되었다. 한편, 기계장치 가동 초기에 관련 제품에 대한 수요가 형성되는 과정에서 ₩96,000의 가동손실이 발생하였다.

(5) 기계장치의 내용연수는 5년, 내용연수 종료시점의 잔존가치는 ₩50,000으로 추정되며, 정액법으로 감가상각한다.

[요구사항]

1. (주)한국이 취득한 기계장치의 취득원가를 계산하시오.

2. (주)한국이 20×1년에 인식할 기계장치의 감가상각비를 계산하시오.

해답   1. 기계장치의 취득원가

구입가격		900,000
운반비, 설치비	5,000 + 8,000 =	13,000
리베이트		(3,000)
취득세 및 등록면허세		13,500
시운전비용		11,100
시제품 매각이익		(*)—
계		934,600

(*) 기계장치의 시험가동 과정에서 생산된 시제품의 매각금액과 원가는 당기손익으로 인식함

2. 기계장치 감가상각비

20×1년 감가상각비: (934,600 − 50,000) ÷ 5년 × (*)9/12 = 132,690

(*) 유형자산의 감가상각은 자산이 사용가능한 때부터 시작한다.

03 자가건설

자가건설한 유형자산의 원가는 외부에서 구입한 유형자산에 적용하는 것과 같은 기준을 적용하여 결정한다. 이에 따라 자가건설에 따른 내부이익과 자가건설 과정에서 원재료, 인력 및 기타 자원의 낭비로 인한 비정상적인 원가는 자산의 원가에 포함하지 않는다.

승철쌤's comment   자가건설 유형자산의 취득원가

자가건설 유형자산의 원가 결정에 외부구입 유형자산과 동일한 기준을 적용한다는 것은 자가건설 유형자산도 자산을 취득하기 위해 지급한 대가의 공정가치, 즉, 자가건설 과정에서 지출한 금액으로 인식하겠다는 의미이다.

따라서 유형자산을 자가건설하는 경우의 원가는 건설에 소요된 재료원가, 노무원가 및 제조간접원가의 합계액으로 한다. 자가건설 과정에서 발생한 원가는 건설중인자산 계정으로 인식하고, 자가건설이 완료되면 본 계정(예 건물, 구축물 등)으로 대체한다.

[자가건설 관련 원가발생]

(차) 건설중인자산(자산 ↑)   ×××   (대) 현금 등(자산 ↓)   ×××

[자가건설 완료 시]

(차) 건물(자산 ↑)   ×××   (대) 건설중인자산(자산 ↓)   ×××

한편, 건설중인자산인 상태에서는 아직 해당 자산으로부터 수익이 창출되지 않기 때문에 감가상각을 할 수 없으며, 추후 건설이 완료되어 본 계정으로 대체된 후에 감가상각을 수행한다.

04 유형자산별 원가

1. 토지의 외부구입

① 토지의 원가는 구입가격에 취득과 관련된 직접원가를 가산한 금액이다. 취득 관련 직접원가에는 취득세, 등록세 등 취득 관련 제세공과금과 중개수수료 및 법률비용 등이 포함된다.

② 토지의 보유와 관련하여 납부하는 재산세 등의 세금은 토지의 원가에 포함하지 않고 당기비용(세금과공과)으로 처리한다. 그러나 토지를 취득하면서 이전 소유자가 체납한 재산세를 대신 납부하는 경우에는 대납한 재산세는 토지의 원가에 포함한다. 그리고 토지를 사용가능한 상태에 이르게 하기 위하여 발생하는 구획정리비용과 개발부담금, 하수종말처리장 분담금도 토지의 원가에 포함한다.

③ 한편, 토지를 효율적으로 사용하기 위해 발생하는 추가 지출(예 진입도로 개설 및 포장공사비 등)은 다음과 같이 회계처리한다.

> ㉠ **토지원가에 가산**: 내용연수가 영구적인 배수공사비 및 조경공사비, 국가나 지방자치단체가 유지관리하는 진입도로 포장공사비 및 상하수도 공사비 등은 토지의 원가에 포함한다.
> ㉡ **구축물로 인식 후 감가상각**: 내용연수가 영구적이지 않은 배수공사비 및 조경공사비, 기업이 유지관리하는 진입도로 포장공사비 및 상하수도 공사비 등은 구축물로 인식한 후 감가상각한다.

승철쌤's comment   유지관리 주체에 따른 내용연수 판단

① **국가나 지방자치단체가 유지관리**: 기업이 미래에 유지관리비를 추가로 지출하지 않아도 해당 시설을 계속 사용할 수 있다. 따라서 기업 입장에서는 내용연수가 영구적인 것으로 볼 수 있다.
② **기업이 유지관리**: 기업이 미래에 유지관리비를 추가로 지출하지 않으면 해당 시설을 계속 사용할 수 없다. 따라서 기업 입장에서는 내용연수가 유한한 것으로 본다.

2. 건물의 취득

(1) 자가건설하는 경우

자가건설하는 건물의 원가는 건물의 건설에 소요된 재료원가, 노무원가 및 제조간접원가의 합계액으로 한다. 건물 신축을 위한 토지 굴착비용은 건물의 원가에 포함한다.

(2) 외부구입하는 경우

① 기존 건물의 취득: 기존 건물을 외부에서 구입하는 경우 건물의 원가는 구입가격에 취득과 관련된 직접원가(부대비용)를 가산한 금액이다.

② 외부위탁에 의한 취득: 건물을 외부(건설회사 등)에 위탁하여 신축하는 경우 건물의 원가는 건설계약금액(도급금액)에 관련 직접원가(부대비용)를 가산한 금액이 된다. 관련 직접원가의 예로는 건축허가비용, 설계비용, 감리비용, 취득세, 건물신축업무에 전적으로 종사한 직원들의 급여나 보험료 및 차입원가 등이 있다.

> ㉠ 다만, 급여나 보험료 및 차입원가 등은 건물의 건설기간 중 발생한 금액만 건물의 원가로 인식하고, 건물의 건설이 완료된 이후에 발생한 금액은 당기비용으로 인식한다.
> ㉡ 그리고 건물이 계약상 일자보다 늦게 준공되어 건설회사로부터 수령하는 지체상금은 건물의 원가에서 차감하고, 반대로 계약상 일자보다 조기에 준공되어 건설회사에게 지급하는 장려금은 건물의 원가에 가산한다.

3. 토지와 건물 일괄구입

(1) 토지와 건물을 모두 사용하는 경우

① 토지와 건물을 모두 사용할 목적으로 토지와 건물을 일괄구입하는 경우에는 일괄구입대가와 중개수수료 등 공통부대원가의 합계액을 토지와 건물의 공정가치 비율로 안분하여 각각 토지와 건물의 원가로 산정한다.

② 다만, 공통부대원가가 아닌 개별자산과 관련되어 발생하는 직접원가(예 토지와 건물의 취득세를 별도로 납부한 경우)는 해당 자산의 원가에 개별적으로 가산한다.

(2) 토지만 사용할 목적으로 취득한 경우

① 토지만을 사용할 목적으로 토지와 건물을 일괄구입하는 경우(즉, 건물은 일괄구입 후 바로 철거)에는 일괄구입대가를 모두 토지의 원가로 처리한다.

② 그리고 일괄구입 후 건물의 철거비용은 토지의 원가에 가산하고, 건물 철거로 발생하는 폐자재(고철 등) 처분수입은 토지의 원가에서 차감한다.

⊘ 참고 **사용 중인 기존 건물의 철거하고 건물을 신축하는 경우**

사용 중인 기존 건물을 철거하고 건물을 신축하는 경우, 기존 건물의 장부금액과 철거비용은 신축건물의 취득과 직접 관련된 원가가 아니므로 (신축건물의 원가에 가산하지 않고) 발생 즉시 당기비용으로 처리한다.

예제 2 | 토지와 건물의 일괄구입

(주)대한은 20×1년에 건물이 세워져 있는 토지를 건물과 함께 ₩50,000에 일괄구입하였다. 취득 당시 토지와 건물의 공정가치는 각각 ₩45,000과 ₩15,000이었다. 그리고 토지와 건물을 일괄구입 시 중개수수료로 ₩6,000을 추가로 지출하였다.

[요구사항]

1. 토지와 건물을 모두 사용할 목적으로 취득한 경우 토지와 건물의 취득원가는 각각 얼마인가?

2. 토지만 사용할 목적으로 취득한 경우 토지와 건물의 취득원가는 각각 얼마인가? 한편, 건물은 일괄구입 후 즉시 철거되었으며, 철거비용으로 ₩3,000, 철거과정에서 고철매각수익 ₩1,000이 발생하였다.

해답   1. **토지와 건물을 모두 사용하는 경우**

일괄구입원가 = 50,000 + 6,000 = 56,000

$$토지\ 취득원가 = 56,000 \times \frac{45,000}{45,000 + 15,000} = 42,000$$

$$건물\ 취득원가 = 56,000 \times \frac{15,000}{45,000 + 15,000} = 14,000$$

2. **토지만 사용할 목적으로 취득한 경우**

토지 취득원가 = 56,000 + 3,000 – 1,000 = 58,000
건물 취득원가 = 영(0)

(주)한국은 20×1년 3월 1일, 공장건물 신축부지로 사용하기 위해 창고건물이 세워져 있는 토지를 창고건물과 함께 ₩600,000에 일괄구입하였다. 취득 당시 토지와 창고건물의 공정가치는 각각 ₩480,000과 ₩120,000이었다. 창고건물은 철거하고 공장건물을 신축 완료하여 20×1년 10월 1일부터 사용을 개시하였다. 관련된 추가 자료는 다음과 같다.

• 20×1.3.2 창고건물의 철거비용 발생	₩20,000
• 20×1.3.4 창고건물의 철거에 따른 폐자재 수입 발생	30,000
• 20×1.3.10 토지 취득 및 등록세	15,000
• 20×1.4.1 토지 정지비용	50,000
• 20×1.4.20 공장건물 신축을 위한 토지굴착비용	80,000
• 20×1.5.1 공장건물 신축용 토지를 일시적으로 주차장 용도로 사용함에 따른 수익 발생	10,000
• 20×1.6.1 공장건물 신축을 위한 계약금 지급	200,000
• 20×1.7.20 공장건물 신축을 위한 법률수속비, 설계비 지급	40,000
• 20×1.8.15 정문 진입로 포장공사비(향후 관할시청에서 유지보수)	20,000
• 20×1.9.30 공장건물 건설현장 파견직원의 연간 급여총액	36,000
(파견기간: 20×1년 6월 1일부터 20×1년 9월 30일까지)	
• 20×1.10.2 공장 건설공사 잔금 지급	500,000

[요구사항]

(주)한국이 20×1년에 취득한 토지와 공장건물의 취득원가를 각각 계산하시오.

해답	일자	관련 항목	토지	공장건물
	20×1.3.1	창고건물이 있는 토지 구입	600,000	–
	20×1.3.2	창고건물의 철거비용 발생	20,000	–
	20×1.3.4	창고건물 철거에 따른 수입 발생	(30,000)	–
	20×1.3.10	토지 취득 및 등록세	15,000	–
	20×1.4.1	토지 정지비용	50,000	–
	20×1.4.20	공장건물 신축을 위한 토지굴착비용	–	80,000
	20×1.5.1	일시적인 주차장 수익	(*1) –	–
	20×1.6.1	공장건물 신축을 위한 계약금 지급	–	200,000
	20×1.7.20	공장건물 신축을 위한 법률수속비, 설계비 지급	–	40,000
	20×1.8.15	정문 진입로 포장공사비(정부에서 유지보수)	20,000	–
	20×1.9.30	공장건물 신축과 직접 관련된 직원급여	–	(*2)12,000
	20×1.10.2	공장건물 건설공사 잔금 지급	–	500,000
			675,000	832,000

(*1) 토지를 주차장 용도로 사용함에 따른 수익은 부수적인 영업에서 발생하는 수익이므로 (토지의 취득원가에서 차감하지 않고) 당기손익으로 인식한다.

(*2) 파견기간분(4개월) 급여: 36,000 × 4/12 = 12,000

05 교환취득

(1) 개요

교환취득이란 유형자산을 취득하는 대가로 취득자가 보유하고 있는 다른 비화폐성자산(예 유형자산 등)을 제공하는 경우의 취득거래를 의미한다. 교환으로 취득한 유형자산의 취득원가는 교환거래에 상업적 실질이 있는지 여부에 따라 달라진다.

> ⊘ 참고   교환거래에 상업적 실질이 있는지 여부의 판단
>
> 교환거래에 상업적 실질이 있는지 여부는 교환거래의 결과 미래현금흐름이 얼마나 변동될 것인지를 고려하여 결정한다. 다음 중 하나에 해당하고, 그 차이가 교환된 자산의 공정가치에 비하여 유의적인 교환거래는 상업적 실질이 있다.
> ① 취득한 자산과 관련된 현금흐름의 구성(위험, 유출입시기, 금액)이 제공한 자산과 관련된 현금흐름의 구성과 다르다.
> ② 교환거래의 영향을 받는 영업 부분의 기업특유가치가 교환거래의 결과로 변동한다.

(2) 교환거래에 상업적 실질이 있는 경우

① 교환거래에 상업적 실질이 있는 경우에는 교환으로 인해 기업의 미래현금흐름의 실질적인 변화가 있으므로 교환거래를 구자산의 처분거래와 신자산의 취득거래가 동시에 발생한 것으로 가정한다. 따라서 교환으로 취득한 자산의 취득원가를 다음과 같이 측정한다.

② 교환거래에 상업적 실질이 있는 경우 교환으로 취득한 자산의 원가는 제공한 자산의 공정가치(현금수수액 가감)로 측정한다.

(차) 취득자산	××× ④	(대) 제공자산	××× ①
		처분이익(제공자산)	××× ②
		현금	××× ③

① 제공자산 장부금액 제거
② 제공자산 처분이익(처분손실은 차변 기재): 제공한 자산의 공정가치 − 장부금액
③ 현금지급액(현금수령액은 차변 기재)
④ 대차차액 ⇨ 취득자산 취득원가: 지급한 대가의 공정가치(현금수수액 가감)가 됨

③ 다만, 취득한 자산의 공정가치가 더욱 명백한 경우에는 취득한 자산의 공정가치를 교환으로 취득한 자산의 원가로 한다.

(차) 취득자산	××× ③	(대) 제공자산	××× ①
		현금	××× ②
		처분이익(제공자산)	××× ④

① 제공자산 장부금액 제거
② 현금지급액(현금수령액은 차변 기재)
③ 취득자산 취득원가: 취득자산 공정가치
④ 대차차액 ⇨ 제공자산 처분이익(손실)

④ 만일 취득한 자산과 제공한 자산 모두의 공정가치를 신뢰성 있게 측정할 수 없는 경우에는 제공한 자산의 장부금액(현금수수액 가감)을 교환으로 취득한 자산의 원가로 결정한다. 다만, 이 경우에는 취득한 자산과 제공한 자산 모두의 자산의 공정가치를 알 수 없으므로 교환으로 인한 손익(제공자산의 처분손익)을 인식하지 않는다.

(차) 취득자산	××× ③	(대) 제공자산	××× ①
		현금	××× ②

① 제공자산 장부금액 제거
② 현금지급액(현금수령액은 차변 기재)
③ 대차차액 ⇨ 취득자산 취득원가: 지급한 대가의 장부금액(현금수수액 가감)이 됨

필수암기! **교환거래에 상업적 실질이 있는 경우**

① 원칙
  ㉠ 취득한 유형자산의 원가: 제공자산 FV - 현금수령액 + 현금지급액
  ㉡ 제공자산 처분손익: 제공자산 FV - 제공자산 BV
② 취득자산의 FV가 더욱 명백한 경우
  ㉠ 취득한 유형자산의 원가: 취득자산 FV
  ㉡ 제공자산 처분손익: (취득자산 FV + 현금수령액 - 현금지급액) - 제공자산 BV
                        _____
                        제공자산의 처분간주액
③ 취득자산과 제공자산 모두의 FV를 측정할 수 없는 경우
  ㉠ 취득한 유형자산의 원가: 제공자산 BV - 현금수령액 + 현금지급액
  ㉡ 제공자산 처분손익: 인식하지 않음

---

(3) 교환거래에 상업적 실질이 결여된 경우

상업적 실질이 결여된 교환거래의 경우에는 교환거래로 인하여 기업의 경제적 실질에 변화가 없다. 따라서 교환거래에 상업적 실질이 결여된 경우 교환으로 취득한 자산의 취득원가는 제공한 자산의 장부금액(현금수수액 가감)으로 하며, 교환으로 인한 손익도 인식하지 않는다.

(차) 취득자산	××× ③	(대) 제공자산	××× ①
		현금	××× ②

① 제공자산 장부금액 제거
② 현금지급액(현금수령액은 차변 기재)
③ 대차차액 ⇨ 취득자산 취득원가: 지급한 대가의 장부금액(현금수수액 가감)이 됨

필수암기! **교환거래에 상업적 실질이 없는 경우**

• 취득한 유형자산의 원가: 제공자산 BV - 현금수령액 + 현금지급액
• 제공자산 처분손익: 인식하지 않음

예제 4 | **교환취득**

A사는 보유 중인 기계장치 A를 B사가 보유하고 있던 기계장치 B와 교환하면서, 공정가치 차액에 대하여 현금 ₩200을 B사에게 추가로 지급하였다. 교환일 현재 기계장치 A의 취득원가, 감가상각누계액 및 공정가치는 다음과 같다.

취득원가	감가상각누계액	공정가치
₩500	₩150	₩400

[요구사항]

1. 교환거래에 상업적 실질이 있는 경우, A사가 교환일에 해야 할 회계처리를 제시하시오.

2. 교환거래에 상업적 실질이 있으며, 교환으로 취득한 기계장치 B의 공정가치가 ₩700으로 더욱 명백하다고 할 경우, A사가 교환일에 해야 할 회계처리를 제시하시오.

3. 교환거래에 상업적 실질이 있지만, 기계장치 A와 기계장치 B 모두의 공정가치를 신뢰성 있게 측정할 수 없다고 할 경우, A사가 교환일에 해야 할 회계처리를 제시하시오.

4. 교환거래에 상업적 실질이 결여된 경우, A사가 교환일에 해야 할 회계처리를 제시하시오.

해답   **1. 교환거래에 상업적 실질이 있는 경우**

(차) 기계장치 B	(*2)600 ④	(대) 기계장치 A	500 ①
감가상각누계액	150 ①	유형자산처분이익	(*1)50 ②
		현금	200 ③

(*1) 구자산(기계장치 A) 처분이익: 400 - 350 = 50
(*2) 제공한 자산의 공정가치: 400(기계장치 A) + 200(현금) = 600
      또는 대차차액으로 계산

2. 교환거래에 상업적 실질이 있으며, 취득한 자산의 공정가치가 더욱 명백한 경우

(차) 기계장치 B	(*1)700 ③	(대) 기계장치 A	500 ①
감가상각누계액	150 ①	현금	200 ②
		유형자산처분이익	(*2)150 ④

(*1) 취득한 자산(기계장치 B)의 공정가치: 700
(*2) 구자산(기계장치 A) 처분이익: 500(= 700 - 200) - 350 = 150
      또는 대차차액으로 계산

3. 교환거래에 상업적 실질이 있지만, 공정가치를 모두 신뢰성 있게 측정하기 어려운 경우

(차) 기계장치 B	(*)550 ③	(대) 기계장치 A	500 ①
감가상각누계액	150 ①	현금	200 ②

(*) 제공한 자산의 장부금액: 350 + 200 = 550

4. 교환거래에 상업적 실질이 결여된 경우

(차) 기계장치 B	(*)550 ③	(대) 기계장치 A	500 ①
감가상각누계액	150 ①	현금	200 ②

(*) 제공한 자산의 장부금액: 350 + 200 = 550

06 장기할부매입

[그림 5-2] 장기할부매입 자산의 취득원가

> 장기할부매입 유형자산의 취득원가
> = 미래현금지급액 − 금융요소(이자비용)
> = 현금가격상당액
> = 현재가치(미래현금지급액) By 유효이자율

① 유형자산의 취득대금이 일반적인 신용기간을 초과하여 지급되는 경우, 유형자산의 취득시점의 원가는 현금가격상당액으로 한다. 현금가격상당액과 실제 총지급액의 차이는 (자본화대상이 되는 차입원가가 아닌 한) 신용기간에 걸쳐 이자비용으로 인식한다.

② 이 경우 현금가격상당액은 취득일 현재의 공정가치와 동일한 금액으로서 미래에 지급할 총지급액을 내재이자율로 할인한 현재가치로 계산한다. 미래에 지급할 명목금액은 장기미지급금으로 계상하고, 미래 총지급액의 현재가치와의 차이는 현재가치할인차금의 과목으로 장기미지급금에서 차감하는 형식으로 표시한다. 현재가치할인차금은 장기미지급금의 상환기간에 걸쳐 유효이자율법을 적용하여 상각하고 동 금액을 이자비용으로 인식한다.

[유형자산 취득 시]

(차) 유형자산	×××	(대) 장기미지급금	×××
현재가치할인차금	×××		

[매 결산일]

(차) 이자비용(유효이자)	×××	(대) 현금(표시이자)	×××
		현재가치할인차금(상각액)	×××

(주)한국은 20×1년 1월 1일 기계장치를 ₩100,000에 구입하였다. (주)한국은 기계장치의 구입대금 ₩100,000을 20×3년 12월 31일에 지급하기로 하는 대신, 매년 12월 31일에 6%의 표시이자를 지급하기로 하였다. 기계장치의 경제적 내용연수는 5년, 잔존가치는 없으며 정액법으로 감가상각한다. 기계장치 취득거래에 적용된 내재이자율은 10%이며, 현재가치계수는 다음과 같다.

기간	6%		10%	
	현가계수	연금현가계수	현가계수	연금현가계수
3	0.8396	2.6730	0.7513	2.4868

[요구사항]

1. (주)한국이 20×1년 1월 1일에 기계장치의 취득원가로 인식할 금액을 계산하시오.

2. 기계장치와 관련하여 (주)한국의 20×1년 당기손익에 미치는 영향을 계산하시오.

3. 기계장치와 관련하여 (주)한국이 해야 할 회계처리를 제시하시오. 단, 유동성대체 회계처리는 생략한다.

해답 **1. 기계장치의 취득원가**

액면원금과 표시이자의 현재가치: $100,000 \times 0.7513 + 6,000 \times 2.4868 = 90,051$

2. 20×1년 당기손익 효과

기계장치 감가상각비	$(90,051 - 0) \div 5년 =$	18,010
장기미지급금 이자비용	$90,051 \times 10\% =$	9,005
계		27,015 감소

3. 회계처리

20×1.1.1	(차) 기계장치	90,051	(대) 장기미지급금	100,000	
	현재가치할인차금	(*)9,949			⇨ 90,051

(*) $100,000 - 90,051 = 9,949$

20×1.12.31	(차) 감가상각비	(*)18,010	(대) 감가상각누계액	18,010	

(*) $(90,051 - 0) \div 5년 = 18,010$

	(차) 이자비용	(*)9,005	(대) 현금	6,000	
			현재가치할인차금	3,005 ⇨	93,056

(*) $90,051 \times 10\% = 9,005$

20×2.12.31	(차) 감가상각비	18,010	(대) 감가상각누계액	18,010	
	(차) 이자비용	(*)9,306	(대) 현금	6,000	
			현재가치할인차금	3,306 ⇨	96,362

(*) $93,056 \times 10\% = 9,306$

20×3.12.31	(차) 감가상각비	18,010	(대) 감가상각누계액	18,010	
	(차) 이자비용	(*2)9,638	(대) 현금	6,000	
			현재가치할인차금	(*1)3,638 ⇨	100,000

(*1) $100,000 - 96,362 = 3,638$
(*2) 대차차액

	(차) 장기미지급금	100,000	(대) 현금	100,000 ⇨	0

4. 참고 순액표시방법에 따른 회계처리

20×1.1.1	(차) 기계장치	90,051	(대) 장기미지급금	90,051 ⇨	90,051
20×1.12.31	(차) 감가상각비	18,010	(대) 감가상각누계액	18,010	
	(차) 이자비용	9,005	(대) 현금	6,000	
			장기미지급금	3,005 ⇨	93,056
20×2.12.31	(차) 감가상각비	18,010	(대) 감가상각누계액	18,010	
	(차) 이자비용	9,306	(대) 현금	6,000	
			장기미지급금	3,306 ⇨	96,362
20×3.12.31	(차) 감가상각비	18,010	(대) 감가상각누계액	18,010	
	(차) 이자비용	9,638	(대) 현금	6,000	
			장기미지급금	3,638 ⇨	100,000
	(차) 장기미지급금	100,000	(대) 현금	100,000 ⇨	0

07 복구의무 부담부 취득

1. 개요

① 기업은 유형자산의 내용연수가 종료되는 시점에 당해 유형자산을 해체, 제거하거나 부지를 원상복구해야 하는 복구의무를 부담하면서 유형자산을 취득하는 경우가 있다. 예를 들어, 환경오염을 유발할 가능성이 있는 시설물(예 원자력발전소, 해상구조물, 쓰레기매립장 등)의 경우, 향후 시설물의 사용이 종료된 후에 훼손된 환경을 복구하고 설비를 제거하기로 의무를 부담하고 당해 시설물을 취득하는 경우가 이러한 사례에 해당될 것이다.

② 이러한 복구의무를 부담함에 따라 인식하는 부채를 복구충당부채라고 한다. 그리고 유형자산의 원가에는 유형자산의 취득시점에 예상되는 복구비용을 포함하므로, 복구의무에 따라 인식한 복구충당부채는 당해 유형자산의 원가에 가산한다.

2. 시점별 회계처리

(1) 유형자산 취득 시

유형자산의 최초인식시점에 예상되는 미래복구비용은 적정한 이자율로 할인한 현재가치 금액을 복구충당부채의 과목으로 하여 부채로 인식하고, 동 금액을 유형자산의 원가에 가산한다. 복구충당부채는 명목금액과 현재가치의 차액을 현재가치할인차금으로 구분하여 표시하지 않으며, 현재가치로 평가한 순액을 복구충당부채로 표시한다.

(차) 유형자산(자산 ↑)	×××	(대) 현금(자산 ↓)	×××
(차) 유형자산(자산 ↑)	×××	(대) 복구충당부채(부채 ↑)	×××

> ⊘ 참고 재고자산 생산에 사용되는 유형자산의 복구원가
>
> ① 특정기간 동안 재고자산을 생산하기 위해 유형자산을 사용한 결과로 동 기간에 발생한 그 유형자산을 해체, 제거하거나 부지를 복구할 의무의 원가에 대해서는 '재고자산' 기준서를 적용한다.
> ② 즉, 재고자산을 생산하기 위해 사용하는 유형자산(예 기계장치)에서 발생한 복구원가는 (유형자산의 취득원가가 아니라) 재고자산의 원가(제품 제조원가)에 포함하라는 의미이다.

(2) 매 보고기간 말

유형자산의 취득원가에 근거하여 감가상각비를 인식한다. 그리고 복구충당부채는 미래예상복구비용을 현재가치로 평가한 금액이므로 기초 시점의 복구충당부채 장부금액에 유효이자율을 적용하여 이자비용을 인식하고, 동 금액을 복구충당부채에 가산한다.

(차) 감가상각비(자본 ↓: 비용)	×××	(대) 감가상각누계액(자산 ↓)	×××
(차) 이자비용(자본 ↓: 비용)	(*)×××	(대) 복구충당부채(부채 ↑)	×××
(*) 기초 복구충당부채 × 유효이자율			

(3) 복구공사 시

유형자산의 내용연수가 종료되어 실제 복구공사가 진행되는 경우, 실제로 발생한 복구공사비와 복구충당부채를 상계하고, 차액은 복구공사손실(또는 이익)로 하여 복구연도의 당기손익으로 인식한다.

(차) 복구충당부채(부채 ↓)	×××	(대) 현금(자산 ↓)		×××
복구공사손실(자본 ↓: 비용)	×××			

필수암기! **복구의무 부담부 취득**

구분	내용
취득 시	① 유형자산 취득원가: 구입가격 + 복구충당부채 ② 복구충당부채: 미래예상복구비용의 현재가치
매 보고기간 말	① 당기손익 효과(2개): 감가상각비 + 이자비용 ② 복구충당부채: 매년 유효이자율만큼 증가 ⇨ 복구충당부채 전기 말 BV × (1 + 유효이자율) = 당기 말 BV
원상복구연도	① 예상치 못한 복구손실(이익) 발생: 실제 복구비용 - 복구충당부채 BV ② 복구연도 당기손익 효과(3개 이상) ⇨ 감가상각비 + 이자비용 + 복구손익 + 처분손익

예제 6 복구의무 부담부 취득

(1) 20×1년 1월 1일, (주)대한은 해양구조물을 ₩100,000에 취득하였다. 해양구조물의 경제적 내용연수는 3년, 잔존가치는 없으며 정액법으로 감가상각한다.

(2) (주)대한은 관련 법률에 따라 해양구조물의 사용 종료시점에 해양구조물을 철거하고 원상복구하여야 하며, 예상되는 원상복구비용은 ₩20,000으로 추정된다. 해양구조물의 원상복구의무는 복구충당부채의 인식요건을 충족하며, 복구충당부채의 산정 시 적용할 적정한 이자율은 10%이다. 10%, 3기간 현재가치계수는 0.75130이다.

(3) (주)대한은 20×3년 말에 해양구조물을 철거하는 복구공사를 실시하였으며, 실제로 발생한 복구공사비용은 ₩23,000이다.

[요구사항]

1. (주)대한이 취득한 해양구조물의 취득원가를 계산하시오.

2. 해양구조물과 관련하여 (주)대한의 20×1년 당기손익에 미치는 영향을 계산하시오.

3. 해양구조물과 관련하여 (주)대한의 20×3년 당기손익에 미치는 영향을 계산하시오.

4. 해양구조물과 관련하여 (주)대한이 해야 할 회계처리를 제시하시오.

해답 **1. 해양구조물의 취득원가**

구입가격		100,000
복구충당부채	20,000 × 0.7513 =	15,026
취득원가		115,026

2. 20×1년 당기손익 효과

해양구조물 감가상각비	(115,026 − 0) ÷ 3년 =	38,342
복구충당부채 이자비용	15,026 × 10% =	1,503
계		39,845 감소

3. 20×3년 당기손익 효과

해양구조물 감가상각비		38,342
복구충당부채 이자비용	$15,026 × 1.1^2 × 10\%$ =	1,818
복구손실(이익)	23,000 − 20,000 =	3,000
계		43,160 감소

4. 회계처리

20×1.1.1	(차) 구축물	100,000	(대) 현금 등	100,000	
	(차) 구축물	15,026	(대) 복구충당부채	15,026	⇨ 15,026
20×1.12.31	(차) 감가상각비	[*]38,342	(대) 감가상각누계액	38,342	
	[*] (115,026 − 0) ÷ 3년 = 38,342				
	(차) 이자비용	[*]1,503	(대) 복구충당부채	1,503	⇨ 16,529
	[*] 15,026 × 10% = 1,503				
20×2.12.31	(차) 감가상각비	38,342	(대) 감가상각누계액	38,342	
	(차) 이자비용	[*]1,653	(대) 복구충당부채	1,653	⇨ 18,182
	[*] (15,026 + 1,503) × 10% = 1,653				
20×3.12.31	(차) 감가상각비	38,342	(대) 감가상각누계액	38,342	
	(차) 이자비용	[*]1,818	(대) 복구충당부채	1,818	⇨ 20,000
	[*] 20,000 − (15,026 + 1,503 + 1,653) = 1,818				
	(차) 복구충당부채	20,000	(대) 현금 등	23,000	
	복구공사손실	3,000			⇨ 0

3. [심화] 복구충당부채의 후속 변동

(1) 개요

유형자산의 취득시점에 인식한 복구충당부채는 미래예상복구비용을 현재가치로 할인한 추정치이므로 후속적으로 다음과 같은 이유로 변동될 수 있다.

> ① 미래복구비용 추정치의 변경
> ② 시장에 기초한 현행 할인율의 변경

(2) 회계처리

복구충당부채가 후속적으로 변동되는 경우, 복구충당부채의 변동은 다음과 같이 회계처리한다.

> ① 복구충당부채의 후속 변동액은 관련 유형자산의 원가에 가산하거나 차감한다.
> ② 다만, 유형자산의 원가에서 차감하는 금액은 그 유형자산의 장부금액을 초과할 수 없다. 따라서 만일 복구충당부채의 감소액이 유형자산의 장부금액을 초과할 경우, 그 초과 감소액은 즉시 당기손익으로 인식한다.

[복구충당부채가 증가하는 경우]

(차) 유형자산   ××× ②   (대) 복구충당부채   ××× ①

[복구충당부채가 감소하는 경우]

(차) 복구충당부채   ××× ①   (대) 유형자산   ××× ②
                                                당기손익   (*)××× ③

(*) 복구충당부채 초과감소액: 복구충당부채 감소액 − 유형자산 장부금액

한편, 관련 유형자산에 대해 재평가모형을 적용하는 경우에는 복구충당부채의 후속 변동을 다음과 같이 회계처리한다.

> ① 복구충당부채가 감소(자본의 증가)하는 경우
>   ⊙ 전기에 당기손실(재평가손실)로 인식한 금액에 해당하는 금액은 당기이익(재평가이익) 인식
>   ⓛ 동 금액을 초과하는 금액은 기타포괄이익(재평가잉여금) 인식
> ② 복구충당부채가 증가(자본의 감소)하는 경우
>   ⊙ 재평가잉여금 잔액을 우선상계하고 동 금액을 기타포괄손실 인식
>   ⓛ 재평가잉여금 잔액을 초과하는 금액은 당기손실(재평가손실) 인식

승철쌤's comment   재평가모형을 적용하는 유형자산의 복구충당부채 재측정

재평가모형을 적용하는 유형자산의 복구충당부채가 후속적으로 변동된 경우에는 동 변동액만큼 추가적인 공정가치평가손익이 발생했다고 가정하여 재평가모형을 적용하면 된다.

예제 7 [심화] 복구충당부채의 후속 변동

(1) (주)한국은 20×1년 초 환경설비(취득원가 ₩5,000,000, 내용연수 5년, 잔존가치 ₩0, 정액법 상각)를 취득하였다.

(2) 동 환경설비는 관계법령에 의하여 내용연수가 종료되면 원상복구해야 하며, 이러한 복구의무는 충당부채의 인식요건을 충족한다. (주)한국은 취득시점에 내용연수 종료 후 복구원가로 지출될 금액을 ₩200,000으로 추정하였으며, 현재가치계산에 사용될 적절한 할인율은 연 10%로 예상하였다.

(3) 20×1년 말, (주)한국은 환경설비의 내용연수 종료 후 복구원가로 지출될 금액이 ₩200,000에서 ₩300,000으로 증가할 것으로 예상하였으며, 현재가치계산에 사용될 할인율도 연 10%에서 연 12%로 수정하였다.

(4) (주)한국은 모든 유형자산에 대하여 원가모형을 적용하고 있으며, 현재가치계수는 다음과 같다.

기간	10%		12%	
	현가	연금현가	현가	연금현가
4	0.6830	3.1698	0.6355	3.0274
5	0.6209	3.7907	0.5674	3.5948

[요구사항]

1. (주)한국이 환경설비와 관련된 비용을 자본화하지 않는다고 할 때, 동 환경설비와 관련하여 20×2년도 포괄손익계산서에 인식할 비용을 계산하시오.

2. (주)한국이 환경설비와 관련하여 20×1년과 20×2년에 해야 할 회계처리를 제시하시오.

해답   1. 20×2년 비용인식액

(1) 20×1년 말 환경설비 장부금액

구입가격		5,000,000
복구충당부채	200,000 × 0.6209 =	124,180
20×1년 초 환경설비 취득원가		5,124,180
20×1년 환경설비 감가상각비	(5,124,180 − 0) ÷ 5년 =	(1,024,836)
20×1년 말 복구충당부채 재측정	(*1)190,650 − (*2)136,598 =	54,052
20×1년 말 환경설비 장부금액		4,153,396

(*1) 재측정 후 복구충당부채: 300,000 × 0.6355 = 190,650
(*2) 재측정 전 복구충당부채: 124,180 × 1.1 = 136,598

(2) 20×2년 비용인식액

환경설비 감가상각비	(4,153,396 − 0) ÷ 4년 =	1,038,349
복구충당부채 이자비용	190,650 × 12% =	22,878
계		1,061,227

2. 일자별 회계처리

20×1.1.1	(차) 구축물	5,000,000	(대) 현금 등	5,000,000		
	(차) 구축물	124,180	(대) 복구충당부채	124,180	⇨	124,180
20×1.12.31	(차) 감가상각비	1,024,836	(대) 감가상각누계액	1,024,836		
	(차) 이자비용	(*)12,418	(대) 복구충당부채	12,418	⇨	136,598

(*) 124,180 × 10% = 12,418

	(차) 구축물	54,052	(대) 복구충당부채	54,052	⇨	190,650
20×2.12.31	(차) 감가상각비	1,038,349	(대) 감가상각누계액	1,038,349		
	(차) 이자비용	22,878	(대) 복구충당부채	22,878	⇨	213,528

08 정부보조에 의한 취득

1. 기본개념

(1) 의의

① 정부보조금은 기업의 영업활동과 관련하여 과거나 미래에 일정한 조건을 충족하였거나 충족할 경우 기업에게 자원을 이전하는 형식의 정부지원을 말한다. 여기서 정부란 지방자치단체, 중앙정부 또는 국제기구인 정부, 정부기관 및 이와 유사한 단체를 의미하며, 정부지원은 일정한 기준을 충족하는 기업에게 경제적효익을 제공하기 위한 정부의 행위를 말한다.

② 정부보조금은 정부보조금에 부수되는 조건의 준수와 보조금의 수취에 대한 합리적인 확신이 있을 경우에만 인식한다. 보조금의 수취 자체가 보조금에 부수되는 조건이 이행되었거나 이행될 것이라는 결정적인 증거를 제공하지는 않는다.

(2) 정부보조금의 회계처리

정부보조금을 회계처리하는 방법에는 다음과 같이 자본접근법과 수익접근법의 두 가지 방법이 있다.

---
① **자본접근법**: 보조금을 당기손익 이외의 항목으로 인식한다.
② **수익접근법**: 보조금을 하나 이상의 회계기간에 걸쳐 당기손익(수익)으로 인식한다.

국제회계기준에서는 정부보조금을 수익접근법에 따라 관련 원가를 비용으로 인식하는 기간에 걸쳐 체계적인 기준에 따라 수익으로 인식하도록 규정하고 있다.

> ⊙참고 **정부보조금의 수익인식시점: 관련 원가와 대응**
>
> ① 비상각자산과 관련된 정부보조금이 일정한 의무의 이행도 요구한다면 그 의무를 충족시키기 위한 원가를 부담하는 기간에 그 정부보조금을 당기손익으로 인식한다. 예를 들어, 건물을 건설하는 조건으로 토지를 보조금으로 받은 경우 건물의 내용연수 동안 보조금을 당기손익으로 인식하는 것이 적절할 수 있다.
> ② 이미 발생한 비용이나 손실에 대한 보전 또는 향후의 관련 원가 없이 기업에 제공되는 즉각적인 금융지원으로 수취하는 정부보조금은 정부보조금을 수취할 권리가 발생하는 기간에 당기손익으로 인식한다.

(3) 정부보조금의 종류

정부보조금은 다음과 같이 자산관련보조금과 수익관련보조금의 두 가지가 있다.

---
① **자산관련보조금**: 정부지원의 요건을 충족하는 기업이 장기성 자산을 매입, 건설하거나 다른 방법으로 취득하여야 하는 일차적 조건이 있는 정부보조금을 말한다. 부수조건으로 해당 자산의 유형이나 위치 또는 자산의 취득기간이나 보유기간을 제한할 수 있다.
② **수익관련보조금**: 자산관련보조금 이외의 정부보조금을 말한다.
---

2. 자산관련보조금

전술한 바와 같이, 국제회계기준에서는 정부보조금을 관련 원가를 비용으로 인식하는 기간에 걸쳐 체계적인 기준에 따라 수익으로 인식하도록 규정하고 있다. 따라서 기업이 자산관련보조금을 수령하여 감가상각자산을 취득하는 경우에는 당해 감가상각자산의 감가상각기간(내용연수)에 걸쳐 매년 감가상각비가 인식되는 비율(감가상각비율)만큼 수익으로 인식한다.

승철쌤's comment 정부보조금 수익인식액(상각액) 계산

수령한 정부보조금 중 매년 수익으로 인식(대체)할 금액(정부보조금 상각액)은 다음과 같이 2가지 방법으로 계산할 수 있다.

[방법 1] 보조금수령액 $\times \dfrac{\text{감가상각비}}{\text{취득원가} - \text{잔존가치}}$

[방법 2] 감가상각비 $\times \dfrac{\text{보조금수령액}}{\text{취득원가} - \text{잔존가치}}$

상기 중 어떤 방법을 적용하더라도 정부보조금 상각액은 동일하게 계산된다. 다만, 계산문제를 풀이할 때는 [방법 2]가 보다 간편할 때가 많다.

그리고 자산관련보조금을 재무제표에 표시하는 방법에는 다음과 같이 자산차감법(원가차감법)과 이연수익법의 두 가지 방법이 있다.

(1) 자산차감법(원가차감법)

자산차감법은 수령한 정부보조금을 재무상태표에 관련 자산의 장부금액에서 차감하여 표시하고, 이를 관련 감가상각자산의 내용연수에 걸쳐 감가상각비를 감소(상계)시키는 방식으로 포괄손익계산서에 수익으로 인식하는 방법이다. 즉, 자산차감법은 정부보조금 관련 자산과 부채, 그리고 수익과 비용을 재무상태표와 포괄손익계산서에 각각 상계하여 표시하는 방법이다.

[관련 자산의 취득 및 정부보조금 수령 시]

(차) 유형자산	×××	(대) 현금	×××
(차) 현금	×××	(대) 정부보조금((-)자산 ↑)	×××

[관련 자산 감가상각 시]

(차) 감가상각비	×××	(대) 감가상각누계액	×××
(차) 정부보조금((-)자산 ↓)	×××	(대) 감가상각비((-)비용)	(*)×××

(*) 감가상각비 $\times \dfrac{\text{정부보조금수령액}}{\text{취득원가} - \text{잔존가치}}$

재무상태표상 유형자산 장부금액: 취득원가 - 감가상각누계액 - 정부보조금
포괄손익계산서상 감가상각비: 감가상각비 - 정부보조금 상계액(상각액)

① 감가상각방법이 정액법, 연수합계법인 경우, 정부보조금 상계 후 금액들을 보다 간편하게 계산할 수 있다.
② 즉, 감가상각방법이 정액법, 연수합계법인 경우에는 원래 취득원가에서 정부보조금 수령액을 차감한 금액을 최초 취득원가로 가정하여 감가상각하여도 다음 항목들이 동일한 금액으로 계산된다.
  ㉠ 특정 연도의 감가상각비(정부보조금 상계 후)
  ㉡ 특정 연도 말 유형자산 장부금액(정부보조금 차감 후)

(2) 이연수익법

이연수익법은 수령한 정부보조금을 재무상태표에 이연수익(부채)으로 인식하고, 이연수익을 관련 자산의 내용연수에 걸쳐 체계적인 기준으로 포괄손익계산서에 별도의 수익으로 인식하는 방법이다. 즉, 이연수익법은 정부보조금 관련 자산과 부채, 그리고 수익과 비용을 재무상태표와 포괄손익계산서에 (상계하지 않고) 각각 총액으로 표시하는 방법이다.

[관련 자산의 취득 및 정부보조금 수령 시]

(차) 유형자산   ×××   (대) 현금   ×××
(차) 현금   ×××   (대) 이연수익(부채 ↑)   ×××

[관련 자산 감가상각 시]

(차) 감가상각비   ×××   (대) 감가상각누계액   ×××
(차) 이연수익(부채 ↓)   ×××   (대) 정부보조금수익(수익)   (*)×××

$$^{(*)} \text{감가상각비} \times \frac{\text{정부보조금수령액}}{\text{취득원가} - \text{잔존가치}}$$

승철쌤's comment   정부보조금 표시방법별 당기손익 효과

① 자산관련보조금을 자산차감법과 이연수익법 중 어떤 방법으로 표시할지에 따라 재무상태표상 관련 자산과 부채의 장부금액이 달라질 수 있다. 또한 포괄손익계산서상 관련 수익과 비용의 각 계정별 금액도 달라질 수 있다.
② 그러나 자산차감법과 이연수익법 중 어떤 방법으로 표시하든 포괄손익계산서상 당기손익에 미치는 순효과는 모두 동일함에 유의하기 바란다.

예제 8 자산관련보조금

(1) 20×1년 1월 1일, (주)한국은 내용연수 4년, 잔존가치 ₩20,000의 기계장치를 ₩100,000에 취득하였다. (주)
 한국의 보고기간 말은 매년 12월 31일이며, 정액법으로 감가상각한다.
(2) (주)한국은 동 기계장치를 취득하면서 정부로부터 ₩60,000을 보조받아 기계장치 취득에 전액 사용하였으며,
 이에 대한 상환의무는 없다.
(3) (주)한국은 20×2년 1월 1일 동 기계장치를 ₩90,000에 처분하였다.

[요구사항]

1. 정부보조금을 원가차감법으로 표시한다고 할 경우 다음에 답하시오.
 (1) (주)한국이 20×1년 1월 1일, 20×1년 12월 31일과 20×2년 1월 1일에 해야 할 회계처리
 (2) (주)한국의 20×1년 12월 31일 현재 부분 재무상태표

2. 정부보조금을 이연수익법으로 표시한다고 할 경우 다음에 답하시오.
 (1) (주)한국이 20×1년 1월 1일, 20×1년 12월 31일과 20×2년 1월 1일에 해야 할 회계처리
 (2) (주)한국의 20×1년 12월 31일 현재 부분 재무상태표

3. (주)한국이 기계장치를 연수합계법으로 감가상각한다고 할 경우 유형자산처분손익을 계산하시오. 단, 정부보조금은
 원가차감법으로 표시한다.

해답 **1. 원가차감법**
 (1) 회계처리

20×1.1.1	(차) 기계장치	100,000	(대) 현금	100,000
	(차) 현금	60,000	(대) 정부보조금	60,000
20×1.12.31	(차) 감가상각비	(*)20,000	(대) 감가상각누계액	20,000

$$^{(*)} (100,000 - 20,000) \div 4년 = 20,000$$

	(차) 정부보조금	15,000	(대) 감가상각비	(*)15,000

$$^{(*)} 20,000 \times \frac{60,000}{100,000 - 20,000} = 15,000$$

20×2.1.1	(차) 현금	90,000	(대) 기계장치	100,000
	감가상각누계액	20,000	기계장치처분이익	55,000
	정부보조금	45,000		

(2) 부분 재무상태표

재무상태표
20×1년 12월 31일 현재

[유형자산]	
기계장치	100,000
감가상각누계액	(20,000)
정부보조금	(45,000)
	35,000

2. 이연수익법

(1) 회계처리

20×1.1.1	(차) 기계장치		100,000	(대) 현금		100,000
	(차) 현금		60,000	(대) 이연수익		60,000
20×1.12.31	(차) 감가상각비		(*)20,000	(대) 감가상각누계액		20,000

(*) (100,000 − 20,000) ÷ 4년 = 20,000

(차) 이연수익	15,000	(대) 정부보조금수익	(*)15,000

$$^{(*)}\ 20{,}000 \times \frac{60{,}000}{100{,}000 - 20{,}000} = 15{,}000$$

20×2.1.1	(차) 현금	90,000	(대) 기계장치		100,000
	감가상각누계액	20,000	기계장치처분이익		10,000
	(차) 이연수익	45,000	(대) 정부보조금수익		45,000

(2) 부분 재무상태표

재무상태표

20×1년 12월 31일 현재

[유형자산]			
기계장치	100,000	이연수익	45,000
감가상각누계액	(20,000)		
	80,000		

3. 감가상각방법이 연수합계법인 경우 유형자산처분손익 계산

(1) 처분일의 장부금액

	20×1.1.1	20×1년	20×1.12.31
기계장치	100,000		100,000
감가상각누계액	–	(*1)(32,000)	(32,000)
정부보조금	(60,000)	(*2)24,000	(36,000)
	40,000	(8,000)	32,000

(*1) (100,000 − 20,000) × 4/10 = 32,000

$$^{(*2)}\ 32{,}000 \times \frac{60{,}000}{100{,}000 - 20{,}000} = 24{,}000$$

별해 처분일의 장부금액: 40,000 − (40,000 − 20,000) × 4/10 = 32,000

(2) 유형자산처분이익(손실): 90,000 − 32,000 = 58,000(처분이익)

3. 수익관련보조금

수익관련보조금은 관련된 원가나 비용을 인식하는 기간에 보조금을 수익으로 인식한다. 수익관련보조금을 재무제표에 표시하는 방법에도 다음과 같이 두 가지 방법이 있다.

(1) 비용차감법

정부보조금을 관련 비용에서 차감하여 포괄손익계산서에 표시하는 방법이다(순액표시방법).

(차) 현금	×××	(대) 관련 비용((-)비용)	×××

(2) 수익인식법

정부보조금을 (관련 비용에서 차감하지 않고) 별도의 수익으로 포괄손익계산서에 표시하는 방법이다 (총액표시방법).

(차) 현금	×××	(대) 정부보조금수익(수익)	×××

예제 9 수익관련보조금

(주)한국은 20×1년 12월 1일 종업원을 고용하였으며, 급여는 매월 말일에 월 ₩100,000의 급여를 지급하기로 하였다. (주)한국은 20×1년 12월 20일 정부의 지역인재 고용지원 정책에 따라 고용노동부로부터 급여의 40%를 현금으로 보조받았다.

[요구사항]

1. 정부보조금을 비용차감법으로 표시한다고 할 경우 (주)한국이 20×1년 12월 20일과 12월 31일에 해야 할 회계처리를 하시오.
2. 정부보조금을 수익인식법으로 표시한다고 할 경우 (주)한국이 20×1년 12월 20일과 12월 31일에 해야 할 회계처리를 하시오.

해답 **1. 비용차감법으로 처리할 경우**

20×1.12.20	(차) 현금	(*)40,000	(대) 이연수익	40,000	
	(*) 100,000 × 40% = 40,000				
20×1.12.31	(차) 급여	100,000	(대) 현금	100,000	
	(차) 이연수익	40,000	(대) 급여	40,000	

2. 수익인식법으로 처리할 경우

20×1.12.20	(차) 현금	(*)40,000	(대) 이연수익	40,000	
	(*) 100,000 × 40% = 40,000				
20×1.12.31	(차) 급여	100,000	(대) 현금	100,000	
	(차) 이연수익	40,000	(대) 정부보조금수익	40,000	

4. 정부보조금의 중도상환

정부보조금을 수령한 후 정부보조금에 부수되는 조건을 준수하지 못하여 상환의무가 발생하게 된 정부보조금은 회계추정의 변경으로 회계처리한다. 즉, 정부보조금의 중도상환 시 발생한 정부보조금 상환손익을 당기손익에 포함하여 전진적으로 인식한다.

(1) 자산관련보조금의 상환

① 자산관련보조금을 상환하는 경우는 상환금액만큼 자산의 장부금액을 증가시키거나 이연수익에서 차감하여 기록한다. 그리고 보조금이 없었더라면 현재까지 당기손익으로 인식했어야 하는 추가 감가상각누계액은 즉시 당기손익으로 인식한다.

② 예를 들어, 20×1년 1월 1일 현재 과거기간에 수령했던 정부보조금 ₩1,000의 상환의무가 발생하였다. 상환일 현재 정부보조금의 장부금액이 ₩800인 경우, 원가차감법과 이연수익법 각각의 방법에 따른 상환일의 회계처리는 다음과 같다.

[원가차감법]

(차) 정부보조금	800	(대) 현금 등	1,000
감가상각비	200		

[이연수익법]

(차) 이연수익	800	(대) 현금 등	1,000
정부보조금상환손실	200		

승철쌤's comment   자산관련 보조금의 중도상환

① 기업은 정부보조금 수령액을 관련 자산의 내용연수에 걸쳐 상각한 금액을 감가상각비와 상계(자산차감법)하거나 별도의 수익(이연수익법)으로 인식한다. 결국, 정부보조금 상각액만큼 기업이 인식할 감가상각비가 감소(자산차감법)하거나 수익을 추가로 인식(이연수익법)하게 되는 것이다.

② 따라서 정부보조금의 중도상환시 발생한 정부보조금 상환손익을 당기손익으로 인식하라는 의미는, 정부보조금을 수령하였기 때문에 정부보조금의 중도상환일까지 적게 인식했던 감가상각비(자산차감법)나 추가로 인식했던 수익(이연수익법) 만큼을 정부보조금을 중도상환 할 때 일시에 감가상각비(자산차감법)나 보조금상환손실(이연수익법)로 인식하라는 의미이다(전진법).

(2) 수익관련보조금의 상환

수익관련보조금을 상환하는 경우 보조금과 관련하여 인식된 미상각 이연계정에 먼저 적용한다. 이러한 이연계정을 초과하거나 이연계정이 없는 경우에는 초과금액 또는 상환금액을 즉시 당기손익으로 인식한다.

5. 시장이자율보다 낮은 이자율의 정부대여금

시장이자율보다 낮은 이자율을 지급하는 조건으로 정부로부터 자금을 차입하는 경우, 당해 정부차입금의 효익은 정부보조금으로 처리한다. 이 경우 정부차입금은 차입일의 공정가치로 인식하고 측정한다. 따라서 정부보조금으로 인식할 금액은 정부차입금의 최초 장부금액(공정가치)과 정부로부터 수취한 대가의 차이로 측정한다.

시장이자율보다 낮은 이자율로 차입한 경우의 정부보조금

= 미래 이자절감액의 현재가치

= 현금수령액 − (*)정부차입금의 공정가치
   (*) 정부차입금의 미래현금흐름(원금, 표시이자 지급액)을 시장이자율로 할인한 현재가치

[원가차감법]

| (차) 현금 | (*1)××× | (대) 정부차입금(순액) | (*2)××× |
| | | 정부보조금 | (*3)××× |

   (*1) 정부차입금 수령액
   (*2) 정부차입금의 공정가치: PV(정부차입금의 미래현금흐름) By 시장이자율
   (*3) 대차차액 = 정부차입금 수령액 − 정부차입금의 공정가치

[이연수익법]

| (차) 현금 | ××× | (대) 정부차입금(순액) | ××× |
| | | 이연수익 | ××× |

승철쌤's comment   정부보조금의 측정

① 시장이자율보다 낮은 이자율로 정부로부터 차입함에 따라 기업이 얻게 되는 효익(미래이자절감액의 현재가치)은 정부보조금으로 인식한다. 이때 정부보조금으로 인식할 금액은 정부차입금 수령액에서 정부차입금의 공정가치를 차감하여 계산할 수도 있다.

② 정부차입금 수령액은 기업이 정부로부터 저리로 차입함에 따라 실제로 수령한 현금(실제값)을 말한다. 그리고 정부차입금의 공정가치는 기업이 만일 시장으로부터 시장이자율만큼 부담하면서 차입한다고 가정했을 때 수령하였을 현금(일종의 가정치)을 말한다. 따라서 정부차입금 수령액에서 정부차입금의 공정가치를 차감한 금액이 정부로부터 혜택받은 이자상당액이 되는 것이다.

(1) (주)한국은 20×1년 1월 1일 지방자치단체로부터 자금을 전액 차입하여 기계장치를 ₩200,000에 구입하였다. (주)한국이 구입한 기계장치의 추정내용연수는 5년이고, 잔존가치는 ₩0이며 정액법으로 감가상각한다.

(2) 지방자치단체로부터 수령한 차입금은 20×5년 12월 31일에 상환해야 하며, 매년 말에 액면이자율 연 2%를 지급하는 조건이다. 20×1년 1월 1일 구입 당시의 시장이자율은 연 10%이며, 10%, 5기간, 현재가치계수는 0.6209, 10%, 5기간, 연금현재가치계수는 3.7908이다.

(3) (주)한국은 정부보조금을 원가(자산)차감법으로 표시한다.

[요구사항]

1. (주)한국이 지방자치단체로부터 수령한 차입금 중 정부보조금으로 인식할 금액을 계산하시오.

2. (주)한국이 기계장치와 관련하여 20×1년 포괄손익계산서에 인식할 비용을 계산하시오.

3. (주)한국이 20×1년 1월 1일과 12월 31일에 해야 할 회계처리를 제시하시오.

해답 **1. 정부보조금**

정부차입금 현금수령액		200,000
정부차입금의 공정가치	200,000 × 0.6209 + 200,000 × 2% × 3.7908 =	(139,343)
정부보조금		60,657

2. 20×1년에 인식할 비용

(1) 20×1년 감가상각비

감가상각비	(200,000 − 0) ÷ 5년 =	40,000
정부보조금 상각액	40,000 × 30.3285%(= 60,657 ÷ 200,000) =	(12,131)
20×1년 감가상각비		27,869

별해 20×1년 감가상각비: $^{(*)}$139,343 − 0) ÷ 5년 = 27,869
$^{(*)}$ 200,000 − 60,657 = 139,343

(2) 20×1년 비용인식액

기계장치 감가상각비		27,869
차입금 이자비용	139,343 × 10% =	13,934
계		41,803

3. 회계처리

20×1.1.1	(차) 현금	200,000	(대) 장기차입금	200,000	
	현재가치할인차금	60,657	정부보조금	60,657	⇨ 139,343
	(차) 기계장치	200,000	(대) 현금	200,000	
20×1.12.31	(차) 감가상각비	$^{(*)}$40,000	(대) 감가상각누계액	40,000	

$^{(*)}$ (200,000 − 0) ÷ 5년 = 40,000

	(차) 정부보조금	$^{(*)}$12,131	(대) 감가상각비	12,131	

$^{(*)}$ 40,000 × 60,657 ÷ (200,000 − 0) = 12,131

	(차) 이자비용	$^{(*)}$13,934	(대) 현금	4,000	
			현재가치할인차금	9,934	⇨ 149,277

$^{(*)}$ 139,343 × 10% = 13,934

09 기타의 취득유형별 원가

(1) 무상취득

증여 등 무상으로 취득한 유형자산의 원가는 최초인식시점의 무상으로 취득한 자산의 공정가치로 측정하여 기록한다. 그리고 자산의 무상취득으로 인한 기업의 순자산(자본) 증가액은 주주 또는 이와 유사한 이해관계 있는 자로부터 무상취득한 경우를 제외하고는 당기이익(자산수증이익)으로 인식하는 것이 타당하다.

> **[주주 등으로부터 무상취득하는 경우]**
>
> (차) 유형자산(자산 ↑)　　　　　　　　　FV ①　(대) 납입자본(자본거래 자본 ↑)　　　　××× ②
>
> **[제3자로부터 무상취득하는 경우]**
>
> (차) 유형자산(자산 ↑)　　　　　　　　　FV ①　(대) 자산수증이익(손익거래 자본 ↑)　　××× ②

(2) 주식발행 취득(현물출자 취득)

[그림 5-3] 주식발행 취득

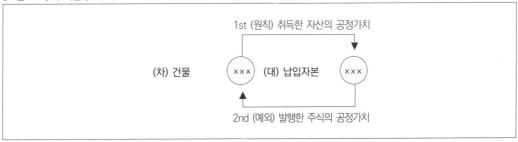

① 자산을 취득하는 대가로 기업의 주식을 발행하여 교부하는 경우가 있는데 이를 현물출자라고 한다. 다만, 현물출자의 경우 자산의 취득대가로 주식을 발행하므로 기업의 납입자본(자본금과 주식발행초과금)이 증가하는데, 이 경우 자본은 자산에서 부채를 차감한 잔액으로 측정해야 한다.

② 따라서 현물출자의 방식으로 유형자산을 취득하는 경우에는 당해 자산의 공정가치를 취득한 유형자산의 원가로 인식하고, 그 잔액으로 납입자본으로 인식할 금액을 측정하는 것이 타당하다. 다만, 취득한 유형자산의 공정가치를 신뢰성 있게 측정하기 어려운 경우에는 발행 교부한 주식의 공정가치로 유형자산의 원가를 측정할 수밖에 없다.

(3) 국 · 공채 의무매입

부동산 등 유형자산의 소유권을 취득하기 위하여 정부에서 발행한 국 · 공채를 공정가치보다 높은 가격으로 불가피하게 매입해야 하는 경우가 있다. 이 경우 국 · 공채의 취득금액과 공정가치와의 차액은 해당 유형자산의 취득과 직접 관련된 원가이므로 해당 유형자산의 원가에 포함한다. 이에 따라 국 · 공채는 취득일의 공정가치로 인식하게 되며, 이때 국 · 공채의 공정가치는 국 · 공채의 미래현금흐름(원금, 표시이자 수령액)을 취득일의 시장이자율로 할인한 현재가치 금액이다.

| (차) 상각후원가측정금융자산[*3](자산 ↑) | [*1]××× | (대) 현금(자산 ↓) | ××× |
| 유형자산(자산 ↑) | [*2]××× | | |

[*1] 국 · 공채의 공정가치
[*2] 국 · 공채 취득금액 – 국 · 공채 공정가치
[*3] 이하 편의상 상각후원가금융자산으로 표현하기도 함

[국 · 공채 의무매입 시 유형자산 취득원가]
유형자산 취득원가 = 유형자산 구입가격 + (국 · 공채 취득금액 – [*]국 · 공채 공정가치)
[*] 국 · 공채 미래현금흐름의 현재가치

예제 11 국 · 공채 의무매입

(1) (주)한국은 20×1년 1월 1일 건물(매입가격 ₩1,000,000, 매입부대비용 ₩150,000)을 취득하는 과정에서 액면금액 ₩100,000의 도시개발공채를 불가피하게 액면금액에 인수하였다. 취득한 공채는 상각후원가 측정 금융자산으로 분류하였고, 건물은 정액법으로 감가상각(내용연수 5년, 잔존가치 없음)한다.

(2) 도시개발공채의 만기일은 20×3년 12월 31일이며, 표시이자율은 7%로 매년 말에 수취한다. 도시개발공채 취득일 현재 시장이자율은 10%이고, 10%, 3기간, 현재가치계수는 0.7513, 10%, 3기간, 연금현재가치계수는 2.48668이다.

[요구사항]

1. (주)한국이 구입한 건물의 취득원가를 계산하시오.
2. (주)한국의 20×1년 당기손익에 미치는 영향을 계산하시오.
3. (주)한국이 20×1년 1월 1일과 12월 31일에 해야 할 회계처리를 제시하시오.

해답 **1. 건물의 취득원가**

① 도시개발공채의 공정가치: 100,000 × 0.7513 + 100,000 × 7% × 2.4868 = 92,538

② 건물의 취득원가

건물의 구입가격	1,000,000 + 150,000 =	1,150,000
도시개발공채의 공정가치 초과 지급액	100,000 - 92,538 =	7,462
건물의 취득원가		1,157,462

2. 20x1년 당기손익 효과

건물 감가상각비	(1,157,462 - 0) ÷ 5년 =	(231,492)
상각후원가금융자산 이자수익	92,538 × 10% =	9,254
계		(222,238)

3. 회계처리

20×1.1.1	(차) 건물		1,150,000	(대) 현금	1,150,000
	(차) 건물		7,462	(대) 현금	100,000
	상각후원가금융자산		92,538		
20×1.12.31	(차) 감가상각비		(*)231,492	(대) 감가상각누계액	231,492

(*) (1,157,462 - 0) ÷ 5년 = 231,492

	(차) 현금		7,000	(대) 이자수익	(*)9,254
	상각후원가금융자산		2,254		

(*) 92,538 × 10% = 9,254

개념정리 OX문제

01 유형자산의 원가(취득원가)는 자산을 취득하기 위하여 자산의 취득시점이나 건설시점 (O, X)
에서 지급한 대가의 공정가치로 측정한다.

02 유형자산의 원가는 경영진이 의도하는 방식으로 자산을 가동하는 데 필요한 장소와 상 (O, X)
태에 이르게 하는 데 직접 관련되는 원가를 포함하며, 해당 유형자산이 정상적으로 작
동되는지 여부를 시험하는 과정에서 생산된 재화의 순매각금액은 취득원가에서 차감
한다.

03 유형자산을 이전, 재배치하는 과정에서 발생하는 원가는 당해 유형자산의 장부금액에 (O, X)
포함하지 않는다.

04 국가나 지방자치단체가 유지관리하는 진입도로 포장공사비 및 상하수도 공사비 등은 (O, X)
구축물로 인식한 후 감가상각한다.

05 상업적 실질이 있는 교환거래에서 제공한 자산의 공정가치를 신뢰성 있게 측정할 수 (O, X)
있다면, 제공한 자산의 공정가치에 현금수수액을 가감한 금액을 교환으로 취득한 자산
의 취득원가로 측정한다.

06 상업적 실질이 있는 교환거래에서 취득한 자산의 공정가치가 더욱 명백한 경우에는 취 (O, X)
득한 자산의 공정가치에 현금수수액을 가감한 금액을 교환으로 취득한 자산의 원가로
한다.

정답 및 해설

01 O

02 X 유형자산을 사용가능한 시점에 이르게 하는 동안에 생산된 재화(예 자산의 정상 작동 여부를 시험할 때 생산되는 시제품)의 매각금액과 그 재화의 원가는 (취득원가 차감이 아니라) 당기손익으로 인식한다.

03 O

04 X 국가나 지방자치단체가 유지관리하는 진입도로 포장공사비 및 상하수도 공사비 등은 기업이 후속지출이 없이도 계속적으로 사용할 수 있다. 따라서 내용연수가 영구적인 것으로 보아 토지의 원가에 포함한다.

05 O

06 X 상업적 실질이 있는 교환거래에서 취득자산의 공정가치가 더욱 명백한 경우에는 취득자산의 공정가치를 교환으로 취득한 자산의 취득원가로 한다. 이 경우, 교환취득 자산의 취득원가를 측정할 때 현금수수액을 추가로 가감하지 않음에 유의한다.

07 장기할부로 매입한 유형자산의 취득시점의 원가는 현금가격상당액으로 하며, 현금가 　(O, X)
격상당액과 실제 총지급액의 차이는 (자본화대상이 되는 차입원가가 아닌 한) 할부기
간에 걸쳐 이자비용으로 인식한다.

08 자산을 해체, 제거하거나 부지를 복구하는 데 소요될 것으로 최초에 추정되는 원가는 　(O, X)
유형자산의 원가에 포함하지 않고 당기비용으로 인식한다.

09 정부보조금은 관련 원가를 비용으로 인식하는 기간에 걸쳐 체계적인 기준에 따라 수익 　(O, X)
으로 인식한다.

10 기업이 자산관련보조금을 수령하여 감가상각자산을 취득하는 경우에는 당해 감가상각 　(O, X)
자산의 감가상각기간(내용연수)에 걸쳐 매년 감가상각비가 인식되는 비율(감가상각비
율)만큼 수익으로 인식한다.

11 정부보조금을 이연수익법으로 표시할 경우, 자산차감법보다 정부보조금 상각액 만큼 　(O, X)
당기순이익을 더 많이 보고한다.

12 유형자산을 취득하는 대가로 기업의 주식을 발행하여 교부하는 경우에는 발행 교부한 　(O, X)
주식의 공정가치로 유형자산의 원가를 측정한다.

정답 및 해설

07 O
08 X 유형자산의 원가에는 유형자산의 취득시점에 예상되는 복구비용을 포함한다.
09 O
10 O
11 X 자산관련보조금을 자산차감법과 이연수익법 중 어떤 방법으로 표시할지에 따라 포괄손익계산서상 관련 수익과 비
용의 각 계정별 금액은 달라질 수 있다. 그러나 둘 중 어떤 방법으로 표시하든 포괄손익계산서상 당기손익에 미치
는 순효과는 모두 동일함에 유의하기 바란다.
12 X 유형자산의 취득대가로 기업의 주식을 발행하는 경우에는 취득한 유형자산의 공정가치를 당해 유형자산의 취득원
가로 인식한다. 다만, 취득한 유형자산의 공정가치를 신뢰성 있게 측정하기 어려운 경우에는 발행 교부한 주식의
공정가치로 유형자산의 취득원가를 측정할 수밖에 없다.

건물의 원가

01 (주)세무는 20×1년 초 가건물이 있던 공장부지를 취득하여 기존의 가건물을 철거하고 건물을 신축하였다. 관련 자료가 다음과 같을 때, 건물의 취득원가는? [세무사 18]

토지구입대금	₩200,000	토지 소유권 이전비	₩3,000
토지의 정지 및 측량비	50,000	진입로 공사비	30,000
건물신축 허가비	25,000	가건물 철거비	18,000
신축건물 공사원가	150,000	가건물 철거 부산물 매각수입	5,000
건축설계비	15,000	토지분 재산세	4,000
건물등록비	20,000	울타리 설치공사	13,000

① ₩185,000   ② ₩210,000

③ ₩223,000   ④ ₩228,000

⑤ ₩241,000

교환 취득

02 (주)대전은 사용 중인 기계장치 A(장부금액 ₩600,000, 공정가치 ₩300,000)를 (주)세종의 기계장치 B(장부금액 ₩700,000, 공정가치 ₩500,000)와 교환하면서, 공정가치 차액에 대하여 현금 ₩200,000을 지급하였다. 해당 교환거래에 대한 설명으로 옳지 않은 것은? [세무사 13]

① 상업적 실질이 존재하는 경우, (주)대전이 인식할 기계장치 B의 취득원가는 ₩500,000이다.
② 상업적 실질이 결여된 경우, (주)대전이 인식할 기계장치 B의 취득원가는 ₩800,000이다.
③ 상업적 실질이 존재하는 경우, (주)세종이 인식할 기계장치 A의 취득원가는 ₩300,000이다.
④ 상업적 실질이 결여된 경우, (주)세종이 인식할 기계장치 A의 취득원가는 ₩700,000이다.
⑤ 상업적 실질이 결여된 경우, (주)대전과 (주)세종은 모두 교환과 관련된 손익을 인식하지 않는다.

교환 취득 - 취득자산의 FV가 더욱 명백한 경우

03 (주)대한은 20×1년 4월 1일에 사용 중인 기계장치와 (주)민국이 보유하고 있는 자동차를 교환하였다. 교환일 현재 두 회사가 소유 중인 자산의 장부금액과 공정가치가 다음과 같고 자동차의 공정가치가 기계장치의 공정가치보다 더 명백하다.

구분	(주)대한의 기계장치	(주)민국의 자동차
취득원가	₩100,000	₩80,000
감가상각누계액	₩55,000	₩25,000
공정가치	₩50,000	₩60,000

(주)대한이 교환일에 추가적으로 현금 ₩10,000을 지급하였을 경우 20×1년도에 인식할 유형자산처분손익은? (단, 교환거래는 상업적 실질이 있다)

① 처분이익 ₩5,000
② 처분이익 ₩10,000
③ ₩0
④ 처분손실 ₩5,000
⑤ 처분손실 ₩10,000

복구원가 - 1차 연도 당기순이익 효과

04 (주)대한은 20×1년 7월 1일 폐기물처리장을 신축하여 사용하기 시작하였으며, 해당 공사에 대한 대금으로 ₩4,000,000을 지급하였다. 이 폐기물처리장은 내용연수 4년, 잔존가치는 ₩46,400, 원가모형을 적용하며 감가상각방법으로는 정액법을 사용한다. (주)대한은 해당 폐기물처리장에 대해 내용연수 종료시점에 원상복구의무가 있으며, 내용연수 종료시점의 복구비용(충당부채의 인식요건을 충족)은 ₩800,000으로 예상된다. (주)대한의 복구충당부채에 대한 할인율은 연 10%이며, 폐기물처리장 관련 금융원가 및 감가상각비는 자본화하지 않는다. (주)대한의 동 폐기물처리장 관련 회계처리가 20×1년도 포괄손익계산서의 당기순이익에 미치는 영향은 얼마인가? (단, 금융원가 및 감가상각비는 월할계산하며, 단수차이로 인해 오차가 있다면 가장 근사치를 선택한다) [회계사 20]

기간	10%
	단일금액 ₩1의 현재가치
3년	0.7513
4년	0.6830

① ₩1,652,320 감소
② ₩1,179,640 감소
③ ₩894,144 감소
④ ₩589,820 감소
⑤ ₩374,144 감소

05 (주)세무는 20×1년 1월 1일 복구조건이 있는 연구용 설비(취득원가 ₩440,000, 잔존가치 ₩5,130, 내용연수 3년, 복구비용 추정금액 ₩100,000)를 취득하여, 원가모형을 적용하고 정액법으로 감가상각하였다. 내용연수 종료시점에 실제 복구비용은 ₩120,000이 지출되었으며, 잔존 설비는 ₩3,830에 처분하였다. 20×3년도에 이 설비와 관련하여 인식할 총비용은? (단, 현재가치에 적용할 할인율은 10%이며, 기간 3년(10%) 단일금액 ₩1의 현재가치는 0.7513으로 계산하고 단수차이로 인한 오차는 근사치를 선택한다) [세무사 18]

① ₩180,391
② ₩191,300
③ ₩199,091
④ ₩200,391
⑤ ₩202,466

06 (주)한국은 20×1년 1월 1일에 기계장치를 ₩800,000을 지급하는 조건으로 취득하였다. 다만 지급조건은 기계장치 구입시점에 현금 ₩500,000을 지급하고, 나머지 ₩300,000은 매년 말에 ₩100,000씩 3회 분할지급하는 조건의 무이자부 약속어음을 발행하였다. 기계장치의 내용연수는 4년, 내용연수 종료시점의 잔존가치는 없으며 정액법으로 감가상각한다. 한편, 기계장치 취득 거래에 적용될 내재이자율은 10%이며, 현재가치계수(10%, 3기간)는 0.7513, 연금현재가치계수(10%, 3기간)는 2.4868이다. 이 경우 (주)한국의 기계장치 취득과 관련한 다음의 설명 중 올바르지 않은 것은?

① (주)한국이 3년간 이자비용으로 인식할 총액은 ₩51,320이다.
② (주)한국이 20×1년에 인식할 이자비용은 ₩24,868이다.
③ 20×1년 말 현재 기계장치의 장부금액은 ₩561,510이다.
④ 기계장치 취득 거래와 관련한 장기미지급금의 20×1년 말 현재 장부금액은 ₩273,548이다.
⑤ 기계장치 취득 거래로 인해 (주)한국의 20×2년 당기순이익은 ₩204,525만큼 감소한다.

07 (주)성서전자는 정부의 전략산업육성지침에 따라 기계장치 구입자금의 일부를 정부로부터 보조받았다. (주)성서전자는 국고보조금 ₩20,000을 이용하여 20×1년 1월 1일에 취득원가 ₩100,000의 기계장치를 구입하였다. 정부보조금에 부수되는 조건은 이미 충족되었고 상환의무가 없으며 국고보조금은 기계장치 구입 당일에 수취하였다. 동 기계장치의 잔존가치는 없으며, 내용연수는 10년, 감가상각방법은 정액법으로 결정되었다. (주)성서전자는 동 기계장치를 20×5년 12월 31일에 ₩35,000에 처분하였다. 다음 중 동 기계장치와 관련된 기록을 설명한 것으로 맞는 것은 어느 것인가? (단, 법인세효과는 고려하지 않는다) [회계사 11]

① 자산관련정부보조금은 재무상태표에 이연수익으로 표시(이연수익법)하거나 자산의 장부금액을 결정할 때 차감하여 표시(원가차감법)하는 방법이 있는데, 한국채택국제회계기준에서는 이연수익법을 허용하지 않고 있다.

② 이연수익법을 적용하면 20×1년 12월 31일 현재 재무상태표에 보고되는 유형자산의 순장부금액이 ₩90,000으로 원가차감법을 적용했을 때의 ₩72,000보다 크다.

③ 이연수익법과 원가차감법 모두 20×1년도 포괄손익계산서상 정부보조금수익은 ₩2,000이다.

④ 이연수익법을 적용하면 20×5년도 포괄손익계산서상 유형자산처분이익 ₩5,000이 당기손익에 반영되지만, 원가차감법을 적용하면 유형자산처분손실 ₩5,000이 당기손익에 반영된다.

⑤ 이연수익법과 원가차감법 모두 20×1년 12월 31일 현재 재무상태표에 동 거래와 관련하여 부채가 보고되지 않는다.

08 (주)한국은 20×1년 1월 1일 기계장치를 ₩500,000에 취득(내용연수 5년, 잔존가치 ₩50,000)하고 연수합계법으로 감가상각한다. (주)한국은 동 기계장치를 취득하면서 정부로부터 ₩90,000을 보조받아 기계장치 취득에 전액 사용하였으며, 이에 대한 상환의무는 없다. (주)한국이 20×3년 12월 31일 동 기계장치를 ₩100,000에 처분하였다면, 유형자산처분손익은 얼마인가? (단, 원가모형을 적용하며, 기계장치의 장부금액을 결정할 때 취득원가에서 정부보조금을 차감하는 원가차감법을 사용한다) [세무사 14]

① ₩32,000 이익   ② ₩20,000 이익
③ ₩0   ④ ₩20,000 손실
⑤ ₩22,000 손실

정부보조금 - 이연수익법

09 (주)세무는 20×1년 4월 1일 영업용 차량을 취득(취득원가 ₩1,200,000, 내용연수 5년, 잔존가치 ₩200,000, 정액법으로 감가상각)하면서 정부로부터 취득원가의 30%를 보조받고, 이를 부채(이연수익법)로 회계처리하였다. 20×3년 7월 1일에 동 영업용 차량을 현금 ₩600,000에 처분하였다면, 정부보조금과 관련하여 처분시점에 제거해야 할 부채(이연정부보조금수익)는? (단, 감가상각은 월할상각한다)

[세무사 20]

① ₩126,000
② ₩144,000
③ ₩162,000
④ ₩198,000
⑤ ₩234,000

정부보조금 - 저리의 정부차입금

10 (주)대한은 20×1년 1월 1일 국가로부터 설비자산 취득목적으로 만기 5년(일시상환), 표시이자율 연 2%(매년 말 지급)로 ₩1,000,000을 차입하여 설비자산(내용연수 5년, 잔존가치 ₩0, 정액법 상각)을 구입하였다. 20×1년 1월 1일 설비자산 구입 당시 (주)대한이 금전대차거래에서 부담해야 할 시장이자율은 연 10%이다. (주)대한은 정부보조금을 자산의 취득원가에서 차감하는 원가(자산)차감법을 사용하여 회계처리하고 있다. (주)대한이 설비자산과 관련하여 20×1년 포괄손익계산서에 인식할 당기비용은? (단, 20×1년에 발생한 비용 중 자본화된 금액은 없다. 10%의 현가계수는 아래 표와 같으며, 단수차이로 인해 오차가 있다면 가장 근사치를 선택한다)

[회계사 18]

기간	단일금액 ₩1의 현가	정상연금 ₩1의 현가
5	0.6209	3.7908

① ₩139,343
② ₩169,671
③ ₩200,000
④ ₩209,015
⑤ ₩248,036

정답 및 해설

정답

01 ②   02 ④   03 ①   04 ④   05 ④   06 ④   07 ②   08 ⑤   09 ④   10 ④

해설

01 ② **(1) 지출항목의 분석**

진입로 공사비는 정부에서 유지보수하는 경우에는 토지에 해당하며, 기업이 유지보수하는 경우에는 구축물로 인식한다. 울타리 설치공사비는 구축물에 해당하며, 토지분 재산세는 당기비용으로 처리한다. 나머지 항목은 건물의 취득원가에 포함되지 않는 경우 전부 토지의 원가에 해당한다.

(2) 건물의 취득원가

건물신축 허가비	25,000
신축건물 공사원가	150,000
건축설계비	15,000
건물등록비	20,000
	210,000

02 ④ **(1) (주)대전**

① 상업적 실질이 있는 경우 취득원가: 300,000(기계 A FV) + 200,000(현금지급액) = 500,000

② 상업적 실질이 없는 경우 취득원가: 600,000(기계 A BV) + 200,000(현금지급액) = 800,000

참고 회계처리

상업적 실질(○)	(차) 유형자산처분손실	(*1)300,000 ②	(대) 기계장치 A	600,000 ①
	기계장치 B	(*2)500,000 ④	현금	200,000 ③

(*1) 300,000(기계 A FV) − 600,000(기계 A BV) = (−)300,000 처분손실

(*2) 대차차액

상업적 실질(×)	(차) 기계장치 B	(*)800,000 ③	(대) 기계장치 A	600,000 ①
			현금	200,000 ②

(*) 대차차액

(2) (주)세종

　　① 상업적 실질이 있는 경우 취득원가: 500,000(기계 B FV) - 200,000(현금수령액) = 300,000
　　② 상업적 실질이 없는 경우 취득원가: 700,000(기계 B BV) - 200,000(현금수령액) = 500,000
　　참고 회계처리

상업적 실질(○)　(차) 유형자산처분손실　$^{(*1)}$200,000 ②　(대) 기계장치 B　　　700,000 ①
　　　　　　　　　　현금　　　　　　　　200,000 ③
　　　　　　　　　　기계장치 A　　　　$^{(*2)}$300,000 ④
　　　　　　　　$^{(*1)}$ 500,000(기계 B FV) - 700,000(기계 B BV) = (-)200,000 처분손실
　　　　　　　　$^{(*2)}$ 대차차액

상업적 실질(×)　(차) 기계장치 A　　　　$^{(*)}$500,000 ③　(대) 기계장치 B　　　700,000 ①
　　　　　　　　　　현금　　　　　　　　200,000 ②
　　　　　　　　$^{(*)}$ 대차차액

03　①　(1) 자동차 취득원가 및 기계장치처분이익

　　① 자동차 취득원가: 60,000(취득자산 FV)
　　② 기계장치처분이익: (취득자산 FV + 현금수령액 - 현금지급액) - 제공자산 BV
　　　　= 50,000(60,000 - 10,000) - 45,000(100,000 - 55,000) = 5,000 처분이익

　(2) 참고 (주)대한의 회계처리

　　(차) 차량운반구　　　60,000 ③　(대) 기계장치　　　　100,000 ①
　　　　감가상각누계액　55,000 ①　　　현금　　　　　　　10,000 ②
　　　　　　　　　　　　　　　　　　　유형자산처분이익　$^{(*)}$5,000 ④

　　　　$^{(*)}$ 대차차액

04　④　(1) 설비의 취득원가

　　4,000,000 + 546,400(800,000 × 0.6830) = 4,546,400

　(2) 20×1년 당기순이익 영향

설비자산 감가상각비	(4,546,400 - 46,400) ÷ 4년 × 6/12 =	562,500
복구충당부채 이자비용	546,400 × 10% × 6/12 =	27,320
합계		589,820 감소

05　④　(1) 설비의 취득원가

　　440,000 + 75,130(100,000 × 0.7513) = 515,130

　(2) 20×3년 총비용

설비자산 감가상각비	(515,130 - 5,130) ÷ 3년 =	170,000
복구충당부채 이자비용	75,130 × 1.1^2 × 10% =	9,091
복구공사손실	120,000 - 100,000 =	20,000
설비처분손실	5,130 - 3,830 =	1,300
계		200,391

06 ④ **(1) 기계장치 취득원가**

500,000 + 248,680(= 100,000 × 2.4868) = 748,680

(2) 각 문항의 분석

① 총이자비용

실제 총지급액	500,000 + 100,000 × 3년 =	800,000
현금가격 상당액(20×1.1.1 현재가치)		(748,680)
총이자비용		51,320

② 20×1년 이자비용: 248,680 × 10% = 24,868

③ 20×1년 말 기계장치의 장부금액: 748,680 - $^{(*)}$187,170 = 561,510

    $^{(*)}$ 20×1년 기계장치 감가상각비: 748,680 ÷ 4년 = 187,170

④ 20×1년 말 장기미지급금: 248,680 × 1.1 - 100,000 = 173,548

⑤ 20×2년 당기손익 효과

기계장치 감가상각비		187,170
장기미지급금 이자비용	173,548 × 10% =	17,355
당기손익 효과		204,525 감소

(3) 참고 20×1년과 20×2년 회계처리(순액법)

20×1.1.1	(차) 기계장치	748,680	(대) 현금	500,000		
				장기미지급금	248,680	⇨	248,680
20×1.12.31	(차) 감가상각비	187,170	(대) 감가상각누계액	187,170		
	(차) 이자비용	24,868	(대) 장기미지급금	24,868		
	(차) 장기미지급금	100,000	(대) 현금	100,000	⇨	173,548
20×2.12.31	(차) 감가상각비	187,170	(대) 감가상각누계액	187,170		
	(차) 이자비용	17,355	(대) 장기미지급금	17,355		
	(차) 장기미지급금	100,000	(대) 현금	100,000	⇨	90,903

07 ② **(1) 기계장치 장부금액의 분석**

	20×1.1.1	20×1	20×1.12.31	20×2~20×5	20×5.12.31
기계장치	100,000		100,000		100,000
감가상각누계액	-	$^{(*1)}$(10,000)	(10,000)	$^{(*3)}$(40,000)	(50,000)
이연수익법의 장부금액	100,000	(10,000)	90,000	(40,000)	50,000
정부보조금	(20,000)	$^{(*2)}$2,000	(18,000)	$^{(*4)}$8,000	(10,000)
원가차감법의 장부금액	80,000	(8,000)	72,000	(32,000)	40,000

$^{(*1)}$ 100,000 ÷ 10년 = 10,000

$^{(*2)}$ 10,000 × 20%(20,000 ÷ 100,000) = 2,000

$^{(*3)}$ 100,000 ÷ 10년 × 4년 = 40,000

$^{(*4)}$ 40,000 × 20% = 8,000

(2) 각 문항의 분석

① 한국채택국제회계기준에서는 원가차감법과 이연수익법을 모두 인정한다.

③ 원가차감법은 정부보조금 상각액을 감가상각비와 상계하므로 정부보조금수익 계정이 나타나지 않는다.

④ 20×5년 말 기계장치처분이익(손실)

    ㉠ 이연수익법: 35,000 - 50,000 = (-)15,000 처분손실

    ㉡ 원가차감법: 35,000 - 40,000 = (-)5,000 처분손실

⑤ 이연수익법은 정부보조금을 부채로 표시한다.

08 ⑤ **(1) 처분일 기계장치 장부금액**

	20×1.1.1	20×1~20×3	20×3.12.31
기계장치	500,000		500,000
감가상각누계액	–	$^{(*1)}$(360,000)	(360,000)
정부보조금	(90,000)	$^{(*2)}$72,000	(18,000)
장부금액	410,000	(288,000)	122,000

$^{(*1)}$ (500,000 – 50,000) × 12/15(= 5/15 + 4/15 + 3/15) = 360,000

$^{(*2)}$ 360,000 × 20%(= 90,000 ÷ 450,000) = 72,000

별해 처분일 기계장치 장부금액: 410,000 – (410,000 – 50,000) × 12/15 = 122,000

(2) 기계장치 처분이익(손실)

100,000 – 122,000 = (–)22,000 손실

09 ④ **(1) 정부보조금 수령비율**

360,000(= 1,200,000 × 30%) ÷ 1,000,000(= 1,200,000 – 200,000) = 36%

(2) 20×1.4.1 ~ 20×3.7.1 감가상각비

(1,200,000 – 200,000) × 27개월/60개월 = 450,000

(3) 20×3.7.1 이연보조금수익 잔액

20×1.4.1 이연보조금수익 인식액		360,000
20×1.4.1 ~ 20×3.7.1 상각액	450,000 × 36% =	(162,000)
20×3.7.1 이연보조금수익 잔액		198,000

10 ④ **(1) 정부보조금**

정부차입금 수령액		1,000,000
차입금의 공정가치	1,000,000 × 0.6209 + 1,000,000 × 2% × 3.7908 =	(696,716)
계		303,284

(2) 20×1년 감가상각비

감가상각비	1,000,000 ÷ 5년 =	200,000
정부보조금 상각액	200,000 × 30.3284%(= 303,284 ÷ 1,000,000) =	(60,657)
계		139,343

별해 20×1년 감가상각비: (1,000,000 – 303,284) ÷ 5년 = 139,343

(3) 20×1년 비용인식액

설비자산 감가상각비		139,343
차입금 이자비용	696,716 × 10% =	69,672
계		209,015

토지와 건물의 취득원가   [세무사 2차 13 수정]

01

(1) (주)한국은 20×1년 3월 1일, 공장신축부지로 사용하기 위해 건물이 세워져 있는 토지를 건물과 함께 ₩500,000에 일괄구입하였다. 취득 당시 토지와 건물의 공정가치는 각각 ₩450,000와 ₩150,000이었다.

(2) 관련된 추가 자료는 다음과 같다.

일자	관련 항목	금액	비고
20×1.3.1	이전 토지 소유자의 체납 재산세를 (주)한국이 부담하기로 함	₩100,000	
20×1.3.1	토지 관련 소유권 이전비, 중개수수료, 등록세 지급	30,000	
20×1.3.2	건물의 철거비용 발생	20,000	
20×1.3.2	건물 철거에 따른 폐자재 수입 발생	30,000	
20×1.3.20	토지가치 상승으로 인한 추가적 개발부담금 납부	100,000	
20×1.3.31	공장신축용 토지를 일시적으로 주차장 용도로 사용함에 따른 수익 발생	10,000	
20×1.4.1	공장건물 신축을 위한 계약금 지급	300,000	
20×1.4.1	공장건물 신축을 위한 법률수속비, 설계비 지급	30,000	
20×1.4.1	공장건물과 관련된 화재보험료 지급	36,000	3년간 보험료
20×1.5.31	공장 건설공사 중도금 지급	200,000	
20×1.6.15	정문 진입로 포장공사비(*)	20,000	
20×1.6.20	후문 진입로 포장공사비(*)	20,000	
20×1.6.25	조경공사비	30,000	영구적 성격
20×1.6.30	신축공장을 가동하여 제품 생산을 시작함		
20×1.7.1	공장 건설공사 잔금지급	300,000	

(*) 정문 진입로는 인근 마을 주민들도 사용할 수 있으므로 향후 관할 시청에서 유지보수를 하기로 하였으나, 후문 진입로는 회사에서 유지보수하여야 함

[물음]   (주)한국이 20×1년에 취득한 토지, 공장, 구축물의 취득원가를 각각 계산하시오.

해답

일자	관련 항목	토지	공장	구축물
20×1.3.1	기숙사가 있는 토지를 구입	500,000		
20×1.3.1	이전 토지 소유자의 체납 재산세 대납	100,000		
20×1.3.1	토지 관련 소유권 이전비, 중개수수료, 등록세	30,000		
20×1.3.2	건물의 철거비용 발생	20,000		
20×1.3.2	건물 철거에 따른 수입 발생	(30,000)		
20×1.3.20	토지가치 상승으로 인한 추가적 개발부담금	100,000		
20×1.3.31	일시적인 주차장 수익(*1)			
20×1.4.1	공장건물 신축을 위한 계약금 지급		300,000	
20×1.4.1	공장건물 신축을 위한 법률수속비, 설계비 지급		30,000	
20×1.4.1	공장건물과 관련된 화재보험료		(*2)3,000	
20×1.5.31	공장 건설공사 중도금 지급		200,000	
20×1.6.15	정문 진입로 포장공사비(정부에서 유지보수)	20,000		
20×1.6.20	후문 진입로 포장공사비(회사에서 유지보수)			20,000
20×1.6.25	조경공사비(영구적 성격)	30,000		
20×1.6.30	신축공장 가동(*3)			
20×1.7.1	공장 건설공사 잔금 지급		300,000	
합계		770,000	833,000	20,000

(*1) 토지 및 공장건물의 취득과 직접 관련이 없는 **부수적인 영업**에서 발생한 수익이므로 **당기손익**으로 인식한다.

(*2) 36,000 × 3/36 = 3,000

(*3) 20×1년 6월 30일부터 신축공장을 가동하였으므로 동 일자가 실제로 **사용가능한 시점**이 되어 신축공장의 취득일이 된다.

교환취득

(1) 20×1년 1월 1일, (주)한국은 보유 중인 기계장치 A(취득원가 ₩800,000, 감가상각누계액 ₩400,000)를 (주)서울이 보유하고 있던 기계장치 B(취득원가 ₩1,000,000, 감가상각누계액 ₩300,000)와 교환하였다.

(2) 교환일 현재 감정평가사가 평가한 기계장치 A의 공정가치는 ₩300,000이다. (주)한국은 보유 중인 기계장치 A를 (주)서울의 기계장치 B와 교환하면서 현금 ₩200,000을 (주)서울에게 추가로 지급하였다.

다음 물음에 답하시오. 단, (주)한국이 보유하고 있던 기계장치 A의 공정가치가 기계장치 B의 공정가치보다 더욱 명백하다.

[물음 1] 교환거래에 상업적 실질이 있다고 판단되는 경우, (주)한국이 인식할 기계장치 B의 취득원가와 유형자산처분손익을 각각 계산하시오.

[물음 2] 교환거래에 상업적 실질이 없다고 판단되는 경우, (주)한국이 인식할 기계장치 B의 취득원가와 유형자산처분손익을 각각 계산하시오.

[물음 3] [본 물음은 독립적이다] 교환거래에 상업적 실질이 있으며, 교환으로 취득한 기계장치 B의 공정가치가 ₩550,000으로 더욱 명백하다고 가정한다. (주)한국이 인식할 기계장치 B의 취득원가와 유형자산처분손익을 각각 계산하시오.

[물음 4] [본 물음은 독립적이다] 교환거래에 상업적 실질이 있지만, 기계장치 A와 기계장치 B의 공정가치를 모두 신뢰성 있게 측정할 수 없다고 가정한다. (주)한국이 인식할 기계장치 B의 취득원가와 유형자산처분손익을 각각 계산하시오.

해답 [물음 1] 상업적 실질(○) + 제공자산 FV가 명백한 경우

1. 기계장치 B 취득원가: 제공자산 FV + 현금지급액 - 현금수령액 = 300,000 + 200,000 = 500,000

2. 기계장치 A 처분이익(손실): 제공자산 FV - 제공자산 BV = 300,000 - 400,000 = (-)100,000

3. 참고 회계처리

(차) 감가상각누계액	400,000 ①	(대) 기계장치 A	800,000 ①
유형자산처분손실	(*1)100,000 ②	현금	200,000 ③
기계장치 B	(*2)500,000 ④		

(*1) 제공자산(기계장치 A) 처분손익: 300,000 - 400,000 = (-)100,000 손실

(*2) 대차차액(또는 지급한 대가의 FV)

[물음 2] 상업적 실질(×)

1. 기계장치 B 취득원가: 제공자산 BV + 현금지급액 - 현금수령액 = 400,000 + 200,000 = 600,000

2. 기계장치 A 처분이익: 영(0)

3. 참고 회계처리

(차) 감가상각누계액	400,000 ①	(대) 기계장치 A	800,000 ①
기계장치 B	(*)600,000 ③	현금	200,000 ②

(*) 대차차액(또는 지급한 대가의 BV)

[물음 3] 상업적 실질(○) + 취득자산 FV가 더욱 명백한 경우

1. 기계장치 B 취득원가: 취득자산 FV = 550,000

2. 기계장치 A 처분이익(손실): 제공자산 처분간주액(취득자산 FV + 현금수령액 – 현금지급액) - 제공자산 BV
   = 350,000(= 550,000 - 200,000) - 400,000 = (-)50,000

3. 참고 회계처리

(차) 감가상각누계액	400,000 ①	(대) 기계장치 A	800,000 ①
기계장치 B	(*1)550,000 ③	현금	200,000 ②
유형자산처분손실	(*2)50,000 ④		

(*1) 취득자산(기계장치 B) FV

(*2) 대차차액

[물음 4] 상업적 실질(○) + FV를 모두 신뢰성 있게 측정하기 어려운 경우

1. 기계장치 B 취득원가: 제공자산 BV + 현금지급액 - 현금수령액 = 400,000 + 200,000 = 600,000

2. 기계장치 A 처분이익: 영(0)

3. 참고 회계처리

(차) 감가상각누계액	400,000 ①	(대) 기계장치 A	800,000 ①
기계장치 B	(*)600,000 ③	현금	200,000 ②

(*) 대차차액(또는 지급한 대가의 BV)

※ 상업적 실질이 있지만 교환자산의 FV를 모두 신뢰성 있게 측정하기 어려운 경우에는 상업적 실질이 없는 경우와 동일하다.

장기할부매입

(주)한국은 20×1년 1월 1일 기계장치를 취득하면서 계약금으로 ₩100,000을 지급하고, 매 연도 말에 ₩300,000씩 3년간 지급하기로 하였다. 미지급금의 명목금액과 현재가치의 차이는 중요하고 유효이자율은 연 8%이다. 기계장치의 경제적 내용연수는 5년, 잔존가치는 없으며 정액법으로 감가상각한다. 기간별 현재가치(현가)계수는 다음의 표를 이용한다.

할인율: 8%	1년	2년	3년
단일금액 ₩1 현재가치	0.9259	0.8573	0.7938
정상연금 ₩1 현재가치	0.9259	1.7833	2.5771

[물음 1] (주)한국이 취득한 기계장치의 취득원가를 계산하시오.

[물음 2] (주)한국이 3년간 포괄손익계산서상에 이자비용으로 인식할 총액을 계산하시오.

[물음 3] (주)한국이 20×1년 말과 20×2년 말 재무상태표에 보고할 미지급금 장부금액을 각각 계산하시오.

[물음 4] 기계장치와 관련하여 (주)한국의 포괄손익계산서상 20×1년과 20×2년의 당기손익에 미치는 효과를 각각 계산하시오.

[물음 5] 기계장치와 관련하여 (주)한국이 20×1년 초, 20×1년 말과 20×2년 말에 수행할 회계처리를 각각 제시하시오.

해답 [물음 1]

1. 유형자산의 취득대금이 일반적인 신용기간을 초과하여 지급되는 경우, 유형자산의 취득시점의 원가는 현금가격상당액으로 한다. 현금가격상당액은 취득일 현재의 공정가치와 동일한 금액으로서 미래에 지급할 총지급액을 내재이자율로 할인한 현재가치로 계산한다.

2. 20×1.1.1 기계장치 취득원가: 100,000 + 300,000 × 2.5771 = 873,130

[물음 2]

1. 현금가격상당액과 실제 총지급액의 차이는 신용기간에 걸쳐 이자비용으로 인식한다.

2. 총이자비용

실제 총지급액	100,000 + 300,000 × 3년 =	1,000,000
현금가격상당액(20×1.1.1 현재가치)		(873,130)
총이자비용		126,870

[물음 3]

1. 20×1.1.1 미지급금: 300,000 × 2.5771 = 773,130

2. 20×1.12.31 미지급금 장부금액: 773,130 × 1.08 - 300,000 = 534,980

3. 20×2.12.31 미지급금 장부금액: 534,980 × 1.08 - 300,000 = 277,778

[물음 4]

1. 20×1년 당기손익 효과

기계장치 감가상각비	(873,130 - 0) ÷ 5년 =	174,626
미지급금 이자비용	773,130 × 8% =	61,850
당기손익 효과		236,476 감소

2. 20×2년 당기손익 효과

기계장치 감가상각비	(873,130 - 0) ÷ 5년 =	174,626
미지급금 이자비용	534,980 × 8% =	42,798
당기손익 효과		217,424 감소

[물음 5]

20×1.1.1	(차) 기계장치	873,130	(대) 현금	100,000	
	현재가치할인차금	(*)126,870	미지급금	900,000 ⇨	773,130
	(*) 900,000 - 773,130 = 126,870				
20×1.12.31	(차) 감가상각비	174,626	(대) 감가상각누계액	174,626	
	(차) 이자비용	61,850	(대) 현재가치할인차금	61,850 ⇨	834,680
	(차) 미지급금	300,000	(대) 현금	300,000 ⇨	534,980
20×2.12.31	(차) 감가상각비	174,626	(대) 감가상각누계액	174,626	
	(차) 이자비용	42,798	(대) 현재가치할인차금	42,798 ⇨	577,778
	(차) 미지급금	300,000	(대) 현금	300,000 ⇨	277,778

04

(1) (주)한국은 20×0년 10월 1일에 저유설비를 신축하기 위하여 기존 건물이 있는 토지를 ₩1,000,000에 취득하였으며, 기존 건물을 철거하는데 ₩70,000이 발생하였다.

(2) 20×1년 1월 1일 (주)한국은 저유설비를 신축완료하고 즉시 사용을 개시하였으며, 공사대금으로 ₩240,000을 지급하였다. 이 저유설비의 내용연수는 3년이고, 잔존가치는 ₩50,000이며, 원가모형을 적용하여 정액법으로 감가상각한다.

(3) 이 저유설비의 경우 내용연수 종료 시에 원상복구의무가 있으며, 저유설비 신축완료시점에서 예상되는 원상복구비용은 ₩100,000이다.

(4) 20×3년 말 (주)한국은 저유설비의 내용연수 종료와 동시에 원상회복을 위한 복구공사를 하였으며, 복구비용으로 ₩90,000을 지출하였다. 그리고 사용이 종료된 저유설비는 ₩55,000에 매각하였다.

(5) 복구충당부채의 산정 시 적정한 이자율은 12%이며, 기간 3년(12%) 단일금액 ₩1의 현재가치는 0.7118이다.

[물음 1] 20×1년 1월 1일 저유설비의 취득원가를 계산하시오.

[물음 2] 저유설비와 관련하여 (주)한국의 20×1년 당기손익에 미치는 영향을 계산하시오.

[물음 3] 저유설비와 관련하여 (주)한국의 20×3년 당기손익에 미치는 영향을 계산하시오.

[물음 4] 저유설비와 관련하여 (주)한국이 수행할 회계처리를 일자별로 제시하시오.

해답 **[물음 1]**

1. 토지와 기존 건물의 일괄취득금액과 기존 건물의 철거비용은 (저유설비가 아니라) 전액 '토지'의 원가로 처리한다.
2. 20×1.1.1 저유설비 취득원가: 240,000 + 71,180(= 100,000 × 0.7118) = 311,180

[물음 2]

구축물 감가상각비	(311,180 - 50,000) ÷ 3년 =	87,060
복구충당부채 이자비용	71,180 × 12% =	8,542
20×1년 당기손익 효과		95,602 감소

[물음 3]

구축물 감가상각비	(311,180 - 50,000) ÷ 3년 =	87,060
복구충당부채 이자비용	71,180 × 1.12^2 × 12% =	10,715
복구공사손실(이익)	90,000 - 100,000 =	(10,000)
유형자산처분손실(이익)	50,000 - 55,000 =	(5,000)
20×3년 당기손익 효과		82,775 감소

[물음 4]

20×0.10.1	(차) 토지	1,000,000	(대) 현금	1,000,000	
	(차) 토지	70,000	(대) 현금	70,000	
20×1.1.1	(차) 구축물	240,000	(대) 현금	240,000	
	(차) 구축물	71,180	(대) 복구충당부채	71,180	⇨ 71,180
20×1.12.31	(차) 감가상각비	(*)87,060	(대) 감가상각누계액	87,060	
	(*) (311,180 - 50,000) ÷ 3년 = 87,060				
	(차) 이자비용	(*)8,542	(대) 복구충당부채	8,542	⇨ 79,722
	(*) 71,180 × 12% = 8,542				
20×2.12.31	(차) 감가상각비	87,060	(대) 감가상각누계액	87,060	
	(차) 이자비용	(*)9,567	(대) 복구충당부채	9,567	⇨ 89,289
	(*) 79,722(= 71,180 + 8,542) × 12% = 9,567				
20×3.12.31	(차) 감가상각비	87,060	(대) 감가상각누계액	87,060	
	(차) 이자비용	(*)10,711	(대) 복구충당부채	10,711	⇨ 100,000
	(*) 100,000 - 89,289(= 79,722 + 9,567) = 10,711 (현가계수 적용 단수차이)				
	(차) 복구충당부채	100,000	(대) 현금	90,000	
			복구공사이익	10,000	⇨ 0
	(차) 현금	55,000	(대) 구축물	311,180	
	감가상각누계액	261,180	유형자산처분이익	5,000	

05

(1) 20×1년 1월 1일, (주)한국은 내용연수 4년, 잔존가치 ₩10,000의 기계장치를 ₩90,000에 취득하였다. (주)한국의 보고기간 말은 매년 12월 31일이며, 연수합계법으로 감가상각한다. (주)한국은 동 기계장치를 취득하면서 정부로부터 ₩50,000을 보조받아 기계장치 취득에 전액 사용하였으며, 이에 대한 상환의무는 없다.

(2) (주)한국은 20×3년 7월 1일 동 기계장치를 ₩20,000에 처분하였다. (주)한국은 정부보조금을 원가차감법으로 표시한다.

다음 물음에 답하시오.

[물음 1] 20×1년 말 (주)한국이 재무상태표에 보고할 기계장치의 장부금액은 얼마인가?

[물음 2] (주)한국이 20×2년 포괄손익계산서에 인식할 감가상각비는 얼마인가?

[물음 3] 20×3년 기계장치의 처분에 따른 유형자산처분손익은 얼마인가?

[물음 4] 동 기계장치와 관련하여 20×3년의 당기손익에 미치는 효과는 얼마인가?

[물음 5] (주)한국이 20×1년 초, 20×1년 말 그리고 20×3년 7월 1일(기계장치 처분 시)에 해야 할 회계처리를 각각 제시하시오.

[물음 6] 만일 (주)한국이 정부보조금을 이연수익법으로 표시한다고 가정할 경우, 상기 [물음 1]에서 [물음 5]까지의 물음에 답하시오.

해답 **[물음 1]**

1. 기계장치 장부금액의 변동

	20×1.1	20×1년	20×1년 말	20×2년	20×3년	20×3.7.1
기계장치	90,000		90,000			90,000
감가상각누계액	–	(*1)(32,000)	(32,000)	(*3)(24,000)	(*5)(8,000)	(64,000)
정부보조금	(50,000)	(*2)20,000	(30,000)	(*4)15,000	(*6)5,000	(10,000)
	40,000	(12,000)	28,000	(9,000)	(3,000)	16,000

(*1) 80,000 × 4/10 = 32,000

(*2) 32,000 × 62.5%(= 50,000 ÷ 80,000) = 20,000

(*3) 80,000 × 3/10 = 24,000

(*4) 24,000 × 62.5% = 15,000

(*5) 80,000 × 2/10×6/12 = 8,000

(*6) 8,000 × 62.5% = 5,000

2. 20×1년 말 기계장치 장부금액

① 90,000(취득원가) - 32,000(감가상각누계액) - 30,000(정부보조금) = 28,000

② **별해** 20×1년 말 기계장치 장부금액

20×1년 초 장부금액	90,000 - 50,000 =	40,000
20×1년 감가상각비	(40,000 - 10,000) × 4/10 =	(12,000)
20×1년 말 장부금액		28,000

[물음 2]

1. 20×2년 감가상각비: 24,000(감가상각비) - 15,000(정부보조금 상각액) = 9,000

2. **별해** 20×2년 감가상각비: 30,000(= 40,000 - 10,000) × 3/10 = 9,000

[물음 3]

1. 20×3.7.1 기계장치 장부금액

① 90,000(취득원가) - 64,000(감가상각누계액) - 10,000(정부보조금) = 16,000

② **별해** 20×3.7.1 기계장치 장부금액

20×1년 초 장부금액	90,000 - 50,000 =	40,000
20×3.7.1 감가상각누계액	30,000 × (4/10 + 3/10 + 2/10 × 6/12) =	(24,000)
20×3.7.1 장부금액		16,000

2. 기계장치처분이익(손실): 20,000 - 16,000 = 4,000 처분이익

[물음 4]

20×3년 감가상각비	8,000 - 5,000 =	(3,000)
기계장치처분이익		4,000
20×3년 당기손익 효과		1,000

[물음 5]

20×1.1.1	(차) 기계장치	90,000	(대) 현금	90,000
	(차) 현금	50,000	(대) 정부보조금	50,000
20×1.12.31	(차) 감가상각비	32,000	(대) 감가상각누계액	32,000
	(차) 정부보조금	20,000	(대) 감가상각비	20,000
20×3.7.1	(차) 감가상각비	8,000	(대) 감가상각누계액	8,000
	(차) 정부보조금	5,000	(대) 감가상각비	5,000
	(차) 현금	20,000	(대) 기계장치	90,000
	감가상각누계액	64,000	기계장치처분이익	4,000
	정부보조금	10,000		

[물음 6]

1. 20×1년 말 기계장치 장부금액: 90,000(취득원가) - 32,000(감가상각누계액) = 58,000

2. 20×2년 감가상각비: 24,000

3. 기계장치처분이익(손실)

기계장치 처분금액		20,000
기계장치 장부금액	90,000 - 64,000 =	(26,000)
기계장치처분이익(손실)		(6,000) 처분손실

4. 20×3년 당기손익 효과

20×3년 감가상각비		(8,000)
기계장치처분손실		(6,000)
정부보조금수익	5,000 + 10,000 =	15,000
20×3년 당기손익 효과		1,000

※ 당기손익에 미치는 순효과는 정부보조금의 표시방법에 관계없이 동일하다.

5. 일자별 회계처리

20×1.1.1	(차) 기계장치	90,000	(대) 현금	90,000
	(차) 현금	50,000	(대) 이연보조금수익	50,000
20×1.12.31	(차) 감가상각비	32,000	(대) 감가상각누계액	32,000
	(차) 이연보조금수익	20,000	(대) 보조금수익	20,000
20×3.7.1	(차) 감가상각비	8,000	(대) 감가상각누계액	8,000
	(차) 이연보조금수익	5,000	(대) 보조금수익	5,000
	(차) 현금	20,000	(대) 기계장치	90,000
	감가상각누계액	64,000		
	기계장치처분손실	6,000		
	(차) 이연보조금수익	10,000	(대) 보조금수익	10,000

06

(1) 20×1년 7월 1일 (주)한국은 내용연수 4년, 잔존가치 ₩20,000의 기계장치를 ₩100,000에 취득하였다. (주)한국의 보고기간 말은 매년 12월 31일이며, 이중체감법으로 감가상각한다.

(2) (주)한국은 동 기계장치를 취득하면서 정부로부터 ₩60,000을 보조받아 기계장치 취득에 전액 사용하였다. 20×3년 초 (주)한국은 정부에서 요구한 기준을 충족할 수 없어 수취한 정부보조금 ₩60,000을 모두 상환하였다. 20×3년 7월 1일 (주)한국은 동 기계장치를 ₩30,000에 처분하였다. (주)한국은 정부보조금을 원가차감법으로 표시한다.

[물음 1] (주)한국이 20×1년 포괄손익계산서에 인식할 감가상각비를 계산하시오.

[물음 2] 20×2년 말 (주)한국이 재무상태표에 보고할 정부보조금과 기계장치의 장부금액을 각각 계산하시오.

[물음 3] (주)한국이 20×3년 포괄손익계산서에 인식할 감가상각비를 계산하시오.

[물음 4] 20×3년 기계장치의 처분에 따른 유형자산처분손익을 계산하시오. 단, 유형자산처분손실인 경우에는 금액 앞에 (-)를 표시하시오.

해답 **[물음 1]**

1. 기계장치 장부금액의 변동

   (1) 정부보조금 수령비율: 60,000 ÷ (100,000 - 20,000) = 75%

   (2) 기계장치 장부금액의 변동

	20×1.7.1	20×1년	20×2년	20×3년	20×3.7.1
기계장치	100,000				100,000
감가상각누계액	-	(*1)(25,000)	(*3)(37,500)	(*5)(9,375)	(71,875)
정부보조금	(60,000)	(*2)18,750	(*4)28,125	-	-
장부금액	40,000	(6,250)	(9,375)	(9,375)	28,125

   (*1) 100,000 × 2/4 × 6/12 = 25,000

   (*2) 25,000 × 75% = 18,750

   (*3) (100,000 - 25,000) × 2/4 = 37,500

   (*4) 37,500 × 75% = 28,125

   (*5) (100,000 - 62,500) × 2/4 × 6/12 = 9,375

2. 20×1년 감가상각비: 6,250

[물음 2]

1. 20×2년 말 정부보조금 잔액: 60,000 - 18,750 - 28,125 = 13,125

2. 20×2년 말 기계장치 장부금액

기계장치 취득원가	100,000
감가상각누계액	(62,500)
정부보조금	(13,125)
기계장치 장부금액	24,375

[물음 3]

기계장치 감가상각비		9,375
보조금상환손실	60,000 - 13,125 =	46,875
20×3년 감가상각비		56,250

[물음 4]

1. 20×3년 유형자산처분이익(손실): 30,000 - 28,125 = 1,875 처분이익

2. 참고 일자별 회계처리:

20×1.7.1	(차) 기계장치	100,000	(대) 현금	100,000
	(차) 현금	60,000	(대) 정부보조금	60,000
20×1.12.31	(차) 감가상각비	25,000	(대) 감가상각누계액	25,000
	(차) 정부보조금	18,750	(대) 감가상각비	18,750
20×2.12.31	(차) 감가상각비	37,500	(대) 감가상각누계액	37,500
	(차) 정부보조금	28,125	(대) 감가상각비	28,125
20×3.1.1	(차) 정부보조금	13,125	(대) 현금	60,000
	감가상각비	46,875		
20×3.7.1	(차) 현금	30,000	(대) 기계장치	100,000
	감가상각누계액	71,875	기계장치처분이익	1,875

07

> (1) (주)한국은 기계장치 취득목적으로 ₩500,000(자산취득금액의 100%)을 3년 후에 상환하는 조건으로 정부로부터 20×1년 초에 수령하였고, 동 금액을 수령한 직후에 기계장치를 취득하였다. 동 기계장치(내용연수 5년, 잔존가치 ₩50,000)는 정액법으로 감가상각한다.
> (2) 정부로부터 수령한 차입금은 매년 말 액면이자율 연 2%를 지급하는 조건이다. 20×1년 초 시장이자율은 10%이며, (주)한국은 정부보조금을 원가차감법으로 표시한다. 할인율 10%의 3기간 단일금액 현가계수는 0.7513이고, 3기간 정상연금 현가계수는 2.4868이다.

다음 물음에 답하시오.

[물음 1] (주)한국이 20×1년 말 재무상태표에 보고할 기계장치의 장부금액은 얼마인가?

[물음 2] 동 기계장치와 관련하여 (주)한국의 20×1년 당기손익에 미치는 영향은 얼마인가? 단, 감소의 경우에는 금액 앞에 (-)를 표시하시오.

[물음 3] 기계장치와 관련하여 (주)한국이 20×1년에 해야 할 회계처리를 제시하시오.

해답 **[물음 1]**

1. 20×1년 말 기계장치 장부금액

(1) 20×1.1.1 정부보조금

정부차입금 수령액	500,000
정부차입금의 공정가치 500,000 × 0.7513 + 10,000 × 2.4868 =	(400,518)
정부보조금	99,482

(2) 20×1년 말 기계장치 장부금액

① 기계장치 장부금액 변동

	20×1.1	20×1년	20×1년 말
기계장치	500,000		500,000
감가상각누계액	–	(*1)(90,000)	(90,000)
정부보조금	(99,482)	(*2)19,896	(79,586)
장부금액	400,518	(70,104)	330,414

(*1) (500,000 - 50,000) ÷ 5년 = 90,000

(*2) 90,000 × 99,482 ÷ 450,000 = 19,896

② **별해** 20×1년 말 기계장치 장부금액

20×1년 초 장부금액	500,000 - 99,482 =	400,518
20×1년 감가상각비	(400,518 - 50,000) ÷ 5년 =	(70,104)
20×1년 말 장부금액		330,414

[물음 2]

감가상각비		(-)70,104
정부차입금 이자비용	400,518 × 10% =	(-)40,052
당기손익 효과		(-)110,156

[물음 3] 기계장치 관련 20×1년 회계처리

20×1.1.1	(차) 현금	500,000	(대) 차입금	500,000	
	현재가치할인차금	99,482	정부보조금	99,482 ⇨	400,518
	(차) 기계장치	500,000	(대) 현금	500,000	
20×1.12.31	(차) 감가상각비	90,000	(대) 감가상각누계액	90,000	
	(차) 정부보조금	19,896	(대) 감가상각비	19,896	
	(차) 이자비용	40,052	(대) 현금	10,000	
			현재가치할인차금	30,052 ⇨	430,570

08

(1) 20×1년 1월 1일 (주)한국은 ₩500,000의 정부보조금을 수취하여 영업용으로 차량운반구 A를 ₩1,000,000에 취득하였다. 차량운반구 A의 내용연수는 5년, 잔존가치는 없으며 정액법으로 감가상각한다. 정부보조금은 차량운반구 A의 원가에서 차감하는 형식으로 표시하며, 정액법으로 내용연수에 걸쳐 상각한다. (주)한국은 20×2년 1월 1일에 정부가 요구한 기준을 충족할 수 없어 수취한 정부보조금 ₩500,000을 모두 상환하였다.

(2) (주)한국은 정부보조금 상환 후, 차량운반구 A를 20×2년 1월 1일에 (주)대한의 차량운반구 B(취득원가 ₩2,000,000, 감가상각누계액 ₩1,000,000)와 교환하여 영업용으로 사용하기 시작하였다. 교환시점의 차량운반구 A의 공정가치는 ₩1,000,000이고 차량운반구 B의 공정가치는 ₩900,000이다. 동 교환거래는 상업적 실질이 있으며, 차량운반구 A의 공정가치가 더 명백하다. (주)한국은 공정가치 차이 ₩100,000을 현금으로 수취하였다. (주)한국은 차량운반구 B에 대해 정액법으로 감가상각하고 잔존가치 ₩0, 잔존내용연수 4년을 적용한다.

[물음 1] ① (주)한국이 20×1년에 당기비용으로 인식할 금액과 ② 20×1년 말 (주)한국의 차량운반구 A의 장부금액은 각각 얼마인가? 또한 ③ 20×2년 1월 1일 (주)한국이 정부보조금을 모두 상환했을 때, 차량운반구 A의 장부금액은 얼마인가?

[물음 2] 20×2년 1월 1일 차량운반구 교환 시 ① (주)한국이 인식할 차량운반구 B의 취득원가와 ② (주)한국이 인식할 처분이익은 각각 얼마인가? 단, 손실의 경우에는 금액 앞에 '(-)'를 표시하고, 해당 금액이 없는 경우에는 '0'으로 표시하시오.

해답 **[물음 1]**

1. 차량운반구 A 장부금액의 변동

	20×1.1.1	20×1년	20×1년 말
차량운반구 A	1,000,000		1,000,000
감가상각누계액	–	(*1)(200,000)	(200,000)
정부보조금	(500,000)	(*2)100,000	(400,000)
	500,000	(100,000)	400,000

(*1) 1,000,000 ÷ 5년 = 200,000

(*2) 200,000 × 50%(= 500,000 ÷ 1,000,000) = 100,000

2. 답안의 작성

① 20×1년 당기비용: **100,000**(감가상각비)

② 20×1년 말 차량운반구 A 장부금액: **400,000**

③ 20×2.1.1 정부보조금 상환 후 차량운반구 A 장부금액

400,000(정부보조금 상환 전) + 400,000(정부보조금 상환액) = **800,000**

3. 참고 회계처리

20×1.1.1	(차) 차량운반구 A	1,000,000	(대) 현금	1,000,000
	(차) 현금	500,000	(대) 정부보조금	500,000
20×1.12.31	(차) 감가상각비	200,000	(대) 감가상각누계액	200,000
	(차) 정부보조금	100,000	(대) 감가상각비	100,000
20×2.1.1	(차) 정부보조금	400,000	(대) 현금	500,000
	감가상각비	100,000		

[물음 2]

1. 답안의 작성

① 차량운반구 B 취득원가: 제공자산(차량운반구 A)의 공정가치 – 현금수령액

= 1,000,000 – 100,000 = **900,000**

② 차량운반구 A 처분이익: 제공자산(차량운반구 A)의 공정가치 – 제공자산의 장부금액

= 1,000,000 – 800,000 = **200,000** 처분이익

2. 참고 차량운반구 교환 시 회계처리

20×2.1.1	(차) 감가상각누계액	200,000 ①	(대) 차량운반구 A	1,000,000 ①
	현금	100,000 ③	유형자산처분이익	200,000 ②
	차량운반구 B	900,000 ④		

유형자산(I): 최초인식

제5장

해커스 IFRS 김승철 중급회계 상

해커스 IFRS 김승철 중급회계 상

회계사 · 세무사 · 경영지도사 단번에 합격! 해커스 경영아카데미
cpa.Hackers.com

제6장

유형자산(Ⅱ): 후속측정

제1절 | 후속측정 개요

[그림 6-1] 유형자산의 후속측정

후속측정 ┬ **원가모형:** 취득원가 평가 + 감가상각 ○ + 손상 ○
         └ **재평가모형:** 공정가치 평가 + 감가상각 ○ + 손상 ○

① 제5장 '유형자산(Ⅰ): 최초인식'에서는 유형자산의 최초인식 시 인식기준(시점)과 최초원가(금액)의 결정에 대하여 살펴보았다. 본 장에서는 유형자산의 취득 이후의 회계처리(후속측정)에 대하여 살펴보기로 한다.

② 유형자산은 취득 이후의 회계정책으로 원가로 평가하는 원가모형이나 공정가치로 평가하는 재평가모형 중 하나를 선택할 수 있다. 원가모형을 선택한 경우 유형자산은 원가에서 감가상각누계액과 손상차손누계액을 차감한 금액으로 측정하며, 재평가모형을 선택한 경우에는 공정가치에서 감가상각누계액과 손상차손누계액을 차감한 금액으로 측정한다.

③ 본 장에서는 유형자산에 대하여 원가모형을 적용하는 경우의 후속측정 회계처리를 먼저 살펴본 후, 재평가모형의 회계처리에 대하여 살펴보기로 한다.

제2절 | 감가상각

01 의의

① 감가상각은 유형자산의 원가에서 내용연수 종료시점의 잔존가치를 차감한 금액을 그 자산의 내용연수 동안 체계적으로 배분하는 것을 말한다. 유의할 점은 감가상각은 자산의 평가과정이 아니라, 자산을 사용하기 위해 투자한 금액(= 원가 − 잔존가치)을 그 자산을 사용하면서 수익이 창출되는 기간(내용연수) 동안 체계적으로 배분하여 비용(감가상각비)으로 인식하는 원가의 배분과정이라는 것이다.

② 유형자산을 구성하는 일부의 원가가 당해 유형자산의 전체원가에 비교하여 유의적이라면, 해당 유형자산을 감가상각할 때 그 부분은 별도로 구분하여 감가상각한다. 항공기 동체와 엔진을 분리하여 감가상각하는 것이 그 예 중 하나이다. 다만, 유형자산의 전체원가에 비교하여 해당 원가가 유의적이지 않은 부분도 별도로 분리하여 감가상각할 수 있다.

> ⊘ 참고 **토지의 감가상각**
>
> ① 채석장이나 매립지 등을 제외하고는 토지는 내용연수가 무한하므로 감가상각하지 아니한다. 그러나 토지의 원가에 해체, 제거 및 복구원가가 포함된 경우에는 그러한 원가를 관련 경제적효익이 유입되는 기간에 감가상각한다.
> ② 경우에 따라서는 토지의 내용연수가 한정될 수 있는데, 이 경우에는 관련 경제적효익이 유입되는 형태를 반영하는 방법으로 토지를 감가상각한다.

02 감가상각의 요소

감가상각은 원가배분의 과정이므로, 특정 회계연도의 감가상각비를 계산하기 위해서는 다음의 3가지 기본요소가 결정되어야 한다.

---
① **감가상각대상금액**(= 취득원가 - 잔존가치): 비용으로 배분할 총금액은 얼마인가?
② **내용연수**: 총금액을 얼마의 기간에 걸쳐 배분할 것인가?
③ **감가상각방법**: 매 회계연도에 비용으로 배분할 금액은 어떻게 결정할 것인가?

---

(1) 감가상각대상금액

① 감가상각대상금액은 미래의 기간에 비용(감가상각비)으로 배분해야 할 총금액으로, 유형자산의 원가에서 잔존가치를 차감한 금액이다.

> **감가상각대상금액 = 유형자산의 원가 - 잔존가치**

② 이때 잔존가치란 유형자산의 내용연수 종료시점에 자산을 처분하였을 경우 수취할 대가에서 처분부대원가를 차감한 금액의 추정치를 말한다. 잔존가치를 얼마로 추정하는가에 따라 미래에 배분될 총비용이 달라질 수 있다. 따라서 유형자산의 잔존가치는 적어도 매 회계연도 말에 재검토하고, 재검토 결과 추정치가 종전 추정치와 다르다면 그 차이는 회계추정의 변경(전진법)으로 회계처리한다.

③ 한편, 유형자산의 공정가치가 장부금액을 초과하더라도, 잔존가치가 장부금액을 초과하지 않는 한 감가상각액을 계속 인식한다. 그러나 유형자산의 '잔존가치'가 해당 자산의 장부금액 이상으로 증가하는 경우에는 (자산의 잔존가치가 다시 장부금액보다 작은 금액으로 감소될 때까지는) 유형자산의 감가상각액은 영(0)이 된다.

(2) 감가상각기간(내용연수)

감가상각대상금액이 정해졌으면, 이를 얼마의 기간 동안 비용(감가상각비)으로 배분할 것인지를 결정해야 한다. 감가상각은 내용연수 동안 이루어져야 하는데, 내용연수(useful life)는 기업에서 자산이 사용가능할 것으로 기대되는 기간을 말한다. 다만, 이때 내용연수는 해당 자산이 물리적으로 사용가능한 기간이 아니라, 기업이 사용할 수 있을 것으로 예상하는 기간을 말한다.

승철쌤's comment 감가상각 내용연수

예를 들어, 기업이 기계장치를 물리적으로는 최대 10년 동안 사용할 수 있지만, 5년 동안만 사용하고 처분할 예정이라면 기계장치의 감가상각 내용연수는 5년이 된다. 왜냐하면 기업 입장에서는 기업이 기계장치를 실제로 사용하는 기간 동안만 해당 기계장치로부터 수익이 창출될 것이기 때문이다.

내용연수를 몇 년으로 추정하는가에 따라 매년 비용으로 배분되는 금액이 달라지게 된다. 따라서 유형자산의 내용연수도 적어도 매 회계연도 말에 재검토하고, 재검토 결과 추정치가 종전 추정치와 다르다면 그 차이는 회계추정의 변경(전진법)으로 회계처리한다.

(3) 감가상각방법

① 감가상각대상금액과 내용연수가 결정되면, 매 회계연도에 비용(감가상각비)으로 인식할 금액을 계산해야 한다. 이론적으로는 각 회계연도별로 수익창출과정에 소요된 유형자산의 미래경제적효익의 감소분만큼을 감가상각비로 인식하는 것이 타당하겠지만, 동 금액을 객관적으로 측정하는 것은 실무적으로 거의 불가능하다.

② 따라서 국제회계기준에서는 인위적이기는 하지만 합리적이고 체계적인 방법(감가상각방법)을 적용하여 감가상각대상금액을 내용연수 동안 배분하도록 하고 있으며, 이러한 감가상각방법으로 다음과 같은 방법들을 예시하고 있다.

> ㉠ 정액법
> ㉡ **체감잔액법**: 정률법, 이중체감법, 연수합계법
> ㉢ 생산량비례법

③ 유형자산의 감가상각방법은 해당 자산에 내재되어 있는 미래경제적효익의 예상 소비형태를 가장 잘 반영하는 방법에 따라 선택하고, 예상 소비형태가 변하지 않는 한 매 회계기간에 일관성 있게 적용해야 한다.

⊘참고   창출되는 수익에 기초한 감가상각방법

> ㉠ 자산의 사용을 포함하는 활동에서 창출되는 수익(예 판매수량, 매출액 등)에 기초한 감가상각방법은 적절하지 않다. 왜냐하면 그러한 활동으로 창출되는 수익은 일반적으로 자산의 경제적효익의 소비 외의 요소를 반영하기 때문이다.
> ㉡ 예를 들어, 수익은 그 밖의 투입요소와 과정, 판매활동과 판매수량 및 가격변동에 영향을 받는다. 수익의 가격요소는 자산이 소비되는 방식과 관계가 없는 인플레이션에 영향을 받을 수 있다.

④ 유형자산의 감가상각방법도 적어도 매 회계연도 말에 재검토한다. 재검토 결과 자산에 내재된 미래경제적효익의 예상되는 소비형태에 유의적인 변동이 있다면, 변동된 소비형태를 반영하기 위하여 감가상각방법을 변경한다. 그러한 변경은 회계추정의 변경으로 회계처리한다.

승철쌤's comment   회계변경과 감가상각방법의 변경

> ① 회계변경 회계처리
>   ㉠ **회계정책의 변경**: 회계정책 변경의 효과를 과거기간으로 소급 적용(소급법)
>   ㉡ **회계추정의 변경**: 추정치 변경의 효과를 당기 이후의 기간에 반영(전진법)
>   ※ 구체적인 내용은 제22장 '회계변경과 오류수정' 참고
> ② 감가상각방법이 변경되었다는 것은 자산의 미래경제적효익의 예상 소비형태에 대한 추정이 변경되었다는 것이다. 따라서 감가상각방법의 변경도 (회계정책의 변경이 아니라) 회계추정의 변경으로 보아 전진법으로 회계처리함에 유의한다.

03 감가상각의 개시와 중지

(1) 감가상각의 개시

유형자산의 감가상각은 자산이 사용'가능'한 때부터 시작한다. 즉, 경영진이 의도하는 방식으로 자산을 가동하는 데 필요한 장소와 상태에 이른 때부터 시작한다.

> **승철쌤's comment 감가상각의 개시**
>
> 유형자산을 (실제로 사용하는 시점이 아니라) 사용가능한 시점이 되면 감가상각을 개시한다.

(2) 감가상각의 중지

① 감가상각은 자산이 매각예정자산으로 분류되는 날과 자산이 제거되는 날 중 이른 날에 중지한다. 따라서 유형자산이 운휴 중이거나 적극적인 사용상태가 아니어도, 감가상각이 완전히 이루어지기 전까지는 감가상각을 중단하지 않는다.

② 그러나 유형자산의 사용정도에 따라 감가상각을 하는 경우(예 생산량비례법)에는 생산활동이 이루어지지 않을 때 감가상각비를 인식하지 않을 수 있다.

(3) 감가상각비의 인식

각 기간의 감가상각비는 일반적으로 당기비용으로 인식한다. 그러나 유형자산에 내재된 미래경제적 효익이 다른 자산을 생산하는 데 사용되는 경우도 있다. 이 경우 유형자산의 감가상각액은 해당 자산의 원가의 일부가 된다. 예를 들면 다음과 같다.

---

① 관리목적으로 사용하는 본사건물 감가상각비: 당기비용(판매비와관리비)으로 인식
② 제조설비(예 공장건물, 기계장치 등) 감가상각비: 재고자산의 가공원가로서 제조원가를 구성하므로 재고자산(재공품)으로 인식
③ 개발활동에 사용되는 유형자산 감가상각비: 해당 무형자산(개발비)의 취득원가에 포함하여 인식

---

04 감가상각방법별 감가상각비의 계산

[그림 6-2] 감가상각방법별 감가상각비, 장부금액

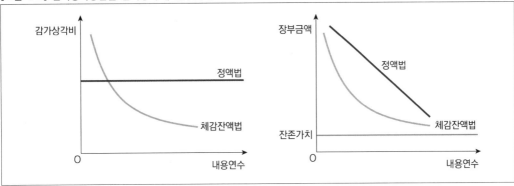

1. 정액법

정액법은 잔존가치가 변동하지 않는다고 가정할 때 자산의 내용연수 동안 매 기간 일정액의 감가상 각비를 인식하는 방법으로, 자산의 미래경제적효익이 시간의 경과에 따라 일정하게 감소된다고 가정한다. 정액법에 따른 매년 감가상각비 계산식은 다음과 같다.

> **매년 감가상각비 = (취득원가 − 잔존가치) × [*]상각률**
>
> [*] 상각률 = $\dfrac{1}{\text{추정내용연수}}$

2. 체감잔액법

① 체감잔액법은 자산의 내용연수 동안 감가상각비가 매 기간 감소하는 방법이다. 체감잔액법은 내용 연수 초반에 감가상각비를 많이 인식하고 내용연수 후반에 감가상각비를 적게 인식하기 때문에 가 속상각법이라고도 한다.

② 체감잔액법의 연도별 감가상각비를 정액법의 연도별 감가상각비와 비교하면 다음과 같으며, 체감 잔액법에는 정률법, 이중체감법, 연수합계법이 있다.

> **감가상각비 총금액: 정액법 = 체감잔액법**
> **내용연수 초반의 감가상각비: 정액법 < 체감잔액법**
> **내용연수 후반의 감가상각비: 정액법 > 체감잔액법**

(1) 정률법

정률법은 기초 장부금액에 일정한 상각률을 곱하여 감가상각비를 계산한다. 정률법은 내용연수 초반에 가동률이 높은 유형자산에 적용하면 수익·비용이 보다 적절하게 대응되고, 보수적인 회계처리가 가능하다는 장점이 있다. 그러나 상각률 계산이 복잡하고 잔존가치가 없는 경우에는 적용할 수 없는 문제점이 있다.

$$\text{매년 감가상각비} = \text{기초 장부금액(취득원가} - \text{기초 감가상각누계액)} \times {}^{(*)}\text{상각률}$$
$${}^{(*)}\ \text{상각률} = 1 - \sqrt[n]{\frac{\text{잔존가치}}{\text{취득원가}}} \quad (n: \text{내용연수})$$

(2) 이중체감법

이중체감법은 기초 장부금액에 일정한 상각률을 곱하여 감가상각비를 계산한다는 점에서 계산구조가 정률법과 유사하다. 다만, 상각률을 복잡한 산식에 의하지 않고, 단순하게 정액법 상각률의 2배로 하는 점에서 차이가 있다.

$$\text{매년 감가상각비} = \text{기초 장부금액(취득원가} - \text{기초 감가상각누계액)} \times {}^{(*)}\text{상각률}$$
$${}^{(*)}\ \text{상각률} = \frac{2}{\text{추정내용연수}}$$

한편, 내용연수가 종료되는 연도의 감가상각비는 (기초 장부금액에 상각률을 곱하여 계산하는 것이 아니라) 기초 장부금액에서 잔존가치를 차감한 금액으로 역산하여 계산한다.

(3) 연수합계법

연수합계법은 취득원가에서 잔존가치를 차감한 감가상각대상금액에 매년 다른 상각률을 곱하여 감가상각비를 인식한다. 정률법, 이중체감법은 상각률은 일정하지만, 기초 장부금액이 매년 감소하기 때문에 감가상각비가 매년 감소하는 반면, 연수합계법은 상각대상금액은 일정하지만, 상각률이 매년 감소하기 때문에 감가상각비가 매년 감소하는 점에서 차이가 있다.

$$\text{매년 감가상각비} = \text{(취득원가} - \text{잔존가치)} \times {}^{(*)}\text{상각률}$$
$${}^{(*)}\ \text{상각률} = \frac{\text{내용연수의 역순}}{\text{내용연수의 합계}}$$

승철쌤's comment   정률법과 이중체감법 감가상각 특징

① **감가상각비 감소 이유**: 상각률은 매기 일정하지만, 기초 장부금액이 매년 감소하기 때문임
② **감가상각비**: 매년 상각률만큼 감소함 ⇨ 차기 감가상각비 = 당기 감가상각비 × (1 - 상각률)

3. 생산량비례법

생산량비례법은 유형자산의 미래경제적효익이 생산량에 비례하여 감소한다고 가정하여, 유형자산의 예상조업도 또는 예상생산량에 근거하여 감가상각비를 인식하는 방법이다. 석탄 등 광물을 생산·판매하는 기업은 보유하는 유형자산들을 광물의 매장량이 고갈되는 시점까지만 사용하기 때문에, 생산량비례법으로 감가상각하는 것이 합리적이다.

> 매년 감가상각비 = (취득원가 − 잔존가치) × (*)상각률
>
> (*) 상각률 = $\dfrac{\text{매년 실제생산량}}{\text{총추정생산량}}$

필수암기! 감가상각방법별 감가상각비 계산공식

감가상각방법	계산공식	상각률
정액법	감가상각대상금액(*) × 상각률 (*) 취득원가 − 잔존가치	1 ÷ 추정내용연수
연수합계법		내용연수의 역순 ÷ 내용연수의 합계
생산량비례법		매년 실제생산량 ÷ 총추정생산량
정률법	기초 장부금액(*) × 상각률 (*) 취득원가 − 기초 감가상각누계액	문제에서 제시
이중체감법		2 ÷ 추정내용연수

4. 감가상각비 인식 회계처리

감가상각비는 (유형자산이 다른 자산의 제조나 건설 등에 사용된 경우를 제외하고는) 당기비용으로 인식하고, 감가상각누계액이라는 유형자산의 차감계정을 사용하여 유형자산 장부금액의 감소를 표시한다.

> (차) 감가상각비(자본 ↓: 비용)　　　×××　　(대) 감가상각누계액(자산 ↓)　　　×××

감가상각누계액은 매년 감가상각비만큼 누적되어 재무상태표에 표시된다. 이에 따라 특정 회계연도 말 재무상태표상 유형자산의 (순)장부금액은 최초 취득원가에서 당기 말까지 감가상각비의 합계액인 감가상각누계액을 차감한 금액이 된다.

(주)한국은 20×1년 1월 1일 내용연수 4년, 잔존가치 ₩100,000의 기계장치를 ₩1,000,000에 취득하였다.

[요구사항]

다음의 각 방법에 따라 기계장치의 연도별 감가상각비와 장부금액을 각각 계산하시오.
1. 정액법
2. 정률법(상각률 40% 가정)
3. 이중체감법
4. 연수합계법
5. 생산량비례법(단, 내용연수 동안 총추정생산량은 100개이며, 연도별 실제생산량은 20×1년과 20×2년은 매년 30개, 20×3년과 20×4년은 매년 20개이다)

해답   **1. 정액법**

연도	감가상각대상금액	상각률	감가상각비	감가상각누계액	장부금액
취득일					1,000,000
20×1년	900,000	1/4	225,000	225,000	775,000
20×2년	900,000	1/4	225,000	450,000	550,000
20×3년	900,000	1/4	225,000	675,000	325,000
20×4년	900,000	1/4	225,000	900,000	100,000

2. 정률법

연도	기초 장부금액	상각률	감가상각비	감가상각누계액	장부금액
취득일					1,000,000
20×1년	1,000,000	40%	400,000	400,000	600,000
20×2년	600,000	40%	[*1]240,000	640,000	360,000
20×3년	360,000	40%	[*2]144,000	784,000	216,000
20×4년	216,000	40%	[*3]116,000	900,000	100,000

[*1] 별해 400,000 × (1 − 40%) = 240,000
[*2] 별해 240,000 × (1 − 40%) = 144,000
[*3] 기초 미상각 장부금액 − 잔존가치 = 216,000 − 100,000 = 116,000

3. 이중체감법

연도	기초 장부금액	상각률	감가상각비	감가상각누계액	장부금액
취득일					1,000,000
20×1년	1,000,000	2/4(50%)	500,000	500,000	500,000
20×2년	500,000	2/4(50%)	[*1]250,000	750,000	250,000
20×3년	250,000	2/4(50%)	[*2]125,000	875,000	125,000
20×4년	125,000	2/4(50%)	[*3]25,000	900,000	100,000

[*1] 별해 500,000 × (1 − 50%) = 250,000
[*2] 별해 250,000 × (1 − 50%) = 125,000
[*3] 기초 미상각 장부금액 − 잔존가치 = 125,000 − 100,000 = 25,000

4. 연수합계법

연도	감가상각대상금액	상각률	감가상각비	감가상각누계액	장부금액
취득일					1,000,000
20×1년	900,000	4/10	360,000	360,000	640,000
20×2년	900,000	3/10	270,000	630,000	370,000
20×3년	900,000	2/10	180,000	810,000	190,000
20×4년	900,000	1/10	90,000	900,000	100,000

5. 생산량비례법

연도	감가상각대상금액	상각률	감가상각비	감가상각누계액	장부금액
취득일					1,000,000
20×1년	900,000	30/100	270,000	270,000	730,000
20×2년	900,000	30/100	270,000	540,000	460,000
20×3년	900,000	20/100	180,000	720,000	280,000
20×4년	900,000	20/100	180,000	900,000	100,000

05 기중에 취득하는 유형자산의 감가상각

감가상각은 유형자산의 원가를 내용연수 동안 체계적으로 배분하여 비용으로 인식하는 원가의 배분과정이다. 따라서 유형자산을 회계기간 중에 취득하는 경우에는 취득연도의 감가상각비는 취득일로부터 회계기간 말까지 해당하는 금액만을 인식해야 한다. 이 경우 특별한 언급이 없는 한 월 단위로 안분하여 계산(월할상각)한다.

(1) 정액법

정액법의 경우에는 감가상각대상금액에 해당 회계기간의 사용월수를 곱하여 배분하여 계산하면 된다.

(2) 연수합계법

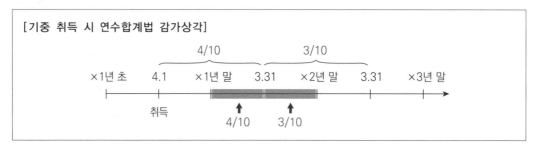

① 연수합계법의 경우 취득연도의 감가상각비는 연 단위 감가상각비에 사용월수를 곱하여 계산한다. 다만, 연수합계법의 경우에는 상각률이 기간별로 감소하므로 유형자산을 기중에 취득하는 경우에는 상각률이 감소하는 기간과 회계기간이 일치하지 않는다.

② 따라서 2차 연도 이후의 감가상각비는 상각률이 감소하는 기간별로 감가상각비를 먼저 계산한 후에 이를 각 회계기간에 배분해야 감가상각대상금액이 내용연수 동안 정확하게 배분될 것이다.

(3) 정률법, 이중체감법

정률법과 이중체감법의 경우에는 매 기간별로 적용되는 상각률이 동일하다. 따라서 취득연도의 감가상각비는 연 단위 감가상각비에 사용월수를 곱하여 계산하고, 이후 연도의 감가상각비는 기초 장부금액에 상각률을 곱하여 계산하면 된다.

예제 2   기중 취득자산의 감가상각

20×1년 4월 1일, (주)한국은 내용연수 5년, 잔존가치 ₩100,000의 기계장치를 ₩1,000,000에 취득하였다.

[요구사항]

다음의 각 방법에 따라 20×1년과 20×2년의 감가상각비를 계산하시오. 단, 감가상각비는 월할계산한다.
1. 정액법
2. 정률법(상각률 37%)
3. 이중체감법
4. 연수합계법
5. 생산량비례법(총추정생산량 300개, 20×1년 실제생산량 45개, 20×2년 실제생산량 60개)

해답   1. 정액법
    20×1년: (1,000,000 - 100,000) × 1/5 × 9/12 = 135,000
    20×2년: (1,000,000 - 100,000) × 1/5 = 180,000

    2. 정률법
    20×1년: (1,000,000 - 0) × 37% × 9/12 = 277,500
    20×2년: (1,000,000 - 277,500) × 37% = 267,325

    3. 이중체감법
    20×1년: (1,000,000 - 0) × 2/5 × 9/12 = 300,000
    20×2년: (1,000,000 - 300,000) × 2/5 = 280,000

    4. 연수합계법
    20×1년: (1,000,000 - 100,000) × 5/15 × 9/12 = 225,000
    20×2년: (1,000,000 - 100,000) × 5/15 × 3/12 + (1,000,000 - 100,000) × 4/15 × 9/12 = 255,000

    5. 생산량비례법
    20×1년: (1,000,000 - 100,000) × 45개/300개 = 135,000
    20×2년: (1,000,000 - 100,000) × 60개/300개 = 180,000
    ※ 생산량비례법은 생산량에 비례하여 상각하는 방법이므로 기중에 취득하는 경우에도 월할상각하지 않는다.

제3절 | 원가모형하의 손상

01 의의

① 유형자산에 대하여 원가모형을 적용하는 경우, 유형자산의 장부금액은 취득원가에서 감가상각을 통하여 점차 감소된다. 그러나 유형자산의 진부화 또는 시장가치의 급격한 하락 등으로 인하여 유형자산으로부터 유입될 것으로 예상되는 미래경제적효익(즉, 회수가능액)이 유형자산의 장부금액에 현저하게 미달할 수 있다.

② 국제회계기준에 따르면, 이렇게 유형자산의 회수가능액과 장부금액의 차이만큼 유형자산으로부터 손실이 예상되는 경우에는 그 예상손실을 손실이 예상되는 시점에 조기에 손상차손으로 인식하도록 요구하고 있다.

[그림 6-3] 원가모형하의 손상과 환입

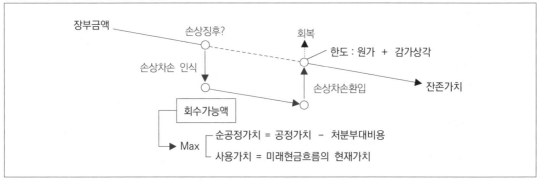

02 손상징후 검토

자산이 손상되었다는 것은 자산의 장부금액이 회수가능액을 초과하는 경우를 말한다. 기업은 매 보고기간 말마다 자산손상을 시사하는 징후가 있는지를 검토한다.

> ⊘ 참고 **자산손상의 징후**
>
> 자산손상을 시사하는 징후가 있는지를 검토할 때는 다음과 같은 외부정보와 내부정보를 모두 고려한다.
>
> [외부정보]
> • 자산의 시장가치가 유의적으로 하락한 경우
> • 기업 경영상의 환경에서 기업에 불리한 영향을 미치는 유의적 변화가 발생할 것으로 예상되는 경우
> • 시장이자율이 상승하여 자산의 사용가치를 중요하게 감소시킬 가능성이 있는 경우
> • 기업의 순자산 장부금액이 당해 시가총액보다 큰 경우
>
> [내부정보]
> • 자산이 진부화되거나 물리적으로 손상된 경우
> • 기업에 불리한 영향을 미치는 유의적 변화가 발생할 것으로 예상되는 경우
> • 자산의 경제적 성과가 기대수준에 미달하는 경우

03 손상차손 인식

손상징후 검토 결과, 만약 자산이 손상되었다는 징후가 있다면, 당해 자산의 회수가능액을 추정하여 회수가능액이 장부금액에 미달하는 경우 자산의 장부금액을 회수가능액으로 감소시키고 손상차손(당기비용)으로 인식한다.

(1) 회수가능액 추정

자산의 회수가능액은 순공정가치와 사용가치 중 '큰' 금액으로 한다.

① **순공정가치**: 시장참여자 사이의 정상거래에서 유형자산을 판매하여 수취하게 될 가격(공정가치)에서 처분부대원가를 차감한 금액을 말한다.
② **사용가치**: 자산에서 창출될 것으로 기대되는 미래현금흐름의 현재가치를 말한다. 즉, 자산의 계속적인 사용과 최종처분에서 기대되는 미래현금유입(유출)액을 적절한 할인율로 할인한 현재가치로 측정한다.

유형자산의 회수가능액 = Max[사용가치, 순공정가치]

승철쌤's comment   회수가능액의 결정

① 사용목적으로 보유하는 유형자산은 기업이 사용과 처분 중 유리한 대안을 선택할 수 있다.
② 따라서 유형자산의 손상차손을 인식할 때 회수가능액도 사용가치(사용)와 순공정가치(처분) 중 큰 금액으로 결정하는 것이다.

⊘참고   순공정가치 측정 시 차감하는 처분부대원가

① 순공정가치를 측정할 때 공정가치에서 차감하는 처분부대원가는 자산 또는 현금창출단위의 처분에 직접 기인하는 증분원가를 말한다. 처분부대원가의 예로는 법률원가, 인지세와 이와 비슷한 거래세, 자산 제거원가, 자산을 매각할 수 있는 상태로 만드는 데에 드는 직접 증분원가 등이 있다.
② 그러나 다음의 원가는 순공정가치를 측정할 때 차감하는 처분부대원가에서 제외한다.
　　㉠ 금융원가(∵ 처분무관지출)
　　㉡ 법인세비용(∵ 법인세는 법인세 관련 계정과목에서 고려)
　　㉢ 이미 부채로 인식된 처분부대원가(∵ 이중 반영)
　　㉣ 사업의 축소나 조직변경과 관련된 해고급여(∵ 처분무관지출)

(2) 손상차손 회계처리

손상시점까지 감가상각비를 먼저 인식하고 손상차손은 나중에 인식한다. 즉, 손상시점까지 감가상각비를 먼저 인식하여 감소된 장부금액과 회수가능액의 차이를 손상차손으로 인식한다. 손상차손은 당기손익에 반영하며, 손상차손누계액의 차감계정을 이용하여 자산가치의 감소를 표시한다.

(차) 유형자산손상차손(자본 ↓: 비용)　　×××　　(대) 손상차손누계액(자산 ↓)　　×××

04 손상차손 인식 이후의 감가상각

회수가능액으로 감소된 장부금액을 기준으로 하여 손상 후 남아있는 잔여 내용연수에 걸쳐 감가상각비를 인식한다.

05 손상차손환입의 인식

손상차손을 인식한 이후에 매 보고기간 말마다 과거에 인식한 손상차손이 더 이상 존재하지 않거나 감소된 것을 시사하는 징후(환입징후)가 있는지를 검토한다.

> ⊘ 참고 **손상차손의 감소 징후(환입징후)**
>
> 영업권을 제외한 자산에 대해 과거 기간에 인식한 손상차손이 더는 존재하지 않거나 감소되었을 수 있는 징후(환입징후)가 있는지를 검토할 때에는 최소한 다음 징후를 고려한다.
>
> **[외부정보]**
> • 자산의 시장가치가 회계기간 중에 유의적으로 상승한 경우
> • 기업이 영업환경에서 기업에 유리한 영향을 미치는 유의적 변화가 발생할 것으로 예상되는 경우
> • 시장이자율이 하락하여 자산의 사용가치를 중요하게 증가시킬 가능성이 있는 경우
>
> **[내부정보]**
> • 기업에 유리한 영향을 미치는 유의적 변화가 발생할 것으로 예상되는 경우
> • 자산의 경제적 성과가 기대수준을 초과하는 경우

환입징후 검토 결과 회수가능액이 회복되어 장부금액을 초과하는 경우에는 과거에 손상차손을 인식하기 전 장부금액의 감가상각 후 잔액을 한도로 하여 장부금액을 증가시키고 손상차손환입(당기이익)으로 인식한다.

(차) 손상차손누계액(자산 ↑)	×××	(대) 손상차손환입(자본 ↑: 수익)	×××

> **승철쌤's comment** **회수가능액 회복 시 한도**
>
> 원가모형을 적용하고 있으므로 회수가능액이 회복된 경우 회복시점의 원가(손상 전 장부금액)를 한도로 하여 장부금액을 증가시키는 것이다.

예제 3 유형자산의 손상과 환입

(1) (주)한국은 20×1년 1월 1일, 경제적 내용연수 10년, 잔존가치 ₩30,000의 기계장치를 ₩430,000에 취득하였다. 기계장치는 원가모형을 적용하며 정액법으로 감가상각한다.

(2) (주)한국은 20×2년 말 현재 기계장치가 손상징후를 보인 것으로 판단하고 손상차손을 인식하기로 하였다. 20×2년 말 현재 기계장치를 외부에 처분하는 경우 처분금액은 ₩170,000, 처분부대원가는 ₩20,000이 발생할 것으로 추정된다. 그리고 기계장치를 계속 사용하는 경우 20×3년 말부터 내용연수 종료시점까지 매년 말 ₩32,994의 순현금유입이 있을 것으로 예상되고, 내용연수 종료시점에 ₩30,000에 처분할 수 있을 것으로 추정된다. 현재가치 측정에 사용할 할인율은 10%이며, 10%, 8기간, 현재가치계수는 0.4660, 10%, 8기간, 연금현재가치계수는 5.3349이다.

(3) 20×4년 말 기계장치의 손상차손이 감소한 징후가 확인되었으며, 20×4년 말 현재 회복된 회수가능액은 ₩300,000으로 추정된다.

(4) 모든 계산결과는 소수점 첫째 자리에서 반올림한다.

[요구사항]

1. (주)한국이 20×2년에 인식할 손상차손과 20×4년에 인식할 손상차손환입액을 계산하시오.

2. 기계장치와 관련하여 (주)한국의 20×2년과 20×4년의 당기손익에 미치는 영향을 각각 계산하시오.

3. 20×2년 말과 20×4년 말 현재 기계장치의 장부금액을 표시하는 부분 재무상태표를 작성하시오.

4. (주)한국이 20×1년 말부터 20×4년 말까지 매 보고기간 말에 수행할 회계처리를 제시하시오.

해답 1. 손상차손과 손상차손환입액 계산

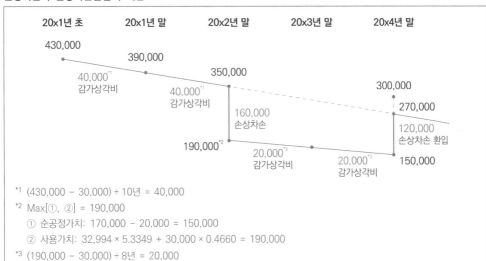

*1 (430,000 − 30,000) ÷ 10년 = 40,000
*2 Max[①, ②] = 190,000
　① 순공정가치: 170,000 − 20,000 = 150,000
　② 사용가치: 32,994 × 5.3349 + 30,000 × 0.4660 = 190,000
*3 (190,000 − 30,000) ÷ 8년 = 20,000

2. 20×2년과 20×4년 당기손익 효과

	20×2년	20×4년
감가상각비	(40,000)	(20,000)
손상차손	(160,000)	–
손상차손환입	–	120,000
	(200,000)	100,000

3. 부분 재무상태표

	20×2년 말	20×4년 말
기계장치	430,000	430,000
감가상각누계액	(80,000)	(120,000)
손상차손누계액	(160,000)	(40,000)
	190,000	270,000

4. 회계처리

20×1.12.31	(차) 감가상각비	$^{(*)}$40,000	(대) 감가상각누계액	40,000	⇨	390,000

$^{(*)}$ (430,000 − 30,000) ÷ 10년 = 40,000

20×2.12.31	(차) 감가상각비	40,000	(대) 감가상각누계액	40,000	⇨	350,000
	(차) 유형자산손상차손	$^{(*)}$160,000	(대) 손상차손누계액	160,000	⇨	190,000

$^{(*)}$ 손상차손: 350,000(감가상각 후 장부금액) − 190,000(회수가능액) = 160,000

20×3.12.31	(차) 감가상각비	$^{(*)}$20,000	(대) 감가상각누계액	20,000	⇨	170,000

$^{(*)}$ (190,000 − 30,000) ÷ 8년 = 20,000

20×4.12.31	(차) 감가상각비	20,000	(대) 감가상각누계액	20,000	⇨	150,000
	(차) 손상차손누계액	120,000	(대) 유형자산손상차손환입	$^{(*)}$120,000	⇨	270,000

$^{(*)}$ 감가상각 후 장부금액: 190,000 − 20,000 × 2년 = 150,000

환입한도(손상 전 장부금액): 430,000 − 40,000 × 4년 = 270,000

∴ 손상차손환입액: Min[300,000, 270,000] − 150,000 = 120,000

제4절 | 후속원가와 제거

01 후속원가(후속지출)

1. 개요

유형자산을 취득하여 사용하는 중에도 당해 자산과 관련하여 여러 가지 지출(예 유형자산의 증설이나 대체, 수선유지 등)이 발생할 수 있는데, 이를 후속원가라고 한다. 이러한 후속원가는 당해 유형자산의 장부금액에 가산(자본적 지출)하거나 발생연도의 비용으로 처리(수익적 지출)한다.

2. 자산인식요건을 충족하는 후속원가(자본적 지출)

(1) 정기적인 교체를 위한 지출

일부 유형자산의 경우 주요 부품이나 구성요소의 정기적 교체가 필요할 수 있다. 이렇게 유형자산의 일부를 대체할 때 발생하는 원가가 인식기준을 충족하는 경우에는 이를 해당 유형자산의 장부금액에 포함하여 인식하고 잔여 내용연수에 걸쳐 비용(감가상각비)으로 배분한다. 그리고 대체되는 부분의 장부금액은 제거한다. 이렇게 유형자산의 장부금액에 가산하는 후속원가를 자본적 지출이라고 한다.

(차) 유형자산(자산 ↑)	×××	(대) 현금(자산 ↓)	×××

승철쌤's comment   자본적 지출

① 후속지출이 인식기준을 충족한다는 것은 후속지출로 인해 미래에 추가적인 수익이 창출된다는 의미이다.
② 따라서 이러한 후속지출은 자산으로 인식했다가, 수익이 창출되는 기간(잔존 내용연수)에 걸쳐 비용(감가상각비)으로 인식해야 수익·비용이 적절하게 대응될 것이다.

(2) 정기적인 종합검사를 위한 지출

항공기와 같은 유형자산을 계속적으로 가동하기 위해서는 (당해 유형자산의 일부가 대체되는지 여부와 관계없이) 결함에 대한 정기적인 종합검사가 필요할 수 있다. 이렇게 정기적인 종합검사과정에서 발생하는 원가가 인식기준을 충족하는 경우에는 유형자산의 일부가 대체되는 것으로 보아 해당 유형자산의 장부금액에 포함하여 인식한다. 이 경우 직전에 이루어진 종합검사에서의 원가와 관련되어 남아있는 장부금액은 제거한다.

3. 자산인식요건을 충족하지 않는 후속원가(수익적 지출)

　　일상적인 수선·유지와 관련하여 발생하는 원가는 해당 유형자산의 장부금액에 포함하여 인식하지 아니한다. 이러한 원가는 발생시점에 당기손익으로 인식한다. 이렇게 발생연도의 비용으로 인식하는 후속원가를 수익적 지출이라고 한다.

(차) 수선유지비(자본 ↓: 비용)	×××	(대) 현금(자산 ↓)	×××

예제 4 후속원가

(1) (주)한국은 20×1년 1월 1일에 기계장치를 ₩100,000에 취득하였다. 동 기계장치의 내용연수는 5년이고 잔존 가치는 ₩10,000이며 정액법으로 감가상각한다.
(2) (주)한국은 20×3년 초에 기계장치의 생산능력을 증대시키는 부품을 장착하기 위해 ₩20,000을 지출하였으며, 이로 인해 잔존가치는 변함이 없으나 내용연수는 1년 더 연장되었다.

[요구사항]

1. 기계장치와 관련하여 20×3년에 인식할 감가상각비를 계산하시오.
2. 기계장치와 관련하여 20×3년 초와 20×3년 말에 수행할 회계처리를 제시하시오.

해답　1. 20×3년 감가상각비
　　　　(1) 기계장치의 생산능력을 증대시키는 부품의 장착은 자산인식요건을 충족하는 자본적 지출에 해당한다. 그리고 유형자산의 내용연수 변경은 회계추정의 변경에 해당하므로 전진적으로 회계처리한다.
　　　　(2) 20×2년 말 감가상각누계액: (100,000 - 10,000) ÷ 5년 × 2년 = 36,000
　　　　(3) 20×3년 감가상각비: (100,000 - 36,000 + 20,000 - 10,000) ÷ (5년 - 2년 + 1년) = 18,500

　　　2. 20×3년 회계처리

20×3.1.1	(차) 기계장치	20,000	(대) 현금	20,000
20×3.12.31	(차) 감가상각비	18,500	(대) 감가상각누계액	18,500

02 제거

유형자산은 원래 영업활동에 사용할 목적으로 취득한 자산이지만, 자발적 또는 비자발적인 원인에 의하여 이를 처분하거나 폐기하는 경우가 있다. 유형자산의 장부금액은 다음과 같은 때에 제거한다.

---

① 처분하는 때
② 사용이나 처분을 통하여 미래경제적효익이 기대되지 않을 때

유형자산을 처분하는 경우에는 해당 유형자산의 취득원가와 감가상각누계액을 모두 장부에서 제거하고, 처분시점의 장부금액과 처분가액과의 차이를 유형자산처분손익으로 하여 당기손익으로 인식한다. 그리고 유형자산의 처분과 직접 관련하여 발생하는 거래원가(처분부대비용)는 유형자산처분손익에 가감한다.

> 유형자산처분이익(손실) = 처분금액 − 거래원가 − 유형자산의 장부금액
> = 순매각금액 − (유형자산의 원가 − 감가상각누계액 − 손상차손누계액)

승철쌤's comment 수익과 비용의 상계표시

① 재고자산의 판매로 발생하는 수익과 비용은 각각 총액으로 표시한다. 즉, 재고자산의 판매금액은 매출액으로, 판매하는 재고자산의 원가와 판매 부대비용은 각각 매출원가와 판매관리비로 총액으로 구분표시한다.
② 그러나 재고자산이 아닌 자산(예 유·무형자산, 투자자산 등)의 처분으로 발생하는 수익과 비용은 상계하여 순액(처분손익)으로 표시하는 것이 원칙이다. 따라서 유형자산의 처분 부대비용도 유형자산처분손익에 가감하는 것이다.

⊘ 참고 유형자산 처분대가의 측정

유형자산의 제거에서 생기는 손익에 포함되는 대가(금액)는 기업회계기준서 제1115호(고객과의 계약에서 생기는 수익)의 거래가격 산정에 관한 요구사항에 따라 산정한다. 손익에 포함된 추정 대가(금액)의 후속적인 변동은 기업회계기준서 제1115호의 거래가격 변동에 관한 요구사항에 따라 회계처리한다.

만일 회계기간 중에 유형자산을 처분하는 경우에는 처분시점까지 감가상각비를 먼저 인식하고, 감가상각 후 감소한 장부금액과 처분가액과의 차이를 유형자산처분손익으로 인식한다.

[처분시점까지 감가상각비 인식]

(차) 감가상각비   ×××　(대) 감가상각누계액　×××

[유형자산의 처분 회계처리]

(차) 현금   ×××　(대) 유형자산　×××
　감가상각누계액   ×××　　유형자산처분이익　×××

한편, 손상, 소실 또는 포기된 유형자산에 대해 제3자로부터 보상금을 받는 경우가 있다. 이 경우 보상금은 (실제로 수취한 시점이 아니라) 수취할 권리가 발생하는 시점에 당기손익으로 반영한다.

(1) (주)한국은 20×1년 1월 1일에 기계장치를 ₩100,000에 취득하였다. 동 기계장치의 내용연수는 5년이고 잔존 가치는 없으며 정액법으로 감가상각한다.

(2) (주)한국은 20×2년 9월 30일에 동 기계장치를 ₩70,000에 처분하였으며, 처분 시 거래원가가 ₩2,000 발생 하였다.

[요구사항]

1. 기계장치의 처분손익을 계산하시오.

2. 기계장치 처분일의 회계처리를 제시하시오.

해답　**1. 기계장치처분손익**

(1) 처분일의 기계장치 장부금액

취득원가	100,000
감가상각누계액　(100,000 − 0) ÷ 5년 × (1 + 9/12) =	(35,000)
장부금액	65,000

(2) 기계장치처분이익(손실)

= 처분금액 − 기계장치 장부금액 − 거래원가

= 70,000 − 65,000 − 2,000

= 3,000 처분이익

2. 처분일 회계처리

20×2.9.30	(차) 감가상각비	(*)15,000	(대) 감가상각누계액	15,000

(*) 100,000 ÷ 5년 × 9/12 = 15,000

	(차) 현금	70,000	(대) 기계장치	100,000
	감가상각누계액	(*)35,000	유형자산처분이익	5,000

(*) 100,000 ÷ 5년 × (1 + 9/12) = 35,000

	(차) 유형자산처분이익	2,000	(대) 현금	2,000

제5절 | 재평가모형

01 개요

① 국제회계기준에서는 유형자산의 평가방법으로 원가모형과 재평가모형 중 하나를 선택하여 적용할 수 있도록 규정하고 있다. 본 장에서 지금까지 설명한 유형자산의 회계처리는 최초 취득원가를 기준으로 측정하는 원가모형에 기초한 것이었다.

② 지금부터는 최초인식 후 유형자산의 공정가치가 취득원가와 달라지는 경우, 유형자산을 보고기간 말의 공정가치로 측정하여 보고하는 방법인 재평가모형에 대해 설명하기로 한다.

02 재평가모형 적용대상 및 재평가 빈도

(1) 재평가모형 적용대상

특정 유형자산을 재평가할 때, 해당 자산이 포함되는 유형자산 유형(분류) 전체를 재평가한다. 따라서 유형자산 유형(분류)별로는 다른 평가방법을 선택하여 적용할 수 있지만, 동일한 유형(분류) 내에서는 일부만을 공정가치로 재평가할 수 없다. 왜냐하면 동일한 유형(분류) 내에서 유형자산별로 선택적 재평가를 하거나 서로 다른 기준일의 평가금액이 혼재된 재무보고를 하는 것을 방지하기 위한 것이다.

(2) 재평가 빈도

재평가는 보고기간 말에 자산의 장부금액이 공정가치와 중요하게 차이가 나지 않도록 주기적으로 수행한다. 즉, 유의적이고 급격한 공정가치의 변동 때문에 매년 재평가가 필요한 유형자산이 있는 반면에, 공정가치의 변동이 경미하여 빈번한 재평가가 필요하지 않은 유형자산도 있다. 예를 들어, 매 3년이나 5년마다 재평가하는 것으로 충분한 유형자산도 있다.

03 재평가모형의 적용

1. 재평가손익의 인식

유형자산을 재평가하는 경우에는 공정가치와 장부금액의 차액에 해당하는 재평가손익이 발생하게 되며, 재평가손익은 다음과 같이 처리한다.

(1) 최초적용연도

구분	회계처리
재평가이익	재평가잉여금의 과목으로 하여 포괄손익계산서에 기타포괄이익으로 인식하고, 재무상태표의 기타자본구성요소(기타포괄손익누계액)에 누적됨
재평가손실	재평가손실의 과목으로 하여 당기손실로 인식함

(2) 재평가 이후 연도의 재평가

과거연도에 재평가이익을 인식한 이후의 재평가에서 재평가손실이 발생한 경우에는 다음과 같은 방법으로 재평가손실을 인식한다.

구분	회계처리
재평가잉여금 잔액 해당분	재무상태표에 남아있는 재평가잉여금 잔액을 우선적으로 상계하고, 동 금액을 포괄손익계산서에 기타포괄손실로 인식
재평가잉여금 잔액 초과액	재평가잉여금 잔액을 초과하는 금액은 재평가손실의 과목으로 하여 당기손실로 인식

반대로, 과거연도에 재평가손실을 인식한 이후의 재평가에서 재평가이익이 발생한 경우에는 다음과 같은 방법으로 재평가이익을 인식한다.

구분	회계처리
전기 재평가손실 해당분	전기에 당기손실로 인식한 재평가손실에 해당하는 금액까지는 재평가이익으로 하여 당기이익으로 인식
전기 재평가손실 초과액	전기 재평가손실을 초과하는 금액은 재평가잉여금의 과목으로 하여 기타포괄이익으로 인식

[그림 6-4] 재평가손익의 인식(평가이익 ⇨ 평가손실)

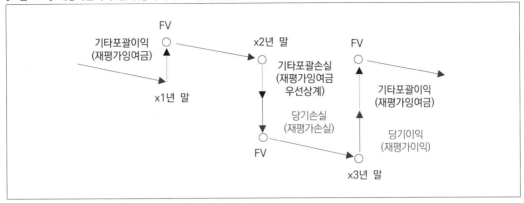

필수암기! **재평가손익의 인식**

구분	내용
재평가 첫해연도	① FV평가이익: 전액 기타포괄이익(재평가잉여금) ② FV평가손실: 전액 당기손실(재평가손실)

재평가 둘째연도 이후	① 원칙: FV평가손익을 당기손익과 기타포괄손익으로 분리한다.
	 ② 예외
	    ⊙ 만일 2년 연속 평가이익인 경우: 전액 기타포괄이익(재평가잉여금)
	    ⓒ 만일 2년 연속 평가손실인 경우: 전액 당기손실(재평가손실)

2. 장부금액 조정방법

재평가모형을 적용하는 경우에도 (원가모형과 마찬가지로) 감가상각을 해야 한다. 따라서 감가상각 자산에 대하여 재평가모형을 적용하는 경우에는 재무상태표에 취득원가와 감가상각누계액이 구분되어 표시된다. 이에 따라 감가상각 자산을 재평가하여 장부금액이 변동될 경우에는 취득원가와 감가상각누계액을 각각 얼마만큼 조정할 것인가를 결정해야 한다. 국제회계기준에서는 재평가모형 적용 시 장부금액의 조정방법으로 다음 중 하나의 방법을 적용하도록 하고 있다.

① **비례수정법**: 유형자산 장부금액의 변동에 비례하여 취득원가와 감가상각누계액을 비례적으로 수정하는 방식으로 재평가 후 장부금액이 재평가금액과 일치되도록 조정하는 방법
② **누계액제거법**: 기존의 감가상각누계액을 모두 제거하고, 대신 취득원가를 재평가금액으로 수정하는 방식으로 재평가 후 장부금액이 재평가금액과 일치되도록 조정하는 방법

승철쌤's comment **장부금액 조정방법**

① 장부금액 조정방법에 따라 해당 유형자산의 (순)장부금액이나 당기손익(또는 기타포괄손익)이 달라지는 것은 아니다.
② 단지 재무상태표상 유형자산 취득원가와 감가상각누계액의 표시방법만 차이가 있을 뿐이다.

장부금액 조정사례

결산일 현재 장부금액 ₩8,000(취득원가 ₩10,000, 감가상각누계액 ₩2,000)인 건물을 공정가치 ₩12,000으로 재평가하여 재평가잉여금 ₩4,000이 발생하였다고 가정한다.

① 비례수정법

재평가로 인해 장부금액이 50%(= 4,000 ÷ 8,000) 증가하였으므로, 건물 취득원가와 감가상각누계액도 각각 50%씩 비례적으로 증가시킨다. 이에 따라 취득원가와 감가상각누계액이 각각 ₩5,000과 ₩1,000 증가한다.

	재평가 전			재평가 후
취득원가	10,000	× 150% =		15,000
감가상각누계액	(2,000)	× 150% =		(3,000)
장부금액	8,000	50%↑ ➤		12,000

(차) 건물(자산 ↑)	5,000	(대) 감가상각누계액(자산 ↓)	1,000
		재평가잉여금(수익: 기타포괄이익)	4,000

② 누계액제거법

재평가일 현재 기존의 감가상각누계액 ₩2,000을 모두 제거한다. 그리고 취득원가를 공정가치 ₩12,000으로 수정하기 위해 ₩2,000만큼 증가시킨다.

	재평가 전	재평가 후
취득원가	10,000	12,000
감가상각누계액	(2,000)	(0)
장부금액	8,000	12,000

(차) 감가상각누계액(자산 ↑)	2,000	(대) 재평가잉여금(수익: 기타포괄이익)	4,000
건물(자산 ↑)	2,000		

한편, 둘 중 어떤 방법으로 회계처리하든지 재평가잉여금은 모두 ₩4,000으로 동일하다.

3. 재평가잉여금의 이익잉여금 대체

(1) 개요

① 유형자산의 재평가와 관련하여 자본에 계상된 재평가잉여금은 그 자산이 장부에서 제거될 때 또는 사용함에 따라 이익잉여금으로 대체할 수 있다.

② 다만, 재평가잉여금을 이익잉여금으로 대체하는 회계처리는 자본 내에서의 단순한 대체일 뿐이며, 따라서 대체되는 금액이 포괄손익계산서의 당기손익이나 기타포괄손익에 표시되지 않는다. 다만, 전체 자본의 변동내역을 표시하는 자본변동표에는 재평가잉여금의 이익잉여금의 대체내역도 표시될 수밖에 없다.

> **승철쌤's comment　재평가잉여금의 이익잉여금 대체**
>
> ① 만일 관련 자산이 실현될 때 재평가잉여금을 당기손익으로 대체한다면, 해당 자산의 보유기간 동안 공정가치 누적 변동액이 일시에 당기손익으로 인식되어 대체연도의 경영성과가 크게 왜곡될 수 있다. 이에 따라 재평가잉여금을 (포괄손익계산서를 거치지 않고) 직접 이익잉여금으로 대체하도록 규정한 것이다.
> ② 재평가잉여금이 (당기손익을 거치지 않고) 이익잉여금으로 직접 대체되므로, 기타포괄손익이 후속적으로 당기손익으로 대체되는 재분류조정 회계처리도 아니다.

(2) 유형자산의 제거일에 대체

① 유형자산의 재평가와 관련하여 자본에 계상된 재평가잉여금은 그 자산이 장부에서 제거될 때 이익잉여금으로 직접 대체할 수 있다. 예를 들어, 해당자산이 폐기되거나 처분될 때에 재평가잉여금 전부를 이익잉여금으로 대체하는 것이 그러한 경우에 해당될 수 있다. 다만, 재평가잉여금의 이익잉여금의 대체는 선택규정이므로 반드시 이익잉여금으로 대체할 필요는 없다.

② 한편, 재평가잉여금을 이익잉여금으로 대체하는 회계처리는 포괄손익계산서에 반영되지 않으므로 유형자산의 제거로 발생하는 손익(유형자산처분손익)은 원가모형의 경우와 마찬가지로 순매각금액과 처분일의 장부금액의 차이로 결정된다.

(3) 유형자산을 사용함에 따라 대체

① 감가상각자산에 대하여 재평가모형을 적용하는 경우, 기업이 (그 자산이 장부에서 제거되기 전이라도) 그 자산을 사용함에 따라(감가상각함에 따라) 재평가잉여금의 일부를 이익잉여금으로 대체할 수도 있다. 다만, 재평가잉여금의 이익잉여금의 대체는 선택규정이므로 반드시 이익잉여금으로 대체할 필요는 없다.

② 재평가잉여금을 이익잉여금으로 대체하는 경우 이익잉여금으로 대체되는 금액은 재평가된 금액에 근거한 감가상각액과 최초원가에 근거한 감가상각액의 차이로 계산된다.

> **[유형자산을 사용함에 따라 대체하는 경우]**
> 재평가잉여금의 이익잉여금 대체금액
> 　= 재평가모형하의 감가상각비 – 원가모형하의 감가상각비
> 　= 기초 재평가잉여금 잔액 ÷ 잔존내용연수(감가상각방법이 정액법인 경우)

(1) 12월 말 결산법인인 (주)한국은 20×1년 1월 1일 토지를 ₩10,000에 취득하였다. (주)한국은 토지에 대하여 재평가모형을 적용하며, 각 보고기간 말 현재 토지의 공정가치는 다음과 같다.

20×1년 말	20×2년 말	20×3년 말
₩12,000	₩8,000	₩13,000

(2) 20×4년 4월 1일 (주)한국은 토지를 ₩15,000에 외부에 매각하였다.

[요구사항]

1. (주)한국이 토지와 관련하여 일자별로 수행할 회계처리를 제시하시오. 단, (주)한국은 재평가잉여금을 토지의 제거일에 이익잉여금으로 대체하는 정책을 채택하고 있다.

2. 토지의 재평가모형과 관련하여 (주)한국의 포괄손익계산서상 당기손익, 기타포괄손익 그리고 총포괄손익에 미치는 효과를 연도별로 계산하시오.

해답   1. 일자별 회계처리

20×1.1.1	(차) 토지		10,000	(대) 현금		10,000	⇨	10,000
20×1.12.31	(차) 토지		(*)2,000	(대) 재평가잉여금(기타포괄이익)		2,000	⇨	12,000

(*) 12,000 - 10,000 = 2,000

20×2.12.31	(차) 재평가잉여금(기타포괄손실)		2,000	(대) 토지		(*)4,000	⇨	8,000
	재평가손실(당기손실)		2,000					

(*) 8,000 - 12,000 = (-)4,000

20×3.12.31	(차) 토지		(*)5,000	(대) 재평가이익(당기이익)		2,000	⇨	13,000
				재평가잉여금(기타포괄이익)		3,000		

(*) 13,000 - 8,000 = 5,000

20×4.4.1	(차) 현금		15,000	(대) 토지		13,000	⇨	0
				유형자산처분이익(당기이익)		2,000		
	(차) 재평가잉여금		3,000	(대) 이익잉여금		3,000		

   2. 포괄손익계산서에 미치는 효과

	20×1년	20×2년	20×3년	20×4년
당기손익 효과				
재평가이익(손실)	–	(2,000)	2,000	–
유형자산처분이익	–	–	–	2,000
	–	(2,000)	2,000	2,000
기타포괄손익 효과				
재평가잉여금	2,000	(2,000)	3,000	–
	2,000	(2,000)	3,000	–
포괄손익 효과	2,000	(4,000)	5,000	2,000

예제 7   상각자산의 재평가모형(평가이익 ⇨ 평가손실)

(1) (주)한국은 20×1년 1월 1일, 내용연수 5년, 잔존가치 ₩0의 건물을 ₩10,000에 취득하였다. (주)한국은 건물을 정액법으로 감가상각한다. (주)한국은 건물에 대하여 재평가모형을 적용하며, 각 보고기간 말 현재 건물의 공정가치는 다음과 같다.

20×1년 말	20×2년 말
₩12,000	₩3,600

(2) (주)한국은 재평가모형 적용 시 감가상각누계액을 우선 제거하는 방법을 적용하여 회계처리한다.

[요구사항]

1. (주)한국이 재평가잉여금을 이익잉여금으로 대체하지 않는 정책을 채택하고 있다고 가정할 경우, 다음 물음에 답하시오.
   (1) (주)한국이 건물과 관련하여 20×1년과 20×2년에 해야 할 회계처리를 제시하시오.
   (2) 건물의 재평가모형과 관련하여 (주)한국의 20×1년과 20×2년의 포괄손익계산서상 당기손익, 기타포괄손익 그리고 총포괄손익에 미치는 효과를 각각 계산하시오.
   (3) [본 요구사항은 독립적이다] 만일 (주)한국이 장부금액을 조정할 때 장부금액과 감가상각누계액을 비례하여 조정한다고 할 경우 20×1년과 20×2년에 해야 할 회계처리를 제시하시오.

2. (주)한국이 재평가잉여금 중 감가상각을 통하여 실현된 금액을 이익잉여금으로 대체하는 정책을 채택하였다고 할 경우, 상기 [요구사항 1]의 (1)과 (2)에 답하시오.

해답   1. 재평가잉여금을 이익잉여금으로 대체하지 않는 경우
   (1) 일자별 회계처리

20×1.1.1	(차) 건물	10,000	(대) 현금	10,000	⇨ 10,000
20×1.12.31	(차) 감가상각비	(*)2,000	(대) 감가상각누계액	2,000	⇨ 8,000

   (*) (10,000 − 0) ÷ 5년 = 2,000

	(차) 감가상각누계액	2,000	(대) 재평가잉여금(기타포괄이익) (*2)4,000		⇨ 12,000
	건물	(*1)2,000			

   (*1) 12,000(20×1년 말 공정가치) − 10,000(취득원가) = 2,000
   (*2) 12,000(20×1년 말 공정가치) − 8,000(평가 전 장부금액) = 4,000

20×2.12.31	(차) 감가상각비	(*)3,000	(대) 감가상각누계액	3,000	⇨ 9,000

   (*) (12,000 − 0) ÷ 4년 = 3,000

	(차) 감가상각누계액	3,000	(대) 건물	(*1)8,400	⇨ 3,600
	재평가잉여금(기타포괄손실) (*2)4,000				
	재평가손실(당기손실) (*3)1,400				

   (*1) 3,600(20×2년 말 공정가치) − 12,000(20×1년 말 공정가치) = (−)8,400
   (*2) 재평가잉여금 잔액 우선상계
   (*3) 대차차액

참고 재평가모형의 적용

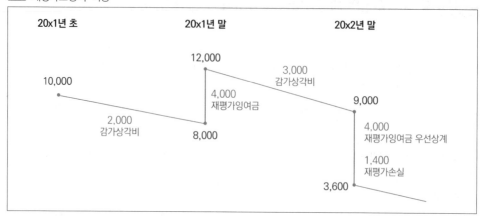

(2) 포괄손익계산서에 미치는 효과

	20×1년	20×2년
당기손익 효과		
감가상각비	(2,000)	(3,000)
재평가손실	–	(1,400)
	(2,000)	(4,400)
기타포괄손익 효과		
재평가잉여금	4,000	(4,000)
	4,000	(4,000)
포괄손익 효과	2,000	(8,400)

(3) 일자별 회계처리(비례수정법)

20×1.1.1	(차) 건물	10,000	(대) 현금	10,000	⇨ 10,000
20×1.12.31	(차) 감가상각비	(*)2,000	(대) 감가상각누계액	2,000	⇨ 8,000

　　　　　(*) (10,000 − 0) ÷ 5년 = 2,000

	(차) 건물	(*1)5,000	(대) 감가상각누계액	(*2)1,000	⇨ 12,000
			재평가잉여금(기타포괄이익)	4,000	

　　　　　(*1) 15,000(= 10,000 × 12,000 ÷ 8,000) − 10,000 = 5,000
　　　　　(*2) 3,000(= 2,000 × 12,000 ÷ 8,000) − 2,000 = 1,000

20×2.12.31	(차) 감가상각비	(*)3,000	(대) 감가상각누계액	3,000	⇨ 9,000

　　　　　(*) (12,000 − 0) ÷ 4년 = 3,000

	(차) 감가상각누계액	(*2)3,600	(대) 건물	(*1)9,000	⇨ 3,600
	재평가잉여금(기타포괄손실)	(*3)4,000			
	재평가손실(당기손익)	(*4)1,400			

　　　　　(*1) 6,000(= 15,000 × 3,600 ÷ 9,000) − 15,000 = (−)9,000
　　　　　(*2) ① 평가 전 감가상각누계액: 3,000 + 3,000 = 6,000
　　　　　　　② 2,400(= 6,000 × 3,600 ÷ 9,000) − 6,000 = (−)3,600
　　　　　(*3) 재평가잉여금 잔액 우선상계
　　　　　(*4) 대차차액

2. 재평가잉여금을 이익잉여금으로 대체하는 경우

(1) 일자별 회계처리

20×1.1.1	(차) 건물	10,000	(대) 현금	10,000	⇨	10,000
20×1.12.31	(차) 감가상각비	2,000	(대) 감가상각누계액	2,000	⇨	8,000
	(차) 감가상각누계액	2,000	(대) 재평가잉여금(기타포괄이익)	4,000	⇨	12,000
	건물	2,000				
20×2.12.31	(차) 감가상각비	3,000	(대) 감가상각누계액	3,000	⇨	9,000
	(차) 재평가잉여금	(*)1,000	(대) 이익잉여금	1,000		

(*) 3,000(재평가모형 감가상각비) – 2,000(원가모형 감가상각비) = 1,000

	(차) 감가상각누계액	3,000	(대) 건물	8,400	⇨	3,600
	재평가잉여금(기타포괄손실)	(*1)3,000				
	재평가손실(당기손실)	(*2)2,400				

(*1) 재평가잉여금 잔액: 4,000 – 1,000(이익잉여금 대체) = 3,000

(*2) 대차차액

참고 재평가모형의 적용

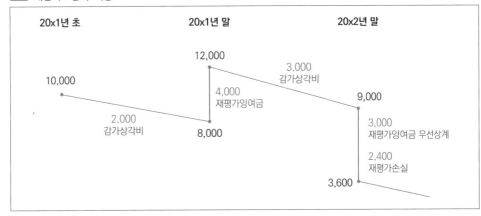

(2) 포괄손익계산서에 미치는 효과

	20×1년	20×2년
당기손익 효과		
감가상각비	(2,000)	(3,000)
재평가손실	–	(2,400)
	(2,000)	(5,400)
기타포괄손익 효과		
재평가잉여금	4,000	(3,000)
	4,000	(3,000)
포괄손익 효과	2,000	(8,400)

(1) (주)한국은 20×1년 1월 1일, 내용연수 5년, 잔존가치 ₩0의 건물을 ₩10,000에 취득하였다. (주)한국은 건물을 정액법으로 감가상각한다. (주)한국은 건물에 대하여 재평가모형을 적용하며, 각 보고기간 말 현재 건물의 공정가치는 다음과 같다.

20×1년 말	20×2년 말
₩6,000	₩9,000

(2) (주)한국은 재평가모형 적용 시 감가상각누계액을 우선 제거하는 방법을 적용하여 회계처리한다.

[요구사항]

1. (주)한국이 재평가잉여금을 이익잉여금으로 대체하지 않는 정책을 채택하고 있다고 가정할 경우, 다음 물음에 답하시오.
   (1) (주)한국이 건물과 관련하여 20×1년과 20×2년에 해야 할 회계처리를 제시하시오.
   (2) 건물의 재평가모형과 관련하여 (주)한국의 20×1년과 20×2년의 포괄손익계산서상 당기손익, 기타포괄손익 그리고 총포괄손익에 미치는 효과를 각각 계산하시오.

2. [본 요구사항은 독립적이다] (주)한국은 자본에 계상된 재평가잉여금을 자산이 사용됨에 따라서는 이익잉여금으로 대체하지 않지만 자산이 제거될 때는 이익잉여금으로 대체한다고 가정한다. 20×3년 초 (주)한국이 건물을 ₩9,600에 처분하였다고 할 경우, (주)한국이 인식할 유형자산처분손익을 제시하시오.

3. (주)한국이 재평가잉여금 중 감가상각을 통하여 실현된 금액을 이익잉여금으로 대체하는 정책을 채택하였다고 할 경우, 상기 [요구사항 1]에 답하시오.

해답　1. 재평가잉여금을 이익잉여금으로 대체하지 않는 경우

(1) 일자별 회계처리

20×1.1.1	(차) 건물	10,000	(대) 현금	10,000	⇨	10,000
20×1.12.31	(차) 감가상각비	(*)2,000	(대) 감가상각누계액	2,000	⇨	8,000

　　　　　　(*) (10,000 − 0) ÷ 5년 = 2,000

	(차) 감가상각누계액	2,000	(대) 건물	(*1)4,000	⇨	6,000
	재평가손실(당기손실)	(*2)2,000				

　　　　　　(*1) 6,000(20×1년 말 공정가치) − 10,000(취득원가) = (−)4,000
　　　　　　(*2) 6,000(20×1년 말 공정가치) − 8,000(평가 전 장부금액) = (−)2,000

20×2.12.31	(차) 감가상각비	(*)1,500	(대) 감가상각누계액	1,500	⇨	4,500

　　　　　　(*) (6,000 − 0) ÷ 4년 = 1,500

	(차) 감가상각누계액	1,500	(대) 재평가이익(당기이익)	(*2)2,000	⇨	9,000
	건물	(*1)3,000	재평가잉여금(기타포괄이익)	(*3)2,500		

　　　　　　(*1) 9,000(20×2년 말 공정가치) − 6,000(20×1년 말 공정가치) = 3,000
　　　　　　(*2) 전기 재평가손실 잔액
　　　　　　(*3) 대차차액

참고 재평가모형의 적용

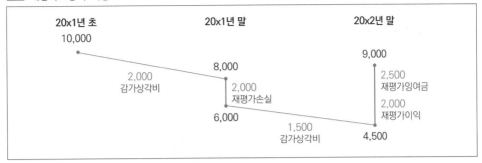

(2) 포괄손익계산서에 미치는 효과

	20×1년	20×2년
당기손익 효과		
감가상각비	(2,000)	(1,500)
재평가손익	(2,000)	2,000
	(4,000)	500
기타포괄손익 효과		
재평가잉여금	–	2,500
	–	2,500
포괄손익 효과	(4,000)	3,000

2. 재평가모형 적용 유형자산의 처분

(1) 20×3년 초 유형자산처분손익

처분금액	9,600	
장부금액	(9,000)	(20×2년 말 공정가치)
처분이익(손실)	600	

※ 건물 처분일에 재평가잉여금을 이익잉여금으로 대체하는 회계처리는 유형자산처분손익에 영향을 미치지 않는다. 따라서 재평가모형을 적용하는 유형자산의 처분손익도 원가모형의 경우와 마찬가지로 순매각금액과 처분일의 장부금액의 차이로 결정된다.

(2) 참고 처분일 회계처리

20×3.1.1	(차) 현금	9,600	(대) 건물	9,000
			유형자산처분이익	600
	(차) 재평가잉여금	2,500	(대) 이익잉여금	2,500

3. 재평가잉여금을 이익잉여금으로 대체하는 경우

본 예제의 경우 20×1년 말에 (재평가잉여금이 아니라) 재평가손실이 발생한다. 다만, 재평가잉여금과는 달리, 재평가손실의 이익잉여금 대체에 대하여는 국제회계기준에 관련 규정이 없다. 따라서 재평가손실에 대하여는 이익잉여금으로 대체하지 않는 것이 타당하며, 이 경우 [요구사항 2]의 해설은 [요구사항 1]과 동일하다.

※ 상기에 언급한 것처럼, '재평가손실'의 이익잉여금 대체에 대하여는 국제회계기준에 아무런 언급이 없다. 따라서 대칭적인 회계처리를 위해서는 재평가손실도 이익잉여금으로 대체해야 한다는 주장과 국제회계기준에 관련 규정이 없으므로 대체하지 않아야 한다는 주장이 혼재되어 있다. 본서는 다수의 견해에 따라 재평가손실에 대하여는 이익잉여금으로 대체하지 않는 방법으로 해답을 작성하였다.

04 재평가모형의 손상과 환입

(1) 회수가능액의 하락

[그림 6 - 5] 손상연도 회계처리

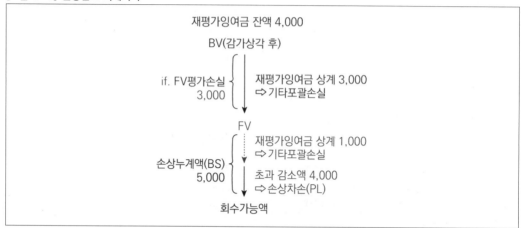

① 유형자산에 손상징후가 발생하여 회수가능액이 장부금액보다 감소한 경우, 원가모형을 적용하는 유형자산은 장부금액과 회수가능액의 차이를 감액하고 바로 손상차손으로 인식한다. 그러나 재평가모형을 적용하는 경우에는 재평가 규정을 먼저 적용하여 공정가치로 평가한 후에, 회수가능액으로 감액하는 손상차손을 인식한다.

② 이에 따라 재평가모형을 적용하는 경우 재무상태표에 인식하는 손상차손누계액은 재평가금액(공정가치)과 회수가능액의 차이가 된다. 다만, 포괄손익계산서에 보고하는 손상차손은 다음과 같이 결정된다.

> ⊙ 재평가모형 적용 후 재평가잉여금 잔액이 없는 경우에는 재무상태표상 손상차손누계액과 동일한 금액을 포괄손익계산서에 손상차손으로 인식한다.
>
> ⊙ 그러나 만일 재평가모형 적용 후 재평가잉여금 잔액이 있는 경우에는 당해 재평가잉여금을 우선상계하여 포괄손익계산서에 기타포괄손실로 인식하고, 재평가잉여금 잔액을 초과하는 손상차손누계액만을 포괄손익계산서에 손상차손(당기손익)으로 인식한다.

[1st 재평가모형의 적용]

(차)	재평가잉여금(비용: 기타포괄손익)	×××	(대)	유형자산(순액)(자산 ↓)	(*)×××
	재평가손실(비용: 당기손익)	×××			

(*) 평가 전 장부금액 – 공정가치(재평가액)

[2nd 손상차손의 인식]

(차)	재평가잉여금(비용: 기타포괄손익)	(*2)×××	(대)	손상차손누계액(자산 ↓)	(*1)×××
	손상차손(비용: 당기손익)	(*3)×××			

(*1) 공정가치(재평가액) – 회수가능액
(*2) 재평가잉여금 잔액이 있는 경우 우선상계
(*3) 대차차액(재평가잉여금 잔액을 초과하는 금액)

⊙ 참고 **재평가모형 적용자산의 손상인식 여부 판단**

재평가모형을 적용하는 자산이 손상된 경우에는 재평가모형을 먼저 적용하여 공정가치로 평가한 후에 회수가능액으로 감액하는 손상차손을 인식한다. 이때 회수가능액은 사용가치와 순공정가치 중 큰 금액으로 결정되며, 순공정가치는 공정가치에서 처분부대원가를 차감한 금액이다. 이에 따라 재평가모형을 적용하는 경우 손상차손으로 인식될 수 있는 최대금액은 자산의 공정가치와 순공정가치의 차이인 처분부대원가가 될 것이다.

① 따라서 만약 처분부대원가가 무시해도 될 정도인 경우에는 재평가자산의 회수가능액은 당연히 재평가금액에 가깝거나 이보다 많을 것이다. 따라서 이 경우에는 재평가자산이 손상되었을 것 같지 않으므로 회수가능액을 추정할 필요가 없다.

② 반대로 처분부대원가가 무시할 수 없는 정도인 경우에는 재평가된 자산의 처분부대원가를 뺀 순공정가치는 당연히 그 자산의 공정가치보다 처분부대원가만큼 적다. 이 경우 자산의 사용가치가 재평가금액보다 적다면 재평가된 자산은 손상된 것이므로 회수가능액으로 감액하여 손상차손을 인식한다.

(2) 회수가능액의 회복

[그림 6 - 6] 환입연도 회계처리

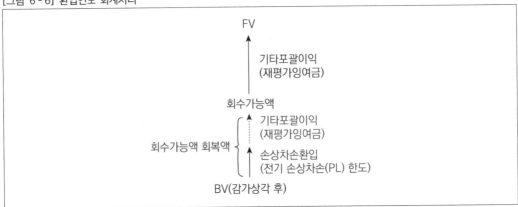

손상된 유형자산의 회수가능액이 회복되면 손상차손환입을 먼저 인식한 후에 재평가 규정을 적용하여 공정가치로 평가한다. 구체적인 회계처리는 다음과 같다.

① 손상된 유형자산의 **회수가능액 회복액만큼** 재무상태표상 손상차손누계액을 제거한다. 다만, '포괄손익계산서'에 손상차손환입으로 인식할 금액은 과거에 '포괄손익계산서'에 당기손익으로 인식한 손상차손을 한도로 하여 인식하고, 동 금액을 초과하여 회복된 금액은 재평가잉여금을 증액하고 포괄손익계산서에 **기타포괄손익**으로 인식한다.
   ⇨ 만일 회수가능액 회복액이 전기 손상차손 인식액에 미달한다면 전기에 인식한 손상차손이 모두 환입되지 않게 된다. 따라서 이 경우 당해 유형자산은 계속하여 손상된 상태에 있는 것이므로 공정가치 평가(아래 ②)는 수행하지 않는다.
② 손상차손환입을 인식한 후에는 재평가모형을 적용하여 공정가치로 평가하고, 공정가치 회복액(공정가치와 회수가능액의 차이)을 재평가잉여금으로 하여 포괄손익계산서에 기타포괄손익으로 인식한다.

[1st 손상차손환입의 인식]

(차) 손상차손누계액(자산 ↑)　　　　　(*1)×××　(대) 손상차손환입(수익: 당기손익)　　(*2)×××
　　　　　　　　　　　　　　　　　　　　　재평가잉여금(수익: 기타포괄손익)　(*3)×××

(*1) 회수가능액 회복액
(*2) 과거에 당기손익으로 인식한 손상차손을 한도로 하여 환입 인식
(*3) 대차차액(손상차손환입액을 초과하여 회복된 금액)

[2nd 재평가모형의 적용]

(차) 유형자산(순액)(자산 ↑)　　　　　(*)×××　(대) 재평가잉여금(수익: 기타포괄손익)　×××
　(*) 공정가치 - 회복된 회수가능액

필수암기!	재평가모형의 손상과 환입

① 손상연도 회계처리
    [1단계] 감가상각
    [2단계] 공정가치 평가
    [3단계] 손상차손 인식: 재평가잉여금 잔액 우선상계 후 손상차손 인식

② 회복연도 회계처리
    [1단계] 감가상각
    [2단계] 전기 손상차손환입(환입한도: 전기 인식 손상차손)
    [3단계] 공정가치 평가

예제 9   재평가모형을 적용하는 유형자산의 손상   [회계사 2차 11 수정]

(1) (주)한국은 설비자산을 20×1년 초에 ₩1,000,000에 취득하여, 매년 말 재평가를 실시하고 있다. 이 설비의 잔존가치는 ₩0, 내용연수는 5년이며 정액법으로 상각한다. 재평가와 관련한 장부금액의 조정방법은 총장부금액에서 기존의 감가상각누계액을 모두 제거하여 순장부금액이 재평가금액과 일치하도록 하는 방법을 적용한다.

(2) 설비자산과 관련된 각 연도 말 공정가치와 회수가능액은 다음과 같다.

구분	공정가치	회수가능액
20×1년 말	₩880,000	₩900,000
20×2년 말	594,000	480,000
20×3년 말	440,000	430,000

(3) 모든 회수가능액의 등락은 손상과 그 회복에 따른 것으로 가정한다. 또한 자본에 포함된 재평가잉여금은 자산을 사용하는 기간 중에 이익잉여금으로 대체하지 않는다고 가정한다.

[요구사항]

1. (주)한국이 20×2년에 인식할 손상차손을 계산하시오.

2. (주)한국의 20×2년 당기손익과 기타포괄손익에 미치는 효과를 각각 계산하시오.

3. (주)한국의 20×3년 당기손익과 기타포괄손익에 미치는 효과를 각각 계산하시오.

4. (주)한국이 설비자산과 관련하여 수행할 회계처리를 일자별로 제시하시오.

해답 1. 20×2년 손상차손

   (1) 재평가모형의 적용

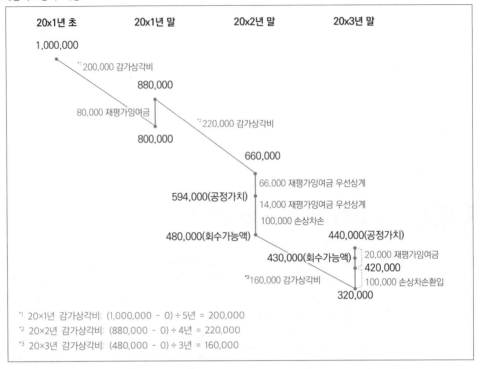

    *1 20×1년 감가상각비: (1,000,000 - 0) ÷ 5년 = 200,000

    *2 20×2년 감가상각비: (880,000 - 0) ÷ 4년 = 220,000

    *3 20×3년 감가상각비: (480,000 - 0) ÷ 3년 = 160,000

   (2) 20×2년 손상차손: 100,000

2. 20×2년 포괄손익계산서 효과

   (1) 20×2년 당기손익 효과

감가상각비	(220,000)
손상차손	(100,000)
당기순이익 효과	(320,000)

   (2) 20×2년 기타포괄손익 효과

      공정가치평가시 재평가잉여금 우선 상계액: (*)80,000 감소

      (*) 66,000 + 14,000 = 80,000

3. 20×3년 포괄손익계산서 효과

   (1) 20×3년 당기손익 효과

감가상각비	(160,000)
손상차손환입	100,000
당기순이익 효과	(60,000)

   (2) 20×3년 기타포괄손익 효과

      공정가치평가 시 재평가잉여금 인식액: 20,000 증가

4. 일자별 회계처리

20×1.1.1	(차) 기계장치	1,000,000	(대) 현금	1,000,000	⇨ 1,000,000

20×1.12.31	(차) 감가상각비	(*)200,000	(대) 감가상각누계액	200,000	⇨ 800,000

$(*)$ (1,000,000 − 0) ÷ 5년 = 200,000

(차) 감가상각누계액　　　　200,000　　(대) 기계장치　　　　　　　(*1)120,000　⇨ 880,000

재평가잉여금(기타포괄이익) (*2)80,000

$(*1)$ 880,000 − 1,000,000 = (−)120,000
$(*2)$ 880,000 − 800,000(평가 전 장부금액) = 80,000

20×2.12.31	(차) 감가상각비	(*)220,000	(대) 감가상각누계액	220,000	⇨ 660,000

$(*)$ (880,000 − 0) ÷ 4년 = 220,000

(차) 감가상각누계액　　　　220,000　　(대) 기계장치　　　　　　　(*1)286,000　⇨ 594,000

재평가잉여금(기타포괄손실) (*2)66,000

$(*1)$ 594,000 − 880,000 = (−)286,000
$(*2)$ 594,000 − 660,000(= 880,000 − 220,000) = (−)66,000

(차) 재평가잉여금(기타포괄손실) (*2)14,000　(대) 손상차손누계액　　　　(*1)114,000　⇨ 480,000

유형자산손상차손(당기손실)　100,000

$(*1)$ 594,000 − 480,000 = 114,000
$(*2)$ 재평가잉여금 잔액: 80,000 − 66,000 = 14,000

20×3.12.31	(차) 감가상각비	(*)160,000	(대) 감가상각누계액	160,000	⇨ 320,000

$(*)$ (480,000 − 0) ÷ 3년 = 160,000

(차) 손상차손누계액　　　　(*1)110,000　(대) 손상차손환입(당기이익) (*2)100,000　⇨ 430,000

재평가잉여금(기타포괄이익)　10,000

$(*1)$ 430,000 − 320,000(= 480,000 − 160,000) = 110,000
$(*2)$ 전기(20×2년)에 당기손익으로 인식한 손상차손(한도)만큼만 손상차손환입으로 인식하고, 이를 초과하는 금액은 재평가잉여금으로 인식한다.

(차) 감가상각누계액　　　　160,000　　(대) 기계장치　　　　　　　(*)154,000　⇨ 440,000

손상차손누계액　　　　　4,000　　재평가잉여금(기타포괄이익)　10,000

$(*)$ 440,000 − 594,000 = (−)154,000

개념정리 OX문제

01 감가상각은, 자산의 평가과정이 아니라, 자산의 원가를 그 자산으로부터 수익이 창출 (O, X)
되는 기간 동안 체계적으로 배분하여 비용으로 인식하는 원가배분의 과정이다.

02 유형자산의 공정가치가 해당 자산의 장부금액 이상으로 증가하는 경우에는 유형자산 (O, X)
의 감가상각액은 영(0)이 된다.

03 유형자산의 감가상각방법은 자산의 미래경제적효익이 소비되는 형태를 반영해야 한 (O, X)
다. 따라서 매출액이나 판매수량 등에 기초한 감가상각방법도 사용할 수 있다.

04 감가상각이 완전히 이루어지기 전이라도 유형자산이 운휴 중이거나 적극적인 사용상 (O, X)
태가 아니라면 상각방법과 관계없이 감가상각을 중단해야 한다.

05 자산의 회수가능액은 순공정가치와 사용가치 중 작은 금액으로 측정한다. (O, X)

06 원가모형을 적용하는 유형자산에 대해 과거에 인식한 손상차손이 감소된 것을 시사하 (O, X)
는 징후(환입징후)가 있는지를 검토한 결과 회수가능액이 회복되어 장부금액을 초과하
는 경우에는 회복된 회수가능액만큼 장부금액을 증가시키고 손상차손환입(당기이익)
으로 인식한다.

정답 및 해설

01 O

02 X 유형자산의 '잔존가치'가 해당 자산의 장부금액 이상으로 증가하는 경우에는 유형자산의 감가상각액은 영(0)이 된
다. 즉, 감가상각은 (자산의 평가과정이 아니라) 원가배분의 과정이므로 자산을 사용하고 있는 한, 공정가치가 장
부금액을 초과하더라도 감가상각을 계속적으로 수행해야 한다. 그러나 잔존가치가 장부금액을 초과하는 경우에는
잔존가치는 회수할 수 있는 금액이므로 해당 시점부터 감가상각을 중단하는 것이다.

03 X 자산의 사용을 포함하는 활동에서 창출되는 수익(예 판매수량, 매출액 등)에 기초한 감가상각방법은 적절하지 않
다. 왜냐하면 수익은 자산의 경제적효익의 소비 외의 요소(예 인플레이션 등)를 반영할 수 있기 때문이다.

04 X 유형자산이 운휴 중이거나 적극적인 사용상태가 아니어도, 감가상각이 완전히 이루어지기 전까지는 감가상각을 중
단하지 않는다. 즉, 유형자산이 잠시 운휴 중이거나 적극적인 사용상태가 아닌 경우도 유형자산을 사용하는 과정
중의 일부로 보는 것이다.

05 X 자산의 회수가능액은 순공정가치와 사용가치 중 '큰' 금액으로 측정한다.

06 X 원가모형을 적용하는 유형자산에 대해 손상차손을 인식한 후 회수가능액이 회복되어 장부금액을 초과하는 경우에
는, 과거에 손상차손을 인식하기 전 장부금액의 감가상각 후 잔액(회복시점의 원가)을 한도로 하여 장부금액을 증
가시키고 손상차손환입(당기이익)으로 인식한다.

07 유형자산은 취득 이후의 회계정책으로 원가로 평가하는 원가모형이나 공정가치로 평 (O, X)
가하는 재평가모형 중 하나를 선택할 수 있으며, 특정 유형자산을 재평가할 때는 해당
자산이 포함되는 유형자산의 유형(분류) 전체를 재평가한다.

08 재평가모형을 적용하는 경우, 재평가는 적어도 매 회계연도 말에 수행해야 한다. (O, X)

09 자산의 장부금액이 재평가로 인하여 증가된 경우에 그 증가액은 기타포괄손익(재평가 (O, X)
잉여금)으로 인식한다. 그러나 동일한 자산에 대하여 이전에 당기손익으로 인식한 재
평가감소액(재평가손실)이 있다면, 그 금액을 한도로 재평가증가액만큼 당기손익(재평
가이익)으로 인식한다.

10 자산의 장부금액이 재평가로 인하여 감소된 경우에 그 감소액은 당기손익(재평가손실) (O, X)
으로 인식한다. 그러나 그 자산에 대한 재평가잉여금의 잔액이 있다면, 그 금액을 한도
로 재평가감소액을 기타포괄손익으로 인식한다. 재평가감소액을 기타포괄손익으로 인
식하는 경우 재평가잉여금의 과목으로 자본에 누계한 금액을 감소(상계)시킨다.

11 재평가잉여금은 기업이 그 자산을 처분할 때 이익잉여금으로 대체할 수 있으며, 해당 (O, X)
자산을 처분하기 전에는 이익잉여금으로 대체할 수 없다.

12 재평가잉여금을 이익잉여금으로 대체하는 경우, 대체하는 금액은 당기손익으로 인식 (O, X)
하지 않는다.

정답 및 해설

07 O
08 X 재평가는 기말에 자산의 장부금액이 공정가치와 중요하게 차이가 나지 않도록 주기적으로 수행하면 되며, 반드시
매년 수행할 필요는 없다. 즉, 공정가치의 변동이 경미하여 빈번한 재평가가 필요하지 않은 유형자산도 있다.
09 O
10 O
11 X 재평가잉여금은 그 자산이 제거될 때 이익잉여금으로 직접 대체할 수 있다. 그러나 기업이 그 자산을 사용함에 따
라 재평가잉여금의 일부를 대체할 수도 있다.
12 O

감가상각 - 연수합계법

01 (주)용암은 20×1년 10월 1일에 기계장치를 현금으로 구입하여 즉시 제품 생산에 투입하였다. 취득시점에서 이 기계장치의 내용연수는 3년, 잔존가치는 ₩12,000으로 추정하였다. (주)용암은 이 기계장치에 대해 원가모형을 적용하여 연수합계법으로 감가상각을 하고 있는데, 20×1년 말에 인식한 감가상각비는 ₩60,000이었다. 20×2년 12월 31일 기계장치의 장부금액은 얼마인가? (단, 감가상각비는 월할계산하며, 이 기계장치에 대한 취득시점 이후 자산손상은 없었다) [회계사 10]

① ₩160,000   ② ₩200,000

③ ₩212,000   ④ ₩260,000

⑤ ₩272,000

손상(원가모형) - 종합

02 (주)세무는 20×1년 1월 1일 기계장치(취득원가 ₩550,000, 잔존가치 ₩10,000, 내용연수 10년)를 취득하여 정액법으로 감가상각하고, 원가모형을 적용하고 있다. 20×2년 말 기계장치의 회수가능액이 ₩300,000으로 추정되어 손상을 인식하였다. 20×4년 말 동 기계장치의 회수가능액이 ₩340,000으로 회복되었다. 다음 설명 중 옳지 않은 것은? [세무사 18]

① 20×2년 말 장부금액은 ₩300,000이다.

② 20×2년에 인식하는 손상차손은 ₩142,000이다.

③ 20×3년에 인식하는 감가상각비는 ₩36,250이다.

④ 20×4년 말 감가상각누계액은 ₩180,500이다.

⑤ 20×4년에 인식하는 손상차손환입액은 ₩112,500이다.

03 (주)대한은 건물(유형자산)에 대해서 원가모형을 선택하여 회계처리하고 있고 관련 자료는 다음과 같다.

○ (주)대한은 20×1년 초에 본사 건물(유형자산)을 ₩600,000에 취득하였으며, 내용연수는 6
  년, 잔존가치는 없고, 감가상각방법은 정액법을 사용한다.
○ (주)대한은 20×1년 말 보유 중인 건물에 대해서 손상징후를 검토한 결과 손상징후가 존재하
  여 이를 회수가능액으로 감액하고 해당 건물에 대해서 손상차손을 인식하였다.
○ 20×1년 말 건물을 처분하는 경우 처분금액은 ₩370,000, 처분부대원가는 ₩10,000이 발
  생할 것으로 추정되었다. 20×1년 말 건물을 계속 사용하는 경우 20×2년 말부터 내용연수
  종료시점까지 매년 말 ₩80,000의 순현금유입이 있을 것으로 예상되며, 잔존가치는 없을 것
  으로 예상된다. 미래 순현금유입액의 현재가치 측정에 사용될 할인율은 연 8%이다.
○ 20×2년 초 건물의 일상적인 수선 및 유지비용(수익적지출)과 관련하여 ₩20,000이 발생하
  였다.
○ 20×2년 말 건물이 손상회복의 징후가 있는 것으로 판단되었고, 회수가능액은 ₩450,000으
  로 추정되고 있다.

기간	8%	
	기간 말 ₩1의 현재가치	정상연금 ₩1의 현재가치
4년	0.7350	3.3121
5년	0.6806	3.9927

(주)대한의 건물 관련 회계처리가 20×2년도 포괄손익계산서의 당기순이익에 미치는 영향은 얼마인가?
(단, 단수차이로 인해 오차가 있다면 가장 근사치를 선택한다) [회계사 20]

① ₩20,000 증가　　　　　　② ₩40,000 증가
③ ₩80,000 증가　　　　　　④ ₩92,000 증가
⑤ ₩100,000 증가

토지의 재평가모형 - 종합

04 (주)대한은 20×1년 1월 1일 (주)민국으로부터 토지와 건물을 ₩2,400에 일괄취득하였다. 구입 당시 토지의 공정가치는 ₩1,500이며 건물의 공정가치는 ₩1,000이다. (주)대한은 매년 말 토지를 재평가하여 측정하며 토지의 공정가치 변동에 대한 정보는 다음과 같다.

구분	토지의 공정가치
20×1.1.1	₩1,500
20×1.12.31	₩1,400
20×2.12.31	₩1,500
20×3.12.31	₩400

토지의 재평가와 관련하여 (주)대한이 수행해야 하는 회계처리 결과로 옳은 설명은? [회계사 17]

① 20×1년 12월 31일 당기순이익 ₩100 감소
② 20×2년 12월 31일 당기순이익 ₩60 증가
③ 20×2년 12월 31일 재평가잉여금 ₩60 증가
④ 20×3년 12월 31일 재평가잉여금 ₩1,040 감소
⑤ 20×3년 12월 31일 당기순이익 ₩60 감소

재평가손익: 평가이익 ⇨ 평가손실

05 (주)한국은 20×5년 1월 1일에 기계장치 1대를 ₩300,000에 취득하여 생산에 사용하였다. 동 기계장치의 내용연수는 5년, 잔존가치는 ₩0이며, 정액법으로 감가상각한다. (주)한국은 동 기계장치에 대하여 재평가모형을 적용하여 매년 말 감가상각 후 주기적으로 재평가하고 있다. 동 기계장치의 각 회계연도 말 공정가치는 다음과 같다.

구분	20×5년 말	20×6년 말	20×7년 말
공정가치	₩250,000	₩150,000	₩130,000

(주)한국이 위 거래와 관련하여 20×6년도에 인식할 재평가손실과 20×7년도에 인식할 재평가잉여금은 각각 얼마인가? (단, 손상차손은 고려하지 않으며, 재평가잉여금을 이익잉여금으로 대체하지 않는다. 또한 기존의 감가상각누계액 전부를 제거하는 방법을 적용한다) [회계사 15]

	20×6년 재평가손실	20×7년 재평가잉여금
①	₩10,000	₩2,500
②	₩27,500	₩2,500
③	₩27,500	₩10,000
④	₩37,500	₩2,500
⑤	₩37,500	₩10,000

재평가손익: 평가이익 ⇨ 평가손실

06 (주)한국은 20×1년 1월 1일에 차량운반구(내용연수 5년, 잔존가치 ₩0, 정액법 상각)를 ₩200,000에 취득하여 사용하고 있으며, 재평가모형을 적용하고 있다. (주)한국은 재평가모형 적용 시 기존의 감가상각누계액을 전부 제거하는 방법을 사용하며, 차량운반구를 사용함에 따라 재평가잉여금의 일부를 이익잉여금으로 대체하는 회계처리방법을 채택하고 있다. 20×1년 말과 20×2년 말 차량운반구의 공정가치는 각각 ₩180,000과 ₩60,000이었다. (주)한국이 20×2년도 포괄손익계산서에 비용으로 인식할 금액은 얼마인가? [세무사 12]

① ₩55,000
② ₩60,000
③ ₩75,000
④ ₩105,000
⑤ ₩120,000

재평가손익: 2년 연속 평가이익

07 (주)대한은 20×1년 초 기계장치(내용연수 5년, 잔존가치 ₩0, 정액법 상각)를 ₩100,000에 취득하여 사용하고 있으며, 재평가모형을 적용하고 있다. (주)대한은 재평가모형 적용 시 재평가 후 기계장치의 장부금액이 재평가금액과 일치하도록 감가상각누계액과 총장부금액을 비례적으로 수정하는 방법을 사용하며, 기계장치를 사용함에 따라 재평가잉여금의 일부를 이익잉여금으로 대체하는 회계처리방법을 채택하고 있다. 동 기계장치의 20×1년 말 공정가치는 ₩88,000이며, 20×2년 말 공정가치는 ₩69,300이었다. (주)대한이 20×2년 말 재무상태표에 인식할 재평가잉여금은 얼마인가? [세무사 14]

① ₩3,300
② ₩5,500
③ ₩8,000
④ ₩9,300
⑤ ₩11,500

재평가손익: 평가손실 ⇨ 평가이익

08 (주)브룩은 20×1년 1월 1일 기계장치를 ₩1,000,000에 취득하고 재평가모형을 적용하기로 하였다. 동 기계장치의 내용연수는 5년, 잔존가치는 ₩0이며 정액법으로 감가상각한다. 기계장치의 20×1년 말 공정가치는 ₩780,000이며, 20×2년 말 공정가치는 ₩650,000이다. 동 기계장치와 관련하여 20×2년도 포괄손익계산서상 당기순이익과 기타포괄이익에 미치는 영향은 각각 얼마인가? (단, 재평가잉여금은 이익잉여금으로 대체하지 않으며, 감가상각비 중 자본화한 금액은 없다. 또한 법인세효과는 고려하지 않는다)

	당기순이익	기타포괄이익		당기순이익	기타포괄이익
①	₩195,000 감소	₩65,000 증가	②	₩180,000 감소	₩50,000 증가
③	₩175,000 감소	₩45,000 증가	④	₩20,000 증가	₩65,000 감소
⑤	영향 없음	₩65,000 증가			

재평가모형의 손상 + 추정의 변경

09 (주)한국은 설비자산을 20×1년 초에 ₩400,000에 취득하여, 매년 말 재평가모형을 적용한다. 이 설비자산의 잔존가치는 ₩0, 내용연수는 8년이며, 정액법으로 감가상각한다. 20×2년 초 설비자산의 잔존 내용연수를 4년으로 변경하였다. 20×2년 말 설비자산에 대해서 손상을 인식하기로 하였다. 다음은 설비자산의 공정가치와 회수가능액에 대한 자료이다. 20×2년에 당기손익으로 인식할 손상차손은? (단, 설비자산을 사용하는 기간 동안에 재평가잉여금을 이익잉여금으로 대체하지 않는다)

구분	공정가치	회수가능액
20×1년 말	₩380,000	₩385,000
20×2년 말	270,000	242,000

① ₩11,000   ② ₩13,000
③ ₩15,000   ④ ₩19,000
⑤ ₩28,000

해커스 IFRS 김승철 중급회계 상

정답

01 ③   02 ⑤   03 ①   04 ③   05 ②   06 ④   07 ④   08 ③   09 ②

해설

01 ③ **(1) 기계장치 취득원가 추정**
기계장치의 취득원가를 a라고 하면, (a − 12,000) × 3/6 × 3/12 = 60,000
⇨ a(취득원가) = 492,000
(2) 20×2년 말 감가상각누계액
(492,000 − 12,000) × (3/6 + 2/6 × 3/12) = 280,000
(3) 20×2년 말 기계장치 장부금액
492,000 − 280,000 = 212,000

02 ⑤ **(1) 기계장치 장부금액의 변동**

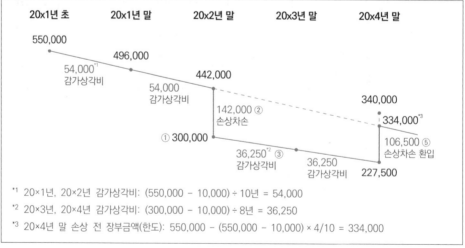

^{*1} 20×1년, 20×2년 감가상각비: (550,000 − 10,000) ÷ 10년 = 54,000
^{*2} 20×3년, 20×4년 감가상각비: (300,000 − 10,000) ÷ 8년 = 36,250
^{*3} 20×4년 말 손상 전 장부금액(한도): 550,000 − (550,000 − 10,000) × 4/10 = 334,000

(2) 각 문항의 분석
①②③⑤: (1)의 그림 참조
④ 20×4년 말 감가상각누계액: 54,000 × 2년 + 36,250 × 2년 = 180,500

03 ① **(1) 건물 장부금액의 변동**

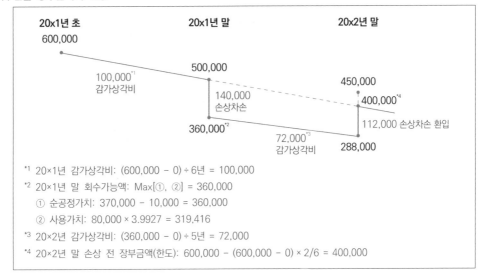

*1 20×1년 감가상각비: (600,000 − 0) ÷ 6년 = 100,000
*2 20×1년 말 회수가능액: Max[①, ②] = 360,000
    ① 순공정가치: 370,000 − 10,000 = 360,000
    ② 사용가치: 80,000 × 3.9927 = 319,416
*3 20×2년 감가상각비: (360,000 − 0) ÷ 5년 = 72,000
*4 20×2년 말 손상 전 장부금액(한도): 600,000 − (600,000 − 0) × 2/6 = 400,000

(2) 20×2년 당기손익 효과

감가상각비	(72,000)
손상차손환입	112,000
수선유지비(수익적 지출)	(20,000)
당기손익 효과	20,000 증가

04 ③ **(1) 토지 취득원가**
2,400 × 1,500 ÷ (1,500 + 1,000) = 1,440

(2) 재평가모형의 적용

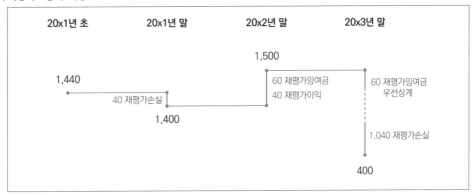

(3) 각 문항의 분석
① 20×1년 당기순이익: 40(재평가손실) 감소
② 20×2년 당기순이익: 40(재평가이익) 증가
③ 20×2년 재평가잉여금: 60 증가
④ 20×3년 재평가잉여금: 60 감소
⑤ 20×3년 당기순이익: 1,040(재평가손실) 감소

05 ② (1) 재평가모형의 적용

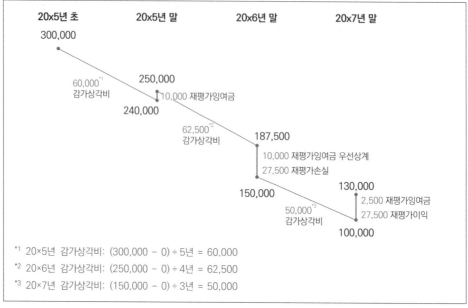

*1 20×5년 감가상각비: (300,000 - 0) ÷ 5년 = 60,000
*2 20×6년 감가상각비: (250,000 - 0) ÷ 4년 = 62,500
*3 20×7년 감가상각비: (150,000 - 0) ÷ 3년 = 50,000

(2) 20×6년 재평가손실
27,500

(3) 20×7년 재평가잉여금
2,500

06 ④ (1) 재평가모형의 적용

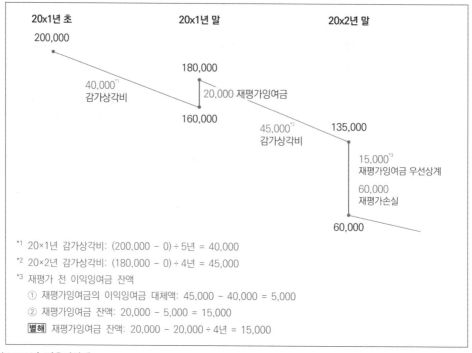

*1 20×1년 감가상각비: (200,000 - 0) ÷ 5년 = 40,000
*2 20×2년 감가상각비: (180,000 - 0) ÷ 4년 = 45,000
*3 재평가 전 이익잉여금 잔액
   ① 재평가잉여금의 이익잉여금 대체액: 45,000 - 40,000 = 5,000
   ② 재평가잉여금 잔액: 20,000 - 5,000 = 15,000
   [별해] 재평가잉여금 잔액: 20,000 - 20,000 ÷ 4년 = 15,000

(2) 20×2년 비용인식액
45,000(감가상각비) + 60,000(재평가손실) = 105,000

07 ④ **(1) 재평가모형의 적용**

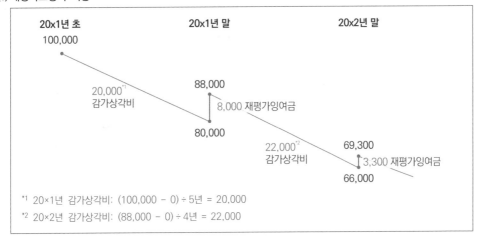

*1 20×1년 감가상각비: (100,000 − 0) ÷ 5년 = 20,000
*2 20×2년 감가상각비: (88,000 − 0) ÷ 4년 = 22,000

(2) 20×2년 말 재평가잉여금

20×1년 발생분		8,000
20×2년 말 이익잉여금 대체액	22,000 − 20,000 =	(2,000)
20×2년 발생분		3,300
20×2년 말 재평가잉여금 잔액		9,300

08 ③ **(1) 재평가모형의 적용**

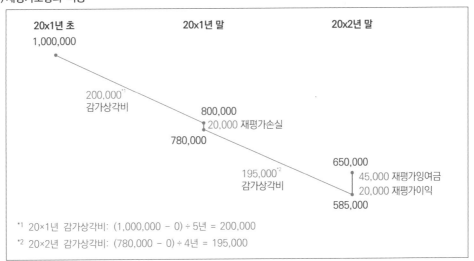

*1 20×1년 감가상각비: (1,000,000 − 0) ÷ 5년 = 200,000
*2 20×2년 감가상각비: (780,000 − 0) ÷ 4년 = 195,000

(2) 20×2년 당기순이익 효과

감가상각비	(195,000)
재평가이익	20,000
당기순이익 효과	(175,000) 감소

(3) 20×2년 기타포괄이익 효과
45,000(재평가잉여금) 증가

09 ②

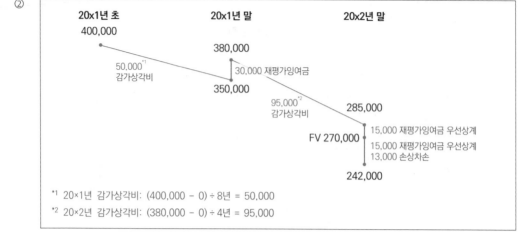

*1 20×1년 감가상각비: (400,000 − 0) ÷ 8년 = 50,000

*2 20×2년 감가상각비: (380,000 − 0) ÷ 4년 = 95,000

제6장
주관식 연습문제

감가상각

01 다음의 자료를 이용하여 물음에 답하시오.

> (1) (주)한국은 20×1년 4월 1일, 차량운반구(내용연수 4년, 잔존가치 ₩50,000)를 ₩950,000
> 에 취득하여 연수합계법으로 상각하였다. 20×2년 10월 1일 (주)한국은 동 차량운반구를
> ₩500,000에 처분하였으며, 처분 시 거래원가가 ₩20,000 발생하였다.
>
> (2) 20×1년 10월 1일, (주)서울은 기계장치(내용연수 5년, 잔존가치 ₩100,000)를 ₩1,000,000
> 에 취득하여 이중체감법으로 상각하였다. 20×3년 7월 1일, (주)서울은 동 기계장치를
> ₩500,000에 처분하였다. 다만, 처분대금 중 ₩200,000은 처분 즉시 수령하였으며, 나머지
> 대금은 20×4년 6월 30일과 20×5년 6월 30일에 균등하게 분할하여 수령하기로 하였다.
> 기계장치 매각거래에 적용되는 유효이자율은 연 10%이며, 이자율 10%의 2년에 대한 단일
> 금액 ₩1의 현가계수와 정상연금 ₩1의 현가계수는 각각 0.8264와 1.7355이다.

[물음 1] (주)한국이 20×2년 10월 1일에 인식할 차량운반구 처분손익을 계산하시오.

[물음 2] (주)서울이 20×3년 7월 1일에 인식할 기계장치 처분손익을 계산하시오.

[물음 3] 상기 거래가 (주)서울의 20×3년 당기순이익에 미치는 효과를 계산하시오.

해답 [물음 1]

1. 처분일 차량운반구 장부금액

   (1) 20×2.10.1 감가상각누계액

20×1년 감가상각비	(950,000 − 50,000) × 4/10 × 9/12 =	270,000
20×2년 감가상각비	(950,000 − 50,000) × (4/10 × 3/12 + 3/10 × 6/12) =	225,000
계		495,000

   (2) 별해 20×2.10.1 감가상각누계액: (950,000 − 50,000) × (4/10 + 3/10 × 6/12) = 495,000

   (3) 20×2.10.1 차량운반구 장부금액: 950,000 − 495,000 = 455,000

2. 차량운반구 처분손익

처분금액	500,000
장부금액	(455,000)
처분 시 거래원가	(20,000)
처분이익(손실)	25,000

[물음 2]

1. 처분일 기계장치 장부금액

구분		감가상각비	장부금액
20×1년	1,000,000 × 2/5 × 3/12 =	100,000	900,000
20×2년	900,000 × 2/5 =	360,000	540,000
20×3년	540,000 × 2/5 × 6/12 =	108,000	432,000

2. 기계장치 처분손익

   (1) 기계장치 처분금액: 200,000 + 260,325(= 150,000 × 1.7355) = 460,325

   (2) 기계장치처분손익

처분금액	460,325
장부금액	(432,000)
처분이익(손실)	28,325

3. 참고 20×3.7.1 회계처리

(차) 감가상각비		108,000	(대) 감가상각누계액	108,000
(차) 감가상각누계액		(*1)568,000	(대) 기계장치	1,000,000
현금		200,000	현재가치할인차금	(*2)39,675
장기미수금		300,000	유형자산처분이익	28,325

   (*1) 100,000 + 360,000 + 108,000 = 568,000

   (*2) 300,000 − 260,325 = 39,675

[물음 3]

1. 20×3년 당기순이익 영향

처분일까지 감가상각비		(108,000)
기계장치처분이익		28,325
장기미수금 이자수익	260,325 × 10% × 6/12 =	13,016
20×3년 당기순이익 영향		(66,659) 감소

2. 참고 20×3.12.31 회계처리

(차) 현재가치할인차금	13,016	(대) 이자수익	13,016

02

(1) (주)한국은 20×1년 1월 1일에 취득원가 ₩5,000,000, 추정 내용연수 5년, 추정 잔존가치 ₩0인 기계장치를 취득하였다. (주)한국은 기계장치에 대해 원가모형을 적용하며, 감가상각방법은 정액법을 적용한다.

(2) 20×2년 12월 31일에 동 기계장치의 순공정가치는 ₩1,800,000, 사용가치는 ₩1,000,000이다. 이는 손상차손의 인식요건을 충족한다.

(3) 20×4년 12월 31일에 동 기계장치의 순공정가치는 ₩1,500,000, 사용가치는 ₩800,000이다. 이는 손상차손환입의 인식요건을 충족한다.

(4) 20×5년 6월 30일, (주)한국은 동 기계장치를 ₩900,000에 처분하였으며, 처분과 관련하여 중개업자에게 중개수수료로 ₩80,000을 지급하였다.

[물음 1] 20×4년 말 재무상태표에 보고할 감가상각누계액과 손상차손누계액을 각각 계산하시오.

[물음 2] 20×5년 6월 30일 기계장치의 처분손익을 계산하고 관련 회계처리를 제시하시오.

해답 **[물음 1]**

1. 기계장치 장부금액의 변동

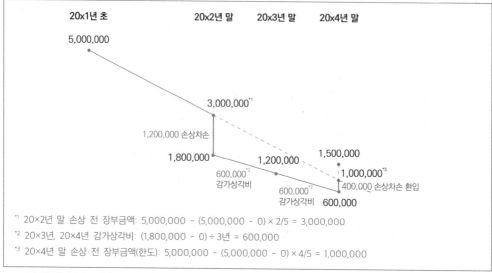

*¹ 20×2년 말 손상 전 장부금액: 5,000,000 - (5,000,000 - 0) × 2/5 = 3,000,000
*² 20×3년, 20×4년 감가상각비: (1,800,000 - 0) ÷ 3년 = 600,000
*³ 20×4년 말 손상 전 장부금액(한도): 5,000,000 - (5,000,000 - 0) × 4/5 = 1,000,000

2. 20×4년 말 감가상각누계액: 1,000,000 × 2년 + 600,000 × 2년 = 3,200,000
3. 20×4년 말 손상차손누계액: 1,200,000(손상차손) - 400,000(손상차손환입) = 800,000

[물음 2]

1. 기계장치처분손익
   (1) 20×5.6.30 기계장치 장부금액

20×4.12.31 장부금액		1,000,000
20×5.1.1 ~ 6.30 감가상각비	(1,000,000 - 0) ÷ 1년 × 6/12 =	(500,000)
20×5.6.30 장부금액		500,000

   (2) 기계장치처분손익

기계장치 처분금액	900,000
기계장치 장부금액	(500,000)
처분 거래원가	(80,000)
처분이익(손실)	320,000 처분이익

2. 처분일 회계처리

20×5.6.30	(차) 감가상각비	500,000	(대) 감가상각누계액	500,000
	(차) 현금	900,000	(대) 기계장치	5,000,000
	감가상각누계액	(*)3,700,000	유형자산처분이익	400,000
	손상차손누계액	800,000		
	(*) 3,200,000 + 500,000 = 3,700,000			
	(차) 유형자산처분이익	80,000	(대) 현금	80,000

재평가모형(1)

03 **다음의 자료를 이용하여 물음에 답하시오.**

(1) (주)대한은 20×1년 1월 1일에 기계장치를 ₩1,500,000에 취득하였다. 기계장치의 추정 내용연수는 5년, 추정 잔존가치는 ₩0이며, 정액법을 사용하여 감가상각한다.

(2) (주)대한은 동 기계장치에 대해 재평가모형을 적용한다. 재평가모형을 적용하여 장부금액을 조정하는 경우 기존의 감가상각누계액을 전액 제거하는 방법을 사용한다.

(3) (주)대한의 20×1년 1월 1일 재평가잉여금 잔액은 ₩0이며, 동 기계장치 이외의 다른 자산으로부터 발생한 재평가잉여금은 없다.

(4) 동 기계장치의 20×1년 말과 20×2년 말의 공정가치는 다음과 같다.

구분	20×1년 말	20×2년 말
공정가치	₩1,600,000	₩750,000

[물음 1] (주)대한이 재평가잉여금을 유형자산을 제거할 때 이익잉여금으로 대체한다고 할 경우 (주)대한의 20×2년도 포괄손익계산서의 당기순이익과 기타포괄이익에 미치는 영향을 각각 계산하시오. 단, 당기순이익과 기타포괄이익이 감소하는 경우에는 (-)를 숫자 앞에 표시하시오.

[물음 2] (주)대한이 기계장치를 사용하는 기간 동안 재평가잉여금을 이익잉여금으로 대체한다고 할 경우 (주)대한의 20×2년도 포괄손익계산서의 당기순이익과 기타포괄이익에 미치는 영향을 각각 계산하시오. 단, 당기순이익과 기타포괄이익이 감소하는 경우에는 (-)를 숫자 앞에 표시하시오.

해답 **[물음 1]**

1. 재평가모형의 적용

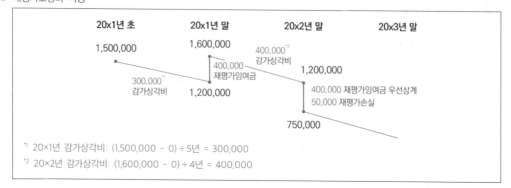

"1 20×1년 감가상각비: (1,500,000 − 0) ÷ 5년 = 300,000
"2 20×2년 감가상각비: (1,600,000 − 0) ÷ 4년 = 400,000

2. 20×2년 포괄손익계산서 효과

(1) 당기손익 효과

감가상각비	(−)400,000
재평가손실	(−)50,000
당기손익 효과	(−)450,000

(2) 기타포괄손익 효과(재평가잉여금 우선상계액): (−)400,000

3. **참고** 회계처리(장부금액 조정방법: 누계액 제거법 가정)

20×1.1.1	(차) 기계장치	1,500,000	(대) 현금	1,500,000	⇨	1,500,000		

20×1.12.31	(차) 감가상각비	300,000	(대) 감가상각누계액	300,000	⇨	1,200,000
	(차) 감가상각누계액	300,000	(대) 재평가잉여금	400,000	⇨	1,600,000
	기계장치	(*)100,000				

(*) 1,600,000(당기 말 FV) − 1,500,000(취득원가) = 100,000

20×2.12.31	(차) 감가상각비	400,000	(대) 감가상각누계액	400,000	⇨	1,200,000
	(차) 감가상각누계액	400,000	(대) 기계장치	(*)850,000	⇨	750,000
	재평가잉여금	400,000				
	재평가손실	50,000				

(*) 750,000(당기 말 FV) − 1,600,000(전기 말 FV) = (−)850,000

[물음 2]

1. 재평가모형의 적용

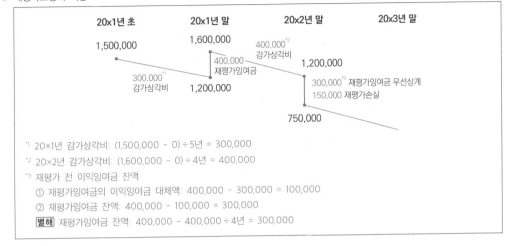

*1 20×1년 감가상각비: (1,500,000 - 0) ÷ 5년 = 300,000
*2 20×2년 감가상각비: (1,600,000 - 0) ÷ 4년 = 400,000
*3 재평가 전 이익잉여금 잔액
　① 재평가잉여금의 이익잉여금 대체액: 400,000 - 300,000 = 100,000
　② 재평가잉여금 잔액: 400,000 - 100,000 = 300,000
　[별해] 재평가잉여금 잔액: 400,000 - 400,000 ÷ 4년 = 300,000

2. 20×2년 포괄손익계산서 효과

(1) 당기손익 효과

감가상각비	(-)400,000
재평가손실	(-)150,000
당기손익 효과	(-)550,000

(2) 기타포괄손익 효과(재평가잉여금 우선상계액): (-)300,000

3. [참고] 회계처리(장부금액 조정방법: 누계액 제거법 가정)

20×1.1.1	(차) 기계장치	1,500,000	(대) 현금	1,500,000	⇨	1,500,000
20×1.12.31	(차) 감가상각비	300,000	(대) 감가상각누계액	300,000	⇨	1,200,000
	(차) 감가상각누계액	300,000	(대) 재평가잉여금	400,000	⇨	1,600,000
	기계장치	(*)100,000				

(*) 1,600,000(당기 말 FV) - 1,500,000(취득원가) = 100,000

20×2.12.31	(차) 감가상각비	400,000	(대) 감가상각누계액	400,000	⇨	1,200,000
	(차) 재평가잉여금	100,000	(대) 이익잉여금	100,000		
	(차) 감가상각누계액	400,000	(대) 기계장치	(*)850,000	⇨	750,000
	재평가잉여금	300,000				
	재평가손실	150,000				

(*) 750,000(당기 말 FV) - 1,600,000(전기 말 FV) = (-)850,000

04 다음을 읽고 물음에 답하시오.

> (1) (주)세무는 20×0년 1월 1일 영업활동에 사용할 목적으로 건물을 구입하였다. 동 건물의 취득원가는 ₩5,000,000, 내용연수는 10년, 잔존가치는 ₩0이다. (주)세무는 건물의 감가상각 방법으로 정액법을 적용하고 있으며, 측정기준으로 재평가모형을 선택하였다.
>
> (2) (주)세무는 재평가모형을 적용하여 장부금액을 조정할 때 총장부금액에서 기존의 감가상각누계액을 제거하여 자산의 순장부금액이 재평가금액이 되도록 하는 방법을 사용한다. (주)세무는 자본에 계상된 재평가잉여금을 자산이 제거될 때 이익잉여금으로 대체하지만 자산이 사용됨에 따라서는 이익잉여금으로 대체하지 않는다.
>
> (3) 구입한 건물의 각 보고기간 말 현재 공정가치는 다음과 같다.
>
> | 구분 | 20×0년 말 | 20×1년 말 | 20×2년 말 |
> |---|---|---|---|
> | 공정가치 | ₩5,400,000 | ₩5,600,000 | ₩3,150,000 |

다음의 각 물음은 독립적이며, 법인세효과는 고려하지 않는다. 또한 (주)세무는 매 보고기간 말 장부금액과 공정가치가 중요하다고 판단하였다.

[물음 1] 위 건물과 관련하여 (주)세무의 20×1년 말 재무상태표에 표시된 ① 재평가잉여금(자본)과 ② 감가상각누계액은 각각 얼마인가?

[물음 2] [본 물음은 독립적이다] 만일 (주)세무가 장부금액을 조정할 때 장부금액과 감가상각누계액을 비례하여 조정한다고 할 경우 20×1년 말 재무상태표에 표시할 감가상각누계액은 얼마인가?

[물음 3] 위 건물과 관련하여 (주)세무의 20×2년도 포괄손익계산서상 ① 당기손익과 ② 기타포괄손익에 미치는 영향은 각각 얼마인가? 단, 손실의 경우 금액 앞에 (-)를 표시하시오.

[물음 4] [본 물음은 독립적이다] 만일 (주)세무가 자본에 계상된 재평가잉여금을 자산을 사용함에 따라 이익잉여금으로 대체한다고 할 경우 상기 [물음 3]에 답하시오.

[물음 5] (주)세무는 20×3년 초에 위 건물을 ₩4,000,000에 처분하였다. 동 거래와 관련하여 (주)세무가 인식할 유형자산처분손익을 계산하고 처분일의 분개를 제시하시오.

해답 **[물음 1]**

1. 재평가모형의 적용

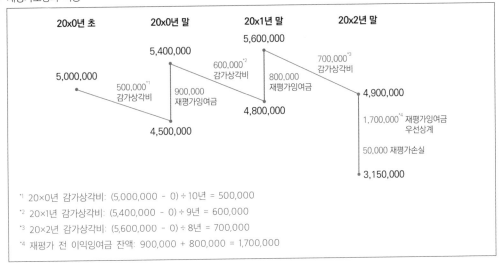

^{*1} 20×0년 감가상각비: (5,000,000 - 0) ÷ 10년 = 500,000

^{*2} 20×1년 감가상각비: (5,400,000 - 0) ÷ 9년 = 600,000

^{*3} 20×2년 감가상각비: (5,600,000 - 0) ÷ 8년 = 700,000

^{*4} 재평가 전 이익잉여금 잔액: 900,000 + 800,000 = 1,700,000

2. 20×1년 말 재평가잉여금

20×0년 말 발생분	900,000
20×1년 말 발생분	800,000
계	1,700,000

3. 20×1년 말 감가상각누계액

① 20×1년 말 감가상각누계액: 0

② 장부금액 조정방법으로 누계액제거법을 적용하면 회계연도 말 감가누계액은 항상 영(0)이 되며, 취득원가는 항상 공정가치와 동일한 금액이 된다.

[물음 2]

1. 20×0년 말 취득원가와 감가상각누계액

건물(취득원가)	5,000,000 × 5,400,000 ÷ 4,500,000 =	6,000,000 ②
감가상각누계액	6,000,000 - 5,400,000 =	(600,000) ③
장부금액		5,400,000 ①

2. 20×1년 말 취득원가와 감가상각누계액

건물(취득원가)	6,000,000 × 5,600,000 ÷ 4,800,000 =	7,000,000 ②
감가상각누계액	7,000,000 - 5,600,000 =	(1,400,000) ③
장부금액		5,600,000 ①

3. 별해 20×1년 말 취득원가와 감가상각누계액

건물(취득원가)	5,600,000 ÷ (1 - $^{(*)}$10% × 2년) =	7,000,000 ②
감가상각누계액	7,000,000 × ($^{(*)}$10% × 2년) =	(1,400,000) ③
장부금액		5,600,000 ①

$^{(*)}$ 매년 감가상각비율: 1 ÷ 10년 = 10%

4. 참고 20×0년과 20×1년 회계처리(비례수정법)

20×0.1.1	(차) 건물	5,000,000	(대) 현금	5,000,000	⇨	5,000,000

20×0.12.31	(차) 감가상각비	500,000	(대) 감가상각누계액	500,000	⇨	4,500,000
	(차) 건물	(*1)1,000,000	(대) 감가상각누계액	(*2)100,000	⇨	5,400,000
			재평가잉여금	900,000		

(*1) 6,000,000(= 5,000,000 × 5,400,000 ÷ 4,500,000) - 5,000,000 = 1,000,000
(*2) 600,000(= 500,000 × 5,400,000 ÷ 4,500,000) - 500,000 = 100,000

20×1.12.31	(차) 감가상각비	600,000	(대) 감가상각누계액	600,000	⇨	4,800,000
	(차) 건물	(*1)1,000,000	(대) 감가상각누계액	(*2)200,000	⇨	5,600,000
			재평가잉여금	800,000		

(*1) 7,000,000(= 6,000,000 × 5,600,000 ÷ 4,800,000) - 6,000,000 = 1,000,000
(*2) ① 평가 전 감가상각누계액: 600,000 + 600,000 = 1,200,000
    ② 1,400,000(= 1,200,000 × 5,600,000 ÷ 4,800,000) - 1,200,000 = 200,000

[물음 3]

1. 20×2년 당기손익 효과

감가상각비	(-)700,000 (물음 1의 그림 참고)
재평가손실	(-)50,000 (물음 1의 그림 참고)
당기손익 효과	(-)750,000

2. 20×2년 기타포괄손익 효과(재평가잉여금 우선상계액): (-)1,700,000 (물음 1의 그림 참고)

3. 참고 시점별 회계처리

20×0.1.1	(차) 건물	5,000,000	(대) 현금	5,000,000	⇨	5,000,000

20×0.12.31	(차) 감가상각비	500,000	(대) 감가상각누계액	500,000	⇨	4,500,000
	(차) 감가상각누계액	500,000	(대) 재평가잉여금	900,000	⇨	5,400,000
	건물	(*)400,000				

(*) 5,400,000(당기 말 FV) - 5,000,000(취득원가) = 400,000

20×1.12.31	(차) 감가상각비	600,000	(대) 감가상각누계액	600,000	⇨	4,800,000
	(차) 감가상각누계액	600,000	(대) 재평가잉여금	800,000	⇨	5,600,000
	건물	(*)200,000				

(*) 5,600,000(당기 말 FV) - 5,400,000(전기 말 FV) = 200,000

20×2.12.31	(차) 감가상각비	700,000	(대) 감가상각누계액	700,000	⇨	4,900,000
	(차) 감가상각누계액	700,000	(대) 건물	(*)2,450,000	⇨	3,150,000
	재평가잉여금	1,700,000				
	재평가손실	50,000				

(*) 3,150,000(당기 말 FV) - 5,600,000(전기 말 FV) = (-)2,450,000

[물음 4]

1. 재평가모형의 적용

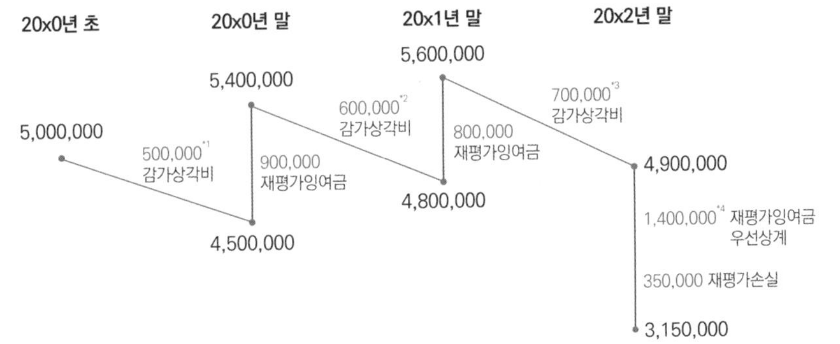

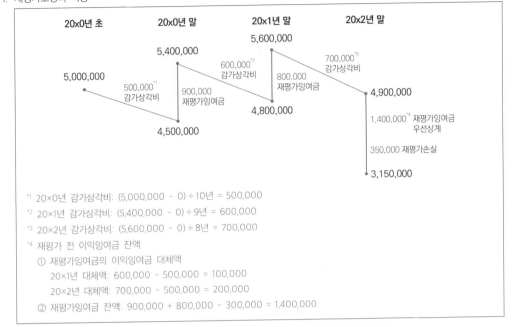

*1 20×0년 감가상각비: (5,000,000 - 0) ÷ 10년 = 500,000

*2 20×1년 감가상각비: (5,400,000 - 0) ÷ 9년 = 600,000

*3 20×2년 감가상각비: (5,600,000 - 0) ÷ 8년 = 700,000

*4 재평가 전 이익잉여금 잔액

① 재평가잉여금의 이익잉여금 대체액

20×1년 대체액: 600,000 - 500,000 = 100,000

20×2년 대체액: 700,000 - 500,000 = 200,000

② 재평가잉여금 잔액: 900,000 + 800,000 - 300,000 = 1,400,000

2. 20×2년 당기손익 효과

감가상각비	(-)700,000
재평가손실	(-)350,000
당기손익 효과	(-)1,050,000

3. 20×2년 기타포괄손익 효과(재평가잉여금 우선상계액): (-)1,400,000

4. [참고] 시점별 회계처리

20×0.1.1	(차) 건물	5,000,000	(대) 현금	5,000,000	⇨	5,000,000
20×0.12.31	(차) 감가상각비	500,000	(대) 감가상각누계액	500,000	⇨	4,500,000
	(차) 감가상각누계액	500,000	(대) 재평가잉여금	900,000	⇨	5,400,000
	건물	(*)400,000				

(*) 5,400,000(당기 말 FV) - 5,000,000(취득원가) = 400,000

20×1.12.31	(차) 감가상각비	600,000	(대) 감가상각누계액	600,000	⇨	4,800,000
	(차) 재평가잉여금	100,000	(대) 이익잉여금	100,000		
	(차) 감가상각누계액	600,000	(대) 재평가잉여금	800,000	⇨	5,600,000
	건물	(*)200,000				

(*) 5,600,000(당기 말 FV) - 5,400,000(전기 말 FV) = 200,000

20×2.12.31	(차) 감가상각비	700,000	(대) 감가상각누계액	700,000	⇨	4,900,000
	(차) 재평가잉여금	200,000	(대) 이익잉여금	200,000		
	(차) 감가상각누계액	700,000	(대) 건물	(*)2,450,000	⇨	3,150,000
	재평가잉여금	1,400,000				
	재평가손실	350,000				

(*) 3,150,000(당기 말 FV) - 5,600,000(전기 말 FV) = (-)2,450,000

[물음 5]

1. 유형자산처분손익

처분금액	4,000,000	
장부금액	(3,150,000)	(20×2년 말 공정가치)
처분이익(손실)	850,000	처분이익

2. 처분일 회계처리

20×3.1.1	(차) 현금	4,000,000	(대) 건물	3,150,000
			유형자산처분이익	850,000

05 다음을 읽고 제시된 물음에 답하시오.

(1) (주)한국은 20×1년 1월 1일 기계장치를 ₩120,000에 취득하고 재평가모형을 적용하기로 하였다. 기계장치의 경제적 내용연수는 5년, 내용연수 종료시점의 잔존가치는 없으며 정액법으로 감가상각한다.

(2) 20×2년 12월 31일 보유 중인 기계장치는 손상징후를 보였으며, 20×3년 12월 31일에는 회수가능액이 회복되었다. 각 보고기간 말의 공정가치와 회수가능액은 다음과 같다.

구분	20×1년 말	20×2년 말	20×3년 말
공정가치	₩105,000	₩73,000	₩49,000
회수가능액	₩109,000	₩69,000	₩48,000

(3) 재평가에 관한 회계처리는 감가상각누계액을 모두 제거하는 방법을 사용하며, 재평가잉여금은 사용 중에 이익잉여금으로 대체하지 않는다.

[물음 1] (주)한국이 20×2년에 인식할 손상차손을 계산하시오.

[물음 2] (주)한국의 20×2년 당기손익과 기타포괄손익에 미치는 효과를 각각 계산하시오. 단, 금액이 감소하는 경우에는 금액 앞에 (-)를 표시하시오.

[물음 3] (주)한국의 20×3년 당기손익과 기타포괄손익에 미치는 효과를 각각 계산하시오. 단, 금액이 감소하는 경우에는 금액 앞에 (-)를 표시하시오.

해답 **[물음 1]**

1. 답안의 작성

　　20×2년 손상차손: 750

2. 재평가모형의 적용

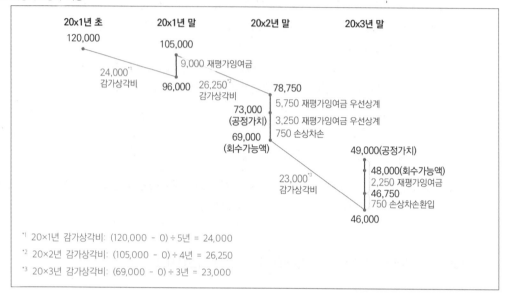

　　*1 20×1년 감가상각비: (120,000 - 0) ÷ 5년 = 24,000
　　*2 20×2년 감가상각비: (105,000 - 0) ÷ 4년 = 26,250
　　*3 20×3년 감가상각비: (69,000 - 0) ÷ 3년 = 23,000

[물음 2]

1. 답안의 작성

　　① 20×2년 당기순이익 효과: (-)27,000
　　② 20×2년 기타포괄손익 효과: (-)9,000

2. 20×2년 포괄손익계산서 효과

　　① 20×2년 당기순이익 효과: (-)26,250(감가상각비) - 750(손상차손) = (-)27,000
　　② 20×2년 기타포괄손익 효과(재평가잉여금 상계액): (-)5,750 - 3,250 = (-)9,000

[물음 3]

1. 답안의 작성

　　① 20×3년 당기순이익 효과: (-)22,250
　　② 20×3년 기타포괄손익 효과: 2,250

2. 20×3년 포괄손익계산서 효과

　　① 20×3년 당기순이익 효과: (-)23,000(감가상각비) + 750(손상차손 환입) = (-)22,250
　　② 20×3년 기타포괄손익 효과: 2,250(재평가잉여금) 증가

3. 참고 연도별 회계처리

| 20×1.1.1 | (차) 기계장치 | 120,000 | (대) 현금 | 120,000 | ⇨ 120,000 |

20×1.12.31   (차) 감가상각비   (*)24,000   (대) 감가상각누계액   24,000 ⇨ 96,000
           (*) (120,000 - 0) ÷ 5년 = 24,000

        (차) 감가상각누계액   24,000   (대) 기계장치   (*1)15,000 ⇨ 105,000
                                재평가잉여금(기타포괄이익)   (*2)9,000
           (*1) 105,000 - 120,000 = (-)15,000
           (*2) 105,000 - 96,000(평가 전 장부금액) = 9,000

20×2.12.31   (차) 감가상각비   (*)26,250   (대) 감가상각누계액   26,250 ⇨ 78,750
           (*) (105,000 - 0) ÷ 4년 = 26,250

        (차) 감가상각누계액   26,250   (대) 기계장치   (*1)32,000 ⇨ 73,000
        재평가잉여금(기타포괄손실)   (*2)5,750
           (*1) 73,000 - 105,000 = (-)32,000
           (*2) 73,000 - 78,750(= 105,000 - 26,250) = (-)5,750

        (차) 재평가잉여금(기타포괄손실)   (*2)3,250   (대) 손상차손누계액   (*1)4,000 ⇨ 69,000
        유형자산손상차손(당기손실)   750
           (*1) 69,000 - 73,000 = 4,000
           (*2) 재평가잉여금 잔액: 9,000 - 5,750 = 3,250

20×3.12.31   (차) 감가상각비   (*)23,000   (대) 감가상각누계액   23,000 ⇨ 46,000
           (*1) (69,000 - 0) ÷ 3년 = 23,000

        (차) 손상차손누계액   (*1)2,000   (대) 손상차손환입(당기이익)   (*2)750 ⇨ 48,000
                                재평가잉여금(기타포괄이익)   1,250
           (*1) 48,000 - 46,000(= 69,000 - 23,000) = 2,000
           (*2) 전기(20×2년)에 **당기손익**으로 인식한 **손상차손(한도)**만큼만 손상차손환입으로 인식하고, 이를
               초과하는 금액은 재평가잉여금으로 인식한다.

        (차) 감가상각누계액   23,000   (대) 기계장치   (*1)24,000 ⇨ 49,000
        손상차손누계액   2,000   재평가잉여금(기타포괄이익)   1,000
           (*1) 49,000 - 73,000 = (-)24,000

제7장

차입원가

제1절 | 차입원가 자본화의 기초

01 의의와 목적

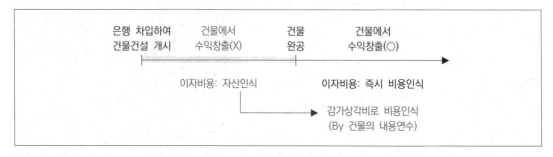

① 차입원가는 자금의 차입과 관련하여 발생하는 이자 및 기타 원가를 말한다. 차입원가는 일반적으로 당기비용으로 인식한다. 그러나 자산의 취득 과정에서 발생하는 차입원가를 당기비용으로 인식하면, 당해 자산으로부터 수익이 창출되지 않음에도 불구하고 비용을 인식하게 되어 수익과 비용이 대응되지 않는 문제가 발생한다.

② 따라서 자산의 취득 과정 중에 발생하는 차입원가는 당해 자산의 원가에 가산한 후에 관련 자산의 내용연수(관련 자산으로부터 수익이 창출되는 기간)에 걸쳐 감가상각을 통해 비용으로 인식해야 수익과 비용이 적절하게 대응된다. 이렇게 차입원가를 관련된 수익에 합리적으로 대응시키기 위해 자산의 취득, 건설 또는 생산과 직접 관련되는 차입원가를 당해 자산의 원가에 가산하는 회계처리를 차입원가의 자본화라고 한다.

③ 예를 들어, (주)한국이 20×1년 1월 1일부터 6월 30일까지 본사건물을 신축하였으며, 건설원가는 ₩1,000,000이 발생하였다. 그리고 건물 신축을 위해 차입한 차입금에서 20×1년 동안 이자비용이 ₩100,000 발생하였고, 이 중 건물 건설기간 동안 발생한 이자비용이 ₩60,000이라고 할 경우, 관련 회계처리는 다음과 같다.

[시점별 회계처리]
① 건물 건설원가 지출:	(차) 건설중인자산	1,000,000	(대) 현금	1,000,000
② 차입원가 발생:	(차) 이자비용	100,000	(대) 현금 등	100,000
③ 차입원가 자본화:	(차) 건설중인자산	60,000	(대) 이자비용	60,000
④ 건물 취득 완료:	(차) 건물	1,060,000	(대) 건설중인자산	1,060,000

02 적격자산

차입원가를 자본화할 수 있는 자산을 적격자산이라고 하는데, 국제회계기준에서는 적격자산을 의도된 용도로 사용하거나 판매가능한 상태에 이르게 하는 데 상당한 기간을 필요로 하는 자산으로 정의하고 있다. 따라서 다음의 자산은 취득하는데 상당한 기간이 소요된다면 적격자산이 될 수 있다.

① 재고자산
② 제조설비자산
③ 전력생산설비
④ 무형자산
⑤ 투자부동산

그러나 다음의 경우에는 적격자산에 해당하지 않는다.

① **금융자산이나 생물자산**: 금융자산과 생물자산은 최초인식 시 (원가가 아니라) 각각 해당 자산의 (순)공정가치로 측정하여 인식하므로 취득기간에 발생하는 차입원가를 자본화할 수 없다.
② **단기간 내에 제조되거나 생산되는 재고자산**: 단기간 내 제조·생산되는 재고자산은 일반적으로 당기에 취득하여 당기에 판매되므로 수익·비용 대응을 위해 취득기간 동안 발생하는 차입원가를 자본화할 실익이 없다.

03 자본화대상 차입원가

차입원가는 자금의 차입과 관련하여 발생하는 이자 및 기타 원가를 말한다. 자본화대상이 되는 차입원가는 다음과 같은 항목을 포함할 수 있다.

① 유효이자율법을 사용하여 계산된 이자비용(유효이자)
② 금융리스 관련 금융원가
③ 외화차입금과 관련되는 외환차이 중 이자원가의 조정으로 볼 수 있는 부분

한편, 복구충당부채에서 인식한 이자비용은 당기비용으로 인식하며 자본화하지 않는다. 왜냐하면 복구충당부채는 적격자산의 취득을 위하여 차입한 자금에 해당하지 않기 때문이다.

04 자본화기간

(1) 개요

자본화기간이란 자본화 개시시점부터 자본화 종료시점까지의 기간을 말한다. 즉, 자본화기간은 적격자산의 취득에 사용한 차입금에 대한 차입원가를 당해 자산의 원가로 처리하는 기간을 말하며, 당해자산의 건설기간 또는 취득기간이라고도 한다.

> **승철쌤's comment   자본화기간**
>
> ① 차입원가 자본화는 수익·비용을 대응시키기 위해 해당 자산으로부터 수익이 창출되지 않는 기간 동안 발생한 차입원가를 자산의 원가로 처리하는 것을 말한다.
> ② 따라서 자본화기간은 해당 자산으로부터 수익이 창출되지 않는 기간으로 이해하면 되며, 일반적으로 적격자산의 건설기간 또는 취득기간이 된다.
> ③ 차입원가 자본화 문제를 풀 때는 항상 자본화기간을 가장 먼저 파악하는 습관을 들이기 바란다.

(2) 자본화의 개시

① 차입원가는 자본화 개시일에 적격자산 원가로 처리한다. 자본화 개시일은 최초로 다음 조건을 모두 충족시키는 날이다.

> ㉠ **지출액의 발생**: 적격자산에 대하여 지출하고 있다.
> ㉡ **이자비용 발생**: 차입원가를 발생시키고 있다.
> ㉢ **취득활동 수행**: 적격자산을 의도된 용도로 사용하거나 판매가능한 상태에 이르게 하는 데 필요한 활동을 수행하고 있다.

② 이때 적격자산을 의도된 용도로 사용하거나 판매가능한 상태에 이르게 하는 데 필요한 활동은 당해 자산의 물리적인 제작뿐만 아니라 그 이전단계에서 이루어진 기술 및 관리상의 활동도 포함한다. 예를 들어, 물리적인 제작 전에 각종 인허가를 얻기 위한 활동도 자본화를 위해 필요한 활동에 포함한다.
③ 그러나 자산의 상태에 변화를 가져오는 생산 또는 개발이 진행되지 않고 단순히 자산을 보유만 하고 있는 상태는 자본화를 위해 필요한 활동으로 보지 않는다.

(3) 자본화의 중단

자산을 의도된 용도로 사용하거나 판매가능한 상태에 이르게 하는 데 필요한 활동을 중단한 기간에도 차입원가는 발생할 수 있으나, 이러한 차입원가는 미완성된 자산을 보유함에 따라 발생하는 비용으로서 자본화조건을 충족하지 못한다. 따라서 적격자산에 대한 적극적인 개발활동을 중단한 기간에는 차입원가의 자본화를 중단한다. 그러나 다음의 경우에는 차입원가의 자본화를 중단하지 않는다.

> ① 상당한 기술 및 관리활동을 진행하고 있는 경우
> ② 자산을 의도된 용도로 사용하거나 판매가능한 상태에 이르기 위한 과정에 있어 일시적인 지연이 필수적인 경우(예 건설기간 동안 해당 지역의 하천수위가 높아지는 현상이 일반적이어서 교량건설이 지연되는 경우)

(4) 자본화의 종료

적격자산을 의도된 용도로 사용하거나 판매가능한 상태에 이르게 하는 데 필요한 대부분의 활동이 완료된 시점에 차입원가의 자본화를 종료한다.

> **승철쌤's comment   자본화 종료일**
>
> 자본화 종료시점은 적격자산의 사용가능시점으로 생각하면 된다. 왜냐하면 이때부터 적격자산으로부터 수익이 창출되기 때문이다.

[표 7-1] 자본화 종료 여부 판단

상황	자본화 종료 여부
적격자산이 물리적으로 완성되었으며 일상적인 건설 관련 후속 관리업무 등이 진행되고 있는 경우	당해 자산을 의도된 용도로 사용할 수 있거나 판매가능한 상태에 있는 것으로 보아 자본화를 종료한다.
구입자 또는 사용자의 요청에 따른 내장공사와 같은 중요하지 않은 작업만이 남아있는 경우	대부분의 건설활동이 종료된 것으로 보아 자본화를 종료한다.
적격자산의 건설활동을 여러 부분으로 나누어 완성하고, 이미 완성된 부분이 사용가능한 경우 예 각각의 건물별로 사용가능한 여러 동의 건물로 구성된 복합 업무시설	남아있는 부분의 건설활동을 계속 진행하고 있더라도, 이미 완성된 부분에 대해서는 자본화를 종료한다.
적격자산의 건설활동을 여러 부분으로 나누어 완성하지만, 자산 전체의 건설활동이 종료되어야만 사용이 가능한 경우 예 제철소와 같이 동일한 장소에서 여러 생산부문별 공정이 순차적으로 이루어지는 여러 생산공정을 갖춘 산업설비	자산 전체가 완성될 때까지 자본화를 종료하지 않는다.

제2절 | 자본화가능 차입원가

01 기초개념

(1) 적격자산의 취득에 사용한 자금

① 적격자산의 취득, 건설 또는 생산과 직접 관련된 차입원가는 당해 적격자산과 관련된 지출이 발생하지 아니하였다면 부담하지 않았을 차입원가이다. 차입원가를 발생시키는 차입금은 다음과 같다.

> ⊙ **특정차입금**: 적격자산을 취득하기 위한 목적으로 직접 차입한 자금
> ⓒ **일반차입금**: 일반적인 목적으로 차입한 자금 중 적격자산의 취득에 소요되었다고 볼 수 있는 자금

② 특정차입금은 당해 적격자산을 취득하기 위해 특정하여 차입한 자금이므로 적격자산과 직접 관련된 차입원가를 쉽게 식별(추적)할 수 있다. 그러나 일반차입금은 개별적인 식별이 불가능하므로 적격자산의 취득과 관련된 차입원가를 직접 계산하기 어렵다는 특징이 있다.

③ 그리고 적격자산에 대한 지출액 중에서 차입원가를 발생시키는 차입금은 특정차입금을 먼저 사용하고 그 다음에 일반차입금을 사용한다고 가정한다. 왜냐하면 적격자산을 취득하지 않았더라면 특정차입금은 차입하지 않았을 것이며, 일반차입금도 일부는 상환할 수 있었을 것이기 때문이다.

승철쌤's comment 연평균차입금

예를 들어, 20×1년 7월 1일 건물을 건설(건설기간 2년)하기 위해 ₩200,000을 차입하여 지출하였으며, 차입이자율은 10%라고 가정한다. 이 경우 20×1년에 자본화할 차입원가는 다음과 같이 계산할 수 있다.

  [방법 1] 200,000 × 10% × 6/12 = ₩10,000

다만, 자본화할 차입원가 ₩10,000을 계산할 때 다음과 같이 차입기간을 먼저 곱하고 차입이자율은 나중에 곱하여 계산할 수도 있다.

  [방법 2] 200,000 × 6/12 = ₩100,000 × 10% = ₩10,000

이때 차입기간을 먼저 곱하여 계산된 ₩100,000을 연평균차입금이라고 한다. 즉, 연평균차입금 ₩100,000의 의미는 20×1년의 총차입액은 ₩200,000이지만, 동 금액을 7월 1일에 차입했기 때문에 연평균으로 따져보면 실질적으로는 ₩100,000을 차입한 것이라는 의미이다.

상기 중 어떤 방법으로 계산하든 20×1년 자본화 차입원가 금액은 ₩10,000으로 동일하다. 그러나 [방법 2]에 따라 계산하기를 권고한다. 왜냐하면 후술할 자본화 차입원가 계산구조상 자본화 차입원가 뿐만 아니라 연평균차입금도 동시에 필요하기 때문이다.

(2) 자본화가능 차입원가 계산절차 개관

[그림 7-1] 자본화가능 차입원가 계산절차 개관

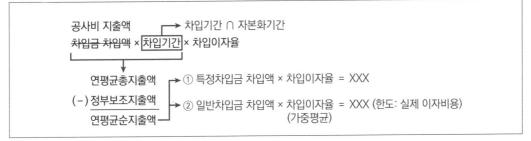

자본화가능 차입원가는 다음과 같은 단계로 계산된다.

구분	내용
[1단계] **적격자산의** **연평균지출액** **계산**	• 적격자산의 취득을 위해 차입한 자금에는 특정차입금 뿐만 아니라 개별적으로 식별(추적)이 불가능한 일반차입금도 포함되어 있다. 따라서 적격자산의 취득을 위해 차입한 금액을 직접 계산할 수 없으며, 대신 적격자산의 취득을 위한 지출액을 차입금의 대용치로 이용한다. • 이에 따라 적격자산의 지출액을 자본화기간을 고려하여 연평균으로 계산한 연평균지출액을 가장 먼저 계산한다.
[2단계] **특정차입금** **자본화 차입원가** **계산**	• 특정차입금은 개별적으로 식별이 가능하다. 따라서 자본화기간 동안 특정차입금에서 실제로 발생한 차입원가를 직접 계산하여 자본화한다.
[3단계] **일반차입금** **자본화 차입원가** **계산**	• 일반차입금은 개별적인 식별이 불가능하므로 적격자산의 취득을 위한 일반차입금 차입액을 직접 계산하기 어렵다. • 따라서 적격자산의 연평균지출액([1단계] 참고) 중 특정차입금의 연평균차입금을 초과하는 금액을 일반차입금의 연평균차입금으로 가정하고, 여기에 일반차입금의 가중평균 차입이자율을 곱하여 일반차입금의 자본화 차입원가를 계산한다. • 다만, 일반차입금 자본화 차입원가는 회계기간 동안 실제로 발생한 일반차입금 차입원가를 한도로 하여 자본화한다.

02 [1단계] 적격자산의 연평균지출액

① 전술한 바와 같이, 적격자산의 취득을 위해 차입한 금액을 직접 계산할 수 없으므로 적격자산의 취득을 위한 지출액을 차입금의 대용치로 이용한다. 따라서 적격자산의 지출액을 자본화기간을 고려하여 연평균으로 계산한 연평균지출액을 계산한다.

> **승철쌤's comment 적격자산의 지출액**
>
> ① 연평균총지출액을 계산할 때 적격자산의 지출액을 차입금의 대용치로 이용한다는 것은 적격자산의 지출액을 일단 차입금을 조달하여 지출한다는 기본가정이 전제되어 있는 것이다.
> ② 다만, 예외적으로 차입금을 조달하지 않고 공사대금을 지출(예 정부보조금을 수령하여 공사대금 지출)하는 경우에는 이를 연평균총지출액에서 별도로 차감한다.

② 이때 연평균지출액을 계산할 때 기간은 적격자산에 대한 지출기간과 자본화기간이 겹치는 기간을 기준으로 한다. 왜냐하면 적격자산에 자본화할 차입원가는 (회계기간 동안 발생한 차입원가가 아니라) 자본화기간 동안 발생한 차입원가만을 자본화하기 때문이다.

> **적격자산의 연평균지출액 = 총지출액 × ⁽*⁾지출기간/12**
> ⁽*⁾ 적격자산의 지출기간과 자본화기간이 겹치는 기간

③ 한편, 적격자산의 지출액 중 일부를 정부로부터 보조금을 수령하여 지출하는 경우나 건설계약대금 수령액으로 지출하는 경우, 동 지출액은 (타인으로부터 차입한 금액이 아니므로) 차입원가를 발생시키지 않는다. 따라서 정부보조금 등 수령액을 자본화기간을 고려하여 연평균으로 계산한 금액을 연평균지출액에서 차감한다. 이때 정부보조금 등의 연평균수령액도 정부보조금 수령기간과 자본화기간이 겹치는 기간을 기준으로 계산한다.

④ 이렇게 계산한 적격자산의 연평균지출액에서 정부보조금 등의 연평균수령액을 차감한 금액을 적격자산의 연평균순지출액이라고 한다.

> **적격자산의 연평균순지출액**
> = 적격자산의 연평균총지출액 − 정부보조금 연평균수령액
> = 총지출액 × ⁽*¹⁾지출기간/12 − 정부보조금 × ⁽*²⁾수령기간/12
>   ⁽*¹⁾ 적격자산의 지출기간과 자본화기간이 겹치는 기간
>   ⁽*²⁾ 정부보조금 수령기간과 자본화기간이 겹치는 기간

⑤ 한편, 회계기간 동안 적격자산의 연평균장부금액은 일반적으로 당해 기간 동안 지출액의 적절한 근사치가 된다. 즉, 적격자산에 대한 지출이 적격자산의 장부금액과 유사한 금액이므로 적격자산 연평균장부금액을 적격자산 연평균지출액의 대용치로 이용할 수 있다는 의미이다.

예제 1 적격자산의 연평균지출액

(1) (주)한국은 20×1년 중 종업원들을 위한 복지센터를 건설하기로 하고 (주)대한건설과 ₩300,000의 건설계약을 체결하였다. 복지센터는 20×1년 3월 1일에 착공하여 20×1년 11월 30일에 완공되었으며, 동 복지센터는 적격자산에 해당한다.

(2) 고용노동부에서는 종업원 복지센터를 건설하는 경우 취득금액의 일부에 대하여 보조금을 지급한다. (주)한국이 복지센터 건설과 관련하여 공사대금으로 지출한 금액과 고용노동부로부터 수령한 정부보조금의 내역은 다음과 같다.

일자	공사대금 지출액	정부보조금 수령액
3월 1일	₩120,000	₩56,000
6월 1일	100,000	24,000
11월 30일	80,000	-
합계	₩300,000	₩80,000

[요구사항]

적격자산에 대한 연평균순지출액을 계산하시오.

해답　1. 20×1년 자본화기간

20×1.3.1 ~ 20×1.11.30

2. 적격자산의 연평균(총)지출액

지출일	지출액	기간	연평균지출액
3월 1일	120,000	(*)9/12	90,000
6월 1일	100,000	(*)6/12	50,000
11월 30일	80,000	(*)0/12	-
	300,000		140,000

(*) 공사대금 지출기간과 자본화기간이 겹치는 기간임

3. 정부보조금 연평균수령액

지출일	지출액	기간	연평균지출액
3월 1일	56,000	(*)9/12	42,000
6월 1일	24,000	(*)6/12	12,000
	80,000		54,000

(*) 정부보조금 수령기간과 자본화기간이 겹치는 기간임

4. 적격자산의 연평균순지출액

140,000 - 54,000 = 86,000

03 [2단계] 특정차입금 자본화 차입원가

[그림 7 - 2] 특정차입금 자본화기간

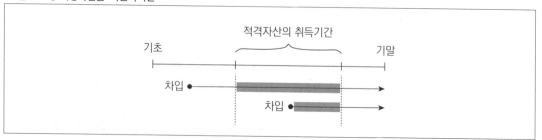

① 특정차입금은 개별적으로 식별(추적)이 가능하다. 따라서 자본화기간 동안 특정차입금에서 실제로 발생한 차입원가를 '직접' 계산하여 자본화한다.

② 한편, 특정차입금으로 조달한 자금의 일시적 운용에서 투자수익이 발생하는 경우, 동 일시투자수익은 적격자산 취득을 위한 지출액을 감소시키는 효과가 있다. 따라서 자본화기간 동안 특정차입금으로부터 조달된 자금의 일시적 운용에서 발생한 일시투자수익은 특정차입금의 자본화 차입원가에서 차감한다.

---

① 특정차입금 차입원가
- = 특정차입금 차입액 × [*]차입기간/12 × 특정차입금 차입이자율
- = 특정차입금 연평균차입액 × 특정차입금 차입이자율
  - [*] 특정차입금의 차입기간과 자본화기간이 겹치는 기간
② 특정차입금 일시투자수익
- = 특정차입금 일시투자금액 × [*]투자기간/12 × 투자수익률
- = 특정차입금 연평균투자금액 × 투자수익률
  - [*] 특정차입금의 투자기간과 자본화기간이 겹치는 기간
③ 특정차입금 자본화 차입원가
- = 특정차입금 차입원가(①) − 특정차입금 일시투자수익(②)
④ 연평균지출액 중 특정차입금으로 지출한 금액
- = 특정차입금 연평균차입액 − 특정차입금 연평균투자금액

승철쌤's comment   특정차입금 차입원가의 자본화기간

① 차입원가 기준서 문단 12에 따르면, 특정차입금은 '회계기간 동안' 그 차입금으로부터 실제 발생한 차입원가에서 당해 차입금의 일시적 운용에서 생긴 투자수익을 차감한 금액을 자본화하도록 언급하고 있다.
② 그러나 특정차입금은 어떤 특정차입금을 얼마만큼 조달하여 어떤 적격자산에 얼마의 기간 동안 지출하였는지를 개별적으로 식별(추적)이 가능하다. 따라서, 상기 문단에도 불구하고, 특정차입금은 '자본화기간 동안' 발생한 차입원가만 자본화하는 것으로 해석하는 것이 타당할 것이다.

예제 2   특정차입금 자본화 차입원가

(1) (주)한국은 20×1년 중 종업원들을 위한 복지센터를 건설하였으며, 자본화기간은 20×1년 3월 1일부터 20×1년 11월 30일까지이다. 적격자산에 대한 연평균지출액은 ₩86,000으로 가정한다.

(2) (주)한국은 종업원 복지센터 건설에 사용할 목적으로 20×1년 3월 1일 (주)국민은행으로부터 연 7%의 이자율 (매년 말 지급)로 ₩80,000을 차입하였다. 차입액 중 ₩64,000은 20×1년 3월 1일 (주)대한건설에 공사대금 지급 시 지출하였으며, 나머지 ₩16,000은 20×1년 6월 1일 공사대금으로 지출될 때까지 3개월 만기의 정기예금에 예치하였다. 정기예금의 이자율은 연 3%이다.

[요구사항]

1. (주)한국이 특정차입금과 관련하여 자본화할 차입원가를 계산하시오.

2. (주)한국이 복지센터 건설과 관련한 연평균지출액 중 특정차입금으로 지출한 금액을 계산하시오.

해답   1. 특정차입금 자본화 차입원가

(1) 특정차입금 차입원가

차입액	기간	연평균차입액	이자율	차입원가
80,000	(*)9/12	60,000	7%	4,200

(*) 특정차입금 차입기간과 자본화기간이 겹치는 기간임

(2) 특정차입금 일시투자수익

투자액	기간	연평균투자액	수익률	투자수익
16,000	(*)3/12	4,000	3%	120

(*) 특정차입금 여유자금의 일시투자기간과 자본화기간이 겹치는 기간임

(3) 특정차입금 자본화 차입원가: 4,200 - 120 = 4,080

2. 연평균지출액 중 특정차입금으로 지출한 금액

60,000 - 4,000 = 56,000

04 [3단계] 일반차입금 자본화 차입원가

일반차입금은 적격자산의 취득을 위하여 직접 차입한 자금이 아니므로 개별적인 식별(추적)이 불가능하다. 따라서 일반차입금의 자본화 차입원가는 직접 계산할 수 없고, 일반차입금의 연평균차입액과 차입이자율을 아래와 같이 가정하여 간접계산한다.

(1) 일반차입금의 연평균차입액

적격자산의 연평균지출액 중 특정차입금으로 지출한 금액을 제외한 나머지 금액은 일단 일반차입금으로 지출하였다고 가정한다. 따라서 일반차입금의 연평균차입액은 다음과 같이 계산된다.

> 연평균지출액 중 일반차입금으로 지출한 금액(일반차입금의 연평균차입액)
> = 연평균지출액 – 연평균지출액 중 특정차입금으로 지출한 금액
> = 연평균지출액 – (특정차입금 연평균차입액 – 특정차입금 연평균투자금액)

(2) 일반차입금의 차입이자율

[그림 7 - 3] 일반차입금 자본화이자율 산정 대상기간

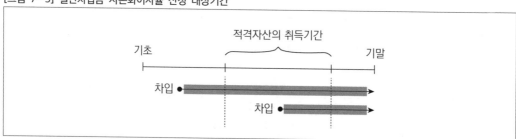

일반차입금은 일반적으로 상이한 이자율을 갖는 다양한 차입금으로 구성되어 있는데, 이 중 어떤 차입금을 적격자산의 취득에 사용하였는지 구체적으로 파악할 수 없다. 따라서 일반차입금이 평균적으로 사용되었다고 가정하여 계산한 가중평균차입이자율을 일반차입금의 자본화이자율로 한다.

> 일반차입금의 가중평균차입이자율(자본화이자율)
> = 일반차입금 차입원가 합계 ÷ 일반차입금 연평균차입액 합계

한편, 일반차입금의 가중평균차입이자율을 계산할 때는 (자본화기간을 고려하지 않고) 회계기간 동안 일반차입금에서 실제로 발생한 차입원가를 가중평균하여 산정한다.

(3) 일반차입금 자본화 차입원가

결론적으로, 일반차입금의 자본화 차입원가는 적격자산에 대한 지출액[상기 (1)]에 자본화이자율[상기 (2)]을 곱하는 방식으로 계산한다. 다만, 이렇게 간접계산한 차입원가는 회계기간 동안 일반차입금에서 실제로 발생한 차입원가를 초과할 수 없다. 왜냐하면 일반차입금에서 실제로 발생한 차입원가를 초과하는 금액을 자본화하면, 실제 발생하지도 않은 차입원가를 자본화하게 되고 이는 자기자본에서 발생한 암묵적 이자를 자본화하는 결과가 되기 때문이다.

> **일반차입금의 자본화 차입원가**: Min[①, ②]
> ① (적격자산의 연평균지출액 – 특정차입금으로 지출한 금액) × 일반차입금의 가중평균차입이자율
> ② 한도: 회계기간 동안 일반차입금에서 실제로 발생한 차입원가

한편, 일반차입금의 일시적 운용에서 발생한 일시투자수익은 일반차입금의 자본화할 차입원가에서 차감하지 않는다. 왜냐하면 일반차입금은 적격자산의 취득을 위해서 직접 차입한 자금이 아니므로 일반차입금의 일시투자수익이 적격자산의 취득원가를 감소시키는 효과가 있다고 보기 어렵기 때문이다.

승철쌤's comment   일반차입금 자본화 차입원가 한도 초과액의 의미

① 일반차입금과 관련하여 자본화할 차입원가는 당기 중 실제로 발생한 일반차입금 차입원가를 한도로 하여 자본화한다. 이때 일반차입금 연평균지출액에 자본화이자율을 곱하여 계산한 차입원가가 한도(실제로 발생한 차입원가)를 초과할 경우, 동 한도 초과액은 (타인자본이 아닌) 자기자본으로 조달한 자금에서 발생한 암묵적인 이자를 의미한다.
  ⇨ 기업이 은행 등 제3자로부터 조달한 자금을 타인자본(예 차입금 등)이라고 하며, 유상증자나 당기순이익 등을 통하여 자체적으로 조달한 자금을 자기자본(예 납입자본, 이익잉여금 등)이라고 한다.
② 예를 들어, 일반차입금 연평균지출액에 자본화이자율을 곱한 이자비용이 2,400이고, 당기 중 실제로 발생한 일반차입금 이자비용(한도)이 2,000이라고 가정할 경우, 일반차입금 자본화 이자비용은 둘 중 작은 금액인 2,000이 된다. 그리고 자본화 한도를 초과한 400은 (차입금이 아닌) 기업이 자체적으로 조달한 자금에서 발생한 암묵적 이자가 된다. 다만, 암묵적 이자는 (실제로 지출한 이자비용이 아니라) 일종의 기회비용 성격의 이자비용이므로 자본화하지 않는 것이다.

(1) (주)한국은 20×1년 중 종업원들을 위한 복지센터를 건설하였으며, 자본화기간은 20×1년 3월 1일부터 11월 30일까지이다. 적격자산에 대한 연평균순지출액은 ₩86,000이며, 이 중 특정차입금으로 지출한 금액은 ₩56,000으로 가정한다.

(2) (주)한국의 차입금 중 복지센터의 건설과 관련하여 일반적으로 차입되고 사용된 차입금들의 내역은 다음과 같다.

구분	차입일	상환일	차입액	이자율	이자지급조건
차입금 A	20×1년 7월 1일	20×2년 6월 30일	₩50,000	6%	단리/매월 말 지급
차입금 B	20×0년 9월 1일	20×1년 8월 31일	75,000	9%	

[요구사항]

1. (주)한국이 일반차입금과 관련하여 자본화할 차입원가를 계산하시오. 단, 일반차입금의 자본화이자율을 계산할 때는 자본화기간에 해당하지 않는 특정차입금을 포함하지 않는다.

2. 20×1년 중 적격자산에 대한 총지출액은 ₩220,000이고, 자본화기간 동안 특정차입금의 차입원가 및 일시투자수익이 각각 ₩4,200과 ₩120이라고 가정한다. 다음 물음에 답하시오.

   (1) (주)한국이 20×1년에 자본화할 차입원가를 계산하시오.

   (2) 20×1년 11월 30일에 인식하는 건물(복지센터)의 취득원가를 계산하시오.

   (3) (주)한국이 20×1년 11월 30일에 건물 취득원가를 인식하는 회계처리를 제시하시오.

해답 **1. 일반차입금 자본화 차입원가**

(1) 일반차입금 연평균차입액과 차입원가

구분	차입액	기간	연평균차입액	이자율	차입원가
A	50,000	(*)6/12	25,000	6%	1,500
B	75,000	(*)8/12	50,000	9%	4,500
계	125,000		75,000		6,000

(*) 자본화기간을 고려하지 않은 실제 차입기간임

(2) 일반차입금의 가중평균차입이자율(자본화이자율): 6,000 ÷ 75,000 = 8%

(3) 일반차입금 자본화 차입원가: Min[①, ②] = 2,400
  ① (연평균순지출액 – 특정차입금 지출액) × 일반차입금 자본화이자율
    : (86,000 – 56,000) × 8% = 2,400
  ② 회계기간 동안 실제로 발생한 일반차입금 차입원가: 6,000

2. 20×1년 자본화 차입원가

(1) 자본화할 차입원가

특정차입금 자본화 차입원가	4,200 – 120 =	4,080
일반차입금 자본화 차입원가		2,400
자본화할 차입원가 계		6,480

(2) 건물 취득원가

적격자산에 대한 지출액	220,000
자본화 차입원가	6,480
건물 취득원가	226,480

(3) 20×1년 11월 30일 회계처리

(차) 건물	226,480	(대) 건설중인자산	220,000
이자수익	120	이자비용	(*)6,600

(*) 4,200 + 2,400 = 6,600

제3절 │ 차입원가 자본화의 기타사항

01 자본화기간을 벗어나는 특정차입금

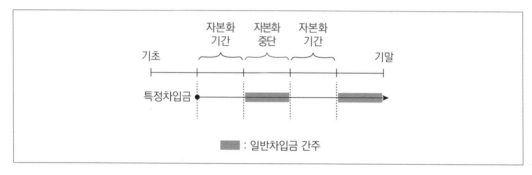

① 차입원가 기준서에 따르면, 자본화기간이 종료된 후에도 상환하지 않고 남아있는 특정차입금은 일반 차입금으로 보아 일반차입금의 자본화이자율 산정 시 포함하도록 규정하고 있다. 차입원가 기준서의 관련 문단을 요약하면 다음과 같다.

> ㉠ 일반목적차입금의 경우, 해당 자산 관련 지출액에 자본화이자율을 곱하는 방식으로 자본화가능 차입원가를 산정한다. 이때 자본화이자율은 회계기간에 존재하는 기업의 모든 차입금에서 발생된 차입원가를 가중평균 하여 산정한다.
> ㉡ 그러나 적격자산을 의도된 용도로 사용가능하게 하는 데 필요한 대부분의 활동이 완료되기 전까지는(즉, 자본화기간이 종료되기 전까지는), 특정차입금에서 생기는 차입원가는 위 ㉠에서 기술된 자본화이자율 산 정에서 제외한다.

② 상기 문단에 따르면, 특정차입금이 자본화 종료일 이후에도 상환하지 않고 남아있는 경우, 그 특정차 입금은 자본화 종료일 이후에는 일반차입금에 포함하여 일반차입금의 자본화이자율(가중평균차입이자 율)을 산정해야 한다.

승철쌤's comment 자본화 개시일 이전 기간과 자본화 중단기간의 특정차입금

> ① 차입원가 기준서 문단 8과 10에 따르면, 적격자산 원가의 일부로 자본화할 차입원가는 적격자산의 취득에 직접 관 련된 차입원가로서, 적격자산과 관련된 지출이 발생하지 않았다면 부담하지 않았을 차입원가로 규정하고 있다. 따라서 자본화 종료일 이후에 발생한 특정차입금 차입원가도 (더 이상 특정차입금 차입원가는 아니지만) 적격자산 의 취득이 없었다면 부담하지 않았을 차입원가로 볼 수 있으므로 일반차입금에 포함하여 자본화이자율을 산정하 도록 요구하고 있는 것이다.
> ⇨ 차입원가 기준서의 결론도출근거 BC14C 참고하여 인용함
> ② 한편, 차입원가 기준서에는 구체적인 언급이 없지만, 상기와 같은 취지에서 본다면 자본화 중단기간 중에 발생한 특정차입금도 일반차입금에 포함하여 일반차입금의 자본화이자율을 산정하는 것이 타당할 것이다.
> ③ 다만, 자본화 개시일 이전 기간의 특정차입금은 일반차입금에 포함하여야 한다는 주장(다수설)과 적격자산의 취득 과 무관한 지출이므로 일반차입금에 포함하지 않아야 한다는 주장이 대립되고 있다.

예제 4 │ 자본화기간을 벗어나는 특정차입금

(1) (주)한국은 20×1년 중 본사사옥을 건설하였으며, 자본화기간은 20×1년 3월 1일부터 20×1년 11월 30일까지이다.

(2) (주)한국의 차입금 내역은 다음과 같으며, 차입금 중에서 차입금 A는 특정차입금이고 나머지 차입금은 일반차입금이다. 이자지급조건은 모두 단리이고 매월 말 지급한다.

차입금	차입금 A	차입금 B	차입금 C
차입액	₩80,000	₩50,000	₩75,000
차입일	20×1.3.1	20×1.7.1	20×0.9.1
상환일	20×2.2.28	20×2.6.30	20×1.8.31
연이자율	7%	6%	9%

[요구사항]

(주)한국의 본사사옥 건설과 관련하여 20×1년의 일반차입금의 자본화이자율을 계산하시오. 단, 일반차입금의 자본화이자율을 계산할 때는 자본화기간에 해당하지 않는 특정차입금을 포함하며, 계산결과는 소수점 셋째 자리에서 반올림한다.

해답 **1. 일반차입금 연평균차입액과 차입원가**

구분	차입액	기간	연평균차입액	이자율	차입원가
차입금 A^(*)	80,000	1/12	6,667	7%	467
차입금 B	50,000	6/12	25,000	6%	1,500
차입금 C	75,000	8/12	50,000	9%	4,500
계	205,000		81,667		6,467

^(*) 특정차입금 A가 자본화기간 종료일(20×1.11.30) 이후에도 20×1년 말까지 상환하지 않고 남아있다. 동 기간의 특정차입금 A는 일반차입금에 포함하여 일반차입금의 자본화이자율을 산정한다.

2. 일반차입금의 가중평균차입이자율(자본화이자율)

6,467 ÷ 81,667 = 7.92%

02 2차 연도 이후의 자본화 차입원가

자본화기간이 두 회계기간 이상에 걸쳐있는 경우 2차 연도 이후의 자본화 차입원가도 앞에서 설명한 바와 같이 산정하면 된다. 다만, 2차 연도 이후의 연평균지출액을 계산할 때는 다음 사항을 추가로 고려해야 한다.

구분	2차 연도의 연평균지출액 계산 시 포함 여부
전기 이전의 적격자산에 대한 총지출액	전기 이전의 적격자산에 대한 총지출액을 당기 초에 지출한 것으로 보아 연평균지출액을 계산할 때 포함한다. 왜냐하면 전기 이전의 적격자산에 대한 총지출액은 당기에도 기초부터 차입원가를 계속해서 발생시키기 때문이다.
전기 이전에 자본화한 차입원가	① 전기 이전의 자본화 차입원가는 당기의 연평균지출액을 계산할 때 원칙적으로 포함하지 않는 것이 타당하다. 왜냐하면 전기 이전의 자본화 차입원가는 적격자산의 취득을 위한 자금을 증가시키지 않으므로 이후에 차입원가를 발생시키지 않기 때문이다. ② 다만, 적격자산의 장부금액을 지출액의 근사치로 이용하는 경우에는 전기 이전에 자본화한 차입원가도 당기의 연평균지출액을 계산할 때 당기 초부터 포함하는 것이 타당할 것이다. 왜냐하면 적격자산의 장부금액에는 적격자산의 지출액뿐만 아니라 자본화 차입원가도 포함되기 때문이다. ③ 한편, 이 부분에 대하여는 현재 여러 가지 견해가 있으므로 수험목적으로는 문제에서 제시하는 단서에 따라 풀이하기 바란다.

예제 5   2차 연도 이후의 자본화 차입원가

(1) (주)한국은 20×1년 6월 30일 사옥건설을 시작하였으며, 20×2년 9월 30일에 완공하였다. 20×1년 중 사옥과 관련한 총지출액과 연평균지출액은 각각 ₩200,000과 ₩100,000이며, 20×1년 중 자본화한 차입원가는 ₩3,000이다.

(2) (주)한국이 20×2년 중 사옥건설과 관련하여 지출한 내역은 다음과 같다.

일자	공사대금 지출액
4월 1일	₩300,000
9월 30일	400,000
합계	₩700,000

[요구사항]

1. 20×2년의 적격자산에 대한 연평균지출액을 계산하시오. 단, 전기 이전에 자본화한 차입원가는 연평균지출액 계산 시 포함하지 않는다.

2. 적격자산의 평균지출액을 회계기간 동안 건설중인자산의 매월 말 장부금액 가중평균으로 계산한다고 할 때, 20×2년의 적격자산에 대한 연평균지출액을 계산하시오.

해답 1. 전기 자본화 차입원가를 포함하지 않는 경우 연평균지출액

지출일	지출액	기간	연평균지출액
전기 이월	200,000	9/12	150,000
4월 1일	300,000	6/12	150,000
9월 30일	400,000	0/12	–
	900,000		300,000

2. 전기 자본화 차입원가를 포함하는 경우 연평균지출액

지출일	지출액	기간	연평균지출액
전기 이월	203,000	9/12	152,250
4월 1일	300,000	6/12	150,000
9월 30일	400,000	0/12	–
	903,000		302,250

03 [보론] 토지지출액의 자본화

① 토지가 개발되고 있는 경우 개발과 관련된 활동이 진행되고 있는 기간 동안 발생한 차입원가는 자본화 대상에 해당한다. 예를 들어, 건물을 건설할 목적으로 토지를 취득하는 경우, 토지 취득이 완료될 때까지 발생한 차입원가는 토지의 원가로 자본화하고, 토지 취득 후 건물을 건설하는 기간(건물의 자본화기간) 동안 발생한 차입원가는 건물의 원가로 자본화해야 한다.

② 그러나 건설목적으로 취득한 토지를 별다른 개발활동 없이 보유하는 동안 발생한 차입원가는 자본화 조건을 충족하지 못하며 즉시 당기비용으로 인식한다.

01 적격자산의 취득, 건설 또는 생산과 직접 관련된 차입원가는 당해 자산 원가의 일부로 (O, X) 자본화하고, 기타 차입원가는 발생기간에 비용으로 인식한다.

02 적격자산은 의도된 용도로 사용(또는 판매) 가능하게 하는 데 상당한 기간을 필요로 (O, X) 하는 자산을 말하며, 금융자산이나 생물자산도 취득기간에 상당한 기간이 소요된다면 적격자산에 해당한다.

03 차입원가는 자금의 차입과 관련하여 발생하는 이자 및 기타 원가를 말하며, 자본화대 (O, X) 상이 되는 차입원가에는 외화차입금과 관련되는 외환차이 중 이자원가의 조정으로 볼 수 있는 부분도 포함된다.

04 적격자산을 의도된 용도로 사용하거나 판매가능한 상태에 이르게 하는 데 필요한 활동 (O, X) 은 당해 자산의 물리적인 제작 활동을 의미하므로 그 이전단계에서 이루어진 기술 및 관리상의 활동은 포함하지 않는다.

05 적격자산에 대한 적극적인 개발활동을 중단한 기간에는 차입원가의 자본화를 중단하 (O, X) 는 것이 원칙이다.

06 적격자산을 의도된 용도로 사용하거나 판매가능한 상태에 이르게 하는 데 필요한 대부 (O, X) 분의 활동이 완료된 시점에 차입원가의 자본화를 종료한다.

정답 및 해설

01 O

02 X 금융자산과 생물자산은 최초인식 시 (원가가 아니라) 각각 해당 자산의 (순)공정가치로 측정하여 인식하므로 취득 기간에 발생하는 차입원가를 자본화할 수 없다(즉, 적격자산이 될 수 없다).

03 O

04 X 적격자산을 의도된 용도로 사용하거나 판매가능한 상태에 이르게 하는 데 필요한 활동은 당해 자산의 물리적인 제작뿐만 아니라 그 이전단계에서 이루어진 기술 및 관리상의 활동도 포함한다.

05 O

06 O

07 차입원가를 발생시키는 자금 중 특정차입금은 당해 적격자산을 취득하기 위해 특정하 (O, X)
여 차입한 자금이므로 적격자산과 직접 관련된 차입원가를 쉽게 식별(추적)할 수 있다.
그러나 일반차입금은 개별적인 식별(추적)이 불가능하므로 적격자산의 취득과 관련된
차입원가를 직접 계산하기 어렵다는 특징이 있다.

08 적격자산의 지출액 중 정부로부터 보조금을 수령하여 지출하는 금액과 건설계약대금 (O, X)
수령액으로 지출하는 금액도 적격자산의 연평균지출액을 계산할 때 포함한다.

09 적격자산을 취득하기 위한 목적으로 특정하여 차입한 자금에 한하여, 회계기간 동안 (O, X)
그 차입금으로부터 실제 발생한 차입원가에서 당해 차입금의 일시적 운용에서 생긴 투
자수익을 차감한 금액을 자본화가능차입원가로 결정한다.

10 일반적인 목적으로 차입한 자금을 적격자산 취득에 사용하였다면 관련 차입원가를 자 (O, X)
본화하되, 동 차입금과 관련하여 자본화기간 내에 발생한 일시적 투자수익을 자본화가
능차입원가에서 차감한다.

11 일반차입금에 자본화할 차입원가는 당해 자산 관련 지출액에 자본화이자율을 적용하 (O, X)
는 방식으로 결정하며, 자본화이자율의 산정에 포함된 일반차입금에서 자본화기간 동
안 실제 발생한 차입원가를 초과할 수 없다.

정답 및 해설

07 O

08 X 적격자산의 지출액 중 정부보조금을 수령하여 지출하는 금액과 건설계약대금 수령액으로 지출하는 금액은 (타인
으로부터 차입한 금액이 아니므로) 차입원가를 발생시키지 않는다. 따라서 정부보조금 수령액과 건설계약대금 수
령액은 적격자산에 대한 연평균지출액을 계산할 때 차감한다.

09 O

10 X 일반차입금은 일반차입금의 일시적 운용에서 발생한 일시투자수익을 자본화가능차입원가에서 차감하지 않는다.
왜냐하면 일반차입금에서 발생한 일시투자수익은 적격자산을 취득하는 데 지출하였다고 보기 어렵기 때문이다.

11 X 일반차입금의 자본화가능 차입원가는 일반차입금에서 '회계기간 동안' 실제 발생한 차입원가를 초과할 수 없다.

제7장
객관식 연습문제

자본화 차입원가

01 (주)국세는 20×1년 1월 1일에 생산공장을 신축하기 위하여 공사를 시작하였다. 동 생산공장은 20×3년 12월 31일에 준공될 예정이다. 생산공장 신축과 관련하여 (주)국세는 20×1년 1월 1일과 7월 1일에 각각 ₩60,000,000과 ₩100,000,000을 지출하였다. 20×1년 7월 1일에 지출한 금액 중 ₩30,000,000 은 동 일자로 상환의무 없이 생산공장 신축과 관련하여 정부로부터 보조받은 금액이다. (주)국세는 20×1 년 1월 1일에 대둔은행으로부터 생산공장 신축을 위하여 ₩20,000,000을 차입하여 즉시 전액 지출하였다. 동 차입금의 이자율은 10%(단리, 매년 말 지급)이며, 상환일은 20×4년 1월 31일이다. 한편, 일반목적차입금 내역은 다음과 같다.

차입처	차입일	차입금액	상환일	이자율	이자지급조건
해남은행	20×1.7.1	₩40,000,000	20×4.4.30	10%	단리/매년 말 지급
제부은행	20×1.1.1	₩20,000,000	20×3.12.31	8%	단리/매년 말 지급

동 생산공장 신축과 관련하여 (주)국세가 20×1년 말 재무상태표상 건설중인자산으로 자본화하여야 할 차입원가는 얼마인가? (단, 위 문제와 관련한 이자는 월할계산한다) [세무사 11]

① ₩5,600,000 ② ₩7,250,000 ③ ₩8,750,000
④ ₩11,990,000 ⑤ ₩14,100,000

자본화 차입원가

02 (주)대한은 공장건물을 신축하기로 하고 (주)청주건설과 도급계약을 체결하였다. 공장건물 건설공사는 20×1년 1월 1일에 시작하여 20×2년 6월 30일에 완료될 예정이다. 동 공장건물은 차입원가를 자본화하는 적격자산에 해당한다. (주)대한은 공장건물 건설공사를 위해 20×1년 1월 1일에 ₩3,000,000, 20×1년 7월 1일에 ₩5,000,000, 20×1년 10월 1일에 ₩4,000,000을 각각 지출하였다. (주)대한의 차입금 내역은 다음과 같다.

차입금	차입금액	차입일	상환일	이자율	이자지급조건
A	₩4,000,000	20×1.1.1	20×2.9.30	8%	단리/매년 말 지급
B	₩6,000,000	20×0.9.1	20×2.12.31	10%	단리/매년 말 지급
C	₩8,000,000	20×1.4.1	20×3.6.30	6%	단리/매년 말 지급

이들 차입금 중에서 차입금 A는 동 공장건물의 건설공사를 위한 특정차입금이며, 차입금 B와 차입금 C는 일반차입금이다. 특정차입금 중 ₩1,000,000은 20×1년 1월 1일부터 20×1년 6월 30일까지 연 이자율 5%의 정기예금에 예치하였다. (주)대한이 20×1년에 자본화할 차입원가는 얼마인가? (단, 연평균지출액, 이자비용, 이자수익은 월할로 계산한다) [회계사 19]

① ₩320,000 ② ₩470,000 ③ ₩495,000
④ ₩520,000 ⑤ ₩535,000

자본화 차입원가

03 (주)세무는 20×1년 7월 1일에 영업지점 건물 신축을 시작하여 20×2년 12월 31일에 공사를 완료하였다. 동 건물은 차입원가를 자본화하는 적격자산이며, 20×1년도 영업지점 건물 신축 관련 공사비 지출 내역은 다음과 같다. 20×1년 10월 1일 지출액 중 ₩240,000은 당일에 정부로부터 수령한 보조금으로 지출되었다.

구분	20×1.7.1	20×1.10.1	20×1.12.1
공사대금 지출액	₩300,000	₩960,000	₩1,200,000

(주)세무의 차입금 내역은 다음과 같으며, 모든 차입금은 매년 말 이자지급 조건이다. 특정차입금 중 ₩200,000은 20×1년 7월 1일부터 20×1년 9월 30일까지 3개월간 연 10%의 수익률을 제공하는 금융상품에 투자하여 일시적 운용수익을 획득하였다.

차입금	차입일	차입금액	상환일	연 이자율
특정차입금	20×1.7.1	₩500,000	20×2.6.30	8%
일반차입금 A	20×1.1.1	₩500,000	20×2.12.31	8%
일반차입금 B	20×1.7.1	₩1,000,000	20×3.6.30	6%

신축 중인 영업지점 건물과 관련하여 (주)세무가 20×1년도에 자본화할 차입원가는? (단, 연평균지출액과 이자비용은 월할계산하며, 정부보조금은 해당 자산의 장부금액에서 차감하는 방법으로 처리한다)

[세무사 21]

① ₩15,000 ② ₩31,100 ③ ₩49,300
④ ₩62,300 ⑤ ₩85,000

자본화이자율 추정

04 (주)세무는 20×1년 7월 1일 공장건물 신축을 시작하여 20×2년 12월 31일에 공사를 완료하였다. 동 공장건물은 차입원가를 자본화하는 적격자산이다. 공장건물 신축을 위해 20×1년 7월 1일에 ₩12,000,000, 그리고 20×2년에 ₩10,000,000을 각각 지출하였다. (주)세무는 20×1년 7월 1일 공장건물 신축을 위한 특정차입금 ₩2,000,000(이자율 연 5%, 2년 후 일시 상환)을 차입하였다. (주)세무는 특정차입금 중 ₩1,000,000을 연 2% 이자지급조건의 정기예금에 20×1년 8월 1일부터 20×1년 10월 31일까지 예치하였다. (주)세무가 20×1년에 공장건물 신축과 관련하여 자본화한 차입원가는 ₩150,000일 때, 20×1년 일반차입금에 대한 자본화이자율은? (단, 특정차입금으로 사용하지 않은 지출액은 일반차입금으로 지출되었으며, 20×1년도에 일반차입금에서 발생한 실제 차입원가는 ₩520,000이다. 연평균 지출액과 이자비용은 월할계산한다)

[세무사 22]

① 2% ② 3% ③ 4%
④ 5% ⑤ 6%

05 (주)대한은 20×1년 3월 1일부터 공장건물 신축공사를 실시하여 20×2년 10월 31일에 해당 공사를 완료하였다. 동 공장건물은 차입원가를 자본화하는 적격자산이다. (주)대한의 신축공사와 관련된 자료는 다음과 같다.

구분	20×1.3.1	20×1.10.1	20×2.1.1	20×2.10.1
공사대금 지출액	₩200,000	₩400,000	₩300,000	₩120,000

종류	차입금액	차입기간	연 이자율
특정차입금 A	₩240,000	20×1.3.1~20×2.10.31	4%
일반차입금 B	₩240,000	20×1.3.1~20×2.6.30	4%
일반차입금 C	₩60,000	20×1.6.1~20×2.12.31	10%

(주)대한이 20×2년에 자본화할 차입원가는 얼마인가? (단, 전기 이전에 자본화한 차입원가는 연평균지출액 계산 시 포함하지 아니하며, 연평균지출액, 이자비용은 월할계산한다) [회계사 20]

① ₩16,800
② ₩17,000
③ ₩18,800
④ ₩20,000
⑤ ₩20,800

06 (주)한국은 20×1년 1월 1일 사옥건설을 시작하였으며, 20×2년 9월 30일에 완공하였다. 다음은 사옥건설과 관련된 세부내역이다.

〈지출액〉
20×1년 1월 1일: ₩200,000
20×2년 1월 1일: ₩300,000

〈차입금 내역〉

차입금	차입일	차입금액	상환일	연 이자율
A	20×1.1.1	₩100,000	20×2.6.30	5%
B	20×1.1.1	₩200,000	20×2.12.31	10%

차입금 A는 사옥건설 목적을 위하여 개별적으로 차입(특정차입금)하였으며, 차입금 B는 일반목적 차입금이다.

20×2년 사옥의 취득원가로 인식할 금액은? (단, 이자는 월할계산하며, 전기 이전에 자본화한 차입원가는 연평균지출액 계산 시 포함하지 아니한다) [세무사 15]

① ₩500,000
② ₩522,500
③ ₩537,500
④ ₩545,000
⑤ ₩550,000

2차 연도 자본화 - 전기 이전 자본화 이자비용을 포함하는 경우

07 (주)한국은 20×1년 초에 공장건물 신축을 시작하여 20×2년 7월 1일에 공사를 완료하였다. 동 공장건물은 차입원가를 자본화하는 적격자산이며, 신축 관련 공사비 지출액의 내역은 다음과 같다.

구분	20×1.3.1	20×1.9.1	20×2.4.1
공사대금 지출액	₩3,000,000	₩6,000,000	₩7,000,000

공장건물 신축을 목적으로 직접 차입한 자금은 없으며, 20×1년도와 20×2년도의 회계기간 동안 일반목적차입금 이자비용과 일반목적차입금 가중평균 관련 자료는 다음과 같다.

구분	20×1년	20×2년
이자비용	₩480,000	₩700,000
연평균 차입금	6,000,000	7,000,000

(주)한국은 신축관련 공사비 지출액을 건설중인자산으로 인식한다. 적격자산 평균지출액은 회계기간 동안 건설중인 자산의 매월 말 장부금액 가중평균으로 계산한다고 할 때, 20×2년 (주)한국이 인식해야 할 자본화 차입원가는 얼마인가?   [회계사 16]

① ₩360,000
② ₩450,000
③ ₩625,000
④ ₩643,000
⑤ ₩700,000

자본화기간 종료일 이후 특정차입금

08 (주)대한은 공장을 신축하기로 하고 (주)민국건설과 도급계약을 체결하였다. 공사는 20×1년 1월 1일 착공하여 20×1년 9월 30일에 완공되었으며, 적격자산에 해당한다. (주)대한은 공장건설을 위해 20×1년 1월 1일에 ₩120,000, 동년 7월 1일에 ₩100,000을 각각 지불하였다. (주)대한의 차입금 내역은 다음과 같다.

구분	차입일	차입금액	상환일	연 이자율
차입금 A	20×1.1.1	₩60,000	20×1.12.31	9%
차입금 B	20×1.9.1	₩90,000	20×3.10.31	6%

상기 차입금 중에서 차입금 A는 공장신축을 위해 차입한 특정차입금이며 차입과 동시에 (주)민국건설에 지급하였고, 차입금 B는 일반차입금이다. 이자율은 모두 단리이다. (주)대한이 건설 중인 신축공사에 대하여 20×1년도에 자본화할 총차입원가의 금액은 얼마인가? (단, 계산 시 월할로 한다)

① ₩4,050
② ₩5,850
③ ₩7,200
④ ₩8,250
⑤ ₩8,950

정답

01 ①   02 ⑤   03 ②   04 ①   05 ③   06 ③   07 ④   08 ③

해설

01   ①   **(1) 연평균지출액**

$60,000,000 \times 12/12 + (100,000,000 - 30,000,000) \times 6/12 = 95,000,000$

(2) 특정차입금 자본화 차입원가

구분	금액	기간	연평균금액	이자율	차입원가
대둔은행	20,000,000	12/12	20,000,000	10%	2,000,000

(3) 일반차입금 자본화 차입원가

① 일반차입금 자본화이자율

구분	차입액	기간	연평균차입액	이자율	차입원가
해남은행	40,000,000	6/12	20,000,000	10%	2,000,000
제부은행	20,000,000	12/12	20,000,000	8%	1,600,000
계	60,000,000		40,000,000		3,600,000

⇨ 자본화이자율(가중평균차입이자율): $3,600,000 \div 40,000,000 = 9\%$

② 일반차입금 자본화 차입원가: Min[㉠, ㉡] = 3,600,000

㉠ $(95,000,000 - 20,000,000) \times 9\% = 6,750,000$

㉡ 일반차입금 실제 차입원가 3,600,000

(4) 20×1년 자본화 차입원가

$2,000,000(특정차입금) + 3,600,000(일반차입금) = 5,600,000$

02 ⑤ **(1) 연평균지출액**

3,000,000 × 12/12 + 5,000,000 × 6/12 + 4,000,000 × 3/12 = 6,500,000

(2)특정차입금(A) 자본화 차입원가

구분	금액	기간	연평균금액	이자율	차입원가
특정차입금 A	4,000,000	12/12	4,000,000	8%	320,000
일시투자수익	(1,000,000)	6/12	(500,000)	5%	(25,000)
계	3,000,000		3,500,000		295,000

(3)일반차입금 자본화 차입원가

① 일반차입금 자본화이자율

구분	차입액	기간	연평균차입액	이자율	차입원가
차입금 B	6,000,000	12/12	6,000,000	10%	600,000
차입금 C	8,000,000	9/12	6,000,000	6%	360,000
계	14,000,000		12,000,000		960,000

⇨ 자본화이자율(가중평균차입이자율): 960,000 ÷ 12,000,000 = 8%

② 일반차입금 자본화 차입원가: Min[㉠, ㉡] = 240,000

㉠ (6,500,000 − 3,500,000) × 8% = 240,000

㉡ 일반차입금 실제 차입원가 960,000

(4)20×1년 자본화 차입원가

295,000(특정차입금) + 240,000(일반차입금) = 535,000

03 ② **(1) 연평균순지출액**

300,000 × 6/12 + 960,000 × 3/12 + 1,200,000 × 1/12 − 240,000 × 3/12 = 430,000

(2)특정차입금 자본화 차입원가

구분	금액	기간	연평균금액	이자율	차입원가
특정차입금	500,000	6/12	250,000	8%	20,000
일시투자수익	(200,000)	3/12	(50,000)	10%	(5,000)
계	300,000		200,000		15,000

(3)일반차입금 자본화 차입원가

① 일반차입금 실제 차입원가

구분	차입액	기간	연평균차입액	이자율	차입원가
일반차입금 A	500,000	12/12	500,000	8%	40,000
일반차입금 B	1,000,000	6/12	500,000	6%	30,000
계	1,500,000		1,000,000		70,000

② 일반차입금의 가중평균차입이자율(자본화이자율): 70,000 ÷ 1,000,000 = 7%

③ 일반차입금 자본화 차입원가: Min[㉠, ㉡] = 16,100

㉠ (430,000 − 200,000) × 7% = 16,100

㉡ 일반차입금 실제 차입원가: 70,000

(4)20×1년 자본화 차입원가

15,000(특정차입금) + 16,100(일반차입금) = 31,100

04 ① **(1) 연평균지출액**: 12,000,000 × 6/12 = 6,000,000
(2) 특정차입금 자본화 차입원가

구분	금액	기간	연평균금액	이자율	차입원가
특정차입금	2,000,000	6/12	1,000,000	5%	50,000
일시투자수익	(1,000,000)	3/12	(250,000)	2%	(5,000)
계	1,000,000		750,000		45,000

(3) 일반차입금 자본화 차입원가

　① 일반차입금 자본화 차입원가

　　150,000(공장건물 자본화 차입원가) - 45,000(특정차입금 자본화 차입원가) = 105,000

　② 20×1년 일반차입금의 실제 차입원가는 520,000으로 일반차입금 자본화 차입원가 105,000보다 크다.
　　따라서 일반차입금 자본화 차입원가 105,000은 (한도에 걸리는 금액이 아니라) 일반차입금 연평균지출액
　　에 자본화이자율을 곱하여 계산한 금액이 된다.

(4) 일반차입금 자본화이자율

　105,000 ÷ 5,250,000(= 6,000,000 - 750,000) = 2%

05 ③ **(1) 연평균지출액**

　$^{(*)}$600,000 × 10/12 + 300,000 × 10/12 + 120,000 × 1/12 = 760,000

　$^{(*)}$ 전기 총지출액: 200,000 + 400,000 = 600,000

(2) 특정차입금 자본화 차입원가

구분	금액	기간	연평균금액	이자율	차입원가
특정차입금 A	240,000	10/12	200,000	4%	8,000

(3) 일반차입금 자본화 차입원가

　① 일반차입금 자본화 차입원가

구분	차입액	기간	연평균차입액	이자율	차입원가
일반차입금 B	240,000	6/12	120,000	4%	4,800
일반차입금 C	60,000	12/12	60,000	10%	6,000
계	300,000		180,000		10,800

　② 일반차입금의 가중평균차입이자율(자본화이자율): 10,800 ÷ 180,000 = 6%
　③ 일반차입금 자본화 차입원가: Min[㉠, ㉡] = 10,800
　　㉠ (760,000 - 200,000) × 6% = 33,600
　　㉡ 일반차입금 실제 차입원가: 10,800

(4) 20×2년 자본화 차입원가

　8,000(특정차입금) + 10,800(일반차입금) = 18,800

06 ③ **(1) 20×1년(자본화기간: 20×1.1.1 ~ 20×1.12.31)**

① 연평균지출액: 200,000 × 12/12 = 200,000

② 특정차입금 자본화 차입원가

차입액	기간	연평균금액	이자율	차입원가
100,000	12/12	100,000	5%	5,000

③ 일반차입금 자본화 차입원가: Min[㉠, ㉡] = 10,000

㉠ (200,000 - 100,000) × 10% = 10,000

㉡ 일반차입금 실제 차입원가: 200,000 × 12/12 × 10% = 20,000

④ 20×1년 자본화 차입원가: 5,000(특정차입금) + 10,000(일반차입금) = 15,000

(2) 20×2년(자본화기간: 20×2.1.1 ~ 20×2.9.30)

① 연평균지출액: (*)200,000 × 9/12 + 300,000 × 9/12 = 375,000

(*) 전기 총지출액

② 특정차입금 자본화 차입원가

차입액	기간	연평균금액	이자율	차입원가
100,000	6/12	50,000	5%	2,500

③ 일반차입금 자본화 차입원가: Min[㉠, ㉡] = 20,000

㉠ (375,000 - 50,000) × 10% = 32,500

㉡ 일반차입금 실제 차입원가: 200,000 × 12/12 × 10% = 20,000

④ 20×2년 자본화 차입원가: 2,500(특정차입금) + 20,000(일반차입금) = 22,500

(3) 20×2년 사옥 취득원가

공사대금 지출액	200,000(20×1년) + 300,000(20×2년) =	500,000
자본화 차입원가	15,000(20×1년) + 22,500(20×2년) =	37,500
합계		537,500

07 ④ **(1) 20×1년(자본화기간: 20×1.1.1 ~ 20×1.12.31)**

① 연평균지출액: 3,000,000 × 10/12 + 6,000,000 × 4/12 = 4,500,000

② 특정차입금 자본화 차입원가: 영(0)

③ 일반차입금 자본화 차입원가

㉠ 일반차입금 자본화이자율(가중평균차입이자율): 480,000 ÷ 6,000,000 = 8%

㉡ 일반차입금 자본화 차입원가: Min[360,000(= 4,500,000 × 8%), 480,000] = 360,000

④ 20×1년 자본화 차입원가: 0(특정차입금) + 360,000(일반차입금) = 360,000

(2) 20×2년(자본화기간: 20×2.1.1 ~ 20×2.7.1)

① 연평균지출액: (9,000,000 + (*)360,000) × 6/12 + 7,000,000 × 3/12 = 6,430,000

(*) 연평균지출액을 적격자산의 가중평균 장부금액으로 계산하므로, 전기(20×1년)에 자본화한 차입원가도 기초부터 포함하여 20×2년의 연평균지출액을 계산한다.

② 특정차입금 자본화 차입원가: 영(0)

③ 일반차입금 자본화 차입원가

㉠ 일반차입금 자본화이자율(가중평균차입이자율): 700,000 ÷ 7,000,000 = 10%

㉡ 일반차입금 자본화 차입원가: Min[643,000(= 6,430,000 × 10%), 700,000] = 643,000

④ 20×2년 자본화 차입원가: 0(특정차입금) + 643,000(일반차입금) = 643,000

08 ③ **(1) 연평균지출액**

120,000 × 9/12 + 100,000 × 3/12 = 115,000

(2)특정차입금(A) 자본화 차입원가

45,000(= 60,000 × 9/12) × 9% = 4,050

(3)일반차입금 자본화 차입원가

① 일반차입금 자본화 차입원가

구분	차입액	기간	연평균차입액	이자율	차입원가
A(*)	60,000	3/12	15,000	9%	1,350
B	90,000	4/12	30,000	6%	1,800
계	150,000		45,000		3,150

(*) 자본화 종료시점 이후에도 상환하지 않고 남아있는 특정차입금은 일반차입금에 포함하여 일반차입금의 자본화이자율을 산정한다.

② 일반차입금의 가중평균차입이자율(자본화이자율): 3,150 ÷ 45,000 = 7%

③ 일반차입금 자본화 차입원가: Min[⊙, ⓒ] = 3,150

⊙ (115,000 - 45,000) × 7% = 4,900

ⓒ 일반차입금 실제 차입원가: 3,150

(4)20×1년 자본화 차입원가

4,050(특정차입금) + 3,150(일반차입금) = 7,200

01 (주)대한의 공장건물 신축과 관련한 다음의 자료를 이용하여 제시된 물음에 답하시오.

(1) 공장건물 신축공사는 20×1년 4월 1일에 개시되어 20×2년 9월 30일에 완공되었다.

(2) 공장건물 신축과 관련된 공사비 지출 내역은 다음과 같다.

일자	금액
20×1년 4월 1일	₩20,000,000
20×1년 10월 1일	30,000,000
20×2년 4월 1일	40,000,000

(3) (주)대한의 차입금 내역은 다음과 같으며 이자는 모두 상환일에 지급한다.

차입금	차입일	차입금액	상환일	연 이자율
특정차입금 A	20×1.4.1	₩10,000,000	20×2.2.28	6%
일반차입금 B	20×1.11.1	12,000,000	20×2.10.31	6%
일반차입금 C	20×2.7.1	10,000,000	20×3.6.30	4%

(4) 특정차입금 A는 20×1년 4월 1일부터 20×1년 5월 31일까지 연 이자율 3%의 금융상품에 일시 예입하였으며, 일반차입금 C는 20×2년 7월 1일부터 한 달간 연 이자율 3%의 금융상품에 일시 예입하였다.

(5) (주)대한은 공장건물 신축과 관련하여 20×1년 4월 1일에 ₩12,000,000의 정부보조금을 수령하여 전액 공사비로 지출하였다.

[물음 1] 20×1년도 공장건물 신축과 관련한 자본화가능 차입원가를 계산하시오.

[물음 2] 20×2년 공장건물 신축과 관련한 자본화가능 차입원가를 계산하시오. 단, 20×1년에 자본화한 차입원가는 20×2년도 지출액 계산에 포함시키지 않으며 이자율은 소수점 아래 둘째 자리에서 반올림하여 첫째 자리로 계산하시오. (예 5.67%는 5.7%로 계산)

해답 [물음 1] 20×1년 자본화 차입원가

1. 연평균지출액

지출시점	지출액	기간	연평균지출액
20×1.4.1	20,000,000	9/12	15,000,000
20×1.10.1	30,000,000	3/12	7,500,000
20×1.4.1	(12,000,000)	9/12	(9,000,000)
계	38,000,000		13,500,000

2. 특정차입금 자본화 차입원가

구분	금액	기간	연평균금액	이자율	차입원가
차입금 A	10,000,000	9/12	7,500,000	6%	450,000
일시투자수익	(10,000,000)	2/12	(1,666,667)	3%	(50,000)
계	-		5,833,333		400,000

3. 일반차입금 자본화 차입원가: Min[①, ②] = 120,000
   ① (13,500,000 - 5,833,333) × $^{(*)}$6% = 460,000
      $^{(*)}$ 일반차입금 B의 차입이자율
   ② 일반차입금 B 실제 차입원가(한도): 12,000,000 × 2/12 × 6% = 120,000

4. 20×1년 자본화 차입원가: 400,000(특정차입금) + 120,000(일반차입금) = 520,000

[물음 2] 20×2년 자본화 차입원가

1. 연평균지출액

지출시점	지출액	기간	연평균지출액
전기 총지출액	$^{(*)}$38,000,000	9/12	28,500,000
20×2.4.1	40,000,000	6/12	20,000,000
계	78,000,000		48,500,000

$^{(*)}$ 20,000,000 + 30,000,000 - **12,000,000** = 38,000,000

2. 특정차입금 자본화 차입원가

구분	금액	기간	연평균금액	이자율	차입원가
차입금 A	10,000,000	2/12	1,666,667	6%	100,000

3. 일반차입금 자본화 차입원가
   (1) 일반차입금 자본화이자율

구분	금액	기간	연평균금액	이자율	차입원가
차입금 B	12,000,000	10/12	10,000,000	6%	600,000
차입금 C	10,000,000	6/12	5,000,000	4%	200,000
계	22,000,000		15,000,000		800,000

   ⇨ 자본화이자율(가중평균차입이자율): 800,000 ÷ 15,000,000 = 0.053(5.3%)
   (2) 일반차입금 자본화 차입원가: Min[①, ②] = 800,000
      ① (48,500,000 - 1,666,667) × 5.3% = 2,482,167
      ② 일반차입금 B 실제 차입원가(한도): 800,000

4. 20×2년 자본화 차입원가: 100,000(특정차입금) + 800,000(일반차입금) = 900,000

02 다음은 (주)대한의 공장건물 신축과 관련한 자료이다. 제시된 물음에 답하시오.

(1) (주)대한은 (주)민국건설과 공장건물 신축 도급계약을 체결하였다. 공장건물 신축공사는 20×1년 4월 1일에 개시되어 20×2년 9월 30일에 완공되었다. 공장건물 신축과 관련된 공사비 지출 내역은 다음과 같다.

일자	금액
20×1년 4월 1일	₩ 160,000
20×1년 7월 1일	300,000
20×2년 4월 1일	400,000
합계	₩ 860,000

(2) (주)대한의 차입금 내역은 다음과 같으며 이자는 모두 상환일에 지급한다.

차입금	차입일	차입금액	상환일	연 이자율
특정차입금 A	20×1.4.1	₩100,000	20×3.2.28	5%
일반차입금 B	20×1.11.1	240,000	20×2.10.31	6%
일반차입금 C	20×2.7.1	100,000	20×3.6.30	4%

(3) 특정차입금 A는 20×1년 4월 1일부터 20×1년 6월 30일까지 연 이자율 3%의 금융상품에 일시 예입하였으며, 일반차입금 C는 20×2년 7월 1일부터 한달간 연 이자율 3%의 금융상품에 일시 예입하였다.

(4) (주)대한은 공장건물 신축과 관련하여 20×1년 4월 1일에 ₩120,000의 정부보조금을 수령하여 전액 공사비로 지출하였다.

(5) 한편, (주)대한은 (주)민국건설과 상기 도급계약의 일부 조항 해석에 대한 이견이 발생하여, 20×1년 10월 1일부터 12월 31일까지 적격자산에 대한 적극적인 개발활동을 중단하였다. 이 기간 동안 상당한 기술 및 관리활동은 진행되지 않았으며, 이러한 일시적 지연이 필수적인 경우도 아니어서 (주)대한은 동 기간 동안 차입원가의 자본화를 중단하였다. 단, 동 건설공사는 예정대로 20×2년 9월 30일에 완공되었다.

(6) 자본화이자율을 계산할 때는 자본화기간에 해당하지 않는 특정차입금을 포함하여 계산하며, 자본화 이자율은 소수점 아래 둘째자리에서 반올림하여 첫째 자리로 계산한다. (예 5.67%는 5.7%로 계산)

[물음 1] 20×1년도 공장건물 신축과 관련한 자본화가능차입원가를 다음의 양식에 따라 제시하시오.

구분	금액
20×1년 적격자산의 연평균지출액	①
20×1년 특정차입금 자본화차입원가	②
20×1년 자본화이자율	③
20×1년 일반차입금 자본화차입원가	④
20×1년 자본화차입원가	⑤

[물음 2] 20×2년 공장건물 신축과 관련한 자본화가능차입원가과 20×2년 9월 30일 적격자산의 장부금액을 다음의 양식에 따라 제시하시오. 단, 20×1년에 자본화한 차입원가는 20×2년도 지출액 계산에 포함시키지 않으며, 정부보조금은 자산의 취득원가에서 차감하는 원가차감법을 이용하여 회계처리한다.

구분	금액
20×2년 적격자산의 연평균지출액	①
20×2년 특정차입금 자본화차입원가	②
20×2년 자본화이자율	③
20×2년 일반차입금 자본화차입원가	④
20×2년 자본화차입원가	⑤
20×2년 9월 30일 적격자산 장부금액	⑥

해답 [물음 1] 20×1년 자본화가능차입원가

1. 답안의 작성

    ① 20×1년 적격자산의 연평균지출액: 95,000

    ② 20×1년 특정차입금 자본화차입원가: 1,750

    ③ 20×1년 자본화이자율: 5.6%

    ④ 20×1년 일반차입금 자본화차입원가: 3,650

    ⑤ 20×1년 자본화차입원가: 5,400

2. 연평균순지출액

지출시점	지출액	(*)기간	연평균순지출액
20×1.4.1	160,000	6/12	80,000
20×1.7.1	300,000	3/12	75,000
20×1.4.1	(120,000)	6/12	(60,000)
계	340,000		95,000

(*) 자본화기간(중단기간 제외)과 공사비 지출기간이 겹치는 기간

3. 특정차입금 자본화가능차입원가

구분	금액	기간	연평균금액	이자율	차입원가
차입금 A	100,000	6/12	50,000	5%	2,500
일시투자액	(100,000)	3/12	(25,000)	3%	(750)
계	–		25,000		1,750

4. 일반차입금 자본화가능차입원가

    (1) 일반차입금 연평균차입금과 실제 차입원가

구분	금액	기간	연평균금액	이자율	차입원가
차입금 A(*)	100,000	3/12	25,000	5%	1,250
차입금 B	240,000	2/12	40,000	6%	2,400
계	340,000		65,000		3,650

   (*) 자본화이자율을 계산할 때 자본화기간에 해당하지 않는 특정차입금을 포함하므로 자본화 중단 기간의 특정차입금을 일반차입금으로 간주하여 자본화이자율을 산정한다.

    (2) 일반차입금 자본화이자율(가중평균차입이자율): 3,650 ÷ 65,000 = 5.6%

    (3) 자본화가능차입원가: Min[(95,000 − 25,000) × 5.6% = 3,920, (*)3,650] = 3,650

       (*) 회계기간 동안 실제로 발생한 일반차입금 차입원가

5. 20×1년 자본화가능 차입원가

특정차입금	1,750
일반차입금	3,650
계	5,400

[물음 2] 20×2년 자본화가능차입원가

1. 답안의 작성
   ① 20×2년 적격자산의 연평균지출액: 455,000
   ② 20×2년 특정차입금 자본화차입원가: 3,750
   ③ 20×2년 자본화이자율: 5.5%
   ④ 20×2년 일반차입금 자본화차입원가: 15,250
   ⑤ 20×2년 자본화차입원가: 19,000
   ⑥ 20×2년 9월 30일 적격자산 장부금액: 764,400

2. 연평균순지출액

지출시점	지출액	자본화기간	연평균순지출액
전기 총지출액	460,000	9/12	345,000
전기 보조금 수령액	(120,000)	9/12	(90,000)
20×2.4.1	400,000	6/12	200,000
계	740,000		455,000

3. 특정차입금 자본화가능차입원가

구분	금액	기간	연평균금액	이자율	차입원가
차입금 A	100,000	9/12	75,000	5%	3,750

4. 일반차입금 자본화가능차입원가
   (1) 일반차입금의 연평균차입금과 실제 이자비용

구분	금액	기간	연평균금액	이자율	차입원가
차입금 A[*]	100,000	3/12	25,000	5%	1,250
차입금 B	240,000	10/12	200,000	6%	12,000
차입금 C	100,000	6/12	50,000	4%	2,000
계	440,000		275,000		15,250

   [*] 자본화 종료시점 이후에도 상환하지 않고 남아 있는 특정차입금은 일반차입금에 포함하여 일반차입금의 자본화이자율을 산정한다.

   (2) 일반차입금 자본화이자율(가중평균차입이자율) : 15,250 ÷ 275,000 = 5.5%
   (3) 자본화가능차입원가: Min[(455,000 - 75,000) × 5.5% = 20,900, [*]15,250] = 15,250
      [*] 회계기간 동안 실제로 발생한 일반차입금 차입원가

5. 20×2년 자본화가능 차입원가 : 3,750(특정차입금) + 15,250(일반차입금) = 19,000

6. 20×2년 9월 30일 적격자산 장부금액

공사대금 지출액	160,000 + 300,000 + 400,000 =	860,000
자본화 이자비용	5,400(20×1년) + 19,000(20×2년) =	24,400
보조금 수령액		(120,000)
적격자산 장부금액		764,400

cpa.Hackers.com

해커스 IFRS 김승철 중급회계 상

회계사·세무사·경영지도사 단번에 합격! 해커스 경영아카데미
cpa.Hackers.com

제8장

무형자산

제1절 | 무형자산의 최초인식

01 무형자산의 정의

① 무형자산은 물리적 실체는 없지만, 식별가능한 비화폐성자산을 말한다. 즉, 무형자산은 물리적 형태는 없지만 미래경제적효익을 창출하는 자산으로서, 이러한 예에는 컴퓨터소프트웨어, 특허권, 저작권, 영화필름, 고객목록, 모기지관리용역권, 어업권, 수입할당량, 프랜차이즈, 고객이나 공급자와의 관계, 고객충성도, 시장점유율과 판매권 등이 있다.

> ⊘ 참고 **무형자산과 유형자산의 일괄취득 시 분류**
>
> 일부 무형자산은 컴팩트디스크(컴퓨터소프트웨어의 경우), 법적 서류(라이선스나 특허권의 경우)나 필름과 같은 물리적 형체에 담겨 있을 수 있다. 이렇게 유형의 요소와 무형의 요소를 모두 갖추고 있는 자산을 유형자산으로 회계처리할지 아니면 무형자산으로 회계처리할지를 결정할 때에는 어떤 요소가 더 유의적인지를 판단한다. 예를 들면 다음과 같다.
> ① 컴퓨터로 제어되는 기계장치가 특정 소프트웨어가 없으면 가동이 불가능한 경우에는 그 소프트웨어를 관련된 하드웨어의 일부로 보아 유형자산으로 회계처리한다.
>   ⇨ 기계장치와 소프트웨어를 분리할 수 없는 경우이므로 전체를 유형자산으로 인식함
> ② 반면에 특정 소프트웨어가 없이도 기계장치를 가동할 수 있는 경우에는 해당 소프트웨어는 관련된 하드웨어의 일부가 아니다. 따라서 해당 소프트웨어는 하드웨어와 분리하여 별도의 무형자산으로 회계처리한다.
>   ⇨ 기계장치와 소프트웨어를 분리할 수 있는 경우이므로 각각 유형자산과 무형자산으로 분리하여 인식함

② 그러나 이러한 항목들이 모두 무형자산의 정의를 충족하는 것은 아니며, 만일 무형자산의 정의를 충족하지 않는다면 이를 취득하기 위하여 발생한 지출은 발생시점에 비용으로 인식해야 한다. 즉, 무형의 자원에 대한 지출은 물리적 실체가 없기 때문에 이를 자산으로 인식하기 위해서는 보다 엄격한 정의 요건을 요구하고 있는 것이다.

③ 따라서 어떤 무형의 항목에 대한 지출이 무형자산의 정의를 충족하기 위해서는 다음의 요건을 모두 충족하여야 한다.

> ㉠ 식별가능성
> ㉡ 자원에 대한 통제
> ㉢ 미래경제적효익의 존재

(1) 식별가능성

무형자산의 정의에서는 (영업권과 구별하기 위하여) 무형자산이 식별가능할 것을 요구한다. 무형자산은 다음 중 하나에 해당하는 경우에 식별가능하다.

> ① **분리가능성**: 자산이 분리가능하다. 즉, 기업의 의도와는 무관하게 기업에서 분리하거나 분할할 수 있고, 개별적으로 또는 관련된 계약, 식별가능한 자산이나 부채와 함께 매각, 이전, 라이선스, 임대, 교환할 수 있다.
> ② **계약적·법적 권리**: 자산이 계약상 권리 또는 기타 법적 권리로부터 발생한다. 이 경우, 그러한 권리가 이전가능한지 여부 또는 기업이나 기타 권리와 의무에서 분리가능한지 여부는 고려하지 않는다.

(2) 자원에 대한 통제

자산에서 유입되는 미래경제적효익을 확보할 수 있고 그 효익에 대한 제3자의 접근을 제한할 수 있다면 기업이 해당 자산을 통제하고 있는 것이다. 다만, 무형자산의 미래경제적효익에 대한 통제능력은 일반적으로 법원에서 강제할 수 있는 법적 권리에서 나오며, 법적 권리가 없는 경우에는 통제를 제시하기 어렵다. 그러나 다른 방법으로도 미래경제적효익을 통제할 수 있기 때문에 권리의 법적 집행가능성이 통제의 필요조건은 아니다.

> ⊘**참고 통제요건과 관련된 지출의 사례**
>
> ① **시장에 대한 지식과 기술적 지식**: 시장에 대한 지식과 기술적 지식이 저작권, 계약상의 제약이나 법에 의한 종업원의 기밀유지의무 등과 같은 법적 권리에 의하여 보호된다면, 기업은 그러한 지식에서 얻을 수 있는 미래경제적효익을 통제하고 있는 것이다.
> ② **숙련된 종업원과 교육훈련**: 기업은 숙련된 종업원이나 교육훈련으로부터 발생하는 미래경제적효익에 대해서는 일반적으로 무형자산의 정의를 충족하기에는 충분한 통제를 가지고 있지 않다.
> ③ **특정 경영능력과 기술적 재능**: 특정 경영능력이나 기술적 재능도 그것을 사용하여 미래경제적효익을 확보하는 것이 법적 권리에 의하여 보호되지 않거나 무형자산 정의의 기타 요건을 충족하지 않는다면 일반적으로 무형자산의 정의를 충족할 수 없다.
> ④ **고객관계와 고객충성도**: 고객관계나 고객충성도를 지속할 수 있는 법적 권리나 그것을 통제할 기타 방법이 없다면 일반적으로 고객관계나 고객충성도에서 창출될 미래경제적효익에 대해서는 무형자산의 정의를 충족하기에 기업이 충분한 통제를 가지고 있지 않다. 그러나 고객관계를 보호할 법적 권리가 없는 경우에도 비계약적 고객관계를 교환하는 거래(사업결합 과정에서 발생한 것이 아닌)는 고객관계로부터 기대되는 미래경제적효익을 통제할 수 있다는 증거를 제공한다. 그러한 교환거래는 고객관계가 분리가능하다는 증거를 제공하므로 그러한 고객관계는 무형자산의 정의를 충족한다.

(3) 미래경제적효익의 존재

무형자산의 미래경제적효익은 제품의 매출, 용역수익, 원가절감 또는 자산의 사용에 따른 기타 효익 등 다양한 형태로 발생할 수 있다. 예를 들면, 제조과정에서 지적재산을 사용하면 미래 수익을 증가시키기보다는 미래 제조원가를 감소시킬 수 있다.

02 무형자산의 개별취득 시 자산인식요건

(1) 최초인식

① 어떤 항목을 무형자산으로 인식하기 위해서는 다음의 조건을 모두 충족해야 한다.

> ㉠ 무형자산의 정의(식별가능성, 자원에 대한 통제, 미래경제적효익의 존재)
> ㉡ 자산에서 발생하는 미래경제적효익이 기업에 유입될 가능성이 높다.
> ㉢ 자산의 원가를 신뢰성 있게 측정할 수 있다.

② 일반적으로 기업이 무형자산을 개별취득할 때에는 그 자산이 갖는 미래경제적효익이 기업에 유입될 것으로 기대한다. 따라서 개별취득하는 무형자산은 미래경제적효익이 기업에 유입될 시기와 금액이 불확실하더라도 미래경제적효익이 기업에 유입될 가능성이 높다는 기준을 항상 충족하는 것으로 본다.

③ 그리고 개별취득하는 무형자산의 원가는 일반적으로 신뢰성 있게 측정할 수 있다. 특히 현금이나 기타 화폐성자산으로 구입대가를 지급하는 경우에는 원가를 좀 더 신뢰성 있게 측정할 수 있을 것이다.

> ⊘ 참고 발생시점에 비용으로 인식하는 지출
>
> 미래경제적효익을 얻기 위해 지출이 발생하더라도 인식할 수 있는 무형자산이나 다른 자산이 획득 또는 창출되지 않는다면 그러한 지출은 발생시점에 비용으로 인식한다. 발생시점에 비용으로 인식하는 지출의 다른 예는 다음과 같다.
> ① **사업개시활동에 대한 지출(사업개시원가):** 법적 비용, 사무비용과 같은 법적 실체의 설립원가, 개업원가, 신규영업 준비원가 등
> ② 교육훈련을 위한 지출
> ③ 광고 및 판매촉진 활동을 위한 지출(우편 주문 카탈로그 포함)
> ④ 기업의 전부나 일부의 이전 또는 조직 개편에 관련된 지출

(2) 후속지출

무형자산의 특성상 자산이 증가하지 않거나 자산의 부분 대체가 어려운 경우가 많다. 따라서 무형자산의 후속지출은 기존 무형자산이 갖는 기대 미래경제적효익을 유지(수익적 지출)하는 것이 대부분이며, 특정 무형자산에 직접 귀속시키기 어려운 경우가 많다. 따라서 무형자산의 후속지출이 무형자산의 원가에 가산되는 경우(자본적 지출)는 매우 드물다.

03 원가의 측정

(1) 개별취득

개별취득하는 무형자산의 원가는 자산을 취득하기 위하여 지급한 현금 또는 현금성자산이나 제공한 기타 대가의 공정가치로 한다. 개별취득하는 무형자산의 원가는 다음 항목으로 구성된다.

① 구입가격(매입할인과 리베이트를 차감하고 수입관세와 환급받을 수 없는 제세금을 포함한다)
② 자산을 의도한 목적에 사용할 수 있도록 준비하는 데 직접 관련되는 원가(취득부대비용)
　⊙ 그 자산을 사용가능한 상태로 만드는 데 직접적으로 발생하는 종업원급여
　ⓛ 그 자산을 사용가능한 상태로 만드는 데 직접적으로 발생하는 전문가 수수료
　ⓒ 그 자산이 적절하게 기능을 발휘하는지 검사하는 데 발생하는 원가(시운전비용)

한편, 무형자산 원가에 포함하지 않는 지출의 예는 다음과 같다.

구분	내용
취득 무관 지출	① 새로운 제품이나 용역의 홍보원가(광고와 판매촉진활동 원가를 포함) ② 새로운 지역에서 또는 새로운 계층의 고객을 대상으로 사업을 수행하는 데서 발생하는 원가(교육훈련비를 포함) ③ 관리원가와 기타 일반경비원가
취득 후 지출	① 경영자가 의도하는 방식으로 운용될 수 있으나 아직 사용하지 않고 있는 기간에 발생한 원가 ② 자산의 산출물에 대한 수요가 확립되기 전까지 발생하는 손실과 같은 초기 영업손실 ③ 무형자산을 사용하거나 재배치하는 데 발생하는 원가

또한, 무형자산의 개발과 관련하여 부수적인 영업활동이 이루어질 수 있다. 이러한 부수적인 영업에서 발생하는 수익과 관련 비용은 해당 무형자산의 취득과 직접 관련된(꼭 필요한) 활동이 아니므로 (무형자산의 취득원가에 가감하지 않고) 당기손익으로 인식하고 각각 수익과 비용항목으로 구분하여 표시한다.

(2) 교환취득

하나 이상의 무형자산을 하나 이상의 비화폐성자산 또는 화폐성자산과 비화폐성자산이 결합된 대가와 교환하여 취득하는 경우가 있다. 교환으로 취득하는 무형자산의 원가는 제공한 자산의 공정가치로 측정한다. 그러나 교환거래에 상업적 실질이 결여된 경우나 취득한 자산과 제공한 자산의 공정가치를 둘 다 신뢰성 있게 측정할 수 없는 경우에는 제공한 자산의 장부금액으로 측정한다.

(3) 장기할부매입

무형자산에 대한 대금지급기간이 일반적인 신용기간보다 긴 경우 무형자산의 원가는 현금가격상당액이 된다. 현금가격상당액과 실제 총지급액과의 차액은 자본화하지 않는 한 신용기간에 걸쳐 이자비용으로 인식한다.

(4) 정부보조에 의한 취득

① 정부보조로 무형자산을 무상이나 낮은 대가로 취득할 수 있다. 예를 들면, 정부가 공항 착륙권, 방송국 운영권, 수입면허나 기타 제한된 자원을 이용할 수 있는 권리를 기업에게 이전하거나 할당하는 경우가 이에 해당한다.

② 이렇게 정부보조에 의해 무형자산을 취득하는 경우에는 무형자산과 정부보조금 모두를 최초에 공정가치로 인식할 수 있다. 그러나 최초에 자산을 공정가치로 인식하지 않기로 선택하는 경우에는, 자산을 명목상 금액과 자산을 의도한 용도로 사용할 수 있도록 준비하는 데 직접 관련되는 지출을 합한 금액(원가)으로 인식한다.

│ 사례 │

정부보조에 의한 취득

예를 들어, (주)한국이 정부보조에 의해 공정가치가 ₩1,000인 주파수이용권을 취득하는데 ₩600만 지출하였다고 할 경우, (주)한국은 다음과 같이 회계처리할 수 있다.

① 공정가치로 인식하는 경우

(차) 주파수이용권	1,000	(대) 현금	600
		정부보조금	400

② 원가로 인식하는 경우

(차) 주파수이용권	600	(대) 현금	600

제2절 │ 내부적으로 창출한 무형자산

[그림 8-1] 내부창출 무형자산의 자산인식요건

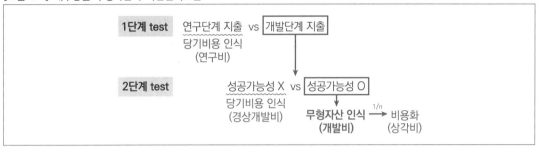

재고자산이나 유형자산은 자가제조(자가건설)하더라도 물리적 실체가 있으므로 이를 자산으로 인식하는 것은 크게 어렵지 않다. 그러나 무형자산은 물리적인 실체가 없으므로 기업이 무형자산을 내부적으로 창출한(스스로 만들어낸) 경우에는 다음과 같이 다소 엄격한 자산인식요건을 요구하고 있다.

[1단계 test] 먼저 내부창출 무형자산에 대한 지출을 연구단계와 개발단계로 구분하고, 연구단계로 분류된 지출은 발생시점에 비용으로 인식한다.
[2단계 test] 개발단계로 분류된 지출은 성공가능성 요건을 모두 제시할 수 있는 경우에만 무형자산(개발비)으로 인식한다.

이하에서는 이러한 내부창출 무형자산의 자산인식요건(인식시점)과 인식금액에 대한 내용을 구체적으로 살펴보기로 한다.

01 인식기준(인식시점)

(1) [1단계 test] 연구단계와 개발단계의 구분

① 내부적으로 창출한 무형자산이 인식기준을 충족하는지를 평가하는 것은 미래경제적효익을 창출할 식별가능한 자산이 있는지 여부와 시점을 파악하기 어렵고 자산의 원가를 신뢰성 있게 결정하는 것이 어렵기 때문에 용이하지 않다.

② 따라서 내부적으로 창출한 무형자산이 자산인식기준을 충족하는지를 평가하기 위하여 무형자산의 창출과정을 먼저 연구단계와 개발단계로 구분한다. 한편, 연구단계와 개발단계로 구분할 수 없는 경우에는 그 프로젝트에서 발생한 지출은 모두 연구단계에서 발생한 것으로 본다. 연구활동과 개발활동의 정의와 예는 다음과 같다.

구분	내용
연구활동	[정의] 새로운 과학적, 기술적 지식이나 이해를 얻기 위해 수행하는 독창적이고 계획적인 탐구활동 [사례] ① **새로운 지식의 탐색**: 새로운 지식을 얻고자 하는 활동 ② **연구결과나 지식의 탐색**: 연구결과나 기타 지식을 탐색, 평가, 최종 선택, 응용하는 활동 ③ **대체안의 탐색**: 재료, 장치, 제품, 공정, 시스템이나 용역에 대한 여러 가지 대체안을 탐색하는 활동 ④ **대체안의 선택**: 새롭거나 개선된 재료, 장치, 제품, 공정, 시스템이나 용역에 대한 여러 가지 대체안을 제안, 설계, 평가, 최종 선택하는 활동
개발활동	[정의] 상업적인 생산이나 사용 전에 연구결과나 관련 지식을 새롭거나 현저히 개량된 재료, 장치, 제품, 공정, 시스템이나 용역의 생산을 위한 계획이나 설계에 적용하는 활동 [사례] ① **시제품과 모형의 설계**: 생산이나 사용 전의 시제품과 모형을 설계, **제작**, 시험하는 활동 ② **금형 등의 설계**: 새로운 기술과 관련된 공구, 지그, 주형, 금형 등을 설계하는 활동 ③ **시험공장의 설계**: 상업적 생산목적으로 실현가능한 경제적 규모가 아닌 시험공장을 설계, 건설, 가동하는 활동 ④ **선정된 안의 설계**: 신규 또는 개선된 재료, 장치, 제품, 공정, 시스템이나 용역에 대하여 최종적으로 선정된 안을 설계, 제작, 시험하는 활동

> **필수암기!** **연구단계 vs 개발단계**
>
> ① **연구**: 개발아이템을 찾는 단계 ⇨ [Key-word] 선택, 탐색, 대체안
> ② **개발**: 개발아이템 확정 후 구체적인 설계진행 단계 ⇨ [Key-word] 설계(단, 대체안의 설계는 연구)

③ 내부 프로젝트의 연구단계에서는 미래경제적효익을 창출할 무형자산이 존재한다는 것을 제시할 수 없기 때문에, 연구단계로 분류된 지출은 발생시점에 비용(연구비)으로 인식한다.

(2) [2단계 test] 개발단계 지출의 성공가능성 검토

① 개발단계는 연구단계보다 훨씬 더 진전되어 있는 상태이기 때문에 어떤 경우에는 내부 프로젝트의 개발단계에서는 무형자산을 식별할 수 있으며, 그 무형자산이 미래경제적효익을 창출할 것임을 제시할 수 있다.

② 따라서 개발단계로 분류된 지출의 경우에는 다음 사항(성공가능성 요건)을 모두 제시할 수 있는 경우에만 무형자산(개발비)으로 인식하며, 그 외의 경우에는 발생한 기간의 비용(경상개발비)으로 인식한다.

[개발단계지출의 성공가능성 요건(자산인식요건)]

㉠ 무형자산을 사용하거나 판매하기 위해 그 자산을 완성할 수 있는 기술적 실현가능성

㉡ 무형자산을 완성하여 사용하거나 판매하려는 기업의 의도

㉢ 무형자산을 사용하거나 판매할 수 있는 기업의 능력

㉣ 무형자산이 미래경제적효익을 창출하는 방법

㉤ 무형자산의 개발을 완료하고 판매·사용하는 데 필요한 기술적, 재정적 자원 등의 입수가능성

㉥ 개발과정에서 발생한 무형자산 관련 지출을 신뢰성 있게 측정할 수 있는 기업의 능력

필수암기! **내부창출 무형자산의 계산형 빈출문제**

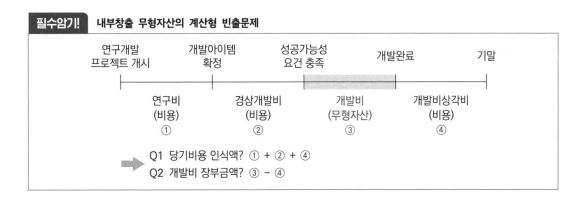

제2절 내부적으로 창출한 무형자산 **377**

02 내부적으로 창출한 무형자산의 원가(인식금액)

① 내부적으로 창출한 무형자산의 원가는 그 무형자산이 인식기준을 최초로 충족시킨 이후에 발생한 지출금액의 합으로 한다. 따라서 최초에 이미 비용으로 인식한 지출은 그 이후에 무형자산의 원가로 인식할 수 없다.

② 그리고 내부적으로 창출한 무형자산의 원가는 그 자산의 창출, 제조 및 경영자가 의도하는 방식으로 운영될 수 있게 준비하는 데 필요한 직접 관련된 모든 원가를 포함한다. 직접 관련된 원가의 예는 다음과 같다.

> ㉠ 무형자산의 창출에 사용되었거나 소비된 재료원가, 용역원가 등
> ㉡ 무형자산의 창출을 위하여 발생한 종업원급여
> ㉢ 법적 권리를 등록하기 위한 수수료
> ㉣ 무형자산의 창출에 사용된 특허권과 라이선스의 상각비

③ 그러나 다음 항목은 내부적으로 창출한 무형자산의 원가에 포함하지 아니한다.

> ㉠ 판매비, 관리비 및 기타 일반경비 지출. 다만, 자산을 의도한 용도로 사용할 수 있도록 준비하는 데 직접 관련된 경우는 제외한다.
> ㉡ 자산이 계획된 성과를 달성하기 전에 발생한 명백한 비효율로 인한 손실과 초기 영업손실
> ㉢ 자산을 운용하는 직원의 교육훈련과 관련된 지출

④ 한편, 연구와 개발활동의 목적은 지식의 개발에 있다. 따라서 이러한 활동으로 인하여 물리적 형체가 있는 자산(예 시제품 등)이 만들어지더라도, 그 자산의 물리적 요소는 무형자산 요소에 부수적인 것으로 보아 (유형자산이 아니라) 무형자산으로 인식한다.

⊘참고 개발비 미상각잔액의 특허권 대체여부

연구개발활동의 결과로 특허권을 취득하는 경우라도 특허권의 최초원가에는 무형자산으로 인식한 개발비의 미상각잔액을 포함하지 않는다. 그 이유는 다음과 같다.
① 개발활동과 특허권은 직접적으로 대응이 되지 않는 경우가 많으므로 당해 특허권의 원가를 개별적으로 식별하기 어렵다(예 하나의 개발과제에서 여러 개의 산업재산권이 출원되는 경우).
② 또한 개발비와 특허권은 경제적효익이 기대되는 기간(내용연수)이 다를 수 있기 때문에, 관련된 개발비 미상각잔액을 특허권으로 대체할 경우 수익·비용 대응이 적절하지 않게 된다.

예제 1 **내부창출 무형자산**

(주)한국은 신재생 에너지 기술개발을 위하여 독립된 연구소를 운영하고 있으며, 신기술 연구개발과 관련하여 20×1년에 다음과 같은 항목을 지출하였다. 단, 아래 표의 금액은 각 단계에서 발생한 총지출액이며, 매월 균등하게 발생한다고 가정한다.

구분	연구단계 (20×1.1.1 ~ 6.30)	개발단계 (20×1.7.1 ~ 12.31)
시험 재료비	₩10,000	₩40,000
연구원 급여	50,000	30,000
시험공장 감가상각비	-	80,000
기타비용	70,000	90,000
	₩130,000	₩240,000

한편, 개발단계에서의 지출은 20×1년 10월 1일부터 무형자산의 인식요건을 모두 충족하며, 20×1년 말 현재 개발활동은 계속 진행 중에 있다.

[요구사항]

1. (주)한국의 신재생 에너지 연구개발 활동과 관련하여 20×1년에 당기비용으로 인식할 금액과 무형자산(개발비)으로 인식할 금액을 각각 계산하시오.

2. 상기 연구개발 활동과 관련하여 (주)한국이 20×1년에 해야 할 회계처리를 제시하시오.

해답 **1. 당기비용 및 무형자산 인식금액**

(1) 당기비용: 130,000(연구비) + 240,000 × 3/6(경상개발비) = 250,000
연구단계에서 발생한 지출은 연구비의 과목으로 하여 당기비용으로 인식한다. 그리고 개발단계에서 발생한 지출 중에서도 자산인식요건을 충족하지 못하는 지출은 경상개발비의 과목으로 하여 당기비용으로 인식한다.

(2) 무형자산(개발비): 240,000 × 3/6 = 120,000
무형자산(개발비)의 취득원가는 자산인식요건을 최초로 충족시킨 시점인 20×1년 10월 1일 이후에 발생한 지출 금액으로 구성된다.

2. 회계처리

(차) 연구비	130,000	(대) 현금 등	130,000
(차) 경상개발비	120,000	(대) 현금 등	160,000
개발비(무형자산)	120,000	감가상각누계액	80,000

제3절 | 무형자산의 후속측정

01 후속측정 개요

[그림 8-2] 무형자산의 후속측정

후속측정 ─┬─ 원가모형　：취득원가 평가 + 감가상각 ○ + 손상 ○

　　　　　└─ 재평가모형 : 공정가치 평가 + 감가상각 ○ + 손상 ○

① 유형자산과 마찬가지로, 무형자산도 취득 이후의 회계정책으로 원가로 평가하는 원가모형이나 공정가치로 평가하는 재평가모형 중 하나를 선택할 수 있다. 원가모형을 선택한 경우 무형자산은 원가에서 감가상각누계액과 손상차손누계액을 차감한 금액으로 측정하며, 재평가모형을 선택한 경우에는 공정가치에서 감가상각누계액과 손상차손누계액을 차감한 금액으로 측정한다.

② 다만, 무형자산의 후속측정 회계처리는 상당 부분이 유형자산과 동일하므로 유형자산 후속측정 회계처리와 차이가 있는 부분을 위주로 설명하기로 한다.

02 무형자산의 상각

유형자산의 감가상각과 마찬가지로, 무형자산도 원가를 내용연수에 걸쳐 배분하여 비용으로 인식하는 상각을 수행해야 한다. 다만, 무형자산의 상각은 당해 무형자산의 내용연수가 유한한지 아니면 비한정인지에 따라 비용의 인식방법이 달라진다.

1. 내용연수가 유한한 경우

(1) 내용연수

무형자산의 내용연수는 경제적 요인과 법적 요인의 영향을 받는다. 경제적 요인은 자산의 미래경제적효익이 획득되는 기간을 결정하고, 법적 요인은 기업이 그 효익에 대한 접근을 통제할 수 있는 기간을 제한한다. 따라서 무형자산의 내용연수는 경제적 요인에 의해 결정된 기간(경제적 내용연수)과 법적 요인에 의해 결정된 기간(법적 내용연수) 중 짧은 기간으로 한다.

> 내용연수가 유한한 무형자산의 내용연수 = Min[경제적 내용연수, 법적 내용연수]

⊘참고 계약적 · 법적 권리로부터 발생하는 무형자산의 내용연수

① 계약상 권리 또는 기타 법적 권리로부터 발생하는 무형자산의 내용연수는 그러한 계약상 권리 또는 기타 법적 권리의 기간을 초과할 수는 없지만, 자산의 예상사용기간에 따라 더 짧을 수는 있다.
② 만일 계약상 또는 기타 법적 권리가 갱신가능한 한정된 기간 동안 부여된다면, 유의적인 원가 없이 기업에 의해 갱신될 것이 명백한 경우에만 그 갱신기간을 무형자산의 내용연수에 포함한다.

(2) 잔존가치

내용연수가 유한한 무형자산의 잔존가치는 다음 중 하나에 해당하는 경우를 제외하고는 영(0)으로 본다.

① 내용연수 종료시점에 제3자가 자산을 구입하기로 한 약정이 있다.
② 무형자산의 활성시장이 있고 다음을 모두 충족한다.
 ⊙ 잔존가치를 그 활성시장에 기초하여 결정할 수 있다.
 ⓒ 그러한 활성시장이 내용연수 종료시점에 존재할 가능성이 높다.

(3) 상각방법

무형자산의 상각방법에는 정액법, 체감잔액법과 생산량비례법 등이 있으며, 이 중에서 무형자산의 경제적효익이 예상되는 소비형태에 기초하여 상각방법을 결정한다. 다만, 미래경제적효익이 소비되는 형태를 신뢰성 있게 결정할 수 없는 경우에는 정액법을 사용한다.

> **⊘ 참고   창출되는 수익에 기초한 감가상각방법**
>
> ① 무형자산의 사용을 포함하는 활동에서 창출되는 수익에 기초한 상각방법은 반증할 수 없는 한 적절하지 않다고 간주한다(**비교** 유형자산: 수익에 기초한 상각방법은 무조건 적절하지 않음).
> ② 다음 중 어느 하나에 해당하는 경우에는 수익에 기초한 상각방법을 제한적으로 허용한다.
>   ⊙ 무형자산이 수익의 측정치로 표현되는 경우
>   ⓒ 수익과 무형자산의 경제적효익 소비 간에 밀접한 상관관계가 있음을 제시할 수 있는 경우
> ③ [사례]
>   수익이 무형자산 사용 계약의 주된 한정요소로 정해진 경우, 상각을 결정하는 기초인 창출될 총수익의 고정금액이 그 계약에 명시된다면, 창출될 수익이 무형자산을 상각하는 적절한 기준이 될 수도 있다. 이러한 예를 들면 다음과 같다.
>   ⊙ 기업이 금광에서 금을 채굴할 수 있는 권리를 취득하였는데, 채굴 계약의 만료가 (채굴기간이나 채굴된 금의 양이 아니라) 채굴에서 발생하는 총수익의 고정금액에 기초한 경우(**예** 금을 판매하여 창출되는 총누적수익이 10억원이 될 때까지만 금을 채굴할 수 있는 경우)
>   ⓒ 기업이 유료도로 운영권을 취득하였는데, 운영기간의 만료가 창출되는 통행료 총수익의 고정금액에 기초한 경우(**예** 누적통행료 수익이 10억원에 이를 때까지만 유료도로의 운영을 허용하는 경우)

(4) 회계처리

무형자산의 상각 회계처리에 대하여는 국제회계기준에 별도의 규정이 없다. 따라서 무형자산상각비를 취득원가에서 직접 차감할 수도 있고(직접상각법), 유형자산과 마찬가지로 상각누계액의 차감계정을 이용하여 회계처리(간접상각법)할 수도 있다. 다만, 무형자산은 물리적 실체가 없기 때문에 일반적으로 직접상각법으로 회계처리한다.

[무형자산의 상각(직접상각법)]			
(차) 무형자산상각비(자본 ↓: 비용)	×××	(대) 무형자산(자산 ↓)	×××

2. 내용연수가 비한정인 경우

(1) 개념

무형자산의 내용연수가 비한정이라는 것은 관련된 모든 요소의 분석에 근거하여 해당 자산이 순현금유입을 창출할 것으로 기대되는 기간(내용연수)에 대하여 예측가능한 제한이 없다는 의미이다. 여기서 주의할 점은 내용연수가 비한정이라는 것은 내용연수를 예측하기 어렵다는 의미이지, 내용연수가 무한하다는 의미는 아니다.

(2) 상각과 손상

내용연수가 비한정인 무형자산은 상각하지 아니한다. 다만, 매년 그리고 무형자산의 손상을 시사하는 징후가 있을 때 회수가능액과 장부금액을 비교하여 손상검사를 수행하여야 한다.

> **승철쌤's comment** **비한정 내용연수 무형자산의 상각 vs 토지의 감가상각**
>
> ① 비한정 내용연수 무형자산은 상각을 할 수 없다. 왜냐하면 상각기간, 즉, 원가를 배분할 기간인 내용연수를 알 수 없기 때문이다.
> ② 유형자산의 토지도 감가상각을 하지 않는다. 그러나 그 이유는 다르다. 즉, 토지는 감가상각을 수행해도 매 회계기간에 배분될 원가금액이 거의 영(0)에 수렴한다(∵내용연수가 영구적). 따라서 토지는 (감가상각을 할 수 없는 것이 아니라) 감가상각의 실익이 없기 때문에 일부러 하지 않는 것이다.

(3) 내용연수에 대한 추정의 변경

기업은 내용연수가 비한정이라는 평가가 정당한지를 매 회계기간에 검토한다. 검토결과 내용연수가 비한정이라는 평가를 정당화하지 않는 경우에 비한정 내용연수를 유한 내용연수로 변경하는 것은 회계추정의 변경으로 회계처리한다. 한편, 비한정 내용연수를 유한 내용연수로 변경하는 것은 해당 자산의 손상을 시사하는 징후 중의 하나가 된다.

예제 2 　무형자산 내용연수의 결정(기업회계기준서)

다음의 각각의 사례는 무형자산의 내용연수와 관련된 독립적인 상황이다.

(1) 직접우편발송 광고회사가 고객목록을 취득하고, 당해 고객목록 정보로부터 적어도 1년, 그러나 3년을 넘지 않는 기간 동안 효익을 얻을 수 있을 것으로 기대한다.

(2) 특허 기술에 의해 보호를 받는 제품이 적어도 15년 동안 순현금유입의 원천이 될 것으로 예상된다. 기업은 특허권 취득일 현재 공정가치의 60%로 5년 후에 특허권을 구매하려는 제3자와 약정하였으며 5년 후에 특허권을 매각할 의도를 가지고 있다.

(3) 취득한 저작권으로서 법정 잔여연수가 50년 남아있지만, 고객의 성향과 시장동향의 분석을 통해 저작권을 가진 해당 자료가 앞으로 30년 동안만 순현금유입을 창출할 것이라는 증거가 제공된다.

(4) 방송 라이선스는 기업이 적어도 통상적인 수준의 서비스를 고객에게 제공하고 관련 법적 규정을 준수한다면 매 10년마다 갱신이 가능하다. 이 라이선스는 거의 원가 없이 비한정으로 갱신할 수 있으며 최근의 취득 이전에 두 번 갱신되었다. 취득 기업은 라이선스를 비한정으로 갱신하려는 의도를 가지고 있으며 갱신할 수 있는 능력을 가지고 있다는 증거도 있다. 과거에 라이선스를 갱신하는 데 어려움은 없었다. 방송하는 데 사용되는 기술은 예측가능한 미래의 어느 시점에라도 다른 기술에 의해 대체될 것으로 예상되지 않는다. 따라서 라이선스는 비한정으로 기업의 순현금유입에 기여할 것으로 기대된다.

(5) 상기 (상황 4)의 방송 라이선스에서 라이선스발급 기관이 방송 라이선스를 더 이상 갱신해주지 않고 이를 경매에 붙이기로 결정하였다. 라이선스 발급기관의 이러한 결정이 이루어진 시점에 당해 방송 라이선스는 그 만료시점까지 3년이 남아있다. 기업은 만료시점까지 라이선스가 순현금유입에 기여를 할 것으로 예상한다.

[요구사항]

각각의 상황별로 무형자산의 내용연수와 상각방법에 설명하시오.

해답　(1) 취득한 고객목록
　　　　고객목록은 그 내용연수에 대한 경영진의 최선 추정기간 동안 상각된다.

　　　(2) 취득한 특허권으로서 15년 후에 만료되는 경우
　　　　기업은 특허권을 취득일 현재 공정가치의 60%에 대한 현재가치를 잔존가치로 하여 5년의 내용연수에 걸쳐 상각한다.

　　　(3) 취득한 저작권으로서 50년의 법정 잔여연수가 있는 경우
　　　　무형자산의 내용연수는 경제적 내용연수와 법적 내용연수 중 짧은 기간에 걸쳐 상각한다. 따라서 내용연수를 30년으로 하여 상각한다.

　　　(4) 취득한 방송 라이선스로서 매 10년마다 갱신이 가능한 경우
　　　　방송 라이선스는 비한정으로 기업의 순현금유입에 기여할 것으로 기대되므로 내용연수가 비한정인 것으로 회계처리한다. 따라서 당해 라이선스는 그 내용연수가 유한하다고 결정할 때까지는 상각하지 않는다. 대신 라이선스에 대하여 매년 그리고 자산손상을 시사하는 징후가 있을 때마다 손상검사를 수행한다.

　　　(5) (상황 4)의 방송 라이선스
　　　　방송 라이선스가 더 이상 갱신될 수 없으므로 그 내용연수는 더 이상 비한정이지 않다. 따라서 취득한 라이선스는 3년의 잔여 내용연수 동안 상각하고 즉시 손상검사를 한다.

03 원가모형하의 손상

무형자산은 매 보고기간 말마다 자산손상 징후가 있는지를 검토한다. 그러한 징후가 있다면 해당 자산의 회수가능액을 추정하고 장부금액과 비교하여 손상검사를 한다. 다만, 다음의 경우에는 자산손상 징후가 있는지에 관계없이 매년 손상검사를 수행한다.

> ① **내용연수가 비한정인 무형자산**이나 **아직 사용할 수 없는 무형자산**: 일 년에 한 번은 손상검사를 한다. 손상검사를 매년 같은 시기에 수행한다면 연차 회계기간 중 어느 때에라도 할 수 있다. 다만, 서로 다른 무형자산은 각기 다른 시점에 손상검사를 할 수 있다.
> ② **사업결합으로 취득한 영업권**: 일 년에 한번은 손상검사를 한다.

승철쌤's comment   최소한 매년 손상검사하는 무형자산

> ① 비한정 내용연수 무형자산, 아직 사용할 수 없는 무형자산, 사업결합으로 취득한 영업권: 공통점은 모두 상각을 하지 않는다는 점이다.
> ② 즉, 상각을 하지 않으므로 자산금액이 과대평가될 우려가 있어 최소한 매년(손상징후 + 매년) 손상검사를 요구하는 것이다.

무형자산의 손상과 관련된 나머지 내용은 유형자산과 동일하므로 설명을 생략하기로 한다(구체적인 내용은 제6장 '유형자산(Ⅱ): 후속측정' 참고).

04 재평가모형

① 유형자산과 마찬가지로 무형자산도 회계정책으로 원가모형이나 재평가모형을 선택할 수 있으며, 재평가모형을 적용하는 경우에는 재평가 목적상 공정가치는 활성시장을 기초로 하여 결정한다. 따라서 해당 무형자산의 활성시장이 없는 경우에는 재평가모형을 적용할 수 없으며, 원가에서 상각누계액과 손상차손누계액을 차감하여 측정한다.
② 무형자산의 재평가와 관련된 나머지 내용은 유형자산과 동일하므로 설명을 생략하기로 한다(구체적인 내용은 제6장 '유형자산(Ⅱ): 후속측정' 참고).

제4절 | 무형자산의 기타사항

01 브랜드, 고객목록 등

(1) 최초인식

① 내부창출: 내부적으로 창출한 브랜드, 제호, 출판표제, 고객목록과 이와 실질이 유사한 항목(이하 '브랜드, 고객목록 등')은 무형자산으로 인식하지 아니한다. 왜냐하면 내부적으로 창출한 브랜드, 고객목록 등은 사업을 전체적으로 개발하는 데 발생한 원가와 구별할 수 없기 때문이다.

② 개별취득(외부구입): 브랜드, 고객목록 등을 외부에서 개별취득하는 경우에는 무형자산으로 인식한다.

(2) 후속지출

브랜드, 고객목록 등에 대한 취득이나 완성 후의 지출(후속지출)은 (브랜드, 고객목록 등을 외부에서 취득하였는지 또는 내부적으로 창출하였는지에 관계없이) 발생시점에 항상 당기손익으로 인식한다. 왜냐하면 브랜드, 고객목록 등에 대한 후속지출도 사업을 전체적으로 개발하기 위한 지출과 구분할 수 없기 때문이다.

필수암기!   브랜드, 고객목록 등

구분	최초인식	후속지출
내부창출	당기비용	당기비용
외부구입	자산인식	

02 사업결합으로 취득하는 무형자산

1. 영업권

(1) 개념

취득자가 하나 이상의 사업에 대한 지배력을 획득하는 거래(예 사업인수, 합병 등)를 사업결합이라고 한다. 영업권(goodwill)은 개별적으로 식별하여 별도로 인식할 수 없으나, 사업결합에서 획득한 그 밖의 자산에서 발생하는 미래경제적효익을 나타내는 자산을 말한다. 즉, 영업권은 우수한 경영진과 판매조직, 뛰어난 인적자원 등 동종의 타 기업에 비하여 특별히 유리한 사항들의 무형의 집합자원으로, 프리미엄(premium)이나 권리금이라고도 한다. 이러한 영업권은 취득유형에 따라 다음과 같이 2가지로 구분된다.

> ① 자가창설 영업권: 기업이 정상적인 영업활동 과정에서 스스로 만들어낸 내부창출 영업권
> ② 외부구입 영업권: 기업(취득자)이 다른 기업(피취득자)을 사업결합(예 인수, 합병, 영업양수 등)을 통하여 취득할 때 함께 취득한 영업권

(2) 내부적으로 창출한 영업권

내부적으로 창출한 영업권(자가창설 영업권)은 자산으로 인식하지 아니한다. 즉, 내부적으로 창출한 영업권은 원가를 신뢰성 있게 측정할 수 없고 기업이 통제하고 있는 식별가능한 자원이 아니기 때문에 자산으로 인식하지 아니한다.

(3) 사업결합으로 취득한 영업권

① 최초인식: 사업결합 기준서에 따르면, 영업권은 사업결합으로 취득한 경우(외부구입 영업권)에만 (다른 무형자산과 분리하여) 자산으로 인식한다. 이때 영업권은 기업(취득자)이 사업결합을 위해 피취득자에게 이전한 대가(취득대가)에서 피취득자의 순자산(자본) 공정가치를 차감하여 측정한다.

> 영업권 = 사업결합 이전대가(취득대가) – 피취득자의 순자산(자산 – 부채) 공정가치

승철쌤's comment 사업결합으로 취득한 영업권

> 영업권은 개별적인 식별이 불가능하고 기업과 분리하여 거래될 수 없으므로 무형자산의 정의를 충족하지 않는다. 따라서 영업권은 (무형자산 기준서가 아니라) 사업결합 기준서(제1103호)를 적용하여 자산으로 인식하는 것이다.

[사업결합: 취득일 회계처리]

(차) 피취득자산의 자산(취득자산)	FV	(대) 피취득자산의 부채(인수부채)	FV
영업권(무형자산)	(*)×××	현금, 지분상품 등(이전대가)	FV
		염가매수차익(당기손익)	(*)×××

(*) 대차차액

염가매수차익(부의 영업권)이란 기업이 다른 기업을 사업결합으로 취득하는 경우, 사업결합으로 취득한 순자산의 공정가치가 사업결합으로 지급한 대가(취득대가)를 초과하는 경우, 그 초과액을 말한다. 염가매수차익은 발생한 즉시 포괄손익계산서에 당기이익으로 인식한다.

② 상각과 손상(환입): 자산으로 인식한 영업권은 내용연수가 비한정인 것으로 보아 상각하지 않는다. 다만, 매년 그리고 영업권의 손상을 시사하는 징후가 있을 때 회수가능액과 장부금액을 비교하여 손상검사를 수행한다. 이때 유의할 점은 손상된 영업권은 이후에 환입을 인식하지 않는다는 것이다. 왜냐하면 손상된 영업권에 대하여 환입을 인식하면 내부적으로 창출한 영업권을 자산으로 인식하는 결과가 되기 때문이다.

2. 사업결합으로 취득하는 영업권 외의 무형자산

① 사업결합으로 취득하는 무형자산은 인식기준을 항상 충족하는 것으로 보며, 원가는 취득일의 (해당 무형자산의) 공정가치로 한다.

② 유의할 점은 사업결합 전에 그 자산을 피취득자가 인식하였는지 여부에 관계없이, 취득자는 취득일에 피취득자의 무형자산을 영업권과 분리하여 인식한다는 것이다. 예를 들어, 피취득자가 진행하고 있는 연구·개발 프로젝트가 무형자산의 정의를 충족한다면 취득자는 이를 영업권과 분리하여 별도의 자산으로 인식해야 한다.

필수암기!   개별취득 vs 사업결합 취득

구분		개별취득	사업결합 취득
인식요건	무형자산의 정의	충족함을 별도로 입증필요	충족함을 별도로 입증필요
	미래효익의 유입가능성	항상 충족 간주	항상 충족 간주
	금액의 신뢰성 있는 측정	일반적으로 충족	항상 충족 간주
인식금액		지급한 대가의 FV	취득한 무형자산의 FV

20×1년 1월 1일, (주)한국은 (주)서울을 흡수합병하기로 하고 (주)서울의 주주들에게 ₩50,000을 지급하였다. 합병일 현재 (주)서울의 식별가능한 자산과 부채의 장부금액 및 공정가치는 각각 다음과 같다.

	장부금액	공정가치
재고자산	₩10,000	₩11,000
유형자산	25,000	29,000
차입금	14,000	16,000
자본	21,000	

[요구사항]

1. 상기 합병을 통해 (주)한국이 인식할 영업권을 계산하고 취득일의 회계처리를 제시하시오.

2. 만일 (주)서울이 자산으로 인식하지는 않았으나 (주)서울이 개발 중인 기술의 공정가치가 ₩3,000이라고 가정할 경우, (주)한국이 인식할 영업권을 계산하고 취득일의 회계처리를 제시하시오.

해답   1. 사업결합으로 취득한 영업권

    (1) 영업권의 계산

      ① 순자산 공정가치: 40,000(= 11,000 + 29,000) − 16,000 = 24,000

      ② 영업권: 이전대가 − 순자산 공정가치 = 50,000 − 24,000 = 26,000

    (2) 취득일 회계처리

(차) 재고자산	11,000	(대) 차입금	16,000
유형자산	29,000	현금	50,000
영업권	26,000		

  2. 피취득자가 인식하지 않은 무형자산이 있는 경우

    (1) 영업권의 계산

      ① (주)서울이 개발 중인 기술을 자산으로 인식하였는지 여부에 관계없이, (주)한국은 취득일에 (주)서울의 무형자산(개발비)을 영업권과 분리하여 인식한다.

      ② 영업권: 50,000 − 24,000 − 3,000(개발비의 공정가치) = 23,000

    (2) 취득일 회계처리

(차) 재고자산	11,000	(대) 차입금	16,000
유형자산	29,000	현금	50,000
무형자산(개발비)	3,000		
영업권	23,000		

개념정리 OX문제

01 무형자산의 정의를 충족하기 위해서는 식별가능성, 자원에 대한 통제 그리고 미래경제   (O, X)
적효익의 존재 요건을 충족하여야 한다.

02 자산은 자산이 분리가능하고 자산이 계약상 권리 또는 기타 법적 권리로부터 발생하는   (O, X)
경우에 식별가능하다.

03 무형자산의 미래경제적효익에 대한 통제능력은 일반적으로 법원에서 강제할 수 있는   (O, X)
법적권리에서 나오지만 권리의 법적 집행가능성이 통제의 필요조건은 아니다.

04 개별취득하는 무형자산은 미래경제적효익이 기업에 유입될 시기와 금액이 불확실하더   (O, X)
라도 미래경제적효익이 기업에 유입될 가능성이 높다는 기준을 항상 충족하는 것으로
본다.

05 무형자산을 최초로 인식할 때에는 공정가치로 측정한다.   (O, X)

06 무형자산을 창출하기 위한 내부 프로젝트를 연구단계와 개발단계로 구분할 수 없는 경   (O, X)
우에는 그 프로젝트에서 발생한 지출은 모두 개발단계에서 발생한 것으로 본다.

정답 및 해설

01 O

02 X 자산은 자산이 분리가능'하거나' 자산이 계약상 권리 또는 기타 법적 권리로부터 발생하는 경우에 식별가능하다.
즉, 자산이 식별가능하기 위해서는 분리가능성 요건과 계약적·법적 권리 요건을 모두 충족할 필요는 없고 둘 중
하나만 충족하면 된다.

03 O

04 O

05 X 무형자산을 최초로 인식할 때에는 원가로 측정하는 것이 원칙이다. 이때 원가는 자산을 취득하기 위하여 지급한
현금 또는 현금성자산이나 제공한 기타 대가의 공정가치로 한다.

06 X 무형자산을 창출하기 위한 내부 프로젝트를 연구단계와 개발단계로 구분할 수 없는 경우에는 그 프로젝트에서 발
생한 지출은 모두 연구단계에서 발생한 것으로 본다. 즉, 연구단계와 개발단계로 구분할 수 없으면 발생 시점에
비용으로 인식하라는 의미이다.

07 재료, 장치, 제품, 공정, 시스템이나 용역에 대한 여러 가지 대체안을 탐색하는 활동은 　(O, X)
개발활동에 해당하는 사례이다.

08 내용연수가 유한한 무형자산의 잔존가치는 내용연수 종료시점에 제3자가 자산을 구입 　(O, X)
하기로 한 약정이 있다고 하더라도 영(0)으로 본다.

09 내용연수가 비한정이라는 것은 내용연수가 무한하다는 의미이다. 　(O, X)

10 내용연수가 비한정인 무형자산은 상각하지 아니하지만, 내용연수가 유한한 무형자산 　(O, X)
은 상각하고 상각기간과 상각방법은 적어도 매 보고기간 말에 검토한다.

11 내부적으로 창출한 브랜드, 제호, 출판표제, 고객목록과 이와 실질이 유사한 항목은 　(O, X)
무형자산으로 인식한다.

12 내부적으로 창출한 영업권은 원가를 신뢰성 있게 측정할 수 없고 기업이 통제하고 있 　(O, X)
는 식별가능한 자원이 아니기 때문에 자산으로 인식하지 아니한다.

제8장

해커스 IFRS 김승철 중급회계 상

정답 및 해설

07 X 재료, 장치, 제품, 공정, 시스템이나 용역에 대한 여러 가지 대체안을 탐색하는 활동은 연구활동에 해당하는 사례이
다.

08 X 내용연수가 유한한 무형자산의 잔존가치는 다음 중 하나에 해당하는 경우를 제외하고는 영(0)으로 본다.
　㉠ 내용연수 종료시점에 제3자가 자산을 구입하기로 한 약정이 있다.
　㉡ 무형자산의 잔존가치를 활성시장에 기초하여 결정할 수 있고 그러한 활성시장이 내용연수 종료시점에 존재할
　　가능성이 높다.

09 X 내용연수가 비한정이라는 것은 내용연수를 예측하기 어렵다는 의미이지, 내용연수가 무한하다는 의미는 아니다.

10 O

11 X 내부적으로 창출한 브랜드, 제호, 출판표제, 고객목록과 이와 실질이 유사한 항목은 당기비용으로 인식한다.

12 O

객관식 연습문제

무형자산 - 종합

01 무형자산의 회계처리에 대한 옳은 설명은? [회계사 17]

① 무형자산을 최초로 인식할 때에는 공정가치로 측정한다.

② 내부적으로 창출한 브랜드, 제호, 출판표제, 고객목록과 이와 실질이 유사한 항목은 무형자산으로 인식한다.

③ 연구결과를 최종선택, 응용하는 활동과 관련된 지출은 내부적으로 창출된 무형자산의 취득원가에 포함한다.

④ 무형자산을 창출하기 위한 내부 프로젝트를 연구단계와 개발단계로 구분할 수 없는 경우에는 그 프로젝트에서 발생한 지출은 모두 개발단계에서 발생한 것으로 본다.

⑤ 내용연수가 유한한 무형자산의 상각방법은 자산의 경제적효익이 소비될 것으로 예상되는 형태를 반영한 방법이어야 한다. 다만, 그 형태를 신뢰성 있게 결정할 수 없는 경우에는 정액법을 사용한다.

무형자산의 최초인식 - 종합

02 무형자산의 인식 및 측정에 관한 설명으로 옳은 것은? [세무사 13]

① 개별취득하는 무형자산은 자산에서 발생하는 미래경제적효익이 기업에 유입될 가능성이 높다는 발생가능성 인식기준을 항상 충족하는 것으로 본다.

② 새로운 지역에서 또는 새로운 계층의 고객을 대상으로 사업을 수행하는 데서 발생하는 원가는 무형자산 원가에 포함한다.

③ 내부적으로 창출한 브랜드, 제호, 출판표제, 고객목록은 개발하는 데 발생한 원가를 전체 사업과 구별할 수 없더라도 무형자산으로 인식한다.

④ 무형자산에 대한 대금지급기간이 일반적인 신용기간보다 긴 경우 무형자산의 원가는 실제 총지급액이 된다.

⑤ 새롭거나 개선된 재료, 장치, 제품, 공정, 시스템이나 용역에 대한 여러 가지 대체안을 최종선택하는 활동은 개발활동의 예로서 해당 지출은 무형자산으로 인식한다.

03 무형자산의 회계처리에 관한 설명으로 옳지 않은 것은? [세무사 19]

① 사업결합 과정에서 피취득자가 진행하고 있는 연구 · 개발 프로젝트가 무형자산의 정의를 충족한다면 사업결합 전에 그 자산을 피취득자가 인식하였는지 여부에 관계없이, 취득자는 취득일에 피취득자의 무형자산을 영업권과 분리하여 인식한다.

② 무형자산의 인식기준을 충족하지 못하여 비용으로 인식한 지출은 그 이후에 무형자산의 원가로 인식할 수 없다.

③ 내용연수가 비한정인 무형자산을 유한 내용연수로 재평가하는 것은 그 자산의 손상을 시사하는 징후에 해당하지 않으므로 손상차손을 인식하지 않는다.

④ 상각하지 않는 무형자산에 대하여 사건과 상황이 그 자산의 내용연수가 비한정이라는 평가를 계속하여 정당화하는지를 매 회계기간에 검토하며, 사건과 상황이 그러한 평가를 정당화하지 않는 경우에 비한정 내용연수를 유한 내용연수로 변경하는 것은 회계추정의 변경으로 회계처리한다.

⑤ 내부적으로 창출한 브랜드, 제호, 출판표제, 고객목록과 이와 실질이 유사한 항목은 무형자산으로 인식하지 않는다.

04 다음은 제약회사인 (주)갑의 20×1년도 독감 치료용 신약을 위한 연구, 개발 및 생산과 관련된 자료이다.

○ 독감의 원인이 되는 새로운 바이러스를 찾기 위한 지출	₩300,000
○ 바이러스 규명에 필요한 동물실험을 위한 지출	₩10,000
○ 상업용 신약 생산에 필요한 설비 취득을 위한 지출	₩400,000
○ 신약을 개발하는 시험공장 건설을 위한 지출 (상업적 생산목적으로 실현가능한 경제적 규모가 아님)	₩500,000
○ 신약의 상업화 전 최종 임상실험을 위한 지출	₩60,000
○ 신약 생산 전 시제품을 시험하기 위한 지출	₩20,000
○ 바이러스 동물실험 결과의 평가를 위한 지출	₩30,000

(주)갑이 20×1년에 당기손익으로 인식할 연구비와 자산으로 인식할 개발비는 각각 얼마인가? (단, 개발비로 분류되는 지출의 경우 20×1년 말 시점에 개발비 자산인식요건을 충족한다고 가정한다) [회계사 12]

	연구비	개발비
①	₩340,000	₩580,000
②	₩340,000	₩980,000
③	₩740,000	₩580,000
④	₩740,000	₩80,000
⑤	₩840,000	₩80,000

내부창출 무형자산 - 인식기준

05 (주)세무는 신제품 개발활동으로 연구개발비가 다음과 같이 발생하였다. 차입원가는 연구개발활동과 관련된 특정차입금에서 발생한 이자비용이다. 20×1년은 연구단계이고, 20×2년은 개발단계(무형자산의 인식요건을 충족함)에 속하는데, 20×2년 7월 1일에 프로젝트가 완료되어 제품 생산에 사용되었다. 무형자산(개발비)은 내용연수 5년, 잔존가치 ₩0, 정액법 상각(월할상각)하며, 원가모형을 적용한다. 20×2년 12월 31일 무형자산(개발비)의 장부금액은? [세무사 16]

내역	20×1년 1월 1일 ~ 20×1년 12월 31일	20×2년 1월 1일 ~ 20×2년 6월 30일
연구원 급여	₩40,000	₩30,000
시험용 원재료 사용액	25,000	20,000
시험용 기계장치 감가상각비	10,000	5,000
차입원가	5,000	5,000

① ₩49,500
② ₩50,000
③ ₩54,000
④ ₩55,000
⑤ ₩60,000

무형자산의 재평가모형 + 비한정 내용연수 무형자산

06 (주)갑이 20×1년 초에 취득한 무형자산과 관련된 자료는 다음과 같다.

구분	취득원가	내용연수	20×1년 말		20×2년 말	
			공정가치	회수가능액	공정가치	회수가능액
상표권	₩20,000	비한정적	₩21,000	₩22,000	₩20,400	₩18,000
특허권	₩80,000	4년	₩78,000	₩80,000	₩45,000	₩45,000

특허권은 정액법으로 상각하며, 잔존가치는 ₩0이다. 20×2년 말에는 상기 무형자산에 대해 손상징후가 발생하였다. (주)갑은 무형자산에 대하여 재평가모형을 적용하며, 무형자산을 사용하면서 관련 재평가잉여금을 이익잉여금으로 대체하는 방법은 선택하지 않고 있다. (주)갑이 20×2년도에 인식할 상표권 관련 손상차손과 20×2년 말 재무상태표에 표시할 특허권 관련 재평가잉여금은 각각 얼마인가?

[회계사 12 수정]

	손상차손	재평가잉여금		손상차손	재평가잉여금
①	₩1,000	₩7,000	②	₩3,000	₩11,000
③	₩2,000	₩7,000	④	₩3,000	₩7,000
⑤	₩2,000	₩11,000			

07 (주)대한은 20×1년 12월 31일에 현금 ₩120,000을 지불하고 (주)민국을 합병하였다. 취득일 현재 (주)민국의 식별가능한 순자산 장부금액과 공정가치는 다음과 같다.

구분	장부금액	공정가치
기타자산	₩20,000	₩24,000
유형자산	60,000	108,000
부채	40,000	48,000
자본	40,000	

> (추가사항)
> 합병 당시 (주)민국의 장부에는 반영되지 않았지만, (주)민국이 수행 중인 연구개발프로젝트와 관련하여 신뢰성 있게 측정된 공정가치 ₩5,000의 무형자산이 추가로 식별되었다.

취득일에 합병과 관련하여 (주)대한이 인식할 영업권은?

① ₩23,000
② ₩31,000
③ ₩35,000
④ ₩67,000
⑤ ₩75,000

정답 및 해설

정답

01 ⑤ 02 ① 03 ③ 04 ① 05 ③ 06 ⑤ 07 ②

해설

01 ⑤
① 무형자산을 최초로 인식할 때에는 원가(제공한 대가의 공정가치)로 측정한다.
② 내부적으로 창출한 브랜드, 제호, 출판표제, 고객목록과 이와 실질이 유사한 항목은 당기비용으로 인식한다.
③ 연구결과를 최종선택, 응용하는 활동과 관련된 지출은 연구단계에 해당하므로 당기비용으로 인식한다.
④ 무형자산을 창출하기 위한 내부 프로젝트를 연구단계와 개발단계로 구분할 수 없는 경우에는 그 프로젝트에서 발생한 지출은 모두 연구단계에서 발생한 것으로 본다.

02 ①
② 새로운 지역에서 또는 새로운 계층의 고객을 대상으로 사업을 수행하는 데서 발생하는 원가는 무형자산 원가에 포함하지 않는다(∵ 취득무관원가).
③ 내부적으로 창출한 브랜드, 제호, 출판표제, 고객목록은 개발하는 데 발생한 원가를 전체 사업과 구별할 수 없기 때문에 무형자산으로 인식할 수 없고 당기비용으로 인식한다.
④ 무형자산에 대한 대금지급기간이 일반적인 신용기간보다 긴 경우 무형자산의 원가는 현금가격상당액이다.
⑤ 새롭거나 개선된 재료, 장치, 제품, 공정, 시스템이나 용역에 대한 여러 가지 대체안을 최종 선택하는 활동은 연구활동에 해당된다.

03 ③
비한정 내용연수를 유한 내용연수로 변경하는 것은 해당 자산의 손상을 시사하는 징후 중의 하나가 된다.

04 ①
(1) 연구단계와 개발단계의 구분기준
독감 치료용 신약 개발을 위한 바이러스(개발아이템)를 찾는 단계는 연구단계에 해당하며, 바이러스를 찾은 후에 구체적으로 신약을 설계하는 단계는 개발단계에 해당한다.
(2)연구비와 개발비의 구분

	연구비	개발비	비고
독감의 원인이 되는 바이러스를 찾기 위한 지출	300,000	–	
바이러스 규명에 필요한 동물실험을 위한 지출	10,000	–	
상업용 신약 생산에 필요한 설비 취득을 위한 지출	–	–	유형자산 분류
신약을 개발하는 시험공장 건설을 위한 지출	–	500,000	
신약의 상업화 전 최종 임상실험을 위한 지출	–	60,000	
신약 생산 전 시제품을 시험하기 위한 지출	–	20,000	
바이러스 동물실험 결과의 평가를 위한 지출	30,000	–	
합계	340,000	580,000	

05 ③ **(1) 무형자산(개발비) 인식금액**

개발단계에서 발생한 지출(차입원가 포함) 중 자산인식요건을 충족한 이후에 발생한 지출만 무형자산(개발비)으로 인식한다.

(2) 20×2년 말 무형자산(개발비) 장부금액

무형자산(개발비) 취득원가	30,000 + 20,000 + 5,000 + 5,000 =	60,000
20×2년 개발비 상각비	(60,000 − 0) ÷ 5년 × 6/12 =	(6,000)
20×2년 말 개발비 장부금액		54,000

06 ⑤ **(1) 20×2년 상표권 손상차손**

2,000

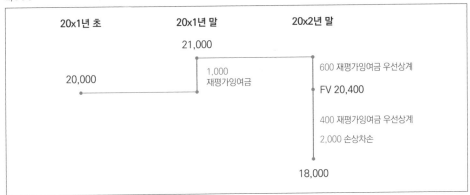

(2) 20×2년 말 특허권 재평가잉여금 잔액

18,000 − 7,000 = 11,000

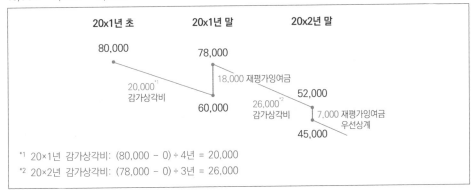

*1 20×1년 감가상각비: (80,000 − 0) ÷ 4년 = 20,000
*2 20×2년 감가상각비: (78,000 − 0) ÷ 3년 = 26,000

07 ② **(1) 피취득자((주)민국)의 순자산 공정가치**

자산의 공정가치	24,000 + 108,000 + 5,000 =	137,000
부채의 공정가치		(48,000)
순자산 공정가치		89,000

(2) 영업권

이전대가	120,000
피취득자 순자산 공정가치	(89,000)
영업권	31,000

01 무형자산은 물리적 실체는 없지만, 식별가능한 비화폐성자산을 말한다. 무형자산과 관련한 다음의 물음에 답하시오.

[물음 1] 'K-IFRS 제1038호 문단 8'에서는 무형자산의 정의를 기술하고 있다. 무형자산의 정의를 충족시키기 위한 속성(요건) 3가지를 기술하시오.   [세무사 2차 15]

[물음 2] 무형자산의 정의와 관련하여 다음의 서술이 올바른지 여부를 파악하여 맞는 서술은 O, 잘못된 서술은 ×로 표기하시오.

> ① 계약상 권리나 기타 법적 권리로부터 발생하는 무형자산은 권리가 이전가능하거나 기업이나 기타 권리와 의무에서 분리가능한 경우에만 식별가능하다. (   )
> ② 무형자산의 미래경제적효익에 대한 통제능력은 일반적으로 법적 권리에서 나오며, 법적 권리가 없는 경우에는 통제를 제시하기 어렵다. 그러나 다른 방법으로도 미래경제적효익을 통제할 수 있기 때문에 권리의 법적 집행가능성이 통제의 필요조건은 아니다. (   )

[물음 3] 법적 권리에 의해서 보호되는 시장에 대한 지식 및 기술적 지식을 무형자산으로 인식할 수 있는지 여부와 그 이유를 3줄 이내로 약술하시오.

[물음 4] 숙련된 종업원이나 교육훈련으로부터 발생하는 미래경제적효익을 무형자산으로 인식할 수 있는지 여부와 그 이유를 3줄 이내로 약술하시오.

[물음 5] 연구개발활동의 결과로 특허권을 취득하는 경우 특허권의 최초원가에는 무형자산으로 인식한 개발비의 미상각잔액을 포함하지 않는다. 그 이유는 무엇인지 설명하시오.

[물음 6] 브랜드, 고객목록 등에 대한 취득이나 완성 후의 지출(후속지출)은 브랜드, 고객목록 등을 외부에서 취득하였는지 또는 내부적으로 창출하였는지에 관계없이 발생시점에 항상 당기손익으로 인식한다. 그 이유를 2줄 이내로 기술하시오.

[물음 7] (주)한국은 제조공정상 필요한 정밀기계장치를 소프트웨어와 함께 취득하였으며 이러한 기계장치는 기계를 제어 및 가동시키는 소프트웨어가 없다면 작동이 불가능하다. (주)한국이 취득한 정밀기계장치와 소프트웨어의 취득원가를 어떻게 인식해야 하는지 3줄 이내로 설명하시오.

[물음 8] 기업은 매 보고기간 말마다 자산손상을 시사하는 징후가 있는지를 검토하여, 그러한 징후가 있다면 당해 자산의 회수가능성을 추정하여 손상검사를 실시하여야 한다. 그러나 자산손상을 시사하는 징후가 있는지에 관계없이 매년 손상검사를 실시하여야 하는 경우의 예를 3가지 제 시하시오.

[세무사 2차 10]

해답 **[물음 1]**
① 식별가능성
② 자원에 대한 통제
③ 미래경제적효익의 존재

[물음 2]
① (X): 계약상 권리나 기타 법적 권리로부터 발생하는 무형자산은 권리가 이전가능하거나 기업이나 기타 권리와 의무에서 분 리가능하지 않다 하더라도 식별가능한 것으로 본다.
② (O)

[물음 3]
① 무형자산으로 인식할 수 있다.
② 시장에 대한 지식과 기술적 지식이 법적 권리에 의하여 보호된다면, 기업은 그러한 지식에서 얻을 수 있는 미래경제적효익을 통제하고 있는 것이기 때문이다.

[물음 4]
① 무형자산으로 인식할 수 없다.
② 기업은 숙련된 종업원이나 교육훈련으로부터 발생하는 미래경제적효익에 대해서는 일반적으로 무형자산의 정의를 충족하기 에는 충분한 통제를 가지고 있지 않기 때문이다.

[물음 5]
① 개발활동과 특허권은 직접적으로 대응이 되지 않는 경우가 많으므로 당해 특허권의 원가를 개별적으로 식별하기 어렵다.
(예) 하나의 개발과제에서 여러 개의 산업재산권이 출원되는 경우)
② 또한 개발비와 특허권은 경제적효익이 기대되는 기간(내용연수)이 다를 수 있기 때문에, 관련된 개발비 미상각잔액을 특허권 으로 대체할 경우 수익·비용 대응이 적절하지 않게 된다.

[물음 6]
브랜드, 고객목록 등에 대한 후속지출을 사업을 전체적으로 개발하기 위한 지출과 구분할 수 없기 때문이다.

[물음 7]
컴퓨터로 제어되는 기계장치가 특정 컴퓨터소프트웨어가 없으면 가동이 불가능한 경우에는 그 소프트웨어를 관련된 하드웨어의 일부로 보아 유형자산으로 회계처리한다.

[물음 8]
① 내용연수가 비한정인 무형자산
② 아직 사용할 수 없는 무형자산
③ 사업결합으로 취득한 영업권

02 (주)한국은 신공정 개발 프로젝트와 관련하여 20×1년 중에 다음과 같은 지출을 하였다.

① 새로운 지식을 얻고자 하는 활동	₩100,000
② 생산 전의 시제품과 모형을 제작하는 활동	250,000
③ 경제적 규모가 아닌 시험공장을 설계, 건설하는 활동	150,000
④ 연구결과나 기타 지식을 탐색, 평가, 응용하는 활동	300,000
⑤ 제품과 공정에 대한 여러 대체안을 탐색하는 활동	120,000
⑥ 7월 1일 개발활동과 관련된 기계장치의 취득	200,000
(내용연수 4년, 잔존가치 없음, 정액법 감가상각)	

[물음 1] 신공정 개발 프로젝트와 관련하여 (주)한국이 20×1년 재무제표에 보고할 금액을 다음의 양식에 따라 제시하시오. 단, 개발활동으로 분류되는 항목에 대하여는 지출금액의 40%가 자산인식 요건을 충족했다고 가정한다.

구분	항목	금액
재무상태표	개발비	①
포괄손익계산서	연구비	②
	경상연구개발비	③

[물음 2] 개발활동에 속하는 지출이 무형자산(개발비)으로 인식되기 위해서는 'K-IFRS 제1038호 문단 57'의 6가지 사항을 모두 제시할 수 있어야 한다. 이 6가지 사항을 기술하시오.

[세무사 2차 15]

해답 **[물음 1]**

1. 연구활동과 개발활동의 구분

지출항목	금액	활동구분
① 새로운 지식을 얻고자 하는 활동	100,000	연구단계
② 생산 전의 시제품과 모형을 제작하는 활동	250,000	개발단계
③ 경제적 규모가 아닌 시험공장을 설계, 건설하는 활동	150,000	개발단계
④ 연구결과나 기타 지식을 탐색, 평가, 응용하는 활동	300,000	연구단계
⑤ 제품과 공정에 대한 여러 대체안을 탐색하는 활동	120,000	연구단계
⑥ 개발활동과 관련한 기계장치의 감가상각비	(*)25,000	개발단계
계	945,000	

(*) 200,000 ÷ 4년 × 6/12 = 25,000

2. 답안의 작성
   ① 개발비: (250,000 + 150,000 + 25,000) × 40% = 170,000
   ② 연구비: 100,000 + 300,000 + 120,000 = 520,000
   ③ 경상연구개발비: (250,000 + 150,000 + 25,000) × 60% = 255,000

[물음 2] 개발비의 자산인식요건

① 무형자산을 사용하거나 판매하기 위해 그 자산을 완성할 수 있는 기술적 실현가능성
② 무형자산을 완성하여 사용하거나 판매하려는 기업의 의도
③ 무형자산을 사용하거나 판매할 수 있는 기업의 능력
④ 무형자산이 미래경제적효익을 창출하는 방법
⑤ 무형자산의 개발을 완료하고 그것을 판매하거나 사용하는 데 필요한 기술적, 재정적 자원 등의 입수가능성
⑥ 개발과정에서 발생한 무형자산 관련 지출을 신뢰성 있게 측정할 수 있는 기업의 능력

03 다음 [물음 1]과 [물음 2]는 각각 독립된 상황이다.

[물음 1] 다음은 (주)우리가 사업결합을 통하여 취득한 무형자산과 관련한 자료이다.

(1) (주)우리는 20×1년 초 사업결합을 통하여 주파수이용권과 회원권을 무형자산으로 인식하였으며, 공정가치는 각각 ₩1,000,000과 ₩2,500,000이다.

(2) (주)우리는 무형자산에 대하여 매 보고기간 말에 원가모형을 적용하여 평가하며, 20×1년과 20×2년 말 현재 주파수이용권과 회원권의 회수가능액은 다음과 같다.

구분	20×1.12.31	20×2.12.31
주파수이용권	₩720,000	₩900,000
회원권	2,500,000	2,000,000

(3) 주파수이용권의 내용연수는 5년이며, 회원권의 내용연수는 비한정으로 판단된다. (주)우리는 무형자산을 정액법으로 상각하며, 잔존가치는 영(0)으로 가정한다.

상기 무형자산과 관련하여 (주)우리가 인식할 다음 ①부터 ⑥까지의 금액을 계산하시오. 단, 회수가능액이 장부금액보다 낮으면 손상징후가 있는 것으로 가정한다.

구분	20×1년도	20×2년도
무형자산상각비	①	④
손상차손	②	⑤
손상차손환입	③	⑥

[물음 2] 다음은 (주)나라의 개발비와 특허권에 대한 자료이다.

(1) (주)나라는 차세대 통신기술에 대한 연구개발 활동을 진행하여 다음과 같은 항목을 지출하였다. 단, 아래 표의 금액은 각 단계에서 발생한 총지출액이며, 매월 균등하게 발생한다고 가정한다.

구분	개발단계 (20×1.1.1 ~ 6.30)	생산단계 (20×1.7.1 ~ 12.31)
연구원의 인건비	₩30,000	₩20,000
재료비	40,000	40,000
합리적으로 배분된 간접경비	50,000	70,000

(2) 개발단계에 사용할 설비자산은 20×1년 3월 1일 ₩100,000에 구입하였다. 설비자산의 잔존가치는 영(0)이며, 내용연수는 10년이다. 감가상각방법은 정률법이며, 상각률은 0.20이다.

(3) 개발단계에서의 지출은 20×1년 4월 1일부터 무형자산의 인식요건을 모두 충족한다.

(4) 20×1년 7월 초에 개발이 종료되고, 즉시 생산이 시작되었다. 개발한 통신기술에 대하여 20×1년 10월 초에 특허권을 취득하였으며, 특허권과 직접 관련된 지출은 다음과 같다.
 - 특허권 취득을 위한 비용: ₩250,000
 - 특허권 침해방지를 위한 비용: ₩100,000
 - 이러한 지출은 특허권의 미래경제적효익을 실질적으로 증가시킬 가능성이 매우 높다고 판단된다.

(5) (주)나라의 무형자산의 내용연수는 10년, 잔존가치는 영(0)이며, 감가상각방법은 정액법이다.

위 자료를 이용하여 20×1년도 ① 개발비 상각비와 ② 특허권 상각비를 계산하시오.

해답 **[물음 1] 사업결합으로 취득한 무형자산**

1. 주파수이용권(유한 내용연수)

   (1) 20×1년

   ① 20×1년 감가상각비: $^{(*)}$1,000,000 ÷ 5년 = 200,000

      $^{(*)}$ 사업결합으로 취득한 무형자산은 **취득자산의 공정가치로 인식**한다.

   ② 20×1년 말 손상 전 장부금액: 1,000,000 - 200,000 = 800,000

   ③ 20×1년 손상차손: 800,000 - 720,000 = 80,000

   (2) 20×2년

   ① 20×2년 감가상각비: 720,000 ÷ 4년 = 180,000

   ② 20×2년 손상차손환입액 = Min[900,000, $^{(*1)}$600,000] - $^{(*2)}$540,000 = 60,000

      $^{(*1)}$ 손상 전 장부금액(한도) = 1,000,000 - (200,000 × 2년) = 600,000

      $^{(*2)}$ 손상차손환입 전 장부금액 = 720,000 - 180,000 = 540,000

2. 회원권(비한정 내용연수)

   (1) 20×1년

   ① 20×1년 감가상각비: 영(0) (∵ 비한정 내용연수)

   ② 20×1년 손상차손: $^{(*)}$2,500,000 - 2,500,000 = 0

      $^{(*)}$ 사업결합으로 취득한 무형자산은 **취득자산의 공정가치로 인식**한다.

   (2) 20×2년

   ① 20×2년 감가상각비: 영(0) (∵ 비한정 내용연수)

   ② 20×2년 손상차손: 2,500,000 - 2,000,000 = 500,000

3. 답안의 작성

	20×1년도	20×2년도
무형자산상각비	200,000	180,000
손상차손	80,000	500,000
손상차손환입	-	60,000

[물음 2] 개발비와 특허권

1. 개발비 상각비

   (1) 개발비 취득원가

연구원 인건비(4.1 ~ 6.30)	30,000 × 3/6 =	15,000
재료비(4.1 ~ 6.30)	40,000 × 3/6 =	20,000
간접경비(4.1 ~ 6.30)	50,000 × 3/6 =	25,000
설비자산 감가상각비(4.1 ~ 6.30)	100,000 × 0.2 × 3/12 =	5,000
계		65,000

   (2) 개발비 상각비: (65,000 - 0) ÷ 10년 × 6/12 = 3,250

2. 특허권 상각비

   (1) 특허권 취득원가

특허권 취득을 위한 지출	250,000
특허권 침해방지를 위한 지출	100,000
계	350,000

   (2) 특허권 상각비: (350,000 - 0) ÷ 10년 × 3/12 = 8,750

cpa.Hackers.com

해커스 IFRS 김승철 중급회계 상

제9장

금융부채

제1절 | 금융부채 일반

01 금융부채의 정의 및 분류

(1) 금융부채의 정의(범위)

금융상품(financial instruments)은 거래당사자 어느 한쪽에게는 금융자산이 생기게 하고 거래 상대방에게 금융부채나 지분상품이 생기게 하는 모든 계약을 말한다. 금융상품 중 금융부채(financial liability)는 다음의 부채를 말한다.

금융부채의 정의(범위)	사례
① 다음 중 하나에 해당하는 계약상 의무 　㉠ 거래상대방에게 현금 등 금융자산을 인도하기로 한 계약상 의무 　㉡ 잠재적으로 불리한 조건으로 거래상대방과 금융자산이나 금융부채를 교환하기로 한 계약상 의무	매입채무, 미지급금, 차입금, 사채 매도 콜옵션 등 파생상품부채
② 자기지분상품(자기주식)으로 결제하거나 결제할 수 있는 다음 중 하나의 계약 　㉠ 인도할 자기지분상품의 수량이 변동 가능한 비파생상품 　㉡ 확정 수량의 자기지분상품을 확정 금액의 현금 등 금융자산과 교환하여 결제하는 방법 외의 방법으로 결제하거나 결제할 수 있는 파생상품	자기주식결제채무 자기주식결제 파생상품

따라서 다음의 부채들은 금융부채에 해당하지 않는다.

> ① 선수금, 선수수익은 미래에 (현금 등 금융자산이 아니라) 재화나 용역을 제공하여 이행하므로 금융부채에 해당하지 않는다.
> ② 당기법인세부채, 이연법인세부채는 (계약상 의무가 아니라) 법적의무이므로 금융부채에 해당하지 않는다. 그리고 의제의무에 따라 인식하는 충당부채도 계약상 의무가 아니므로 금융부채에 해당하지 않는다.

자기지분상품으로 결제하거나 결제할 수 있는 계약이 다음에 해당하는 경우에는 (금융부채가 아니라) 지분상품(자본)
으로 분류된다.
① 인도할 자기지분상품의 수량이 확정된 비파생상품
② 확정 수량의 자기지분상품을 확정 금액의 현금 등 금융자산과 교환하여 결제하는 방법으로 결제하거나 결제할 수
  있는 파생상품

구분	내용	분류
사례 1-1	A사가 B사로부터 재고자산을 ₩1,000,000에 매입하고, 이에 대한 대가로 3개월 후에 ₩1,000,000에 상당하는 수량의 A사 주식을 발행하기로 하였다.	금융부채로 분류(∵ 발행할 자기주식의 수량이 3개월 후의 주가에 따라 변동 가능함)
사례 1-2	A사가 B사로부터 재고자산을 ₩1,000,000에 매입하고, 이에 대한 대가로 3개월 후에 100주의 A사 주식을 발행하기로 하였다.	지분상품(자본)으로 분류(∵ 발행할 자기주식의 수량이 100주로 확정됨)
사례 2-1	A사가 3개월 후에 금 100온스를 수령하고, 이에 대한 대가로 금 100온스의 가치에 상당하는 수량의 A사 주식을 발행하기로 하였다.	금융부채로 분류
사례 2-2	A사가 3개월 후에 현금 ₩1,000,000을 수령하고, 이에 대한 대가로 100주의 A사 주식을 발행하기로 하였다.	지분상품(자본)으로 분류

(2) 금융부채의 분류

모든 금융부채는 다음을 제외하고는 후속적으로 상각후원가 측정 금융부채로 분류한다.

① 당기손익 - 공정가치 측정 금융부채
② 금융자산의 양도가 제거조건을 충족하지 못하거나 지속적 관여 접근법이 적용되는 경우에 생기는 금융부채
③ 금융보증계약
④ 시장이자율보다 낮은 이자율로 대출하기로 한 약정
⑤ 사업결합에서 취득자가 인식하는 조건부 대가

당기손익-공정가치 측정 금융부채는 다음 중 하나의 조건을 충족하는 금융부채이다.

① 단기매매항목의 정의를 충족한다. 단기매매항목은 다음 중 하나에 해당하는 금융자산이나 금융부채이다.
   ㉠ 주로 단기간에 매각하거나 재매입할 목적으로 취득하거나 부담한다.
   ㉡ 최초인식시점에 공동으로 관리하는 특정 금융상품 포트폴리오의 일부로 운용 형태가 단기적 이익 획득목적이라는 증거가 있다.
   ㉢ 파생상품이다(단, 금융보증계약인 파생상품이나 위험회피수단으로 지정되고 위험회피에 효과적인 파생상품은 제외).
② 최초인식시점에 당기손익 - 공정가치 측정 항목으로 지정한다.

> ⊘ 참고   당기손익 - 공정가치 측정 항목으로 지정한 금융부채
>
> 금융부채를 최초인식시점에 당기손익 - 공정가치 측정 항목으로 지정할 수 있다. 다만, 다음 중 하나 이상을 충족하여 당기손익 - 공정가치 측정 항목으로 지정하는 것이 더욱 목적적합한 정보를 제공하는 경우에만 당기손익 - 공정가치 측정 항목으로 지정할 수 있으며, 한번 지정하면 이를 취소할 수 없다.
> ① 당기손익 인식 항목으로 지정하면, 서로 다른 기준에 따라 자산이나 부채를 측정하거나 그에 따른 손익을 인식함으로써 발생할 수 있는 인식이나 측정상의 불일치(회계불일치)가 제거되거나 유의적으로 감소된다.
> ② 문서화된 위험관리전략이나 투자전략에 따라, 금융상품집합을 공정가치기준으로 관리하고 그 성과를 평가하며 그 정보를 이사회, 대표이사 등 주요경영진에게 공정가치기준에 근거하여 내부적으로 제공한다.

02 금융부채의 인식 및 측정

(1) 금융부채의 최초인식

① 금융부채는 금융상품의 계약당사자가 되는 때에만 재무상태표에 인식하며, 모든 금융부채는 최초인식 시 공정가치로 측정하여 인식한다.

② 당기손익-공정가치 측정 금융부채의 발행과 직접 관련되는 거래원가는 당기비용으로 인식한다. 그러나 당기손익-공정가치 측정 금융부채가 아닌 경우에 해당 금융부채의 발행과 직접 관련되는 거래원가는 최초인식하는 공정가치에서 차감한다.

(2) 금융부채의 후속측정

최초인식 후, 다음을 제외한 모든 금융부채는 유효이자율법을 사용하여 상각후원가로 측정한다.

> ① 당기손익 - 공정가치 측정 금융부채
> ② 금융자산의 양도가 제거조건을 충족하지 못하거나 지속적 관여 접근법이 적용되는 경우에 생기는 금융부채
> ③ 금융보증계약
> ④ 시장이자율보다 낮은 이자율로 대출하기로 한 약정
> ⑤ 사업결합에서 취득자가 인식하는 조건부 대가

당기손익-공정가치 측정 금융부채는 최초인식 후 공정가치로 측정하고, 공정가치 측정으로 인한 공정가치의 변동(공정가치평가손익)은 당기손익으로 인식한다. 다만, 당기손익-공정가치 측정 항목으로 지정한 금융부채의 공정가치의 변동은 다음과 같이 처리한다.

> ① **신용위험 변동에 따른 공정가치 변동**: 기타포괄손익으로 표시한다(단, 당기손익의 회계불일치를 일으키거나 확대하는 경우에는 당기손익으로 표시). 그리고 기타포괄손익으로 표시하는 금액은 후속적으로 당기손익으로 이전하지 않는다. 그러나 자본 내에서 누적 손익을 이전할 수는 있다(즉, 당기손익으로 재분류조정하지 않고 이익잉여금으로 직접 대체할 수는 있다는 의미임).
> ② **나머지 공정가치 변동**: 신용위험 변동에 따른 공정가치 변동을 제외한 나머지 공정가치 변동은 당기손익으로 표시한다.

> ⊘ 참고   **신용위험 변동으로 인한 공정가치평가손익을 기타포괄손익으로 인식하는 이유**
>
> ① 기업의 자기신용위험이 높아지면 시장이자율이 상승하므로 금융부채의 공정가치는 감소한다.
> ② 이 경우 기업은 신용도가 악화되었음에도 불구하고 오히려 부채가 감소하여 이익을 인식하게 되며, 이는 재무제표 이용자의 의사결정을 왜곡시킬 수 있을 것이다.
> ③ 이러한 이유로 금융부채의 공정가치 변동 중 자기신용위험으로 인한 변동은 (당기손익이 아니라) 기타포괄손익으로 인식하도록 하였다.

구분	당기손익 - 공정가치 측정 금융부채	상각후원가 측정 금융부채
최초인식	① 공정가치로 인식 ② 거래원가: 당기비용으로 인식	① 공정가치로 인식 ② 거래원가: 최초인식 공정가치에서 차감
후속측정	① 공정가치로 측정하고, 공정가치평가손익은 당기손익으로 인식 ② 다만, 당기손익 - 공정가치 측정 항목으로 지정한 금융부채의 공정가치평가손익은 다음과 같이 인식 　㉠ 신용위험 변동: 기타포괄손익 인식 　㉡ 나머지 변동: 당기손익 인식	유효이자율법을 적용한 상각후원가로 측정

예제 1　당기손익-공정가치 측정 금융부채

(1) 20×1년 1월 1일, (주)한국은 액면금액 ₩100,000, 표시이자율이 연 6%인 10년 만기 회사채를 발행하였다. 발행시점의 시장이자율은 연 6%(LIBOR 금리 4% + 2%)로 액면발행하였으며, 당기손익 – 공정가치 측정 금융부채로 분류하였다. 회사채 발행 시 거래원가로 ₩1,000을 지출하였다.

(2) 20×1년 말 현재 LIBOR 금리는 연 5%이므로 발행시점의 신용위험이 유지되는 경우의 시장이자율은 연 7%(LIBOR 금리 5% + 2%)이다. 7%로 할인한 회사채의 현재가치는 ₩93,485이다. 20×1년 말 현재 (주)한국이 발행한 회사채의 시장가격은 ₩82,014이다.

[요구사항]

1. 동 회사채와 관련하여 (주)한국의 20×1년 당기손익과 기타포괄손익에 미치는 영향을 각각 계산하시오. 단, 금융부채의 신용위험 변동효과가 회계불일치를 일으키거나 확대하지는 않는다.

2. (주)한국이 20×1년 1월 1일과 20×1년 12월 31일에 해야 할 회계처리를 제시하시오.

1. 20×1년 포괄손익계산서 효과

(1) 20×1년 말 7%로 할인한 회사채의 현재가치 93,485: LIBOR 금리(기준금리)의 1% 상승만을 반영한 현재가치이 므로 (신용위험 변동은 반영하지 않고) 시장위험 변동만 반영한 공정가치이다.

(2) 공정가치 변동분(공정가치평가손익)의 구분

(*1) 공정가치의 총변동액(감소액) 17,986 중에서 LIBOR 금리 상승(시장위험 변동)으로 인한 공정가치 감소 6,515를 제외한 금액이므로, 동 금액은 (주)한국의 신용위험(가산금리) 변동에 따른 공정가치 변동액이 되며 따라서 기타포 괄손익으로 인식한다.

(*2) LIBOR 금리(기준금리)의 1% 상승으로 인한 회사채 공정가치의 감소액 6,515는 시장위험 변동에 따른 공정가 치 변동액이므로 당기손익으로 인식한다.

(3) 20×1년 당기손익 효과

거래원가		(1,000)
이자비용	100,000 × 6% =	(6,000)
금융부채평가이익		6,515 시장위험 변동으로 인한 변동액
당기손익 효과		(485) 감소

(4) 20×1년 기타포괄손익 효과
금융부채평가이익(신용위험 변동으로 인한 변동액): 11,471 증가

2. 일자별 회계처리

20×1.1.1	(차) 현금	100,000	(대) 당기손익인식금융부채		100,000
	(차) 지급수수료	1,000	(대) 현금		1,000
20×1.12.31	(차) 이자비용	(*)6,000	(대) 현금		6,000

(*) 100,000 × 6% = 6,000

(차) 당기손익인식금융부채	17,986	(대) 금융부채평가이익(당기손익)		6,515
		금융부채평가이익(기타포괄손익)		11,471

03 금융부채의 제거

① 금융부채는 계약상 의무가 이행, 취소 또는 만료되어 소멸한 경우에만 재무상태표에서 제거한다. 금융부채가 제거되는 경우, 제거된 금융부채의 장부금액과 지급한 대가의 차액은 당기손익(금융부채상환손익)으로 인식한다.

② 만일 금융부채의 일부를 재매입(조기상환)하는 경우 금융부채의 장부금액은 계속 인식되는 부분과 제거되는 부분에 대해 재매입일 현재 각 부분의 상대적 공정가치를 기준으로 배분한다. 그리고 제거되는 부분에 대하여 다음 ㉠과 ㉡의 차액을 당기손익으로 인식한다.

> ㉠ 제거되는 부분에 배분된 금융부채의 장부금액
> ㉡ 제거되는 부분에 대하여 지급한 대가(양도한 비현금자산이나 부담한 부채를 포함)

제2절 | 상각후원가 측정 금융부채

① 사채란 기업이 증권을 발행(판매)하여 다수의 투자자들로부터 장기간 자금을 차입할 때 발생하는 금융부채이다. 일반적으로 사채의 권면(액면)에는 액면금액, 표시이자율(액면이자율), 이자지급일, 상환일 및 상환방법 등이 기재되어 있으며, 사채발행회사는 사채의 권면에 기재되어 있는 조건에 따라 투자자들에게 원금과 이자를 지급한다.
② 사채는 상각후원가로 측정하는 가장 대표적인 금융부채로서, 이하에서는 사채를 대상으로 상각후원가 측정 금융부채의 회계처리를 설명하기로 한다.

01 사채발행금액의 결정

(1) 사채발행금액 결정요소

[그림 9-1] 사채의 발행구조

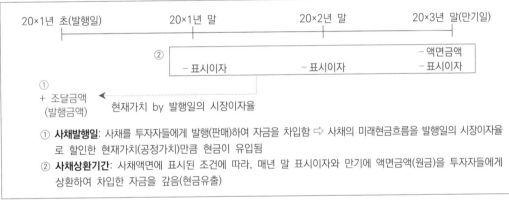

사채를 투자자들에게 발행(판매)하면 기업에 현금이 유입되며, 이때 사채발행으로 유입된 현금(조달금액)을 발행금액이라고 한다. 사채의 발행금액은 다음과 같이 4가지의 요소에 의해 결정된다.

① **액면금액**: 기업이 사채의 만기일에 투자자들에게 상환하기로 한 원금을 말한다.
② **만기일**: 기업이 투자자들에게 원금(액면금액)을 상환하는 날을 말한다.
③ **표시이자(액면이자)**: 원금(액면금액)을 상환하는 날까지 기업이 투자자들에게 지급하기로 약정한 이자를 말한다. 표시이자는 사채의 액면금액에 표시이자율(액면이자율)을 곱하여 산정된다.
④ **시장이자율**: 회사가 발행한 사채에 투자한 투자자들이 요구하는 수익률을 말한다.

상기 중 사채 액면금액, 만기일과 표시이자는 기업이 자금상황 등을 고려하여 먼저 확정한 후 사채권면에 표시하여 발행하며, 투자자들이 요구하는 시장이자율은 사채발행일의 시장 상황(예 시장금리 등)에 따라 사후적으로 결정된다.

(2) 사채발행금액의 결정

사채의 발행금액(조달금액)은 사채발행일의 공정가치로서, 사채의 미래현금흐름(이자지급 및 원금상환)을 발행일 현재의 시장이자율로 할인한 현재가치로 결정된다.

> **사채발행금액(조달금액)**
> = 사채발행일의 시장가치(공정가치)
> = 사채발행기간 동안 지급해야 할 총 미래현금흐름의 현재가치
> = 표시이자의 현재가치 + 원금의 현재가치
> = 표시이자 지급액 × (i, n, 연금현가계수) + 만기 원금상환액 × (i, n, 현가계수)
>   i: 시장이자율, n: 만기까지 이자지급횟수

이때 사채발행일의 시장이자율은 당해 사채에 대하여 투자자들이 요구하는 수익률(대출이자율)로서, 기준금리에 사채발행회사의 신용위험을 반영한 가산금리를 가산하여 결정된다.

> **⊘참고 기준금리와 가산금리**
>
> ① **기준금리(무위험이자율)**: 중앙은행이 물가, 국내외 경제동향, 금융시장 상황 등 시장위험을 반영하여 결정하는 정책금리로서, 각종 금리산정의 기준이 된다.
> ② **가산금리(위험프리미엄)**: 사채를 발행하는 기업의 신용위험을 반영하는 개별금리로서, 해당 기업의 신용등급이나 담보능력에 따라 달라진다.

> **승철쌤's comment   사채발행금액(조달금액)의 결정**
>
> ① 사채를 시장에 발행(판매)하면 발행일 현재 사채의 시장가치, 즉, 공정가치만큼 현금이 유입된다. 이때 사채의 공정가치는 사채의 미래현금흐름(표시이자 및 원금지급)을 발행일의 현재가치로 할인한 금액이다.
> ② 다만, 기업이 매년 지급할 표시이자가 먼저 확정되고, 투자자들이 원하는 수익률(시장이자율)이 나중에 결정되므로 표시이자율과 시장이자율이 서로 다를 수 있다.
> ③ 따라서 투자자들이 시장이자율만큼 수익률을 얻게 해주려면, 기업은 사채의 미래현금흐름을 시장이자율로 할인한 금액으로 발행(판매)해야 한다(즉, 투자자들이 이 금액에 사채를 취득하면, 자기들이 원하는 시장이자율만큼 만기수익률을 얻게 된다는 의미이다).

① 결과적으로 사채의 발행금액은 사채의 표시이자율과 시장이자율의 관계에 따라 결정되는데, 만일 사채의 표시이자율과 발행일의 시장이자율이 동일하다면 사채는 액면금액으로 발행된다.

② 그러나 만일 사채발행일의 시장이자율이 사채의 액면이자율보다 더 높다면 사채는 액면금액보다 낮게 발행(할인발행)된다. 왜냐하면 투자자들이 사채의 액면금액과 동일한 금액을 사채가 아니라 다른 금융자산에 투자할 경우 더 높은 수익률을 얻을 수 있기 때문이다. 따라서 사채발행회사가 자금을 조달하려면 투자자들이 시장이자율을 얻을 수 있도록 사채를 액면금액보다 낮은 금액을 받고 발행해야 한다.

③ 반면에 사채의 액면이자율이 사채발행일의 시장이자율보다 더 높다면 사채는 액면금액보다 높게 발행(할증발행)된다. 왜냐하면 투자자들이 사채의 액면금액과 동일한 금액을 다른 금융자산이 아니라 회사가 발행하는 사채에 투자할 경우 더 높은 수익률을 얻을 수 있기 때문이다. 다만, 사채발행회사는 시장이자율보다 더 높은 이자를 부담하면서 자금을 조달하지는 않을 것이므로 사채를 액면금액보다 높은 금액을 받고 발행하게 되는 것이다.

[표 9-1] 시장이자율과 사채발행금액의 관계

구분	발행금액	비고
시장이자율 = 표시이자율	액면금액	표시이자율과 투자자들이 요구하는 시장이자율이 동일하므로 액면금액으로 발행된다.
시장이자율 > 표시이자율	할인발행	투자자들이 표시이자율보다 더 높은 이자율을 요구하므로 액면금액보다 낮은 금액을 받고 발행한다.
시장이자율 < 표시이자율	할증발행	표시이자율보다 투자자들이 요구하는 시장이자율이 낮으므로 액면금액보다 높은 금액을 받고 발행한다.

(3) 시장이자율과 유효이자율

① 유효이자율은 사채발행회사가 당해 사채에 대해 실질적으로 부담하는 이자율(차입이자율)을 말하며, 사채와 관련된 미래현금흐름(원금상환 및 이자지급)의 현재가치를 사채의 발행금액과 일치시켜주는 할인율로 계산된다.

[유효이자율의 계산]

$$사채발행금액 = \frac{\sum 사채의\ 미래현금흐름}{(1 + r)^n} \quad \Rightarrow \quad r = 유효이자율(사채발행회사가\ 부담하는\ 실질이자율)$$

② 따라서 만일 사채발행 거래원가(사채발행비)가 없다면, 사채발행회사는 투자자들이 요구하는 수익률만큼 이자율을 부담할 것이므로 시장이자율과 유효이자율은 동일하다.

③ 그러나 사채발행비가 발생하는 경우에는 회사는 사채발행비만큼 이자를 추가로 부담하므로 유효이자율이 시장이자율보다 높게 결정된다. 따라서 이 경우에는 회사는 (시장이자율이 아니라) 유효이자율을 적용하여 이자비용을 인식해야 한다(후술하는 **03** 사채발행비(금융부채의 거래원가)가 발생하는 경우' 참고).

승철쌤's comment 시장이자율과 유효이자율

① **시장이자율**: 회사에 자금을 대여한 투자자들이 요구하는 수익률(대출이자율)
② **유효이자율**: 사채발행회사가 실질적으로 부담하는 이자율(차입이자율)

02 사채의 회계처리

(1) 발행일

① 사채를 발행하는 경우 사채의 액면금액은 사채의 과목으로 하여 부채로 인식한다. 그리고 사채를 할인발행하는 경우, 발행금액과 액면금액의 차이는 사채할인발행차금 계정으로 하여 사채의 액면금액에서 차감하는 형식으로 재무상태표에 표시한다.

② 반대로 사채를 할증발행하는 경우, 발행금액과 액면금액의 차이는 사채할증발행차금 계정으로 하여 사채의 액면금액에 가산하는 형식으로 재무상태표에 표시한다. 이때 사채의 액면금액에서 사채할인(할증)발행차금을 차감(가산)한 금액을 상각후원가(장부금액)라고 한다.

① 액면발행:	(차) 현금	×××	(대) 사채(액면금액)	×××
② 할인발행:	(차) 현금	×××	(대) 사채(액면금액)	×××
	사채할인발행차금	×××		
③ 할증발행:	(차) 현금	×××	(대) 사채(액면금액)	×××
			사채할증발행차금	×××

승철쌤's comment   사채할인(할증)발행차금의 성격

① 사채할인발행차금은 사채의 발행자가 투자자에게 시장이자율을 보장해 주기 위해 사채의 발행금액을 액면금액 이하로 할인해 준 금액이다. 즉, 사채할인발행차금만큼 발행일에 액면금액보다 덜 받고 만기일에 액면금액으로 상환하는 것이다. 결국 사채할인발행차금도 회사가 사채를 발행함으로서 부담하는 이자의 성격이므로 사채발행기간 동안 이자비용을 증가시키는 금액이 된다.

② 반대로 사채할증발행차금은 표시이자를 시장이자율보다 더 많이 지급함에 따른 대가를 투자자들로부터 미리 수령한 금액이다. 즉, 사채할증발행차금만큼 발행일에 액면금액보다 더 받고 만기일에는 액면금액만 상환하는 것이다. 결국 사채할증발행차금만큼 회사가 부담하는 이자가 감소하므로 사채발행기간 동안 이자비용을 감소시키는 금액이 된다.

(2) 이자비용의 인식

① 사채할인발행차금은 사채발행회사가 투자자에게 시장이자율을 보장해 주기 위해 부담하는 이자의 성격이다. 따라서 사채할인발행차금은 사채발행기간 동안 유효이자율법으로 배분한 금액을 제거(상각)하면서 이자비용에 가산해야 한다.

② 반면에 사채할증발행차금은 표시이자와 시장이자율의 차이를 미리 받은 금액이므로 회사가 부담하는 이자가 그만큼 감소한다. 따라서 사채할증발행차금은 사채의 발행기간 동안 유효이자율법으로 배분한 금액을 제거(상각)하면서 이자비용에서 차감해야 한다.

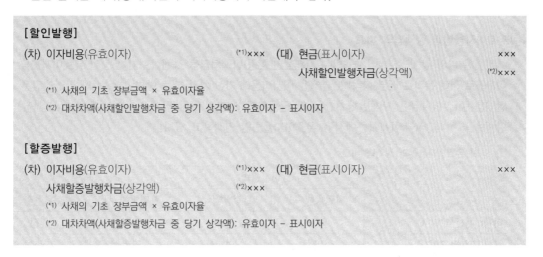

[할인발행]

(차) 이자비용(유효이자)	(*1)×××	(대) 현금(표시이자)	×××
		사채할인발행차금(상각액)	(*2)×××

(*1) 사채의 기초 장부금액 × 유효이자율
(*2) 대차차액(사채할인발행차금 중 당기 상각액): 유효이자 − 표시이자

[할증발행]

(차) 이자비용(유효이자)	(*1)×××	(대) 현금(표시이자)	×××
사채할증발행차금(상각액)	(*2)×××		

(*1) 사채의 기초 장부금액 × 유효이자율
(*2) 대차차액(사채할증발행차금 중 당기 상각액): 유효이자 − 표시이자

이에 따라 사채발행회사가 포괄손익계산서에 인식하는 이자비용(유효이자)은 표시이자에 사채할인(할증)발행차금 상각액을 가산(차감)한 금액이 되며, 사채의 장부금액(상각후원가)은 사채할인(할증)발행차금 상각액만큼 증가(감소)하게 된다.

사채발행기간 동안 인식할 총이자비용
= 표시이자의 합계액 + 사채할인발행차금 − 사채할증발행차금
= 표시이자의 합계액 + 사채액면금액 − 사채발행금액
　　　　　총상환금액　　　　　　　　조달금액

매 보고기간에 인식할 이자비용
= 사채의 기초 장부금액(상각후원가) × 유효이자율
= 표시이자 + (유효이자 − 표시이자)
= 표시이자 + 사채할인발행차금 상각액 − 사채할증발행차금 상각액

당기 말 사채 장부금액(상각후원가)
= 전기 말 장부금액 + 사채할인발행차금 상각액 − 사채할증발행차금 상각액

(3) 만기상환일

사채의 만기일이 되면, 사채의 차감계정(가산계정)인 사채할인발행차금(사채할증발행차금)은 모두 상각(제거)되었으므로 만기일의 사채의 장부금액은 액면금액과 동일한 금액이 된다. 따라서 사채를 만기일에 상환하면 장부금액과 상환금액(액면금액)이 일치하므로 상환으로 인한 손익이 발생하지 않는다.

[만기상환]

(차) 사채(액면금액) ××× (대) 현금(액면금액) ×××

(4) 유효이자율법과 정액법의 비교

전술한 바와 같이, 유효이자율법은 사채할인(할증)발행차금을 사채발행기간 동안 유효이자율을 복리이자율로 하여 복리로 배분(상각)한 금액을 이자비용에 가산(차감)하는 방법이다. 반면에 정액법은 사채할인(할증)발행차금을 사채발행기간 동안 균등하게 배분(상각)한 금액을 이자비용에 가산(차감)하는 방법을 말한다. 국제회계기준에서는 유효이자율법만 인정하고 있다.

[표 9-2] 유효이자율법과 정액법 비교

구분	유효이자율법		정액법	
	할인발행 시	할증발행 시	할인발행 시	할증발행 시
이자비용(유효이자)	증가	감소	일정	일정
표시이자(현금이자)	일정	일정	일정	일정
사채발행차금 상각액	증가	증가	일정	일정
사채 장부금액(상각후원가)	증가	감소	증가	감소

승철쌤's comment   사채할증발행차금 상각액

① 사채를 할증발행하는 경우에도 사채할증발행차금 상각액(의 절댓값)은 매년 증가한다는 점에 유의한다.
② 결국, 사채를 할인발행하든 할증발행하든 상각액은 모두 매년 증가한다.

(1) (주)한국은 20×1년 1월 1일, 만기 3년, 액면금액 ₩100,000의 사채를 발행하였다. 사채의 표시이자율은 8%로 매년 12월 31일에 지급하며, 사채발행일의 시장이자율은 10%이다.

(2) 이자율 10%, 3년간 ₩1의 현가계수 및 연금현가계수는 각각 0.7513과 2.4868이라고 가정한다.

[요구사항]

1. (주)한국이 발행한 사채에 대하여 다음 물음에 답하시오.

   (1) 사채의 발행금액

   (2) 사채의 만기일까지 인식할 총이자비용

   (3) 사채의 발행일부터 만기일까지 해야 할 회계처리

2. 사채의 표시이자율이 12%라고 할 경우, 상기 [요구사항 1]에 답하시오.

해답 1. 표시이자율이 8%인 경우(할인발행)

   (1) 발행금액

액면금액의 현재가치	100,000 × 0.7513 =	75,130
표시이자의 현재가치	8,000 × 2.4868 =	19,894
발행금액		95,024

   (2) 총이자비용

   표시이자의 합계액 + 사채할인발행차금 = 8,000 × 3년 + 4,976(= 100,000 - 95,024) = 28,976

   (3) 회계처리

   ① 사채할인발행차금 상각표

일자	유효이자(10%)	표시이자(8%)	상각액	장부금액
20×1.1.1				95,024
20×1.12.31	9,502	8,000	1,502	96,526
20×2.12.31	9,653	8,000	1,653	98,179
20×3.12.31	(*)9,821	8,000	1,821	100,000
	28,976	24,000	4,976	

   (*) 끝수조정

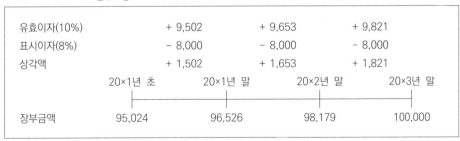

② 회계처리

20×1.1.1	(차) 현금	95,024	(대) 사채	100,000			
	사채할인발행차금	4,976			⇨	95,024	
20×1.12.31	(차) 이자비용	9,502	(대) 현금	8,000			
			사채할인발행차금	1,502	⇨	96,526	
20×2.12.31	(차) 이자비용	9,653	(대) 현금	8,000			
			사채할인발행차금	1,653	⇨	98,179	
20×3.12.31	(차) 이자비용	9,821	(대) 현금	8,000			
			사채할인발행차금	1,821	⇨	100,000	
	(차) 사채	100,000	(대) 현금	100,000	⇨	0	

③ 참고 순액표시방법에 따른 회계처리

20×1.1.1	(차) 현금	95,024	(대) 사채	95,024	⇨	95,024	
20×1.12.31	(차) 이자비용	9,502	(대) 현금	8,000			
			사채	1,502	⇨	96,526	
20×2.12.31	(차) 이자비용	9,653	(대) 현금	8,000			
			사채	1,653	⇨	98,179	
20×3.12.31	(차) 이자비용	9,821	(대) 현금	8,000			
			사채	1,821	⇨	100,000	
	(차) 사채	100,000	(대) 현금	100,000	⇨	0	

2. 표시이자율이 12%인 경우(할증발행)

(1) 발행금액

액면금액의 현재가치	100,000 × 0.7513 =	75,130
표시이자의 현재가치	12,000 × 2.4868 =	29,842
발행금액		104,972

(2) 총이자비용

표시이자의 합계액 − 사채할증발행차금 = 12,000 × 3년 − 4,972(= 104,972 − 100,000) = 31,028

(3) 회계처리

① 사채할증발행차금상각표

일자	유효이자(10%)	표시이자(12%)	상각액	장부금액
20×1.1.1				104,972
20×1.12.31	10,497	12,000	1,503	103,469
20×2.12.31	10,347	12,000	1,653	101,816
20×3.12.31	(*)10,184	12,000	1,816	100,000
	31,028	36,000	4,972	

(*) 끝수조정

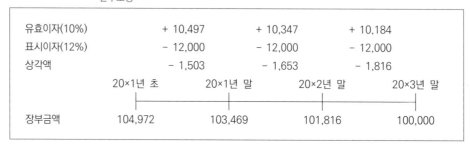

② 회계처리

20×1.1.1	(차) 현금	104,972	(대) 사채	100,000			
			사채할증발행차금	4,972	⇨	104,972
20×1.12.31	(차) 이자비용	10,497	(대) 현금	12,000			
	사채할증발행차금	1,503			⇨	103,469
20×2.12.31	(차) 이자비용	10,347	(대) 현금	12,000			
	사채할증발행차금	1,653			⇨	101,816
20×3.12.31	(차) 이자비용	10,184	(대) 현금	12,000			
	사채할증발행차금	1,816			⇨	100,000
	(차) 사채	100,000	(대) 현금	100,000	⇨	0

③ 참고 순액표시방법에 따른 회계처리

20×1.1.1	(차) 현금	104,972	(대) 사채	104,972	⇨	104,972
20×1.12.31	(차) 이자비용	10,497	(대) 현금	12,000			
	사채	1,503			⇨	103,469
20×2.12.31	(차) 이자비용	10,347	(대) 현금	12,000			
	사채	1,653			⇨	101,816
20×3.12.31	(차) 이자비용	10,184	(대) 현금	12,000			
	사채	1,816			⇨	100,000
	(차) 사채	100,000	(대) 현금	100,000	⇨	0

03 사채발행비(금융부채의 거래원가)가 발생하는 경우

[그림 9-2] 사채발행비가 발생하는 경우

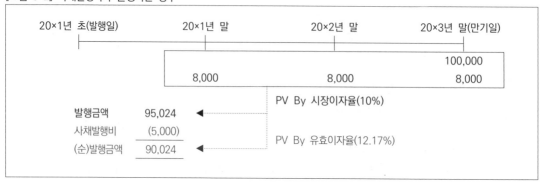

① 사채발행비는 사채발행과 관련하여 직접적으로 발생하는 거래원가로 사채권인쇄비, 발행수수료 등의 직접 관련 원가를 말한다. 국제회계기준에서는 상각후원가로 측정하는 금융부채의 발행과 직접 관련 되는 거래원가는 공정가치에서 차감하도록 규정하고 있다.

② 따라서 상각후원가로 측정하는 사채의 사채발행비는 사채발행금액(공정가치)에서 직접 차감하며, 이에 따라 사채발행비가 존재하는 경우 사채의 발행금액은 사채의 미래현금흐름을 시장이자율로 할인한 현 재가치 금액에서 사채발행비를 차감한 금액이 된다.

③ 사채발행비를 발행금액에서 직접 차감하면 사채발행회사는 사채발행비만큼 이자비용을 추가로 부담하 는 결과가 되며, 따라서 회사가 사채발행기간 동안 인식하는 총이자비용도 사채발행비만큼 증가하게 된다.

사채 (순)발행금액 = 시장이자율로 할인한 발행금액 - 사채발행비
사채의 총이자비용 = 표시이자의 합계액 + 할인발행액 + 사채발행비
                              ⎵⎵⎵⎵⎵⎵⎵⎵⎵⎵⎵⎵⎵
                                  사채할인발행차금

④ 또한 사채발행비만큼 이자비용을 추가로 부담하면 회사가 부담하는 실질이자율(유효이자율)도 그만큼 증가할 것이다. 따라서 사채발행비까지 차감한 발행금액(순발행금액)과 사채 미래현금흐름의 현재가치 를 일치시키는 새로운 유효이자율을 재계산하고, 동 유효이자율을 적용하여 이자비용을 인식해야 한다.

사채의 (순)발행금액 = 시장이자율료 할인한 발행금액 - 사채발행비
                    = 유효이자율로 할인한 발행금액

⑤ 다만, 사채발행비는 (투자자가 아니라) 사채발행회사가 부담하는 것이므로, 사채발행비가 발생한다 해도 투자자들이 요구하는 수익률(시장이자율)이 증가하는 것은 아니다. 이에 따라 사채발행비가 없는 경우에는 유효이자율과 시장이자율이 동일하지만, 사채발행비가 발생하면 유효이자율이 시장이자율보다 높게 결정된다.

⑥ 요약하면, 사채발행비가 없는 경우에 비하여 사채의 발행금액은 감소하고 유효이자율은 상승하며, 사채발행비는 상승한 유효이자율만큼 사채상환기간에 걸쳐 추가로 이자비용으로 인식하게 된다.

예제 3 사채발행비가 발생하는 경우

(1) (주)한국은 20×1년 1월 1일, 만기 3년, 액면금액 ₩100,000의 사채를 발행하였다. 사채의 표시이자율은 8%로 매년 12월 31일에 지급한다.

(2) 사채발행일의 시장이자율은 10%이며, 사채발행일의 거래원가는 ₩2,354이다. 거래원가를 반영하는 경우의 유효이자율은 11%이며, 현재가치계수는 다음과 같다.

기간	10%		11%	
	현가계수	연금현가계수	현가계수	연금현가계수
3	0.7513	2.4868	0.7312	2.4437

[요구사항]

1. (주)한국이 발행한 사채에 대하여 다음 물음에 답하시오.
   (1) 사채의 발행금액
   (2) 사채의 만기일까지 인식할 총이자비용
   (3) 사채할인발행차금 상각표
2. (주)한국이 사채발행일부터 만기일까지 해야 할 회계처리를 제시하시오.

해답 1. 발행금액과 사채할인발행차금 상각표
   (1) 발행금액

거래원가가 없는 경우의 발행금액 100,000 × 0.7513 + 8,000 × 2.4868 =	95,024
거래원가(사채발행비)	(2,354)
발행금액	92,670

   (2) 총이자비용
   표시이자의 합계액 + 사채할인발행차금 = 8,000 × 3년 + 7,330 (= 100,000 - 92,670) = 31,330

(3) 사채할인발행차금 상각표

일자	유효이자(11%)	표시이자(8%)	상각액	장부금액
20×1.1.1				92,670
20×1.12.31	10,194	8,000	2,194	94,864
20×2.12.31	10,435	8,000	2,435	97,299
20×3.12.31	(*)10,701	8,000	2,701	100,000
	31,330	24,000	7,330	

(*) 끝수조정

유효이자(11%)	+ 10,194	+ 10,435	+ 10,701
표시이자(8%)	− 8,000	− 8,000	− 8,000
상각액	+ 2,194	+ 2,435	+ 2,701
	20×1년 초	20×1년 말	20×2년 말	20×3년 말
장부금액	92,670	94,864	97,299	100,000

2. 회계처리

20×1.1.1	(차) 현금	92,670	(대) 사채	100,000		
	사채할인발행차금	7,330			⇨	92,670
20×1.12.31	(차) 이자비용	10,194	(대) 현금	8,000		
			사채할인발행차금	2,194	⇨	94,864
20×2.12.31	(차) 이자비용	10,435	(대) 현금	8,000		
			사채할인발행차금	2,435	⇨	97,299
20×3.12.31	(차) 이자비용	10,701	(대) 현금	8,000		
			사채할인발행차금	2,701	⇨	100,000
	(차) 사채	100,000	(대) 현금	100,000	⇨	0

3. 참고 순액표시방법에 따른 회계처리

20×1.1.1	(차) 현금	92,670	(대) 사채	92,670	⇨	92,670
20×1.12.31	(차) 이자비용	10,194	(대) 현금	8,000		
			사채	2,194	⇨	94,864
20×2.12.31	(차) 이자비용	10,435	(대) 현금	8,000		
			사채	2,435	⇨	97,299
20×3.12.31	(차) 이자비용	10,701	(대) 현금	8,000		
			사채	2,701	⇨	100,000
	(차) 사채	100,000	(대) 현금	100,000	⇨	0

04 이자지급일 사이의 사채발행

1. 개요

[그림 9 - 3] 이자지급일 사이의 사채발행: 발행연도의 표시이자 지급

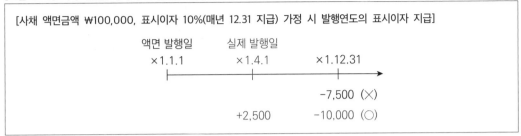

① 이자지급일 사이의 사채발행이란 사채액면상(명목상)의 발행일과 실제 발행일이 다른 경우를 말한다. 예를 들어, 사채 액면상의 발행일이 20×1년 1월 1일이고 매년 12월 31일에 표시이자를 지급하는 조건의 사채를 실제로는 20×1년 4월 1일에 발행하는 경우이다.

② 다만, 이렇게 사채액면상의 발행일과 실제 발행일이 다른 경우에도 사채발행자는 이자지급일에 액면상의 발행일을 기준으로 계산된 표시이자를 지급해야 한다. 대신에, 사채발행자는 액면상의 발행일부터 실제 발행일까지의 표시이자(경과이자) 상당액을 실제 발행일에 사채발행금액에 가산하여 수령한다. 이에 따라 사채를 이자지급일 사이에 발행하는 경우, 실제 발행일의 현금수령액은 실제 발행일의 사채발행금액에 경과이자를 가산한 금액이 된다.

> **[이자지급일 사이의 사채발행]**
> 실제 발행일의 현금수령액 = 실제 발행일의 사채발행금액 + (*)경과이자
> (*) 직전 이자기산일(액면상의 발행일)부터 실제 발행일까지 발생한 표시이자
>
> ∴ 실제 발행일의 사채발행금액 = 실제 발행일의 현금수령액 – 경과이자

승철쌤's comment   경과이자

① 사채를 이자지급일 사이에 거래(발행, 상환, 취득, 처분)하는 경우, 현금수령액(또는 지급액)에는 항상 경과이자가 포함되어 있음에 유의한다.
② 이때 경과이자는 직전 이자지급일(또는 기산일)로부터 실제 사채를 거래하는 날까지 발생한 표시이자(not 유효이자) 상당액을 말한다.

─── **사례** ───

① (주)한국이 액면금액 ₩100,000, 액면상 발행일 20×1.1.1, 표시이자율은 10%로 매년 12.31에 지급하는 조건의 사채를 실제로는 20×1.4.1에 발행하였다고 가정한다.
② (주)한국은 사채를 20×1.4.1에 발행하였으므로 발행연도(20×1년)의 표시이자는 4.1부터 12.31까지의 9개월분, 즉, 7,500(= 100,000 × 10% × 9/12)만 부담하면 된다.
③ 그러나 액면상 발행일과 실제 발행일이 다른 경우에도 발행연도 말(20×1.12.31) 표시이자는 액면상 발행일(20×1.1.1)을 기준으로 계산된 금액인 10,000(= 100,000 × 10% × 12/12)을 지급해야 한다. 따라서 (주)한국은 1.1부터 3.31까지의 3개월분 표시이자(경과이자) 2,500(= 100,000 × 10% × 3/12)을 실제 발행일에 사채 발행금액에 가산하여 수령하는 것이며, 결국 (주)한국이 발행연도(20×1년)에 부담하는 표시이자는 7,500(= 10,000 – 2,500)이 된다.

2. 사채발행금액 계산

[그림 9 - 4] 이자지급일 사이의 사채발행: 실제 발행일의 발행금액 계산

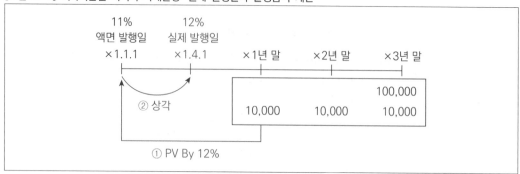

① 사채의 발행금액은 사채발행일의 공정가치로서, 사채의 미래현금흐름(이자지급 및 원금상환)을 발행일 현재의 시장이자율로 할인한 현재가치이다. 따라서 사채를 이자지급일 사이에 발행하는 경우에도 사채의 발행금액은 원칙적으로는 사채의 미래현금흐름을 실제 발행일의 현재가치로 계산해야 한다.

② 그러나 시험에서는 현재가치계수가 1년 단위로만 제시되므로 이와 같이 사채의 발행금액을 바로 계산할 수 없다. 따라서 수험목적으로는 액면상 발행일로 현재가치를 먼저 계산한 후, 동 금액에 실제 발행일까지의 상각액을 가산하여 실제 발행일의 발행금액을 계산한다. 다만, 액면상 발행일의 현재가치를 계산할 때 할인율은 (액면상 발행일의 시장이자율이 아니라) 실제 발행일의 시장이자율을 사용해야 함에 유의한다.

③ 그리고, 전술한 바와 같이, 실제 발행일의 현금수령액은 이와 같이 계산한 사채발행금액에 경과이자를 가산한 금액이 된다.

[실제 발행일의 사채발행금액 및 현금수령액 계산]

액면상 발행일의 현재가치	(*)×××
+ 실제 발행일까지의 유효이자	×××
− 실제 발행일까지의 표시이자(경과이자)	(×××)
실제 발행일의 사채발행금액	×××
+ 실제 발행일까지의 표시이자(경과이자)	×××
실제 발행일의 현금수령액	×××

(*) 사채 미래현금흐름의 현재가치(할인율: 실제 발행일의 시장이자율)

한편, 실제 발행일의 현금수령액은 실제 발행일의 사채발행금액에 경과이자를 다시 가산하여 계산하므로, 다음과 같이 액면상 발행일의 현재가치에 실제 발행일까지의 유효이자를 더하여 현금수령액을 먼저 계산한 후, 동 금액에 경과이자를 차감하여 사채발행금액을 계산할 수도 있다.

액면상 발행일의 현재가치	(*)×××
+ 실제 발행일까지의 유효이자	×××
실제 발행일의 현금수령액	×××
− 실제 발행일까지의 표시이자(경과이자)	(×××)
실제 발행일의 사채발행금액	×××

(*) 사채 미래현금흐름의 현재가치(할인율: 실제 발행일의 시장이자율)

3. 회계처리

(1) 실제 발행일

이자지급일 사이에 사채를 발행하는 경우, 사채발행으로 수령한 현금에는 경과이자가 포함되어 있다. 따라서 현금수령액 중에서 경과이자에 해당하는 금액은 별도로 구분하여 미지급이자로 인식한다. 미지급이자로 인식한 경과이자는 이후 이자지급일에 표시이자를 지급할 때 동 지급액과 상계한다.

[실제 발행일]

(차) 현금(경과이자 포함)	(*1)×××	(대) 사채	×××
사채할인발행차금	×××	미지급이자(경과이자)	(*2)×××

(*1) 실제 발행일의 사채발행금액 + 경과이자
(*2) 경과이자

(2) 이자지급일(발행연도)

발행연도의 포괄손익계산서에 인식할 이자비용은 실제 발행일로부터 이자지급일까지 발생한 유효이자이다. 다만, 유효이자를 계산할 때 주의할 점은, 실제 발행일의 사채발행금액에 유효이자율을 곱하여 계산하는 것이 아니라, 액면상 발행일을 기준으로 1년치 유효이자를 먼저 계산한 후, 동 금액을 실제 발행일부터 이자지급일까지의 기간에 해당하는 금액으로 기간 안분하여 계산해야 한다는 것이다.

[이자지급일(발행연도)]

(차) 미지급이자(경과이자)	$^{(*1)}\times\times\times$	(대) 현금	$\times\times\times$
이자비용	$^{(*2)}\times\times\times$	사채할인발행차금	$\times\times\times$

$^{(*1)}$ 경과이자

$^{(*2)}$ 액면상 발행일의 현재가치 × 실제 발행일의 유효이자율 × (실제 발행일부터 이자지급일까지의 기간)/12

승철쌤's comment   발행연도 이자비용의 계산

① 사채를 이자지급일 사이에 발행할 경우, 발행연도의 이자비용은 (실제 발행일의 사채금액이 아니라) 액면상 발행일의 현재가치를 기준으로 계산해야 함에 유의한다.

② 예를 들어, 액면상 발행일이 20×1.1.1(매년 말 이자지급조건)이고 실제 발행일이 20×1.4.1인 사채를 발행한 경우, $^{(*)}$20×1년 이자비용은 (20×1.4.1 사채금액이 아니라) 20×1.1.1(액면상 발행일)의 현재가치를 기준으로 계산해야 한다. $^{(*)}$20×1.4.1~12.31 유효이자

③ 왜냐하면, 20×1.4.1 사채발행금액을 계산하기 위해 1년 단위 현가계수를 이용하여 20×1.1.1의 현재가치를 계산하였으면, 만기까지 상각할 때도 20×1.1.1부터 1년 단위로 상각해야(복리를 적용해야) 만기일에 정확하게 액면금액으로 되돌아가기 때문이다.

④ 그렇지 않고 만일 20×1.4.1 사채금액을 기준으로 20×1년의 이자비용을 계산하면, 20×1년에는 복리를 (1년 단위로 한 번만 적용한 게 아니라) 3개월, 9개월 단위로 2번 적용한 결과가 되므로, 만기까지 상각했을 때 사채 장부금액이 액면금액보다 커지는 문제가 발생하게 된다.

필수암기!   이자지급일 사이의 사채 거래

다음은 이자지급일 사이에 사채를 거래(발행, 상환, 취득, 처분)하는 모든 경우에 적용되는 일반원칙이다. 문제 풀이 시 바로 적용할 수 있도록 반드시 숙지하기 바란다.

① 이자지급일 사이에 사채를 거래하는 경우, 사채의 시장가치(현금수수액)에는 항상 경과이자가 포함되어 거래된다.

② 경과이자가 포함된 금액으로 거래되지만, 경과이자는 사채가 아니라 이자이므로 항상 사채와 분리하여 회계처리해야 한다. 그렇지 않으면 사채와 관련된 손익이 왜곡된다.

③ 시험에서는 1년 단위 현가계수만 제시한다. 따라서 이자지급일 사이의 사채금액을 계산할 때는 먼저 작년 말 기준으로 현재가치를 계산한 후, 실제 거래일까지 상각하여 (즉, 갔다가 돌아오는 방식으로) 실제 거래일의 사채금액을 계산한다.

(1) 20×1년 4월 1일, (주)한국은 만기 3년, 액면금액 ₩100,000의 사채를 발행하였다. 사채의 명목상 발행일은 20×1년 1월 1일이며, 표시이자율은 10%로 매년 12월 31일에 지급한다.

(2) 사채 명목상 발행일의 시장이자율은 11%이며, 실제 발행일인 20×1년 4월 1일의 시장이자율은 12%이다. 현재가치계수는 다음과 같다.

기간	11%		12%	
	현가계수	연금현가계수	현가계수	연금현가계수
3	0.7312	2.4437	0.7118	2.4018

[요구사항]

1. (주)한국이 발행한 사채의 발행금액을 계산하시오.

2. (주)한국이 사채발행으로 수령한 현금액을 계산하시오.

3. (주)한국이 20×1년 포괄손익계산서에 인식할 이자비용을 계산하시오.

4. (주)한국이 20×1년 말 재무상태표에 보고할 사채 장부금액을 계산하시오.

5. (주)한국이 20×1년에 해야 할 회계처리를 제시하시오.

해답 **1. 사채발행금액**

20×1년 1월 1일 현재가치(할인율: 12%)	100,000 × 0.7118 + 10,000 × 2.4018 =	95,198
1월 1일부터 4월 1일까지 유효이자	95,198 × 12% × 3/12 =	2,856
1월 1일부터 4월 1일까지 표시이자(경과이자)	100,000 × 10% × 3/12 =	(2,500)
20×1년 4월 1일 사채발행금액		95,554

2. 현금수령액

20×1년 4월 1일 사채발행금액	95,554
1월 1일부터 4월 1일까지 표시이자(경과이자)	2,500
20×1년 4월 1일 현금수령액	98,054

3. 20×1년 이자비용

95,198(20×1.1.1 현재가치) × 12% × 9/12 = 8,568

4. 20×1년 말 사채 장부금액(상각후원가)

20×1년 4월 1일 발행금액		95,554
4월 1일부터 12월 31일까지 유효이자	95,198 × 12% × 9/12 =	8,568
4월 1일부터 12월 31일까지 표시이자	100,000 × 10% × 9/12 =	(7,500)
20×1년 12월 31일 사채 장부금액		96,622

[별해] 95,198(20×1.1.1 현재가치) × 1.12 - 10,000 = 96,622

5. 20×1년 회계처리

(1) 총액표시방법

20×1.4.1	(차) 현금	98,054	(대) 사채	100,000	
	사채할인발행차금	(*)4,446	미지급이자(경과이자)	2,500	⇨ 95,554

(*) 100,000 - 95,554 = 4,446

20×1.12.31	(차) 미지급이자(경과이자)	2,500	(대) 현금	10,000	
	이자비용	(*1)8,568	사채할인발행차금	(*2)1,068	⇨ 96,622

(*1) 95,198 × 12% × 9/12 = 8,568
(*2) (95,198 × 12% - 100,000 × 10%) × 9/12 = 1,068

(2) [참고] 순액표시방법

20×1.4.1	(차) 현금	98,054	(대) 사채	95,554	
			미지급이자	2,500	⇨ 95,554
20×1.12.31	(차) 미지급이자	2,500	(대) 현금	10,000	
	이자비용	8,568	사채	1,068	⇨ 96,622

05 사채의 이자지급

(1) 보고기간 말과 이자지급일이 다른 경우

① 기업의 보고기간 말(결산일)과 사채의 표시이자 지급일이 다른 경우가 있을 수 있다. 예를 들어, 12월 말 결산법인인 기업이 사채를 4월 1일에 발행하고 표시이자는 매년 3월 31일에 지급하는 경우에는 결산일(12월 말)과 이자지급일(3월 말)이 달라지게 된다.

② 이렇게 보고기간 말과 이자지급일이 다른 경우에는 직전 이자지급일로부터 보고기간 말까지 발생한 유효이자를 이자비용으로 인식하고, 표시이자(경과이자)는 미지급이자로 인식한다. 다만, 유효이자를 계산할 때는 이자지급일 단위로 유효이자를 먼저 계산하고, 동 금액을 보고기간별로 기간 안분하여 계산한다.

> **승철쌤's comment 결산일과 이자지급일이 다른 경우의 상각**
>
> ① 결산일과 이자지급일이 다른 경우 사채의 상각, 즉, 복리이자 인식은 (결산일이 아니라) 이자지급일 기준으로 인식한다.
> ② 예를 들어, 액면상 발행일과 실제 발행일이 모두 20×1.4.1(만기는 20×4.3.31)이고 이자는 매년 3.31에 지급하는 조건의 사채를 발행한 경우, 상각액은 (결산일이 아니라) 3.31 기준으로 계산한다.
> ③ 왜냐하면, 20×1.4.1 사채발행금액을 계산할 때 매년 3.31에 발생하는 미래현금흐름(원금 및 이자지급)을 1년 단위 현가계수를 이용하여 20×1.4.1의 현재가치를 계산했으면, 만기까지 상각할 때도 20×1.4.1부터 1년 단위로 상각해야(복리를 적용해야) 만기일에 정확하게 액면금액으로 되돌아가기 때문이다.

예제 5 결산일과 이자지급일이 다른 경우

> (1) 12월 말 결산법인인 (주)한국은 20×1년 4월 1일, 만기 3년, 액면금액 ₩100,000의 사채를 발행하였다. 사채 발행일의 시장이자율은 12%이다.
> (2) 사채의 표시이자율은 10%로 매년 3월 31일에 지급한다.
> (3) 12%, 3기간 기간 말 단일금액 ₩1의 현가계수는 0.7118이며, 12%, 3기간 정상연금 ₩1의 현가계수는 2.40018이다.

[요구사항]

1. 20×1년 4월 1일 사채 발행금액을 계산하고, 만기일까지 사채할인발행차금 상각표를 작성하시오.

2. (주)한국이 20×1년과 20×2년 포괄손익계산서에 인식할 이자비용을 각각 계산하시오.

3. (주)한국이 20×1년 말과 20×2년 말 재무상태표에 보고할 사채 장부금액을 각각 계산하시오.

4. 상기 사채와 관련하여 (주)한국이 20×2년 3월 31일까지 해야 할 회계처리를 제시하시오.

해답

1. 사채발행금액과 사채할인발행차금 상각표

　(1) 사채 발행금액: 100,000 × 0.7118 + 10,000 × 2.4018 = 95,198

　(2) 사채할인발행차금 상각표

일자	유효이자(12%)	표시이자(10%)	상각액	장부금액
20×1.4.1				95,198
20×2.3.31	11,424	10,000	1,424	96,622
20×3.3.31	11,595	10,000	1,595	98,217
20×4.3.31	(*)11,783	10,000	1,783	100,000
	34,802	30,000	4,802	

　　(*) 끝수조정

2. 연도별 이자비용

　(1) 20×1년 이자비용: 11,424 × 9/12 = 8,568

　(2) 20×2년 이자비용: 11,424 × 3/12 + 11,595 × 9/12 = 11,552

3. 각 연도 말 사채 장부금액(상각후원가)

　(1) 20×1년 말 장부금액: 95,198 + 1,068(= 1,424 × 9/12) = 96,266

　(2) 20×2년 말 장부금액: 96,622 + 1,196(= 1,595 × 9/12) = 97,818

4. 회계처리

20×1.4.1	(차) 현금	95,198	(대) 사채	100,000	
	사채할인발행차금	4,802			⇨ 95,198
20×1.12.31	(차) 이자비용	(*1)8,568	(대) 미지급이자	(*2)7,500	
			사채할인발행차금	1,068	⇨ 96,266

　　(*1) 11,424 × 9/12 = 8,568
　　(*2) 10,000 × 9/12 = 7,500

20×2.3.31	(차) 미지급이자	7,500	(대) 현금	10,000	
	이자비용	(*)2,856	사채할인발행차금	356	⇨ 96,622

　　(*) 11,424 × 3/12 = 2,856

5. 참고 순액표시방법에 따른 회계처리

20×1.4.1	(차) 현금	95,198	(대) 사채	95,198	⇨ 95,198
20×1.12.31	(차) 이자비용	8,568	(대) 미지급이자	7,500	
			사채	1,068	⇨ 96,266
20×2.3.31	(차) 미지급이자	7,500	(대) 현금	10,000	
	이자비용	2,856	사채	356	⇨ 96,622

(2) 1년에 2회 이상 표시이자를 지급하는 경우

사채의 표시이자를 연 단위로 지급하지 않고 매월, 3개월 또는 6개월 단위로 지급하는 경우도 있다. 이렇게 표시이자를 1년에 2회 이상 지급하는 경우에는 사채의 이자지급기간별로 이자비용과 사채발행 차금 상각에 대한 회계처리를 수행해야 한다. 따라서 유효이자율과 표시이자율은 아래와 같이 간주하여 계산한다.

> **[1년에 2회 이상 표시이자를 지급하는 경우]**
> ① 표시이자율: 제시된 표시이자율(연 이자율) × 이자지급기간/12
> ② 유효이자율: 제시된 유효이자율(연 이자율) × 이자지급기간/12

예를 들어, 사채의 유효이자율이 연 12%이고 표시이자를 6개월마다 지급 할 경우, 사채의 현재가 치 평가와 유효이자 계산에 적용할 유효이자율은 6%(= 12% × 6/12)가 된다.

예제 6   **표시이자를 1년에 2회 지급하는 경우**

(1) (주)한국은 20×1년 1월 1일, 만기 3년, 액면금액 ₩100,000의 사채를 발행하였다. 사채의 표시이자율은 연 10%로 매년 6월 30일과 12월 31일에 나누어 지급한다.

(2) 사채발행일의 시장이자율은 연 12%이며, 현재가치계수는 다음과 같다.

기간	6%		12%	
	현가계수	연금현가계수	현가계수	연금현가계수
3	0.8396	2.6730	0.7118	2.4018
6	0.7050	4.9174	0.5066	4.1114

[요구사항]

1. (주)한국이 발행한 사채의 발행금액을 계산하고 사채할인발행차금 상각표를 작성하시오.

2. (주)한국이 20×1년에 해야 할 회계처리를 제시하시오.

해답 **1. 발행금액과 사채할인발행차금 상각표**

(1) 발행금액

액면금액의 현재가치	100,000 × 0.7050(6%, 6기간 현가계수) =	70,500
표시이자의 현재가치	5,000 × 4.9174(6%, 6기간, 연금현가계수) =	24,587
발행금액		95,087

(2) 사채할인발행차금 상각표

일자	유효이자(6%)	표시이자(5%)	상각액	장부금액
20×1.1.1				95,087
20×1.6.30	5,705	5,000	705	95,792
20×1.12.31	5,748	5,000	748	96,540
20×2.6.30	5,792	5,000	792	97,332
20×2.12.31	5,840	5,000	840	98,172
20×3.6.30	5,890	5,000	890	99,062
20×3.12.31	(*)5,938	5,000	938	100,000
	34,913	30,000	4,913	

(*) 끝수조정

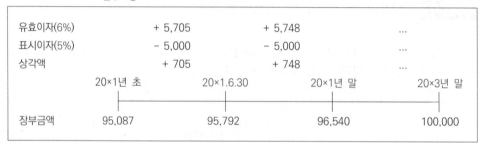

2. 20×1년 회계처리

20×1.1.1	(차) 현금	95,087	(대) 사채	100,000			
	사채할인발행차금	4,913			⇨	95,087
20×1.6.30	(차) 이자비용	5,705	(대) 현금	5,000			
			사채할인발행차금	705	⇨	95,792
20×1.12.31	(차) 이자비용	5,748	(대) 현금	5,000			
			사채할인발행차금	748	⇨	96,540

3. 참고 순액표시방법에 따른 회계처리

20×1.1.1	(차) 현금	95,087	(대) 사채	95,087	⇨	95,087
20×1.6.30	(차) 이자비용	5,705	(대) 현금	5,000			
			사채	705	⇨	95,792
20×1.12.31	(차) 이자비용	5,748	(대) 현금	5,000			
			사채	748	⇨	96,540

06 사채의 상환(금융부채의 제거)

1. 사채의 조기상환

[그림 9 - 5] 사채의 조기상환손익

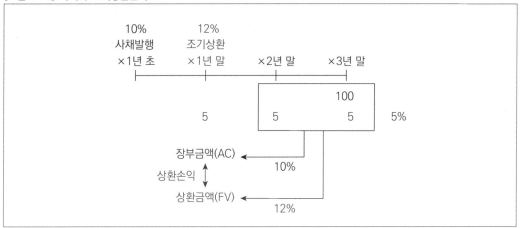

① 사채의 만기상환은 사채를 약정된 만기일에 액면금액으로 상환하는 것을 말하며, 사채의 조기상환은 사채를 약정된 만기일 이전에 상환하는 것을 말한다.

② 사채를 만기일에 상환하면 사채의 장부금액과 상환금액이 일치하므로 상환으로 인한 손익이 발생하지 않는다. 그러나 사채를 조기상환하면 사채의 장부금액과 상환금액이 다를 수 있으며, 따라서 동 차이만큼 조기상환손익이 발생한다.

> 조기상환이익(손실) = 조기상환일의 사채 장부금액(상각후원가) - 상환금액(공정가치)

③ 이때 조기상환일의 사채 장부금액과 상환금액은 각각 다음과 같이 계산된다.

구분	내용
사채의 장부금액	① 조기상환일 현재 사채의 상각후원가 ② 조기상환일 현재 사채의 잔여 미래현금흐름을 사채발행일의 시장이자율로 할인
사채의 상환금액	① 조기상환일 현재 사채의 공정가치 ② 조기상환일 현재 사채의 잔여 미래현금흐름을 조기상환일의 시장이자율로 할인

④ 결과적으로 사채의 조기상환손익은 조기상환일의 사채 장부금액과 상환금액의 차이로 계산되는데, 두 금액이 차이가 발생하는 이유는 사채발행일의 시장이자율과 조기상환일의 시장이자율이 다르기 때문이다. 이를 정리하면 다음과 같다.

> ⊙ 할인율과 현재가치 금액은 반비례 관계에 있다. 따라서 사채상환 시의 시장이자율이 사채발행 시의 시장이자율보다 상승하면 상환일의 사채의 상환금액(공정가치)이 장부금액보다 감소하게 되어, 장부금액보다 더 적은 금액으로 상환할 수 있기 때문에 조기상환이익이 발생하게 된다.
> ⓒ 반면에 사채상환 시의 시장이자율이 사채발행 시의 시장이자율보다 하락하면 상환일의 사채의 상환금액(공정가치)이 장부금액보다 증가하게 된다. 따라서 장부금액보다 더 많은 금액을 주고 상환해야 하므로 조기상환손실이 발생하게 된다.

[표 9-3] 시장이자율과 사채상환손익의 관계

시장이자율	장부금액과 상환금액	조기상환손익
발행일 시장이자율 = 조기상환일 시장이자율	장부금액 = 상환금액	없음
발행일 시장이자율 < 조기상환일 시장이자율	장부금액 > 상환금액	조기상환이익
발행일 시장이자율 > 조기상환일 시장이자율	장부금액 < 상환금액	조기상환손실

⑤ 사채를 조기상환하는 경우 사채의 장부금액(상각후원가)을 제거하고 지급한 대가(상환금액)와의 차이는 사채상환손익의 과목으로 하여 당기손익으로 인식한다.

(차) 사채	×××	(대) 현금(상환금액)	×××
사채상환손실	(*)×××	사채할인발행차금	×××
(*) 대차차액			

⊘참고 자기사채

자기사채란 사채발행회사가 발행한 사채를 재취득한 후 소각하지 않고 보유하고 있는 경우를 말한다. 자기사채의 취득도 사채의 조기상환과 실질이 동일하므로 사채의 조기상환으로 회계처리한다. 따라서 자기사채를 재발행하는 경우에는 잔여 상환기간을 만기로 하여 새로운 사채를 발행한 것으로 회계처리한다.

① **자기사채의 취득**: 사채의 조기상환으로 회계처리
② **자기사채의 보유, 소각**: 회계처리 없음
③ **자기사채의 재발행**: 새로운 사채의 발행으로 회계처리

2. 이자지급일 사이의 조기상환

사채를 이자지급일 사이에 조기상환하는 경우가 있다. 이 경우 사채의 조기상환손익은 다음과 같이 계산한다.

(1) 사채의 장부금액

① 조기상환일 현재 사채의 장부금액(상각후원가)은 조기상환일 현재 사채의 잔여 미래현금흐름을 사채발행일의 시장이자율로 할인하여 계산할 수 있다. 그러나 시험에서는 현재가치계수가 1년 단위로만 제시되므로 이와 같이 조기상환일의 장부금액을 바로 계산하는 것은 어렵다.

② 따라서 수험목적으로는 직전 이자지급일로 사채의 현재가치를 먼저 계산한 후, 동 금액에 조기상환일까지의 상각액을 가산하여 조기상환일의 장부금액을 계산한다. 이때 할인율은 사채발행일의 시장이자율을 사용한다.

> **조기상환일의 사채 장부금액**
>
> = 직전 이자지급일의 [*1]현재가치 + 유효이자 × [*2]기간/12 − 표시이자 × [*2]기간/12
>
>   경과이자
>
> [*1] 사채발행일의 시장이자율로 할인
> [*2] 직전 이자지급일부터 조기상환일까지의 기간

(2) 사채의 상환금액

① 사채를 이자지급일 사이에 조기상환하는 경우 조기상환으로 지급하는 현금에는 직전 이자지급일부터 조기상환일까지 발생한 표시이자(경과이자)가 포함되어 있다.

② 그러나 경과이자는 (사채상환손익이 아니라) 이자비용으로 인식해야 한다. 따라서 사채상환손익을 계산하기 위한 사채만의 상환금액(공정가치)은 총상환금액(경과이자 포함)에서 경과이자를 차감하여 계산해야 한다.

> **사채만의 상환금액: 총상환금액(경과이자 포함) − 표시이자 × [*]기간/12**
>
>   경과이자
>
> [*] 직전 이자지급일부터 조기상환일까지의 기간

(3) 사채의 조기상환손익

상기와 같이 계산한 사채의 장부금액[상기 **(1)**]에서 사채만의 상환금액[상기 **(2)**]을 차감하여 사채상환이익(손실)을 계산한다.

> **[사채상환손익의 계산]**
> 사채 장부금액   ×××   : 직전 이자지급일의 현재가치 + 유효이자 - 표시이자(경과이자)
> 사채만의 상환금액   (×××) : 총상환금액(경과이자 포함) - 경과이자
> 사채상환이익(손실)   ×××

한편, 사채의 장부금액과 상환금액을 계산할 때 모두 경과이자가 동일하게 차감된다. 따라서 사채상환손익을 계산할 때 장부금액과 상환금액 모두 경과이자를 포함한 금액으로 비교하여 다음과 같이 계산할 수도 있다(간편법).

> **[사채상환손익의 계산(간편법)]**
> 사채 장부금액(경과이자 포함)   ×××   : 직전 이자지급일의 현재가치 + 유효이자
> 총상환금액(경과이자 포함)   (×××)
> 사채상환이익(손실)   ×××

예제 7 사채의 조기상환

(주)한국은 20×1년 1월 1일, 만기 3년, 액면금액 ₩100,000의 사채를 발행하였다. 사채의 표시이자율은 10%로 매년 12월 31일에 지급하며, 사채발행일의 시장이자율은 12%이다. 현재가치계수는 다음과 같다.

기간	12%		14%	
	현가계수	연금현가계수	현가계수	연금현가계수
1	0.8929	0.8929	0.8772	0.8772
2	0.7972	1.6901	0.7695	1.6467
3	0.7118	2.4018	0.6750	2.3217

[요구사항]

1. 20×2년 1월 1일, (주)한국은 상기 사채를 ₩98,000에 상환하였다. (주)한국이 상환일에 해야 할 회계처리를 수행하시오.

2. 20×2년 1월 1일, (주)한국은 상기 사채를 상환하였다. 상환일의 시장이자율이 14%인 경우, (주)한국이 인식할 사채상환손익을 계산하고 상환일의 회계처리를 수행하시오.

3. (주)한국이 상기 사채를 20×2년 9월 30일에 경과이자를 포함하여 ₩102,000에 상환하였다고 할 경우, (주)한국이 인식할 사채상환손익을 계산하고 상환일의 회계처리를 수행하시오.

해답 1. 20×2년 1월 1일에 조기상환한 경우

(1) 발행금액

액면금액의 현재가치	100,000 × 0.7118 =	71,180
표시이자의 현재가치	10,000 × 2.4018 =	24,018
발행금액		95,198

(2) 사채할인발행차금 상각표

일자	유효이자(12%)	표시이자(10%)	상각액	장부금액
20×1.1.1				95,198
20×1.12.31	11,424	10,000	1,424	96,622
20×2.12.31	11,595	10,000	1,595	98,217

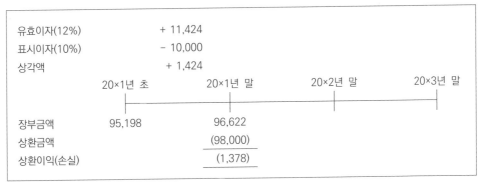

(3) 회계처리

20×2.1.1	(차) 사채	100,000	(대) 현금	98,000
	사채상환손실	(*2)1,378	사채할인발행차금	(*1)3,378

(*1) 100,000 − 96,622 = 3,378
(*2) 96,622 − 98,000 = (−)1,378

(4) 참고 순액표시방법에 따른 회계처리

20×2.1.1	(차) 사채	96,622	(대) 현금	98,000
	사채상환손실	1,378		

2. 조기상환일의 시장이자율이 제시된 경우

(1) 조기상환금액

액면금액의 현재가치	100,000 × 0.7695(14%, 2기간 현가계수) =	76,950
표시이자의 현재가치	10,000 × 1.6467(14%, 2기간 연금현가계수) =	16,467
조기상환금액		93,417

(2) 조기상환손익

조기상환일의 장부금액	96,622
조기상환금액	(93,417)
조기상환이익(손실)	3,205

(3) 조기상환일의 회계처리

20×2.1.1	(차) 사채	100,000	(대) 현금	93,417
			사채할인발행차금	3,378
			사채상환이익	3,205

(4) 참고 순액표시방법에 따른 회계처리

20×2.1.1	(차) 사채	96,622	(대) 현금	93,417
			사채상환이익	3,205

3. 20×2년 9월 30일에 조기상환한 경우

(1) 조기상환손익

① 조기상환일의 장부금액

20×2년 1월 1일 장부금액		96,622
20×2년 9월 30일까지 유효이자	96,622 × 12% × 9/12 =	8,696
20×2년 9월 30일까지 표시이자	10,000 × 9/12 =	(7,500) (경과이자)
20×2년 9월 30일 장부금액		97,818

② 조기상환손익

조기상환일의 장부금액		97,818
사채만의 상환금액	102,000 − 7,500(경과이자) =	(94,500)
조기상환이익(손실)		3,318

(2) [간편법] 조기상환손익

조기상환일 장부금액(경과이자 포함)	96,622 + 8,696 =	105,318
조기상환금액(경과이자 포함)		(102,000)
조기상환이익(손실)		3,318

(3) 조기상환일의 회계처리

20×2.9.30	(차) 이자비용	(*1)8,696	(대) 미지급이자(경과이자)	(*2)7,500	
			사채할인발행차금	1,196 ⇨	97,818

(*1) 96,622 × 12% × 9/12 = 8,696
(*2) 100,000 × 10% × 9/12 = 7,500

	(차) 미지급이자	7,500	(대) 현금	102,000	
	사채	100,000	사채할인발행차금	(*)2,182	
	(*) 100,000 − 97,818 = 2,182		사채상환이익	3,318 ⇨	0

(4) 참고 순액표시방법에 따른 회계처리

20×2.9.30	(차) 이자비용	8,696	(대) 미지급이자	7,500	
			사채	1,196 ⇨	97,818
	(차) 미지급이자	7,500	(대) 현금	102,000	
	사채	97,818	사채상환이익	3,318 ⇨	0

07 연속상환사채

연속상환사채(serial bonds)란 사채의 액면금액을 분할하여 상환하는 사채를 말한다. 연속상환사채의 경우에도 직전 이자지급일의 장부금액(상각후원가)에 유효이자율을 곱한 유효이자를 이자비용으로 인식한다. 다만, 연속상환사채는 액면금액을 만기 전에도 분할하여 상환하므로, 직전 상각후원가에 상각액을 가감하고 액면 분할상환금액을 차감한 금액이 장부금액이 된다.

> **[연속상환사채의 이자비용과 장부금액]**
> 이자비용(유효이자) = 직전 이자지급일의 사채 상각후원가 × 유효이자율
> = (발행금액 + 전기 말 누적상각액 − 전기 말 액면금액 분할상환누적액) × 유효이자율
> 장부금액(상각후원가) = 직전 상각후원가 + 사채발행차금 상각액 − 액면금액 분할상환액
> = 연속상환사채의 잔여 미래현금흐름의 현재가치(할인율: 발행일의 시장이자율)

예제 8 연속상환사채

(1) (주)한국은 20×1년 1월 1일, 만기 3년, 액면금액 ₩300,000의 사채를 발행하였다. 사채의 표시이자율은 10%로 매년 12월 31일에 지급한다.

(2) 사채의 액면금액 ₩300,000은 매년 말 ₩100,000씩 분할상환하며, 사채발행일의 유효이자율은 12%이다. 현재가치계수는 다음과 같다.

기간	12%	
	현가계수	연금현가계수
1	0.8929	0.8929
2	0.7972	1.6901
3	0.7118	2.4018

[요구사항]

1. (주)한국이 발행한 사채의 발행금액을 계산하고 사채할인발행차금 상각표를 작성하시오.

2. (주)한국이 20×1년에 해야 할 회계처리를 제시하시오.

해답 1. 발행금액과 사채할인발행차금 상각표

(1) 연속상환사채의 미래현금흐름

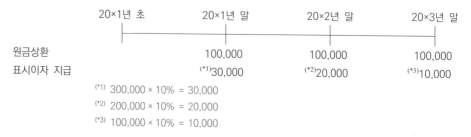

(2) 발행금액의 계산

1년 후 현금흐름의 현재가치	(100,000 + 30,000) × 0.8929 =	116,077
2년 후 현금흐름의 현재가치	(100,000 + 20,000) × 0.7972 =	95,664
3년 후 현금흐름의 현재가치	(100,000 + 10,000) × 0.7118 =	78,298
발행금액		290,039

(3) 사채할인발행차금 상각표

일자	유효이자(12%)	표시이자(10%)	상각액	원금상환액	장부금액
20×1.1.1					290,039
20×1.12.31	34,805	30,000	4,805	100,000	194,844
20×2.12.31	23,381	20,000	3,381	100,000	98,225
20×3.12.31	(*)11,775	10,000	1,775	100,000	–
	69,961	60,000	9,961	300,000	

(*) 끝수조정

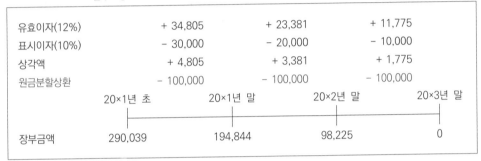

	20×1년 초	20×1년 말	20×2년 말	20×3년 말
유효이자(12%)		+ 34,805	+ 23,381	+ 11,775
표시이자(10%)		– 30,000	– 20,000	– 10,000
상각액		+ 4,805	+ 3,381	+ 1,775
원금분할상환		– 100,000	– 100,000	– 100,000
장부금액	290,039	194,844	98,225	0

2. 20×1년 회계처리

20×1.1.1	(차) 현금	290,039	(대) 사채	300,000		
	사채할인발행차금	(*)9,961			⇨	290,039
	(*) 300,000 – 290,039 = 9,961					
20×1.12.31	(차) 이자비용	34,805	(대) 현금	30,000		
			사채할인발행차금	4,805	⇨	294,844
	(차) 사채	100,000	(대) 현금	100,000	⇨	194,844

3. 참고 순액표시방법에 따른 회계처리

20×1.1.1	(차) 현금	290,039	(대) 사채	290,039	⇨	290,039
20×1.12.31	(차) 이자비용	34,805	(대) 현금	30,000		
			사채	4,805	⇨	294,844
	(차) 사채	100,000	(대) 현금	100,000	⇨	194,844

제3절 | 금융부채의 기타사항

01 금융부채의 조건변경

금융부채의 조건변경은 금융부채의 발행자와 채권자가 합의를 통해 금융부채의 계약조건(원금, 이자 지급조건)을 변경하는 것을 말한다. 금융부채의 조건변경은 금융부채의 계약조건이 실질적으로 변경되었는지 여부에 따라 회계처리가 달라진다.

(1) 금융부채의 계약조건이 실질적으로 변경된 경우

① 기존 차입자와 대여자가 실질적으로 다른 조건으로 채무상품을 교환하거나 기존 금융부채의 조건이 실질적으로 변경된 경우에는 최초의 금융부채를 제거하고 새로운 금융부채를 인식한다.

② 실질적 조건변경의 판단기준: 여기서 계약조건이 실질적으로 변경된 경우란 새로운 조건에 따른 현금흐름의 현재가치와 기존 금융부채의 장부금액의 차이(조건변경효과)가 적어도 10% 이상인 경우를 말한다. 이때 새로운 조건에 따른 현금흐름에는 지급한 수수료에서 수취한 수수료를 차감한 수수료 순액이 포함되며, 새로운 현금흐름을 할인할 때에는 최초의 유효이자율을 사용한다.

　⇨ 실질적 변경여부의 판단기준이 되는 조건변경효과는 시장이자율의 변동은 반영하지 않고 조건변경으로 인한 미래현금흐름(원금과 표시이자 지급액)의 변경효과만 반영하여 산정하겠다는 의미이다.

③ 조건변경일의 회계처리: 실질적 조건변경에 해당되면 기존의 금융부채를 제거하고 새로운 금융부채를 인식한다. 이때 새롭게 인식하는 금융부채는 조건변경일의 공정가치로 인식하므로, 새로운 미래현금흐름을 조건변경일의 유효이자율로 할인한 현재가치로 측정한다. 그리고 제거되는 기존 금융부채의 장부금액과 새롭게 인식하는 금융부채의 공정가치의 차이는 조건변경일의 당기손익(조건변경손익)으로 인식한다.

[실질적 조건변경에 해당되는 경우]			
(차) 금융부채(구)(부채 ↓)	×××	(대) 금융부채(신)(부채 ↑)	(*)×××
		조건변경이익(자본 ↑: 수익)	×××
(*) 새로운 미래현금흐름의 현재가치(할인율: 조건변경일의 유효이자율)			

승철쌤's comment　실질적 변경에서 조건변경손익의 의미

① 금융부채의 조건변경이 실질적 변경에 해당될 경우 기존 금융부채를 제거하고 새로운 금융부채를 인식한다는 것은, 변경된 조건으로 새로운 금융부채를 발행하여 조달된 자금(새로운 금융부채의 공정가치)으로 기존 금융부채를 상환하는 걸로 보아 회계처리하라는 의미이다.
② 결국 실질적 변경에서 인식되는 조건변경손익은 기존 금융부채상환손익이 되는 것이다.

④ 조건변경 후 이자비용 인식: 조건변경 후 금융부채의 이자비용은 조건변경 후 공정가치에 변경일의 유효이자율을 적용하여 인식한다.

(2) 금융부채의 계약조건이 실질적으로 변경되지 않은 경우

① 조건변경일의 회계처리: 실질적 조건변경에 해당하지 않는 경우에는 기존의 금융부채를 제거하지 않는다. 따라서 변경된 미래현금흐름을 최초 유효이자율로 할인한 현재가치를 새로운 상각후원가로 재계산한다. 이러한 조정금액(조건변경효과)은 당기손익으로 인식한다.

> **[실질적 조건변경에 해당되지 않는 경우]**
>
> (차) 금융부채(구)(부채 ↓) $^{(*)}$×××   (대) 조건변경이익(자본 ↑: 수익)   ×××
> $^{(*)}$ 변경 전 장부금액 - 변경 후 현재가치(최초 유효이자율) = 조건변경효과(수수료 제외)

② 조건변경 후 이자비용 인식: 조건변경 후 금융부채의 이자비용은 조건변경으로 조정된 장부금액에 최초 유효이자율을 적용하여 인식한다.

필수암기! **금융부채 조건변경 회계처리(수수료 없는 경우) 요약**

구분	내용
실질적 변경 여부 판단기준	① 조건변경효과 　변경 전 장부금액 - $^{(*)}$변경 후 현재가치 　$^{(*)}$ PV(변경 후 잔여FCF) By 최초 유효이자율 ② 실질적 조건변경: 조건변경효과 ≥ 10%인 경우
실질적 변경인 경우	① 회계처리 　기존금융부채 제거하고, 변경된 조건으로 새로운 금융부채 발행 ② 조건변경이익(손실) 　변경 전 장부금액 - $^{(*)}$변경 후 공정가치 　$^{(*)}$ PV(변경 후 잔여FCF) By 변경일 유효이자율 ③ 변경 후 이자비용 인식 　변경 후 공정가치 × 변경일 유효이자율
실질적 변경이 아닌 경우	① 회계처리 　기존금융부채 제거하지 않고 조건변경효과만큼 장부금액 조정 ② 조건변경이익(손실) 　변경 전 장부금액 - $^{(*)}$변경 후 현재가치 = 조건변경효과 　$^{(*)}$ PV(변경 후 잔여FCF) By 최초 유효이자율 ③ 변경 후 이자비용 인식 　변경 후 장부금액 × 최초 유효이자율

(3) [심화] 금융부채의 조건변경 시 발생하는 수수료

① 금융부채의 조건변경 시 수수료가 발생할 경우, 실질적 조건변경 여부 판단 시 새로운 조건에 따른 현금흐름에 수수료 순액(지급한 수수료 – 수취한 수수료)을 포함한다.

> ⊘ **참고 수수료**
>
> ① 지급한 수수료에서 수취한 수수료를 차감한 수수료 순액을 결정할 때, 차입자와 대여자 사이에서 지급하거나 수취한 수수료(상대방을 대신하여 지급하거나 수취한 수수료 포함)만 포함한다.
> ② 단, 차입자와 대여자 사이에 지급하거나 수취한 수수료에 상대방을 대신하여 제3자에게 지급하거나 제3자로부 터 수취한 수수료가 포함되어 있다면 동 수수료는 제외한다.

② 그리고 조건변경이 실질적 변경에 해당될 경우에는, 발생한 원가나 수수료는 금융부채의 소멸에 따 른 손익의 일부로 인식한다. 즉, 실질적 변경일 경우에는 기존 금융부채를 상환하는 것으로 보므로 발생한 수수료를 조건변경이익(손실)에서 차감(가산)하라는 의미이다.

[실질적 조건변경에 해당되는 경우 수수료의 회계처리]

(차) 조건변경이익 ×××　(대) 현금(발생원가 및 수수료) ×××

③ 만일 조건변경이 실질적 조건변경에 해당하지 않는 경우에는 발생한 원가나 수수료를 금융부채의 장부금액에서 조정하며, 변경된 금융부채의 남은 기간에 걸쳐 상각한다. 즉, 발생한 수수료를 기존 금융부채의 장부금액에서 차감하라는 의미이다.

[실질적 조건변경에 해당되지 않는 경우 수수료의 회계처리]

(차) 금융부채(구) ×××　(대) 현금(발생원가 및 수수료) ×××

④ 다만, 실질적 조건변경이 아닌 경우, 발생한 수수료를 금융부채 장부금액에서 차감하면 이후 금융 부채의 이자비용을 인식하기 위한 유효이자율이 달라지게 된다. 즉, 수수료를 차감한 금융부채 금 액과 변경된 미래현금흐름의 현재가치를 일치시키는 이자율을 재계산하여 이를 유효이자율로 사 용해야 한다.

구분	내용
실질적 변경 여부 판단기준	① 조건변경효과(수수료 포함) 변경 전 장부금액 - [(*)변경 후 현재가치 + 수수료] (*) PV(변경 후 잔여FCF) By 최초 유효이자율 ② 실질적 조건변경: 조건변경효과(수수료 포함) ≥ 10%인 경우
실질적 변경인 경우	① 회계처리 기존금융부채 제거하고, 변경된 조건으로 새로운 금융부채 발행 ② 조건변경이익(손실) 변경 전 장부금액 - (*1)변경 후 공정가치 - (*2)수수료 (*1) PV(변경 후 잔여FCF) By 변경일 유효이자율 (*2) 수수료는 조건변경이익(손실)에서 차감(가산) ③ 변경 후 이자비용 인식 변경 후 공정가치 × 변경일 유효이자율
실질적 변경이 아닌 경우	① 회계처리 기존금융부채 제거하지 않고 조건변경효과만큼 장부금액 조정 ② 조건변경이익(손실) 변경 전 장부금액 - (*)변경 후 현재가치 = 조건변경효과(수수료 제외) (*) PV(변경 후 잔여FCF) By 최초 유효이자율 ③ 수수료: 금융부채 장부금액에서 차감 + 유효이자율 재계산 ④ 변경 후 이자비용 인식 변경 후 장부금액(수수료 차감 후) × (*)최초 유효이자율 (*) 만일 수수료가 발생할 경우에는 재계산한 유효이자율

(1) (주)한국은 20×1년 1월 1일, 만기 3년, 액면금액 ₩100,000의 사채를 발행하였다. 사채의 표시이자율은 10%로 매년 12월 31일에 지급한다. 20×2년 1월 1일 현재 사채의 장부금액은 ₩96,622이며, 사채발행일의 유효이자율은 12%이다.

(2) 20×2년 1월 1일, (주)한국은 재무상의 어려움으로 인하여 사채권자와 동 사채의 만기일을 20×4년 12월 31일로 연장하고 표시이자율은 5%로 변경하기로 합의하였다. 조건변경일의 시장이자율은 14%이며, 현재가치계수는 다음과 같다.

기간	12%		14%	
	현가계수	연금현가계수	현가계수	연금현가계수
1	0.8929	0.8929	0.8772	0.8772
2	0.7972	1.6901	0.7695	1.6467
3	0.7118	2.4018	0.6750	2.3217

[요구사항]

1. 20×2년 1월 1일의 조건변경이 실질적 조건변경에 해당하는지 여부를 판단하시오.

2. 20×2년 1월 1일의 조건변경이 실질적 조건변경에 해당한다고 가정할 경우, (1) (주)한국이 조건변경으로 인식할 손익을 계산하고 (2) (주)한국이 20×2년에 수행할 회계처리를 제시하시오.

3. 20×2년 1월 1일의 조건변경이 실질적 조건변경에 해당하지 않는다고 가정할 경우, (1) (주)한국이 조건변경으로 인식할 손익을 계산하고 (2) (주)한국이 20×2년에 수행할 회계처리를 제시하시오.

4. [심화] 만일 조건변경으로 사채권자에게 지급한 수수료가 ₩6,000이라고 가정할 경우, 상기 [요구사항 1]과 [요구사항 2]에 각각 답하시오.

해답 **1. 실질적 조건변경인지 여부 판단**

(1) 새로운 미래현금흐름의 현재가치(할인율: 12%)

100,000 × 0.7118 + 5,000 × 2.4018 = 83,189

(2) 최초 미래현금흐름의 현재가치(기존 사채 장부금액)의 10%: 96,622 × 10% = 9,662

(3) 현재가치의 차이(조건변경효과): 96,622 - 83,189 = 13,433

⇨ 현재가치의 차이가 10% 이상이므로 실질적 조건변경에 해당한다.

2. 실질적 조건변경인 경우

(1) 조건변경이익

기존 사채의 장부금액	96,622
새로운 사채의 공정가치(할인율: 14%) 100,000 × 0.6750 + 5,000 × 2.3217 =	(79,109)
조건변경이익(손실)	17,513

(2) 20×2년 회계처리

20×2.1.1	(차) 사채(구)	100,000	(대) 사채할인발행차금(구)	$^{(*1)}$3,378	
	사채할인발행차금(신)	$^{(*2)}$20,891	사채(신)	100,000	
			조건변경이익	17,513 ⇨	79,109

$^{(*1)}$ 100,000 - 96,622 = 3,378
$^{(*2)}$ 100,000 - 79,109 = 20,891

20×2.12.31	(차) 이자비용	$^{(*1)}$11,075	(대) 현금	$^{(*2)}$5,000	
			사채할인발행차금	6,075 ⇨	85,184

$^{(*1)}$ 79,109 × 14% = 11,075
$^{(*2)}$ 100,000 × 5% = 5,000

3. 실질적 조건변경이 아닌 경우

(1) 조건변경이익

기존 사채의 장부금액	96,622
새로운 사채의 현재가치(할인율: 12%)	(83,189)
조건변경이익(손실)	13,433

⇨ 실질적 조건변경이 아닌 경우에는 조건변경효과(수수료 제외)만큼 변경손익을 인식하게 된다.

(2) 20×2년 회계처리

20×2.1.1	(차) 사채할인발행차금	$^{(*)}$13,433	(대) 조건변경이익	13,433 ⇨	83,189
	$^{(*)}$ 조건변경효과(수수료 제외)				
20×2.12.31	(차) 이자비용	$^{(*1)}$9,983	(대) 현금	$^{(*2)}$5,000	
			사채할인발행차금	4,983 ⇨	88,172

$^{(*1)}$ 83,189 × 12% = 9,983
$^{(*2)}$ 100,000 × 5% = 5,000

4. 조건변경 시 수수료가 발생한 경우

(1) 실질적 조건변경인지 여부 판단

　① 새로운 미래현금흐름의 현재가치(할인율: 12%)

　　100,000 × 0.7118 + 5,000 × 2.4018 = 83,189

　② 새로운 미래현금흐름의 현재가치(수수료 포함): 83,189 + 6,000 = 89,189

　③ 최초 미래현금흐름의 현재가치(기존 사채 장부금액)의 10%: 96,622 × 10% = 9,662

　④ 현재가치의 차이(조건변경효과): 96,622 - 89,189 = 7,433

　　⇨ 현재가치의 차이가 10% 미만이므로 실질적 조건변경에 해당하지 않는다.

(2) 실질적 조건변경인 경우

　① 조건변경이익

기존 사채의 장부금액	96,622
새로운 사채의 공정가치(할인율: 14%)　100,000 × 0.6750 + 5,000 × 2.3217 =	(79,109)
수수료	(6,000)
조건변경이익(손실)	11,513

　② 20×2년 회계처리

20×2.1.1	(차) 사채(구)	100,000	(대) 사채할인발행차금(구)	(*1)3,378	
	사채할인발행차금(신) (*2)20,891		사채(신)	100,000	
			조건변경이익	17,513 ⇨	79,109

　　(*1) 100,000 - 96,622 = 3,378
　　(*2) 100,000 - 79,109 = 20,891

	(차) 조건변경이익	6,000	(대) 현금	6,000	
20×2.12.31	(차) 이자비용	(*1)11,075	(대) 현금	(*2)5,000	
			사채할인발행차금	6,075 ⇨	85,184

　　(*1) 79,109 × 14% = 11,075
　　(*2) 100,000 × 5% = 5,000

(3) 참고 실질적 조건변경이 아닌 경우의 조건변경이익과 조건변경일 회계처리

　① 조건변경이익

기존 사채의 장부금액	96,622	
새로운 사채의 현재가치(할인율: 12%)	(83,189)	수수료 제외한 금액
조건변경이익(손실)	13,433	

　　⇨ 실질적 조건변경이 아닌 경우에는 조건변경효과(수수료 제외)만큼 변경손익을 인식하게 된다.

　② 조건변경일(20×2.1.1) 회계처리

20×2.1.1	(차) 사채할인발행차금(구)	(*)13,433	(대) 조건변경이익	13,433 ⇨	83,189
	(*) 조건변경효과(수수료 제외)				
	(차) 사채할인발행차금(구)	6,000	(대) 현금	6,000 ⇨	77,189

02 [보론] 금융보증계약

(1) 개념

금융보증계약이란 채무상품의 계약조건에 따라 지급기일에 특정 채무자가 지급하지 못하여 보유자가 입은 손실을 보상하기 위해 발행자가 특정 금액을 지급하여야 하는 계약을 말한다. 금융보증계약은 보증, 신용장, 신용위험이전계약, 보험계약 등 다양한 형식으로 나타날 수 있다.

(2) 최초인식 및 후속측정

① 금융보증계약은 최초인식시점에 공정가치로 인식한다. 다만, 금융보증계약이 독립된 당사자 사이의 거래에서 특수관계가 없는 자에게 발행된다면, 해당 계약의 최초 공정가치는 반증이 없는 한 수취한 대가와 같을 것이다.

② 금융보증계약의 발행자는 금융보증계약을 후속적으로 다음 중 큰 금액으로 측정한다.

> ⊙ 기업회계기준서 제1109호 '금융상품'의 손상규정에 따라 산정한 손실충당금
> ⓒ 최초인식금액에서 기업회계기준서 제1115호 '수익인식'에 따라 인식한 이익누계액을 차감한 금액(최초인식시점의 공정가치에서 수익으로 인식한 금액을 차감한 잔액)

예제 10 금융보증계약

(1) (주)한국은 20×1년 1월 1일, (주)서울의 은행차입금 ₩100,000을 3년간 지급보증하는 금융보증계약을 체결하고 그 대가로 보증수수료 ₩9,000을 수령하였다.
(2) 20×1년 말 현재 (주)서울의 재무상태는 양호하며 (주)한국이 지급보증의무를 이행할 가능성은 낮다.

[요구사항]

1. (주)한국이 20×1년에 해야 할 회계처리를 제시하시오.

2. 만일 20×3년 1월 1일 (주)서울의 재무상태가 악화되어 (주)한국이 (주)서울의 차입금 중 ₩60,000을 대신 지급해야 한다고 할 경우, (주)한국이 해야 할 회계처리를 제시하시오.

해답   1. 20×1년 회계처리

20×1.1.1	(차) 현금	9,000	(대) 이연보증수익	9,000
20×1.12.31	(차) 이연보증수익	3,000	(대) 금융보증수익	$^{(*)}$3,000

$^{(*)}$ 9,000 ÷ 3년 = 3,000

2. 20×3년 1월 1일 회계처리

20×3.1.1	(차) 이연보증수익	$^{(*1)}$3,000	(대) 금융보증부채	$^{(*2)}$60,000
	금융보증손실	57,000		

$^{(*1)}$ 9,000 − 6,000 = 3,000
$^{(*2)}$ 다음 중 큰 금액: 60,000
   ① 손실충당금 60,000
   ② 9,000(최초인식액) − 6,000(상각누계액) = 3,000

개념정리 OX문제

01 거래상대방에게 현금 등 금융자산을 인도하기로 한 계약상 의무는 금융부채에 해당하 (O, X)
며, 그 사례로 지급채무, 차입금, 사채, 선수금 등이 있다.

02 모든 금융부채는 최초인식 시 공정가치로 측정하여 인식하며, 당기손익－공정가치 측 (O, X)
정 금융부채가 아닌 경우에 해당 금융부채의 발행과 직접 관련되는 거래원가는 당기비
용으로 인식한다.

03 사채발행일의 시장이자율은 당해 사채에 대하여 투자자들이 요구하는 수익률을 말하며, (O, X)
유효이자율은 사채발행회사가 당해 사채에 대해 실질적으로 부담하는 이자율을 말한다.

04 사채할인발행차금은 사채발행회사가 투자자에게 시장이자율을 보장해 주기 위해 부담 (O, X)
하는 이자의 성격이므로 사채발행기간 동안 유효이자율법으로 배분한 금액을 제거(상
각)하면서 이자비용에 가산해야 한다.

05 상각후원가로 측정하는 금융부채의 발행과 직접 관련되는 거래원가는 발행금액(공정 (O, X)
가치)에 직접 가산한다. 이에 따라 거래원가가 없는 경우에 비하여 사채의 발행금액은
증가하고 유효이자율은 하락하게 된다.

06 12월 말 결산법인인 (주)한국이 액면상 발행일이 20×1년 1월 1일이고, 표시이자는 (O, X)
매년 12월 31일에 지급하는 사채를 실제로는 20×1년 9월 1일에 발행한 경우, 20×1
년 12월 31일 표시이자는 9월 1일부터 12월 31일까지의 4개월분 이자를 지급한다.

정답 및 해설

01 X 선수금, 선수수익은 미래에 (현금 등 금융자산이 아니라) 재화나 용역을 제공하여 이행하므로 금융부채에 해당하지
않는다.

02 X 당기손익－공정가치 측정 금융부채의 발행과 직접 관련되는 거래원가는 당기비용으로 인식한다. 그러나 당기손익
－공정가치 측정 금융부채가 아닌 경우에 해당 금융부채의 발행과 직접 관련되는 거래원가는 최초인식하는 공정
가치에서 차감한다.

03 O

04 O

05 X 상각후원가로 측정하는 금융부채의 발행과 직접 관련되는 거래원가는 발행금액(공정가치)에서 직접 차감한다. 이
에 따라 거래원가가 없는 경우에 비하여 사채의 발행금액은 감소하고 유효이자율은 상승하며, 거래원가는 사채상
환기간에 걸쳐 추가로 이자비용으로 인식하게 된다.

06 X 액면상 발행일과 실제 발행일이 다른 경우에도 발행연도 말 표시이자는 액면상 발행일을 기준으로 계산된 1년분
표시이자를 지급해야 한다. 대신, 1월 1일부터 9월 1일까지의 8개월분 표시이자(경과이자)를 실제 발행일에 사채
발행금액에 가산하여 수령하는 것이며, 이에 따라 (주)한국은 발행연도(20×1년)에 4개월분 표시이자만 부담하게
되는 것이다.

07 사채를 만기일 이전에 상환할 때 상환이익이 발생하는 이유는 사채 상환일의 시장이자   (O, X)
율이 사채 발행일의 시장이자율보다 낮기 때문이다.

08 자기사채의 취득도 사채의 조기상환과 실질이 동일하므로 사채의 조기상환으로 회계   (O, X)
처리한다.

09 금융부채의 계약조건이 실질적으로 변경된 경우란 새로운 조건에 따른 현금흐름의 현   (O, X)
재가치와 최초 금융부채의 나머지 현금흐름의 현재가치의 차이가 적어도 10% 이상인
경우를 말한다.

10 기존 금융부채의 조건이 실질적으로 변경된 경우에는 변경된 미래현금흐름을 최초 유   (O, X)
효이자율로 할인한 현재가치를 새로운 상각후원가로 재계산한다. 이러한 조정금액은
당기손익으로 인식한다.

정답 및 해설

07 X 사채의 조기상환이익이 발생하는 이유는 사채 상환일의 시장이자율이 사채 발행일의 시장이자율보다 높기 때문이
다. 즉, 사채상환일의 시장이자율이 사채발행일의 시장이자율보다 상승하면 상환일의 사채의 상환금액(공정가치)
이 장부금액보다 감소하게 되어, 장부금액보다 더 적은 금액으로 상환할 수 있기 때문에 조기상환이익이 발생하게
되는 것이다.

08 O

09 O

10 X 실질적 조건변경에 해당되면 기존의 금융부채를 제거하고 새로운 금융부채를 인식한다. 이때 새롭게 인식하는 금
융부채는 조건변경일의 공정가치로 인식한다. 그리고 제거되는 기존 금융부채의 장부금액과 새롭게 인식하는 금융
부채의 공정가치의 차이는 조건변경일의 당기손익(조건변경손익)으로 인식한다.

사채발행비 – 유효이자율 추정

01 (주)민국은 20×1년 1월 1일 액면금액 ₩1,000,000, 액면이자율 연 5%(매년 말 이자지급), 3년 만기인 회사채를 발행하였다. 사채발행 당시 시장이자율은 연 8%이었으며, 사채할인발행차금에 대하여 유효이자율법으로 상각한다. 한편, (주)민국이 동 사채를 발행하는 과정에서 직접적인 사채발행비 ₩47,015이 발생하였으며, (주)민국은 동 사채와 관련하여 20×1년도 포괄손익계산서상 이자비용으로 ₩87,564를 인식하였다. 동 사채와 관련하여 (주)민국이 20×2년도 포괄손익계산서상 이자비용으로 인식할 금액은 얼마인가? (단, 8%, 3기간 기간 말 단일금액 ₩1의 현가계수는 0.7938이며, 8%, 3기간 정상연금 ₩1의 현가계수는 2.5771이다. 단수차이로 인해 약간의 오차가 있으면 가장 근사치를 선택한다)

[회계사 11]

① ₩91,320
② ₩92,076
③ ₩93,560
④ ₩94,070
⑤ ₩95,783

이자지급일 사이 발행

02 (주)한국은 액면금액 ₩1,000,000(표시이자율 연 8%, 사채권면상 발행일 20×1년 1월 1일, 만기 3년, 매년 말 이자지급)인 사채를 20×1년 4월 1일에 발행하였다. 권면상 발행일인 20×1년 1월 1일의 시장이자율은 연 10%이며, 실제 발행일(20×1년 4월 1일)의 시장이자율은 연 12%이다. 현가계수는 아래 표를 이용한다.

기간	단일금액 ₩1의 현재가치			정상연금 ₩1의 현재가치		
	8%	10%	12%	8%	10%	12%
3년	0.7938	0.7513	0.7118	2.5771	2.4868	2.4018

(주)한국이 사채발행으로 20×1년 4월 1일 수취하는 금액은? (단, 단수차이로 인해 오차가 있다면 가장 근사치를 선택한다)

[회계사 17]

① ₩911,062
② ₩931,062
③ ₩938,751
④ ₩958,751
⑤ ₩978,751

이자지급일 사이의 사채발행 - 종합

03 (주)한국은 액면금액 ₩1,000,000(표시이자율 연 6%, 사채권면상 발행일 20×1년 1월 1일, 만기 3년, 매년 말 이자지급)인 사채를 20×1년 4월 1일에 발행하였다. 권면상 발행일인 20×1년 1월 1일의 시장이자율은 연 12%이며, 실제 발행일(20×1년 4월 1일)의 시장이자율은 연 10%이다. 동 사채의 회계처리에 관한 다음 설명 중 옳지 않은 것은? (단, 현가계수는 아래 표를 이용하며, 단수차이로 인해 오차가 있다면 가장 근사치를 선택한다)

기간	단일금액 ₩1의 현재가치			정상연금 ₩1의 현재가치		
	6%	10%	12%	6%	10%	12%
3년	0.8396	0.7513	0.7118	2.6730	2.4868	2.4018

① 실제 발행일의 순수 사채 발행금액은 ₩908,020이다.
② 실제 발행일의 현금 수령액은 ₩923,020이다.
③ 실제 발행일의 부채 증가액은 ₩908,020이다.
④ 20×1년 포괄손익계산서에 이자비용으로 보고할 금액은 ₩67,538이다.
⑤ 20×1년 말 현재 사채할인발행차금 잔액은 ₩69,441이다.

유효이자율법 - 유효이자의 인식

04 (주)세무는 20×1년 초 5년 만기 사채를 발행하여 매년 말 액면이자를 지급하고 유효이자율법에 의하여 이자비용을 인식하고 있다. 20×2년 말 이자와 관련하여 다음과 같은 회계처리 후 사채의 장부금액이 ₩84,000이 되었다면, 20×3년 말 사채의 장부금액은? [세무사 18]

(차) 이자비용	₩8,200	(대) 사채할인발행차금	₩2,000
		현금	₩6,200

① ₩86,200
② ₩86,600
③ ₩87,000
④ ₩87,200
⑤ ₩87,600

조기상환 – 상환손익

05 (주)세무는 20×1년 1월 1일 (주)대한에게 사채 A(액면금액 ₩1,000,000, 만기 5년, 표시이자율 연 5%, 매년 말 이자지급)를 발행하고 상각후원가 측정 금융부채로 분류하였다. 사채발행시점의 유효이자율은 연 10%이고, 사채할인발행차금을 유효이자율법으로 상각하고 있다. 20×4년 1월 1일 유효이자율이 연 8%로 하락함에 따라 (주)민국에게 새로운 사채 B(액면금액 ₩1,000,000, 만기 2년, 표시이자율 연 3%, 매년 말 이자지급)를 발행하여 수취한 현금으로 사채 A를 조기상환하였다. (주)세무가 20×4년 1월 1일 인식할 사채 A의 상환손익과 사채 B의 발행금액은? (단, 계산금액은 소수점 이하 첫째 자리에서 반올림한다)

[세무사 20]

기간	단일금액 ₩1의 현재가치				정상연금 ₩1의 현재가치			
	3%	5%	8%	10%	3%	5%	8%	10%
2년	0.9426	0.9070	0.8573	0.8264	1.9135	1.8594	1.7833	1.7355
5년	0.8626	0.7835	0.6806	0.6209	4.5797	4.3295	3.9927	3.7908

	사채 A 상환손익	사채 B 발행금액		사채 A 상환손익	사채 B 발행금액
①	손실 ₩2,396	₩878,465	②	손실 ₩2,396	₩913,195
③	손실 ₩2,396	₩915,591	④	이익 ₩2,396	₩910,799
⑤	이익 ₩2,396	₩1,000,000			

조기상환 – 이자지급일 사이의 조기상환

06 (주)대한은 20×1년 초 액면금액 ₩1,000,000의 사채(만기 3년, 액면이자율 10%, 이자는 매년 말 지급)를 12%의 유효이자율로 발행하였다. (주)대한은 액면금액 중 ₩500,000을 20×3년 6월 30일에 경과이자를 포함하여 ₩525,000에 조기상환하였다. 사채의 조기상환손익은? (단, 현가계수는 아래 표를 이용한다. 계산금액은 소수점 첫째 자리에서 반올림하며, 단수차이가 있으면 가장 근사치를 선택한다)

[세무사 13]

기간	단일금액 ₩1의 현재가치		정상연금 ₩1의 현재가치	
	10%	12%	10%	12%
1	0.9091	0.8929	0.9091	0.8929
2	0.8264	0.7972	1.7355	1.6901
3	0.7513	0.7118	2.4868	2.4018

① ₩8,918 손실
③ ₩0
⑤ ₩8,918 이익

② ₩4,459 손실
④ ₩4,459 이익

조기상환 - 자기사채

07 (주)한국은 20×1년 1월 1일 액면금액 ₩1,000,000, 액면이자율 연 8%(매년 말 이자지급), 3년 만기인 회사채를 발행하고 상각후원가 측정 금융부채로 분류하였다. 사채발행 당시 시장이자율은 연 10%이었으며, 사채발행차금에 대하여 유효이자율법으로 상각한다. (주)한국은 20×2년 7월 1일에 동 사채를 모두 ₩1,000,000(경과이자 포함)에 매입하였으며, 이 중 액면금액 ₩400,000은 매입 즉시 소각하고, 나머지 액면금액 ₩600,000은 20×2년 12월 31일에 재발행하였다. 20×2년 7월 1일의 시장이자율은 연 8%이고, 20×2년 12월 31일의 시장이자율은 연 10%이다. 동 사채와 관련된 회계처리가 (주)한국의 20×2년 당기순이익에 미치는 영향은 얼마인가? (단, 현가계수는 아래의 현가계수표를 이용하며, 계산과정에서 소수점 이하는 첫째 자리에서 반올림하고, 단수차이로 인해 오차가 있는 경우 가장 근사치를 선택한다) [회계사 15]

할인율	단일금액 ₩1의 현가			정상연금 ₩1의 현가		
	1년	2년	3년	1년	2년	3년
8%	0.9259	0.8573	0.7938	0.9259	1.7832	2.5770
10%	0.9091	0.8264	0.7513	0.9091	1.7355	2.4868

① ₩95,024 감소
② ₩76,988 감소
③ ₩34,732 감소
④ ₩1,680 증가
⑤ ₩18,206 증가

조기상환 - 이자지급일 사이의 조기상환

08 (주)대경은 20×1년 1월 1일 액면금액 ₩1,000,000, 액면이자율 연 7%(매년 말 이자지급), 3년 만기인 회사채를 발행하고 상각후원가 측정 금융부채로 분류하였다. 사채발행 당시 시장이자율은 연 9%이었으며, 사채할인발행차금에 대하여 유효이자율법으로 상각한다. 한편, (주)대경이 동 사채를 발행하는 과정에서 직접적인 사채발행비 ₩24,011이 발생하였다. (주)대경은 동 사채와 관련하여 20×1년도 포괄손익계산서상 이자비용으로 ₩92,538을 인식하였다. (주)대경이 20×2년 5월 31일에 상기 사채를 ₩1,050,000(미지급이자 포함)에 매입하였다면, 사채상환손실은 얼마인가? (계산과정에서 소수점 이하는 첫째 자리에서 반올림한다. 그러나 계산방식에 따라 단수차이로 인해 오차가 있는 경우, 가장 근사치를 선택한다. 또한 법인세효과는 고려하지 않는다) [회계사 14]

할인율	단일금액 ₩1의 현가			정상연금 ₩1의 현가		
	1년	2년	3년	1년	2년	3년
7%	0.9346	0.8734	0.8163	0.9346	1.8080	2.6243
9%	0.9174	0.8417	0.7722	0.9174	1.7591	2.5313

① ₩12,045
② ₩39,254
③ ₩50,000
④ ₩62,585
⑤ ₩76,136

연속상환사채

09 (주)세무는 20×1년 1월 1일에 액면금액 ₩1,200,000, 표시이자율 연 5%, 매년 말 이자를 지급하는 조건의 사채(매년 말에 액면금액 ₩400,000씩을 상환하는 연속상환사채)를 발행하였다. 20×1년 12월 31일 사채의 장부금액은? (단, 사채발행 당시의 유효이자율은 연 6%, 계산금액은 소수점 첫째 자리에서 반올림, 단수차이로 인한 오차는 가장 근사치를 선택한다) [세무사 16]

기간	단일금액 ₩1의 현재가치		정상연금 ₩1의 현재가치	
	5%	6%	5%	6%
1	0.9524	0.9434	0.9524	0.9434
2	0.9070	0.8900	1.8594	1.8334
3	0.8638	0.8396	2.7232	2.6730

① ₩678,196
② ₩778,196
③ ₩788,888
④ ₩795,888
⑤ ₩800,000

조건변경 - 변경연도의 당기손익 효과

10 (주)대한은 20×1년 1월 1일 다음과 같은 사채를 발행하고 상각후원가로 측정하는 금융부채로 분류하였다.

○ 발행일: 20×1년 1월 1일
○ 액면금액: ₩1,000,000
○ 이자지급: 연 8%를 매년 12월 31일에 지급
○ 만기일: 20×3년 12월 31일(일시상환)
○ 사채발행시점의 유효이자율: 연 10%

(주)대한은 20×2년 초 사채의 만기일을 20×4년 12월 31일로 연장하고 표시이자율을 연 3%로 조건을 변경하였다. 20×2년 초 현재 유효이자율은 연 12%이다. 사채의 조건변경으로 인해 (주)대한이 20×2년도에 인식할 조건변경이익(A)과 조건변경 후 20×2년도에 인식할 이자비용(B)은 각각 얼마인가? (단, 단수차이로 인해 오차가 있다면 가장 근사치를 선택한다) [회계사 18]

기간	단일금액 ₩1의 현재가치		정상연금 ₩1의 현재가치	
	10%	12%	10%	12%
1년	0.9091	0.8928	0.9091	0.8928
2년	0.8264	0.7972	1.7355	1.6900
3년	0.7513	0.7118	2.4868	2.4018

	조건변경이익(A)	이자비용(B)		조건변경이익(A)	이자비용(B)
①	₩139,364	₩94,062	②	₩139,364	₩82,590
③	₩139,364	₩78,385	④	₩181,414	₩82,590
⑤	₩181,414	₩94,062			

정답 및 해설

정답

01 ① 02 ② 03 ③ 04 ① 05 ④ 06 ② 07 ③ 08 ④ 09 ③ 10 ⑤

해설

01 ① **(1) 사채발행금액**

20×1.1.1 현재가치	1,000,000 × 0.7938 + 50,000 × 2.5771 =	922,655
사채발행비		(47,015)
계		875,640

(2) 유효이자율(r%)

875,640 × r% = 87,564 ⇨ r = 10%

(3) 20×1년 말 장부금액

875,640 × (1 + 10%) − 50,000 = 913,204

(4) 20×2년 이자비용

913,204 × 10% = 91,320

02 ② **(1) 20×1.41 현금수령액**

20×1.1.1 현재가치(12%)	1,000,000 × 0.7118 + 80,000 × 2.4018 =	903,944
20×1.1.1 ~ 4.1 유효이자	903,944 × 12% × 3/12 =	27,118
20×1.1.1 ~ 4.1 표시이자	80,000 × 3/12 =	(20,000) (경과이자)
20×1.4.1 사채발행금액		911,062
경과이자		20,000
20×1.4.1 현금수령액		931,062

(2) [별해] 20×1.4.1 현금수령액

903,944 × (1 + 12% × 3/12) = 931,062

03 ③ ① 20×1.4.1 사채 발행금액

20×1.1.1 현재가치(10%)   1,000,000 × 0.7513 + 60,000 × 2.4868 =   900,508
20×1.1.1 ~ 4.1 유효이자   900,508 × 10% × 3/12 =   22,512
20×1.1.1 ~ 4.1 표시이자   60,000 × 3/12 =   (15,000) (경과이자)
20×1.4.1 사채발행금액   908,020

② 20×1.4.1 현금 수령액: 908,020 + 15,000(경과이자) = 923,020
③ 20×1.4.1 부채 증가액: 908,020(사채 증가액) + 15,000(미지급이자 증가액) = 923,020
④ 20×1년 이자비용: 900,508 × 10% × 9/12 = 67,538
⑤ 20×1년 말 사채할인발행차금 잔액: 1,000,000 - 930,559(= 900,508 × 1.1 - 60,000) = 69,441

04 ① (1) 20×1년 말 장부금액: 84,000 - 2,000 = 82,000
(2) 유효이자율: 8,200(20×2년 유효이자) ÷ 82,000(20×1년 말 장부금액) = 10%
(3) 20×3년 말 장부금액: 84,000 × (1 + 10%) - 6,200 = 86,200

05 ④ (1) 사채 B 발행금액
1,000,000 × 0.8573 + 30,000 × 1.7833 = 910,799
(2) 사채 A 상환이익(손실)

20×3.12.31 사채 A 장부금액   1,000,000 × 0.8264 + 50,000 × 1.7355 =   913,175
조기상환금액(사채 B 발행금액)   (910,799)
조기상환이익(손실)   [*]2,376 이익

[*] 보기에 제시된 금액과의 차이는 현가계수 적용에 따른 단수차이임

06 ② (1) 조기상환손익

20×2년 말 장부금액   1,000,000 × 0.8929 + 100,000 × 0.8929 =   982,190
20×3.1.1 ~ 6.30 유효이자   982,190 × 12% × 6/12 =   58,931
20×3.1.1 ~ 6.30 표시이자   100,000 × 6/12 =   (50,000) (경과이자)
20×3.6.30 장부금액   991,121
조기상환비율   50%
조기상환사채 장부금액   495,561
조기상환금액   525,000 - [*1](50,000 × 50%) =   (500,000)
조기상환이익(손실)   [*2](4,439) 손실

[*1] 경과이자
[*2] 해답 4,459와의 차이는 현가계수 적용에 따른 단수차이임

(2) 별해 **조기상환손익**

20×2년 말 장부금액	1,000,000 × 0.8929 + 100,000 × 0.8929 =	982,190	
20×3.1.1 ~ 6.30 유효이자	982,190 × 12% × 6/12 =	58,931	
20×3.6.30 장부금액		1,041,121	(경과이자 포함)
조기상환비율		50%	
조기상환사채 장부금액		520,561	(경과이자 포함)
조기상환금액		(525,000)	(경과이자 포함)
조기상환이익(손실)		(*)(4,439)	손실

(*) 해답 4,459와의 차이는 현가계수 적용에 따른 단수차이임

07 ③ **(1) 자기사채의 취득**

자기사채(매입 후 소각하지 않고 있는 사채)의 취득도 사채의 조기상환으로 회계처리한다.

(2) 20×2.7.1 조기상환손익

20×1.12.31 장부금액	1,000,000 × 0.8264 + 80,000 × 1.7355 =	965,240	
20×2.1.1 ~ 7.1 유효이자	965,240 × 10% × 6/12 =	48,262	
20×2.7.1 장부금액		1,013,502	(경과이자 포함)
조기상환금액		(1,000,000)	(경과이자 포함)
조기상환이익(손실)		13,502	이익

(3) 20×2년 당기손익 효과

20×2.1.1 ~ 7.1 이자비용	(48,262)	
20×2.7.1 조기상환이익	13,502	
당기손익 효과	(*)(34,760)	감소

(*) 해답과의 차이는 현가계수 적용에 따른 단수차이임

08 ④ **(1) 유효이자율 계산**

① 사채발행금액

20×1.1.1 현재가치(9%)	1,000,000 × 0.7722 + 70,000 × 2.5313 =	949,391
사채발행비		(24,011)
계		925,380

② 유효이자율을 r%라고 하면, 925,380 × r% = 92,538 ⇨ r = 10%

(2) 사채상환손익

20×1.12.31 장부금액	925,380 × 1.1 - 70,000 =	947,918	
20×2.1.1 ~ 5.31 유효이자	947,918 × 10% × 5/12 =	39,497	
20×2.5.31 장부금액		987,415	(경과이자 포함)
조기상환금액		(1,050,000)	(경과이자 포함)
조기상환이익(손실)		(62,585)	상환손실

09 ③　(1) 연속상환사채의 미래현금흐름

20×1년 말:　400,000 + 1,200,000 × 5% = 460,000

20×2년 말:　400,000 + 800,000 × 5% = 440,000

20×3년 말:　400,000 + 400,000 × 5% = 420,000

(2) 20×1년 말 장부금액

① 20×1.1.1 발행금액: 460,000 × 0.9434 + 440,000 × 0.8900 + 420,000 × 0.8396 = 1,178,196

② 20×1년 말 장부금액: 1,178,196 × 1.06 - 460,000 = 788,888

(3) 별해 20×1년 말 장부금액

440,000 × 0.9434 + 420,000 × 0.8900 = 788,896(단수차이)

10 ⑤　(1) 실질적 조건변경 여부 판단

① 20×2년 초 조건변경 전 사채 장부금액(할인율: 10%)

1,000,000 × 0.8264 + 80,000 × 1.7355 = 965,240

② 20×2년 초 변경 후 미래현금흐름의 현재가치(할인율: 10%)

1,000,000 × 0.7513 + 30,000 × 2.4868 = 825,904

③ 현재가치의 차이(변경효과): 965,240 - 825,904 = 139,336

④ 실질적 변경 여부 판단: 139,336 > [*]965,240 × 10% ⇨ 실질적 변경에 해당함

[*] 조건변경 전 사채 장부금액

(2) 조건변경이익(A)

조건변경 전 사채 장부금액		965,240
조건변경 후 사채 공정가치(12%)	1,000,000 × 0.7118 + 30,000 × 2.4018 =	(783,854)
조건변경이익		[*]181,386

[*] 해답과의 차이는 현가계수 적용에 따른 단수차이임

(3) 20×2년 이자비용(B)

783,854 × 12% = 94,062

제9장
주관식 연습문제

사채의 할인발행과 할증발행, 사채발행비

01

(1) (주)한국은 20×1년 초에 상각후원가(AC)로 측정하는 사채를 발행하였으며, 발행조건은 다음과 같다.
- ○ 액면금액: ₩100,000
- ○ 발행일: 20×1년 1월 1일
- ○ 만기일: 20×3년 12월 31일(만기 3년)
- ○ 표시이자율: 연 5%(매년 말 후급)

(2) 사채발행시점의 시장이자율은 연 6%이나 유효이자율은 연 7%이다.

(3) 기간별 현재가치(현가)계수는 다음의 표를 이용한다.

기간	6%		7%		8%	
	현가계수	연금현가계수	현가계수	연금현가계수	현가계수	연금현가계수
1	0.9434	0.9434	0.9346	0.9346	0.9259	0.9259
2	0.8900	1.8334	0.8734	1.8080	0.8573	1.7832
3	0.8396	2.6730	0.8163	2.6243	0.7938	2.5770

[물음 1] (주)한국이 발행한 사채의 발행금액과 발행 시 거래원가를 각각 계산하시오.

[물음 2] (주)한국이 사채를 중도상환하지 않았다고 가정할 경우, 사채의 발행일로부터 상환기간에 걸쳐 인식할 총이자비용을 계산하시오.

[물음 3] 20×3년 1월 1일 (주)한국이 상기 사채를 ₩99,000에 조기상환하였다고 할 경우, 조기상환손익을 계산하시오.

[물음 4] 표시이자율이 8%라고 가정할 경우, [물음 1]에서 [물음 3]까지의 물음에 답하시오.

해답 **[물음 1] 사채발행금액, 사채발행비**

1. 사채발행금액

   20×1.1.1 현재가치(7%): 100,000 × 0.8163 + 5,000 × 2.6243 = 94,752

2. 발행 시 거래원가(사채발행비)

20×1.1.1 현재가치(6%)	100,000 × 0.8396 + 5,000 × 2.6730 =	97,325
20×1.1.1 현재가치(7%)		(94,752)
발행 시 거래원가		2,573

[물음 2] 총이자비용

표시이자의 합계액	5,000 × 3년 =	15,000
사채 할인발행액	100,000 - 94,752 =	5,248
총이자비용		20,248

별해 총현금유출액 - 총현금유입액 = 115,000 - 94,752 = 20,248

[물음 3] 조기상환손익

1. 조기상환일(20×3.1.1) 사채 장부금액

   20×1.12.31 장부금액: 94,752 × 1.07 - 5,000 = 96,385
   20×2.12.31 장부금액: 96,385 × 1.07 - 5,000 = 98,132

   별해 (100,000 + 5,000) × 현가계수(1년, 7%) = 105,000 × 0.9346 = 98,133(단수차이)

2. 조기상환손익

20×3.1.1 장부금액	98,132
조기상환금액	(99,000)
조기상환이익(손실)	(868) 상환손실

3. **참고** 시점별 회계처리

20×1.1.1	(차) 현금	97,325	(대) 사채	100,000		
	사채할인발행차금	2,675			⇨	97,325
	(차) 사채할인발행차금	2,573	(대) 현금	2,573	⇨	94,752

20×1.12.31	(차) 이자비용	[*]6,633	(대) 현금	5,000		
			사채할인발행차금	1,633	⇨	96,385

   [*] 94,752 × 7% = 6,633

20×2.12.31	(차) 이자비용	[*]6,747	(대) 현금	5,000		
			사채할인발행차금	1,747	⇨	98,132

   [*] 96,385(= 94,752 + 1,633) × 7% = 6,747

20×3.1.1	(차) 사채	100,000	(대) 사채할인발행차금	[*]1,868		
	사채상환손실	868	현금	99,000	⇨	0

   [*] 100,000 - 98,132(= 96,385 + 1,747) = 1,868

[물음 4] 사채의 할증발행

[물음 4-1] 사채발행금액, 사채발행비

1. 사채발행금액

    20×1.1.1 현재가치(7%): 100,000 × 0.8163 + 8,000 × 2.6243 = 102,624(할증발행)

2. 발행 시 거래원가(사채발행비)

20×1.1.1 현재가치(6%)	100,000 × 0.8396 + 8,000 × 2.6730 =	105,344
20×1.1.1 현재가치(7%)		(102,624)
발행 시 거래원가		2,720

[물음 4-2] 총이자비용

표시이자의 합계액	8,000 × 3년 =	24,000
사채 할증발행액	100,000 − 102,624 =	(2,624)
총이자비용		21,376

별해 총현금유출액 − 총현금유입액 = 124,000 − 102,624 = 21,376

[물음 4-3] 조기상환손익

1. 조기상환일(20×3.1.1) 사채 장부금액

    20×1.12.31 장부금액: 102,624 × 1.07 − 8,000 = 101,808

    20×2.12.31 장부금액: 101,808 × 1.07 − 8,000 = 100,935

    별해 (100,000 + 8,000) × 현가계수(1년, 7%) = 108,000 × 0.9346 = 100,937(단수차이)

2. 조기상환손익

20×3.1.1 장부금액	100,935
조기상환금액	(99,000)
조기상환이익(손실)	1,935 상환이익

3. **참고** 시점별 회계처리

20×1.1.1	(차) 현금	105,344	(대) 사채	100,000		
			사채할증발행차금	5,344	⇨	105,344
	(차) 사채할증발행차금	2,720	(대) 현금	2,720	⇨	102,624

20×1.12.31	(차) 이자비용	(*)7,184	(대) 현금	8,000		
	사채할증발행차금	816			⇨	101,808

    (*) 102,624 × 7% = 7,184

20×2.12.31	(차) 이자비용	(*)7,127	(대) 현금	8,000		
	사채할증발행차금	873			⇨	100,935

    (*) 101,808(= 102,624 − 816) × 7% = 7,127

20×3.1.1	(차) 사채	100,000	(대) 현금	99,000		
	사채할증발행차금	(*)935	사채상환이익	1,935	⇨	0

    (*) 100,935(= 101,808 − 873) − 100,000 = 935

02

> (주)한국은 액면금액 ₩100,000(표시이자율 연 10%, 사채권면상 발행일 20×1년 1월 1일, 만기 4년, 매년 말 이자지급)인 사채를 20×1년 4월 1일에 발행하였다. 권면상 발행일인 20×1년 1월 1일의 시장이자율은 연 11%이며, 20×1년 4월 1일의 시장이자율은 연 12%이다. 현가계수는 아래 표를 이용한다.
>
> | 기간 | 11% | | 12% | | 13% | |
> |---|---|---|---|---|---|---|
> | | 현가계수 | 연금현가계수 | 현가계수 | 연금현가계수 | 현가계수 | 연금현가계수 |
> | 1 | 0.9009 | 0.9009 | 0.8929 | 0.8929 | 0.8850 | 0.8850 |
> | 2 | 0.8116 | 1.7125 | 0.7972 | 1.6901 | 0.7831 | 1.6681 |
> | 3 | 0.7312 | 2.4437 | 0.7118 | 2.4019 | 0.6931 | 2.3612 |
> | 4 | 0.6587 | 3.1024 | 0.6355 | 3.0374 | 0.6133 | 2.9745 |

다음 물음에 답하시오.

[물음 1] (주)한국이 발행한 사채와 관련하여 (1) 실제 발행일의 사채발행금액과 (2) 사채를 발행하면서 수취한 현금을 각각 계산하시오.

[물음 2] (주)한국이 20×1년 12월 31일에 수행할 회계처리를 제시하시오.

[물음 3] (주)한국이 사채를 중도상환하지 않았다고 가정할 경우, (주)한국이 사채의 실제 발행일로부터 잔여 상환기간에 걸쳐 인식할 총이자비용을 계산하시오.

[물음 4] (주)한국은 20×3년 10월 1일에 사채액면금액의 30%를 경과이자를 포함하여 ₩29,750에 상환하였다고 할 경우 사채상환손익을 계산하시오.

[물음 5] [본 물음은 독립적이다] 20×2년 1월 1일, (주)한국은 재무상의 어려움으로 인하여 사채권자와 동 사채의 만기일을 20×5년 12월 31일로 연장하고 표시이자율은 5%로 변경하기로 합의하였다. 조건변경일의 시장이자율이 13%라고 할 경우, 동 사채와 관련하여 (주)한국의 20×2년의 당기손익에 미치는 효과를 계산하시오.

해답 **[물음 1] 실제 발행일의 사채발행금액과 현금수령액**

 1. 실제 발행일(20×1.4.1)의 발행금액

20×1.1.1 현재가치(12%)	100,000 × 0.6355 + 10,000 × 3.0374 =	93,924
20×1.1.1 ~ 4.1 유효이자	93,924 × 12% × 3/12 =	2,818
20×1.1.1 ~ 4.1 표시이자	10,000 × 3/12 =	(2,500) (경과이자)
20×1.4.1 사채발행금액		94,242

 2. 실제 발행일의 현금수령액

 94,242 + 2,500(경과이자) = 96,742

 3. 참고 실제 발행일의 회계처리

20×1.4.1	(차) 현금	96,742	(대) 사채		100,000
	사채할인발행차금	(*)5,758	미지급이자		2,500

 (*) 100,000 - 94,242 = 5,758

[물음 2] 20×1년 말 회계처리

20×1.12.31	(차) 미지급이자	2,500	(대) 현금		10,000
	이자비용	(*)8,453	사채할인발행차금		953

 (*) 93,924 × 12% × 9/12 = 8,453

[물음 3] 총이자비용

표시이자의 합계액	10,000 × (3 + 9/12) =	37,500
사채 할인발행액	100,000 - 94,242 =	5,758
총이자비용		43,258

 별해 총현금유출액 - 총현금유입액 = (100,000 + 40,000) - 96,742 = 43,258

[물음 4] 사채상환손익

 1. 상환일 현재 사채 장부금액

20×1년 말 사채 장부금액	93,924 × 1.12 - 10,000 =	95,195
20×2년 말 사채 장부금액	95,195 × 1.12 - 10,000 =	96,618
20×3.1.1 ~ 10.1 유효이자	96,618 × 12% × 9/12 =	8,696
20×3.1.1 ~ 10.1 표시이자	10,000 × 9/12 =	(7,500) (경과이자)
20×3.10.1 사채 장부금액		97,814

 2. 사채상환손익

사채의 장부금액	97,814 × 30% =	29,344
사채의 상환금액	29,750 - (7,500 × 30%) =	(27,500)
사채상환이익(손실)		1,844

 3. 별해 사채상환손익

사채의 장부금액	(96,618 + 8,696) × 30% =	31,594 (경과이자 포함)
사채의 상환금액		(29,750) (경과이자 포함)
사채상환이익(손실)		1,844

4. 참고 조기상환일의 회계처리

| 20×3.10.1 | (차) 이자비용 | (*1)2,609 | (대) 미지급이자 | (*2)2,250 |
| | | | 사채할인발행차금 | 359 |

(*1) 8,696 × 30% = 2,609
(*2) 7,500 × 30% = 2,250

	(차) 미지급이자	2,250	(대) 사채할인발행차금	(*2)656
	사채	(*1)30,000	현금	29,750
			사채상환이익	1,844

(*1) 100,000 × 30% = 30,000
(*2) (100,000 - 97,814) × 30% = 656

[물음 5] 금융부채의 조건변경

1. 실질적 조건변경 여부 판단
   (1) 새로운 미래현금흐름의 현재가치(할인율: 12%)
       100,000 × 0.6355 + 100,000 × 5% × 3.0374 = 78,737
   (2) 최초 미래현금흐름의 현재가치의 10%: (*)95,195 × 10% = 9,520
       (*) 조건변경 전 사채 장부금액
   (3) 현재가치의 차이(변경효과): 95,195 - 78,737 = 16,458
   (4) 현재가치의 차이가 10% 이상이므로 실질적 조건변경에 해당한다.

2. 조건변경이익

조건변경 전 사채 장부금액		95,195
조건변경 후 사채 공정가치(13%)	100,000 × 0.6133 + 100,000 × 5% × 2.9745 =	(76,203)
조건변경이익		18,992

3. 20×2년 당기손익 효과

20×2.1.1 조건변경이익		18,992
20×2년 이자비용	76,203 × 13% =	(9,906)
20×2년 당기손익 효과		9,086 증가

4. 참고 회계처리

20×2.1.1	(차) 사채(구)	100,000	(대) 사채할인발행차금(구)	(*1)4,805
	사채할인발행차금(신)	(*2)23,797	사채(신)	100,000
			조건변경이익	18,992

(*1) 100,000 - 95,195 = 4,805
(*2) 100,000 - 76,203 = 23,797

| 20×2.12.31 | (차) 이자비용 | 9,906 | (대) 현금 | 5,000 |
| | | | 사채할인발행차금 | 4,906 |

03 (주)한국이 발행한 사채와 관련된 다음의 물음은 서로 독립적인 상황이다. 아래의 공통자료를 이용하여 물음에 답하시오.

(1) 기간별 현재가치(현가)계수는 다음과 같다.

〈단일금액 ₩1의 현가〉

기간	6%	7%	8%	9%	10%
1	0.9434	0.9346	0.9259	0.9174	0.9091
2	0.8900	0.8734	0.8573	0.8417	0.8264
3	0.8396	0.8163	0.7938	0.7722	0.7513
합계	2.6730	2.6243	2.5770	2.5313	2.4868

(2) 경과기간 혹은 잔여기간은 월 단위로 계산한다.

(3) 계산금액은 특별한 언급이 없는 한, 소수점 첫째 자리에서 반올림한다.

[물음 1] (주)한국은 20×1년 4월 1일 표시이자율이 연 6%인 액면금액 ₩500,000의 사채를 발행하였다. 권면상 사채발행일이 20×1년 1월 1일로 기록된 동 사채의 실제 발행일은 20×1년 4월 1일이다. 20×1년 1월 1일 사채에 적용되는 시장이자율은 연 8%이며, 20×1년 4월 1일 사채에 적용되는 시장이자율은 연 7%이다. 사채는 상각후원가로 측정되며, 만기일은 20×3년 12월 31일이다(만기 3년). 이자지급일은 매년 말 12월 31일이며, 사채발행비는 발생하지 않았다. 물음에 답하시오.

[물음 1-1] (주)한국이 발행한 사채와 관련하여 실제 발행일의 사채발행금액을 계산하시오.

[물음 1-2] (주)한국이 발행한 사채와 관련하여 20×1년도에 인식할 이자비용을 계산하시오.

[물음 1-3] (주)한국이 사채의 실제 발행일로부터 잔여 상환기간에 걸쳐 인식할 총이자비용을 계산하시오.

[물음 2] (주)한국은 권면상 발행일인 20×1년 1월 1일에 사채를 실제로 발행하였으며, 사채발행비 ₩6,870이 발생하였다. 실제 발행일인 20×1년 1월 1일 사채에 적용되는 시장이자율은 연 8% 이다. 사채의 액면금액은 ₩500,000이고, 표시이자율은 연 6%이며, 이자지급일은 매년 말 12월 31일이다. 사채는 상각후원가로 측정되며, 만기일은 20×3년 12월 31일이다(만기 3년). 사채발행차금의 상각은 유효이자율법을 사용하며, 이자율 계산 시 소수점 셋째 자리에서 반올림한다(예 4.226% ⇨ 4.23%). 물음에 답하시오.

[물음 2-1] 20×1년 12월 31일 사채의 장부금액이 ₩477,340인 경우, 사채발행일에 적용된 유효이자율을 계산하시오.

[물음 2-2] 20×2년 4월 1일에 동 사채가 ₩485,500에 상환된 경우, 사채상환손익을 계산하시오. 단, 상환일에 발생한 거래원가는 없다고 가정한다.

[물음 3] (주)한국은 다음과 같은 조건의 사채를 발행하였다. 사채의 액면금액은 ₩300,000이고, 매년 12월 31일에 3회에 걸쳐 액면금액을 균등하게 분할하여 연속상환한다. 사채의 권면상 발행일은 20×1년 1월 1일이며, 표시이자율은 연 5%이다. 사채의 실제 발행일은 20×1년 4월 1일이며, 사채발행비는 발생하지 않았다. 20×1년 1월 1일 사채에 적용되는 시장이자율은 연 10%이며, 20×1년 4월 1일 사채에 적용되는 시장이자율은 연 9%이다. 사채는 상각후원가로 측정되며, 이자지급일은 매년 12월 31일이다. (주)한국이 동 사채와 관련하여 인식해야 하는 20×1년 12월 31일 사채의 장부금액을 계산하시오.

해답 **[물음 1] 이자지급일 사이의 사채발행**

[물음 1-1] 실제 발행일의 사채발행금액

1. 실제 발행일의 사채발행금액

20×1.1.1 현재가치(7%)	500,000 × 0.8163 + 30,000 × 2.6243 =	486,879
20×1.1.1 ~ 4.1 유효이자	486,879 × 7% × 3/12 =	8,520
20×1.1.1 ~ 4.1 표시이자	30,000 × 3/12 =	(7,500) (경과이자)
20×1.4.1 사채발행금액		487,899

2. 참고 발행일 회계처리

20×1.4.1	(차) 현금	(*1)495,399	(대) 사채	500,000
	사채할인발행차금	(*2)12,101	미지급이자	7,500

(*1) 487,899 + 7,500(경과이자) = 495,399
(*2) 500,000 - 487,899 = 12,101

[물음 1-2] 20×1년 이자비용

1. 20×1년 이자비용

486,879 (20×1.1.1 현재가치) × 7% × 9/12 = 25,561

2. 참고 20×1년 말 회계처리

20×1.12.31	(차) 미지급이자	7,500	(대) 현금	30,000
	이자비용	25,561	사채할인발행차금	(*)3,061

(*) 대차차액

[물음 1-3] 총이자비용

표시이자의 합계액	30,000 × (2 + 9/12) =	82,500
사채 할인발행액	500,000 - 487,899 =	12,101
총이자비용		94,601

별해 총현금유출액 - 총현금유입액 = 590,000 - 495,399(= 487,899 + 7,500) = 94,601

[물음 2] 유효이자율 추정과 조기상환손익 계산
[물음 2-1] 유효이자율 추정

1. 사채발행금액

20×1.1.1 현재가치(8%)	500,000 × 0.7938 + 30,000 × 2.5770 =	474,210
사채발행비		(6,870)
사채발행금액		467,340

2. 유효이자율 추정

유효이자율을 a라고 하면, 467,340 × (1 + a%) - 30,000 = 477,340 ⇨ a = 8.56%

[물음 2-2] 사채상환손익 계산

1. 상환일 현재 사채 장부금액

20×2.1.1 장부금액		477,340
20×2.1.1 ~ 4.1 유효이자	477,340 × 8.56% × 3/12 =	10,215
20×2.1.1 ~ 4.1 표시이자	30,000 × 3/12 =	(7,500) (경과이자)
20×2.4.1 사채 장부금액		480,055

2. 사채상환손익

사채의 장부금액		480,055
사채의 상환금액	485,500 − 30,000 × 3/12 =	(478,000)
사채상환이익(손실)		2,055

[별해] 상환이익(손실): (직전 이자지급일 장부금액 + 유효이자) − 총상환금액
= (477,340 + 477,340 × 8.56% × 3/12) − 485,500 = 2,055

3. [참고] 조기상환일 회계처리

20×2.4.1	(차) 이자비용	10,215	(대) 미지급이자	7,500
			사채할인발행차금	2,715
	(차) 미지급이자	7,500	(대) 사채할인발행차금	(*)19,945
	사채	500,000	현금	485,500
			사채상환이익	2,055

(*) 500,000 − 480,055 = 19,945

[물음 3] 연속상환사채

1. 20×1년 말 장부금액

20×1.1.1 현재가치(9%)	115,000 × 0.9174 + 110,000 × 0.8417 + 105,000 × 0.7722 =	279,169
20×1년 상각액	279,169 × 9% − 15,000 =	10,125
20×1년 말 원금상환액		(100,000)
20×1년 말 장부금액		189,294

[별해] 사채의 상각후원가는 잔여 미래현금흐름을 실제 발행일의 유효이자율로 할인할 현재가치와 일치한다.
110,000 × 0.9174 + 105,000 × 0.8417 = 189,293

2. [참고] 20×1년 회계처리

(1) 20×1.4.1 사채 발행금액

20×1.1.1 현재가치(9%)		279,169
20×1.1.1 ~ 4.1 유효이자	279,169 × 9% × 3/12 =	6,281
20×1.1.1 ~ 4.1 표시이자	15,000 × 3/12 =	(3,750) (경과이자)
20×1.4.1 사채 발행금액		281,700

(2) 20×1년 회계처리

20×1.4.1	(차) 현금	(*1)285,450	(대) 사채	300,000
	사채할인발행차금	(*2)18,300	미지급이자	3,750

(*1) 281,700 + 3,750(경과이자) = 285,450
(*2) 300,000 − 281,700 = 18,300

20×1.12.31	(차) 미지급이자	3,750	(대) 미지급이자	15,000
	이자비용	(*)18,844	사채할인발행차금	7,594

(*) 279,169 × 9% × 9/12 = 18,844

	(차) 사채	100,000	(대) 현금	100,000

04 (주)한국은 20×1년 4월 1일에 액면금액 ₩1,000,000의 사채를 발행하였다. 사채의 발행조건은 다음과 같으며, 이자는 월할계산한다.

(1) 사채의 표시이자율은 연 10%이며, 이자지급방법은 연 2회로 매년 9월 30일과 3월 31일에 현금으로 지급한다. 사채의 만기일은 20×4년 3월 31일이며, 만기에 일시 상환한다. 사채 발행일 현재 (주)한국에서 발행하는 사채와 유사한 위험의 사채에 대한 시장이자율은 연 12%이다.

(2) 현가계수는 아래 표를 이용한다.

기간	6%		10%		12%	
	현가계수	연금현가계수	현가계수	연금현가계수	현가계수	연금현가계수
3	0.83962	2.67302	0.75131	2.48685	0.71178	2.40183
6	0.70496	4.91732	0.56447	4.35525	0.50663	4.11141

[물음 1] 사채의 발행금액을 계산하고 발행일의 회계처리를 제시하시오.

[물음 2] 위 사채와 관련하여 (주)한국이 20×1년과 20×2년에 인식할 이자비용과 20×1년 말과 20×2년 말 재무상태표에 보고할 사채의 장부금액을 각각 계산하시오.

[물음 3] 위 사채와 관련하여 (주)한국이 ① 20×1년 9월 30일, ② 20×1년 12월 31일 그리고 ③ 20×2년 3월 31일에 수행할 회계처리를 각각 제시하시오.

해답　**[물음 1]**

1. 사채발행금액(표시이자율 5%, 시장이자율 6%, 6기간)

　　액면금액의 현재가치　　1,000,000 × 0.70496 = 　704,960

　　표시이자의 현재가치　　50,000 × 4.91732 = 　245,866

　　사채발행금액　　　　　　　　　　　　　　　　950,826

2. 발행일 회계처리

　20×1.4.1　　(차) 현금　　　　　　　950,826　(대) 사채　　　　　　　1,000,000

　　　　　　　　　사채할인발행차금　(*)49,174

　　　　　　(*) 1,000,000 - 950,826 = 49,174

[물음 2]

1. 사채발행차금 상각표

일자	유효이자(6%)	표시이자(5%)	상각액	장부금액
20×1.4.1				950,826
20×1.9.30	57,050	50,000	7,050	957,876
20×2.3.31	57,473	50,000	7,473	965,349
20×2.9.30	57,921	50,000	7,921	973,270
20×3.3.31	58,396	50,000	8,396	981,666

2. 20×1년과 20×2년 이자비용

　(1) 20×1년: 57,050 + (57,473 × 3/6) = 85,787

　(2) 20×2년: (57,473 × 3/6) + 57,921 + (58,396 × 3/6) = 115,856

3. 20×1년과 20×2년 말 장부금액(상각후원가)

　(1) 20×1년 말: 957,876 + (7,473 × 3/6) = 961,613

　(2) 20×2년 말: 973,270 + (8,396 × 3/6) = 977,468

[물음 3]

20×1.9.30　(차) 이자비용　　　　　　57,050　(대) 현금　　　　　　　　50,000

　　　　　　　　　　　　　　　　　　　　　　　사채할인발행차금　　　7,050　⇨　957,876

20×1.12.31　(차) 이자비용　　　　(*1)28,737　(대) 미지급이자　　　(*2)25,000

　　　　　　　　　　　　　　　　　　　　　　　사채할인발행차금　　　3,737　⇨　961,613

　　　　　　(*1) 57,473 × 3/6 = 28,737

　　　　　　(*2) 50,000 × 3/6 = 25,000

20×2.3.31　(차) 미지급이자　　　　　25,000　(대) 현금　　　　　　　　50,000

　　　　　　　　이자비용　　　　　(*)28,736　　　사채할인발행차금　　　3,736　⇨　965,349

　　　　　　(*) 57,473 × 3/6 = 28,736

05

(주)세무는 액면금액이 ₩1,000,000인 사채(표시이자율 연 6%, 만기일 20×2년 12월 31일, 매년 말 이자지급)를 발행하고 상각후원가로 측정하는 금융부채로 분류하였다. 사채발행시점의 유효이자율은 연 8%이었으며, 20×0년 12월 31일 현재 동 사채의 장부금액은 ₩964,298이다. 20×1년 1월 1일 (주)세무는 사채의 만기를 20×4년 12월 31일로 연장하고, 표시이자율을 연 6%에서 연 3%로 낮추기로 채권자와 합의하였으며, 이 과정에서 채무조정수수료 ₩15,000을 지급하였다. 사채 계약조건변경일(20×1년 1월 1일) 현재 (주)세무의 신용위험을 고려한 현행시장이자율은 연 10%이다. 현재가치 계산이 필요할 경우 다음의 현가계수를 이용하고 금액은 소수점 첫째 자리에서 반올림하여 계산한다. (예 ₩555.555 ⇨ ₩556)

기간	단일금액 ₩1의 현가계수		정상연금 ₩1의 현가계수	
	8%	10%	8%	10%
1	0.9259	0.9091	0.9259	0.9091
2	0.8573	0.8264	1.7833	1.7355
3	0.7938	0.7513	2.5771	2.4868
4	0.7350	0.6830	3.3121	3.1699

다음 물음에 답하시오.

[물음 1] 20×1년 1월 1일 위 사채의 계약조건변경이 실질적인 변경인지의 여부와 그에 대한 판단 근거를 기술하고, 20×1년 1월 1일 (주)세무가 수행할 회계처리를 제시하시오.

[물음 2] 조건변경 후 (주)세무가 위 사채와 관련하여 인식해야 하는 20x1년 이자비용과 20x1년 말 현재 동 사채의 장부금액을 각각 계산하시오.

[물음 3] 만약 위의 계약조건변경 시 만기연장은 동일하나, 표시이자율을 연 3%가 아니라 연 5%로 낮추기로 합의하였다고 가정할 때, 해당 계약조건변경이 실질적인 변경인지의 여부와 그에 대한 판단 근거를 기술하고, 20×1년 1월 1일 (주)세무가 수행할 회계처리를 제시하시오.

해답 **[물음 1]** 실질적인 변경인지 여부 판단과 조건변경일 회계처리

1. 실질적 조건변경 여부 판단
    (1) 새로운 미래현금흐름의 현재가치(할인율: 8%)

    $1,000,000 \times 0.7350 + 1,000,000 \times 3\% \times 3.3121 = 834,363$

    (2) 새로운 미래현금흐름의 현재가치(수수료 포함): $834,363 + 15,000 = 849,363$
    (3) 최초 미래현금흐름의 현재가치의 10%: $^{(*)}964,298 \times 10\% = 96,430$
        $^{(*)}$ 조건변경 전 사채 장부금액
    (4) 현재가치의 차이(조건변경효과): $964,298 - 849,363 = 114,935$
    (5) 현재가치의 차이가 10% 이상이므로 실질적 조건변경에 해당한다.

2. 20×1.1.1 회계처리
    (1) 조건변경 후 사채 공정가치(할인율: 10%)

    $1,000,000 \times 0.6830 + 1,000,000 \times 3\% \times 3.1699 = 778,097$

    (2) 20×1.1.1 회계처리

(차) 사채(구)	1,000,000	(대) 사채할인발행차금(구)	$^{(*1)}$35,702
사채할인발행차금(신)	$^{(*2)}$221,903	사채(신)	1,000,000
		조건변경이익	186,201

$^{(*1)}$ $1,000,000 - 964,298 = 35,702$
$^{(*2)}$ $1,000,000 - 778,097 = 221,903$

(차) 조건변경이익	15,000	(대) 현금	15,000

[물음 2] 20×1년 이자비용과 20×1년 말 사채 장부금액

1. 20×1년 이자비용: $778,097 \times 10\% = 77,810$

2. 20×1년 말 사채 장부금액: $778,097 \times 1.1 - 30,000 = 825,907$

[물음 3] 표시이자율을 5%로 낮추는 경우

1. 실질적 조건변경 여부 판단
    (1) 새로운 미래현금흐름의 현재가치(할인율: 8%)

    $1,000,000 \times 0.7350 + 1,000,000 \times 5\% \times 3.3121 = 900,605$

    (2) 새로운 미래현금흐름의 현재가치(수수료 포함): $900,605 + 15,000 = 915,605$
    (3) 최초 미래현금흐름의 현재가치의 10%: $^{(*)}964,298 \times 10\% = 96,430$
        $^{(*)}$ 조건변경 전 사채 장부금액
    (4) 현재가치의 차이(변경효과): $964,298 - 915,605 = 48,693$
    (5) 현재가치의 차이가 10% 미만이므로 실질적 조건변경에 해당하지 않는다.

2. 20×1.1.1 회계처리
    (1) 실질적 조건변경에 해당하지 않는 경우에는 기존의 금융부채를 제거하지 않고 조건변경효과(수수료 제외)만큼 장부금액을 조정한다. 이러한 조정금액은 당기손익으로 인식한다. 그리고 조건변경 시 발생한 수수료는 기존 금융부채의 장부금액에서 차감한다.
    (2) 20×1.1.1 회계처리

(차) 사채할인발행차금(구)	$^{(*)}$63,693	(대) 조건변경이익	63,693

$^{(*)}$ $964,298 - 900,605 = 63,693$

(차) 사채할인발행차금(구)	15,000	(대) 현금	15,000

cpa.Hackers.com

해커스 IFRS 김승철 중급회계 상

제10장

충당부채와 보고기간후사건

제1절 | 충당부채와 우발부채 및 우발자산의 기초

01 의의

[그림 10-1] 충당부채와 우발부채

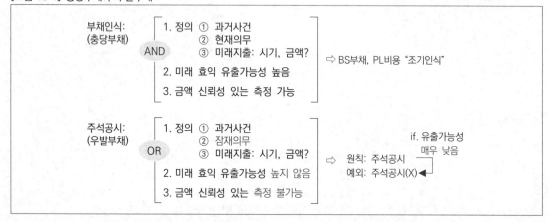

① 부채는 관련 계약이나 법률에 따라 지출의 시기 또는 금액이 확정된 확정부채와 지출시기 또는 금액이 불확실한 충당부채로 구분된다. 즉, 충당부채는 지출의 시기 또는 금액이 불확실하지만 부채의 인식요건을 충족하여 재무상태표에 인식하는 부채이다. 예를 들어, 매입채무, 미지급금, 차입금이나 사채는 지출의 시기나 금액이 확정되어 있으므로 확정부채이며, 제품보증충당부채, 손실부담계약충당부채, 구조조정충당부채, 복구충당부채, 손해배상충당부채 등은 지출의 시기와 금액이 불확실하기 때문에 충당부채에 해당된다.

② 이러한 충당부채는 다음의 요건(부채의 인식요건)을 모두 충족하는 경우에 인식한다.

> ㉠ 과거사건의 결과로 현재의무가 존재한다.
> ㉡ 해당 의무를 이행하기 위하여 경제적효익이 있는 자원을 유출할 가능성이 높다.
> ㉢ 해당 의무를 이행하기 위하여 필요한 금액을 신뢰성 있게 추정할 수 있다.

승철쌤's comment   충당부채의 인식

> 과거사건의 결과로 미래에 손실이 예상되더라도 부채의 인식요건을 모두 충족해야 재무상태표에 관련된 부채(충당부채)를 인식할 수 있다.

③ 반면에 우발부채는 충당부채와 마찬가지로 지출의 시기와 금액이 불확실하지만, 충당부채보다 불확실성의 정도가 높기 때문에 부채의 인식요건을 충족하지 못하여 재무상태표에 부채로 인식할 수 없는 의무를 말한다.

⊘ 참고 **충당부채와 매입채무, 미지급비용의 차이**

① **매입채무**: 매입채무는 매입송장 또는 약정에 따라 제공받은 재화나 용역에 대한 대가로 지급하여야 할 확정부채이다. 따라서 매입채무는 의무 이행에 필요한 금액이 확정되어 있고 그 지급시기도 약정에 의하여 확정되어 있거나 일반적인 상거래의 유형과 관습에 따라 정해진다.
② **미지급비용**: 미지급급여 등의 미지급비용은 재화나 용역제공이 완료되지 않았지만, 제공받은 부분에 대하여는 그 대가를 지급하지 않고 있으나 미래에 지급이 예상되는 부채이다. 미지급비용도 지급시기 또는 금액을 추정할 필요가 있는 경우가 있지만 일반적으로 충당부채보다는 불확실성이 훨씬 작다.

필수암기! **불확실한 상황의 공시: 예상손실과 예상이익**

구분	예상되는 시점	확정되는 시점
예상손실	관련 비용과 부채(자산의 경우 자산차감)를 미리 인식하는 것이 원칙	① 원칙: 비용을 인식하지 않음 ② 예외: 예상치 못한 손실(이익) 인식
예상이익	이익이 예상되는 시점에는 관련 자산과 이익을 인식하지 않음	이익이 거의 확정되면 관련 자산과 이익을 인식함

02 우발부채

(1) 개념

우발부채는 부채의 인식요건을 충족하지 못하여 재무상태표에 부채로 인식할 수 없는 의무로서, 구체적으로 다음 중 하나에 해당하는 의무를 말한다.

> ① 과거사건에 의하여 발생하였으나, 기업이 전적으로 통제할 수는 없는 하나 이상의 불확실한 미래사건의 발생 여부에 의하여서만 그 존재가 확인되는 잠재적 의무
> ② 과거사건에 의하여 발생하였으나, 당해 의무를 이행하기 위하여 경제적효익을 갖는 자원이 유출될 가능성이 높지 아니한 경우
> ③ 과거사건에 의하여 발생하였으나, 당해 의무를 이행하기 위하여 필요한 금액을 신뢰성 있게 측정할 수 없는 경우

승철쌤's comment 우발부채

우발부채에 해당하는 상황은 부채의 인식요건을 충족하지 못하는 경우라고 생각하면 된다.

(2) 회계처리

우발부채는 부채의 인식요건을 충족하지 못하기 때문에 재무상태표에 부채로 인식할 수 없으며, 우발부채의 유형별로 당해 성격과 (실무적으로 적용할 수 있는 경우) 다음의 내용을 주석으로 공시한다. 다만, 의무 이행을 위한 자원의 유출가능성이 아주 낮은 경우에는 주석공시도 필요하지 않다.

> ① 재무적 영향의 추정금액
> ② 자원의 유출 금액 및 시기와 관련된 불확실성 정도
> ③ 변제의 가능성

한편, 우발부채는 당초에 예상하지 못한 상황에 따라 변화할 수 있으므로, 경제적효익을 갖는 자원의 유출가능성이 높아졌는지 여부를 결정하기 위하여 지속적으로 검토한다. 따라서 과거에 우발부채로 처리하였더라도 이후에 충당부채의 인식요건을 충족하였다면 재무상태표에 충당부채를 인식한다.

⊘ 참고 연대보증의무

① 기업이 제3자와 연대하여 의무를 지는 경우에는 이행할 전체 의무 중 기업이 직접 이행해야 하는 부분은 충당부채로 인식하고, 제3자가 이행할 것으로 예상되는 부분은 우발부채로 처리한다. 왜냐하면 제3자가 이행할 것으로 예상되는 부분은 제3자가 이행하지 못할 경우에 회사가 이행할 것이므로 잠재적 의무에 해당되기 때문이다.

② 예를 들어, (주)대한이 (주)부실의 은행차입금 100억원에 대해 (주)민국과 함께 대출은행에 연대보증(보증비율 50 : 50)을 제공하였을 경우, 만일 (주)부실이 파산으로 채무불이행상태가 된다면 (주)대한은 자신이 직접 부담할 50억원은 충당부채로 인식하고, 함께 연대보증을 제공한 (주)민국이 부담할 50억원은 우발부채로 공시한다. 그러나 만일 (주)민국도 채무불이행상태가 되는 경우에는 (주)대한은 (주)민국이 부담할 50억원을 포함하여 100억원 전체를 충당부채로 인식해야 한다.

03 우발자산

(1) 개념

① 우발자산은 과거사건으로 생겼으나, 기업이 전적으로 통제할 수는 없는 하나 이상의 불확실한 미래 사건의 발생 여부로만 그 존재 유무를 확인할 수 있는 잠재적 자산을 말한다.

② 일반적으로 우발자산은 사전에 계획하지 않았거나 다른 예상하지 못한 사건으로 생기며, 그 사건은 경제적효익의 유입가능성을 불러온다. 기업이 제기하였으나 아직 그 결과가 불확실한 소송을 예로 들 수 있다.

> **승철쌤's comment 우발자산: 예상이익**
>
> 우발자산이란 어떻게 될지 모르는 불확실한 이익, 즉, 예상이익을 말한다.

(2) 회계처리

① 우발자산은 미래에 전혀 실현되지 않을 수도 있는 수익을 인식하는 결과를 가져올 수 있기 때문에 우발자산은 재무제표에 인식하지 아니한다. 그러나 수익의 실현이 거의 확실하다면 관련 자산은 우발자산이 아니므로 해당 자산을 재무제표에 인식하는 것이 타당하다.

② 우발자산은 경제적효익의 유입가능성이 높은 경우에 공시한다. 관련 상황의 변화가 적절하게 재무제표에 반영될 수 있도록 우발자산을 지속적으로 평가한다. 상황 변화로 경제적효익의 유입이 거의 확실하게 되는 경우에는 그러한 상황변화가 일어난 기간의 재무제표에 그 자산과 관련 이익을 인식한다. 경제적효익의 유입가능성이 높아진 경우에는 우발자산을 공시한다.

[표 10-1] 우발자산의 공시

경제적효익의 유입가능성	내용
높지 않음	공시하지 않음
높지만 거의 확실하지는 않음	우발자산으로 주석에 공시
거의 확실함	재무상태표에 자산, 포괄손익계산서에 이익 인식

04 공시할 수 없는 경우

극히 드문 경우이지만 국제회계기준에서 요구하는 모든 사항이나 일부 사항을 공시하는 것이 해당 충당부채, 우발부채, 우발자산과 관련하여 진행 중인 상대방과의 분쟁에 현저하게 불리한 영향을 미칠 것으로 예상되는 경우에는 그에 관한 공시를 생략할 수 있다. 다만 해당 분쟁의 전반적인 특성과 공시를 생략한 사실 및 사유는 공시하여야 한다.

제2절 | 충당부채의 인식 및 측정

01 최초인식

1. 인식기준

충당부채는 다음의 요건을 모두 충족하는 경우에 인식한다.

> ① **부채의 정의**: 과거사건의 결과로 현재의무(법적의무 또는 의제의무)가 존재한다.
> ② **자원의 유출가능성**: 당해 의무를 이행하기 위하여 경제적효익이 내재된 자원이 유출될 가능성이 높다.
> ③ **신뢰성 있는 추정**: 당해 의무의 이행에 소요되는 금액을 신뢰성 있게 추정할 수 있다.

2. 현재의무의 존재

(1) 개념

현재의무는 의무발생사건에 의해 발생한 법적의무와 의제의무를 말한다. 의무발생사건이란 현재의무를 발생시키는 과거사건을 말하며, 당해 의무를 이행하는 것 외에는 현실적인 대안이 없어야 한다.

> ① **법적의무**: 명시적 또는 묵시적 조항에 따른 계약, 법률, 기타 법적 효력에 의하여 발생하는 의무로서, 의무의 이행을 법적으로 강제할 수 있는 의무이다.
> ② **의제의무**: 과거의 실무 관행, 발표된 경영방침 또는 구체적이고 유효한 약속 등을 통하여 기업이 특정 책임을 부담하겠다는 것을 상대방에게 표명하고, 그 결과 기업이 당해 책임을 이행할 것이라는 정당한 기대를 상대방이 가지게 되는 경우에 발생하는 의무이다.
> 예를 들어, 어떤 기업이 판매한 제품에 대해서 법적 반품기한이 경과되었더라도 소비자가 반품을 요구하면 이를 언제든지 수용해 왔으며, 이러한 사실을 대부분의 소비자들이 알고 있다면 기업은 반품에 대해 의제의무를 부담하는 것이다.

의무에는 언제나 해당 의무의 이행 대상이 되는 상대방이 존재한다. 그러나 상대방이 누구인지 반드시 알아야 하는 것은 아니며 경우에 따라서는 일반 대중일 수도 있다. 그리고 의무에는 반드시 상대방에 대한 확약이 포함되므로, 경영진이나 이사회의 결정이 보고기간 말이 되기 전에 충분히 구체적인 방법으로 전달되어 기업이 자신의 책임을 이행할 것이라는 정당한 기대를 상대방에게 갖도록 해야만 해당 결정이 의제의무를 생기게 하는 것으로 본다.

(2) 추후에 의무를 발생시키는 경우

① 어떤 사건은 발생 당시에는 현재의무를 생기게 하지 않지만 나중에 의무를 생기게 할 수 있다. 법률이 제정·개정되면서 의무가 생기거나 기업의 행위에 따라 나중에 의제의무가 생기는 경우가 있기 때문이다.

② 예를 들어, 일어난 환경오염에 대하여 지금 당장 정화해야 하는 의무가 없는 경우에도 나중에 새로운 법률에서 그러한 환경오염을 정화하도록 요구한다면, 그 환경오염을 일으킨 것은 해당 법률의 제정·개정 시점에 현재의무(오염시킨 환경의 정화의무)를 발생시키는 과거사건이 된다.

③ 그리고 입법 예고된 법률의 세부사항이 아직 확정되지 않은 경우에는 해당 법안대로 제정될 것이 거의 확실한 때에만 현재의무가 생긴 것으로 본다. 이러한 의무는 법적의무로 본다.

(3) 현재의무와 잠재의무

기업의 미래행위와 관계없이 존재하는 과거사건에서 생긴 의무만을 충당부채로 인식한다. 즉, 충당부채로 인식되기 위해서는 과거사건으로 인한 의무가 기업의 미래행위와 독립적이어야 한다. 이때 기업의 미래행위와 독립적이지 않은 의무를 잠재적 의무라고 한다.

사례

현재의무 vs 잠재의무

① **현재의무인 사례:** 불법적인 환경오염으로 인한 범칙금이나 환경정화비용(복구비용)의 경우에는 기업의 미래행위에 관계없이 당해의무의 이행에 경제적효익을 갖는 자원의 유출이 수반되므로 충당부채를 인식한다.

② **잠재의무인 사례:** 법에서 정하는 환경기준을 충족시키기 위해서 공장에 환경정화장치를 설치하기 위한 비용지출이 필요한 경우에는 공장운영방식을 바꾸는 등의 미래행위를 통하여 미래의 지출을 회피할 수 있으므로 당해 지출은 현재의무가 아니다. 따라서 환경정화장치 설치비용을 충당부채로 인식하지 아니한다.

▷ 한편, 환경정화장치 설치의무는 현재의무가 아니지만, 기업이 환경정화장치를 설치하지 않았을 때 벌과금을 납부해야 한다면, 해당 벌과금 납부의무는 기업이 미래 행위를 통해 회피할 수 없으므로 현재의무에 해당한다. 따라서 벌과금 납부의무가 성립한 시점에 납부 예상액을 충당부채로 인식하고, 추후 벌과금 납부금액과 시기가 확정(예) 납부고지서 발부)되면 미지급금으로 대체한다.

다음의 각 상황은 독립적이며, 회사의 보고기간 말은 12월 31일이다. 그리고 상황별로 예상되는 유출금액에 대해 신뢰성 있는 추정이 가능한 것으로 가정한다.

[요구사항]

(상황 1) (주)한국은 새로운 법률에 따라 20×1년 6월까지 매연 여과장치를 공장에 설치하여야 한다. (주)한국은 20×1년 말까지 매연 여과장치를 설치하지 않았다. (주)한국이 20×0년 말과 20×1년 말 현재 충당부채를 인식해야 하는지 여부를 설명하시오.

(상황 2) (주)한국은 기술적인 이유로 5년마다 대체할 필요가 있는 내벽을 갖춘 용광로가 있다. 보고기간 말에 이 내벽은 3년 동안 사용되었다. (주)한국이 내벽 교체원가를 충당부채로 인식해야 하는지 여부를 설명하시오.

(상황 3) (주)한국항공은 법률에 따라 항공기를 3년에 한 번씩 정밀하게 정비하여야 한다. (주)한국항공이 항공기 정비원가를 충당부채로 인식해야 하는지 설명하시오.

해답 (상황 1) 법 규정에 따른 매연 여과장치 설치
　　　 ① 20×0년 말: 법률에 따른 매연 여과장치의 설치원가나 벌금에 대한 의무발생사건이 없기 때문에 현재의무가 존재하지 않는다. 따라서 매연 여과장치의 설치원가에 대해 충당부채를 인식하지 않는다.
　　　 ② 20×1년 말: 매연 여과장치의 설치원가에 대하여는 의무발생사건(매연 여과장치 설치)이 일어나지 않았으므로 여전히 현재의무가 없다. 따라서 매연 여과장치의 설치원가에 대하여는 충당부채를 인식하지 않는다. 그러나 공장에서 법률을 위반하는 의무발생사건이 일어났기 때문에 법률에 따른 벌과금을 납부해야 하는 현재의무가 생길 수는 있다. 따라서 벌과금이 부과될 가능성이 그렇지 않을 가능성보다 높은 경우에는 벌과금의 최선의 추정치를 충당부채로 인식한다.

　　　 (상황 2) 수선원가: 법률적 요구가 없는 경우
　　　 ① 내벽 교체와 관련된 지출은 용광로를 그대로 계속 운영할지 아니면 내벽을 교체할지에 대한 기업의 의사결정에 달려 있다. 따라서 보고기간 말에는 내벽을 교체할 현재의무가 존재하지 않으므로 내벽의 교체원가를 충당부채로 인식하지 않는다.
　　　 ② 다만, 내벽 교체원가를 충당부채로 인식하지 않는 대신에 5년에 걸쳐 감가상각하는 것이 내벽의 사용을 반영해 준다. 즉, 내벽 교체원가가 발생하면 이를 자본화하고, 이후 5년에 걸쳐 감가상각하여 각각의 새로운 내벽의 사용을 보여준다.

　　　 (상황 3) 수선원가: 법률적 요구가 있는 경우
　　　 ① 항공기 정밀 정비원가를 충당부채로 인식하지 아니한다. 정밀 정비를 하도록 한 법률 규정이 있더라도 정밀 정비원가가 부채를 생기게 하지 않는다. 이는 기업의 미래행위와 상관없이 항공기의 정밀 정비 의무가 있는 것은 아니기 때문이다.
　　　 ② 예를 들면, 기업이 항공기를 팔아버리면 그러한 지출을 하지 않아도 될 것이다. 항공기의 미래 유지원가에 상당하는 금액은 충당부채로 인식하는 대신에 감가상각에 반영된다. 즉, 예상되는 유지원가와 동일한 금액을 3년에 걸쳐 감가상각한다.

3. 자원의 유출가능성

① 충당부채로 인식하기 위해서는 해당 의무를 이행하기 위하여 경제적효익이 있는 자원의 유출가능성이 높아야 한다. 여기서 '가능성이 높다'는 의미는 특정 사건이 일어날 가능성이 일어나지 않을 가능성보다 높다는 의미이며, 따라서 확률적으로는 발생 확률이 50%를 초과하는 경우로 해석한다.

② 제품보증이나 이와 비슷한 계약 등 비슷한 의무가 다수 있는 경우에 의무 이행에 필요한 자원의 유출가능성은 해당 의무 전체를 고려하여 판단한다. 비록 개별 항목에서 의무 이행에 필요한 자원의 유출가능성이 높지 않더라도 전체적인 의무 이행에 필요한 자원의 유출가능성이 높을 경우(그 밖의 인식기준이 충족된다면)에는 충당부채를 인식한다.

│사례│

자원의 유출가능성 판단

① 예를 들어, 판매 후 1년 동안 보증조건으로 제품을 1,000개를 판매하고, 사후적인 보증비용이 발생할 확률이 10%(제품 1개당 보증비용 ₩100)라고 가정한다.

② 이 경우, 개별 제품 입장에서는 보증비용이 발생할 가능성이 10%이므로 자원의 유출가능성이 높지 않다. 그러나 실제로 판매된 제품은 총 1,000개이며, 이 중에서 100개(= 1,000개 × 10%)에 대하여 보증비용이 발생할 가능성이 높다.

③ 즉, 판매제품 전체 관점에서는 자원의 유출가능성이 높으므로 예상되는 보증비용 ₩10,000(= 100개 × @100)을 충당부채로 인식한다.

---

4. 신뢰성 있는 추정

추정치의 사용은 재무제표 작성에 반드시 필요하며 재무제표의 신뢰성을 떨어뜨리지 않는다. 극히 드문 경우를 제외하고는 가능한 결과의 범위를 판단할 수 있으므로 충당부채를 인식할 때 충분히 신뢰성 있는 금액을 추정할 수 있다. 극히 드문 경우로 신뢰성 있는 금액의 추정을 할 수 없는 때에는 부채로 인식하지 않고 우발부채로 공시한다.

다음의 각 상황은 독립적이며, 회사의 보고기간 말은 12월 31일이다. 그리고 각 상황별로 예상되는 유출금액에 대해 신뢰성 있는 추정이 가능한 것으로 가정한다.

[요구사항]

(상황 1)   (주)한국은 제품을 판매하는 시점에 구매자에게 제품보증을 약속한다. 판매한 날부터 3년 이내에 제조상 결함이 명백한 경우에 (주)한국은 판매계약조건에 따라 수선이나 교체를 해준다. 과거 경험에 비추어 보면 제품보증에 따라 일부가 청구될 가능성이 청구되지 않을 가능성보다 높다. (주)한국이 보고기간 말에 제품보증에 대해 충당부채를 인식해야 하는지 여부를 설명하시오.

(상황 2)   석유산업에 속한 (주)한국은 오염을 일으키고 있지만, 사업을 운영하는 특정 국가의 법률에서 요구하는 경우에만 오염된 토지를 정화한다. 이러한 사업이 운영되는 어떤 국가에서도 오염된 토지를 정화하도록 요구하는 법률이 제정되지 않았고, (주)한국은 몇 년 동안 그 국가의 토지를 오염시켰다. 20×1년 12월 31일 현재 이미 오염된 토지를 정화하도록 요구하는 법률 초안이 연말 후에 곧 제정될 것이 거의 확실하다. (주)한국이 20×1년 말에 충당부채를 인식해야 하는지 여부를 설명하시오.

(상황 3)   (주)한국은 환경 관련 법률이 없는 국가에서 오염을 일으키는 석유사업을 운영하고 있다. 그러나 (주)한국은 사업을 운영하면서 유발한 모든 오염을 정화한다는 환경 방침을 널리 발표하였으며, 발표한 방침을 준수한 사실이 있다. (주)한국이 보고기간 말에 충당부채를 인식해야 하는지 여부를 설명하시오.

(상황 4)   (주)한국은 해저유전을 운영한다. 그 라이선싱 약정에 따르면 석유 생산 종료시점에는 유정 굴착장치를 제거하고 해저를 원상복구하여야 한다. 최종 원상복구원가의 90%는 유정 굴착장치 제거와 그 장치의 건설로 말미암은 해저 손상의 원상복구와 관련이 있다. 나머지 10%의 원상복구원가는 석유의 채굴로 생긴다. 보고기간 말에 굴착장치는 건설되었으나 석유는 채굴되지 않은 상태이다. (주)한국이 보고기간 말에 충당부채를 인식해야 하는지 여부를 설명하시오.

(상황 5)   (주)한국은 고객이 상품에 만족하지 못한 경우에는 법적의무가 없더라도 환불해 주는 방침을 갖고 있다. 이 환불방침은 널리 알려져 있다. (주)한국이 보고기간 말에 충당부채를 인식해야 하는지 여부를 설명하시오.

(상황 6)   정부는 법인세 제도를 많이 변경하였다. 이 변경으로 금융서비스업을 영위하는 (주)한국은 금융서비스 규정의 계속 준수를 확실히 하기 위해 다수의 관리직원과 판매직원을 재교육할 필요가 있을 것이다. 다만, 보고기간 말 현재 종업원에 대해 어떠한 재교육도 하지 않았다. (주)한국이 보고기간 말에 충당부채를 인식해야 하는지 여부를 설명하시오.

(상황 7)   20×1년 결혼식 후에 10명이 사망하였는데, (주)한국이 판매한 제품 때문에 식중독이 생겼을 가능성이 있다. (주)한국에 손해배상을 청구하는 법적 절차가 시작되었으나, (주)한국은 그 책임에 대해 이의를 제기하였다. 법률 전문가는 20×1년 12월 31일로 종료하는 연차 재무제표의 발행승인일까지는 (주)한국에 책임이 있는지 밝혀지지 않을 가능성이 높다고 조언하였다. 그러나 법률 전문가는 20×2년 12월 31일로 종료하는 연차 재무제표를 작성할 때에는 소송사건의 진전에 따라 (주)한국에 책임이 있다고 밝혀질 가능성이 높다고 조언하였다. (주)한국이 20×1년 말과 20×2년 말에 충당부채를 인식해야 하는지 여부를 설명하시오.

해답　(상황 1)　**제품보증**

의무발생사건은 제품보증을 포함한 제품의 판매이며, 이는 법적의무를 생기게 한다. 그리고 제품보증을 전체적으로 볼 때 자원의 유출가능성이 높다. 따라서 충당부채는 보고기간 말이 되기 전에 판매된 제품의 보증을 이행하는 원가의 최선의 추정치로 인식한다.

(상황 2)　**오염된 토지: 법률 제정이 거의 확실한 경우**

토지 정화를 요구하는 법률 제정이 거의 확실하므로 의무발생사건은 토지의 오염이다. 그리고 해당 의무 이행에 따른 경제적효익이 있는 자원의 유출가능성이 높다. 따라서 토지 정화원가의 최선의 추정치로 충당부채를 인식한다.

(상황 3)　**오염된 토지와 의제의무**

토지 오염은 의무발생사건이 되며, 이는 의제의무를 생기게 한다. 왜냐하면 기업의 행위가 오염의 영향을 받은 상대방에게 그 기업이 오염된 토지를 정화할 것이라는 정당한 기대를 갖도록 하기 때문이다. 그리고 해당 의무 이행에 따른 경제적효익이 있는 자원의 유출가능성이 높다. 따라서 토지 정화원가의 최선의 추정치로 충당부채를 인식한다.

(상황 4)　**해저유전**

유정 굴착장치의 건설은 굴착장치 제거와 해저 원상복구를 해야 하는 조건에 따라 법적의무를 생기게 하므로 의무발생사건이다. 그러나 보고기간 말에는 석유의 채굴로 생길 손상을 바로 잡을 의무는 없다. 그리고 해당 의무 이행에 따른 경제적효익이 있는 자원의 유출가능성이 높다. 따라서 유정 굴착장치 제거와 그 장치의 건설로 말미암은 손상의 원상복구에 관련된 원가(최종 원가의 90%)의 최선의 추정치로 충당부채를 인식한다. 이 원가는 유정 굴착장치의 원가의 일부가 된다. 석유 채굴로 생기는 나머지 10%의 원가는 석유를 채굴할 때 부채로 인식한다.

(상황 5)　**환불방침**

상품 판매는 의제의무를 생기게 하는 의무발생사건이다. 소매상의 행위로 소매상이 판매한 상품을 환불해 줄 것이라는 정당한 기대를 고객이 갖게 되기 때문이다. 그리고 일정 비율의 상품이 환불을 통해 반품되므로 해당 의무 이행에 따른 경제적효익이 있는 자원의 유출가능성이 높다. 따라서 환불원가의 최선의 추정치로 충당부채를 인식한다.

(상황 6)　**법인세 제도의 변경에 따른 종업원 재교육**

의무발생사건(재교육)이 일어나지 않았으므로 의무는 없다. 따라서 충당부채를 인식하지 아니한다.

(상황 7)　**소송사건**

① 20×1년 12월 31일: 재무제표가 승인되는 시점에 사용가능한 증거에 따르면 과거사건의 결과로 생기는 의무는 없다. 따라서 충당부채를 인식하지 아니한다. 다만, 유출될 가능성이 희박하지 않다면 그 사항을 우발부채로 공시한다.

② 20×2년 12월 31일: 사용가능한 증거에 따르면 현재의무가 존재하며, 해당 의무 이행에 따른 경제적효익이 있는 자원의 유출가능성도 높다. 따라서 의무를 이행하기 위한 금액의 최선의 추정치로 충당부채를 인식한다.

02 충당부채의 측정

(1) 최선의 추정치

① 충당부채로 인식하는 금액은 현재의무를 보고기간 말에 이행하기 위하여 필요한 지출에 대한 최선의 추정치이어야 한다. 현재의무를 이행하기 위하여 필요한 지출에 대한 최선의 추정치는 보고기간 말에 의무를 이행하거나 제3자에게 이전하는 경우에 합리적으로 지급하여야 하는 금액이다.

② 한편, 충당부채의 법인세효과와 그 변동은 기업회계기준서 제1012호 '법인세'에 따라 회계처리하므로 충당부채는 세전금액으로 측정한다.

> **승철쌤's comment   충당부채의 법인세효과**
>
> ① 충당부채의 법인세효과를 법인세 기준서에 따라 회계처리한다는 말은, 법인세 절감효과는 법인세 관련 계정과목 (예) 법인세자산과 부채, 법인세비용 등)에서만 반영하고 다른 계정과목에서는 반영하지 말라는 의미이다.
> ② 예를 들어, 기업이 거래처에 지급할 손해배상액이 ₩1,000(법인세법상 실제 지급 시 손금 인정 가정)으로 추정되고 법인세율이 20%라고 할 경우, 기업이 충당부채로 인식할 금액은 (손해배상액의 법인세 절감효과를 차감하지 않은) 손해배상 전체금액 ₩1,000이 된다. 그리고 손해배상액의 법인세 절감효과 ₩200(= 1,000 × 20%)은 별도의 법인세자산(이연법인세자산)으로 인식한다. 이에 대한 보다 구체적인 내용은 제21장 '법인세회계'를 참고하기 바란다.

(2) 위험과 불확실성

충당부채에 대한 최선의 추정치를 구할 때에는 관련된 여러 사건과 상황에 따르는 불가피한 위험과 불확실성을 고려한다. 위험은 결과의 변동성을 의미하며, 위험조정으로 부채의 측정금액이 증가할 수 있다. 그러나 불확실성을 이유로 충당부채를 과도하게 인식하거나 부채를 의도적으로 과대 표시하는 것은 정당화될 수 없다.

> ⊘ **참고   불확실성을 고려한 충당부채 측정**
>
> 충당부채로 인식하여야 하는 금액과 관련된 불확실성은 상황에 따라 판단한다.
> ① 다수의 항목과 관련되는 충당부채를 측정하는 경우에 해당 의무는 가능한 모든 결과에 관련된 확률을 가중평균하여 추정한다. 이러한 통계적 추정방법을 '기댓값'이라고 한다.
>
> | 기댓값(기대가치) = Σ(모든 가능한 결과 × 확률) |
>
> 예를 들어, 판매 후 1년 이내에 하자가 발생할 경우 무상수리를 해주는 조건으로 제품을 판매하였으며, 판매한 제품에서 하자가 발생하는 상황과 예상 수선비용 및 발생확률 자료가 다음과 같다고 가정한다.
>
> | 상황 | 예상 수선비용 | 발생확률 |
> |---|---|---|
> | 결함이 없는 경우 | ₩ - | 75% |
> | 사소한 결함이 확인될 경우 | ₩100,000 | 20% |
> | 중요한 결함이 확인될 경우 | ₩400,000 | 5% |
>
> ⇨ 수선비용의 기댓값: 0 × 0.75 + 100,000 × 0.2 + 400,000 × 0.05 = ₩40,000
> ② 가능한 결과가 연속적인 범위에 분포하고 각각의 발생 확률이 같을 경우에는 해당 범위의 중간값을 사용한다.
> ③ 하나의 의무를 측정하는 경우에는 발생가능성이 가장 높은(most likely) 단일의 결과가 해당 부채에 대한 최선의 추정치가 될 수 있다. 예를 들어, 판매한 제품에 결함이 발견될 경우 한 차례의 수선으로 ₩1,000의 수선비용이 발생하고 결함이 발생할 가능성이 70%라면, 수선비용에 대한 최선의 추정치는 ₩1,000이 된다.

(3) 현재가치

① 화폐의 시간가치로 인하여 보고기간 후에 즉시 지급하는 충당부채의 부담은 같은 금액을 더 늦게 지급하는 충당부채보다 더 클 것이다. 따라서 화폐의 시간가치 영향이 중요한 경우에 충당부채는 의무를 이행하기 위하여 예상되는 지출액의 현재가치로 평가한다.

② 이때 할인율은 부채의 특유한 위험과 화폐의 시간가치에 대한 현행 시장의 평가를 반영한 세전이 율이다. 이 할인율에는 미래현금흐름을 추정할 때 고려한 위험을 반영하지 않는다.

> **승철쌤's comment   현재가치 평가 시 위험의 반영**
>
> ① 충당부채를 현재가치로 평가할 경우 위험(불확실성)은 미래현금흐름에서 반영하거나 할인율에서 반영할 수 있다. 이때 유의할 점은 위험을 미래현금흐름이나 할인율 둘 중 하나에만 반영해야 하며, 이중으로 반영하면 안된다는 것이다.
> ② 따라서 할인율에는 미래현금흐름을 추정할 때 고려한 위험을 반영하지 않는다는 것은, 미래현금흐름을 추정할 때 이미 위험을 반영하였으면, 할인율에는 위험을 중복해서 반영하지 말라는 의미이다.

(4) 미래사건

① 현재의무를 이행하기 위하여 필요한 지출 금액에 영향을 미치는 미래사건이 일어날 것이라는 충분하고 객관적인 증거가 있는 경우에는 그러한 미래사건을 고려하여 충당부채 금액을 추정한다.

② 예를 들면, 내용연수 종료 후에 부담하여야 하는 오염 지역의 정화원가(복구원가)는 미래의 기술변화에 따라 감소할 수 있다. 이때 복구충당부채 인식금액은 정화시점에 이용할 수 있는 기술에 대하여 독립된 전문가의 합리적인 예측을 반영하여 추정한다.

(5) 관련된 자산의 예상처분이익

① 예상되는 자산 처분이 충당부채를 생기게 한 사건과 밀접하게 관련되었더라도 예상되는 자산 처분이 익은 충당부채를 측정하는 데 고려하지 아니한다. 즉, 관련된 자산의 예상처분이익(우발자산)은 충당부채에서 차감하지 않고 추후 이익의 실현가능성이 거의 확실하게 될 때 재무제표에 인식한다.

② 예를 들면, 내용연수 종료 후에 부담해야 하는 오염 지역의 복구비용이 ₩1,000(현재가치)이며, 오염 지역의 원상복구 시 수거한 폐기물의 처분으로 ₩200의 이익이 예상된다고 할 경우, 현재 복구충당부채로 인식할 금액은 (예상복구비용 ₩1,000에서 폐기물의 예상처분이익 ₩200을 차감한 ₩800이 아니라) 폐기물의 예상처분이익을 차감하지 않은 ₩1,000이 된다. 폐기물의 예상처분이익(우발자산)은 추후 이익의 실현가능성이 거의 확실하게 될 때 인식한다.

03 인식과 측정기준의 적용

1. 미래의 예상 영업손실

미래의 예상 영업손실은 부채의 정의에 부합하지 않을 뿐만 아니라 충당부채의 인식기준도 충족하지 못한다. 따라서 미래의 예상 영업손실은 충당부채로 인식하지 아니한다. 다만, 미래에 영업손실이 예상되는 경우에는 영업과 관련된 자산이 손상되었을 가능성(손상징후)이 있으므로 손상검사를 수행한다.

2. 손실부담계약

① 손실부담계약은 계약상 의무 이행에 필요한 회피불가능한 원가가 그 계약에서 받을 것으로 예상되는 경제적효익을 초과하는 계약을 말한다.

② 일상적인 구매주문과 같이 상대방에게 보상하지 않고도 해약할 수 있는 계약에는 현재의무가 없으므로 충당부채를 인식할 필요가 없다. 반면, 계약에는 당사자 사이에 권리와 의무를 생기게 하는 계약(예 확정계약, 해지불능계약 등)도 있으며, 그런 계약이 특정 사건 때문에 손실부담계약이 될 경우에는 현재의무가 존재하므로 관련된 현재의무를 충당부채로 인식하고 측정한다. 이 경우 충당부채로 인식할 금액은 계약을 해지하기 위한 최소 순원가로서, 다음 ㉠과 ㉡ 중 작은 금액을 말한다.

> ㉠ **계약 이행원가**: 계약을 이행하기 위하여 필요한 원가
> ㉡ **계약 불이행원가**: 계약을 이행하지 못하였을 때 지급하여야 할 보상금이나 위약금

승철쌤's comment 손실부담계약충당부채 인식금액

> ① 합리적인 기업이라면, 확정계약 이행 시 지출할 금액과 확정계약 불이행 시 배상할 금액 중 작은 금액을 지급할 것으로 의사결정할 것이다.
> ② 따라서 손실부담계약충당부채도 둘 중의 작은 금액으로 인식하는 것이다.

③ 한편, 손실부담계약에 대한 충당부채를 인식하기 전에 해당 손실부담계약을 이행하기 위하여 사용하는 자산에서 생긴 손상차손을 먼저 인식한다.

⊘참고 손실부담계약의 사례

> ① **확정매입계약**: 매입자산의 수량과 가격이 확정되어 있고 회피할 수 없는 계약을 체결하였으나, 관련 자산의 시가가 하락하여 매입계약가격이 해당 자산의 순실현가능가치를 초과하는 경우
> ② **확정판매계약**: 판매수량과 판매가격이 확정되어 있고 회피할 수 없는 계약을 체결하였으나, 관련 재고자산의 시가가 상승하여 재고자산의 매입가격이 판매계약가격을 초과하는 경우. 단, 보유재고수량이 있는 경우에는 판매계약수량이 보유재고수량을 초과하는 부분에 대하여만 손실부담계약으로 인한 충당부채를 인식한다.

(1) (주)한국은 상품을 수입하여 판매하고 있다. (주)한국은 주요 판매처 중 하나인 (주)부산과 20×1년 10월 중 상품 100개를 개당 ₩1,000에 판매하는 확정판매계약을 체결하였다.

(2) 20×1년 말까지 인도한 상품은 없으며 모두 20×2년 1월 중에 인도할 예정이다. 다만, 환율 및 상품가격의 상승으로 상품을 인도할 시점에는 상품의 개당 수입가격이 ₩1,100이 될 것으로 추정된다.

[요구사항]

1. (주)한국이 20×1년 말 현재 보유 중인 상품재고가 없는 경우, (주)한국이 20×1년 말에 충당부채로 보고할 금액을 계산하시오.

2. (주)한국은 20×1년 말 현재 상품을 60개 보유하고 있으며, 개당 취득원가는 ₩1,050이라고 가정한다. 이 경우 (주)한국이 20×1년 말 재무상태표에 보고할 상품과 관련 충당부채 금액을 각각 계산하시오.

3. [요구사항 2]와 관련하여 (주)한국이 20×1년 말에 수행할 회계처리를 제시하시오.

해답　1. **보유 중인 상품이 없는 경우**

(1) 거래의 분석

20×1년 말 보유 중인 상품이 없는 경우에는 확정판매계약(손실부담계약)으로 예상되는 손실 전액을 충당부채로 인식한다.

(2) 20×1년 말 충당부채: 100개 × @(1,100 - 1,000) = 10,000

2. **보유 중인 상품이 있는 경우**

(1) 거래의 분석

20×1년 말 현재 확정판매계약을 이행하기 위해 사용할 상품을 일부(60개) 보유하고 있다. 따라서 보유 중인 상품 60개에 대해 계약가격을 순실현가능가치로 하여 손상차손(평가손실)을 먼저 인식하고, 나머지 40개에 대하여만 손실부담계약에 따른 충당부채를 인식한다.

(2) 20×1년 말 상품

① 재고자산평가손실: 60개 × @(1,050 - (*)1,000) = 3,000

(*) 확정판매계약을 체결한 재고자산의 순실현가능가치는 계약가격을 기초로 산정함

② 20×1년 말 상품: 60개 × Min[1,050, 1,000] = 60,000(평가손실 인식 후)

(3) 20×1년 말 충당부채: (100개 - 60개) × @(1,100 - 1,000) = 4,000

3. **20×1년 말 회계처리**

(차) 재고자산평가손실	3,000	(대) 재고평가충당금	3,000
(차) 손실부담계약손실	4,000	(대) 손실부담계약충당부채	4,000

3. 구조조정충당부채

구조조정은 경영진의 계획과 통제에 따라 기업의 사업범위나 사업수행방식을 중요하게 바꾸는 일련의 절차를 말한다. 구조조정의 정의에 해당할 수 있는 사건의 예는 다음과 같다.

> ① 일부 사업의 매각이나 폐쇄
> ② 특정 국가 또는 지역에 소재하는 사업체를 폐쇄하거나 다른 국가 또는 지역으로 이전하는 경우
> ③ 경영구조의 변경(예 특정 경영진 계층을 조직에서 없앰)
> ④ 영업의 특성과 목적에 중대한 변화를 가져오는 근본적인 사업구조조정

(1) 인식기준(인식시점)

구조조정과 관련된 충당부채는 충당부채의 인식기준을 모두 충족하는 경우에만 인식한다. 이때 구조조정에 대한 의제의무는 다음의 요건을 모두 충족하는 경우에만 생긴다.

> ① 기업이 구조조정에 대한 구체적인 공식 계획을 가지고 있다. 이 계획에서는 적어도 아래에 열거하는 내용을 모두 확인할 수 있어야 한다.
>   ㉠ 구조조정 대상이 되는 사업이나 사업의 일부
>   ㉡ 구조조정의 영향을 받는 주사업장 소재지
>   ㉢ 해고에 대한 보상을 받는 종업원의 근무지, 역할, 대략적인 인원 수
>   ㉣ 구조조정에 필요한 지출
>   ㉤ 구조조정 계획의 실행 시기
> ② 기업이 구조조정 계획의 실행에 착수(예 공정 철거, 자산매각 등)하였거나 구조조정의 주요 내용을 공표함으로써 구조조정의 영향을 받을 당사자가 기업이 구조조정을 실행할 것이라는 정당한 기대를 갖게 한다.

(2) 금액 측정

① 구조조정충당부채로 인식할 수 있는 지출은 구조조정에서 생기는 직접비용만을 포함해야 하며, 다음의 요건을 모두 충족하여야 한다.

> ㉠ 구조조정 때문에 반드시 생기는 지출
> ㉡ 기업의 계속적인 활동과 관련 없는 지출

② 따라서 다음과 같은 지출은 미래의 영업활동과 관련된 것이므로 보고기간 말에 구조조정충당부채로 인식하지 아니한다. 이러한 지출은 구조조정과 관계없이 생긴 경우와 같은 방식으로 인식한다.

> ㉠ 계속 근무하는 종업원에 대한 교육훈련과 재배치
> ㉡ 마케팅
> ㉢ 새로운 제도와 물류체제의 구축에 대한 투자

③ 또한 구조조정을 완료하는 날까지 생길 것으로 예상되는 영업손실은 충당부채로 인식하지 아니한다. 다만, 손실부담계약과 관련된 예상 영업손실은 충당부채로 인식한다. 그리고 구조조정의 일환으로 자산의 매각을 계획하는 경우라도 구조조정과 관련하여 예상되는 자산 처분이익은 구조조정충당부채를 측정하는 데 고려하지 아니한다.

04 충당부채의 후속측정

(1) 충당부채의 변동

① 보고기간 말마다 충당부채의 잔액을 검토하고, 보고기간 말 현재 최선의 추정치를 반영하여 조정한다. 만일 의무를 이행하기 위하여 경제적효익이 있는 자원을 유출할 가능성이 높지 않게 된 경우에는 관련 충당부채를 환입한다.

② 충당부채를 현재가치로 평가하여 표시하는 경우에는 장부금액을 기간 경과에 따라 증액하고 해당 증가 금액은 차입원가(이자비용)로 인식한다. 그리고 할인율이 변동되는 경우에는 할인율의 변동분도 반영하여 충당부채 금액을 조정한다.

> **승철쌤's comment   할인율의 변동**
>
> ① 상각후원가로 측정하는 다른 장기성채권·채무는 할인율의 변동을 반영하지 않는다.
> ② 반면에 충당부채는 현재의무를 이행할 때 지급할 최선의 추정치로 측정하므로, 현재가치로 평가한 경우에는 할인율의 변동분도 반영하여 충당부채 금액을 재측정한다.

(2) 충당부채의 사용

충당부채는 최초인식과 관련 있는 지출에만 사용(상계)한다. 예를 들어, 손해배상충당부채는 손해배상비용 지출에만 사용하며, 복구충당부채는 복구비용 지출에만 사용해야 한다. 왜냐하면 당초에 다른 목적으로 인식된 충당부채를 그 목적이 아닌 다른 지출에 사용하면 서로 다른 두 사건의 영향이 적절하게 표시되지 않기 때문이다.

[손실 예상 시: 충당부채의 인식]

(차) 손해배상손실(자본 ↓: 비용)　　　　　×××　(대) 손해배상충당부채(부채 ↑)　　　　×××

[손실 확정 시: 충당부채의 사용(상계)]

(차) 손해배상충당부채(부채 ↓)　　　　　×××　(대) 현금(자산 ↓)　　　　×××
　　손해배상손실(자본 ↓: 비용)　　　(*)×××　　　　　　　　　　　　　×××
　　(*) 과거에 예상치 못한 손실: 손실이 확정된 시점에 당기손익 인식

---

(3) 충당부채의 변제(제3자의 대리변제)

① 기업이 의무를 이행하기 위하여 지급할 금액을 보험약정이나 보증계약 등에 따라 제3자가 대신 지급하여 주는 경우가 있다. 다만, 이 경우에도 기업은 전체 의무 금액에 대하여 책임이 있으므로, 제3자가 변제할 수 없게 되면 기업은 전체 의무 금액을 지급해야 할 책임을 진다.

② 따라서 충당부채를 결제하기 위하여 필요한 지출액의 일부나 전부를 제3자가 대신 변제할 것으로 예상되는 경우에는 다음과 같이 회계처리한다.

> ⊙ **재무상태표**: 기업이 부담하는 전체 의무 금액을 재무상태표에 충당부채로 인식한다. 그리고 제3자가 대신 변제할 것으로 예상되는 금액은 (충당부채와 상계하지 않고) 변제를 받을 것이 거의 확실하게 되는 때에만 별도의 자산(미수금)으로 인식한다. 다만, 자산으로 인식하는 금액은 관련 충당부채 금액을 초과할 수 없다.
> ⓛ **포괄손익계산서**: 충당부채와 관련하여 포괄손익계산서에 인식할 비용은 제3자의 대리변제와 관련하여 인식한 금액과 상계하여 표시할 수 있다.

│ 사례 │

충당부채의 대리변제

(주)한국이 판매한 제품에 제조상 결함이 발견되어 이에 대한 보증비용으로 ₩1,000이 예상되고 그 지출가능성이 높다. 다만, (주)한국은 보증수리비용과 관련하여 보험에 가입하고 있어 동 예상비용을 보험사에 청구하였으며, 80%만큼 변제받기로 하였다. 이 경우 관련 회계처리는 다음과 같다.

[충당부채 인식]			
(차) 제품보증비용	1,000	(대) 제품보증충당부채	1,000

[제3자(보험회사)의 대리변제]			
(차) 변제자산(미수금)	800	(대) 제품보증비용[*]	800

(*) 제품보증비용과 상계하지 않고 별도의 보증수익으로 인식할 수도 있다.

│ 필수암기! │ 충당부채 지출과 제3자의 대리변제

① **재무상태표**: 자산 · 부채 총액인식
② **손익계산서**: 상계표시 가능

제3절 | 충당부채의 종류

01 제품보증

(1) 개요

기업은 제품의 판매와 관련하여 계약, 법률, 기업의 사업 관행에 따라 보증을 제공하는 것이 일반적이다. 이러한 제품보증은 판매한 제품의 품질이나 성능에 결함이 있는 경우 일정기간 동안 수리 또는 교환해 주기로 하는 것을 말하며, 다음의 두 가지 형태로 구분될 수 있다.

구분	내용
확신유형의 보증	제품이 합의된 규격에 부합하므로 당사자들이 의도한 대로 작동할 것이라는 확신을 고객에게 제공하는 유형
용역유형의 보증	제품이 합의된 규격에 부합한다는 확신에 더하여 고객에게 용역을 제공하는 유형

다만, 상기 중 용역유형의 보증에 대한 회계처리는 제14장 '고객과의 계약에서 생기는 수익'에서 설명하기로 하고, 본 장에서는 확신유형의 보증과 관련된 회계처리를 위주로 설명한다.

(2) 확신유형의 보증

① 제품보증이 확신유형의 보증인 경우 보증의무는 판매한 제품의 결함을 보상해 주는 개념이다. 즉, 이 경우의 제품보증은 제품 판매에 부수적으로 제공되는 것이다.

② 따라서 제품 판매로 받은 대가(거래가격)는 모두 제품 판매 대가로 보아 제품 판매시점(수행의무 이행시점)에 수익을 인식한다. 그리고 제품보증과 관련하여 향후에 예상되는 보증비용은 충당부채로 인식한다.

```
[제품 판매 시]
(차) 현금(자산 ↑)              ×××    (대) 매출(자본 ↑: 수익)            ×××
(차) 매출원가(자본 ↓: 비용)    ×××    (대) 재고자산(자산 ↓)              ×××
(차) 제품보증비용(자본 ↓: 비용)  ×××    (대) 제품보증충당부채(부채 ↑)       ×××

[보증비용 발생 시]
(차) 제품보증충당부채(부채 ↓)  ×××    (대) 현금(자산 ↓)                 ×××
    제품보증비용(자본 ↓: 비용)  ×××
```

```
[확신유형의 보증인 경우]
① 제품보증비용(포괄손익계산서) = 보증비용 발생예상액(당기 매출액 × 보증비용 발생예상비율)
② 제품보증충당부채(재무상태표) = 보증비용 발생예상액 - 보증비용 실제발생액
```

한국은 20×1년에 노트북을 처음 판매하면서 판매일로부터 1년 이내에 하자가 발생하는 경우 무상수리를 해 주기로 하였다. 동종업종의 과거 경험에 따르면, 매출액의 3%가 보증비용으로 발생할 것으로 추정된다. 20×1년 및 20×2년의 노트북 매출액과 실제 발생한 보증수리비용은 다음과 같다.

연도	매출액	실제 발생한 제품보증수리비용	
		20×1년 판매분	20×2년 판매분
20×1년	₩2,000,000	₩15,000	–
20×2년	₩3,000,000	₩20,000	₩26,000

[요구사항]

1. (주)한국이 20×1년 말과 20×2년 말 재무상태표에 제품보증충당부채로 보고할 금액을 각각 계산하시오.

2. (주)한국이 20×1년과 20×2년에 수행할 회계처리를 제시하시오. 단, 매출원가 관련 회계처리는 생략한다.

3. 만일 제품보증기간이 2년이라고 가정할 경우, [요구사항 1]과 [요구사항 2]에 답하시오.

해답　1. 보증기간이 1년인 경우

　　　① 20×1년 말

보증비용 예상액(20×1년 판매분)	2,000,000 × 3% =	60,000
보증비용 발생액(20×1년 판매분)		(15,000)
		45,000

　　　② 20×2년 말

보증비용 예상액(20×2년 판매분)	3,000,000 × 3% =	90,000
보증비용 발생액(20×2년 판매분)		(26,000)
		64,000

　　　　※ 제품보증기간이 1년이므로 20×1년 판매분은 20×2년 말 제품보증충당부채에 포함하지 않는다.

　　2. 회계처리

　　　〈20×1년〉

① 제품 판매 시:	(차) 현금	2,000,000	(대) 매출액	2,000,000
② 보증비용 발생 시:	(차) 제품보증비	15,000	(대) 현금	15,000
③ 결산 시:	(차) 제품보증비	45,000	(대) 제품보증충당부채	(*)45,000

　　　　　　　　(*) 2,000,000 × 3% – 15,000 = 45,000

　　　〈20×2년〉

① 제품 판매 시:	(차) 현금	3,000,000	(대) 매출액	3,000,000
② 보증비용 발생 시:	(차) 제품보증충당부채	20,000	(대) 현금(20×1년 판매분)	20,000
	(차) 제품보증비	26,000	(대) 현금(20×2년 판매분)	26,000
③ 결산 시:	(차) 제품보증비	64,000	(대) 제품보증충당부채	(*)64,000

　　　　　　　　(*) 3,000,000 × 3% – 26,000 = 64,000(20×2년 판매분에 대한 제품보증충당부채 설정)

	(차) 제품보증충당부채	(*)25,000	(대) 제품보증비	25,000

　　　　　　　　(*) 45,000 – 20,000 = 25,000
　　　　　　　　(20×1년 판매분에 대한 제품보증충당부채 잔액은 보증기간(1년)이 경과되어 환입함)

3. 보증기간이 2년인 경우

(1) 20×1년 말과 20×2년 말 제품보증충당부채

① 20×1년 말

보증비용 예상액(20×1년 판매분)	2,000,000 × 3% =	60,000
보증비용 발생액(20×1년 판매분)		(15,000)
		45,000

② 20×2년 말

보증비용 예상액(누적)	(2,000,000 + 3,000,000) × 3% =	150,000
보증비용 발생액(누적)	15,000 + 20,000 + 26,000 =	(61,000)
		89,000

(2) 시점별 회계처리

〈20×1년〉

① 제품 판매 시:	(차) 현금	2,000,000	(대) 매출액		2,000,000
② 보증비용 발생 시:	(차) 제품보증비	15,000	(대) 현금		15,000
③ 결산 시:	(차) 제품보증비	45,000	(대) 제품보증충당부채	(*)	45,000

$^{(*)}$ 2,000,000 × 3% − 15,000 = 45,000

〈20×2년〉

① 제품 판매 시:	(차) 현금	3,000,000	(대) 매출액		3,000,000
② 보증비용 발생 시:	(차) 제품보증충당부채	20,000	(대) 현금(20×1년 판매분)		20,000
	(차) 제품보증비	26,000	(대) 현금(20×2년 판매분)		26,000
③ 결산 시:	(차) 제품보증비	64,000	(대) 제품보증충당부채	(*)	64,000

$^{(*)}$ 3,000,000 × 3% − 26,000 = 64,000

02 경품충당부채

기업은 판매촉진의 일환으로 제품을 판매할 때 고객에게 경품권을 제공하고, 추후 고객이 경품권을 제시하면 경품권과 교환하여 경품을 제공하기도 한다. 이에 따라 기업은 고객에게 경품권을 제공할 때 해당 경품권과 교환하여 경품을 제공해야 할 현재의무가 발생한다. 따라서 추후 제공할 경품금액을 추정하여 충당부채로 인식해야 한다.

① 경품비(포괄손익계산서) = 경품권과 교환하여 제공할 것으로 예상되는 경품금액(원가)

= 제공한 경품권 매수 × 회수예상비율 × 경품권 1매당 경품원가

경품권 회수예상 매수

② 경품충당부채(재무상태표) = 경품제공 예상액(원가) − 실제 경품제공액(원가)

경품충당부채는 추후 고객이 경품권을 제시할 때 제공하는 경품(원가)과 상계하고, 경품충당부채 잔액을 초과하여 제공하는 경품(원가)은 발생한 기간의 비용으로 인식한다. 만일 경품제공기한이 경과되는 경우에는 경품충당부채 잔액을 환입하여 당기이익으로 인식한다.

[경품권 제공 시]

(차) 경품비(자본 ↓: 비용) ××× (대) 경품충당부채(부채 ↑) ×××

[경품권 회수 시(경품 제공 시)]

(차) 경품충당부채(부채 ↓) ××× (대) 경품(자산 ↓) ×××

경품비(자본 ↓: 비용) ×××

[경품제공기한의 종료]

(차) 경품충당부채(부채 ↓) ××× (대) 경품충당부채환입(수익) ×××

(1) (주)한국은 20×1년 1월 1일에 신상품의 판촉캠페인을 시작하였다. 각 신상품의 상자 안에는 쿠폰 1매가 동봉되어 있으며, 쿠폰 4매를 가져오면 원가 ₩100인 경품을 제공한다.
(2) (주)한국은 발행된 쿠폰의 60%가 회수될 것으로 예상하고 있으며, 2001년 중의 판촉활동과 관련된 자료는 다음과 같다.

구분	수량
판매된 신상품의 상자 수	600개
교환 청구된 쿠폰 수	240매

[요구사항]

1. (주)한국이 20×1년과 20×2년의 재무제표에 보고할 다음의 금액을 각각 계산하시오.
   (1) 20×1년 포괄손익계산서에 보고할 경품비
   (2) 20×1년 말 재무상태표에 보고할 경품충당부채
2. (주)한국이 20×1년에 수행할 회계처리를 제시하시오.

해답   1. **경품비와 경품충당부채**
   (1) 20×1년 경품비
      ① 경품권 회수예상 매수: 600개 × 1매 × 60% = 360매
      ② 경품권 1매당 경품원가: 100 ÷ 4매 = 25/매
      ③ 경품비(제공할 것으로 예상되는 경품원가): 360매 × @25/매 = 9,000
   (2) 20×1년 말 경품충당부채

경품제공 예상액(원가)	9,000
20×1년 중 경품제공액(원가) 240매 × @25/매 =	(6,000)
20×1년 말 경품충당부채	3,000

   2. **20×1년 회계처리**

① 경품 제공 시:	(차) 경품비	6,000	(대) 경품(재고자산)	6,000
② 결산 시:	(차) 경품비	3,000	(대) 경품충당부채	(*)3,000

   (*) 9,000 – 6,000 = 3,000

제4절 | 보고기간후사건

01 의의

[그림 10-2] 보고기간 후 사건

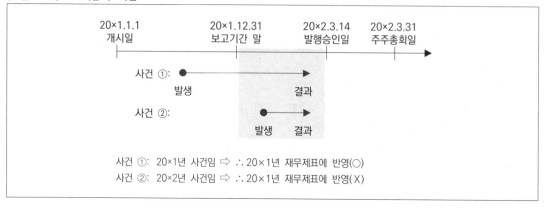

사건 ①: 20×1년 사건임 ⇨ ∴ 20×1년 재무제표에 반영(○)
사건 ②: 20×2년 사건임 ⇨ ∴ 20×1년 재무제표에 반영(X)

보고기간후사건(후속사건)이란 보고기간 말과 재무제표 발행승인일 사이에 발생한 유리하거나 불리한 사건을 말하며, 다음과 같이 두 가지 유형으로 구분한다.

> ① **수정을 요하는 보고기간후사건**: 보고기간 말에 존재하였던 상황에 대해 증거를 제공하는 사건
> ② **수정을 요하지 않는 보고기간후사건**: 보고기간 후에 발생한 상황을 나타내는 사건

재무제표를 발행하기 위한 승인과정은 기업의 경영조직, 법적 요구사항 등 여러 가지 요건에 따라 다르다. 따라서 재무제표 발행승인일은 다음의 날을 말한다.

> ① 재무제표를 발행한 이후에 주주에게 승인을 받기 위하여 재무제표를 제출하는 경우가 있다. 이 경우 재무제표 발행승인일은 (주주가 재무제표를 승인한 날이 아니라) 재무제표를 발행한 날이다.
> ② 경영진은 별도의 감독이사회(비집행이사로만 구성)의 승인을 얻기 위하여 재무제표를 발행하는 경우가 있다. 이 경우 재무제표 발행승인일은 경영진이 감독이사회에 재무제표를 제출하기 위하여 승인한 날이다.

사례

재무제표 발행승인일

경영진은 20×2년 2월 28일에 20×1년 12월 31일로 종료되는 회계연도의 재무제표 초안을 완성하였다. 이사회는 20×2년 3월 18일에 동 재무제표를 검토하고 발행하도록 승인하였다. 20×2년 3월 19일에 기업의 이익과 선별된 다른 재무정보를 발표하였다. 주주와 그 밖의 이용자는 20×2년 4월 1일부터 재무제표를 이용할 수 있게 되었다. 20×2년 5월 15일에 정기주주총회에서 해당 재무제표를 승인하였고 20×2년 5월 17일에 감독기관에 제출하였다.

➡ 재무제표 발행승인일은 20×2년 3월 18일(이사회가 발행승인한 날)이다.

---

02 수정을 요하는 보고기간후사건

수정을 요하는 보고기간후사건을 반영하기 위하여 재무제표에 인식된 금액을 수정한다. 즉, 이러한 사건의 영향으로 재무제표에 이미 인식한 금액은 수정하고, 재무제표에 인식하지 아니한 항목은 새로 인식하여야 한다. 수정을 요하는 보고기간후사건의 예는 다음과 같다.

> ① 보고기간 말에 존재하였던 현재의무가 보고기간 후에 소송사건의 확정에 의해 확인되는 경우 이전에 인식하였던 충당부채 장부금액을 수정하거나 새로운 충당부채를 인식한다.
> ② 보고기간 말에 이미 자산손상이 발생되었음을 나타내는 정보를 보고기간 후에 입수하는 경우나 이미 손상차손을 인식한 자산에 대하여 손상차손금액의 수정이 필요한 정보를 보고기간 후에 입수하는 경우. 다음과 같은 예를 들 수 있다.
>   ⑦ **매출채권의 대손**: 보고기간 후의 매출처 파산은 일반적으로 보고기간 말에 고객의 신용이 손상되었음을 확인해 주는 추가적인 정보이므로 보고기간 말의 매출채권 장부금액을 수정할 필요가 있다.
>   ⓒ **재고자산평가손실**: 보고기간 후의 재고자산 판매는 보고기간 말의 순실현가능가치에 대한 증거를 제공할 수 있다.
> ③ 보고기간 말 이전에 구입한 자산의 취득원가나 매각한 자산의 대가를 보고기간 후에 결정하는 경우
> ④ 보고기간 말 이전 사건의 결과로서 보고기간 말에 종업원에게 지급하여야 할 법적의무나 의제의무가 있는 이익분배나 상여금지급 금액을 보고기간 후에 확정하는 경우
> ⑤ 재무제표가 부정확하다는 것을 보여주는 부정이나 오류를 발견한 경우

03 수정을 요하지 않는 보고기간후사건

수정을 요하지 않는 보고기간후사건을 반영하기 위하여 재무제표에 인식된 금액을 수정하지 아니한다. 다만, 수정을 요하지 않는 보고기간후사건이 중요한 경우에는 주석으로 공시한다. 수정을 요하지 않는 보고기간후사건의 예는 다음과 같다.

> ① **보고기간 말과 재무제표 발행승인일 사이의 투자자산의 공정가치 하락**: 보고기간 후의 투자자산의 공정가치의 하락은 일반적으로 보고기간 말의 상황과 관련된 것이 아니라 보고기간 후에 발생한 상황이 반영된 것이다. 따라서 그 투자자산에 대해서 재무제표에 인식된 금액을 수정하지 아니한다. 마찬가지로, 보고기간 후에 발생한 화재, 홍수 등 재해로 인한 손실 등도 수정을 요하지 않는 보고기간후사건의 예가 될 수 있다.
> ② **보고기간 후의 배당 선언**: 보고기간 후에 지분상품 보유자에 대해 배당을 선언한 경우, 그 배당금을 보고기간 말의 부채로 인식하지 아니한다. 즉, 보고기간 후부터 재무제표 발행승인일 전 사이에 배당을 선언한 경우, 보고기간 말에는 배당금 지급에 대한 어떠한 의무도 존재하지 않으므로 보고기간 말에 부채로 인식하지 아니한다.

04 계속기업

① 경영진이 보고기간 후에, 기업을 청산하거나 경영활동을 중단할 의도를 가지고 있거나, 청산 또는 경영활동의 중단 외에 다른 현실적 대안이 없다고 판단하는 경우에는 계속기업의 기준에 따라 재무제표를 작성해서는 아니된다.

② 보고기간 후에 영업성과와 재무상태가 악화된다는 사실은 계속기업 가정이 여전히 적절한지를 고려할 필요가 있다는 것을 나타낼 수 있다. 만약 계속기업의 가정이 더 이상 적절하지 않다면 그 효과가 광범위하게 미치므로, 단순히 원래의 회계처리방법 내에서 이미 인식한 금액을 조정하는 정도가 아니라 회계처리방법을 근본적으로 변경해야 한다.

필수암기! **수정을 요하지 않는 보고기간후사건**

수정을 요하지 않는 보고기간후사건의 예를 기억하기 바란다.
① 보고기간 말과 재무제표 발행승인일 사이의 투자자산의 공정가치 하락
② 보고기간 후에 발생한 화재, 홍수 등 재해로 인한 손실
③ 보고기간 후의 배당 선언

01 충당부채는 부채로 인식하는 반면, 우발부채와 우발자산은 부채와 자산으로 인식하지 (O, X) 않는다.

02 의무발생사건이 되기 위해서는 당해 사건으로부터 발생된 의무를 이행하는 것 외에는 (O, X) 실질적인 대안이 없어야 한다. 이러한 경우는 의무의 이행을 법적으로 강제할 수 있거나 기업이 당해 의무를 이행할 것이라는 정당한 기대를 상대방이 가지는 경우에만 해당한다.

03 충당부채로 인식되기 위해서는 과거 사건으로 인한 의무가 기업의 미래 행위와 독립적 (O, X) 이어야 한다. 따라서 불법적인 환경오염으로 인한 범칙금이나 환경정화비용의 경우에는 충당부채로 인식한다.

04 (주)대한은 (주)민국과 공동으로 사용하는 토지의 환경정화에 대하여 연대하여 의무를 (O, X) 부담한다. 이에 (주)대한은 (주)민국이 이행할 것으로 기대되는 ₩1,000,000을 충당부채로 인식하였다.

05 현재가치 평가에 사용되는 할인율에 반영되는 위험에는 미래 현금흐름을 추정할 때 고 (O, X) 려된 위험까지 반영한다.

06 예상되는 자산 처분이 충당부채를 생기게 한 사건과 밀접하게 관련되었다면, 충당부채 (O, X) 를 측정할 때 예상되는 자산처분이익을 차감한다.

| 정답 및 해설 |

01 O

02 O

03 O

04 X 연대의무의 경우 회사가 직접 이행할 것으로 예상되는 부분은 충당부채로 인식(∵ 현재의무)하고, 제3자가 이행할 것으로 예상되는 부분은 우발부채로 처리(∵ 잠재의무)한다. 따라서 (주)대한은 (주)민국(제3자)이 이행할 것으로 기대되는 1,000,000을 (충당부채로 인식하면 안 되며) 우발부채로 공시해야 한다.

05 X 현재가치 평가에 사용되는 할인율에는 미래현금흐름을 추정할 때 고려한 위험을 반영하지 아니한다. 즉, 위험을 반영하되, 중복해서 반영하면 안 된다는 의미이다.

06 X 예상되는 자산 처분이 충당부채를 생기게 한 사건과 밀접하게 관련되었더라도 예상되는 자산처분이익은 충당부채 를 측정하는 데 고려(차감)하지 아니한다. 즉, 관련 자산의 예상처분이익은 불확실한 이익(우발자산)이므로 추후 이익 실현이 거의 확실하게 될 때 자산으로 인식하는 것이다.

07 미래의 예상 영업손실은 충당부채로 인식하지 아니한다. (O, X)

08 손실부담계약을 체결하고 있는 경우, 계약을 이행하기 위하여 소요되는 원가와 계약을 (O, X)
이행하지 못하였을 때 지급하여야 할 보상금(또는 위약금) 중에서 큰 금액을 충당부채
로 인식한다.

09 구조조정에 대한 의제의무가 성립하려면, 구조조정 계획의 실행에 착수하였거나 구조 (O, X)
조정의 주요 내용을 공표함으로써 구조조정의 영향을 받을 당사자가 기업이 구조조정
을 실행할 것이라는 정당한 기대를 갖게 해야 한다.

10 기업은 보고기간 말마다 충당부채의 잔액을 검토하고, 보고기간 말 현재 최선의 추정 (O, X)
치를 반영하여 조정한다. 다만, 충당부채를 현재가치로 평가한 경우 할인율의 변동은
충당부채를 재측정할 때 반영하지 않는다.

11 충당부채를 결제하기 위하여 필요한 지출액의 일부를 제3자가 변제할 것으로 예상되 (O, X)
는 경우에는 변제금액을 충당부채와 상계하여 표시한다.

12 보고기간 말과 재무재표 발행승인일 사이의 투자자산의 공정가치 하락은 당기 재무제 (O, X)
표의 수정을 요하지 않는 보고기간후사건의 예이다.

정답 및 해설

07 O
08 X 손실부담계약의 경우, 계약을 이행하기 위하여 소요되는 원가와 계약을 이행하지 못하였을 때 지급하여야 할 보상
금(또는 위약금) 중에서 '작은' 금액을 충당부채로 인식한다. 왜냐하면, 합리적인 기업이라면 둘 중 작은 금액을 지
급하는 것으로 의사결정 할 것이기 때문이다.
09 O
10 X 충당부채를 현재가치로 평가한 경우, 할인율이 변동되는 경우에는 할인율의 변동분도 반영하여 충당부채 금액을
조정한다.
11 X 충당부채를 결제하기 위한 지출액의 일부나 전부를 제3자가 변제할 것으로 예상되는 경우에는 변제를 받을 것이
거의 확실하게 되는 때에만 해당 변제금액을 (관련 충당부채와 상계하는 것이 아니라) 별도의 자산으로 인식한다.
12 O

충당부채 - 종합

01 충당부채, 우발부채 및 우발자산에 관한 설명으로 옳은 것은? [세무사 15]

① 우발자산은 경제적효익의 유입가능성이 높아지더라도 공시하지 않는다.

② 손실부담계약을 체결하고 있는 경우에는 관련된 현재의무를 충당부채로 인식하지 않는다.

③ 충당부채를 현재가치로 평가하는 경우 적용될 할인율은 부채의 특유위험과 화폐의 시간가치에 대한 현행 시장의 평가를 반영한 세후이율이다.

④ 충당부채와 관련하여 포괄손익계산서에 인식된 비용은 제3자의 변제와 관련하여 인식한 금액과 상계하여 표시할 수 있다.

⑤ 화폐의 시간가치 효과가 중요한 경우에도 충당부채는 현재가치로 평가하지 않는다.

충당부채의 후속측정

02 충당부채의 변동과 변제에 관한 설명으로 옳지 않은 것은? [세무사 17]

① 어떤 의무를 제삼자와 연대하여 부담하는 경우에 이행하여야 하는 전체 의무 중에서 제삼자가 이행할 것으로 예상되는 정도까지만 충당부채로 처리한다.

② 의무를 이행하기 위하여 경제적효익이 있는 자원을 유출할 가능성이 높지 않게 된 경우에는 관련 충당부채를 환입한다.

③ 충당부채를 현재가치로 평가하여 표시하는 경우에는 장부금액을 기간 경과에 따라 증액하고 해당 증가 금액은 차입원가로 인식한다.

④ 충당부채를 결제하기 위하여 필요한 지출액의 일부나 전부를 제삼자가 변제할 것으로 예상되는 경우에는 기업이 의무를 이행한다면 변제를 받을 것이 거의 확실하게 되는 때에만 변제금액을 별도의 자산으로 인식하고 회계처리한다.

⑤ 보고기간 말마다 충당부채의 잔액을 검토하고, 보고기간 말 현재 최선의 추정치를 반영하여 조정한다.

03 (주)태평은 20×1년 말 현재 다음과 같은 사항에 대한 회계처리를 고심하고 있다.

가. 20×1년 12월 15일에 이사회에서 회사의 조직구조 개편을 포함한 구조조정 계획이 수립되었으며, 이를 수행하는데 ₩250,000의 비용이 발생할 것으로 추정하였다. 그러나 20×1년 말까지 회사는 동 구조조정 계획에 착수하지 않았다.

나. 회사는 경쟁업체가 제기한 특허권 무단 사용에 대한 소송에 제소되어 있다. 만약 동 소송에서 패소한다면 (주)태평이 배상하여야 하는 손해배상금액은 ₩100,000으로 추정된다. (주)태평의 자문 법무법인에 따르면 이러한 손해배상이 발생할 가능성은 높지 않다고 한다.

다. 회사가 사용 중인 공장 구축물의 내용연수가 종료되면 이를 철거하고 구축물이 정착되어 있던 토지를 원상으로 회복하여야 한다. 복구비용은 ₩200,000으로 추정되며 그 현재가치 금액은 ₩140,000이다.

라. 회사가 판매한 제품에 제조상 결함이 발견되어 이에 대한 보증비용이 ₩200,000으로 예상되고, 그 지출가능성이 높다. 한편, 회사는 동 예상비용을 보험사에 청구하였으며 50%만큼 변제받기로 하였다.

(주)태평이 20×1년 말 재무상태표에 계상하여야 할 충당부채의 금액은 얼마인가? (단, 위에서 제시된 금액은 모두 신뢰성 있게 측정되었다) [회계사 14]

① ₩240,000
② ₩340,000
③ ₩440,000
④ ₩590,000
⑤ ₩690,000

04 다음 중 충당부채를 인식할 수 없는 상황은? (단, 금액은 모두 신뢰성 있게 측정할 수 있다)
[세무사 22]

① 법률에 따라 항공사의 항공기를 3년에 한 번씩 정밀하게 정비하도록 하고 있는 경우
② 법적규제가 아직 없는 상태에서 기업이 토지를 오염시켰지만, 이에 대한 법률제정이 거의 확실한 경우
③ 보고기간 말 전에 사업부를 폐쇄하기 위한 구체적인 계획에 대하여 이사회의 동의를 받았고, 고객들에게 다른 제품 공급처를 찾아야 한다고 알리는 서한을 보냈으며, 사업부의 종업원들에게는 감원을 통보한 경우
④ 기업이 토지를 오염시킨 후 법적 의무가 없음에도 불구하고 오염된 토지를 정화한다는 방침을 공표하고 준수하는 경우
⑤ 관련 법규가 제정되어 매연 여과장치를 설치하여야 하나, 당해 연도 말까지 매연 여과장치를 설치하지 않아 법규위반으로 인한 벌과금이 부과될 가능성이 그렇지 않은 경우보다 높은 경우

05 전자제품의 제조 및 판매를 목적으로 20×1년에 설립된 (주)한국은 20×1년과 20×2년에 각각 ₩400,000 과 ₩900,000의 매출액(1년간 무상수리 조건임)을 인식하였다. (주)한국은 매출액의 4%를 품질보증비 용으로 추정하고 있으며, 판매한 제품의 품질보증(무상수리)을 위해 실제 발생한 보증수리비용은 다음과 같다. 품질보증과 관련하여 (주)한국의 20×2년 당기손익에 미친 영향은 얼마인가? (단, 상기 품질보증은 확신유형의 보증으로서 보증활동 자체가 제품 판매와 구분되는 수익창출활동은 아니다. 또한 충당부채의 측정 시 화폐의 시간가치는 고려하지 않는다)

연도	실제 발생한 제품보증수리비용	
	20×1년 판매분	20×2년 판매분
20×1년	₩6,000	-
20×2년	8,000	15,000

① ₩15,000 감소   ② ₩19,000 감소

③ ₩21,000 감소   ④ ₩34,000 감소

⑤ ₩36,000 감소

06 (주)갑은 20×1년 초에 한정 생산판매한 제품에 대하여 3년 동안 품질을 보증하기로 하였다. 20×1년 중 실제 발생한 품질보증비는 ₩210이다. (주)갑은 기대가치를 계산하는 방식으로 최선의 추정치 개념을 사용하여 충당부채를 인식한다. (주)갑은 이 제품의 품질보증과 관련하여 20×1년 말에 20×2년 및 20×3년에 발생할 것으로 예상되는 품질보증비 및 예상확률을 다음과 같이 추정하였다.

20×2년		20×3년	
품질보증비	예상확률	품질보증비	예상확률
₩144	10%	₩220	40%
₩296	60%	₩300	50%
₩640	30%	₩500	10%

(주)갑은 20×2년 및 20×3년에 발생할 것으로 예상되는 품질보증비에 대해 설정하는 충당부채를 20% 의 할인율을 적용하여 현재가치로 측정하기로 하였다. (주)갑의 20×1년 말 재무상태표에 보고될 제품보 증충당부채는 얼마인가? (단, 20×2년과 20×3년에 발생할 것으로 예상되는 품질보증비는 각 회계연도 말에 발생한다고 가정한다)

[회계사 12]

① ₩310   ② ₩320

③ ₩520   ④ ₩560

⑤ ₩730

07 재무제표에 인식된 금액을 수정할 필요가 없는 보고기간 후 사건의 예로 옳은 것은? [세무사 19]

① 보고기간 말에 존재하였던 현재의무가 보고기간 후에 소송사건의 확정에 의해 확인되는 경우

② 보고기간 말에 이미 자산손상이 발생되었음을 나타내는 정보를 보고기간 후에 입수하는 경우나 이미 손상차손을 인식한 자산에 대하여 손상차손금액의 수정이 필요한 정보를 보고기간 후에 입수하는 경우

③ 보고기간 말 이전 사건의 결과로서 보고기간 말에 종업원에게 지급하여야 할 법적의무나 의제의무가 있는 이익분배나 상여금지급 금액을 보고기간 후에 확정하는 경우

④ 보고기간 말과 재무제표 발행승인일 사이에 투자자산의 공정가치 하락이 중요하여 정보이용자의 의사결정에 영향을 줄 수 있는 경우

⑤ 보고기간 말 이전에 구입한 자산의 취득원가나 매각한 자산의 대가를 보고기간 후에 결정하는 경우

정답 및 해설

정답

01 ④ 02 ① 03 ② 04 ① 05 ④ 06 ③ 07 ④

해설

01 ④
① 우발자산은 경제적효익의 유입가능성이 높아지는 경우에는 주석으로 공시한다.
② 손실부담계약을 체결하고 있는 경우에는 관련된 현재의무를 충당부채로 인식한다.
③ 충당부채를 현재가치로 평가하는 경우 적용될 할인율은 부채의 특유위험과 화폐의 시간가치에 대한 현행 시장의 평가를 반영한 세전이율이다.
⑤ 화폐의 시간가치 효과가 중요한 경우에는 충당부채는 현재가치로 평가한다.

02 ①
제3자와 연대하여 의무를 지는 경우에는 이행할 전체 의무 중 제3자가 이행할 것으로 예상되는 부분은 우발부채로 보아 주석으로 공시한다.

03 ②
(1) 각 항목의 분석
가. 구조조정에 대한 의제의무는 기업이 구조조정 계획의 실행에 착수하였거나 구조조정의 주요 내용을 공표함으로써 거래상대방이 구조조정에 대한 정당한 기대를 갖게 될 때 성립한다. 그러나 (주)태평은 구조조정 계획에 착수하지 않았으므로 구조조정에 대한 의제의무가 발생하지 않았다. 따라서 관련된 지출을 충당부채로 인식하지 않는다.
나. 손해배상이 발생할 가능성이 높지 않으므로 관련된 자원의 유출가능성이 높지 않다. 따라서 손해배상 추정액을 충당부채로 인식하지 않고 우발부채로 주석공시한다.
다. 구축물을 원상복구해야 하는 현재의무가 존재하므로 복구비용 추정액을 현재가치로 할인하여 충당부채로 인식한다.
라. 제품보증에 대한 현재의무가 존재하므로 관련된 보증비용을 충당부채로 인식한다. 그리고 보증비용 중 제3자(보험회사)로부터 대리변제받는 금액은 충당부채와 상계하지 않고 별도의 자산(미수금)으로 인식한다.
(2) 충당부채 인식액

가. 구조조정	–
나. 손해배상소송	–
다. 원상복구의무	140,000
라. 제품보증의무	200,000
합계	340,000

04 ① ① 항공기를 3년에 한번씩 정밀정비하도록 요구하는 법률규정이 있지만, 기업이 미래에 특정행위(예 항공기 매각 등)를 함으로써 정밀검사비용 지출을 회피할 수 있다. 따라서 항공기 정비의무는 현재의무가 아니므로 항공기 정밀검사비용 추정치를 충당부채로 인식하지 않는다.

② 오염시킨 토지를 정화(원상복구)할 것을 요구하는 법률제정이 거의 확실하므로 당기 말 현재 토지를 원상복구할 현재의무(법적의무)가 생긴 것으로 본다. 따라서 토지 원상복구비용 추정치를 충당부채로 인식한다.

③ 기업이 구조조정(사업부 폐쇄)를 위한 구체적인 계획에 대해 이사회 동의를 받았고 구조조정의 영향을 받을 당사자들(고객과 폐쇄할 사업부의 종업원 등)에게 통보하였다. 따라서 구조조정의 영향을 받을 당사자들이 구조조정에 대해 정당한 기대를 갖게 되었으므로(구조조정에 대한 의제의무가 성립) 구조조정과 관련하여 예상되는 지출을 충당부채로 인식한다.

④ 토지 정화(원상복구)에 대한 법적의무는 없지만, 오염된 토지를 정화한다는 방침을 공표하고 준수하였으므로 상대방이 오염된 토지를 원상복구할 것이라는 정당한 기대를 갖게 한다(토지 원상복구 의제의무 성립). 따라서 토지 원상복구비용 추정치를 충당부채로 인식한다.

⑤ 매연 여과장치 설치원가는 공장운영방식을 바꾸는 등의 미래 행위를 통하여 관련된 지출을 회피할 수 있으므로 충당부채를 인식하지 않는다. 다만, 매연 여과장치를 설치하지 않는 경우의 벌과금 납부의무는 벌과금이 부과될 가능성이 높으므로 벌과금 추정치를 충당부채로 인식한다.

05 ④
20×1년 판매분	(6,000 + 8,000) − 400,000 × 4% =	(2,000)
20×2년 판매분	900,000 × 4% =	36,000
계		34,000 감소

06 ③ **(1) 거래의 분석**

다수의 항목과 관련되는 충당부채를 측정하는 경우에 해당 의무는 기댓값(가능한 모든 결과에 관련된 확률을 가중평균한 금액)으로 추정한다.

(2) 20×1년 말 제품보증충당부채

20×2년 예상 보증비용	$(144 \times 10\% + 296 \times 60\% + 640 \times 30\%) \div 1.2^1 =$	320
20×3년 예상 보증비용	$(220 \times 40\% + 300 \times 50\% + 500 \times 10\%) \div 1.2^2 =$	200
계		520

07 ④ 수정을 요하지 않는 보고기간후사건의 예는 다음과 같다.

㉠ 보고기간 말과 재무제표 발행승인일 사이의 투자자산의 공정가치 하락

㉡ 보고기간 후에 발생한 화재, 홍수 등 재해로 인한 손실

㉢ 보고기간 후의 배당 선언

[세무사 2차 09]

01 한국채택국제회계기준에서 정하고 있는 충당부채와 우발부채 및 우발자산에 따라 다음 물음에 답하시오.

[물음 1] 충당부채는 과거사건이나 거래의 결과로 현재의무가 존재하고 당해 의무를 이행하기 위하여 자원이 유출될 가능성이 높고 그 의무의 이행에 소요되는 금액을 신뢰성 있게 추정할 수 있을 때 충당부채로 인식한다. 다음의 각 경우는 충당부채의 첫 번째 요건인 현재의무를 발생시키는 가? ( )안에 의무를 발생시키면 ○, 의무를 발생시키지 않으면 ×로 답하시오.

   (1) 발생한 환경오염에 대하여 지금 당장 복구할 의무는 없으나, 아직 확정되지 않은 입법예고 된 법규의 세부사항에 따라 환경오염을 복구할 의무가 발생할 것이 확실한 경우 ( )

   (2) 발생한 환경오염에 대하여 지금 당장 복구할 의무는 없는 경우에도 기업이 그러한 복구의 무를 의제의무로서 공식적으로 수용한 경우 ( )

   (3) 발생한 환경오염에 대한 법규의 제·개정과 관련하여 이해관계의 상충 등으로 인하여 법규 의 시행을 확실하게 예측하기 어려운 경우 ( )

   (4) 불법적인 환경으로 인해 미래에 환경정화비용의 발생이 예상되는 경우 ( )

[물음 2] 회계기말에 우발자산과 우발부채는 어떻게 회계처리(또는 주석공시)하는지 5줄 이내로 기술하 시오.

[물음 3] 충당부채는 과거사건이나 거래의 결과로 현재의무가 존재하고 당해 의무를 이행하기 위하여 자원이 유출될 가능성이 높고 그 의무의 이행에 소요되는 금액을 신뢰성 있게 추정할 수 있을 때 충당부채로 인식한다. 여기에서 현재의무에는 법적의무와 의제의무가 있다. 의제의무에 대 하여 간략하게 설명하시오.

해답 **[물음 1] 현재의무의 존재여부**

(1) 발생한 환경오염에 대하여 지금 당장 복구할 의무는 없으나, 아직 확정되지 않은 입법예고된 법규의 세부사항에 따라 환경오염을 복구할 의무가 발생할 것이 확실한 경우 (○)

(2) 발생한 환경오염에 대하여 지금 당장 복구할 의무는 없는 경우에도 기업이 그러한 복구의무를 의제의무로서 공식적으로 수용한 경우 (○)

(3) 발생한 환경오염에 대한 법규의 제·개정과 관련하여 이해관계의 상충 등으로 인하여 법규의 시행을 확실하게 예측하기 어려운 경우 (×)

(4) 불법적인 환경오염으로 인해 미래에 환경정화비용의 발생이 예상되는 경우 (○)

[물음 2] 우발자산과 우발부채의 회계처리

(1) 우발자산

① 우발자산은 재무제표에 인식하지 않으며 주석으로도 공시하지 않는 것이 원칙이다.

② 다만, 경제적효익의 유입가능성이 높은 경우에는 그 내용을 주석으로 공시한다.

③ 그리고 수익의 실현이 거의 확실하게 되는 경우에는 해당 자산을 재무제표에 인식한다.

(2) 우발부채

① 우발부채는 우발부채의 유형별로 성격과 내용을 주석으로 공시한다.

② 다만, 의무 이행을 위한 자원의 유출가능성이 아주 낮은 경우에는 주석공시도 필요하지 않다.

[물음 3] 의제의무

의제의무는 과거의 실무 관행, 발표된 경영방침 또는 구체적이고 유효한 약속 등을 통하여 기업이 특정 책임을 부담하겠다는 것을 상대방에게 표명하고, 그 결과 기업이 당해 책임을 이행할 것이라는 정당한 기대를 상대방이 가지게 되는 경우에 발생하는 의무이다.

02 다음의 상황은 각각 독립적이다. 제시된 물음에 답하시오.

(상황 1) (주)한국은 20×1년 중에 환경 관련 법이 개정되어 이를 충족하기 위해 20×2년 말까지는 공장건물에 환경정화장치를 설치해야 한다. 20×1년 말 현재 공장건물의 잔여 내용연수는 8년이며, 환경정화장치의 설치원가 예상액은 ₩500,000이다. 또한 20×2년 말까지 환경정화장치를 설치하지 않을 경우 설치할 때까지 매년 벌과금을 ₩100,000을 납부해야 하며, (주)한국은 20×2년 말까지 환경정화장치를 설치하지 않았다.

(상황 2) 선박업을 영위하는 (주)한국은 20×1년 중에 구입한 컨테이너선 5척을 보유하고 있다. 관련 법규에 따르면, 선박회사는 운항 중인 선박에 대하여 매 3년마다 대수선을 하도록 규정하고 있다. 20×1년 말 현재 선박 1척당 수선원가는 ₩1,000,000으로 추정된다.

(상황 3) 화학제품을 제조하는 (주)한국은 몇 년 동안 토지를 오염시켜 왔지만, 아직 오염된 토지를 정화할 것을 요구하는 법률이 제정되지 않았다. 다만, 이미 오염된 토지를 정화할 것을 요구하는 법률 초안이 연말 후에 곧 제정될 것이 20×1년 말 현재 거의 확실하다. 해당 법안이 제정될 경우 (주)한국이 부담하는 토지 정화비용은 ₩900,000으로 추정된다.

(상황 4) 20×1년 초 (주)서울에서 불량 식자재 사용으로 인하여 식중독이 발생하였으며, 이에 따라 (주)서울은 식자재 공급회사인 (주)한국에게 손해배상소송을 제기하였다. 20×1년 말 식약청의 역학조사가 진행 중에 있으며 식중독 사고의 원인은 아직 판명되지 않았다. (주)한국의 자문변호사에 따르면, 만일 소송에서 패소할 경우 손해배상금액은 ₩800,000이 될 것으로 추정된다.

(상황 5) (주)한국은 20×1년 12월 12일에 이사회에서 제품 B를 생산하는 한 사업부를 폐쇄하기로 결정하였다. 그리고 20×1년 12월 20일에 사업부를 폐쇄하기 위한 구체적인 계획에 대하여 이사회의 동의를 받았고, 고객들에게 다른 제품 공급처를 찾아야 한다고 알리는 서한을 보냈으며, 사업부의 종업원들에게는 감원을 통보하였다. 사업부의 폐쇄로 해고되는 종업원들에게는 퇴직위로금으로 ₩400,000을 지급할 예정이다. 또한, 사업부 폐쇄 후 계속 근무할 직원의 교육훈련 및 재배치와 관련하여 ₩650,000이 지출되고, 사업부 폐쇄를 완료할 때까지 ₩1,380,000의 영업손실이 발생할 것으로 예상된다. 그리고 폐쇄되는 사업부의 자산 매각과 관련하여 ₩720,000의 비품매각이익이 발생할 것으로 예상된다.

(상황 6) 건설업을 영위하는 (주)한국은 20×0년 초에 (주)서울건설과 연대하여 (주)부산건설이 시공계약한 아파트 신축공사에 대해 이행보증계약을 체결하였다. 20×1년 말 (주)부산건설이 파산함에 따라 (주)한국은 (주)서울건설과 연대하여 완공까지 ₩1,000,000이 소요되는 아파트 신축공사를 완공할 의무가 발생하였다. 다만, (주)한국은 해당 보증계약에 대비하여 보증보험에 가입하였고, 보증보험회사로부터 이행보증금액의 80%를 지급받을 것이 거의 확실시된다.

(상황 7) (주)한국이 20×1년 말 보유 중인 재고자산의 취득원가는 ₩1,000,000이며, 손상징
후를 보여 ₩200,000의 평가손실을 인식하였다. (주)한국은 20×2년 1월 25일 동 재
고자산을 ₩700,000에 판매하였다.

(상황 8) 20×2년 1월 20일에 물품창고에 화재가 발생하여 건물과 물품이 전소되었다. 화재손
실액은 ₩250,000으로 추정되며, 이 중 ₩100,000은 화재보험금으로 충당될 것으로
예상된다.

[물음 1] (상황 1)과 관련하여 (주)한국이 20×1년 말과 20×2년 말에 충당부채로 보고할 금액을 각각
계산하시오.

[물음 2] (상황 2)에서 (상황 8)과 관련하여 (주)한국이 20×1년 말 재무상태표에 충당부채로 보고할 금
액을 상황별로 제시하시오. 단, (주)한국의 20×1년 재무제표의 발행승인일은 20×2년 3월 1일
이라고 가정한다.

해답 **[물음 1]**

1. 환경정화장치 설치의무는 기업의 의사결정에 따라 회피가능하므로 충당부채로 인식하지 않는다. 그러나 환경정화장치를 설치하지 않은 경우의 벌과금 납부의무는 회피할 수 없는 현재의무이므로 법규 위반에 따른 벌과금은 충당부채로 인식해야 한다.

2. 답안의 작성
   ① 20×1년 말: 없음
   ② 20×2년 말: 100,000

[물음 2]

1. 각 상황의 분석

   (1) (상황 2)
   ① 수선유지와 관련된 지출은 사업의 폐지나 중단, 관련 자산의 매각 등으로 **회피할 수 있으므로** 현재의무가 아니다. 따라서 관련된 지출을 충당부채로 인식하지 않는다.
   ② 다만, 정기적인 대수선과 관련된 지출은 실제 지출이 발생한 시점에 자산(자본적 지출)으로 인식하고 3년 동안 감가상각비로 인식한다.

   (2) (상황 3)
   ① 20×1년 말 현재 해당 법안대로 제정될 것이 거의 확실하므로 환경정화에 대한 현재의무(법적의무)가 생긴 것으로 본다.
   ② 예상되는 정화비용 900,000을 충당부채로 인식한다.

   (3) (상황 4)
   ① 20×1년 말 현재 식중독 사고의 원인이 아직 판명되지 않았으므로 손해배상에 대한 현재의무가 없다. 따라서 충당부채를 인식하지 않는다.
   ② 다만, 손해배상책임이 발생할 가능성이 희박하지 않다면 해당사항을 우발부채로 공시한다.

   (4) (상황 5)
   ① 구조조정에 대한 공식적인 계획을 가지고 있으며 구조조정에 대한 의사결정을 고객과 종업원에게 알렸으므로 구조조정에 대한 의제의무가 성립한다. 따라서 사업부 폐쇄원가의 최선의 추정치로 구조조정충당부채를 인식한다.
   ② 계속 근무하는 종업원에 대한 교육훈련과 재배치와 관련된 지출은 미래의 영업활동과 관련된 것이므로 구조조정충당부채로 인식하지 아니한다. 또한 구조조정을 완료하는 날까지 생길 것으로 예상되는 영업손실은 손실부담계약과 관련되지 않는 한 충당부채로 인식하지 아니하며, 구조조정과 관련하여 예상되는 자산 처분이익도 구조조정충당부채를 측정하는 데 고려하지 아니한다.

   (5) (상황 6)
   ① (주)부산건설이 파산하였으므로 (주)한국이 이행할 책임이 있는 500,000(50%)은 충당부채로 인식하고, (주)서울건설이 이행할 500,000(50%)은 우발부채로 주석공시한다.
   ② 보험회사로부터 변제받을 수 있는 금액은 별도의 자산(미수금)으로 인식하고, 충당부채와 상계하지 않는다.

   (6) (상황 7)
   ① 보고기간 후의 재고자산 판매는 보고기간 말 재고자산의 순실현가능가치에 대한 증거를 제공한다.
   ② 따라서 20×2년 1월 25일의 재고자산 판매금액 700,000을 20×1년 말 재고자산의 순실현가능가치로 간주하여 20×1년 말 재무상태표에 재고자산평가충당금 300,000(= 1,000,000 - 700,000)을 인식한다.
   ③ 다만, 재고자산평가충당금은 자산의 차감계정이므로 20×1년 재무상태표에 충당부채로 보고할 금액은 없다.

   (7) (상황 8)
   ① 보고기간 후에 발생한 화재, 홍수 등 재해로 인한 손실 등은 보고기간 후에 발생한 상황이 반영된 것이다(수정을 요하지 않는 보고기간 후 사건).
   ② 따라서 20×1년 말 재무상태표에 인식할 충당부채는 없다.

2. 답안의 작성

구분	금액
(상황 2)	–
(상황 3)	900,000
(상황 4)	–
(상황 5)	400,000
(상황 6)	500,000
(상황 7)	–
(상황 8)	–
계	1,800,000

03

(1) (주)한국은 20×1년부터 출시한 제품을 판매 후 1년간 무상으로 수리해 주는 보증조건으로 개당 ₩200에 판매하고 있다. 판매한 제품 중 5%의 보증요청이 있을 것으로 예상한다. 보증의 형태는 확신유형의 보증이며, 고객은 보증을 별도로 구매할 수 있는 선택권이 없다.

(2) 제품 단위당 보증비용은 20×1년 판매분은 ₩120, 20×2년 판매분은 ₩150으로 각각 추정되었다. 판매량과 보증비용 지출액에 관한 자료는 다음과 같다.

연도	판매량	보증비용 지출액
20×1년	600개	₩1,500
20×2년	800개	₩1,700(20×1년 판매분) ₩2,500(20×2년 판매분)

다음 물음에 답하시오.

[물음 1] 제품보증과 관련하여 (주)한국의 20×2년 당기손익에 미친 영향을 계산하시오.

[물음 2] (주)한국이 20×2년 말 재무상태표에 제품보증충당부채로 보고할 금액을 계산하시오.

[물음 3] 만일 제품보증기간이 2년이라고 가정할 경우, 상기 [물음 1]과 [물음 2]에 각각 답하시오.

해답 **[물음 1]**

1. 20×2년 보증비용 분석
   ① 20×1년 판매분: 보증기간(1년)이 만료되므로 예상치 못한 보증손실(이익)을 인식한다.
   ② 20×2년 판매분: 예상되는 보증비용을 전액 비용으로 인식한다.

2. 20×2년 당기손익 효과

20×1년 판매분	(1,500 + 1,700) − 600개 × 5% × @120 =	(400)
20×2년 판매분	800개 × 5% × @150 =	6,000
계		5,600 감소

3. 참고 시점별 회계처리

   (1) 20×1년

제품 판매 시	(차) 현금	(*)120,000	(대) 매출액		120,000
	(*) 600대 × @200 = 120,000				
보증비용 발생 시	(차) 품질보증비용	1,500	(대) 현금		1,500
20×1.12.31	(차) 품질보증비용	(*)2,100	(대) 제품보증충당부채		2,100
	(*) 3,600(= 600개 × 5% × @120) − 1,500 = 2,100				

   (2) 20×2년

제품 판매 시	(차) 현금	(*)160,000	(대) 매출액		160,000
	(*) 800대 × @200 = 160,000				
보증비용 발생 시	(차) 제품보증충당부채	1,700	(대) 현금(20×1년 판매분)		1,700
	(차) 품질보증비용	2,500	(대) 현금(20×2년 판매분)		2,500
20×2.12.31	(차) 품질보증비용	(*)3,500	(대) 제품보증충당부채		3,500
	(*) 6,000(= 800개 × 5% × @150) − 2,500 = 3,500				
	(차) 제품보증충당부채	(*)400	(대) 품질보증비용		400
	(*) 2,100 − 1,700 = 400				
	(20×1년 판매분에 대한 제품보증충당부채 잔액 환입함)				

[물음 2]

1. 제품보증기간이 1년이므로 20×1년 판매분은 20×2년 말 제품보증충당부채에 포함하지 않는다.

2. 20×2년 말 제품보증충당부채

보증비용 예상액(20×2년 판매분)	800개 × 5% × @150 =	6,000
보증비용 발생액(20×2년 판매분)		(2,500)
계		3,500

[물음 3]

1. 20×2년 당기손익 효과

20×1년 판매분	(1,500 + 1,700) − 600개 × 5% × @120 =	(*) −
20×2년 판매분	800개 × 5% × @150 =	6,000
계		6,000 감소

   (*) 보증기간(2년)이 아직 만료되지 않았으므로 예상되는 보증이익 400을 미리 인식하지 않는다(∵ 우발자산은 보증기간이 만료되어 이익이 확정되었을 때 인식).

2. 20×2년 말 제품보증충당부채

보증비용 예상액	600개 × 5% × @120 + 800개 × 5% × @150 =	9,600
보증비용 발생액	1,500 + 1,700 + 2,500 =	(5,700)
계		3,900

04 다음은 (주)세무의 결산일(20×1년 12월 31일) 이후, 이사회가 재무제표를 승인하기 전에 발생한 사건들이다.

> (사건 1) 20×2년 1월 31일: 20×1년 말 현재 자산손상의 징후가 있었으나, 손상금액의 추정이 어려워서 자산손상을 인식하지 않았던 매출거래처 A가 파산되어 매출채권 ₩100,000의 회수가 불가능하게 되었다.
>
> (사건 2) 20×2년 2월 1일: 보유하던 기계장치(20×1년 말 장부금액 ₩500,000)가 지진으로 파손되었으며, 고철판매 등으로 ₩8,000을 회수할 수 있을 것으로 파악되었다.
>
> (사건 3) 20×2년 2월 5일: 인근 국가에서의 전쟁 발발로 환율이 비정상적으로 급등하였다. 이러한 환율변동을 20×1년 말 재무제표에 반영할 경우, (주)세무가 추가로 인식해야 할 외환손실은 ₩300,000이다.
>
> (사건 4) 20×2년 2월 7일: (주)세무는 소송 중이던 사건의 판결 확정으로 ₩150,000의 배상금을 지급하게 되었다. (주)세무는 이사회 승인 전 20×1년 말 재무상태표에 동 사건과 관련하여 충당부채 ₩170,000을 계상하고 있었다.

상기의 사건들이 개별적으로 (주)세무의 20×1년 당기순손익에 미치는 영향은 각각 얼마인지 아래 양식에 따라 제시하시오. 단, 각 사건들은 상호 독립적이고, 금액적으로 중요하며, 당기순이익을 증가시키면 '이익'으로, 감소시키면 '손실'로 표시하시오.

구분	금액 및 이익/손실
(사건 1)	①
(사건 2)	②
(사건 3)	③
(사건 4)	④

해답　1. 답안의 작성

구분	금액 및 이익/손실
(사건 1)	① 100,000 손실
(사건 2)	② 영향 없음
(사건 3)	③ 영향 없음
(사건 4)	④ 20,000 이익

2. 거래의 분석

① 사건 1(보고기간 후 매출처 파산)

20×1년 말 현재 매출채권의 손상이 존재하였다. 따라서 20×2년 1월 31일 매출거래처 A의 파산은 20×1년 말에 매출채권이 손상되었음을 확인해 주는 추가 정보이므로, 동 정보에 근거하여 20×1년 말 매출채권에 대해 손상차손 100,000원을 인식한다(수정을 요하는 보고기간후사건).

② 사건 2(보고기간 후 재해발생)

기계장치 파손의 원인인 지진이 20×2년 2월 1일에 발생하였다. 따라서 기계장치의 파손은 20×1년 말 현재 존재하지 않은 사건이므로 20×1년 재무제표에 손상을 인식하지 않는다(수정을 요하지 않는 보고기간후사건).

③ 사건 3(보고기간 후 환율급등)

환율급등의 원인인 전쟁은 20×2년 2월 5일에 발생하였다. 따라서 환율급등은 20×1년 말 현재 존재하지 않은 사건이므로 20×1년 재무제표에 외환손실을 반영하지 않는다(수정을 요하지 않는 보고기간후사건).

④ 사건 4(보고기간 후 소송판결)

배상금 지급의 원인인 소송은 20×1년 말 현재 존재하였다. 따라서 20×2년 2월 7일 소송판결의 결과는 20×1년 말에 존재한 배상금 지급 현재의무를 확인해 주는 추가 정보이므로, 동 정보에 근거하여 20×1년 말 충당부채를 170,000원에서 150,000으로 수정한다(수정을 요하는 보고기간후사건).

cpa.Hackers.com

해커스 IFRS 김승철 중급회계 상

제11장

자본

제1절 | 자본의 의의 및 분류

01 의의

① 기업은 경영활동을 수행하기 위해서 많은 자금을 필요로 한다. 은행과 같은 채권자로부터 자금을 빌리기도 하고, 주식을 발행하여 주주로부터 자금을 조달하기도 하는데, 이 중에서 주주로부터 조달된 자금은 기업의 재무상태표에 자본(equity)으로 표시된다. '재무보고를 위한 개념체계'에서는 이러한 자본을 자산에서 부채를 차감한 잔여지분으로 정의하고 있으며, 따라서 자본은 기업의 경제적 자원인 자산 중에서 기업의 주인인 주주들에게 귀속되는 소유주지분을 의미한다.

② 그리고 기업의 자본은 주주와의 거래(자본거래)를 통하여 변동할 수도 있으며, 제3자와의 거래(손익거래)를 통하여 변동할 수도 있다. 즉, 자본에는 자금조달의 결과로 주주 등 기업의 소유주로부터 출자받은 금액뿐만 아니라, 기업이 영업활동을 통하여 벌어들인 순이익(이익잉여금과 기타자본구성요소)도 포함된다. 또한 자기주식 거래 등 다양한 자본거래에서 발생한 차손익도 자본에 포함된다.

> 자본(순자산) = 자산 − 부채
> = 자본거래 자본(납입자본) + 손익거래 자본(이익잉여금, 기타자본구성요소)
> 자본의 변동 = 자본거래로 인한 변동 + 손익거래로 인한 변동
> = 자본거래로 인한 변동 + 포괄손익(당기순이익 + 기타포괄손익)
> 포괄손익계산서

02 자본의 분류

국제회계기준에서는 재무상태표상 자본의 분류에 대하여 구체적인 규정이 없으며, 기업에게 상당한 재량권을 부여하고 있다. 다만, 국제회계기준서 제1001호(재무제표 표시)의 '예시' 재무상태표에서는 납입자본, 이익잉여금과 기타자본구성요소로 분류를 예시하고 있다. 이때 납입자본(자본금, 기타납입자본)은 주주와의 자본거래에서 발생한 자본으로, 이익잉여금과 기타자본구성요소는 제3자와의 손익거래에서 발생한 자본으로 이해하면 된다.

> ⊘ 참고 **일반기업회계기준상 분류**
>
> 비상장기업들이 적용하는 일반기업회계기준에서는 자본을 다음과 같이 5가지로 분류하고 있다.
> ① **자본금**: 상법상 법정 자본금(발행한 주식의 액면금액)
> ② **자본잉여금**: 자본거래에서 발생한 이익의 누적액
> ③ **자본조정**: 자본거래에서 발생한 자본항목 중 자본금과 자본잉여금이 아닌 항목
> ④ **이익잉여금**: 포괄손익 중 당기순이익의 누적액
> ⑤ **기타포괄손익누계액**: 포괄손익 중 기타포괄손익의 누적액
> ⇨ 상기 중 자본금, 자본잉여금과 자본조정은 자본거래에서 발생한 자본이며, 이익잉여금과 기타포괄손익누계액은 손익거래에서 발생한 자본이다.

[표 11-1] 자본의 분류 비교

발생원천	국제회계기준	일반기업회계기준	세부계정
자본거래	납입자본	자본금	보통주 자본금, 우선주 자본금
		자본잉여금	주식발행초과금, 감자차익, 자기주식처분이익 등
		자본조정	(가산) 신주청약증거금, 미교부주식배당금, 전환권대가 등 (차감) 주식할인발행차금, 감자차손, 자기주식, 자기주식처분손실 등
손익거래	이익잉여금	이익잉여금	법정적립금, 임의적립금, 미처분이익잉여금
	기타자본구성요소	기타포괄손익누계액	재평가잉여금, 기타포괄손익금융자산 평가손익, 확정급여채무의 재측정요소 등

03 자본금

자본금은 상법에서 규정한 기업의 채권자 보호 등을 위해 기업이 보유해야 할 최소한의 금액으로서, 기업이 발행한 주식의 액면총액(발행주식수 × 주당 액면금액)으로 정해진다. 다만, 기업이 무액면주식을 발행하는 경우 자본금은 주식 발행가액의 1/2 이상의 금액 중 이사회(정관규정에 따라 주주총회에서 결정하기로 한 경우에는 주주총회)에서 정한 금액으로 한다. 이러한 자본금은 크게 보통주 자본금과 우선주 자본금으로 구분된다.

> 자본금 = 발행주식수 × 1주당 액면금액

1. 보통주

① 보통주(common stock)는 기업이 여러 종류의 주식을 발행한 경우 가장 표준이 되는 주식을 말한다. 즉, 기업이 여러 종류의 주식을 발행한 경우 다른 종류의 주식과 구별하기 위해서 보통주라고 부르는 것이다.

② 보통주의 주주는 기업의 손실 및 채무에 대하여 자신이 납입한 자본금의 범위 내에서만 책임을 부담한다. 그리고 자신의 지분율(= 주주의 보유주식수 ÷ 기업의 총발행주식수)만큼 주주총회에서 의결권을 행사할 수 있으며 기업의 이익을 분배받을 권리가 있다.

2. 우선주

우선주(preferred stock)는 특정사항에 관해 보통주에 비하여 우선적인 권리가 부여된 주식을 말한다. 우선주에는 이익배당이나 잔여재산분배에 있어 우선권이 있는 이익배당 우선주, 우선주를 특정 금액으로 상환할 수 있는 권리를 갖는 상환우선주, 보통주로 전환할 수 있는 권리가 부여된 전환우선주 등이 있다.

(1) 이익배당 우선주

이익배당에 우선권이 부여된 우선주에는 다음과 같이 누적적 우선주와 참가적 우선주가 있다.

구분	내용
누적적 우선주	누적적 우선주는 특정 연도에 배당가능이익이 부족하여 받지 못한 배당 부족분(연체배당금)을 이후 연도에 '이월'하여 받을 수 있는 우선주를 말한다. ⇨ 누적적 우선주 배당금: 우선주 자본금 × 최소배당률 × 연체기간
참가적 우선주	① 참가적 우선주는 약정 배당률만큼 배당금을 우선적으로 수령한 후, 보통주에게 (*)약정 배당률만큼 배당금을 지급하고 남은 배당금에 대해 보통주와 함께 참가하여 배당금을 받을 권리가 있는 우선주를 말한다. (*) 보통주에 대해 약정 배당률이 없는 경우에는 우선주 배당률만큼 지급 ② 참가적 우선주는 추가적인 참가에 한도가 없는 완전 참가적 우선주와 추가적인 참가에 한도가 있는 부분 참가적 우선주로 나누어진다.

배분순서	비누적적 · 참가적	누적적 · 참가적	비고
0순위	N/A	연체배당금	누적적 우선주인 경우, 과거기간 연체배당금부터 배분
1순위	우선주 배당금	우선주 배당금	우선주 최소배당률
2순위	보통주 배당금	보통주 배당금	① 보통주 배당률 있음: 보통주 배당률만큼 배분 ② 보통주 배당률 없음: 우선주의 최소배당률만큼 배분

3순위	남은 배당금 배분
	By 참가비율
		남은 배당금 배분
		By 참가비율
			① 참가비율: 별도의 단서 없으면, 자본금 비율로 배분
			② 우선주 배당금 먼저 배분, 보통주는 남은 금액 배분
			③ 부분 참가적 우선주인 경우 한도 체크
			     주의 한도의 의미: 당기분 총배당금
			         ⊙ 당기분: 한도에 과거기간 연체배당금은 포함하지 않음
			         ⓒ 총배당금: 최소배당금 + 참가배당금

예제 1   이익배당 우선주: 배당금의 배분

(1) (주)한국은 20×1년 1월 1일에 영업을 개시하였다. 설립 시의 보통주와 우선주 자본금은 각각 ₩3,000,000과 ₩1,000,000이며, 설립일 이후 변동한 내역은 없다.

(2) (주)한국이 20×2년까지 지급한 배당금은 없으며, 20×4년 3월 5일에 개최될 20×3년 정기주주총회에서 ₩260,000의 현금배당을 선언할 예정이다.

[요구사항]

(주)한국이 발행한 우선주가 다음과 같을 경우, (주)한국이 선언한 배당금 중 보통주와 우선주에게 배분될 금액을 각각 계산하시오.

1. 4%, 비누적적 · 비참가적 우선주
2. 4%, 비누적적 · 완전참가적 우선주
3. 4%, 비누적적 · 부분참가적(6%) 우선주
4. 4%, 누적적 · 비참가적 우선주
5. 4%, 누적적 · 완전참가적 우선주
6. 4%, 누적적 · 부분참가적(6%) 우선주

해답 1. **4%, 비누적적 · 비참가적 우선주**
① 우선주 배당금(당기분): 1,000,000 × 4% = 40,000
② 보통주 배당금(= 배당금 총지급액 - ①): 260,000 - 40,000 = 220,000

2. **4%, 비누적적 · 완전참가적 우선주**
① 우선주 배당금(당기분): 1,000,000 × 4% = 40,000
② 보통주 배당금(당기분): 3,000,000 × 4% = 120,000
③ 우선주 배당금(참가분): (260,000 - 40,000 - 120,000) × 1,000,000/4,000,000 = 25,000
⇨ 우선주 배당금 합계(= ① + ③): 40,000 + 25,000 = 65,000
⇨ 보통주 배당금(= 총배당금 - 우선주 배당금 합계): 260,000 - 65,000 = 195,000

3. **4%, 비누적적 · 부분참가적(6%) 우선주**
① 우선주 배당금(당기분): 1,000,000 × 4% = 40,000
② 보통주 배당금(당기분): 3,000,000 × 4% = 120,000
③ 우선주 배당금(참가분): (260,000 - 40,000 - 120,000) × 1,000,000/4,000,000 = 25,000
⇨ 우선주 배당금 합계: Min[(① + ③), (1,000,000 × 6%)] = 60,000
⇨ 보통주 배당금(= 총배당금 - 우선주 배당금 합계): 260,000 - 60,000 = 200,000

참고 부분참가적 우선주에서 한도 6%의 의미: 과거기간 연체배당금을 제외한 당기분 배당금의 총합계(당기분 약정 배당금과 참가배당금 합계)가 6%를 넘을 수 없다는 의미이다.

4. **4%, 누적적 · 비참가적 우선주**
① 우선주 배당금(과거기간 누적분): 1,000,000 × 4% × 2년 = 80,000
② 우선주 배당금(당기분): 1,000,000 × 4% = 40,000
⇨ 우선주 배당금 합계(= ① + ②): 80,000 + 40,000 = 120,000
⇨ 보통주 배당금(= 총배당금 - 우선주 배당금 합계): 260,000 - 120,000 = 140,000

5. **4%, 누적적 · 완전참가적 우선주**
① 우선주 배당금(과거기간 누적분): 1,000,000 × 4% × 2년 = 80,000
② 우선주 배당금(당기분): 1,000,000 × 4% = 40,000
③ 보통주 배당금(당기분): 3,000,000 × 4% = 120,000
④ 우선주 배당금(참가분): (260,000 - 80,000 - 40,000 - 120,000) × 1,000,000/4,000,000 = 5,000
⇨ 우선주 배당금 합계(= ① + ② + ④): 80,000 + 40,000 + 5,000 = 125,000
⇨ 보통주 배당금(= 총배당금 - 우선주 배당금 합계): 260,000 - 125,000 = 135,000

6. **4%, 누적적 · 부분참가적(6%) 우선주**
① 우선주 배당금(과거기간 누적분): 1,000,000 × 4% × 2년 = 80,000
② 우선주 배당금(당기분): 1,000,000 × 4% = 40,000
③ 보통주 배당금(당기분): 3,000,000 × 4% = 120,000
④ 우선주 배당금(참가분): (260,000 - 80,000 - 40,000 - 120,000) × 1,000,000/4,000,000 = 5,000
⇨ 우선주 배당금 합계: 80,000 + Min[(② + ④), (1,000,000 × 6%)] = 80,000 + 45,000 = 125,000
⇨ 보통주 배당금(= 총배당금 - 우선주 배당금 합계): 260,000 - 125,000 = 135,000

(2) 상환우선주

[표 11-2] 금융부채로 분류되는 상환우선주 회계처리 요약

구분	금융부채 인식금액	이자비용 인식액
누적적 상환우선주	현재가치(상환원금 + 액면배당)	액면배당 + 현재가치할인차금 상각액
비누적적 상환우선주	현재가치(상환원금)	현재가치할인차금 상각액

상환우선주는 미리 약정한 가격으로 상환할 수 있는 선택권을 갖고 있는 우선주를 말한다. 상환우선주는 다음 중 하나에 해당하는 경우 계약상의 의무를 포함하고 있으므로 금융부채로 분류한다.

> ① 보유자가 상환을 청구할 수 있는 경우
> ② 발행자가 의무적으로 상환해야 하는 경우

승철쌤's comment   발행자가 상환권을 보유하는 경우

만일 상환우선주의 (보유자가 아니라) 발행자가 상환을 청구할 수 있는 경우에는, 발행자는 상환을 해야 할 현재의무가 없으므로 상환우선주를 지분상품(자본)으로 분류한다.

상환우선주가 금융부채로 분류되는 경우에는 우선주의 이익배당 방식에 따라 다음과 같이 회계처리가 달라진다.

① 누적적 상환우선주

　㉠ 발행금액: 상환우선주가 누적적 우선주인 경우, 주주에게 지급하는 액면배당은 그 실질이 (배당이 아니라) 이자로 볼 수 있다. 따라서 상환원금과 배당금의 현재가치를 모두 금융부채로 인식한다.

(차) 현금	(*)×××	(대) 우선주부채	×××
(*) 상환원금과 액면배당금의 현재가치			

　㉡ 이자비용: 주주에게 액면배당을 지급할 때는 (이익잉여금의 처분이 아니라) 이자비용으로 인식한다. 이에 따라 상환우선주 발행회사가 매년 이자비용(유효이자)으로 인식하는 금액은 액면배당과 현재가치할인차금 상각액을 합한 금액이 된다.

(차) 이자비용	(*)×××	(대) 현금(액면배당)	×××
		우선주부채(상각액)	×××
(*) 액면배당금 지급액 + 우선주부채 상각액			

② 비누적적 상환우선주

    ㉠ 발행금액: 상환우선주가 비누적적 우선주인 경우, 주주에게 지급하는 액면배당은 외관상 형식과 실질이 모두 배당이다. 따라서 상환금액의 현재가치만 금융부채로 인식하고, 상환우선주의 총발행금액에서 금융부채로 인식한 금액을 차감한 금액을 자본으로 인식한다.

        ⇨ 결국 비누적적 상환우선주는 부채요소(상환원금)와 자본요소(배당금 지급)를 모두 가지고 있는 복합금융상품에 해당한다.

(차) 현금	×××	(대) 우선주부채	(*1)×××
		기타자본	(*2)×××
(*1) 상환원금의 현재가치			
(*2) 대차차액			

    ㉡ 이자비용: 주주에게 액면배당을 지급할 때는 이익잉여금의 처분으로 회계처리한다. 따라서 현재가치할인차금 상각액만 매년 이자비용(유효이자)으로 인식된다.

(차) 이자비용	×××	(대) 우선주부채(상각액)	×××
(차) 이익잉여금	×××	(대) 현금(액면배당)	×××

승철쌤's comment　상환우선주 회계처리

① 누적적 상환우선주: 이자부 사채
② 비누적적 상환우선주: 복합금융상품 = 무이자부 사채(부채요소) + 배당금 지급(자본요소)

---

(1) 20×1년 1월 1일, (주)한국은 상환우선주 10주(주당 액면금액 ₩10,000)를 발행하였다. 상환우선주의 배당률은 연 3%로 비누적적 우선주이다.

(2) (주)한국은 보유자의 청구에 따라 상환우선주를 20×3년 12월 31일에 주당 ₩12,000에 의무적으로 상환해야 한다. 배당금은 매년 말 지급한다.

(3) 상환우선주 발행 시 유효이자율은 연 10%이며, 이자율 10%, 3년간 ₩1의 현가계수 및 연금현가계수는 각각 0.7513, 2.4868이라고 가정한다.

[요구사항]

1. (주)한국이 상환우선주를 ₩95,000에 발행하였다고 할 경우, (주)한국이 20×1년에 해야 할 회계처리를 제시하시오.

2. 만일 (주)한국이 발행한 상환우선주가 누적적 우선주라고 가정할 경우 발행금액을 계산하고, (주)한국이 20×1년에 해야 할 회계처리를 제시하시오.

해답 **1. 비누적적 상환우선주인 경우**

  (1) 발행금액의 배분

상환우선주 발행금액		95,000
부채요소(상환원금의 현재가치)	120,000(= 10주 × @12,000) × 0.7513 =	(90,156)
자본요소		4,844

  (2) 20×1년 회계처리

20×1.1.1	(차) 현금		95,000	(대) 우선주부채(금융부채)	120,000
	현재가치할인차금	(*)	29,844	기타자본항목	4,844

  (*) 120,000(상환원금) − 90,156(현재가치) = 29,844

20×1.12.31	(차) 이자비용	(*)	9,016	(대) 현재가치할인차금	9,016

  (*) 90,156 × 10% = 9,016

	(차) 이월이익잉여금		3,000	(대) 현금	(*)3,000

  (*) 100,000(액면금액) × 3% = 3,000

  (3) **참고** 순액표시방법에 따른 회계처리

20×1.1.1	(차) 현금		95,000	(대) 우선주부채(금융부채)	90,156
				기타자본항목	4,844
20×1.12.31	(차) 이자비용		9,016	(대) 우선주부채(금융부채)	9,016
	(차) 이월이익잉여금		3,000	(대) 현금	3,000

2. 누적적 상환우선주인 경우

  (1) 발행금액: 120,000 × 0.7513 + 3,000 × 2.4868 = 97,616

  (2) 20×1년 회계처리

20×1.1.1	(차) 현금		97,616	(대) 우선주부채(금융부채)	120,000
	현재가치할인차금	(*)	22,384		

  (*) 120,000(상환원금) − 97,616(현재가치) = 22,384

20×1.12.31	(차) 이자비용	(*1)	9,762	(대) 현금	(*2)3,000
				현재가치할인차금	6,762

  (*1) 97,616 × 10% = 9,762

  (*2) 100,000 × 3% = 3,000

  (3) **참고** 순액표시방법에 따른 회계처리

20×1.1.1	(차) 현금		97,616	(대) 우선주부채(금융부채)	97,616
20×1.12.31	(차) 이자비용		9,762	(대) 현금	3,000
				우선주부채(금융부채)	6,762

제2절 | 자본거래

01 의의

① 기업의 자본은 주주와의 거래(자본거래)를 통하여 변동할 수 있다. 그러나 자본거래로 인한 자본의 변동(자본거래손익)은 어떠한 경우에도 포괄손익계산서에 표시되면 안 된다. 그리고 자본거래로 발생한 이익은 기업의 자본충실화 목적상 주주들에게 배당할 수 없고, 자본전입이나 결손보전의 목적으로만 사용할 수 있다. 또한 자본거래로 발생한 이익과 손실은 동일한 유형별로 상계한 이후의 잔액만을 재무상태표에 표시한다.

② 이하 본 절에서는 이러한 자본거래의 회계처리를 증자거래, 감자거래 그리고 자기주식 거래로 나누어 살펴보기로 한다.

> **필수암기!** **자본거래 회계처리의 일반원칙**
>
> ① 자본의 변동은 자산의 변동에서 부채의 변동을 차감하여 계산한다.
> ② 주주와의 자본거래로 발생한 손익은 어떤 경우에도 포괄손익계산서에 표시되면 안 된다.
> ③ **자본금, 자본잉여금(자본거래이익):** 자본전입과 결손보전 목적으로 사용이 제한된다(자본충실화 목적).
> ④ **자본거래손실:** 주식할인발행차금, 감자차손, 자기주식처분손실 등 자본거래에서 발생한 손실은 실질적인 성격이 주주에 대한 배당이므로 추후 이익잉여금과 상계(상각)하여 보전한다.
> ⑤ 재무상태표상 모든 자본(손익거래 자본 포함)은 동일한 유형끼리 상계하여 표시하는 것이 관행이다. 예를 들면 다음과 같다.
>   ㉠ 주식발행초과금과 주식할인발행차금 상계
>   ㉡ 감자차익과 감자차손 상계
>   ㉢ 자기주식처분이익과 자기주식처분손실 상계
>   ㉣ 재평가잉여금과 재평가손실 우선상계
>   ㉤ 기타포괄손익-공정가치 측정 금융자산의 평가이익과 평가손실 상계 등

02 증자거래

자본금의 증가(이하 '증자')는 유상증자와 무상증자로 구분된다. 유상증자는 자본금이 증가하면서 현금 등 자산이 유입되는 실질적인 증자이며, 무상증자는 자본금은 증가하지만 현금 등 자산이 유입되지 않는 형식적인 증자를 말한다.

1. 유상증자(실질적 증자)

(1) 현금증자

유상증자는 기업이 주주에게 주식을 발행하는 대가로 현금이나 현금 이외의 자산(현물)을 수취하는 것을 말한다. 발행하는 주식의 액면금액은 자본금의 과목으로 대변에 기록한다. 그러나 주식의 발행으로 수취한 대가(발행금액)는 일반적으로 액면금액과 일치하지 않으며, 차이금액은 다음과 같이 회계처리 한다.

> ① **할증발행(발행금액 > 액면금액):** 주식이 액면금액을 초과하여 발행되는 경우, 동 초과액은 주식발행초과금으로 하여 납입자본에 가산(자본잉여금)한다.
> ② **할인발행(발행금액 < 액면금액):** 주식이 액면금액에 미달하여 발행되는 경우, 동 미달액은 주식할인발행차금으로 하여 납입자본에서 차감[부(-)의 자본조정]한다. 다만, 상법에서 할인발행을 제한하고 있기 때문에 할인발행되는 사례는 드물다.

주식발행초과금과 주식할인발행차금은 기업이 주주와의 자본거래에서 발생한 차익(차손)이므로 포괄손익계산서에 표시되면 안 된다. 그리고 주식발행초과금과 주식할인발행차금은 발생순서에 관계없이 서로 우선상계하여 표시하고, 상계 후 주식할인발행차금이 남은 경우에는 추후 이익잉여금과 상계(이익잉여금 처분으로 상각)한다.

[액면발행]

(차) 현금(자산 ↑)　　　　　　　　　×××　(대) 자본금(자본 ↑)　　　　　　　(*)×××
　　　(*) 자본금: 발행한 주식의 액면금액

[할증발행]

(차) 현금(자산 ↑)　　　　　　　　　×××　(대) 자본금(자본 ↑)　　　　　　　×××
　　　　　　　　　　　　　　　　　　　　　　주식발행초과금(자본 ↑)　　　×××

[할인발행]

(차) 현금(자산 ↑)　　　　　　　　　×××　(대) 자본금(자본 ↑)　　　　　　　×××
　　　주식할인발행차금(자본 ↓)　×××

한편, 주식발행과 직접 관련하여 발생한 원가(신주발행수수료, 주권인쇄비, 법률 및 회계자문수수료 등 신주발행 직접원가)를 신주발행비라고 하는데, 신주발행비는 주식의 발행가액에서 직접 차감한다. 따라서 할증발행의 경우에는 주식발행초과금에서 차감하며, 액면발행이나 할인발행의 경우에는 주식할인발행차금을 증가시킨다. 다만, 신주발행과 직접적인 관련이 없는 신주발행간접비는 발생한 기간의 당기비용으로 인식한다.

[액면발행 시]

(차) 주식할인발행차금(자본 ↓)   ×××   (대) 현금(자산 ↓)   ×××

[할증발행 시]

(차) 주식발행초과금(자본 ↓)   ×××   (대) 현금(자산 ↓)   ×××

[할인발행 시]

(차) 주식할인발행차금(자본 ↓)   ×××   (대) 현금(자산 ↓)   ×××

⊘ **참고   자본거래의 거래원가**

① 일반적으로 자기지분상품을 발행하거나 취득하는 과정에서 다양한 원가가 발생한다. 이러한 원가는 등록 및 그 밖의 감독과 관련된 수수료, 법률, 회계, 그 밖의 자문수수료, 주권인쇄비, 인지세 등을 포함한다.
② 이러한 자본거래의 거래원가 중 해당 자본거래가 없었다면 회피할 수 있고 해당 자본거래에 직접 관련하여 생긴 증분원가는 자본에서 차감하여 회계처리한다. 그러나 중도에 포기한 자본거래의 원가는 비용으로 인식한다.

필수암기!   **유상증자 시 자본의 변동**

① **유상증자 시 자본 증가액**: 주식발행금액(∵ 자산의 증가) - 신주발행비(∵ 자산의 감소)
② 할인발행의 경우에도 상기 금액만큼 자본이 증가함에 유의

(1) 20×1년 1월 2일, (주)한국은 주당 액면금액이 ₩100인 보통주 100주를 주당 ₩100에 발행하여 설립되었다.

(2) 20×1년 4월 5일, (주)한국은 보통주 100주를 주당 ₩110에 발행하였으며, 주식발행비용으로 총 ₩800이 발생하였다.

(3) 20×1년 10월 11일, (주)한국은 보통주 100주를 주당 ₩95에 발행하였으며, 주식발행비용으로 총 ₩600이 발생하였다.

[요구사항]

1. 주식발행 거래로 인해 (주)한국의 20×1년 자본에 미치는 영향을 계산하시오.

2. (주)한국이 20×1년에 해야 할 회계처리를 제시하시오.

해답   1. 20×1년 자본의 변동

(1) 자본의 변동은 자산과 부채의 변동액으로 파악한다. 따라서 유상증자의 경우 주식발행금액에서 신주발행비를 차감한 금액만큼 자본이 증가한다.

(2) 20×1년 자본 증가액

20×1.1.2	100주 × @100 =	10,000
20×1.4.5	100주 × @110 − 800 =	10,200
20×1.10.11	100주 × @95 − 600 =	8,900
계		29,100 증가

2. 20×1년 회계처리

20×1.1.2   (차) 현금   10,000   (대) 자본금   (*)10,000

(*) 100주 × @100 = 10,000

20×1.4.5   (차) 현금   (*1)10,200   (대) 자본금   (*2)10,000
                                                          주식발행초과금   (*3)200

(*1) 100주 × @110 − 800 = 10,200
(*2) 100주 × @100 = 10,000
(*3) 대차차액

20×1.10.11   (차) 현금   (*1)8,900   (대) 자본금   (*2)10,000
                    주식발행초과금   (*3)200
                    주식할인발행차금   (*4)900

(*1) 100주 × @95 − 600 = 8,900
(*2) 100주 × @100 = 10,000
(*3) 주식발행초과금을 우선상계하고, 부족한 금액을 주식할인발행차금으로 회계처리한다.
(*4) 대차차액

(2) 현물출자

주식발행의 대가로 현금 이외의 자산(예 토지, 건물 등)을 받는 경우를 현물출자라고 하는데, 현물출자의 경우 제공받는 자산의 공정가치로 납입자본의 증가를 측정한다.

(차) 토지 등(자산 ↑)	(*1)××× ①	(대) 자본금(자본 ↑)		××× ②
		주식발행초과금(자본 ↑)		(*2)××× ③

(*1) 제공받는 자산의 공정가치
(*2) 대차차액

다만, 제공받는 자산의 공정가치를 신뢰성 있게 측정하기 어려운 경우에는 발행교부한 주식의 공정가치로 납입자본의 증가를 측정한다.

(차) 토지 등(자산 ↑)	(*2)××× ③	(대) 자본금(자본 ↑)		(*1)××× ①
		주식발행초과금(자본 ↑)		(*1)××× ②

(*1) 발행교부한 주식의 공정가치
(*2) 대차차액

⊘참고 **혼수주식과 비밀적립금**

① 혼수주식(watered stock)은 현물출자 시 현물출자 자산을 공정가치보다 높게 평가하여 주주에 의해 납입된 불입자본과 자본이 과대계상되는 현상을 말한다.
② 비밀적립금(secret reserves)은 현물출자 자산을 공정가치보다 낮게 평가하여 주주에 의해 납입된 불입자본과 자본이 과소계상되는 현상을 말한다.

20×1년 7월 1일, (주)한국은 보통주 300주를 발행하여 토지를 취득하였다. 취득한 토지의 공정가치는 ₩100,000
이며, 발행 교부한 보통주의 주당 액면금액은 ₩100, 주당 공정가치는 ₩400이다.

[요구사항]

1. 토지취득 거래와 관련하여 (주)한국의 자본 증가액을 계산하고, (주)한국이 수행할 회계처리를 제시하시오.
2. 만일 발행한 보통주의 공정가치를 더욱 신뢰성 있게 측정할 수 있다고 할 경우, [요구사항 1]에 답하시오.

해답 **1. 현물출자 회계처리**
 (1) 자본 증가액
   ① 자본의 변동은 자산과 부채의 변동액으로 파악한다. 따라서 현물출자의 경우 취득한 토지(자산)의 공정가치
    만큼 자본이 증가한다.
   ② 자본증가액: 100,000
 (2) 회계처리

20×1.7.1	(차) 토지	100,000 ①	(대) 자본금	(*1)30,000 ②
			주식발행초과금	(*2)70,000 ③

  (*1) 300주 × @100 = 30,000
  (*2) 100,000 − 30,000 = 70,000

2. 발행한 주식의 공정가치를 더욱 신뢰성 있게 측정할 수 있는 경우
 (1) 자본 증가액
   ① 발행한 주식의 공정가치를 더욱 신뢰성 있게 측정할 수 있는 경우에는 발행한 주식의 공정가치를 현물출자로
    취득한 토지의 취득원가로 결정한다. 따라서 발행한 주식의 공정가치 만큼 자본이 증가하게 된다.
   ② 자본증가액: 300주 × @400 = 120,000
 (2) 회계처리

20×1.7.1	(차) 토지	(*1)120,000 ③	(대) 자본금	(*2)30,000 ①
			주식발행초과금	(*3)90,000 ②

  (*1) 300주 × @400 = 120,000
  (*2) 300주 × @100 = 30,000
  (*3) 120,000(= 300주 × @400) − 30,000 = 90,000

(3) 청약에 의한 발행

① 신주청약은 주식을 구매할 의사가 있는 투자자가 신주 발행금액 중 일부를 증거금(계약금)으로 미리 납입하고, 잔금은 미래의 일정시점에 납입할 것을 약속하는 것을 말한다.

② 신주청약 시에 받은 증거금은 신주청약증거금으로 하여 자본에 가산(자본조정)하고, 추후 잔금이 납입되어 주식을 발행할 때 자본금과 주식발행초과금으로 대체한다.

㉠ 증거금 납입일: (차) 현금(자산 ↑)	×××	(대) 신주청약증거금(자본 ↑)	×××
㉡ 잔금 납입일: (차) 현금(자산 ↑)	×××	(대) 자본금(자본 ↑)	×××
신주청약증거금(자본 ↓)	×××	주식발행초과금(자본 ↑)	×××

예제 5　유상증자: 청약발행

(1) 20×1년 5월 1일, (주)한국은 주당 액면금액이 ₩100인 보통주를 주당 ₩300에 발행하기로 하고 청약자로부터 발행가액의 40%를 신주청약증거금으로 납입받았다. 청약을 신청하여 증거금을 납입한 주식수는 100주에 해당한다.

(2) 20×1년 5월 11일, 청약된 주식 중 80주만 발행가액의 나머지 잔금을 납입하여 주식을 교부받았다. 그리고 잔금을 납입하지 않은 청약주식 20주에 대해서는 증거금으로 납입한 금액만큼 보통주를 발행하였다.

[요구사항]

1. 주식청약 거래와 관련하여 (주)한국의 주식발행초과금이 증가한 금액을 계산하시오.

2. 주식청약 거래와 관련하여 (주)한국이 일자별로 수행할 회계처리를 제시하시오.

해답　1. 주식발행초과금 증가액
(1) 발행할 보통주식수 : 80주 + 8주(= 20주 × 40%) = 88주
(2) 주식발행초과금 증가액 : 88주 × @(300 - 100) = 17,600

2. 일자별 회계처리

20×1.5.1	(차) 현금	$^{(*)}$12,000	(대) 신주청약증거금　12,000
	$^{(*)}$ 100주 × @300 × 40% = 12,000		
20×1.5.11	(차) 현금	$^{(*1)}$14,400	(대) 자본금　$^{(*3)}$8,000
	신주청약증거금	$^{(*2)}$9,600	주식발행초과금　$^{(*4)}$16,000
	$^{(*1)}$ 80주 × @300 × 60% = 14,400		
	$^{(*2)}$ 80주 × @300 × 40% = 9,600		
	$^{(*3)}$ 80주 × @100 = 8,000		
	$^{(*4)}$ 대차차액 또는 80주 × @(300 - 100) = 16,000		
	(차) 신주청약증거금	$^{(*1)}$2,400	(대) 자본금　$^{(*2)}$800
			주식발행초과금　$^{(*3)}$1,600
	$^{(*1)}$ 20주 × @300 × 40% = 2,400		
	$^{(*2)}$ 8주(= 20주 × 40%) × @100 = 800		
	$^{(*3)}$ 대차차액 또는 8주 × @(300 - 100) = 1,600		

2. 무상증자(형식적 증자)

① 무상증자는 자본잉여금이나 배당이 불가능한 이익잉여금(예 이익준비금 등)을 자본금으로 전입(대체)하고 주식을 발행하는 것을 말한다.

② 무상증자는 현금 등 자산의 유입이 없으므로 자본총계는 변동이 없다. 즉, 무상증자는 발행한 주식의 액면금액만큼 자본금은 증가하지만 다른 자본이 동일한 금액으로 감소하기 때문에, 자본의 구성내역만 변동될 뿐 자본총계에는 아무런 변동이 없다. 따라서 무상증자를 형식적인 증자라고도 한다.

(차) 주식발행초과금 등(자본 ↓)	×××	(대) 자본금(자본 ↑)	×××

③ 한편, 무상증자로 주식을 취득하는 주주입장에서도 보유주식수는 증가하지만 보유주식 전체의 가치는 변동이 없기 때문에, 별도의 회계처리를 수행하지 않는다.

예제 6 무상증자

(주)한국은 주식발행초과금 ₩4,000을 자본금으로 전입하고 보통주 80주(주당 액면금액 ₩50)를 발행하는 무상증자를 실시하였다.

[요구사항]

(주)한국이 무상증자와 관련하여 해야 할 회계처리를 제시하시오.

해답 (차) 주식발행초과금   4,000   (대) 자본금   4,000

---

3. 주식분할과 주식병합

① 주식분할은 자본금의 증가 없이 주당 액면금액을 감소시켜 하나의 주식을 여러 개의 주식으로 분할하는 것을 말한다. 따라서 주식분할 이후에도 자본의 구성내용은 변동이 없고, 발행주식수만 증가한다. 주식분할은 대가의 유입이 없이 주식을 주주들에게 나누어 준다는 점에서 무상증자 및 후술할 주식배당과 동일하다. 그러나 무상증자와 주식배당은 자본의 구성내용에 변동이 있다는 점에서 차이가 있다.

② 반면에 주식병합은 자본금의 감소 없이 주당 액면금액을 증가시켜 여러 개의 주식을 하나의 주식으로 병합하는 것을 말한다. 따라서 주식병합 이후에도 자본의 구성내용은 변동이 없고, 발행주식수만 감소한다.

[표 11-3] 주식분할, 무상증자 및 주식배당의 효과 비교

구분	주식분할	무상증자	주식배당
자본금	변동 없음	증가	증가
발행주식수	증가	증가	증가
이익잉여금	변동 없음	감소 가능	감소
자본총계	변동 없음	변동 없음	변동 없음

4. [심화] 출자전환

① 출자전환이란 기업(채무자)이 채권자에게 지분상품(예 주식)을 발행하여 금융부채의 전부 또는 일부를 소멸(상환)시키는 것을 말한다. 출자전환으로 발행된 지분상품은 금융부채가 소멸된 날에 최초로 인식하고 측정한다.

② 기업이 채권자에게 발행한 지분상품은 금융부채를 소멸시키기 위해 채권자에게 지급한 대가(상환대가)로 본다. 따라서 소멸하는 금융부채의 장부금액과 발행하는 지분상품의 공정가치(상환대가)의 차액은 당기손익(금융부채 상환손익)으로 인식한다.

(차) 금융부채	(*)×××	(대) 자본금	×××
		주식발행초과금	×××
		금융부채상환이익(당기손익)	×××
(*) 소멸(상환)하는 금융부채의 장부금액			

③ 다만, 이때 채권자에게 발행한 지분상품(상환대가)은 다음과 같이 측정한다.

> ㉠ **원칙**: 발행된 지분상품의 공정가치로 측정한다.
> ㉡ **예외**: 발행된 지분상품의 공정가치를 신뢰성 있게 측정할 수 없다면, 소멸된 금융부채의 공정가치로 측정한다.

(1) 20×1년 12월 25일, (주)한국은 재무구조의 악화로 인해 장기차입금(장부금액 ₩100,000, 공정가치 ₩70,000)을 정상적으로 상환할 수 없게 되었다. 이에 (주)한국은 채권자와 장기차입금의 조건을 재협상한 결과, (주)한국의 보통주 600주를 발행하여 장기차입금을 출자전환(상환)하기로 합의하였다.
(2) 20×2년 1월 10일, (주)한국은 보통주 600주를 발행하여 장기차입금을 출자전환하였다. 출자전환일 현재 (주)한국이 발행한 보통주의 주당 액면금액은 ₩100, 주당 공정가치는 ₩120이다.

[요구사항]

1. (주)한국이 출자전환일에 당기손익으로 인식할 금액을 계산하고 관련 회계처리를 제시하시오.
2. 만일 (주)한국이 발행한 보통주의 공정가치를 신뢰성 있게 측정할 수 없다고 가정할 경우, 상기 [요구사항 1]에 답하시오.

해답　**1. 보통주의 공정가치를 신뢰성 있게 측정할 수 있는 경우**
　　(1) 당기손익(금융부채상환손익)

　　　　장기차입금 장부금액　　　　　　　　　　100,000
　　　　지분상품의 공정가치　　600주 × @120 =　(72,000)
　　　　금융부채상환이익(손실)　　　　　　　　　28,000

　　(2) 회계처리

20×1.12.25			– 회계처리 없음 –		
20×1.12.31			– 회계처리 없음 –		
20×2.1.10	(차) 장기차입금	100,000	(대) 자본금		[*1]60,000
			주식발행초과금		[*2]12,000
			금융부채상환이익		28,000

　　　　　　　[*1] 600주 × @100 = 60,000
　　　　　　　[*2] 600주 × @(120 – 100) = 12,000

　2. 보통주의 공정가치를 신뢰성 있게 측정할 수 없는 경우
　　(1) 당기손익(금융부채상환손익)

　　　　장기차입금 장부금액　　100,000
　　　　장기차입금 공정가치　　(70,000)
　　　　금융부채상환이익(손실)　30,000

　　(2) 회계처리

20×1.12.25			– 회계처리 없음 –		
20×1.12.31			– 회계처리 없음 –		
20×2.1.10	(차) 장기차입금	100,000	(대) 자본금		[*1]60,000
			주식발행초과금		[*2]10,000
			금융부채상환이익		30,000

　　　　　　　[*1] 600주 × @100 = 60,000
　　　　　　　[*2] 70,000(금융부채의 공정가치) – 600주 × @100 = 10,000

03 감자거래

(1) 감자거래의 개요

① 기업은 사업규모를 줄이거나 결손금을 보전하기 위해 자본금을 감소시킬 수 있다. 그러나 자본금을 감소시키면 주주에게 피해가 갈 수 있기 때문에, 상법에서는 자본 감소의 방법과 절차를 엄격하게 규정하고 있다.

② 자본금의 감소(이하 '감자')는 유상감자와 무상감자로 구분된다. 유상감자는 자본금이 감소하면서 현금 등 자산이 유출되는 실질적인 감자이며, 무상감자는 자본금은 감소하지만 현금 등 자산이 유출되지 않는 형식적인 감자를 말한다.

(2) 유상감자(실질적 감자)

유상감자는 주주에게 현금 등의 대가를 지급하고 주주로부터 주식을 회수하여 소각하는 것을 말한다.

> ① **자본금 감소액 > 감자대가:** 감소하는 주식의 액면금액(자본금)보다 지급하는 대가가 더 적으면 차액을 감자차익으로 하여 납입자본에 가산(자본잉여금)한다.
>
> ② **자본금 감소액 < 감자대가:** 감소하는 주식의 액면금액(자본금)보다 지급하는 대가가 더 많으면 차액을 감자차손으로 하여 납입자본에서 차감[부(-)의 자본조정]한다.

감자차익과 감자차손은 기업이 주주와의 자본거래에서 발생한 차익(차손)이므로 포괄손익계산서에 표시되면 안 된다. 그리고 감자차익과 감자차손은 발생순서에 관계없이 서로 우선상계하여 표시하고, 상계 후 감자차손이 남은 경우에는 추후 이익잉여금과 상계(이익잉여금 처분으로 상각)한다.

[소각주식의 액면금액 > 감자대가]			
(차) 자본금(자본 ↓)	×××	(대) 현금(자산 ↓)	×××
		감자차익(자본 ↑)	×××

[소각주식의 액면금액 < 감자대가]			
(차) 자본금(자본 ↓)	×××	(대) 현금(자산 ↓)	×××
감자차손(자본 ↓)	×××		

필수암기! **유상감자 시 자본의 변동**

유상감자 시 자본 감소액: 감자대가(∵ 자산의 감소)

예제 8 유상감자

20×1년 1월 1일 현재 (주)한국의 보통주 자본금과 주식발행초과금은 각각 ₩100,000과 ₩50,000이며, (주)한국이 발행한 보통주의 주당 액면금액은 ₩50이다.

> 20×1년 4월 1일, (주)한국은 보통주 100주를 주당 ₩30에 취득하고 즉시 소각하였다.
> 20×1년 11월 20일, (주)한국은 보통주 100주를 주당 ₩80에 취득하고 즉시 소각하였다.

[요구사항]

상기 유상감자와 관련하여 (주)한국이 20×1년에 해야 할 회계처리를 제시하시오.

해답

20×1.4.1	(차) 자본금	(*1)5,000	(대) 현금	(*2)3,000
			감자차익	2,000

(*1) 100주 × @50 = 5,000
(*2) 100주 × @30 = 3,000

20×1.11.20	(차) 자본금	5,000	(대) 현금	(*1)8,000
	감자차익(*2)	2,000		
	감자차손(*2)	1,000		

(*1) 100주 × @80 = 8,000
(*2) 감자차익을 먼저 상계하고 부족한 금액은 감자차손으로 회계처리한다.

(3) 무상감자(형식적 감자)

① 무상감자는 주주들에게 대가를 지급하지 않고 주주로부터 주식을 회수하여 소각하는 것을 말한다. 무상감자는 자본금은 감소하지만, 현금 등 자산의 유출도 없고 자본총계도 변동이 없다. 따라서 무상감자를 형식적인 감자라고도 한다. 주주의 입장에서도 보유주식수는 감소하지만 전체 보유주식의 가치는 변동이 없으므로 회계처리가 없다.

② 일반적으로 무상감자는 기업의 누적된 결손금을 없애기 위하여 실시되며, 자본금과 미처리결손금을 상계하는 것으로 회계처리한다. 이때 감소되는 자본금보다 상계하는 미처리결손금이 작을 경우에는 감자차익을 인식한다. 그러나 감소되는 자본금보다 상계하는 미처리결손금이 더 클 수는 없으며, 따라서 감자차손은 발생할 수 없다.

(차) 자본금(자본 ↓)	×××	(대) 미처리결손금(자본 ↑)	×××
		감자차익(자본 ↑)	×××

예제 9 무상감자

(주)한국의 보통주 자본금은 ₩100,000이며, 자본금 중 일부를 무상감자하여 미처리결손금과 상계하기로 하였다.

[요구사항]

1. 미처리결손금이 ₩80,000이 있으며, 미처리결손금을 없애기 위해 자본금을 ₩90,000을 감소시킬 경우 회계처리를 제시하시오.

2. 미처리결손금이 ₩120,000이 있으며, 미처리결손금을 없애기 위해 자본금을 최대한 감소시킬 경우 회계처리를 제시하시오.

해답 1. 미처리결손금이 ₩80,000이 있는 경우

(차) 자본금	90,000	(대) 미처리결손금	80,000
		감자차익	10,000

2. 미처리결손금이 ₩120,000이 있는 경우

(차) 자본금	100,000	(대) 미처리결손금	[*]100,000

[*] 미처리결손금을 자본금보다 더 많이 감소시킬 수 없으며, 따라서 소멸되지 않은 미처리결손금 ₩20,000은 차기로 이월된다.

04 자기주식 거래

1. 개요

① 자기주식(treasury stock)은 기업이 이미 발행한 주식을 소각하거나 재발행할 목적으로 취득하여 (소각하지 않고) 보유하고 있는 주식을 말한다.

② 자기주식은 취득목적에 관계없이 자산으로 인식할 수 없으며, 자본에서 차감[부(-)의 자본조정]하여 표시한다. 왜냐하면 자기주식은 의결권, 배당청구권 등 주주의 기본적인 권리가 제한되므로 보유로 인한 효익을 얻을 수가 없고, 자기주식을 자산으로 인정하게 되면 기업이 자신을 소유하게 되는 비논리적인 문제가 발생하기 때문이다.

2. 회계처리

(1) 자기주식의 취득

자기주식은 취득원가(지급한 대가의 공정가치)로 기록한다. 따라서 만일 자기주식을 무상으로 취득하는 경우에는 취득과 관련한 회계처리가 없으며, 추후 처분시점에 처분금액을 그대로 자기주식처분이익으로 인식한다.

[유상취득]

(차) 자기주식(자본 ↓)   ×××   (대) 현금(자산 ↓)   ×××

[무상취득]

– 회계처리 없음(비망기록만 함) –

승철쌤's comment   자기주식 취득원가

① 자기주식은 자산이 아니라 (부의) 자본이며, 자본은 자산에서 부채를 차감한 금액으로 측정한다. 따라서 자기주식을 취득하는 경우에는 자기주식의 취득금액만큼 자산이 감소하므로, 동 금액을 자기주식의 원가로 인식하는 것이다.

② 따라서 만일 자기주식을 무상으로 취득하는 경우에는 자산과 부채의 변동이 없으므로, 즉, 자본의 변동이 없으므로 자기주식 취득과 관련한 회계처리가 없는 것이다.

(2) 자기주식의 처분(재발행)

자기주식을 처분하는 경우의 회계처리는 다음과 같다.

① **처분금액 > 장부금액**: 자기주식의 처분으로 수령하는 대가가 자기주식의 장부금액을 초과하는 경우에는 동 초과액을 자기주식처분이익으로 하여 납입자본에 가산(자본잉여금)한다.
② **처분금액 < 장부금액**: 처분대가가 자기주식의 장부금액에 미달하는 경우에는 동 미달액을 자기주식처분손실로 하여 납입자본에서 차감[부(-)의 자본조정]한다.

자기주식처분이익과 자기주식처분손실은 주주와의 자본거래에서 발생한 차익(차손)이므로 포괄손익계산서에 표시되면 안 된다. 그리고 자기주식처분이익과 자기주식처분손실은 발생순서에 관계없이 서로 우선상계하여 표시하고, 상계 후 자기주식처분손실이 남은 경우에는 추후 이익잉여금과 상계(이익잉여금 처분으로 상각)한다.

[처분금액 > 장부금액]

(차) 현금(자산 ↑)	×××	(대) 자기주식(자본 ↑)	×××
		자기주식처분이익(자본 ↑)	×××

[처분금액 < 장부금액]

(차) 현금(자산 ↑)	×××	(대) 자기주식(자본 ↑)	×××
자기주식처분손실(자본 ↓)	×××		

(3) 자기주식의 소각

자기주식을 소각할 경우에는 발행주식수가 감소하므로 자본금을 감소시키는 유상감자 거래와 회계처리가 동일하다.

① **소각주식 액면금액 > 장부금액**: 소각하는 자기주식의 액면금액(자본금)보다 장부금액이 더 적으면 차액을 감자차익으로 하여 납입자본에 가산(자본잉여금)한다.
② **소각주식 액면금액 < 장부금액**: 소각하는 자기주식의 액면금액보다 장부금액이 더 크면 차액을 감자차손으로 하여 납입자본에서 차감[부(-)의 자본조정]한다.

[소각주식의 액면금액 > 장부금액]

(차) 자본금(자본 ↓)	×××	(대) 자기주식(자본 ↑)	×××
		감자차익(자본 ↑)	×××

[소각주식의 액면금액 < 장부금액]

(차) 자본금(자본 ↓)	×××	(대) 자기주식(자본 ↑)	×××
감자차손(자본 ↓)	×××		

① 자기주식 취득 시: 취득금액만큼 자본 감소(∵ 자산 감소)

　　비교 투자주식 취득 시: 자본 변동 없음(∵ 자산의 순변동 없음)

② 자기주식 처분 시: 처분금액만큼 자본 증가(∵ 자산 증가)

③ 자기주식 소각 시: 자본 변동 없음(∵ 자산, 부채의 변동 없음)

예제 10　자기주식

다음은 20×1년에 설립한 (주)한국의 20×1년 자기주식과 관련한 거래내역이다. (주)한국은 자기주식을 선입선출법에 따른 원가법을 적용하여 회계처리한다.

20×1년 2월 10일	자기주식 70주를 주당 ₩100(1주당 액면금액 ₩50)에 취득하였다.
20×1년 3월 6일	자기주식 60주를 주당 ₩104에 재발행하였다.
20×1년 6월 10일	자기주식 100주를 주당 ₩110에 취득하였다.
20×1년 9월 2일	자기주식 40주를 주당 ₩96에 재발행하였다.
20×1년 11월 11일	자기주식 50주를 주당 ₩116에 재발행하였다.
20×1년 12월 24일	남아있는 자기주식 20주를 모두 소각하였다.

[요구사항]

1. 자기주식 거래가 (주)한국의 20×1년 자본에 미치는 영향을 계산하시오.

2. (주)한국이 20×1년 말 재무상태표에 보고할 자기주식처분손익을 계산하시오.

3. (주)한국이 20×1년 12월 24일에 인식할 감자차손익을 계산하시오.

4. (주)한국이 20×1년에 해야 할 회계처리를 제시하시오.

해답 **1. 20×1년 자본의 변동**

20×1.2.10	자기주식 취득	70주 × @100 =	(7,000)
20×1.3.6	자기주식 처분	60주 × @104 =	6,240
20×1.6.10	자기주식 취득	100주 × @110 =	(11,000)
20×1.9.2	자기주식 처분	40주 × @96 =	3,840
20×1.11.11	자기주식 처분	50주 × @116 =	5,800
20×1.12.24	자기주식 소각		–
계			(2,120) 감소

2. 20×1년 말 자기주식처분손익 잔액

20×1.3.6		60주 × @(104 - 100) =	240 처분이익
20×1.9.2	40주 × @96 - (10주 × @100 + 30주 × @110) =		(460) 처분손실
20×1.11.11		50주 × @(116 - 110) =	300 처분이익
20×1.12.31			80 처분이익

3. 20×1.12.24 감자차익(손실)

소각주식의 액면금액 - 소각주식의 장부금액 = 20주 × @(50 - 110) = (-)1,200 손실

4. 20×1년 회계처리

20×1.2.10　(차) 자기주식　　　　　　　　7,000　(대) 현금　　　　　　　　(*)7,000
　　　　　　(*) 70주 × @100 = 7,000

20×1.3.6　(차) 현금　　　　　　　　(*1)6,240　(대) 자기주식　　　　　　(*2)6,000
　　　　　　　　　　　　　　　　　　　　　　자기주식처분이익　　　　　　240
　　　　　　(*1) 60주 × @104 = 6,240
　　　　　　(*2) 60주 × @100 = 6,000

20×1.6.10　(차) 자기주식　　　　　　　11,000　(대) 현금　　　　　　　(*)11,000
　　　　　　(*) 100주 × @110 = 11,000

20×1.9.2　(차) 현금　　　　　　　　(*1)3,840　(대) 자기주식　　　　　　(*2)4,300
　　　　　　자기주식처분이익　　　(*3)240
　　　　　　자기주식처분손실　　　(*3)220
　　　　　　(*1) 40주 × @96 = 3,840
　　　　　　(*2) 10주 × @100 + 30주 × @110 = 4,300
　　　　　　(*3) 자기주식처분이익을 우선상계하고, 부족한 금액을 자기주식처분손실로 회계처리
　　　　　　　한다.

20×1.11.11　(차) 현금　　　　　　　(*1)5,800　(대) 자기주식　　　　　　(*2)5,500
　　　　　　　　　　　　　　　　　　　　　자기주식처분손실　　　　(*3)220
　　　　　　　　　　　　　　　　　　　　　자기주식처분이익　　　　(*3)80
　　　　　　(*1) 50주 × @116 = 5,800
　　　　　　(*2) 50주 × @110 = 5,500
　　　　　　(*3) 자기주식처분손실을 우선상계하고, 부족한 금액을 자기주식처분이익으로 회계처
　　　　　　　리한다.

20×1.12.24　(차) 자본금　　　　　　(*1)1,000　(대) 자기주식　　　　　　(*2)2,200
　　　　　　감자차손　　　　　　　1,200
　　　　　　(*1) 20주 × @50 = 1,000
　　　　　　(*2) 20주 × @110 = 2,200

제3절 | 손익거래

01 의의

손익거래는 기업의 자본을 증감시키는 거래 중 주주와의 자본거래를 제외한 모든 거래를 말한다. 손익거래로 인한 자본의 변동은 포괄손익계산서에 당기순이익과 기타포괄손익으로 구분하여 보고된다. 그리고 포괄손익계산서에 당기순이익으로 보고된 금액은 재무상태표에 이익잉여금으로 누적되고, 기타포괄손익으로 보고된 금액은 재무상태표에 기타자본구성요소(기타포괄손익누계액)에 누적된다.

02 이익잉여금의 구성(종류)

① 이익잉여금은 주주총회에서 이익잉여금의 처분이라는 절차를 거쳐 배당의 형태로 주주들에게 분배된다. 그러나 기업이 벌어들인 이익을 모두 주주에게 배당할 수 있는 것은 아니다. 모든 이익을 배당하게 되면 기업이 미래에 사업을 위하여 재투자할 재원이 부족하게 되며, 채권자 등 기업의 이해관계자 보호도 제대로 이루어질 수 없을 것이다.
② 따라서 상법 등 관련 법령에서는 이익잉여금의 일부를 강제로 유보하도록 요구하기도 하고(법정적립금), 기업이 자발적으로 이익의 일부를 유보하기도 한다(임의적립금). 법정적립금은 배당이 불가능하지만, 임의적립금은 나중에 다시 처분 전의 상태로 이입(환원)되어 다시 배당의 재원으로 사용할 수도 있다.
③ 이렇게 기업이 벌어들인 이익 중 일부를 법정적립금이나 임의적립금으로 유보한 후에 남는 금액을 주주에게 배당하는 것이며, 배당 후에도 남아있는 금액(미처분이익잉여금)이 있다면 다음 연도로 이월되는 것이다. 결과적으로 이익잉여금은 크게 법정적립금, 임의적립금 그리고 미처분이익잉여금의 3가지로 구분할 수 있다.

(1) 법정적립금

법정적립금은 관련 법령에 의하여 적립이 강제되는 적립금으로서, 가장 대표적인 사례는 상법에 따라 적립하는 이익준비금이다. 상법에 따르면, 이익준비금은 매 결산기에 이익배당액의 10분의 1 이상을 자본금의 2분의 1에 달할 때까지 적립해야 한다. 이때 이익배당액은 금전배당과 현물배당을 말하며 주식배당은 제외한다. 이익준비금의 적립에 대한 회계처리는 다음과 같다.

| (차) 미처분이익잉여금 | ××× | (대) 이익준비금 | ××× |

(2) 임의적립금

① 임의적립금은 기업이 적립목적이나 금액 등을 재량적으로 결정하여 정관이나 주주총회 결의에 따라 이익잉여금 중에서 기업 내부에 유보한 이익잉여금을 말한다. 임의적립금의 적립에 대한 회계처리는 다음과 같다.

[임의적립금의 적립]

(차) 미처분이익잉여금 ××× (대) 사업확장적립금 ×××

② 임의적립금은 사업확장적립금, 감채기금적립금, 재해손실적립금, 배당평균적립금 등 다양한 목적에 따라 기업이 임의로 적립할 수 있다. 그런데 임의적립금의 적립은 상기 회계처리에서 보는 바와 같이 단순히 이익잉여금 간의 대체에 불과하며, 임의적립금을 적립한다고 하여 당해 목적에 사용할 자금이 실제로 마련되는 것은 아니다. 그럼에도 불구하고 기업이 임의적립금을 적립하는 이유는 임의적립금을 적립함으로써 배당가능이익을 감소시켜 배당으로 인해 기업 외부로 유출되는 재원을 줄일 수 있기 때문이다.

③ 한편, 임의적립금은 추후 적립목적을 달성하는 경우, 다시 미처분이익잉여금의 상태로 이입(환원)하여 배당의 재원 등으로 사용할 수도 있다.

[임의적립금의 이입]

(차) 사업확장적립금 ××× (대) 미처분이익잉여금 ×××

(3) 미처분이익잉여금

전기이월미처분이익잉여금에 당기순이익(손실) 등을 가감한 금액을 처분 전 이익잉여금이라고 한다. 처분 전 이익잉여금은 주주총회의 승인을 받아 사내유보(법정적립금, 임의적립금)와 배당 등으로 처분되며, 처분 후에도 남아있는 금액이 있으면 이를 미처분이익잉여금으로 하여 다음 연도로 이월된다.

03 이익잉여금의 처분

1. 개요

기업이 사업활동의 결과로 당기순이익이 발생하여 이익잉여금이 증가하면, 이를 주주에게 배당으로 지급할 것인지 아니면 기업 내부에 유보할 것인지를 결정해야 한다. 상법에 따르면, 이러한 이익잉여금 처분의 의사결정은 주주총회에서 주주들의 승인을 받아서 이루어지도록 하고 있다. 이익잉여금은 다음과 같이 크게 4가지 형태로 처분된다.

> ① 현금배당
> ② 주식배당
> ③ **사내유보**: 법정적립금 및 임의적립금으로 적립
> ④ **다른 자본과 상계(상각)**: 주식할인발행차금, 감자차손, 자기주식처분손실 등과 상계

승철쌤's comment   이익잉여금 처분거래

> 이익잉여금 자체는 제3자와의 손익거래에서 발생한 자본이다. 그러나 이익잉여금의 처분은 주주총회에서 주주들의 의사결정으로 이루어지므로, 이익잉여금의 처분거래는 주주와의 자본거래에 해당한다.

2. 배당

(1) 현금배당

현금배당은 사업활동의 결과로 기업이 창출한 이익을 현금으로 주주들에게 배분하는 자본거래이다. 이러한 현금배당은 다음과 같이 배당기준일, 배당선언일과 배당지급일로 구분하여 회계처리가 이루어진다.

> ① **배당기준일**: 일반적으로 보고기간 말(결산일)이 되며, 배당을 받을 권리가 있는 주주들을 결정하는 날이므로 별도의 회계처리가 없다.
> ② **배당선언일**: 이익잉여금을 처분하여 배당금으로 지급할 것을 주주총회에서 결의한 날이다. 배당선언일에 배당금 지급의무가 발생하므로 배당금으로 결의된 금액을 미지급배당금(금융부채)으로 인식한다.
> ③ **배당지급일**: 주주총회에서 결의된 배당금을 실제로 지급하는 날이며, 배당금 지급액을 미지급배당금과 상계한다.

> ① 배당기준일: - 회계처리 없음 -
> ② 배당선언일: (차) 미처분이익잉여금(자본 ↓)   ×××   (대) 미지급배당금(부채 ↑)   ×××
> ③ 배당지급일: (차) 미지급배당금(부채 ↓)   (대) 현금(자산 ↓)   ×××

한편, 기업은 정관에 정한 경우 영업연도 중 1회에 한하여 이사회 결의로 일정한 날을 정하여 배당을 지급할 수도 있는데, 이를 중간배당이라고 한다. 중간배당은 현금이나 현물배당만이 가능하다.

(2) 주식배당

주식배당은 기업이 주주들에게 신주를 발행하여 배당금으로 지급하는 것을 말한다. 주식배당도 배당선언일에 회계처리하며, 주식배당으로 결의된 금액을 미교부주식배당금으로 하여 자본(자본조정)으로 인식한다. 미교부주식배당은 추후 주식을 실제로 발행하여 교부할 때 자본금으로 대체한다. 한편, 주식배당은 (발행 당시의 시가로 배당하지 않고) 액면배당만 인정된다.

① 배당기준일:		– 회계처리 없음 –		
② 배당선언일:	(차) 미처분이익잉여금(자본 ↓)	×××	(대) 미교부주식배당금(자본 ↑)	×××
③ 배당지급일:	(차) 미교부주식배당금(자본 ↓)	×××	(대) 자본금(자본 ↑)	×××

3. 자본거래손실과 상계(상각)

주식할인발행차금, 감자차손, 자기주식처분손실 등 자본거래에서 발행한 손실은 실질적인 성격이 주주에 대한 배당으로 볼 수 있다. 따라서 정기주주총회일에 이익잉여금 처분 시 자본거래손실을 이익잉여금과 상계(상각)하여 보전한다. 이러한 자본거래손실의 상각 회계처리는 자본의 구성내용만 변동될 뿐 자본총계에 미치는 영향은 없다.

(차) 미처분이익잉여금	×××	(대) 감자차손 등	×××

4. 미처분이익잉여금의 처분 회계처리

이익잉여금의 처분 의사결정은 주주총회에서 주주들의 승인을 받아서 이루어지는데, 당 회계연도에 대한 주주총회는 일반적으로 다음 연도 3월경에 개최된다. 이때 기업은 주주총회의 결의가 있기 전에는 이익잉여금 처분에 대한 회계처리를 장부에 반영할 수 없다. 따라서 당 회계연도에 벌어들인 이익잉여금의 처분 회계처리는 다음연도에 개최되는 주주총회 결의일에 이루어지게 된다.

｜사례｜

이익잉여금 처분 회계처리

(주)한국의 20×1년 당기순이익이 ₩1,000이며, 20×2년 3월 20일에 개최된 주주총회에서 이익잉여금을 다음과 같이 처분하기로 결의하였다.

[임의적립금 이입]
○ 감채기금적립금 이입　　50

[이익잉여금 처분]
○ 현금배당　　　　　　　　200
○ 주식배당　　　　　　　　100
○ 이익준비금 적립　　　　 20
○ 사업확장적립금 적립　　100
○ 감자차손 상계(상각)　　 30

상기 사례에서 기업의 20×1년 결산일과 20×2년 3월 20일(주주총회일)의 회계처리를 제시하면 다음과 같다.

[20×1년 결산일(당기순이익의 이익잉여금 대체)]

(차) 집합손익　　　　　　　1,000　(대) 미처분이익잉여금　　　　　　1,000

[20×2년 3월 20일(주주총회 결의일)]

(차) 감채기금적립금　　　　　50　(대) 미처분이익잉여금　　　　　　　50
(차) 미처분이익잉여금　　　450　(대) 미지급배당금　　　　　　　　200
　　　　　　　　　　　　　　　　　　미교부주식배당금　　　　　　100
　　　　　　　　　　　　　　　　　　이익준비금　　　　　　　　　　20
　　　　　　　　　　　　　　　　　　사업확장적립금　　　　　　　100
　　　　　　　　　　　　　　　　　　감자차손　　　　　　　　　　　30

앞서 설명한 바와 같이, 법정적립금과 임의적립금의 이입과 적립은 이익잉여금 간의 대체에 불과하다. 따라서 만일 (주)한국의 20×1년 초 이익잉여금이 ₩500이라고 가정할 경우, 20×2년 주주총회 결의일 직후 재무상태표상 이익잉여금은 아래와 같이 계산된다.

20×1.1.1 이익잉여금	500
20×1년 당기순이익	1,000
20×2.3.20 정기주주총회	
현금배당	(200)
주식배당	(100)
감자차손 상계(상각)	(30)
정기주주총회 직후 이익잉여금	1,170

5. 이익잉여금처분계산서

이익잉여금처분계산서는 국제회계기준에서 규정하는 기본재무제표(전체재무제표)가 아니다. 다만, 상법 등 관련 법규에서 이익잉여금처분계산서(결손금처리계산서)의 작성을 요구하는 경우에는 재무상태표의 이익잉여금(결손금)에 대한 보충정보로서 이익잉여금처분계산서(결손금처리계산서)를 주석으로 공시한다. 이러한 이익잉여금처분계산서는 미처분이익잉여금의 당기변동을 표시하는 표로서, 다음과 같이 작성된다.

(1) 작성기준일

보고기간 말(재무상태표일)이 아니라 주주총회일을 기준으로 작성한다. 즉, 전기 주주총회일과 당기 주주총회일 사이의 미처분이익잉여금의 변동을 표시하는 것이다.

(2) 작성대상

(이익잉여금 전체가 아니라) 배당이 제한된 법정적립금과 임의적립금을 제외한 '미처분'이익잉여금을 대상으로 변동내역을 표시한다.

> **승철쌤's comment 이익잉여금처분계산서의 작성대상**
>
> ① 법정·임의적립금은 배당이 제한되어 있기 때문에, 이익잉여금 중에서도 실질적으로 주주들에게 배당가능한 금액은 미처분이익잉여금이다.
> ② 이러한 미처분이익잉여금의 변동에 대한 정보를 주주들에게 제공하기 위해 이익잉여금처분계산서를 작성하는 것이다.

[그림 11-1] 이익잉여금처분계산서

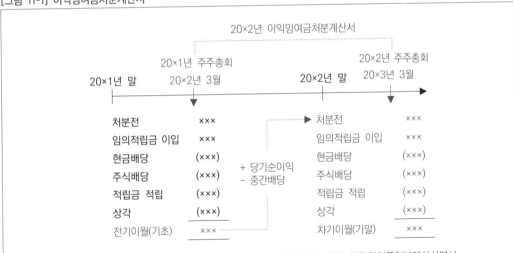

① **전기 주주총회에서 이익잉여금 처분 직후 미처분이익잉여금**: 당기 이익잉여금처분계산서에서 기초금액(전기이월이익잉여금)으로 표시된다.
② **당기 주주총회에서 이익잉여금 처분 직후 미처분이익잉여금**: 당기 이익잉여금처분계산서에서 기말금액(차기이월이익잉여금)으로 표시된다.

(주)한국은 재무상태표의 이익잉여금에 대한 보충정보로서 이익잉여금처분계산서를 주석으로 공시하고 있다. 다음의 자료를 이용하여 제시된 물음에 답하시오.

(1) (주)한국은 20×2년 3월 15일 정기 주주총회 결의를 통해 20×1년도 이익잉여금을 처분하였으며, 미처분이익잉여금 ₩230,000을 차기로 이월하였다.

(2) (주)한국은 20×2년 8월 28일에 이사회 결의를 통해 중간배당으로 ₩60,000을 지급하였으며, 20×2년 당기순이익으로 ₩500,000을 보고하였다.

(3) (주)한국은 20×3년 2월 28일에 개최될 정기 주주총회에서 다음과 같이 이익잉여금을 처분하기로 하였다.

○ 적립목적을 달성한 사업확장적립금 ₩70,000 이입
○ ₩100,000의 현금배당과 ₩40,000의 주식배당
○ 현금배당의 10%를 이익준비금으로 적립
○ 감채기금적립금 ₩20,000 적립
○ 감자차손 상각 ₩14,000

[요구사항]

1. (주)한국이 20×2년도 이익잉여금처분계산서에 보고할 차기이월 미처분이익잉여금을 계산하시오.

2. (주)한국이 20×3년 2월 28에 수행할 회계처리를 제시하시오.

해답 1. 20×2년 이익잉여금처분계산서상 차기이월 미처분이익잉여금

전기이월 미처분이익잉여금		230,000
20×2년 중간배당		(60,000)
20×2년 당기순이익		500,000
20×3.2.28 정기주주총회		
사업확장적립금 이입		70,000
현금배당		(100,000)
주식배당		(40,000)
이익준비금 적립	(60,000 + 100,000) × 10% =	(16,000)
감채기금적립금 적립		(20,000)
감자차손 상각(상계)		(14,000)
차기이월 미처분이익잉여금		550,000

2. 이익잉여금 처분 회계처리

20×3.2.28　　[임의적립금의 이입]

(차) 사업확장적립금		70,000	(대) 미처분이익잉여금	70,000

[이익잉여금의 처분]

(차) 미처분이익잉여금		190,000	(대) 미지급배당금	100,000
			미교부주식배당금	40,000
			이익준비금	16,000
			감채기금적립금	20,000
			감자차손	14,000

04 기타자본구성요소(기타포괄손익누계액)

[그림 11-2] 기타자본구성요소의 사후처리

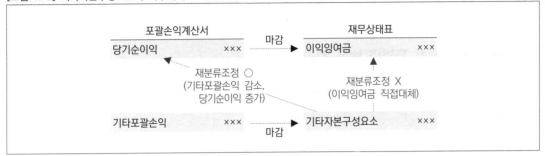

① 손익거래로 인한 자본의 변동 중 포괄손익계산서에 기타포괄손익으로 보고된 금액은 기말 재무상태표의 기타자본구성요소(기타포괄손익누계액)에 누적된다.

② 다만, 이렇게 기타자본구성요소에 누적된 금액은 (영원히 기타자본구성요소에 남아있을 수는 없으며) 관련된 자산이나 부채가 실현되는 시점에는 이익잉여금으로 대체해야 하는데, 이에는 다음과 같이 2가지 방법이 있다.

(1) 당기손익으로 대체(재분류조정)

관련 자산(또는 부채)이 실현되는 시점에 포괄손익계산서의 당기순이익으로 대체하는 방식으로 이익잉여금으로 대체된다. 이렇게 과거에 기타포괄손익으로 인식하였으나 후속적으로 당기손익으로 대체하는 회계처리를 재분류조정이라고 한다.

> [재분류조정 대상인 기타포괄손익 항목]
> ① 기타포괄손익 - 공정가치 측정 채무상품의 공정가치평가손익
> ② 해외사업장의 재무제표 환산손익
> ③ 현금흐름위험회피에서 위험회피수단의 평가손익 중 효과적인 부분 등

(2) 이익잉여금으로 직접 대체

재분류조정의 방법에 의하지 않고, 즉 포괄손익계산서의 당기순이익을 통하지 않고 이익잉여금으로 직접 대체한다.

> [재분류조정 대상이 아닌 기타포괄손익 항목]
> ① 유형자산과 무형자산의 재평가잉여금
> ② 당기손익 - 공정가치 측정 금융부채의 신용위험 변동으로 인한 공정가치평가손익
> ③ 기타포괄손익 - 공정가치 측정 지분상품의 공정가치평가손익
> ④ 순확정급여채무의 재측정요소(공정가치평가손익) 등

제4절 | 자본의 변동

01 자본거래 유형별 자본의 변동 정리

지금까지 학습한 자본거래 유형별로 자본에 미치는 효과를 정리하면 다음과 같다.

(1) 증자거래

구분	자본금	자본잉여금	자본조정	이익잉여금	자본총계
유상증자_액면발행	증가	-	-	-	증가(증자금액 - 신주발행비)
유상증자_할증발행	증가	증가	-	-	증가(증자금액 - 신주발행비)
유상증자_할인발행	증가	-	감소	-	증가(증자금액 - 신주발행비)
무상증자	증가	감소 가능	-	감소 가능	-

(2) 감자거래

구분	자본금	자본잉여금	자본조정	이익잉여금	자본총계
유상감자	감소	-	-	-	감소(감자대가)
무상감자	감소	-	-	(*)증가	-

(*) 부(-)의 이익잉여금인 결손금이 감소함

(3) 자기주식 거래

구분	자본금	자본잉여금	자본조정	이익잉여금	자본총계
취득	-	-	감소	-	감소(취득금액)
처분(처분이익)	-	증가	증가	-	증가(처분금액)
처분(처분손실)	-	-	증가	-	증가(처분금액)
소각(감자차익)	감소	증가	증가	-	-
소각(감자차손)	감소	-	증가	-	-

(4) 이익잉여금 처분

구분	자본금	자본잉여금	자본조정	이익잉여금	자본총계
현금배당	-	-	-	감소	감소(배당금액)
주식배당	증가	-	-	감소	-
적립금 적립(이입)	-	-	-	(*) -	-
상각	-	-	증가	감소	-

(*) 적립금의 적립(이입): 이익잉여금 간의 단순대체

02 자본변동표

자본변동표는 자본의 크기와 그 변동에 관한 정보를 제공하는 기본재무제표(전체재무제표)이다. 즉, 자본변동표에는 기초 자본과 기말 자본 사이의 변동내역을 자본의 구성요소별로 구분하여 표시함으로써, 정보이용자들이 자본의 변동에 대한 포괄적인 정보뿐만 아니라 재무제표간의 연관관계를 더욱 명확히 파악할수 있게 된다. 이러한 자본변동표에는 다음의 정보를 표시한다.

① 해당 기간의 총포괄손익
② 자본의 각 구성요소별로 회계정책이나 오류수정에 따라 인식된 소급적용이나 소급재작성의 영향
③ **자본의 각 구성요소별로 다음의 각 항목에 따른 변동액**
    ㉠ 당기순손익
    ㉡ 기타포괄손익
    ㉢ 소유주(주주)와의 자본거래(예 주주에 의한 출자, 주주에 대한 배당 등)

[그림 11-3] 자본변동표 양식

자본변동표

(주)한국　　　　　　　　　　20×1년 1월 1일부터 20×1년 12월 31일까지

구분	납입자본				기타자본구성요소		이익잉여금	합계
	자본금	주식발행초과금	자기주식	자기주식처분손익	금융자산평가손익	재평가잉여금		
20×1.1.1	×××	×××	(×××)	(×××)	×××	×××	×××	×××
회계정책 변경							×××	×××
재작성된 금액	×××	×××	(×××)	(×××)	×××	×××	×××	×××
연차 현금배당							(×××)	(×××)
연차 주식배당	×××						(×××)	–
유상증자	×××	×××						×××
자기주식 처분			×××	×××				×××
당기순이익							×××	×××
금융자산평가이익					×××			×××
재평가잉여금						×××		×××
재평가잉여금의 대체						(×××)	×××	–
20×1.12.31	×××	×××	(×××)	×××	×××	×××	×××	×××

01 재무상태표상 모든 자본은 동일한 유형끼리 상계하여 표시하는 것이 관행이다. (O, X)

02 자본거래의 거래원가 중 해당 자본거래가 없었다면 회피할 수 있고 해당 자본거래에 (O, X)
직접 관련하여 생긴 증분원가는 비용으로 인식한다.

03 주식발행의 대가로 현금 이외의 자산을 받는 경우에는 발행교부한 주식의 공정가치로 (O, X)
납입자본의 증가를 측정한다.

04 유상감자의 경우에는 감자대가 만큼 자본이 감소하지만, 무상감자의 경우에는 현금 등 (O, X)
자산의 유출이 없으므로 자본총계에 변동이 없다.

05 자기주식은 취득원가로 기록하므로 자기주식을 무상으로 취득하는 경우에는 취득과 (O, X)
관련한 회계처리가 없다.

06 자기주식을 처분하는 경우 자기주식처분이익(손실)에 해당하는 금액만큼 자본이 증가 (O, X)
(감소)한다.

정답 및 해설

01 O

02 X 주주와의 자본거래에서 발생한 손익은 포괄손익계산서에 표시되면 안 된다. 따라서 자본거래의 거래원가(예) 신주
발행비 등) 중 해당 자본거래가 없었다면 회피할 수 있고 해당 자본거래에 직접 관련하여 생긴 증분원가는 자본에
서 차감하여 회계처리한다. 다만, 중도에 포기한 자본거래의 원가는 비용으로 인식한다.

03 X 주식발행의 대가로 현금 이외의 자산(예) 토지, 건물 등)을 받는 경우, 제공받는 자산의 공정가치로 납입자본의 증
가를 측정한다. 다만, 제공받는 자산의 공정가치를 신뢰성 있게 측정하기 어려운 경우에는 발행교부한 주식의 공
정가치로 납입자본의 증가를 측정한다.

04 O

05 O

06 X 자기주식을 처분하는 경우, 처분금액만큼 현금 등 자산이 유입되므로 처분금액만큼 자본이 증가한다.

07 이익잉여금은 크게 법정적립금, 임의적립금 그리고 미처분이익잉여금으로 구성된다. (O, X)
따라서 법정적립금과 임의적립금의 적립(또는 이입)은 이익잉여금 간의 대체에 불과하
므로 이익잉여금 총계에는 아무런 변동이 없다.

08 주식할인발행차금, 감자차손, 자기주식처분손실 등 자본거래에서 발생한 손실은 실질 (O, X)
적인 성격이 주주에 대한 배당이므로 추후 이익잉여금과 상계(상각)하여 보전한다.

09 현금배당의 경우 배당기준일에는 별도의 회계처리가 없으며, 배당선언일에 배당금으 (O, X)
로 결의된 금액을 미지급배당금(금융부채)으로 인식한다.

10 지급되지 않은 배당을 상환금액에 가산하는 상환우선주의 경우 상환원금과 액면배당 (O, X)
의 현재가치 전체를 금융부채로 인식하고, 추후 액면배당 지급 시에는 이익의 처분으
로 인식한다.

11 의무적으로 일정기간 후에 현금으로 상환되어야 하지만 배당은 상환 전까지 발행자의 (O, X)
재량에 따라 지급하는 비누적적 우선주는 상환금액의 현재가치에 상당하는 부채요소
가 있는 복합금융상품에 해당한다.

12 상법 등 관련 법규에서 이익잉여금처분계산서의 작성을 요구하는 경우에는 재무상태 (O, X)
표의 이익잉여금에 대한 보충정보로서 이익잉여금처분계산서를 주석으로 공시한다.

제1장 해커스 IFRS 김승철 중급회계 상

정답 및 해설

07 O
08 O
09 O
10 X   지급되지 않은 배당을 상환금액에 가산하는 누적적 상환우선주의 경우, 상환원금과 액면배당의 현재가치 전체를
금융부채로 인식하므로 액면배당 지급 시 (이익의 처분이 아니라) 이자비용으로 처리한다.
11 O
12 O

자본거래 - 유상증자

01 (주)대한은 20×1년 1월 1일에 액면금액 ₩5,000인 보통주 100주를 주당 ₩4,500에 발행하고 현금을 납입받았으며, 신주발행비 ₩5,000을 현금으로 지급하였다. 다음 설명으로 옳지 않은 것은?

① 자본 증가액은 ₩445,000이다.

② 주식할인발행차금이 ₩55,000 증가한다.

③ 자본잉여금은 변동이 없다.

④ 자본의 차감항목이 ₩55,000 증가한다.

⑤ 신주발행비 ₩5,000은 비용으로 처리한다.

자본의 변동 - 자본거래

02 (주)백두의 20×1년 1월 1일의 자산과 부채의 총계는 각각 ₩3,500,000과 ₩1,300,000이었으며, (주)백두의 20×1년 중 발생한 모든 자본거래는 다음과 같다.

○ 3월 8일: 20×0년도 정기주주총회(2월 28일 개최)에서 결의한 배당을 지급하였다. 구체적으로 현금배당으로 ₩130,000을 지급하였으며, 주식배당으로 보통주 100주(주당 액면금액 ₩500, 주당 공정가치 ₩550)를 발행하였다. (주)백두는 현금배당액의 10%를 상법상의 이익준비금으로 적립하였다.

○ 5월 8일: 보통주 200주(주당 액면금액 ₩500)를 주당 ₩600에 발행하였으며, 이와 관련하여 직접적인 주식발행비용 ₩30,000이 발생하였다.

○ 10월 9일: 20×0년에 취득한 자기주식(취득원가 ₩70,000)을 ₩80,000에 재발행하였다.

(주)백두가 20×1년도 포괄손익계산서상 당기순이익과 총포괄이익으로 ₩130,000과 ₩40,000을 보고하였다면, (주)백두가 20×1년 말 현재 재무상태표상 자본의 총계로 보고할 금액은 얼마인가? (단, 법인세효과는 고려하지 않는다)   [회계사 11]

① ₩2,280,000   ② ₩2,283,000   ③ ₩2,293,000

④ ₩2,390,000   ⑤ ₩2,410,000

자본의 변동 - 종합

03 (주)세무의 20×1년 중 자본 관련 자료가 다음과 같을 때, 20×1년도 자본 증가액은? (단, (주)세무는 주당 액면금액이 ₩1,000인 보통주만을 발행하고 있다) [세무사 17]

○ 2월 1일: 보통주 200주를 주당 ₩1,500에 유상증자
○ 3월 31일: 자기주식 50주를 주당 ₩1,000에 취득
○ 5월 10일: 3월 31일에 취득한 자기주식 중 20주를 소각
○ 7월 1일: 상장기업 A사 주식 150주를 주당 ₩1,500에 취득하여 기타포괄손익 - 공정가치 측정 금융자산으로 분류
○ 8월 25일: 보통주 50주를 무상감자
○ 9월 1일: 보통주 100주를 주당 ₩800에 유상감자
○ 12월 31일: 상장기업 A사 주식 공정가치 주당 ₩1,200

① ₩55,000　　② ₩105,000　　③ ₩115,000
④ ₩125,000　　⑤ ₩235,000

자본의 변동 - 당기순이익 역산

04 20×1년 말 (주)세무의 자산총액은 기초 대비 ₩4,000,000 증가하였고, 부채총액은 기초 대비 ₩2,000,000 감소하였다. 20×1년 중에 유상증자를 하고 그 대가 전액 ₩500,000을 토지 취득에 사용하였으며, 이후 무상증자 ₩1,000,000을 실시하였다. 또한 현금배당 ₩800,000과 주식배당 ₩500,000을 결의·지급하였고, 자기주식을 ₩600,000에 취득하였다. 기타포괄손익 - 공정가치 측정 금융자산 기말 공정가치가 기초 대비 ₩400,000 증가하였다면, 20×1년도 당기순이익은? [세무사 17]

① ₩5,000,000　　② ₩5,500,000　　③ ₩6,000,000
④ ₩6,500,000　　⑤ ₩7,000,000

자본의 변동 - 이익잉여금

05 (주)한국의 20×1년 1월 1일 자본의 내역은 다음과 같다. (주)한국은 20×1년 3월 15일 20×0년 재무제표를 확정하고 20×0년 12월 31일을 배당기준일로 하여 1주당 ₩200의 현금배당을 결의하였다. (주)한국은 현금배당의 10%를 이익준비금으로 적립하고 있으며, 20×1년 당기순이익은 ₩50,000이다. 20×1년 12월 31일 이익잉여금은 얼마인가?

○ 보통주 자본금(100주 × ₩500)　　　　　　　　　₩50,000
○ 주식발행초과금　　　　　　　　　　　　　　　₩32,000
○ 이익준비금　　　　　　　　　　　　　　　　　₩20,000
○ 미처분이익잉여금　　　　　　　　　　　　　　₩100,000

① ₩78,000　　② ₩128,000　　③ ₩130,000
④ ₩150,000　　⑤ ₩162,000

06 (주)세무는 20×1년 초 보통주와 우선주(누적적, 완전참가)를 발행하여 영업을 개시하였으며, 영업개시 이후 자본금의 변동은 없었다. 20×3년 기말 현재 발행된 주식과 배당관련 자료는 다음과 같다.

구분	내용	
보통주	액면금액	₩1,000
	발행주식수	3,000주
	배당률	4%
우선주 (누적적, 완전참가)	액면금액	₩1,000
	발행주식수	2,000주
	배당률	6%

20×4년 3월 말 주주총회에서 ₩1,000,000의 현금배당을 결의하였을 경우, 보통주 주주에게 지급할 배당금은? (단, 과거에 현금배당을 실시하지 않았고, 배당가능이익은 충분하다) [세무사 20]

① ₩432,000
② ₩568,000
③ ₩576,000
④ ₩640,000
⑤ ₩880,000

07 (주)한국은 20×1년 초 주당 액면금액이 ₩500인 우선주 1,000주를 ₩690,000에 발행하였고, 20×2년 말 주당 ₩700에 상환하여야 한다. 동 우선주는 약정배당률이 액면금액의 5%인 비누적적 우선주이다. 우선주 발행 시 유효이자율은 연 8%일 때, 동 우선주와 관련된 20×1년도 당기비용은? (단, (주)한국은 20×1년 말에 배당금을 지급하였으며, 연 8%, 2년 단일금액 ₩1의 현재가치는 0.8573이고, 2년 정상연금 ₩1의 현재가치는 1.78330이다) [세무사 15 수정]

① ₩25,000
② ₩41,575
③ ₩48,009
④ ₩51,575
⑤ ₩73,009

08 (주)대한은 20×1년 1월 1일에 상환우선주 200주(1주당 액면금액 ₩500)를 공정가치로 발행하였다. 동 상환우선주와 관련된 자료는 다음과 같다.

[회계사 21]

○ (주)대한은 상환우선주를 20×2년 12월 31일에 1주당 ₩600에 의무적으로 상환해야 한다.
○ 상환우선주의 배당률은 액면금액기준 연 3%이며, 배당은 매년 말에 지급한다. 배당이 지급되지 않는 경우에는 상환금액에 가산하여 지급한다.
○ 20×1년 1월 1일 현재 상환우선주에 적용되는 유효이자율은 연 6%이며, 그 현가계수는 아래 표와 같다.

기간	단일금액 ₩1의 현재가치	정상연금 ₩1의 현재가치
2년	0.8900	1.8334

○ 20×1년 말에 (주)대한은 동 상환우선주의 보유자에게 배당을 결의하고 지급하였다.

(주)대한이 동 상환우선주와 관련하여 20×1년 포괄손익계산서상 이자비용으로 인식해야 할 금액은 얼마인가? (단, 단수차이로 인해 오차가 있다면 가장 근사치를 선택한다)

① ₩0
② ₩3,000
③ ₩3,600
④ ₩6,408
⑤ ₩6,738

09 20×2년 2월 개최된 주주총회 결의일 직후 작성된 (주)대경의 20×1년 말 재무상태표상 자본은 다음과 같다.

○ 보통주 자본금	₩30,000,000
○ 이익준비금	1,000,000
○ 사업확장적립금	500,000
○ 감채기금적립금	600,000
○ 미처분이익잉여금	800,000

(주)대경의 20×2년도 당기순이익은 ₩1,200,000이고, 당기 이익잉여금 처분 예정은 다음과 같다.

○ 감채기금적립금 이입	₩300,000
○ 현금배당	400,000
○ 주식배당	100,000
○ 사업확장적립금 적립	250,000
○ 이익준비금 적립	법정최소금액 적립

위 사항들이 20×3년 2월 개최된 주주총회에서 원안대로 승인되었다. 한국채택국제회계기준에 따라 20×2년도 이익잉여금처분계산서를 작성할 때 차기이월미처분이익잉여금은 얼마인가? [회계사 14]

① ₩1,510,000
② ₩1,550,000
③ ₩1,610,000
④ ₩1,650,000
⑤ ₩1,800,000

정답 및 해설

정답

01 ⑤ 02 ① 03 ④ 04 ④ 05 ④ 06 ① 07 ③ 08 ⑤ 09 ①

해설

01 ⑤ (1) 20×1.1.1 회계처리

(차) 현금   (*1)445,000   (대) 자본금   (*2)500,000
    주식할인발행차금   55,000
    (*1) 100주 × @4,500 − 5,000(신주발행비) = 445,000
    (*2) 100주 × @5,000 = 500,000

(2)각 항목의 분석
① 주식발행의 결과로 현금이 445,000 만큼 유입되므로 (주)대한의 자산과 자본이 모두 445,000 만큼 증가
  한다.
④ 주식할인발행차금 55,000은 자본(자본조정항목)에서 차감하여 표시한다.
⑤ 유상증자 거래는 주주와의 자본거래이므로 포괄손익계산서에 수익과 비용이 표시되면 안 된다. 따라서 신
  주발행비는 비용으로 처리하면 안 되며, 주식의 발행가액에서 직접 차감한다.

02 ①

20×1년 초 자본	3,500,000 − 1,300,000 =	2,200,000
20×1년 자본의 변동		
현금배당		(130,000)
주식배당		− ∵ 자산, 부채의 변동 없음
이익준비금 적립		− ∵ 자산, 부채의 변동 없음
유상증자	200주 × @600 − 30,000 =	90,000
자기주식 재발행		80,000
총포괄이익		40,000
20×1년 말 자본		2,280,000

03 ④　2.1 유상증자　　　　　　　　　200주 × @1,500 ＝　　300,000

3.31 자기주식 취득　　　　　　50주 × @1,000 ＝　　(50,000)

5.10 자기주식 소각　　　　　　　　　　　　　　　－　∵ 자산, 부채의 변동 없음

7.1 금융자산 취득　　　　　　　　　　　　　　　－　∵ 자산의 순변동 없음

8.25 무상감자　　　　　　　　　　　　　　　　　－　∵ 자산, 부채의 변동 없음

9.1 유상감자　　　　　　　　　　100주 × @800 ＝　　(80,000)

12.31 금융자산평가손실　　150주 × @(1,200 － 1,500) ＝　　(45,000)

자본의 증가(감소)　　　　　　　　　　　　　125,000

　

04 ④　유상증자　　　　　　　　　　　　　　　500,000

토지취득　　　　　　　　　　　　　　　　　　　　－　∵ 자산의 순변동 없음

무상증자　　　　　　　　　　　　　　　　　　　　－　∵ 자산, 부채의 변동 없음

현금배당　　　　　　　　　　　　　　　(800,000)

주식배당　　　　　　　　　　　　　　　　　　　　－　∵ 자산, 부채의 변동 없음

자기주식 취득　　　　　　　　　　　　(600,000)

당기순이익　　　　　　　　　　　　　6,500,000　(역산)

기타포괄이익　　　　　　　　　　　　　400,000　금융자산평가이익

자본의 증가　　4,000,000 ＋ 2,000,000 ＝　　6,000,000

　

05 ④　20×1.1.1 이익잉여금　　　　20,000 ＋ 100,000 ＝　　120,000

20×1.3.15 현금배당　　　　　　100주 × 200 ＝　　(20,000)

20×1.3.15 이익준비금 적립　　　　　　　　　(*) －

20×1년 당기순이익　　　　　　　　　　　50,000

20×1.12.31 이익잉여금　　　　　　　　　150,000

(*) 이익준비금의 적립은 이익잉여금 간의 대체이므로 이익잉여금 총계는 변동이 없다.

　

06 ①　㉠ 우선주 배당금(과거기간 누적분): 2,000,000(＝ 2,000주 × @1,000) × 6% × 2년 ＝ 240,000

㉡ 우선주 배당금(당기분): 2,000,000 × 6% ＝ 120,000

㉢ 보통주 배당금(당기분): 3,000,000(＝ 3,000주 × @1,000) × 4% ＝ 120,000

㉣ 우선주 배당금(참가분):

　(1,000,000 － 240,000 － 120,000 － 120,000) × 2,000,000/5,000,000 ＝ 208,000

㉤ 우선주 배당금 합계(㉠ ＋ ㉡ ＋ ㉣): 240,000 ＋ 120,000 ＋ 208,000 ＝ 568,000

㉥ 보통주 배당금(총배당금 － ㉤): 1,000,000 － 568,000 ＝ 432,000

07 ③ **(1) 상환우선주 발행조건 분석**

① 분류: 20×2년 말에 700,000(= 1,000주 × @700)을 의무상환해야 하므로 금융부채에 해당한다.

② 부채인식액: 비누적적 우선주이므로 액면배당은 제외하고 2년 후 상환원금 700,000만 8%로 할인한 현재가치를 금융부채로 인식한다.

(2) 20×1.1.1 우선주부채

700,000 × 0.8573 = 600,110

(3) 20×1년 당기비용(우선주부채 이자비용)

600,110 × 8% = 48,009

(4) 참고 20×1년 회계처리(순액법)

20×1.1.1	(차) 현금	690,000	(대) 우선주부채	600,110
			기타자본	(*)89,890

(*) 대차차액

20×1.12.31	(차) 이자비용	48,009	(대) 우선주부채	48,009
	(차) 이익잉여금	25,000	(대) 현금	(*)25,000

(*) 1,000주 × @500 × 5% = 25,000

08 ⑤ **(1) 상환우선주 발행조건 분석**

① 분류: 20×2년 말에 120,000(= 200주 × @600)을 의무적으로 상환해야 하므로 금융부채로 분류된다.

② 부채인식액: 연체배당금이 상환금액에 가산하여 지급되므로 누적적 상환우선주에 해당한다. 따라서 액면배당(3%)과 상환원금 120,000을 유효이자율(6%)로 할인한 현재가치를 금융부채로 인식한다.

(2) 20×1년 이자비용

① 20×1.1.1 우선주부채

액면배당의 현재가치	3,000(= 200주 × @500 × 3%) × 1.8334 =	5,500
상환원금의 현재가치	120,000 × 0.8900 =	106,800
계		112,300

② 20×1년 우선주부채 이자비용: 112,300 × 6% = 6,738

09 ① **(1) 이익잉여금처분계산서**

① 20×2년 이익잉여금처분계산서: 20×1년 정기주주총회일 직후(기초)부터 20×2년 정기주주총회일(기말)까지의 '미처분'이익잉여금의 변동을 나타내는 표이다.

② 따라서 20×2년 이익잉여금처분계산서상 차기이월미처분이익잉여금은 20×2년 정기주주총회(20×3년 2월 개최) 직후 미처분이익잉여금을 의미한다.

(2) 차기이월미처분이익잉여금

20×1년 말 미처분이익잉여금		800,000
20×2년 당기순이익		1,200,000
20×3년 2월(20×2년 정기주주총회일)		
감채기금적립금 이입		300,000
현금배당		(400,000)
주식배당		(100,000)
사업확장적립금		(250,000)
이익준비금 적립	400,000 × 10% =	(40,000)
차기이월미처분이익잉여금		1,510,000

[회계사 11]

01

12월 말 결산법인인 (주)사직은 20×1년 1월 1일 액면금액 ₩5,000인 보통주 10,000주를 주당 ₩5,000에 발행하여 설립되었다. (주)사직은 20×2년 3월 정기주주총회에서 1%의 주식배당을 결의하고, 결의한 주식을 20×2년 5월에 발행하였다. 배당결의일의 주가는 주당 ₩6,000이고, 발행일의 주가는 주당 ₩7,000이다. 20×2년 6월 1일에 (주)사직은 보통주 1,000주를 ₩6,000,000에 발행하고, 신주발행 직접비용 ₩100,000을 지급하였다. 당기순이익은 다음과 같다.

연도	당기순이익
20×1년	₩2,000,000
20×2년	2,500,000
20×3년	3,000,000

20×3년 동안 (주)사직은 다음과 같은 거래를 하였다.

(1) 3월 1일 자사 보통주 1,000주를 주당 ₩7,000에 취득하였다. (주)사직은 자기주식 회계처리에 원가법을 사용하고 있다.

(2) 5월 1일 자기주식 500주를 주당 ₩8,000에 매각하였다.

(3) 6월 초에 기타포괄손익 – 공정가치 측정 지분상품을 ₩1,000,000에 취득하였으며, 12월 말 공정가치는 ₩1,200,000이다.

(4) 12월 15일 주주들에게 최초로 주당 ₩30의 현금배당을 결의하였다.

[물음]   20×3년 12월 31일의 ① 자본금, ② 자본잉여금, ③ 자기주식, ④ 이익잉여금을 각각 계산하시오.

해답　**[물음 1] 자본금**

20×1.1.1	10,000주 × @5,000 =	50,000,000
20×2년 5월 주식배당	10,000주 × 1% × @5,000 =	500,000
20×2.6.1 유상증자	1,000주 × @5,000 =	5,000,000
20×3.12.31 자본금		55,500,000

[물음 2] 자본잉여금

1. 자본잉여금은 주주와의 자본거래에서 발생한 이익으로, 이 문제에서는 주식발행초과금과 자기주식처분이익이 있다.

2. 20×3.12.31 자본잉여금

20×2.6.1 주식발행초과금	6,000,000 - 5,000,000 - 100,000 =	900,000
20×2.5.1 자기주식처분이익	500주 × @(8,000 - 7,000) =	500,000
20×3.12.31 자본잉여금		1,400,000

[물음 3] 자기주식

　20×3.12.31 자기주식: (1,000주 - 500주) × @7,000 = 3,500,000

[물음 4] 이익잉여금

당기순이익 합계	2,000,000 + 2,500,000 + 3,000,000 =	7,500,000
20×2년 3월 주식배당	10,000주 × 1% × [*1]@5,000 =	(500,000)
20×3.12.15 현금배당	[*2]10,600주 × @30 =	(318,000)
20×3.12.31 이익잉여금		6,682,000

[*1] 주식배당의 경우 우리나라는 **액면배당**이 일반적이므로 액면배당으로 간주한다.
[*2] 10,000주 + 100주(주식배당) + 1,000주(유상증자) - 500주(자기주식) = 10,600주

02

다음의 자료를 이용하여 물음에 답하시오

(1) (주)대한은 20×1년 초에 설립되었으며, 20×3년 1월 1일 현재 자본 부분은 다음과 같다.

Ⅰ. 자본금		₩7,500,000
1. 보통주 자본금	₩5,000,000	
2. 우선주 자본금	2,500,000	
Ⅱ. 자본잉여금		1,500,000
1. 보통주식발행초과금	1,500,000	
Ⅲ. 기타포괄손익누계액		(20,000)
1. 금융자산평가손익	(20,000)	
Ⅳ. 이익잉여금		3,000,000
1. 이익준비금	1,000,000	
2. 미처분이익잉여금	2,000,000	
자본총계		₩11,980,000

(2) (주)대한의 자본금은 설립 이후 20×3년 초까지 변화가 없었으며, 보통주와 우선주의 1주당 액면금액은 각각 ₩1,000과 ₩2,000이다.

(3) (주)대한은 20×2년 경영성과에 대해 20×3년 3월 25일 주주총회에서 현금배당 ₩1,050,000을 원안대로 승인하고 지급하였으며, 이익준비금은 상법 규정에 따라 최소금액만을 적립하기로 결의하였다.

(4) (주)대한은 20×3년 4월 1일 보통주 5,000주를 1주당 ₩950에 현금 발행하였다.

(5) (주)대한은 20×3년 5월 1일 주가 안정화를 위해 현재 유통 중인 보통주 1,000주를 1주당 ₩900에 취득하였으며, 자본조정으로 분류한 자기주식의 취득은 원가법으로 회계처리하였다.

(6) (주)대한은 20×3년 7월 1일 자본잉여금 ₩1,000,000과 이익준비금 ₩500,000을 재원으로 하여 보통주에 대한 무상증자를 실시하였다.

(7) (주)대한은 20×3년 10월 1일 보유 중인 자기주식 500주를 1주당 ₩1,300에 재발행하였다.

(8) (주)대한의 20×3년도 당기순이익은 ₩1,200,000이다.

[물음 1] (주)대한의 20×3년 말 재무상태표에 표시되는 ① 자본금, ② 자본잉여금, ③ 자본조정 및 ④ 이익잉여금의 금액을 계산하시오.

[물음 2] 20×3년 3월 25일 주주총회에서 지급된 현금배당과 관련하여, 우선주가 ① 누적적·완전참가적 우선주인 경우와 ② 누적적·비참가적 우선주인 경우 각각에 대해서 보통주의 배당금 지급액을 계산하시오. 단, 우선주 배당률은 연 6%이고, 1년분의 배당금이 연체되어 있다.

해답 **[물음 1]**

1. 자본금

20×3.1.1			7,500,000
20×3.4.1 유상증자	5,000주 × @1,000 =		5,000,000
20×3.7.1 무상증자	1,000,000 + 500,000 =		1,500,000
20×3.12.31 자본금			14,000,000

2. 자본잉여금

20×3.1.1		1,500,000	
20×3.4.1 유상증자(할인발행)	5,000주 × @(950 - 1,000) =	(250,000)	주식발행초과금과 우선상계
20×3.7.1 무상증자		(1,000,000)	
20×3.10.1 자기주식처분이익	500주 × @(1,300 - 900) =	200,000	
20×3.12.31 자본잉여금		450,000	

3. 자본조정

20×3.1.1		-
20×3.5.1 자기주식 취득	1,000주 × @900 =	(900,000)
20×3.10.1 자기주식 재발행	500주 × @900 =	450,000
20×3.12.31 자본조정		(450,000)

4. 이익잉여금

20×3.1.1	3,000,000
20×3.3.25 현금배당	(*)(1,050,000)
20×3.7.1 무상증자	(500,000)
20×3년 당기순이익	1,200,000
20×3.12.31 이익잉여금	2,650,000

(*) 이익준비금의 적립은 이익잉여금 내에서의 대체이므로 고려할 필요가 없다.

5. 참고 20×3년 회계처리

20×3.3.25	(차) 미처분이익잉여금	2,000,000	(대) 현금		1,050,000
			이익준비금		(*)105,000
			이월이익잉여금		845,000

(*) 1,050,000 × 10% = 105,000

20×3.4.1	(차) 현금	(*1)4,750,000	(대) 자본금		(*2)5,000,000
	주식발행초과금(*3)	250,000			

(*1) 5,000주 × @950 = 4,750,000
(*2) 5,000주 × @1,000 = 5,000,000
(*3) 주식발행초과금과 주식할인발행차금은 우선상계하여 표시한다.

20×3.5.1	(차) 자기주식	900,000	(대) 현금		(*)900,000

(*) 1,000주 × @900 = 900,000

20×3.7.1	(차) 자본잉여금	1,000,000	(대) 자본금		1,500,000
	이익준비금	500,000			

20×3.10.1	(차) 현금	(*1)650,000	(대) 자기주식		(*2)450,000
			자기주식처분이익		200,000

(*1) 500주 × @1,300 = 650,000
(*2) 500주 × @900 = 450,000

20×3.12.31	(차) 집합손익	(*)1,200,000	(대) 이월이익잉여금		1,200,000

(*) 20×3년 당기순이익

[물음 2]

1. 누적적 · 완전참가적 우선주인 경우
   ① 우선주 배당금(과거기간 누적분): 2,500,000 × 6% × 1년 = 150,000
   ② 우선주 배당금(당기분): 2,500,000 × 6% = 150,000
   ③ 보통주 배당금(당기분): 5,000,000 × 6% = 300,000
   ④ 우선주 배당금(참가분): (1,050,000 − 150,000 − 150,000 − 300,000) × 2,500,000/7,500,000 = 150,000
   ⇨ 우선주 배당금 합계: 150,000 + 150,000 + 150,000 = 450,000
   ⇨ 보통주 배당금(= 총배당금 − 우선주 배당금 합계): 1,050,000 − 450,000 = 600,000

2. 누적적 · 비참가적 우선주인 경우
   ① 우선주 배당금(과거기간 누적분): 2,500,000 × 6% × 1년 = 150,000
   ② 우선주 배당금(당기분): 2,500,000 × 6% = 150,000
   ⇨ 우선주 배당금 합계: 150,000 + 150,000 = 300,000
   ⇨ 보통주 배당금(= 총배당금 − 우선주 배당금 합계): 1,050,000 − 300,000 = 750,000

03

다음은 12월 말 결산법인인 (주)한국의 20×0년 12월 31일 현재의 재무상태표 중 자본 부분만을 표시한 것이다.

구분		20×0년 12월 31일
자본금		₩5,000,000
보통주 자본금(주당 액면금액 ₩5,000)	₩5,000,000	
우선주 자본금(주당 액면금액 ₩5,000)	-	
자본잉여금		2,640,000
주식발행초과금	2,500,000	
자기주식처분이익	60,000	
감자차익	80,000	
기타자본잉여금	-	
자본조정		(400,000)
자기주식(보통주, 50주)	(400,000)	
이익잉여금		1,800,000
이익준비금	300,000	
임의적립금	250,000	
미처분이월이익잉여금	1,250,000	
자본총계		₩9,040,000

20×1년 중 발생한 거래내역은 다음과 같다.

(1) 20×1년 1월 1일, (주)한국은 3년 후 액면금액으로 상환해야 하는 상환우선주 20주(주당 액면금액 ₩5,000)를 주당 ₩4,000에 발행하였다. 상환우선주의 배당률은 4%로 비누적적 우선주이다. 상환우선주의 유효이자율은 10%이며, 현가계수(10%, 3기간)는 0.7513, 연금현가계수(10%, 3기간)는 2.4868이다. 한편, (주)한국은 상환우선주 발행금액 중 자본요소에 해당하는 금액은 재무상태표에 기타자본잉여금(자본잉여금)으로 분류한다.

(2) 20×1년 3월 10일에 개최된 주주총회에서 (주)한국은 현금배당 ₩500,000을 지급결의하고 즉시 지급하였으며, 이익준비금은 상법에서 정하는 최소한의 금액을 적립하기로 하였다.

(3) 20×1년 5월 1일, (주)한국은 20×1년 기초에 유통 중인 보통주를 기준으로 20%의 무상증자를 실시하였으며, 무상증자의 재원은 주식발행초과금을 전입함으로써 충당하였다. 또한, (주)한국은 20×1년 6월 2일 현재 유통 중인 보통주를 기준으로 유상증자를 20%를 실시하기로 하고 주당 발행금액을 ₩6,500으로 하여 6월 3일에 발행하였으며, 주식발행원가로 주당 ₩500이 지출되었다.

(4) (주)한국은 20×1년 6월 24일 자기주식 100주를 주당 ₩7,500에 매입하였다. 또한, 20×1년 7월 15일 대주주로부터 자기주식 100주를 증여받았으며, 증여일 현재 자기주식의 공정가치는 ₩8,000이다.

(5) 20×1년 9월 9일 자기주식 중 100주를 주당 ₩8,000에 처분하였으며, 30주는 20×1년 9월 13일 감자절차를 거쳐 소각하였다. (주)한국은 자기주식을 원가법으로 회계처리하고 있으며, 자기주식 매입단가의 결정은 선입선출법을 적용한다.

(6) 20×1년 12월 12일에 공정가치 ₩2,500,000의 공장부지를 주주가 아닌 제3자로부터 수취하고 보통주 400주를 발행하여 지급하였다. (주)한국이 발행한 보통주의 공정가치는 주당 ₩7,200이다.

(7) 상기의 거래를 반영하기 전 (주)한국의 20×1년 당기순이익은 ₩2,000,000이다.

[물음 1] 상기에 제시된 각 거래별로 (주)한국의 20×1년 자본에 미치는 영향을 아래의 양식에 따라 제시하시오. 단, 감소의 경우에는 금액 앞에 (-)를 표시하시오.

구분	자본금	자본잉여금	자본조정	이익잉여금	자본총계
기초 자본	₩5,000,000	₩2,640,000	₩(400,000)	₩1,800,000	₩9,040,000
(거래 1)					
(거래 2)					
(거래 3)					
(거래 4)					
(거래 5)					
(거래 6)					
(거래 7)					
기말 자본					

[물음 2] [본 물음의 경우, (주)한국의 20×1년 당기순이익이 ₩1,950,000이라고 가정한다]

(1) (주)한국은 20×1년 경영성과에 대한 이익처분으로 20×2년 2월 28일에 개최될 주주총회에서 보통주 주주에게는 현금배당 ₩250,000과 주식배당 ₩100,000을 지급하고, 우선주 주주에게는 최소배당률만큼 현금배당을 지급하기로 결정하였다.

(2) 이익준비금은 상법에서 정하는 최소한의 금액을 적립하기로 하였으며, 임의적립금은 ₩100,000을 이입하고 ₩200,000을 적립하기로 결정하였다. 20×2년 2월 28일에 개최된 주주총회에서 원안대로 승인되었으며, 승인 즉시 배당을 지급하였다.

20×2년 2월 28일에 처분확정이 되는 (주)한국의 20×1년 이익잉여금처분계산서에 보고될 ① 전기이월 미처분이익잉여금과 ② 차기이월미처분이익잉여금을 각각 계산하시오.

해답 **[물음 1] 자본의 변동**

1. 각 거래별 회계처리

   (1) (거래 1) 상환우선주

20×1.1.1	(차) 현금		$^{(*1)}$80,000	(대) 우선주부채		$^{(*2)}$75,130
				기타자본잉여금		4,870

        $^{(*1)}$ 20주 × @4,000 = 80,000
        $^{(*2)}$ 20주 × @5,000 × 0.7513 = 75,130

   (2) (거래 2) 이익잉여금 처분

20×1.3.10	(차) 미처분이익잉여금	500,000	(대) 현금	500,000
	(차) 미처분이익잉여금	50,000	(대) 이익준비금	50,000

   (3) (거래 3) 무상증자, 유상증자

20×1.5.1	(차) 주식발행초과금	950,000	(대) 자본금	$^{(*)}$950,000

        $^{(*)}$ ① 기초 유통주식수: 1,000주(= 5,000,000 ÷ @5,000) − 50주 = 950주
          ② 190주(= 950주 × 20%) × @5,000 = 950,000

20×1.6.2	(차) 현금	$^{(*1)}$1,368,000	(대) 자본금	$^{(*2)}$1,140,000
			주식발행초과금	228,000

        $^{(*1)}$ ① 20×1.6.2 유통주식수: 950주 + 190주 = 1,140주
          ② 228주(= 1,140주 × 20%) × @(6,500 − 500) = 1,368,000
        $^{(*2)}$ 228주 × @5,000 = 1,140,000

   (4) (거래 4) 자기주식 취득

20×1.6.24	(차) 자기주식	750,000	(대) 현금	750,000
20×1.7.15		− 회계처리 없음 −		

   (5) (거래 5) 자기주식 처분과 소각

20×1.9.9	(차) 현금	800,000	(대) 자기주식	$^{(*)}$775,000
			자기주식처분이익	25,000

        $^{(*)}$ 400,000(50주) + 50주 × @7,500 = 775,000

20×1.9.13	(차) 자본금	$^{(*1)}$150,000	(대) 자기주식	$^{(*2)}$225,000
	감자차익	$^{(*3)}$75,000		

        $^{(*1)}$ 30주 × @5,000 = 150,000
        $^{(*2)}$ 30주 × @7,500 = 225,000
        $^{(*3)}$ 감자차익과 우선상계

   (6) (거래 6) 현물출자

20×1.12.12	(차) 토지	$^{(*1)}$2,500,000	(대) 자본금	$^{(*2)}$2,000,000
			주식발행초과금	500,000

        $^{(*1)}$ 공장부지의 공정가치
        $^{(*2)}$ 400주 × @5,000 = 2,000,000

   (7) (거래 7) 당기순이익

20×1.12.31	(차) 이자비용	$^{(*)}$7,513	(대) 우선주부채	7,513

        $^{(*)}$ 상환우선주 이자비용: 75,130 × 10% = 7,513

	(차) 집합손익	$^{(*1)}$1,992,487	(대) 미처분이익잉여금	1,992,487

        $^{(*)}$ 2,000,000 − 7,513(상환우선주 이자비용) = 1,992,487

2. 답안의 작성

구분	자본금	자본잉여금	자본조정	이익잉여금	자본총계
기초 자본	5,000,000	2,640,000	(400,000)	1,800,000	9,040,000
(거래 1)		4,870			4,870
(거래 2)				(500,000)	(500,000)
(거래 3)	2,090,000	(722,000)			1,368,000
(거래 4)			(750,000)		(750,000)
(거래 5)	(150,000)	(50,000)	1,000,000		800,000
(거래 6)	2,000,000	500,000			2,500,000
(거래 7)				1,992,487	1,992,487
기말 자본	8,940,000	2,372,870	(150,000)	3,292,487	14,455,357

3. 참고 20×1년 말 재무상태표(자본 부분만 표시)

구분	20×1년 12월 31일
자본금	8,940,000
보통주 자본금(주당 액면금액액 ₩5,000)	8,940,000
우선주 자본금(주당 액면금액액 ₩5,000)	–
자본잉여금	2,372,870
주식발행초과금	2,278,000
자기주식처분이익	85,000
감자차익	5,000
기타자본잉여금	4,870
자본조정	(150,000)
자기주식	(150,000)
이익잉여금	3,292,487
이익준비금	350,000
임의적립금	250,000
미처분이월이익잉여금	2,692,487
자본총계	14,455,357

[물음 2] 이익잉여금처분계산서

1. 참고 20×1년 이익잉여금처분계산서

구분		금액
Ⅰ. 미처분이익잉여금		2,650,000
1. 전기이월미처분이익잉여금	(*1)700,000	
2. 당기순이익	1,950,000	
Ⅱ. 임의적립금 이입액		100,000
Ⅲ. 이익잉여금 처분액		579,400
1. 현금배당	(*2)254,000	
2. 주식배당	100,000	
3. 이익준비금 적립	(*3)25,400	
4. 임의적립금 적립	200,000	
Ⅳ. 차기이월미처분이익잉여금		2,170,600

(*1) 1,250,000(기초) - 500,000(현금배당) - 50,000(이익준비금 적립) = 700,000

(*2) 250,000(보통주) + 100,000 × 4%(우선주) = 254,000

(*3) 254,000 × 10% = 25,400

2. 답안의 작성

  ① 전기이월미처분이익잉여금: 700,000

  ② 차기이월미처분이익잉여금: 2,170,600

해커스 IFRS 김승철 중급회계 상

제12장

금융자산(I): 현금과 수취채권

제1절 | 금융자산의 개요

01 금융자산의 정의(범위)

금융상품은 거래당사자 일방에게 금융자산을 발생시키고 동시에 다른 거래상대방에게 금융부채나 지분상품을 발생시키는 모든 계약을 말한다. 즉, 금융상품에는 금융자산, 금융부채 그리고 지분상품(자본)의 3가지가 있으며, 이 중 금융자산의 정의는 다음과 같다.

금융자산의 정의(범위)	사례
① 현금	현금, 현금성자산
② 다른 기업의 지분상품	투자주식
③ 다음 중 하나에 해당하는 계약상 권리 　㉠ 거래상대방에게서 현금 등 금융자산을 수취할 계약상 권리 　㉡ 잠재적으로 유리한 조건으로 거래상대방과 금융자산이나 금융부채를 　　교환하기로 한 계약상 권리	매출채권, 미수금, 대여금, 투자사채 매입 콜옵션 등 파생상품자산
④ 자기지분상품(자기주식)으로 결제되는 다음 중 하나의 계약 　㉠ 수취할 자기지분상품의 수량이 변동 가능한 비파생상품 　㉡ 확정 수량의 자기지분상품을 확정 금액의 현금 등 금융자산과 교환 　　하여 결제하는 방법 외의 방법으로 결제하는 파생상품	자기주식결제채권 자기주식결제 파생상품

상기의 정의에 따르면, 다음의 자산들은 금융자산에 해당하지 않는다.

① 선급금, 선급비용은 미래에 (현금 등 금융자산이 아니라) 재화나 용역을 제공받기 때문에 금융자산에 해당하지 않는다.
② 재고자산, 생물자산, 유형자산, 무형자산, 투자부동산은 실물자산으로서, 계약상 권리가 아니므로 금융자산이 아니다.
③ 당기법인세자산, 이연법인세자산은 (계약상 권리가 아니라) 법적권리이므로 금융자산에 해당하지 않는다.

02 금융자산의 분류

국제회계기준은 금융자산을 계약상 현금흐름의 특성과 사업모형(보유목적)을 고려하여 다음과 같이 크게 4가지 범주로 분류하고, 범주별로 회계처리를 각각 다르게 규정하고 있다.

---

① 현금및현금성자산
② 당기손익 - 공정가치 측정 금융자산(FVPL)
③ 기타포괄손익 - 공정가치 측정 금융자산(FVOCI)
④ 상각후원가 측정 금융자산(AC)

본 장에서는 상기 중에서 현금및현금성자산과 상각후원가 측정 금융자산 중 수취채권를 중심으로 설명하고, 나머지 범주의 금융자산은 제13장 '금융자산(II): 지분상품과 채무상품'에서 설명하기로 한다.

제2절 | 현금및현금성자산과 은행계정조정

01 현금및현금성자산

① 현금및현금성자산은 기업이 보유하고 있는 자산 중에서 유동성(liquidity)이 가장 높은 자산으로서 다른 자산과의 교환수단(결제수단)으로 사용된다. 따라서 기업은 일반적으로 수시로 발생하는 자금의 지출(단기간의 현금수요)에 즉시 사용할 목적으로 일정수준의 현금을 보유한다.
② 국제회계기준에서도 재무상태표에 현금및현금성자산을 다른 자산과 구분하여 표시하도록 함으로써 이러한 유동성에 대한 정보를 정보이용자들에게 제공하도록 하고 있다.

(1) 현금

회계상 현금은 다음과 같이 통화, 통화대용증권과 요구불예금으로 구성된다.

> ① **통화**: 통화(cash)는 유통수단이나 지불수단으로 사용하는 지폐나 주화를 말한다.
> ② **통화대용증권**: 통화대용증권은 유동성이 매우 높아 현금처럼 통용될 수 있는 유가증권을 말한다. 예를 들어, 타인발행수표, 자기앞수표, 가계수표, 우편환증서, 송금환, 배당금지급통지표, 이자지급기일이 도래한 공사채 이자표 등이 있다.
> ③ **요구불예금**: 요구불예금(demand deposit)은 금융기관 예치금 중 예금자의 청구에 따라 언제든지 입·출금이 자유로운 예금으로, 대표적으로 보통예금과 당좌예금이 있다.

한편, 공장이나 지점이 경비에 충당하기 위해 보유하고 있는 공장이나 지점 전도금도 현금에 포함되지만, 다음의 항목들은 현금에 포함되지 않는다.

> ① **선일자수표**: 외상채권(매출채권 또는 미수금)
> ② **직원가불금과 차용증서**: 단기대여금
> ③ **우표, 수입인지**: 선급비용 또는 소모품
> ④ **당좌개설보증금**: 기타장기금융자산
> ⑤ **당좌차월**: 단기차입금

승철쌤's comment   선일자수표

> 선일자수표는 미래의 특정 일자를 발행일로 하여 발행된 수표로서, 발행일 전에는 실질적으로 지급제시를 할 수 없다. 따라서 선일자수표의 형식은 수표지만, 실질은 발행일을 만기일로 하여 발행된 어음이라고 볼 수 있다.

⊘ 참고 **당좌예금제도**

[그림 12-1] 당좌수표 발행을 통한 매입대금결제

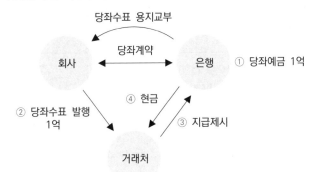

- 당좌예금(checking accounts)은 기업이 현금의 보관, 대금결제 등 내부통제 목적으로 이용하는 예금제도를 말한다. 기업은 은행에 개설한 당좌예금 계좌에 현금이나 타인발행수표 등으로 입금한 후, 은행에서 교부받은 당좌수표(또는 당좌어음) 용지를 발행하여 자유로이 당좌예금을 인출할 수 있다. 즉, 기업이 거래처에게 매입대금을 결제하기 위해 당좌수표 용지에 금액을 기재하여 거래처에게 교부하고, 거래처가 은행에 가서 수표를 제시(지급제시)하면, 은행은 기업의 당좌예금 계좌에서 현금을 인출하여 거래처에게 지급한다.
- 이러한 당좌예금은 기업이 고액의 현금을 직접 보관할 필요가 없고, 현금 대신 당좌수표를 발행하여 대금을 바로 결제할 수 있기 때문에 신속하고 안전한 대금결제수단으로 널리 이용된다.
- 기업은 원칙적으로 당좌예금 잔액의 범위 내에서 당좌수표를 발행해야 한다. 그러나 기업이 은행과 당좌차월 약정(기업의 마이너스 통장)을 체결하게 되면, 당좌예금 잔액을 초과하여 약정된 한도까지는 당좌수표를 발행할 수 있다. 이렇게 당좌예금 잔액을 초과하여 당좌수표가 발행되면 기업의 당좌예금 잔액이 부(-)의 잔액이 되는데, 이를 당좌차월(bank overdraft)이라고 한다. 당좌차월은 기업의 재무상태표에 단기차입금으로 표시한다.

금융자산(Ⅰ): 현금과 수취채권

제12장 해커스 IFRS 김승철 중급회계 상

(2) 현금성자산

현금성자산도 유동성이 매우 높은 단기투자자산으로서, 투자나 다른 목적이 아닌 단기의 현금수요를 충족하기 위한 목적으로 보유한다. 따라서 투자자산이 현금성자산으로 분류되기 위해서는 다음의 요건을 모두 충족해야 한다.

> ① 투자자산이 확정된 금액의 현금으로 전환이 용이해야 한다.
> ② 투자자산의 가치변동의 위험이 경미해야 한다.
> ③ 투자자산의 취득일로부터 만기일(또는 상환일)이 3개월 이내 도래해야 한다. 이때 유의할 점은 투자자산의 만기일(상환일)이 결산일로부터는 3개월 이내에 도래되지만, 취득일 기준으로는 3개월을 초과하는 경우에는 현금성자산으로 분류할 수 없다는 것이다.

한편, 지분상품(예 투자주식 등)은 만기일이나 상환일이 없고, 가치변동의 위험이 중요할 수 있으므로 현금성자산에서 제외한다. 다만, 상환일이 정해져 있고 취득일로부터 상환일까지의 기간이 단기인 우선주(상환우선주)와 같이 실질적인 현금성자산인 경우에는 예외로 한다.

[표 12-1] 현금성자산 분류 사례

사례	만기일	분류
정기예금·적금, 어음관리구좌(CMA), 초단기수익증권(MMF), 양도성예금증서(CD), 환매채(RP) 등	취득일로부터 3개월 이내	현금성자산
	보고기간 말로부터 1년 이내	기타단기금융자산
	보고기간 말로부터 1년 후	기타장기금융자산

예제 1	현금및현금성자산의 분류

(주)한국이 20×1년 12월 31일 현재 보유하고 있는 현금 및 예금 등의 내역은 다음과 같다.

통화	₩350,000
수입인지	20,000
당좌개설보증금	50,000
선일자수표	100,000
기일이 경과한 공채 이자표	40,000
당좌차월	90,000
양도성예금증서(취득 당시 만기 4개월)	150,000
부산공장 전도금	70,000
환매채(20×1년 12월 1일 취득한 90일 환매조건)	200,000
배당금지급통지표	16,000
타인발행수표	30,000

[요구사항]

(주)한국이 20×1년 말 재무상태표에 현금및현금성자산으로 보고할 금액은 얼마인가?

해답

통화	350,000	
수입인지	–	선급비용 분류
당좌개설보증금	–	기타장기금융자산 분류
선일자수표	–	외상채권(매출채권 또는 미수금) 분류
기일이 경과한 공채 이자표	40,000	
당좌차월	–	단기차입금 분류
양도성예금증서(취득 당시 만기 4개월)	–	기타단기금융자산 분류
부산공장 전도금	70,000	
환매채(20×1년 12월 1일 취득한 90일 환매조건)	200,000	
배당금지급통지표	16,000	
타인발행수표	30,000	
합계	706,000	

02 은행계정조정표

1. 개요

① 기업의 장부상 당좌예금 잔액과 은행의 당좌계좌 잔액은 원칙적으로 일치해야 한다. 그러나 기업이 결산일에 결산목적으로 은행에서 발급받은 당좌예금증명서상 잔액은 회사의 장부상 잔액과 일치하지 않는 경우가 많다.

② 따라서 기업은 금액이 불일치하는 원인을 파악하여 올바로 조정한 당좌예금 잔액을 재무상태표에 보고해야 한다. 이때 불일치원인을 파악하여 조정하는 과정을 은행계정조정이라고 하며, 이러한 과정에서 작성하는 양식을 은행계정조정표라고 한다.

2. 불일치항목의 조정방법

[그림 12-2] 은행계정조정표

회사측 당좌예금 잔액					은행측 당좌계좌 잔액	
	조정 전 잔액	×××	⇦ 불일치 ⇨		조정 전 잔액	×××
+	미통지입금	×××		+	은행미기입예금	×××
−	부도수표	(×××)		−	기발행미인출수표	(×××)
−	수수료, 이자비용	(×××)		±	은행측 오류	×××
±	회사측 오류	×××				
	조정 후 잔액	×××	⇦ 일치함 ⇨		조정 후 잔액	×××

(1) 은행측 조정사항

① **은행미기입예금:** 회사는 당좌예금 계좌에 입금하고 이를 회사의 장부에 기록하였으나, 은행에서는 다음 영업일에 입금으로 처리한 경우에 발생하는 차이(예 마감 후 입금)를 말한다. 회사는 올바로 입금 기록하였으나 은행이 기록하지 않은 입금이므로, 동 금액을 은행측 잔액에 가산한다.

② **기발행미인출수표:** 회사는 당좌수표를 발행하고 장부에서 당좌예금을 차감하였으나, 은행에는 당좌수표가 아직 제시되지 않아 출금되지 않은 경우에 발생하는 차이를 말한다. 회사는 올바로 출금기록 하였으나 은행이 기록하지 않은 출금이므로, 동 금액을 은행측 잔액에서 차감한다.

③ **은행측 오류:** 은행의 입금(또는 출금) 기록 오류에서 발생하는 차이를 말한다. 은행의 오류이므로 오류의 원인에 따라 은행측 잔액을 조정한다. 즉, 회사측 잔액에 맞추는 방식으로 은행측 잔액을 조정하면 된다.

(2) 회사측 조정사항

① **미통지입금**: 거래처에서 외상대금을 회사의 당좌예금 계좌에 입금하였거나 또는 회사가 추심의뢰한 어음대금을 은행이 만기일에 추심하여 회사의 당좌예금 계좌에 입금하였으나, 회사가 이를 통보받지 못해 장부에 입금 기록을 하지 못하여 발생하는 차이를 말한다. 은행은 올바로 입금처리하였으나 회사가 기록하지 않은 입금이므로, 동 금액을 회사측 잔액에 가산한다.

② **부도수표**: 회사가 거래처로부터 수령하여 당좌예금 계좌에 예입한 수표나 어음이 부도처리된 경우, 은행은 즉시 회사의 당좌예금 계좌에서 차감하였으나, 회사가 이를 통보받지 못해 장부에 차감 기록을 하지 못하여 발생하는 차이를 말한다. 은행은 올바로 차감하였으나 회사가 차감 기록하지 않은 것이므로, 동 금액을 회사측 잔액에서 차감한다.

③ **수수료와 발생이자**: 은행은 은행거래 수수료(예 인터넷뱅킹 수수료), 발생이자(예 당좌차월 이자비용 등)를 회사의 당좌예금 계좌에서 출금하였으나, 회사가 이를 알지 못해 장부에 출금 기록을 하지 못하여 발생하는 차이를 말한다. 은행은 올바로 출금처리하였으나 회사가 기록하지 않은 출금이므로, 동 금액을 회사측 잔액에서 차감한다.

④ **회사측 오류**: 회사의 입금(또는 출금) 기록 오류에서 발생하는 차이를 말한다. 회사의 오류이므로 오류의 원인에 따라 회사측 잔액을 조정한다. 즉, 은행측 잔액에 맞추는 방식으로 회사측 잔액을 조정하면 된다.

(3) 회사측 결산수정분개

은행계정조정표에서 불일치항목에 대한 차이를 조정한 후 회사측 잔액과 은행측 잔액은 일치해야 한다. 그리고 회사는 조정사항 중 회사측 조정사항을 결산수정분개로 반영한 후 올바른 당좌예금 잔액을 재무상태표에 보고한다.

[회사측 조정사항의 결산수정분개]				
① 미통지입금:	(차) 당좌예금	×××	(대) 매출채권 등	×××
② 부도수표:	(차) 매출채권 등	×××	(대) 당좌예금	×××
③ 수수료, 발생이자:	(차) 수수료	×××	(대) 당좌예금	×××
	(차) 이자비용	×××	(대) 당좌예금	×××
④ 회사측 오류:	(차) 매입채무 등	×××	(대) 당좌예금	×××

예제 2 은행계정조정표

(주)대한은 국민은행에 당좌예금 계좌를 보유하고 있으며, 20×1년 12월 31일 현재 회사의 장부상 당좌예금계정의 잔액은 ₩450,000이다. (주)대한은 20×1년 12월 31일 현재 올바른 당좌예금 잔액을 확인하기 위하여 은행에 예금잔액증명서를 요청하였으며, 그 결과 다음과 같은 차이가 발생하였다는 것을 파악하였다.

> (1) (주)대한이 20×1년 12월 31일에 ₩160,000을 입금하였으나, 은행은 이를 20×2년 1월 2일에 기록하였다.
> (2) (주)대한이 20×1년 12월 29일에 발행한 수표 ₩50,000이 아직 은행에서 인출되지 않았다.
> (3) 은행직원의 실수로 다른 회사가 발행한 당좌수표 ₩100,000을 (주)대한의 당좌예금 계좌에서 출금처리하였다.
> (4) 20×1년 12월 30일에 어음상의 매출채권 ₩94,000이 추심되어 (주)대한의 당좌예금 계좌에 입금되었으나, (주)대한은 이를 장부에 기록하지 않았다.
> (5) 20×1년 12월 중에 은행수수료 ₩5,000이 발생하였으나, (주)대한은 이를 장부에 기록하지 않았다.
> (6) 물품대금으로 거래처로 송금한 ₩7,000을 (주)대한의 회계담당자가 실수로 ₩3,000으로 잘못 기록하였다.

[요구사항]

1. (주)대한이 국민은행에 조회한 예금잔액증명서상 20×1년 12월 31일 현재 당좌예금계정의 수정 전 잔액이 얼마인지 계산하시오.

2. (주)대한의 당좌예금과 관련한 결산수정분개를 수행하시오.

해답 1. 은행측 수정 전 잔액

은행계정조정표

20×1년 12월 31일 현재

회사측 잔액		은행측 잔액	
수정 전 잔액	450,000	수정 전 잔액(역산)	325,000
미통지입금	94,000	은행미기입예금	160,000
은행수수료	(5,000)	기발행미인출수표	(50,000)
회사측 출금오류	(4,000)	은행측 출금오류	100,000
올바른 잔액	535,000	올바른 잔액	535,000

2. (주)대한의 20×1년 당좌예금 관련 결산수정분개

① 미통지입금:	(차) 당좌예금	94,000	(대) 매출채권	94,000
② 은행수수료:	(차) 수수료비용	5,000	(대) 당좌예금	5,000
③ 회사측 출금오류:	(차) 매입채무	4,000	(대) 당좌예금	4,000

제3절 | 수취채권

현금을 수취할 계약상 권리인 수취채권에는 매출채권, 미수금과 대여금 등이 있다.

① **매출채권**: 기업의 주된 영업활동(예 재고자산 생산 및 판매)의 결과로 발생한 미회수채권을 말한다. 일반적으로 매출채권은 외상매출금과 어음상의 채권인 받을어음으로 구분하지만, 외부공시용 재무제표에서는 매출채권으로 통합하여 표시한다.
② **미수금**: 주된 영업활동 이외의 거래(예 기계장치 처분 등)에서 발생한 미회수채권을 말한다.
③ **대여금**: 현금을 빌려주는 거래(금전대차거래)에서 발생한 채권을 말한다.

이하에서는 수험목적상 수취채권 중 가장 중요한 매출채권을 중심으로 수취채권의 회계처리를 설명하기로 한다.

01 매출채권의 최초인식

매출채권은 고객에게 재화나 서비스를 제공하고 수익인식요건을 충족할 때 인식한다. 그리고 매출채권 금액은 재화나 서비스 제공의 대가로 고객으로부터 받을 것으로 예상하는 금액(거래가격)으로 측정하며, 대변의 매출액은 차변의 매출채권 금액을 그대로 가져와서 기록한다.

(차) 매출채권(자산 ↑)	×××	(대) 매출(자본 ↑: 수익)	×××

다만, 이렇게 인식한 매출채권은 다음과 같은 이유로 후속적으로 감소할 수 있다.

① **매출에누리**: 판매한 재고자산에 파손·부패·결함이 있어 거래가격을 깎아주는 것을 말한다. 또한 일정기간 동안 거래되는 수량이나 거래금액에 따라 거래가격을 깎아주는 것도 매출에누리에 포함된다.
② **매출환입**: 판매한 재고자산에 파손·부패·결함이 있어 재고자산이 반품되는 것을 말한다.
③ **매출할인**: 고객이 대금을 조기에 결제하여 거래가격을 깎아주는 것을 말한다.

> ⊘ 참고 **매출할인조건**
>
> 일반적인 매출할인(현금할인)조건은 '2/10, n/30'와 같은 형식으로 표시한다. 이때 '2/10'은 만일 10일 이내에 대금을 결제하면 판매대금의 2%를 할인해 준다는 의미이며, 'n/30'는 신용제공기한(외상기간)으로 판매일로부터 30일 이내에는 대금을 전액 결제해야 한다는 의미이다.

매출에누리와 환입, 매출할인이 발생하여 거래가격이 감소하면 매출채권을 직접 감소시키고, 매출액도 동액만큼 감소(취소)시킨다. 다만, 내부관리 목적으로 (매출액을 직접 감소시키지 않고) 매출의 차감계정인 매출에누리와 환입계정과 매출할인계정을 이용하여 회계처리할 수도 있다.

[매출에누리와 환입 발생 시]

(차) 매출[*](수익 취소)   ×××   (대) 매출채권(자산 ↓)   ×××
    [*] 또는 매출에누리와 환입(매출의 차감계정)

[매출할인 발생 시]

(차) 매출[*](수익 취소)   ×××   (대) 매출채권(자산 ↓)   ×××
    [*] 또는 매출할인(매출의 차감계정)

이에 따라 포괄손익계산서에 표시되는 (순)매출액은 총매출액에서 매출에누리와 환입 및 매출할인을 차감한 금액이 된다.

(순)매출액 = 총매출액 − 매출에누리와 환입 − 매출할인

승철쌤's comment   매출 차감 vs 별도 비용

① **매출에누리와 환입, 매출할인**: 판매가격을 감액하는 원인이 다를 뿐, 모두 재고자산의 판매가격을 감액시켜 주는 것이다. 판매가격을 감액하는 것이므로 매출채권의 감소액만큼 매출에서 차감하는 것이다.
② **매출채권의 대손(손상)**: 재고자산의 판매가격을 감액시켜주는 게 아니라, 판매대금을 회수하지 못하는 것이다. 즉, 판매가격은 변동이 없기 때문에 매출에서 차감할 수 없고, 매출채권 가치의 감소액을 별도의 비용(대손상각비)으로 인식하는 것이다.

02 매출채권의 평가: 대손(손상) 회계처리

1. 개요

① 결산일 현재 기업이 보유하고 있는 매출채권은 일반적으로 다음 연도 중에 현금으로 회수되겠지만, 모든 매출채권이 정상적으로 회수되는 것은 아니다. 매출 거래처의 재무상태 악화 등으로 인하여 매출채권의 회수가 지연되거나 일부 또는 전부의 회수가 불가능하게 되는 경우도 발생한다.

② 이렇게 매출채권을 정상적으로 회수하지 못할 경우 회수불가능한 금액만큼 매출채권을 감소시키고 당기비용으로 인식하는데 이를 손상차손이라고 한다. 손상차손은 매출채권 등 수취채권 뿐만 아니라 당기손익-공정가치 측정 금융자산을 제외한 금융자산, 재고자산, 유형자산 그리고 무형자산에서도 인식한다. 다만, 수취채권에서 발생한 손상차손을 대손상각비라는 계정과목을 사용하여 회계처리하기도 한다.

> **승철쌤's comment 손상**
>
> **자산의 손상**: 자산에서 예상되는 손실을 조기에 인식하는 회계처리이다. 다만, 자산의 종류별로 손상을 인식할 때 계정과목이 조금씩 다를 뿐이다. 예를 들면 다음과 같다.
> ① **수취채권의 손상**: 대손상각비
> ② **재고자산의 손상**: 평가손실
> ③ **유 · 무형자산의 손상**: 손상차손

2. 시점별 회계처리

(1) 매 보고기간 말(대손 예상 시)

① 국제회계기준에서는 보고기간 말(결산일) 현재 매출채권에서 예상되는 기대신용손실(대손예상액)을 추정하여 매출채권 장부금액을 감소시키고 손상차손(당기비용)으로 인식하도록 규정하고 있다. 다만, 매출채권 장부금액을 감소시킬 때는 (매출채권 원본금액을 바로 제거하는 것이 아니라) 손실충당금이라는 매출채권의 차감계정을 이용하여 매출채권 원본금액에서 차감하여 표시한다. 손실충당금은 추후에 매출채권이 실제로 회수할 수 없게 되는 시점(대손이 확정되는 시점)에 제거되는 매출채권과 상계한다.

> **⊘참고 신용손실과 기대신용손실**
>
> ① 신용손실(credit loss)은 거래상대방의 채무불이행으로 수취채권의 원리금을 회수하지 못해 발생한 손실을 말하며, 대손이라고도 한다.
> ② 기대신용손실(expected credit loss)은 수취채권 중에서 회수가 어려울 것으로 추정되는 금액으로서, 대손예상액이라고도 한다.

> **승철쌤's comment 손실충당금(대손충당금)**
>
> 대손이 예상되는 시점에서는 아직 대손이 확정된 것은 아니므로 매출채권 원본금액을 직접 차감(제각)할 수는 없다. 따라서 매출채권의 차감계정인 대손충당금을 이용하여 매출채권의 가치 감소를 간접 표시하는 것이다.

② 따라서 보고기간 말 현재 예상되는 기대신용손실보다 손실충당금 수정 전 잔액이 작은 경우에는 부족한 금액만큼 손실충당금을 증가시켜 주고 동 금액을 당기비용(대손상각비)으로 인식하는 결산수정분개를 한다. 대손상각비는 포괄손익계산서에서 판매비와관리비로 분류하여 표시한다. 한편, 매출채권이 아닌 미수금이나 대여금 등에서 발생한 대손상각비는 영업외비용으로 분류하여 표시한다.

③ 만일 보고기간 말 현재 예상되는 기대신용손실보다 손실충당금 수정 전 잔액이 큰 경우에는 차이 금액만큼 손실충당금을 줄여주고 당기수익(손실충당금환입)으로 인식하는 결산수정분개를 한다. 손실충당금환입은 판매비와관리비의 부(−)의 금액으로 표시한다. 한편, 매출채권이 아닌 미수금이나 대여금 등에서 발생한 손실충당금환입은 영업외수익으로 분류하여 표시한다.

[예상 손실충당금 > 손실충당금 수정 전 잔액]

(차) 대손상각비(자본 ↓: 비용) ××× (대) 손실충당금(자산 ↓) ×××

[예상 손실충당금 < 손실충당금 수정 전 잔액]

(차) 손실충당금(자산 ↑) ××× (대) 손실충당금환입(자본 ↑: 수익) ×××

⊘ **참고** **연령분석법**

연령분석법(aging - method)은 연체기간이 오래된 매출채권일수록 대손가능성이 높을 것이라는 가정에 기초하여 예상 손실충당금을 계산하는 방법이다. 즉, 연령분석법은 기말 결산 시에 매출채권을 경과기간별로 세분화한 후, 경과기간이 오래된 매출채권일수록 높은 예상대손율을 차등적으로 적용하여 손실충당금(기대신용손실)을 계산하는 방법이다. 국제회계기준에서는 '충당금설정표'라고 표현하고 있다.

<계산사례>

경과기간	매출채권 잔액	예상대손율	대손예상액
90일 미만	₩500,000	1%	₩5,000
90일 ~ 180일	300,000	10%	30,000
181일 ~ 365일	200,000	30%	60,000
365일 초과	100,000	50%	50,000
	₩1,100,000		₩145,000

(2) 대손 확정 시

매출채권이 실제로 회수불가능하게 되어 대손이 확정되는 경우에는 대손이 확정된 금액만큼 매출채권 원본금액을 제거하고, 남아있는 손실충당금 잔액을 상계한다. 이때 만일 손실충당금 잔액이 부족한 경우에는 부족한 금액만큼 대손상각비를 추가로 인식한다.

(차) 손실충당금(자산 ↑) ××× (대) 매출채권(자산 ↓) ×××
　　 대손상각비(*)(자본 ↓: 비용) ×××
　　 (*) 손실충당금 잔액 부족 시

---

(3) 대손된 채권의 회수 시

대손이 확정되어 손실충당금과 상계한 매출채권이 추후에 회수되는 경우에는 동 회수액만큼 손실충당금을 증가시킨다.

(차) 현금(자산 ↑)		×××	(대) 손실충당금(자산 ↓)	×××

참고로, 상기 회계처리는 회수된 매출채권에 대한 대손 취소 회계처리와 매출채권 회수 회계처리를 순액으로 회계처리한 것이다.

① 대손 취소 회계처리: (차) 매출채권(자산 ↑)	×××	(대) 손실충당금(자산 ↓)	×××
② 매출채권 회수 회계처리: (차) 현금(자산 ↑)	×××	(대) 매출채권(자산 ↓)	×××

> ### ⊘ 참고   직접상각법
>
> ① 직접상각법은 (대손이 예상되는 시점이 아니라) 실제로 대손이 확정되는 시점에 대손확정액을 매출채권을 직접 차감하고 비용으로 인식하는 방법으로, 일종의 현금주의와 유사한 회계처리이다.
>
> ② 예를 들어, 20×1년에 재고자산 외상판매로 매출채권이 100,000만큼 발생하고, 20×1년 말에 10,000의 대손이 예상되었으나, 20×2년에 15,000의 대손이 최종 확정된 경우, 직접상각법에 따른 시점별 회계처리는 다음과 같다.
>
> | | | | | |
> |---|---|---|---|---|
> | ㉠ 매출 시(20×1년): | (차) 매출채권 | 100,000 | (대) 매출 | 100,000 |
> | ㉡ 대손 예상 시(20×1년 말): | – 회계처리 없음 – | | | |
> | ㉢ 대손 확정 시(20×2년): | (차) 대손상각비 | 15,000 | (대) 매출채권 | 15,000 |
>
> ③ 직접상각법은 매 보고기간 말에 대손예상액을 추정할 필요가 없으므로 적용이 간편하다는 장점이 있다. 그러나 매출을 인식한 회계기간과 대손상각비를 인식한 회계기간에 차이가 발생하여 수익·비용이 대응되지 않고, 기말 매출채권이 적정하게 평가되지 못하는(즉, 과대계상되는) 단점이 있다.
>
> ④ 이에 따라 국제회계기준에서는 직접상각법을 인정하지 않으며, 대손이 '예상'되는 시점에 손실충당금을 미리 인식하는 방법(충당금설정법)만 인정하고 있다.

① 시점별 회계처리

기말(대손예상 시):	(차)	대손상각비	×××	(대)	대손충당금	×××
	(차)	대손충당금	×××	(대)	대손충당금환입	×××
대손확정 시:	(차)	대손충당금	×××	(대)	매출채권	×××
		대손상각비	×××			
대손채권 회수 시:	(차)	현금	×××	(대)	대손충당금	×××

② 포괄손익계산서상 대손상각비
대손상각비(PL): 수정후시산표상 대손충당금 − 수정전시산표상 대손충당금

예제 3 매출채권의 대손

다음은 (주)한국의 매출채권과 관련된 자료이다.

(1) 20×1년 초의 매출채권 잔액은 ₩1,000,000이고, 대손충당금 잔액은 ₩40,000이다.
(2) 20×1년 4월, 회수불가능한 매출채권 ₩30,000을 대손처리하였다.
(3) 20×1년 8월, 전기에 대손처리하였던 매출채권 중 ₩15,000을 현금으로 회수하였다.
(4) 20×1년 말 현재 매출채권 잔액은 ₩900,000이며, 이 중에서 5%는 미래에 회수가 어려운 것으로 추정된다.

[요구사항]

1. (주)한국이 20×1년 포괄손익계산서에 보고할 대손상각비를 계산하시오.

2. (주)한국이 매출채권과 관련하여 20×1년에 해야 할 회계처리를 제시하시오.

해답   1. 대손상각비의 계산

20×1년 말 대손충당금 적정잔액	900,000 × 5% =	45,000
20×1년 말 대손충당금 장부금액	40,000 − 30,000 + 15,000 =	(25,000)
20×1년 대손상각비		20,000

2. 회계처리

① 대손 확정 시:	(차) 대손충당금	30,000	(대) 매출채권	30,000
② 대손채권 회수 시:	(차) 현금	15,000	(대) 대손충당금	15,000
③ 20×1년 말:	(차) 대손상각비	20,000	(대) 대손충당금	20,000

03 매출채권의 제거

(1) 금융자산의 제거요건

매출채권의 제거는 이미 인식된 매출채권을 재무상태표에서 삭제하는 것을 말한다. 매출채권의 제거는 금융자산의 제거조건을 따르며, 금융자산은 다음 중 하나에 해당하는 경우에만 제거한다.

> ① 금융자산의 현금흐름에 대한 계약상 권리가 소멸한 경우(대금의 회수)
> ② 금융자산을 양도하고 그 양도가 제거의 조건을 충족하는 경우

즉, 금융자산의 현금흐름에 대한 계약상 권리가 소멸한 경우(예 매출채권을 회수한 경우)에는 금융자산을 제거한다. 그러나 금융자산의 현금흐름에 대한 계약상 권리가 소멸되지 아니한 경우라도 금융자산을 양도(예 받을어음의 할인)하는 경우가 있다. 이 경우에는 기업(양도자)은 금융자산의 소유에 따른 위험과 보상의 이전 여부에 따라 제거 여부를 판단한다.

(2) 금융자산의 위험과 보상의 대부분을 이전하는 경우(매출채권 처분거래)

기업(양도자)이 금융자산의 소유에 따른 위험과 보상의 대부분을 상대방에게 이전한다면, 이는 실질적으로 금융자산을 처분한 것으로 볼 수 있다. 따라서 금융자산을 장부에서 제거하고 금융자산처분손실을 인식한다.

> **[매출채권의 양도가 제거조건을 충족하는 경우]**
> ① 매출채권 양도일: (차) 현금 ×××　(대) 매출채권 ×××
> 　　　　　　　　　　　　 매출채권처분손실 ×××
> ② 매출채권 만기일: 　　　　　　　　－ 회계처리 없음 －

(3) 금융자산의 위험과 보상의 대부분을 보유하는 경우(매출채권 담보차입거래)

기업(양도자)이 금융자산의 소유에 따른 위험과 보상의 대부분을 보유하는 경우에는 그 실질이 (금융자산을 처분한 거래로 볼 수 없으며) 금융자산을 상대방에게 담보로 맡기고 자금을 차입한 것으로 볼 수 있다. 따라서 이 경우에는 금융자산을 계속 인식하고, 대신 금융자산의 양도로 수취한 대가는 금융부채(단기차입금)로 인식한다.

> **[매출채권의 양도가 제거조건을 충족하지 못하는 경우]**
> ① 매출채권 양도일: (차) 현금 ×××　(대) 단기차입금 ×××
> 　　　　　　　　　　　　 선급이자 ×××
> ② 매출채권 만기일: (차) 이자비용 ×××　(대) 선급이자 ×××
> 　　　　　　　　　 (차) 단기차입금 ×××　(대) 매출채권 ×××

(4) [보론] 금융자산의 위험과 보상의 대부분을 이전하지도 보유하지도 않는 경우

① 기업(양도자)이 금융자산의 소유에 따른 위험과 보상의 대부분을 이전하지도 보유하지도 않는다면, 기업이 해당 금융자산을 통제하는지를 판단하여 다음과 같이 회계처리한다.

> ㉠ 기업이 금융자산을 통제하고 있지 않다면, 해당 금융자산을 제거하고 양도하여 생기거나 보유하게 된 권리와 의무는 각각 자산과 부채로 인식한다.
> ㉡ 기업이 금융자산을 통제하고 있다면, 해당 금융자산에 지속적으로 관여하는 정도까지 그 금융자산을 계속 인식한다.

> ⊘ 참고 양도자가 양도자산을 통제하고 있는지 여부의 판단
>
> ① 양도자가 양도자산을 통제하고 있는지는 양수자가 그 자산을 매도할 수 있는 능력을 가지는지에 따라 결정한다.
> ② 양수자가 자산 전체를 독립된 제3자에게 매도할 수 있는 실질적 능력을 가지고 있으며 양도에 추가 제약을 할 필요 없이 그 능력을 일방적으로 행사할 수 있다면, 양도자는 양도자산에 대한 통제를 상실한 것이다. 이 경우 외에는 양도자가 양도자산을 통제하고 있는 것이다.

② 만일 기업(양도자)이 양도자산에 보증을 제공하는 형태로 지속적으로 관여하는 경우, 해당 양도자산에 지속적으로 관여하는 정도까지 그 양도자산을 계속 인식한다. 이때 해당 양도자산에 대한 지속적 관여 정도는 양도자산의 장부금액과 수취한 대가 중 상환을 요구받을 수 있는 최대 금액(보증금액) 중 적은 금액이다. 그리고 기업이 지속적으로 관여하는 정도까지 자산을 계속 인식하는 경우 관련 부채도 함께 인식한다.

> [지급보증을 제공하는 경우의 지속적 관여]
> ㉠ 지속적관여자산: Min [양도자산의 장부금액, 지급보증금액]
> ㉡ 지속적관여자산 인식액만큼 관련 부채를 함께 인식함

예제 4　**보증을 제공하는 형태의 지속적 관여**　　　　　　[세무사 21 수정]

(1) (주)대한은 20×1년 1월 1일 금융회사인 (주)민국에 장부금액 ₩500,000의 매출채권을 양도하였다. (주)대한은 동 매출채권의 위험과 보상의 대부분을 이전하지도 않고 보유하지도 않으며, (주)민국은 양도받은 동 매출채권을 제3자에게 매도할 수 있는 능력이 없다.

(2) 한편, (주)대한은 매출채권 양도 후 5개월간 동 매출채권의 손상발생에 대해 ₩100,000까지 지급을 보증하기로 하였으며, 동 보증의 공정가치(보증의 대가로 수취한 금액)는 ₩20,000이다. (주)대한은 동 매출채권을 양도하면서 (주)민국으로부터 보증의 대가를 포함하여 ₩480,000을 수령하였다.

[요구사항]

1. (주)대한이 20×1년 1월 1일 매출채권 양도 시 부채로 인식할 금액은 얼마인지 계산하시오.

2. (주)대한이 매출채권과 관련하여 20×1년 1월 1일에 해야 할 회계처리를 제시하시오.

해답　**1. 부채로 인식할 금액**

(1) 거래의 분석

① (주)대한(양도자)이 매출채권의 위험과 보상의 대부분을 보유하지도 이전하지도 않으므로 매출채권을 제거하고 매출채권처분손실을 인식한다.

② 다만, (주)민국(매출채권의 양수자)이 양수한 매출채권을 제3자에게 매도할 수 없으므로 (주)대한이 매출채권을 통제하고 있다. 따라서 지속적으로 관여하는 정도까지는 금융자산(지속적관여자산)을 인식하고, 동 금액을 금융부채로 인식한다. 이때 지속적관여자산으로 인식할 금액은 매출채권(양도자산)의 장부금액과 지급보증한 금액 중 적은 금액이므로 100,000이 된다.

③ 보증의 대가로 수령한 금액 20,000은 금융보증부채(금융보증계약)로 인식하고, 보증용역을 제공하는 기간에 걸쳐 당기손익(보증수익)으로 인식한다.

(2) 부채 인식액

지속적관여자산 인식액	Min[500,000(양도자산 장부금액), 100,000(지급보증액)] =	100,000
보증의 대가로 수령한 금액		20,000
합계		120,000

2. 20×1년 1월 1일 회계처리

(차) 현금	(*)460,000	(대) 매출채권		500,000
매출채권처분손실	40,000			

(*) 480,000 - 20,000(지급보증의 대가) = 460,000

(차) 지속적관여자산	(*)100,000	(대) 금융부채	(*)100,000

(*) 지급보증액을 지속적관여자산으로 인식하고, 동 금액을 금융부채로 인식한다.

(차) 현금	20,000	(대) 금융보증부채	(*)20,000

(*) 보증의 대가로 수령한 금액은 금융보증부채로 인식한다. 금융보증부채로 인식한 금액은 이후 보증용역을 제공하는 기간에 걸쳐 보증수익으로 인식한다.

04 매출채권을 통한 자금조달

1. 개요

기업은 매출채권의 회수기일(만기일)이 도래하기 전에 매출채권을 타인(금융기관 등)에게 양도하여 영업활동에 필요한 현금을 확보하기도 한다. 이러한 매출채권의 양도거래 중 대표적인 예가 받을어음의 할인과 외상매출금의 팩토링 거래이다.

① **받을어음의 할인** : 확정채권인 어음상의 채권을 금융기관에 양도하고 자금을 조달하는 거래를 말한다.
② **외상매출금의 팩토링** : 미확정채권인 외상매출금을 금융기관에 양도하고 자금을 조달하는 거래를 말한다.

2. 받을어음의 할인

(1) 개요

[그림 12-3] 받을어음 할인 거래구조

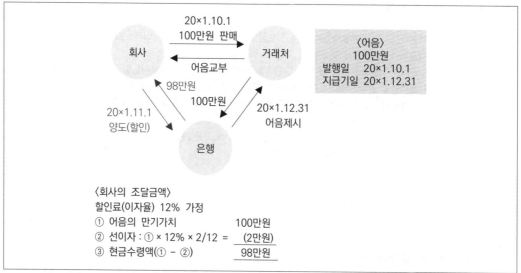

기업이 재고자산을 외상으로 판매하고 거래처로부터 어음을 수령하는 경우, 어음의 만기일까지는 상당한 기간이 남아있을 수 있다. 따라서 기업은 어음의 만기일 전에 받을어음을 금융기관에 양도하여 필요한 자금을 조달하는데, 이를 받을어음의 할인이라고 한다.

(2) 받을어음 할인일의 현금수령액

[그림 12-4] 받을어음 할인

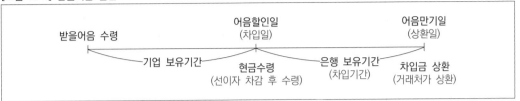

① 받을어음의 경우 표시이자의 존재 여부에 따라 이자부 어음과 무이자부 어음으로 구분되며, 받을어음을 금융기관에 할인하는 경우 어음할인으로 수령하는 현금은 다음과 같이 결정된다.

> **[받을어음 할인 시 현금수령액]**
>
> | | | |
> |---|---|---|
> | 어음의 만기가치 | ××× | : 어음의 액면금액 + 만기일까지 표시이자(이자부 어음인 경우) |
> | (−) 할인료(지급이자) | (×××) | : 어음의 만기가치 × 할인율(차입이자율) × 할인기간(차입기간)/12 |
> | 현금수령액 | ××× | |

> ㉠ **어음의 만기가치**: 어음의 만기일에 어음의 발행인로부터 수령하는 금액으로 무이자부 어음은 어음의 액면금액이며, 이자부 어음은 액면금액에 만기까지의 표시이자를 합한 금액이다.
> ㉡ **할인료(지급이자)**: 어음의 만기가치에서 차감하는 할인료는 금융기관으로부터 조달한 자금에 대한 이자를 미리 지급한 것으로, 일종의 선이자 개념이다.
> ㉢ **할인율(차입이자율)**: 금융기관이 어음할인 시 적용하는 이자율로서, 일종의 차입이자율이다.
> ㉣ **할인기간(차입기간)**: 기업이 금융기관으로부터 자금을 조달한 기간으로, 금융기관이 어음을 매입한 날부터 어음의 만기까지 보유한 기간을 말한다.

② 무이자부 어음인 경우 어음할인으로 인한 현금수령액과 매출채권 장부금액의 차이가 매출채권처분손실(제거조건을 충족하지 않는 경우에는 이자비용)이 된다.
③ 그러나 이자부 어음의 경우에는 할인으로 인한 현금수령액에 경과이자가 포함되어 있다. 이때 경과이자는 기업이 어음을 할인일까지 보유한 기간에 대한 표시이자를 말한다. 즉, 이자부 어음인 경우에는 할인으로 인한 현금수령액에 경과이자가 포함되어 있지만, 경과이자는 이자수익으로 인식해야 하며 매출채권처분손실로 인식하면 안 된다. 따라서 이자부 어음인 경우 매출채권처분손실은 다음과 같이 계산된다.

> **[이자부 어음의 매출채권처분손실(이자비용)]**
>
> | | | |
> |---|---|---|
> | 어음만의 양도금액 | ××× | : 현금수령액 − 어음할인일까지 표시이자(경과이자) |
> | (−) 매출채권 장부금액 | (×××) | : 매출채권 액면금액 |
> | 매출채권처분손실 | ××× | : 제거조건을 충족하지 않는 경우에는 이자비용으로 인식 |

(3) 회계처리

① 전술한 바와 같이, 받을어음의 할인 회계처리는 금융자산의 제거조건을 충족하는지 여부에 따라 달라진다. 즉, 매출채권(받을어음)을 양도하여 매출채권의 소유에 따른 위험과 보상의 대부분을 금융기관에 이전한 경우에는 매출채권을 제거(매출채권 처분거래)하는 회계처리를 하며, 매출채권의 소유에 따른 위험과 보상의 대부분을 계속하여 보유하는 경우에는 금융기관으로부터 자금을 차입(받을어음 담보 차입거래)한 것으로 회계처리한다.

② 제거조건을 충족하여 매출채권을 제거하는 경우의 회계처리는 다음과 같다.

[무이자부 어음]

① 받을어음 양도일: (차) 현금   ××× (대) 매출채권   ×××
                            매출채권처분손실   ×××

② 받을어음 만기일: – 회계처리 없음 –

[이자부 어음]

① 받을어음 양도일: (차) 미수이자(경과이자)   ××× (대) 이자수익   ×××
                (차) 현금   ××× (대) 미수이자(경과이자)   ×××
                매출채권처분손실   ×××   매출채권   ×××

② 받을어음 만기일: – 회계처리 없음 –

필수암기! **받을어음의 할인**

받을어음 만기가치	×××	⇐ 어음 액면금액 + 표시이자 ▶ **은행의** 어음 보유기간
할인액	(×××)	⇐ 만기가치 × 할인율 × 할인기간 / 12
현금수령액	×××	▶ **기업의** 어음 보유기간
경과이자	(×××)	⇐ 어음 액면금액 × 표시이자율 × 보유기간 / 12
매출채권 처분금액	×××	
		매출채권처분손실(또는 이자비용)
매출채권 장부금액	×××	⇐ 어음 액면금액

예제 5 받을어음의 할인(1): 무이자부 어음

(주)한국은 20×1년 1월 1일에 제품 판매대금으로 액면금액 ₩1,000,000의 어음을 수령하였다. 어음의 만기일은 20×1년 12월 31일이며, 표시이자를 지급하지 않는 무이자부 어음이다. 20×1년 10월 1일, (주)한국은 동 어음을 금융기관에 연 10%의 이자율로 할인하였다. 어음의 할인료와 표시이자는 월할계산한다.

[요구사항]

1. (주)한국이 받을어음 할인으로 수령하는 현금을 계산하시오.

2. 받을어음의 할인이 금융자산의 제거요건을 충족하는 경우에 일자별 회계처리를 제시하시오.

3. 받을어음의 할인이 금융자산의 제거요건을 충족하지 않는 경우 일자별 회계처리를 제시하시오.

해답   1. 받을어음 할인으로 수령하는 현금

어음의 만기가치		1,000,000
할인료	1,000,000 × 10% × 3/12 =	(25,000)
현금수령액		975,000

2. 금융자산의 제거요건을 충족하는 경우의 회계처리

20×1.1.1	(차) 매출채권	1,000,000	(대) 매출	1,000,000
20×1.10.1	(차) 현금	975,000	(대) 매출채권	1,000,000
	매출채권처분손실	25,000		
20×1.12.31		– 회계처리 없음 –		

3. 금융자산의 제거요건을 충족하지 않는 경우의 회계처리

20×1.1.1	(차) 매출채권	1,000,000	(대) 매출	1,000,000
20×1.10.1	(차) 현금	975,000	(대) 단기차입금	1,000,000
	선급이자	25,000		
20×1.12.31	(차) 이자비용	25,000	(대) 선급이자	25,000
	(차) 단기차입금	1,000,000	(대) 매출채권	1,000,000

(주)한국은 20×1년 1월 1일에 제품 판매대금으로 액면금액 ₩1,000,000의 어음을 수령하였다. 어음의 만기일은 20×1년 12월 31일이며, 표시이자는 연 8%이다. 20×1년 10월 1일, (주)한국은 동 어음을 금융기관에 연 10%의 이자율로 할인하였다. 어음의 할인료와 표시이자는 월할계산한다.

[요구사항]

1. 받을어음의 할인이 금융자산의 제거요건을 충족하는 경우 다음 각각의 물음에 답하시오.
   (1) (주)한국이 받을어음 할인으로 수령하는 현금을 계산하시오.
   (2) (주)한국이 받을어음 할인일에 인식할 매출채권처분손실을 계산하시오.
   (3) 일자별 회계처리를 제시하시오.
2. 받을어음의 할인이 금융자산의 제거요건을 충족하지 않는 경우 일자별 회계처리를 제시하시오.

해답 **1. 금융자산의 제거요건을 충족하는 경우**

(1) 어음할인으로 수령하는 현금

어음의 만기가치	1,000,000 + 1,000,000 × 8% × 12/12 =	1,080,000
할인료	1,080,000 × 10% × 3/12 =	(27,000)
현금수령액		1,053,000

(2) 매출채권처분손실 인식액

어음만의 양도금액	1,053,000 − 1,000,000 × 8% × 9/12 =	993,000
매출채권 장부금액		(1,000,000)
매출채권처분손실		(7,000)

(3) 회계처리

20×1.1.1	(차) 매출채권	1,000,000	(대) 매출	1,000,000
20×1.10.1	(차) 미수이자	60,000	(대) 이자수익	(*)60,000

(*) 경과이자: 1,000,000 × 8% × 9/12 = 60,000

	(차) 현금	1,053,000	(대) 미수이자	60,000
	매출채권처분손실	7,000	매출채권	1,000,000
20×1.12.31		− 회계처리 없음 −		

2. 금융자산의 제거요건을 충족하지 않는 경우의 회계처리

20×1.1.1	(차) 매출채권	1,000,000	(대) 매출	1,000,000
20×1.10.1	(차) 미수이자	60,000	(대) 이자수익	60,000
	(차) 현금	1,053,000	(대) 미수이자	60,000
	선급이자	7,000	단기차입금	1,000,000
20×1.12.31	(차) 이자비용	7,000	(대) 선급이자	7,000
	(차) 단기차입금	1,000,000	(대) 매출채권	1,000,000

3. 외상매출금의 팩토링

① 팩토링은 (어음상의 채권이 아닌) 외상매출금을 금융기관에 양도하고 자금을 조달하는 거래로서, 전술한 받을어음의 할인과 거래구조와 회계처리가 유사하다. 다만, 받을어음은 어음의 만기금액이 확정된 확정채권인 반면, 외상매출금은 매출에누리와 환입, 매출할인 등이 발생할 경우 만기금액이 감소할 수 있는 미확정채권이다.

② 이때 매출에누리 등으로 감소하는 금액은 회사가 판매대금을 조정한 것이므로 전액 외상매출금의 양도자인 회사가 부담해야 한다. 따라서, 받을어음 할인과 달리, 팩토링 거래의 경우에는 기업이 외상매출금을 양도할 때 금융기관에서 매출할인 등에 대비하여 일정금액을 현금지급액에서 유보한다.

[외상매출금 양도 시 현금수령액]

외상매출금의 만기가치	×××	: 이자부 채권인 경우 표시이자 포함
(−) 할인료	(×××)	: 외상매출금의 만기가치 × 할인율 × 할인기간/12
(−) 유보금액	(×××)	: 매출에누리 등에 대비하여 유보한 금액
현금수령액	×××	

---

③ 회사는 상기와 같이 금융기관에서 유보한 금액을 미수금으로 회계처리한다. 그리고 이후 매출에누리 등이 발생할 경우, 외상매출금의 만기일에 유보금액에서 매출에누리 등 발생액을 차감한 금액을 금융기관으로부터 회수한다. 지금까지 설명한 내용을 제외한 나머지 사항은 받을어음의 할인거래와 동일하다.

[외상매출금의 양도(팩토링)가 제거조건을 충족하는 경우]

① 외상매출금 양도일: (차) 미수금	(*1)×××	(대) 매출채권		×××
현금	(*2)×××			
매출채권처분손실	×××			

(*1) 매출에누리 등에 대비하여 금융기관에서 유보한 금액
(*2) 외상매출금의 만기가치 − 할인료 − 유보금액

② 외상매출금 만기일: (차) 매출에누리 등	×××	미수금		×××
현금	×××			

(1) (주)한국은 20×1년 1월 1일에 제품을 ₩1,000,000을 외상으로 판매하였다. 외상매출금의 만기일은 20×1년 12월 31일이다.

(2) 20×1년 10월 1일 (주)한국은 동 외상매출금을 금융기관에 연 10%의 이자율로 할인하였으며, 금융기관은 매출에누리 등에 대비하여 외상매출금의 5%에 대해 지급을 유보하기로 하였다.

(3) 외상매출금의 만기일인 20×1년 12월 31일까지 매출에누리가 ₩23,000 발생하였으며, ₩12,000의 대손이 확정되었다. 할인료는 월할계산한다.

[요구사항]

1. 외상매출금의 대손에 대한 책임을 금융기관이 부담할 경우 다음 각각의 물음에 답하시오.
   (1) (주)한국이 외상매출금의 양도로 수령하는 현금을 계산하시오.
   (2) (주)한국이 외상매출금의 양도일에 인식할 매출채권처분손실을 계산하시오.
   (3) 일자별 회계처리를 제시하시오.

2. 외상매출금의 대손에 대한 책임을 (주)한국이 부담할 경우 일자별 회계처리를 제시하시오.

해답   1. 금융자산의 제거요건을 충족하는 경우

   (1) 외상매출금 양도로 수령하는 현금

외상매출금 만기가치		1,000,000
할인료	1,000,000 × 10% × 3/12 =	(25,000)
금융기관 유보금액	1,000,000 ×5% =	(50,000)
현금수령액		925,000

   (2) 매출채권처분손실 인식액

외상매출금의 양도금액	925,000 + 50,000(유보액) =	975,000
외상매출금의 장부금액		(1,000,000)
매출채권처분손실		(25,000)

   (3) 회계처리

20×1.1.1	(차) 매출채권	1,000,000	(대) 매출	1,000,000
20×1.10.1	(차) 현금	925,000	(대) 매출채권	1,000,000
	미수금	50,000		
	매출채권처분손실	25,000		
20×1.12.31	(차) 현금	27,000	(대) 미수금	50,000
	매출(에누리)	23,000		

  2. 금융자산의 제거요건을 충족하지 않는 경우의 회계처리

20×1.1.1	(차) 매출채권	1,000,000	(대) 매출	1,000,000
20×1.10.1	(차) 현금	925,000	(대) 단기차입금	1,000,000
	미수금	50,000		
	선급이자	25,000		
20×1.12.31	(차) 이자비용	25,000	(대) 선급이자	25,000
	(차) 단기차입금	1,000,000	(대) 매출채권	1,000,000
	(차) 현금	15,000	(대) 미수금	50,000
	매출(에누리)	23,000		
	대손상각비	12,000		

01 거래상대방에게서 현금 등 금융자산을 수취할 계약상 권리는 금융자산에 해당하며, 그 (O, X) 사례로 수취채권, 채무상품, 선급금, 재고자산 등이 있다.

02 통화대용증권은 유동성이 매우 높아 현금처럼 통용될 수 있는 유가증권으로서 회계상 (O, X) 현금으로 분류되며, 그 예로 타인발행수표, 우편환증서, 수입인지, 배당금지급통지표, 이자지급기일이 도래한 공사채 이자표 등이 있다.

03 현금성자산은 유동성이 매우 높은 단기투자자산으로서, 확정된 금액의 현금으로 전환 (O, X) 이 용이하고 가치변동의 위험이 경미하며, 보고기간 말로부터 만기일(또는 상환일)이 3개월 이내에 도래하는 것을 말한다.

04 지분상품은 만기일이나 상환일이 없고, 가치변동의 위험이 중요할 수 있으므로 현금성 (O, X) 자산에서 제외한다. 다만, 상환일이 정해져 있고 취득일로부터 상환일까지의 기간이 단기인 우선주(상환우선주)와 같이 실질적인 현금성자산인 경우에는 예외로 한다.

05 회사가 추심의뢰한 어음대금을 은행이 만기일에 추심하여 회사의 당좌예금 계좌에 입 (O, X) 금하였으나, 회사가 이를 통보 받지 못해 장부에 입금 기록을 하지 못하여 발생하는 차이 금액은 은행계정조정표에서 회사측 잔액에 가산한다.

06 은행계정조정표에서 불일치항목에 대한 차이를 모두 조정한 후에도 회사측 당좌예금 (O, X) 잔액과 은행측 당좌예금 잔액이 일치하지 않는 경우, 동 차이금액은 회사의 자금담당 직원이 횡령한 금액으로 추정할 수 있다.

정답 및 해설

01 X 선급금, 선급비용은 미래에 (현금 등 금융자산이 아니라) 재화나 용역을 제공받기 때문에 금융자산에 해당하지 않는다. 그리고 재고자산은 계약상 권리가 아니므로 금융자산에 해당하지 않는다.

02 X 수입인지는 금전적인 가치는 있지만, 단기간의 현금수요를 충족하기 어려우므로 (현금및현금성자산이 아니라) 선급비용 또는 소모품으로 처리한다.

03 X 단기투자자산이 현금성자산으로 분류되려면 (보고기간 말이 아니라) 투자자산의 취득일로부터 만기일(또는 상환일)이 3개월 이내 도래해야 한다.

04 O

05 O

06 O

07 보고기간 말 현재 매출채권에서 예상되는 기대신용손실(누적손상차손)이 손실충당금   (O, X)
수정 전 잔액보다 더 큰 경우에는 차이금액 만큼 손실충당금을 증가시켜 주고, 동 금액
을 포괄손익계산서에 당기비용(대손상각비)으로 인식하는 결산수정분개를 한다.

08 매출채권이 실제로 회수불가능하게 되어 대손이 확정되는 경우에는 대손이 확정된 금   (O, X)
액만큼 손실충당금을 증가시켜 주고 동 금액을 당기비용(대손상각비)으로 인식한다.

09 양도자가 금융자산의 소유에 따른 위험과 보상의 대부분을 이전하면, 당해 금융자산을   (O, X)
제거하고 양도함으로써 발생하거나 보유하게 된 권리와 의무를 각각 자산과 부채로 인
식한다.

10 이자부 받을어음의 할인거래가 금융자산의 제거요건을 충족할 경우, 기업은 할인일의   (O, X)
현금수령액과 받을어음 액면금액의 차이를 매출채권처분손실로 인식한다.

정답 및 해설

07 O

08 X 매출채권이 실제로 회수불가능하게 되어 대손이 확정되는 경우에는 대손이 확정된 금액만큼 매출채권 원본금액을
제각(제각)하고, 남아있는 손실충당금 잔액을 상계한다. 이때 만일 손실충당금 잔액이 부족한 경우에는 부족한 금
액만큼 대손상각비를 추가로 인식한다.

09 O

10 X 이자부 받을어음을 금융기관에 할인하는 경우, 할인일의 현금수령액에는 할인일까지 발생한 표시이자(경과이자)가
포함되어 있다. 따라서 기업은 할인일의 현금수령액에서 경과이자를 차감한 금액과 받을어음의 장부금액(액면금
액)과의 차이를 매출채권처분손실로 인식해야 한다.

제12장
객관식 연습문제

현금및현금성자산의 정의(범위) + 은행계정조정표

01 (주)세무의 20×1년 말 자료가 다음과 같을 때, 재무상태표의 현금및현금성자산으로 인식하는 금액은?

[세무사 18]

당좌개설보증금	₩10,000	당자차월	₩1,200
당좌예금	( )	우편환증서	4,000
차용증서	1,000	수입인지	500
소액현금	300	배당금지급통지서	1,500
종업원 가불증서	2,500	환매채	1,500
타인발행약속어음	10,000	정기예금	2,000

〈추가자료〉
○ 아래 사항을 조정하기 이전 은행측 당좌예금 잔액은 ₩12,800이다.
 – 거래처에 상품 매입대금결제로 발행한 수표 ₩7,500이 아직 인출되지 않았다.
 – 거래처에서 판매대금으로 입금 통보한 ₩2,800을 (주)세무는 회계처리하였으나, 은행은 전산장애로 인해 입금처리하지 못했다.
○ 환매채의 취득일은 20×1년 12월 1일이며, 4개월 후 환매조건이다.
○ 정기예금은 1년 만기이며, 만기일은 20×2년 1월 31일이다.

① ₩12,100 ② ₩13,900 ③ ₩15,400
④ ₩15,900 ⑤ ₩25,100

은행계정조정표

02 (주)한국은 20×1년 12월 31일 직원이 회사자금을 횡령한 사실을 확인하였다. 12월 31일 현재 회사 장부상 당좌예금 잔액은 ₩65,000이었으며, 거래은행으로부터 확인한 당좌예금 잔액은 ₩56,000이다. 회사측 잔액과 은행측 잔액이 차이가 나는 이유가 다음과 같을 때, 직원이 회사에서 횡령한 것으로 추정되는 금액은?

○ 은행미기입예금	₩4,500
○ 기발행미인출수표	₩5,200
○ 회사에 미통지된 입금액	₩2,200
○ 은행으로부터 통보받지 못한 은행수수료	₩1,500
○ 발행한 수표 ₩2,000을 회사장부에 ₩2,500으로 기록하였음을 확인함	

① ₩9,000 ② ₩9,700 ③ ₩10,400
④ ₩10,900 ⑤ ₩31,700

수취채권의 대손 - 충당금설정률표(연령분석표)

03 (주)한국은 고객에게 60일을 신용기간으로 외상매출을 하고 있으며, 연령분석법을 사용하여 기대신용손실을 산정하고 있다. 20×1년 말 현재 (주)한국은 매출채권의 기대신용손실을 산정하기 위해 다음과 같은 충당금설정률표를 작성하였다. 20×1년 말 매출채권에 대한 손실충당금(대손충당금) 대변잔액 ₩20,000이 있을 때, 결산 시 인식할 손상차손(대손상각비)은?

구분	매출채권금액	기대신용손실률
신용기간 이내	₩1,000,000	1.0%
1~30일 연체	₩400,000	4.0%
31~60일 연체	₩200,000	20.0%
60일 초과 연체	₩100,000	30.0%

① ₩66,000   ② ₩76,000
③ ₩86,000   ④ ₩96,000
⑤ ₩116,000

수취채권의 대손 - 매출채권 비율기준

04 12월 결산법인인 (주)한국의 20×1년 1월 1일 외상매출금은 ₩1,100,000, 손실충당금은 ₩80,000이다. 20×1년 중 ₩3,000,000의 외상매출이 발생하였으며, 이 중 매출환입은 ₩100,000이다. 20×1년 중 외상매출금의 회수액은 ₩2,500,000이며, ₩100,000의 외상매출금이 회수불능으로 대손처리되었고, 대손처리한 외상매출금 중 ₩50,000이 회수되었다. (주)한국은 회수불능채권에 대하여 손실충당금을 설정하고 있으며, 매출채권 비율기준에 따라 매출채권의 5%를 회수불능채권으로 추정할 경우 20×1년 손상차손(대손상각비)은 얼마인가?

① ₩25,000   ② ₩40,000
③ ₩55,000   ④ ₩70,000
⑤ ₩100,000

받을어음의 할인 : 무이자부 어음 vs 이자부 어음

05 20×1년 6월 1일 (주)대한은 판매대금으로 만기가 20×1년 9월 30일인 액면가액 ₩1,200,000의 어음을 거래처로부터 수취하였다. (주)대한은 20×1년 9월 1일 동 어음을 은행에서 할인하였으며, 은행의 할인율은 연 12%였다. 동 어음이 무이자부 어음인 경우와 연 10% 이자부 어음인 경우로 구분하여 어음할인 시 (주)대한이 인식할 매출채권처분손실을 계산하면 각각 얼마인가? (단, 어음할인은 제거요건을 충족시킨다고 가정하며, 이자는 월할계산한다) [세무사 09]

	무이자부 어음	연 10% 이자부 어음
①	처분손실 ₩24,000	처분손실 ₩12,400
②	처분손실 ₩24,000	처분손실 ₩2,400
③	처분손실 ₩12,000	처분손실 ₩27,600
④	처분손실 ₩12,000	처분손실 ₩2,400
⑤	처분손실 ₩10,000	처분손실 ₩12,400

받을어음의 할인 - 할인율 역산

06 (주)세무는 (주)한국에 상품을 판매한 대가로 이자부 약속어음(액면가액 ₩160,000, 5개월 만기, 표시이자 연 9%)을 받고, 이 어음을 2개월간 보유한 후 은행에서 할인하여 ₩161,518을 수령하였다. 동 어음할인 거래는 금융자산의 제거요건을 충족한다. 이 어음 거래에 적용된 연간 할인율은? (단, 이자는 월할계산한다) [세무사 18]

① 10.2% ② 10.4%

③ 10.5% ④ 10.6%

⑤ 10.8%

정답

01 ② 02 ④ 03 ② 04 ② 05 ④ 06 ⑤

해설

01 ② **(1) 20×1년 말 올바른 당좌예금 잔액**

<table>
<tr><td colspan="4" align="center">은행계정조정표</td></tr>
<tr><td></td><td align="center">회사측 잔액</td><td></td><td align="center">은행측 잔액</td></tr>
<tr><td>수정 전 잔액</td><td align="center">?</td><td>수정 전 잔액</td><td align="center">12,800</td></tr>
<tr><td>?</td><td align="center">?</td><td>기발행미인출수표</td><td align="center">(7,500)</td></tr>
<tr><td></td><td></td><td>은행미기입예금</td><td align="center">2,800</td></tr>
<tr><td>올바른 잔액</td><td align="center">?</td><td>올바른 잔액</td><td align="center">8,100</td></tr>
</table>

(2) 20×1년 말 현금및현금성자산

당좌개설보증금	-	기타장기금융자산
당좌예금	8,100	
차용증서	-	대여금
소액현금	300	
종업원 가불증서	-	대여금
타인발행약속어음	-	수취채권
당좌차월	-	단기차입금
우편환증서	4,000	
수입인지	-	선급비용
배당금지급통지서	1,500	
환매채	-	취득일로부터 만기 3개월 초과
정기예금	-	취득일로부터 만기 3개월 초과
합계	13,900	

02 ④ **(1) 은행계정조정표**

은행계정조정표
20×1년 12월 31일 현재

	회사측 잔액		은행측 잔액
수정 전 잔액	65,000	수정 전 잔액	56,000
미통지입금	2,200	은행미기입예금	4,500
은행수료	(1,500)	기발행미인출수표	(5,200)
회사측 출금오류	500		
올바른 잔액	66,200	올바른 잔액	55,300

(2)횡령 추정액

66,200 - 55,300 = 10,900

03 ② **(1) 20×1년 말 손실충당금 적정잔액(기대신용손실)**

경과기간	매출채권금액	기대신용손실율	대손예상액
신용기간 이내	1,000,000	1.0%	10,000
1 ~ 30일 연체	400,000	4.0%	16,000
31 ~ 60일 연체	200,000	20.0%	40,000
60일 초과 연체	100,000	30.0%	30,000
기대신용손실	1,700,000		96,000

(2)20×1년 말 손실충당금 추가설정액(대손상각비)

20×1년 말 손실충당금 적정잔액	96,000
20×1년 말 손실충당금 장부금액	(20,000)
손실충당금 추가설정액(대손상각비)	76,000

04 ② **(1) 20×1년 말 손실충당금 적정잔액**

20×1년 초 매출채권	1,100,000
외상매출	3,000,000
매출환입	(100,000)
외상매출금 회수액	(2,500,000)
외상매출금 대손처리액	(100,000)
20×1년 말 매출채권	1,400,000
대손율	× 5%
20×1년 말 손실충당금 적정잔액	70,000

(2)20×1년 말 손실충당금 추가설정액(대손상각비)

20×1년 말 손실충당금 적정잔액		70,000
20×1년 말 손실충당금 장부금액	80,000 - 100,000 + 50,000 =	(30,000)
손실충당금 추가설정액(대손상각비)		40,000

05 ④　**(1) 무이자부 어음**

① 무이자부 어음의 경우 어음의 만기가치가 액면금액과 동일하므로 매출채권처분손실은 어음할인액과 동일하다.

② 매출채권처분손실(어음할인액): $1,200,000 \times 12\% \times 1/12 = 12,000$

(2) 연 10% 이자부 어음

① 어음할인으로 수령하는 현금

어음의 만기가치	$1,200,000 + 1,200,000 \times 10\% \times 4/12 =$	1,240,000
할인료(어음할인액)	$1,240,000 \times 12\% \times 1/12 =$	(12,400)
현금수령액		1,227,600

② 매출채권처분손실

어음의 양도금액	$1,227,600 - (1,200,000 \times 10\% \times 3/12) =$	1,197,600
매출채권 장부금액		(1,200,000)
매출채권처분손실		(2,400)

06 ⑤　**(1) 어음의 만기가치**

$160,000 + 160,000 \times 9\% \times 5/12 = 166,000$

(2) 할인율을 a%라고 하면,

현금수령액: $166,000 - 166,000 \times a\% \times 3/12 = 161,518 \Rightarrow a(할인율) = 10.8\%$

제12장
주관식 연습문제

01

(주)한국은 결산을 앞두고 당좌예금의 계정잔액을 조정하기 위해 은행에 예금잔액을 조회한 결과 20×1년 12월 31일 잔액은 ₩125,400이라는 회신을 받았다. (주)한국의 당좌예금 장부상의 수정 전 잔액은 ₩149,400이다. (주)한국의 내부감사인은 차이의 원인에 대해 분석하였고, 다음과 같은 사실을 확인하였다.

(1) (주)한국이 20×1년 12월 31일에 입금한 ₩50,000이 은행에서는 20×2년 1월 4일자로 입금처리되었다.

(2) 주거래은행에 추심의뢰한 받을어음 ₩20,000이 (주)한국의 당좌예금 계좌로 입금처리되었으나, 통보받지 못하였다.

(3) 은행은 당좌거래 수수료 ₩1,000을 부과하고 당좌예금 계좌에서 차감하였으나, (주)한국에는 통보되지 않았다.

(4) 매출 거래처인 (주)서울로부터 수취하여 예금한 ₩13,000의 수표가 부도처리되었으나 (주)한국은 통보받지 못했다.

(5) 지난 달 주거래은행에 현금 ₩1,900을 당좌예입하면서 회계담당자의 실수로 장부상 ₩9,100으로 잘못 기록된 것이 확인되었다.

(6) (주)한국이 매입대금을 결제하기 위해 발행한 수표(no.158)의 발행액은 ₩21,000이었으나 회계담당자가 이를 ₩12,000으로 잘못 기록하였다.

(7) 나머지 차이는 (주)한국이 20×1년 12월 23일에 발행하였으나 아직 인출되지 않은 수표 (no.164)에 의한 것으로 파악되었다.

다음 물음에 답하시오.

[물음 1] (주)한국이 20×1년 12월 23일 발행한 수표(no.164) 금액은 얼마인지 계산하시오.

[물음 2] (주)한국이 당좌예금과 관련하여 수행할 결산수정분개를 제시하시오.

해답 [물음 1] 은행계정조정표의 작성

은행계정조정표
20×1년 12월 31일 현재

	회사측 잔액		은행측 잔액
수정 전 잔액	149,400	수정 전 잔액	125,400
미통지입금	20,000	은행미기입예금	50,000
은행수수료	(1,000)	기발행미인출수표(역산)	(36,200)
부도수표	(13,000)		
회사측 입금오류	(7,200)		
회사측 출금오류	(9,000)		
올바른 잔액	139,200	올바른 잔액	139,200

[물음 2] 당좌예금 관련 결산수정분개

(2) 미통지입금	(차) 당좌예금	20,000	(대) 매출채권	20,000
(3) 은행수수료	(차) 수수료비용	1,000	(대) 당좌예금	1,000
(4) 부도수표	(차) 매출채권	13,000	(대) 당좌예금	13,000
(5) 입금오류	(차) 현금	7,200	(대) 당좌예금	7,200
(6) 출금오류	(차) 매입채무	9,000	(대) 당좌예금	9,000

02

(주)한국의 20×0년 말 대손충당금 차감 전 매출채권 장부금액은 ₩450,000이며, 대손충당금 잔액은 ₩30,000이다. 20×1년 중 발생한 거래는 다음과 같다.

(1) 20×1.2.10: 매출 거래처인 (주)서울이 도산함에 따라 관련 매출채권 ₩34,000의 회수가 불가능한 것으로 판단하였다.

(2) 20×1.4.15: (주)부산에 상품 ₩150,000을 판매하고 ₩100,000은 어음(3개월 만기, 무이자부 어음)을 받고, 잔액은 현금으로 수취하였다.

(3) 20×1.5.15: 20×1년 4월 15일에 (주)부산으로부터 받은 어음을 (주)대한은행에 연 6%의 할인율로 할인하였다. 받을어음의 할인은 제거요건을 충족한다.

(4) 20×1.7.20: 전기에 대손이 확정되어 제각된 매출채권 중 ₩9,000을 회수하였다.

(5) 20×1.12.31: (주)한국은 충당금설정률표를 이용하여 회수가 어려운 매출채권을 추정하고 있으며, 20×1년 말 매출채권의 내역은 다음과 같다.

연령(경과일수)	금액	예상회수율
60일 이하	₩200,000	99%
61일 ~ 120일	180,000	95%
120일 초과	30,000	60%
합계	₩410,000	

다음 물음에 답하시오.

[물음 1] (주)한국이 20×1년 말 재무상태표에 보고할 대손충당금과 20×1년 포괄손익계산서에 보고할 대손상각비 금액을 각각 계산하시오.

[물음 2] (주)한국이 매출채권과 관련하여 20×1년에 수행할 회계처리를 일자별로 제시하시오.

해답 [물음 1]

1. 20×1년 말 대손충당금

200,000 × 1% + 180,000 × 5% + 30,000 × 40% = 23,000

2. 20×1년 대손상각비

20×1년 말 대손충당금		23,000
수정 전 대손충당금	30,000 - 34,000(대손 확정) + 9,000(대손채권 회수) =	(5,000)
20×1년 대손상각비		18,000

[물음 2]

날짜		차변		대변	
20×1.2.10	(차) 대손충당금		30,000	(대) 매출채권	34,000
		대손상각비	4,000		
20×1.4.15	(차) 매출채권		100,000	(대) 매출액	150,000
		현금	50,000		
20×1.5.15	(차) 현금		(*)99,000	(대) 매출채권	100,000
		매출채권처분손실	1,000		
	(*) 100,000 - 100,000 × 6% × 2/12 = 99,000				
20x1.7.20	(차) 현금		9,000	(대) 대손충당금	9,000
20x1.12.31	(차) 대손상각비		(*)14,000	(대) 대손충당금	14,000
	(*) 23,000 - 9,000(= 30,000 - 30,000 + 9,000) = 14,000				

03 다음에 제시되는 물음은 각각 독립된 상황이다.

〈공통자료〉

(주)한국이 20×0년 12월 31일 재무상태표에 보고한 매출채권은 ₩200,000, 대손충당금은 ₩6,000이다. 20×1년부터 20×3년까지 매출 등 관련 자료는 다음과 같다.

연도	총매출액	매출액 중 외상금액	외상대금 회수액	대손 확정금액
20×1년	₩1,000,000	₩600,000	₩300,000	₩10,000
20×2년	1,500,000	1,000,000	600,000	20,000
20×3년	1,200,000	800,000	600,000	15,000

[물음 1] (주)한국은 20×2년 2월 1일에 외상매출금 ₩200,000(회수예정일은 4월 30일)을 (주)대한은행에 양도(팩토링)하였다. 수수료 5%를 공제하고 현금으로 ₩190,000을 수령하였다. 팩토링 조건은 4월 30일까지 외상매출금이 회수되지 않으면 (주)한국이 (주)대한은행에 전액 변제하는 것이다. 20×2년 2월 1일자 (주)한국의 회계처리(분개)를 제시하시오.

[물음 2] (주)한국이 매 보고기간 말에 추정한 매출채권의 회수가능액은 다음과 같다.

연도	20×1년	20×2년	20×3년
회수가능액	₩460,000	₩850,000	₩1,100,000

20×1년에 대손으로 확정하였던 외상매출금 ₩3,000을 20×2년 중에 현금으로 회수하였다. 20×2년 포괄손익계산서에 인식할 대손상각비를 계산하시오.

[물음 3] (주)한국은 20×3년 8월 31일에 보유하고 있던 받을어음(취득일 20×3년 6월 1일, 만기일 20×3년 11월 30일, 액면금액 ₩100,000, 표시이자율 연 6%, 만기일 이자지급조건)을 (주)대한은행에서 할인받았다. 이 거래는 금융자산의 제거조건을 충족한다. 할인율이 연 8%일 때, ① (주)한국이 받을어음의 할인으로 수취한 현금액과 ② 매출채권처분손익을 계산하시오. 단, 이자는 월할계산하시오.

해답 [물음 1] 외상매출금의 팩토링

(차) 현금 190,000 (대) 단기차입금 200,000
　　　이자비용 10,000

[물음 2] 매출채권의 대손

1. 각 회계연도 말 대손충당금

	20×1년	20×2년
기초 매출채권	200,000	490,000
외상매출액	600,000	1,000,000
외상대금 회수액	(300,000)	(600,000)
대손 확정금액	(10,000)	(20,000)
기말 매출채권	490,000	870,000
회수가능액	(460,000)	(850,000)
대손충당금	30,000	20,000

2. 20×2년 대손상각비

20×2년 말 대손충당금		20,000
수정 전 대손충당금	30,000 - 20,000(대손 확정) + 3,000(대손채권 회수) =	(13,000)
20×2년 대손상각비		7,000

[물음 3] 받을어음의 할인

1. 할인일의 현금수령액

받을어음의 만기가치	100,000 + (100,000 × 6% × 6/12) =	103,000
받을어음 할인액	103,000 × 8% × 3/12 =	(2,060)
현금수령액		100,940

2. 매출채권처분손실

현금수령액		100,940
경과이자(회사의 보유기간분 표시이자)	100,000 × 6% × 3/12 =	(1,500)
매출채권 처분금액		99,440
매출채권 장부금액(어음 액면금액)		(100,000)
매출채권처분손실		(560)

cpa.Hackers.com

해커스 IFRS 김승철 중급회계 상

제13장

금융자산(Ⅱ): 지분상품과 채무상품

제1절 | 개요 및 분류

01 지분상품과 채무상품의 개요

[표 13-1] 지분상품과 채무상품

구분	개념	사례
지분상품에 대한 투자 (투자지분상품)	거래상대방이 발행한 지분상품을 취득한 것	투자주식(상장주식, 비상장주식), 주식인수옵션, 주식전환옵션 등
채무상품에 대한 투자 (투자채무상품)	거래상대방이 발행한 금융부채를 취득한 것	예금, 매출채권, 미수금, 대여금, 투자사채(회사채, 국공채 등)

① 제12장 '금융자산(Ⅰ): 현금과 수취채권'에서 설명한 바와 같이, 금융자산은 현금및현금성자산, 당기손익-공정가치 측정 금융자산, 기타포괄손익-공정가치 측정 금융자산, 상각후원가 측정 금융자산의 4가지 범주로 분류한다. 본 장에서는 이 중에서 제12장에서 이미 설명한 현금및현금성자산, 상각후원가 측정 금융자산 중 수취채권을 제외한 나머지 금융자산에 대한 회계처리를 설명하기로 한다.

② 금융자산은 다른 기업이 발행한 지분상품(자본)을 취득한 (투자)지분상품과 다른 기업이 발행한 금융부채를 취득한 (투자)채무상품으로 구분된다. 그런데 사실 지분상품과 채무상품에 해당되는 금융자산의 사례는 광범위하다. 다만, 수험목적으로는 본 장에서 언급하는 지분상품은 다른 기업이 발행한 주식을 취득(투자주식)한 것으로, 채무상품은 다른 기업이 발행한 사채를 취득(투자사채)한 것으로 생각하고 학습해도 무방하다.

02 지분상품과 채무상품의 분류

필수암기! 지분상품과 채무상품의 분류 요약

구분	분류요건	지분상품	채무상품
상각후원가 측정 금융자산 (AC)	다음 요건을 모두 충족하는 경우 ① 계약상 현금흐름: 원리금 지급만으로 구성 ② 사업모형: 계약상 현금흐름 수취목적	X	○
기타포괄손익 - 공정가치 측정 금융자산(FVOCI)	다음 요건을 모두 충족하는 경우 ① 계약상 현금흐름: 원리금 지급만으로 구성 ② 사업모형: 계약상 현금흐름의 수취 + 매도목적	○(선택)	○
당기손익 - 공정가치 측정 금융자산(FVPL)	상각후원가 측정 금융자산이나 기타포괄손익 - 공정 가치 측정 금융자산으로 분류되지 않는 경우	○(원칙)	○

1. 분류기준

기업이 취득한 지분상품과 채무상품은 금융자산의 계약상 현금흐름의 특성과 금융자산 관리를 위한 사업모형을 모두 고려하여 당기손익-공정가치 측정 금융자산, 기타포괄손익-공정가치 측정 금융자산, 상각후원가 측정 금융자산으로 분류한다.

(1) 계약상 현금흐름의 특성

계약상 현금흐름의 특성이란 금융자산의 계약조건에 따른 금융자산 현금흐름의 특성을 말하며, 다음과 같이 2가지로 나누어진다.

구분	사례
금융자산의 계약상 현금흐름이 특정일에 원금과 원금잔액에 대한 이자지급(원리금 지급)만으로 구성되어 있음	대부분의 채무상품(투자사채, 수취채권 등)
금융자산의 계약상 현금흐름이 원리금 지급만으로 구성되어 있지 않음	지분상품, 일부 채무상품(투자전환사채 등)

(2) 사업모형

사업모형은 현금흐름을 창출하기 위해 금융자산을 관리하는 방식(금융자산의 보유목적)을 말하며, 다음과 같이 크게 3가지의 사업모형이 있다.

구분	내용
계약상 현금흐름 수취목적	계약상 현금흐름만을 수취하기 위해 금융자산을 보유하는 것이 목적인 사업모형(예 만기보유 목적)
계약상 현금흐름 수취 + 매도목적	계약상 현금흐름의 수취와 매도 둘 다를 통해 목적을 이루는 사업모형 (예 장기투자 목적)
기타의 목적(매도목적 등)	금융자산의 매도를 통한 현금흐름의 실현이 목적인 사업모형(예 단기매매 목적) 등

2. 지분상품과 채무상품의 분류

① 지분상품과 채무상품은 계약상 현금흐름의 특성과 금융자산 관리를 위한 사업모형을 모두 고려하여 다음과 같이 3가지로 분류한다.

⊙ **상각후원가 측정 금융자산(AC)**: 다음 두 가지 조건을 모두 충족하는 경우
  ⓐ **계약상 현금흐름의 특성**: 금융자산의 계약조건에 따라 특정일에 원리금 지급만으로 구성되어 있는 현금흐름이 발생한다.
  ⓑ **사업모형**: 계약상 현금흐름을 수취하기 위해 보유하는 것이 목적인 사업모형 하에서 금융자산을 보유한다.
ⓒ **기타포괄손익 - 공정가치 측정 금융자산(FVOCI)**: 다음 두 가지 조건을 모두 충족하는 경우
  ⓐ **계약상 현금흐름의 특성**: 금융자산의 계약조건에 따라 특정일에 원리금 지급만으로 구성되어 있는 현금흐름이 발생한다.
  ⓑ **사업모형**: 계약상 현금흐름의 수취와 금융자산의 매도 둘 다를 통해 목적을 이루는 사업모형 하에서 금융자산을 보유한다.
ⓒ **당기손익 - 공정가치 측정 금융자산(FVPL)**: 상각후원가로 측정하거나 기타포괄손익 - 공정가치로 측정하는 경우가 아니라면, 당기손익 - 공정가치로 측정한다.

---

② 상기 분류기준에 따르면, 원리금만을 수취하는 금융자산인 채무상품은 상기의 3가지 범주로 모두 분류가 가능하다.

③ 반면, 지분상품은 원리금을 수취하지 않으므로 당기손익-공정가치 측정 금융자산으로만 분류하는 것이 원칙이다. 다만, 지분상품에 대한 투자로서 단기매매항목이 아니고 최초인식시점에 후속적인 공정가치 변동을 기타포괄손익으로 표시하기로 선택한 경우에는 기타포괄손익-공정가치 측정 금융자산으로 분류할 수 있다. 이러한 선택은 최초인식시점에만 가능하며, 이후에 취소할 수 없다.

승철쌤's comment   금융자산 범주별 명칭

① 본서에서 금융자산의 범주별 명칭은 편의상 아래 용어를 사용하기도 한다.
  ⊙ **상각후원가 측정 금융자산**: 상각후원가금융자산 또는 AC금융자산
  ⓒ **기타포괄손익 - 공정가치 측정 금융자산**: 기타포괄손익금융자산 또는 FVOCI금융자산
  ⓒ **당기손익 - 공정가치 측정 금융자산**: 당기손익인식금융자산 또는 FVPL금융자산
② 참고로, 2차 시험에서 분개를 할 때 해당 범주별 금융자산의 명칭을 모두 기재하는 것이 어려울 경우에는 '금융자산'으로만 기재하거나, 문제에서 제시하는 약어(예 FVOCI금융자산)가 있으면 해당 약어로 기재하는 것이 보다 간편할 수 있다.

제2절 | 지분상품

필수암기! **투자지분상품의 분류별 회계처리 요약**

구분	당기손익 - FV 투자주식(원칙)	기타포괄손익 - FV 투자주식(선택)
최초인식금액	투자주식의 FV ※ 거래원가: 당기비용	투자주식의 FV + 거래원가
당기평가손익(PL)	① 당기손익 인식 ② FV(당기 말) - $^{(*)}$FV(전기 말) 　　$^{(*)}$ 취득연도: 최초인식액	① 기타포괄손익 인식 ② FV(당기 말) - $^{(*)}$FV(전기 말) 　　$^{(*)}$ 취득연도: 최초인식액
누적평가손익(BS)	이익잉여금에 누적	① 기타자본구성요소에 누적 ② FV(당기 말) - 최초인식액
처분이익(손실)	처분가액 - $^{(*)}$FV(전기 말) - 거래원가 $^{(*)}$ 취득연도: 최초인식액	영(0) - 거래원가

01 당기손익 - 공정가치 측정 지분상품

1. 최초인식

① 당기손익-공정가치 측정 지분상품은 최초인식시점의 '해당 지분상품'의 공정가치로 측정하여 인식한다. 만일 지분상품의 공정가치와 거래가격(지급한 대가의 공정가치)이 다른 경우에는 공정가치와 거래가격의 차이가 자산의 인식기준을 충족하지 못하면 차이금액을 당기손익으로 인식한다.

② 그리고 당기손익-공정가치 측정 지분상품의 취득과 직접 관련된 거래원가는 발생 즉시 당기비용으로 처리한다.

[당기손익-FV 측정 지분상품의 취득]

(차) 당기손익금융자산　　　　　　　　×××　　(대) 현금　　　　　　　　　　×××

[취득 시 발생한 거래원가]

(차) 지급수수료(당기비용)　　　　　　×××　　(대) 현금　　　　　　　　　　×××

승철쌤's comment　취득 시 거래원가

① FVPL금융자산은 공정가치평가손익을 당기손익으로 인식한다. 따라서 취득 시 거래원가를 자산으로 인식하든 비용으로 인식하든 취득연도의 당기손익에 미치는 효과가 동일하다.

② 이에 따라 기업의 회계처리 편의를 위해 취득 시 거래원가를 당기비용으로 인식하는 예외를 인정해 준 것이다.

2. 배당금 수령 시

(1) 현금배당

현금배당은 지분상품의 발행회사가 배당을 선언하는 경우 동 금액을 미수배당금으로 인식하고, 배당금수익의 과목으로 하여 당기손익에 반영한다. 미수배당금으로 인식한 금액은 추후 배당금을 수령할 때 제거한다.

[배당선언일]

(차) 미수배당금 ××× (대) 배당금수익 ×××

[배당금 수령일]

(차) 현금 ××× (대) 미수배당금 ×××

(2) 주식배당, 무상증자

① 지분상품의 발행회사가 주식배당이나 무상증자를 실시하여 발행한 신주를 취득하는 경우에는 투자회사는 아무런 회계처리를 하지 않는다. 왜냐하면 주식배당이나 무상증자의 경우에는 지분상품을 발행한 회사의 자본 구성내용만 변동될 뿐 발행회사의 순자산에 아무런 변동이 없기 때문에 투자회사의 입장에서도(보유주식수만 증가할 뿐) 보유주식의 전체가치는 변동이 없기 때문이다.

② 다만, 보유주식의 가치는 변동이 없지만 보유주식수는 증가하므로 증가한 주식수에 비례하여 기존주식의 한 주당 장부금액을 감소시킨다.

─┤ 사례 ├─

주식배당 시 장부금액 조정사례

구분	주식수	총장부금액	1주당 장부금액
주식배당 전	1,000주	₩1,100,000	₩1,100/주
주식배당(10%)	100주	–	–
주식배당 후	1,100주	₩1,100,000	₩1,000/주

즉, 투자회사가 주식배당으로 100주를 받게 되면, 보유주식수는 100주가 증가하지만 보유주식의 전체가치는 ₩1,100,000으로 아무런 변동이 없기 때문에, 1주당 장부금액은 ₩1,100에서 ₩1,000으로 감소하게 된다.

3. 후속측정

당기손익-공정가치 측정 지분상품은 보고기간 말의 공정가치로 평가하고, 공정가치와 장부금액의 차액은 금융자산평가손익의 과목으로 하여 당기손익으로 처리한다.

[공정가치 > 장부금액]

(차) 당기손익금융자산 ××× (대) 금융자산평가이익 ×××

[공정가치 < 장부금액]

(차) 금융자산평가손실 ××× (대) 당기손익금융자산 ×××

[당기손익 - FV 측정 지분상품의 당기평가손익]

당기평가손익 = 당기 말 공정가치 - [*]전기 말 공정가치

　　　　　　[*] 취득연도: 최초인식액

4. 처분(제거)

당기손익-공정가치 측정 지분상품을 처분하는 경우, 당기손익-공정가치 측정 금융자산의 처분금액과 장부금액의 차액은 금융자산처분손익의 과목으로 하여 당기손익으로 인식한다. 처분과 직접 관련하여 발생하는 거래원가는 당기손익-공정가치 측정 지분상품의 처분손익에 가감한다.

[당기손익-FV 측정 지분상품의 처분]

(차) 현금 ××× (대) 당기손익금융자산 ×××
　　　　　　　　　　　　금융자산처분이익 ×××

[처분 시 발생한 거래원가]

(차) 금융자산처분이익 ××× (대) 현금 ×××

[당기손익 - FV 측정 지분상품의 처분손익]

처분이익(손실) = 처분금액 - [*]전기 말 공정가치 - 거래원가

　　　　　　 = 순매각금액 - [*]전기 말 공정가치

　　　　　　　　[*] 취득연도: 최초인식액

승철쌤's comment　처분 시 거래원가

재고자산 외의 자산은 처분 시 거래원가를 (별도의 비용으로 표시하지 않고) 처분손익에 가감함을 항상 숙지하기 바란다.

(1) (주)한국은 20×1년 12월 10일에 (주)서울이 발행한 주식 100주를 단기매매 목적으로 1주당 ₩6,000에 취득하였으며, (주)서울 주식의 취득과 관련하여 거래수수료로 총 ₩3,000을 현금으로 지급하였다. 20×1년 말 (주)서울 주식의 공정가치는 주당 ₩8,000이다.

(2) 20×2년 1월 15일, (주)한국은 (주)서울 주식 중 40주를 1주당 ₩9,000에 처분하였으며, 처분 시 거래원가로 ₩2,000이 발생하였다. 20×2년 12월 31일 현재 보유 중인 (주)서울 주식의 1주당 공정가치는 ₩7,500이다.

[요구사항]

1. (주)한국이 20×1년 12월 10일에 당기손익 - 공정가치 측정 금융자산으로 인식할 금액을 계산하시오.

2. (주)서울 주식과 관련하여 (주)한국의 20×1년과 20×2년의 당기손익에 미치는 영향을 각각 계산하시오.

3. (주)한국이 (주)서울 주식의 취득일부터 처분일까지 해야 할 회계처리를 제시하시오.

해답 **1. 금융자산의 최초인식금액**

(1) (주)서울 주식을 단기매매 목적으로 취득하였으므로 당기손익 - 공정가치 측정 금융자산으로 분류하며, 당기손익 - 공정가치 측정 금융자산의 취득과 직접 관련하여 발생하는 거래원가는 당기비용으로 인식한다.

(2) 최초인식금액: 100주 × @6,000 = 600,000

2. 연도별 당기손익 효과

(1) 20×1년

취득 시 거래원가		(3,000)
금융자산평가이익(손실)	100주 × @(8,000 - 6,000) =	200,000
합계		197,000

(2) 20×2년

처분이익(손실)	40주 × @(9,000 - 8,000) - 2,000 =	38,000
금융자산평가이익(손실)	60주 × @(7,500 - 8,000) =	(30,000)
합계		8,000

3. 일자별 회계처리

20×1.12.10	(차)	FVPL금융자산	600,000	(대) 현금	600,000
	(차)	지급수수료	3,000	(대) 현금	3,000
20×1.12.31	(차)	FVPL금융자산	200,000	(대) 금융자산평가이익	200,000
20×2.1.15	(차)	현금	(*1)360,000	(대) FVPL금융자산	(*2)320,000
				금융자산처분이익	40,000

(*1) 40주 × @9,000 = 360,000
(*2) 40주 × @8,000 = 320,000

	(차)	금융자산처분이익	2,000	(대) 현금	2,000
20×2.12.31	(차)	금융자산평가손실	30,000	(대) FVPL금융자산	30,000

02 기타포괄손익 - 공정가치 측정 지분상품

(1) 최초인식

기타포괄손익-공정가치 측정 지분상품은 최초인식시점의 해당 지분상품의 공정가치로 측정하여 인식한다. 그리고 취득과 직접 관련된 거래원가는 최초인식하는 금융자산의 공정가치에 가산한다.

[기타포괄손익-FV 측정 지분상품의 취득]

(차) 기타포괄손익금융자산　　　　　　　　×××　(대) 현금　　　　　　　　×××

[취득 시 발생한 거래원가]

(차) 기타포괄손익금융자산　　　　　　　　×××　(대) 현금　　　　　　　　×××

---

(2) 후속측정

기타포괄손익-공정가치 측정 지분상품은 보고기간 말의 공정가치로 평가하고, 공정가치와 장부금액의 차액은 금융자산평가손익의 과목으로 하여 기타포괄손익으로 인식한다. 기타포괄손익으로 인식한 금융자산평가손익은 재무상태표의 자본항목(기타자본구성요소)에 누적되며, 후속적으로 당기손익으로 이전되지 않는다. 다만, 자본 내에서 누적손익을 이전할 수는 있다(금융자산의 처분시점에 이익잉여금으로 대체할 수 있다는 의미이다).

[공정가치 > 장부금액]

(차) 기타포괄손익금융자산　　　　　　　　×××　(대) 금융자산평가이익　　　×××

[공정가치 < 장부금액]

(차) 금융자산평가손실　　　　　　　　　　×××　(대) 기타포괄손익금융자산　×××

[기타포괄손익-FV 측정 지분상품의 당기평가손익과 누적평가손익]

당기평가손익(포괄손익계산서) = 당기 말 공정가치 - [*]전기 말 공정가치

[*] 취득연도: 최초인식액

누적평가손익(재무상태표) = 당기 말 공정가치 - 최초인식액

한편, 지분상품에 대한 투자는 항상 공정가치로 측정해야 한다. 다만, 신뢰성 있는 공정가치를 결정하기 어려운 제한된 상황에서는 원가를 공정가치의 적절한 추정치로 볼 수 있다. 그러나 공시가격이 있는 지분상품(예 상장주식)에 대한 투자의 경우에는 원가를 공정가치의 최선의 추정치로 볼 수 없다.

① 기타포괄손익 - 공정가치 측정 금융자산평가손익은 포괄손익계산서상 기타포괄손익으로 인식되므로 재무상태표에는 기타자본구성요소(기타포괄손익누계액)에 누적된다. 이때 재무상태표상 금융자산평가이익과 평가손실은 상계한 후의 잔액으로 표시한다. 따라서 금융자산평가이익(손실)을 인식하는 회계처리를 할 때, 만일 재무상태표에 평가손실(이익) 잔액이 있으면 동 금액을 우선상계하고 나머지 금액을 평가이익(손실)으로 회계처리해야 한다.

② 예를 들어, 20×1년에 취득한 기타포괄손익 - 공정가치 측정 금융자산과 관련하여 20×1년 말에 ₩200의 평가이익, 20×2년 말에 ₩300의 평가손실이 발생하였다고 가정한다. 이 경우 20×2년 말의 평가손실 인식 회계처리는 다음과 같다.

(차) 금융자산평가이익	200	(대) 기타포괄손익금융자산	300
금융자산평가손실	100		

상기와 같이 회계처리하면, 20×1년 평가이익 ₩200과 20×2년 평가손실 ₩300이 상계되어 20×2년 말 재무상태표에는 평가손실 잔액 ₩100이 보고된다. 다만, 상기와 같이 회계처리하더라도 20×2년 포괄손익계산서에 금융자산평가손실로 보고할 금액은 (₩100이 아니라) ₩300이라는 점에 유의한다.

(3) 처분(제거)

① 기타포괄손익 - 공정가치 측정 지분상품을 처분하는 경우의 회계처리는 다음과 같은 단계로 수행한다.

> ㉠ **처분 직전 공정가치 평가**: 처분일의 공정가치(처분금액)로 공정가치 평가를 수행하고, 처분금액과 장부금액의 차액은 금융자산평가손익의 과목으로 하여 기타포괄손익으로 인식한다.
> ㉡ **처분**: 처분으로 수취한 대가를 인식하고, 처분금액으로 평가되어 있는 지분상품을 제거한다.
> ㉢ **금융자산평가손익 누적액의 이익잉여금 대체**: 기타자본구성요소에 누적되어 있는 금융자산평가손익 누적액을 이익잉여금으로 직접 대체할 수 있다(㉢은 선택적 회계처리가 가능함).

㉠ 처분금액으로 공정가치 평가

(차) 기타포괄손익금융자산	×××	(대) 금융자산평가이익	×××

㉡ 금융자산 장부금액 제거

(차) 현금	×××	(대) 기타포괄손익금융자산	×××

㉢ (선택) 금융자산평가손익 누적액의 이익잉여금 대체

(차) 금융자산평가이익	×××	(대) 이익잉여금	×××

② 한편, 기타포괄손익 - 공정가치 측정 지분상품의 경우, 상기와 같이 처분시점에 처분가액으로 공정가치 평가를 수행한 후 자본항목에 누적된 평가손익 누적액을 이익잉여금으로 대체하면 처분손익을 인식하지 않게 된다.

③ 다만, 지분상품의 처분과 직접 관련하여 발생하는 거래원가는 해당 지분상품의 처분손익에 가감하므로, 기타포괄손익 - 공정가치 측정 지분상품 처분 시 거래원가가 발생하는 경우에는 동 거래원가만큼 처분손실을 인식하게 된다.

> ⊘ 참고   기타포괄손익 - 공정가치 측정 지분상품의 재분류조정(재순환) 금지
>
> ① 개정 전 금융상품 기준서의 매도가능지분상품은 보유기간 동안의 공정가치 변동(공정가치평가손익)을 기타포괄손익으로 인식한 후 처분시점에 당기손익(처분손익)으로 재분류(recycling)하였다.
>
> ② 그러나 이러한 회계처리는 보유기간 동안의 공정가치 누적 변동액이 일시적으로 당기손익으로 인식되어 기간별 경영성과를 적절하게 반영하지 못하고, 기업이 기타포괄손익 - 공정가치 측정 지분상품의 선택을 남용하여 재량적으로 당기손익을 조정할 수 있는 문제점이 있을 수 있다. 따라서 개정 금융상품 기준서에서는 기타포괄손익 - 공정가치 측정 지분상품의 재분류조정 회계처리를 금지하게 되었다.

예제 2   투자지분상품

> (주)한국은 20×1년 3월 20일에 (주)서울이 발행한 주식 100주를 총 ₩990,000에 취득하였으며, 취득과 직접 관련된 거래원가로 ₩10,000을 현금으로 지급하였다. 20×1년 말과 20×2년 말의 (주)서울 주식의 공정가치는 각각 다음과 같다.
>
> | 20×1년 말 | 20×2년 말 |
> |---|---|
> | ₩1,200,000 | ₩900,000 |
>
> 20×3년 5월 15일, (주)한국은 (주)서울 주식을 전량 ₩1,300,000에 처분하였으며, 처분 시 거래원가로 ₩13,000을 지출하였다.

[요구사항]

1. (주)한국이 (주)서울 주식을 당기손익 – 공정가치 측정 금융자산으로 분류할 경우 다음에 답하시오.

   (1) (주)한국이 (주)서울 주식과 관련하여 포괄손익계산서에 당기손익으로 인식할 평가손익과 처분손익을 연도별로 계산하시오.

   (2) (주)한국이 (주)서울 주식과 관련하여 수행할 회계처리를 일자별로 제시하시오.

   (3) (주)한국의 부분 포괄손익계산서를 연도별로 작성하시오.

2. (주)한국이 (주)서울 주식을 기타포괄손익 – 공정가치 측정 금융자산으로 분류할 경우 다음에 답하시오.

   (1) (주)한국이 (주)서울 주식과 관련하여 포괄손익계산서에 당기손익으로 인식할 처분손익을 계산하시오.

   (2) (주)한국이 (주)서울 주식과 관련하여 포괄손익계산서에 기타포괄손익으로 인식할 금융자산평가손익과 재무상태표에 보고할 금융자산평가손익누계액을 연도별로 계산하시오.

   (3) (주)한국이 (주)서울 주식과 관련하여 수행할 회계처리를 일자별로 제시하시오.

   (4) (주)한국의 부분 포괄손익계산서를 연도별로 작성하시오.

해답 **1. 당기손익 - 공정가치 측정 금융자산으로 분류할 경우**

(1) 연도별 손익계산서 효과

① 연도별 평가이익(손실): 당기 말 공정가치 - 전기 말 공정가치(취득연도: 최초인식금액)

20×1년: 1,200,000 - 990,000 = 210,000

20×2년: 900,000 - 1,200,000 = (-)300,000

② 20×3년 처분이익(손실): 처분금액 - 전기 말 공정가치(취득연도: 최초인식금액) - 거래원가

1,300,000 - 900,000 - 13,000 = 387,000 처분이익

(2) 일자별 회계처리

20×1.3.20	(차) FVPL금융자산	990,000	(대) 현금	990,000		
	(차) 지급수수료	10,000	(대) 현금	10,000	⇨	990,000
20×1.12.31	(차) FVPL금융자산	210,000	(대) 금융자산평가이익	210,000	⇨	1,200,000
20×2.12.31	(차) 금융자산평가손실	300,000	(대) FVPL금융자산	300,000	⇨	900,000
20×3.5.15	(차) 현금	1,300,000	(대) FVPL금융자산	900,000		
			금융자산처분이익	400,000	⇨	0
	(차) 금융자산처분이익	13,000	(대) 현금	13,000		

(3) 부분 포괄손익계산서

	20×1년	20×2년	20×3년
당기손익			
지급수수료	(10,000)	-	-
금융자산평가이익(손실)	210,000	(300,000)	-
금융자산처분이익	-	-	387,000
기타포괄손익	-	-	-
포괄손익	200,000	(300,000)	387,000

2. 기타포괄손익 - 공정가치 측정 금융자산으로 분류할 경우

(1) 연도별 손익계산서 효과

20×3년 처분손실: 13,000(거래원가)

(2) 연도별 금융자산평가손익과 금융자산평가손익누계액

① 연도별 평가손익(포괄손익계산서): 당기 말 공정가치 - 전기 말 공정가치(취득연도: 최초인식금액)

20×1년: 1,200,000 - 1,000,000(= 990,000 + 10,000) = 200,000

20×2년: 900,000 - 1,200,000 = (-)300,000

20×3년: 1,300,000 - 900,000 = 400,000(처분 직전 평가손익)

② 연도별 금융자산평가손익누계액(재무상태표): 당기 말 공정가치 - 최초인식금액

20×1년 말: 1,200,000 - 1,000,000 = 200,000

20×2년 말: 900,000 - 1,000,000 = (-)100,000

20×3.5.15: 1,300,000 - 1,000,000 = 300,000(처분 직전 평가손익누계액)

(3) 일자별 회계처리

20×1.3.20	(차)	FVOCI금융자산	990,000	(대)	현금	990,000	
	(차)	FVOCI금융자산	10,000	(대)	현금	10,000	⇨ 1,000,000
20×1.12.31	(차)	FVOCI금융자산	200,000	(대)	금융자산평가이익	200,000	⇨ 1,200,000
20×2.12.31	(차)	금융자산평가이익	200,000	(대)	FVOCI금융자산	300,000	⇨ 900,000
		금융자산평가손실	100,000				
20×3.5.15	(차)	FVOCI금융자산	400,000	(대)	금융자산평가손실	100,000	⇨ 1,300,000
					금융자산평가이익	300,000	
	(차)	현금	1,300,000	(대)	FVOCI금융자산	1,300,000	⇨ 0
	(차)	금융자산평가이익	300,000	(대)	이익잉여금	300,000	
	(차)	금융자산처분손실	13,000	(대)	현금	13,000	

(4) 부분 포괄손익계산서

	20×1년	20×2년	20×3년
당기손익			
금융자산처분이익(손실)	–	–	(13,000)
기타포괄손익			
금융자산평가이익(손실)	200,000	(300,000)	400,000
포괄손익	200,000	(300,000)	387,000

필수암기! **투자채무상품의 분류별 회계처리 요약**

구분	당기손익 - FV 투자사채	상각후원가 투자사채	기타포괄손익 - FV 투자사채
최초인식금액	투자사채의 FV ※ 거래원가: 당기비용	투자사채의 FV + 거래원가	투자사채의 FV + 거래원가
이자수익	표시이자	유효이자(표시이자 + 상각액)	유효이자(표시이자 + 상각액)
당기평가손익(PL)	① 당기손익 인식 ② FV(당기 말) - FV(전기 말)	n.a	① 기타포괄손익 인식 ② 누적평가손익의 증분
누적평가손익(BS)	이익잉여금에 누적	n.a	① 기타자본구성요소에 누적 ② FV(당기 말) - 상각후원가
처분이익(손실)	처분가액 - FV(전기 말)	처분가액 - 상각후원가	처분가액 - 상각후원가
재분류조정 (기타포괄손익)	n.a	n.a	처분손익과 금액 동일함 (단, 부호는 반대)

01 당기손익 - 공정가치 측정 채무상품

(1) 최초인식

① 당기손익−공정가치 측정 채무상품은 최초인식시점의 해당 금융자산의 공정가치로 측정하여 인식한다. 그리고 당기손익−공정가치 측정 채무상품의 취득과 직접 관련된 거래원가는 발생 즉시 당기비용으로 처리한다.

② 한편, 당기손익−공정가치 측정 채무상품을 이자지급일 사이에 취득하는 경우 채무상품의 구입금액에는 직전 이자지급일로부터 취득일까지 발생한 표시이자(경과이자)가 포함되어 있다. 따라서 채무상품의 구입금액에 포함되어 있는 경과이자는 별도로 구분하여 미수이자로 인식하고, 경과이자를 제외한 순수 채무상품의 구입금액만을 당기손익 − 공정가치 측정 금융자산으로 인식한다.

(차) 당기손익금융자산	×××	(대) 현금	×××
미수이자(경과이자)	×××		

(2) 이자수익 인식

① 당기손익 – 공정가치 측정 채무상품은 금융자산의 매도를 통한 현금흐름의 실현이 사업모형인 금융자산이다. 따라서 채무상품의 보유로 이자를 수령하는 경우, 보유기간 동안의 (유효이자가 아니라) 표시이자만을 이자수익으로 인식한다.

② 한편, 이자지급일 사이에 채무상품을 취득한 경우에는 취득일 이후 최초로 표시이자를 수령할 때 표시이자 수령액에 취득 당시 미수이자로 인식했던 경과이자가 포함되어 있다. 따라서 표시이자 수령액에 포함된 경과이자 금액은 미수이자와 먼저 상계하고, 경과이자를 제외한 나머지 수령액만을 이자수익으로 인식한다.

[이자수령일]

(차) 현금	×××	(대) 미수이자(경과이자)	×××
		이자수익	×××

③ 또한, 보고기간 말과 이자지급일이 다른 경우에는 직전 이자지급일부터 보고기간 말까지 발생한 기간 경과분 표시이자(경과이자)를 보고기간 말에 미수이자와 이자수익으로 인식한다.

[보고기간 말]

(차) 미수이자	×××	(대) 이자수익	×××

(3) 후속측정

당기손익 – 공정가치 측정 채무상품은 보고기간 말의 공정가치로 평가하고, 공정가치와 장부금액의 차액은 금융자산평가손익의 과목으로 하여 당기손익으로 처리한다.

[공정가치 > 장부금액]

(차) 당기손익금융자산	×××	(대) 금융자산평가이익	×××

[공정가치 < 장부금액]

(차) 금융자산평가손실	×××	(대) 당기손익금융자산	×××

한편, 보고기간 말과 이자지급일이 다른 경우 채무상품의 시장가치에는 경과이자(직전 이자지급일로부터 보고기간 말까지 발생한 표시이자)가 포함되어 있다. 따라서 이 경우에는 보고기간 말 채무상품의 시장가치에서 경과이자를 제외하여 채무상품만의 공정가치를 계산한 후, 동 금액과 채무상품의 장부금액의 차이를 금융자산평가손익으로 인식해야 한다.

[당기손익 - FV 측정 채무상품의 당기평가손익]
당기평가손익 = [*1]당기 말 공정가치 – [*2]전기 말 공정가치
[*1] 당기 말 시장가치(경과이자 포함) – 경과이자
[*2] 취득연도: 최초인식액

(4) 처분(제거)

　당기손익−공정가치 측정 채무상품을 처분하는 경우, 당기손익 − 공정가치 측정 채무상품의 처분금액과 장부금액의 차액은 금융자산처분손익의 과목으로 하여 당기손익으로 인식한다. 처분과 직접 관련하여 발생하는 거래원가는 당기손익 − 공정가치 측정 채무상품의 처분손익에 가감한다.

[당기손익−FV 측정 채무상품의 처분]			
(차) 현금	×××	(대) 당기손익금융자산	×××
		금융자산처분이익	×××
[처분 시 발생한 거래원가]			
(차) 금융자산처분이익	×××	(대) 현금	×××

　한편, 이자지급일 사이에 채무상품을 처분하는 경우, 채무상품의 처분대가에는 경과이자(직전 이자지급일로부터 처분시점까지 발생한 표시이자)가 포함되어 있다. 따라서 처분금액에 포함되어 있는 경과이자는 별도로 구분하여 이자수익으로 인식하고, 경과이자를 제외한 채무상품만의 처분대가를 장부금액과 비교하여 채무상품의 처분손익을 인식해야 한다.

[당기손익 - FV 측정 채무상품의 처분손익]
처분이익(손실) = [*1]처분금액 - [*2]전기 말 공정가치 - 거래원가
　　　　　　 = 순매각금액 - [*2]전기 말 공정가치
　　　　　　 [*1] 처분금액(경과이자 포함) - 경과이자
　　　　　　 [*2] 취득연도: 최초인식액

예제 3　FVPL채무상품

(1) 12월 말 결산법인인 (주)한국은 20×1년 4월 1일, (주)서울이 발행한 사채를 경과이자를 포함하여 ₩950,000
에 취득하고 당기손익－공정가치 측정 금융자산으로 분류하였다. (주)서울이 발행한 사채의 발행조건은 다음과
같다.
○ 액면금액 ₩1,000,000
○ 발행일 20×1년 1월 1일
○ 만기일 20×3년 12월 31일(만기 3년)
○ 표시이자율: 연 12%(매년 말 후급)
(2) 상기 투자사채의 20×1년 12월 31일 현재의 공정가치는 ₩960,000이며, (주)한국은 상기 투자사채를 20×2년
6월 30일에 경과이자를 포함하여 ₩980,000에 처분하였다.

[요구사항]

1. (주)한국이 20×1년 4월 1일에 당기손익－공정가치 측정 금융자산으로 인식할 금액을 계산하시오.

2. (주)한국이 취득한 사채와 관련하여 포괄손익계산서에 인식할 다음의 금액을 각각 계산하시오.
   (1) 20×1년 포괄손익계산서에 인식할 이자수익, 평가손익
   (2) 20×2년 포괄손익계산서에 인식할 처분손익

3. (주)한국이 사채의 취득일부터 처분일까지 해야 할 회계처리를 제시하시오.

해답　**1. 금융자산의 최초인식금액**
(1) 취득일까지 발생한 경과이자: 1,000,000 × 12% × 3/12 = 30,000
(2) 최초인식금액: 950,000 − 30,000(경과이자) = 920,000

2. 연도별 당기손익 효과
(1) 20×1년
① 이자수익(보유기간 동안의 표시이자): 1,000,000 × 12% × 9/12 = 90,000
② 금융자산평가이익(손실): 960,000 − 920,000 = 40,000 평가이익
(2) 20×2년
① 처분일까지 발생한 경과이자: 1,000,000 × 12% × 6/12 = 60,000
② 금융자산처분이익(손실): 920,000(= 980,000 − 60,000) − 960,000 = (−)40,000 처분손실

3. 일자별 회계처리

20×1.4.1	(차) FVPL금융자산	920,000	(대) 현금		950,000
	미수이자	(*)30,000			
	(*) 1,000,000 × 12% × 3/12 = 30,000				
20×1.12.31	(차) 현금	120,000	(대) 미수이자		30,000
			이자수익		90,000
	(차) FVPL금융자산	(*)40,000	(대) 금융자산평가이익		40,000
	(*) 960,000 − 920,000 = 40,000				
20×2.6.30	(차) 미수이자	(*)60,000	(대) 이자수익		60,000
	(*) 1,000,000 × 12% × 6/12 = 60,000				
	(차) 현금	980,000	(대) 미수이자		60,000
	금융자산처분손실	40,000	FVPL금융자산		960,000

02 상각후원가 측정 금융자산

(1) 최초인식

상각후원가 측정 금융자산은 최초인식시점의 해당 금융자산의 공정가치로 측정하고, 취득과 직접 관련된 거래원가는 최초인식하는 상각후원가 측정 금융자산의 공정가치에 가산한다.

[상각후원가 측정 금융자산의 취득]

(차) 상각후원가금융자산   ××× (대) 현금   ×××

[취득 시 발생한 거래원가]

(차) 상각후원가금융자산   ××× (대) 현금   ×××

승철쌤's comment   **취득 시 거래원가**

① 금융자산 취득 시 거래원가를 금융자산의 최초원가에 가산하면, 이후 금융자산의 이자수익을 인식하기 위한 유효이자율이 달라지게 된다. 즉, 거래원가를 가산한 금융자산의 최초원가와 금융자산 미래현금흐름의 현재가치를 일치시키는 이자율을 재계산하고, 이를 유효이자율로 사용하여 이자수익을 인식해야 한다.

② 시장이자율과 유효이자율과의 관계

> ㉠ 금융자산의 공정가치 = 현재가치(할인율: 시장이자율)
> ㉡ 금융자산의 공정가치 + 거래원가 = 현재가치(할인율: 유효이자율)

③ [사례]
- ㉠ AC금융자산의 취득 시 시장이자율이 11%이고, AC금융자산의 미래현금흐름(원금과 표시이자 수령액)을 11%로 할인한 현재가치, 즉, 공정가치가 90,689라고 가정한다.
- ㉡ 이때 AC금융자산 취득 시 거래원가가 2,969가 발생하였다면, AC금융자산의 최초원가는 거래원가를 가산한 93,658(= 90,689 + 2,969)가 된다.
- ㉢ 다만, 거래원가를 금융자산 장부금액에 가산하였으므로, AC금융자산 미래현금흐름의 현재가치를 93,658과 일치시키는 이자율을 재계산해야 한다. 만일 재계산한 이자율이 10%라면, 동 이자율을 유효이자율로 하여 이후 이자수익을 인식하는 것이다.

(2) 후속측정

① 상각후원가 측정 금융자산은 (중간에 매도하는 것이 아니라) 만기까지 보유하면서 원금과 이자만을 수취할 목적으로 보유하므로 보유기간 동안의 공정가치 변동을 인식하지 않고 원가(최초인식금액)로 평가한다.

② 그리고 상각후원가 측정 금융자산은 유효이자율법을 적용한 유효이자를 이자수익으로 인식한다. 따라서 상각후원가 측정 금융자산을 액면금액보다 할인 취득(할증 취득)하는 경우에는 할인차금(할증차금)을 채무상품의 보유기간 동안 유효이자율법으로 상각하여 이자수익으로 인식하고, 동 금액을 채무상품의 장부금액에 가산(차감)한다. 이때 취득금액에 상각액을 가산(차감)한 후의 장부금액을 상각후원가라고 한다.

[할인차금 상각]

(차) 현금(표시이자)	×××	(대) 이자수익(유효이자)	×××
상각후원가금융자산(상각액)	×××		

[할증차금 상각]

(차) 현금(표시이자)	×××	(대) 이자수익(유효이자)	×××
		상각후원가금융자산(상각액)	×××

[상각후원가 측정 채무상품의 후속측정]
① 이자수익(유효이자) = 기초 상각후원가 장부금액 × 유효이자율
② 할인(할증)차금 상각액 = 유효이자 − 표시이자(액면금액 × 표시이자율)
③ 상각후원가 = 기초 상각후원가 장부금액 + 할인차금 상각액 − 할증차금 상각액

---

(3) 처분(제거)

상각후원가 측정 금융자산을 처분하는 경우, 처분금액과 장부금액의 차액은 금융자산처분손익의 과목으로 하여 당기손익으로 인식한다. 이때 장부금액은 처분시점의 상각후원가를 말한다. 그리고 처분과 직접 관련하여 발생하는 거래원가는 상각후원가 측정 금융자산의 처분손익에 가감한다.

[상각후원가 채무상품의 처분]

(차) 현금	×××	(대) 상각후원가금융자산	×××
		금융자산처분이익	×××

[처분 시 발생한 거래원가]

(차) 금융자산처분이익	×××	(대) 현금	×××

[상각후원가 측정 채무상품의 처분손익]

처분이익(손실) = 처분금액 - 상각후원가 - 거래원가
= 순매각금액 - 상각후원가

03 기타포괄손익 - 공정가치 측정 채무상품

(1) 최초인식

　　기타포괄손익－공정가치 측정 채무상품은 최초인식시점의 해당 금융자산의 공정가치로 측정하여 인식한다. 그리고 취득과 직접 관련된 거래원가는 최초인식하는 기타포괄손익－공정가치 측정 채무상품의 공정가치에 가산한다.

(2) 후속측정

① 취득한 채무상품을 상각후원가 측정 금융자산과 기타포괄손익－공정가치 측정 채무상품 중 어느 것으로 분류하더라도 보유기간 동안(처분시점 포함)의 당기손익에 미치는 영향은 동일해야 한다. 이에 따라 기타포괄손익－공정가치 측정 채무상품의 경우에도 (상각후원가 측정 채무상품과 동일하게) 유효이자율법을 적용한 유효이자를 이자수익으로 인식한다.

② 그리고 기타포괄손익－공정가치 측정 채무상품은 보고기간 말의 공정가치를 재무상태표에 보고한다. 이에 따라 기타포괄손익－공정가치 측정 채무상품을 할인(할증) 취득한 경우에는 유효이자를 이자수익으로 인식하여 할인(할증)차금을 상각한 후에 공정가치 평가를 수행하게 된다(선상각 · 후평가).

> ⊙ **선상각**: 취득금액과 액면금액의 차이인 할인차금(할증차금)을 당해 채무상품의 상환기간에 걸쳐 유효이자율법으로 상각하여 이자수익으로 인식하고, 동 금액을 채무상품의 장부금액에 가산(차감)한다.
> ⓒ **후평가**: 기타포괄손익 - 공정가치 측정 금융자산의 보고기간 말 공정가치와 장부금액(상기 ①의 상각액 가감 후)의 차액은 금융자산평가손익의 과목으로 하여 포괄손익계산서에 기타포괄손익으로 인식한다.

---

① 이자수익(유효이자) 인식

(차) 현금(표시이자)　　　　　×××　　(대) 이자수익(유효이자)　　　　×××
　　　기타포괄손익금융자산(상각액)　×××

② 공정가치 평가

(차) 기타포괄손익금융자산　　×××　　(대) 금융자산평가이익　　　　　×××

---

③ 기타포괄손익－공정가치 측정 채무상품의 공정가치평가손익은 포괄손익계산서에 기타포괄손익으로 인식하므로 재무상태표의 기타자본구성요소(기타포괄손익누계액)에 공정가치평가손익 누적액이 표시된다.

[기타포괄손익－FV 측정 채무상품의 당기평가손익과 누적평가손익]

당기평가손익(포괄손익계산서) = 당기 말 공정가치 - (*)전기 말 공정가치 - 당기상각액
　　　　　　　　　　　　　 = 당기 말 누적평가손익 - 전기 말 누적평가손익
　　　　　　(*) 취득연도: 최초인식액

누적평가손익(재무상태표) = 당기 말 공정가치 - 최초인식액 - 누적상각액
　　　　　　　　　　　 = 당기 말 공정가치 - (최초인식액 + 누적상각액)
　　　　　　　　　　　 = 당기 말 공정가치 - 상각후원가

---

(3) 처분(제거)

기타포괄손익 – 공정가치 측정 채무상품을 처분하는 경우의 회계처리는 다음과 같은 단계로 수행한다.

---

① **처분 직전 공정가치 평가**: 처분일의 공정가치(처분금액)로 공정가치 평가를 수행하고, 처분금액과 장부금액의 차액은 금융자산평가손익의 과목으로 하여 기타포괄손익으로 인식한다.

② **처분**: 처분으로 수취한 대가를 인식하고, 처분금액으로 평가되어 있는 채무상품을 제거한다.

③ **금융자산평가손익 누적액의 당기손익 대체(재분류조정)**: 기타자본구성요소에 누적되어 있는 금융자산평가손익 누적액을 당기손익(처분손익)으로 대체하는 재분류조정 회계처리를 수행한다.

---

① 제거일(처분일) 기준으로 공정가치 평가

    (차) 기타포괄손익금융자산　　　　　×××　　(대) 금융자산평가이익　　　　　　×××

② 금융자산 장부금액 제거

    (차) 현금　　　　　　　　　　　　×××　　(대) 기타포괄손익금융자산　　　　×××

③ 금융자산평가손익 누적액의 당기손익 대체(재분류조정)

    (차) 금융자산평가이익(기타포괄손익)　×××　　(대) 금융자산처분이익(당기손익)　×××

처분일까지 인식한 금융자산평가손익 누적액을 당기손익(처분손익)으로 대체하는 재분류조정 회계처리를 수행하면 기타포괄손익 – 공정가치 측정 채무상품의 처분손익은 처분금액과 처분일의 상각후원가와의 차이가 된다. 즉, 기타포괄손익 – 공정가치 측정 채무상품을 처분할 때 재분류조정 회계처리를 수행하면 상각후원가 측정 금융자산과 동일한 금액으로 처분손익을 인식하게 되는 것이다.

승철쌤's comment　　재분류조정

① 과거에 기타포괄손익으로 인식하였으나 후속적으로 당기손익으로 대체하는 회계처리를 재분류조정이라고 한다.

② FVOCI채무상품의 경우, 기타자본구성요소에 누적되어 있던 금융자산평가손익 누적액이 FVOCI금융자산의 처분시점에 기타자본구성요소에서 다시 빠져나오면서 당기손익(처분손익)으로 대체된다. 이때 기타자본구성요소에서 다시 빠져나오는 금액이 포괄손익계산서에 기타포괄손익으로 인식되는데, 이를 포괄손익계산서에는 재분류조정으로 표시한다. 이렇게 기타자본구성요소에서 다시 빠져나올 때 기타포괄손익으로 인식되는 재분류조정 금액은 처분손익과 금액이 동일하며, 부호만 반대이다.

[기타포괄손익 - FV 측정 채무상품의 처분손익]

처분이익(손실) = 처분일 공정가치 - 최초인식액 - 누적상각액

          = 처분일 공정가치 - (최초인식액 + 누적상각액)

          = 처분일 공정가치 - 상각후원가

예제 4 **AC채무상품과 FVOCI채무상품**

(1) 20×1년 1월 1일, 12월 말 결산법인인 A사는 B사가 발행한 액면금액 ₩100,000, 표시이자율 연 8%(이자는 매년 말 지급), 만기일 20×4년 12월 31일인 사채를 ₩90,689에 취득하였으며, 취득 시 시장이자율은 11%이었다. A사는 동 사채의 취득과 관련한 거래원가 ₩2,969을 지출하였으며, 이를 고려한 유효이자율은 연 10%이다.

(2) 20×1년 말과 20×2년 말 현재 B사 사채의 공정가치는 각각 ₩96,000과 ₩88,000이다. 20×3년 12월 31일, A사는 표시이자를 수령한 직후 B사 사채를 전액 ₩99,000에 처분하였다.

[요구사항]

1. A사가 B사 사채를 상각후원가 측정 금융자산으로 분류할 경우 다음에 답하시오.
   (1) 포괄손익계산서에 당기손익으로 인식할 이자수익, 처분손익
   (2) 일자별 회계처리
   (3) 연도별 부분 포괄손익계산서

2. A사가 B사 사채를 기타포괄손익 – 공정가치 측정 금융자산으로 분류할 경우 다음에 답하시오.
   (1) 포괄손익계산서에 당기손익으로 인식할 이자수익, 처분손익
   (2) 포괄손익계산서에 기타포괄손익으로 인식할 금융자산평가손익과 재무상태표에 보고할 금융자산평가손익누계액
   (3) 일자별 회계처리
   (4) 연도별 부분 포괄손익계산서

해답 **1. 상각후원가 측정 금융자산으로 분류할 경우**

(1) 최초인식
   ① 인식금액: 90,689(FV) + 2,969(거래원가) = 93,658
   ② 유효이자: 취득 시 거래원가를 고려한 유효이자율 10%로 이후 이자수익(유효이자)을 인식한다.

(2) 연도별 상각후원가

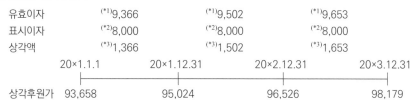

유효이자	(*1)9,366	(*1)9,502	(*1)9,653
표시이자	(*2)8,000	(*2)8,000	(*2)8,000
상각액	(*3)1,366	(*3)1,502	(*3)1,653

	20×1.1.1	20×1.12.31	20×2.12.31	20×3.12.31
상각후원가	93,658	95,024	96,526	98,179

(*1) 기초 상각후원가 × 유효이자율(10%)
(*2) 100,000 × 8% = 8,000
(*3) 상각액: 유효이자 – 표시이자

(3) 연도별 손익계산서 효과
   ① 연도별 이자수익(유효이자): 9,366(20×1년), 9,502(20×2년), 9,653(20×3년)
   ② 20×3년 처분이익(손실): 처분금액 – 상각후원가 = 99,000 – 98,179 = 821 처분이익

(4) 일자별 회계처리

20×1.1.1	(차) AC금융자산	93,658	(대) 현금	93,658	⇨	93,658
20×1.12.31	(차) 현금	8,000	(대) 이자수익	9,366		
	AC금융자산	1,366			⇨	95,024
20×2.12.31	(차) 현금	8,000	(대) 이자수익	9,502		
	AC금융자산	1,502			⇨	96,526
20×3.12.31	(차) 현금	8,000	(대) 이자수익	9,653		
	AC금융자산	1,653			⇨	98,179
	(차) 현금	99,000	(대) AC금융자산	98,179		
			금융자산처분이익	821	⇨	0

(5) 부분 포괄손익계산서

	20×1년	20×2년	20×3년
당기손익			
이자수익	9,366	9,502	9,653
금융자산처분이익(손실)	–	–	821
기타포괄손익	–	–	–
포괄손익	9,366	9,502	10,474

2. 기타포괄손익 - 공정가치 측정 채무상품으로 분류할 경우

(1) 연도별 손익계산서 효과
① 연도별 이자수익(유효이자): 9,366(20×1년), 9,502(20×2년), 9,653(20×3년)
② 20×3년 처분이익(손실): 처분금액 - 상각후원가 = 99,000 - 98,179 = 821 처분이익

(2) 연도별 금융자산평가손익과 금융자산평가손익누계액
① 연도별 금융자산평가손익누계액(재무상태표): 당기 말 공정가치 - 상각후원가
20×1년 말: 96,000 - 95,024 = 976
20×2년 말: 88,000 - 96,526 = (-)8,526
20×3년 말: 99,000 - 98,179 = 821(처분 직전 평가손익누계액)

② 연도별 금융자산평가손익(포괄손익계산서): 당기 말 평가손익누계액 - 전기 말 평가손익누계액
20×1년: 976
20×2년: (-)8,526 - 976 = (-)9,502
20×3년: 821 - (-)8,526 = 9,347(처분 직전 평가손익)

(3) 일자별 회계처리

20×1.1.1	(차) FVOCI금융자산	93,658	(대)현금	93,658	⇨	93,658
20×1.12.31	(차) 현금	8,000	(대)이자수익	9,366		
	기타포괄손익금융자산	1,366			⇨	95,024
	(차) FVOCI금융자산	(*)976	(대)금융자산평가이익	976	⇨	96,000

(*) 96,000 − (93,658 + 1,366) = 976

20×2.12.31	(차) 현금	8,000	(대)이자수익	9,502		
	FVOCI금융자산	1,502			⇨	97,502
	(차) 금융자산평가이익	976	(대)FVOCI금융자산	(*)9,502		
	금융자산평가손실	8,526			⇨	88,000

(*) 88,000 − (96,000 + 1,502) = (−)9,502

20×3.12.31	(차) 현금	8,000	(대)이자수익	9,653		
	FVOCI금융자산	1,653			⇨	89,653
	(차) FVOCI금융자산	(*)9,347	(대)금융자산평가손실	8,526		
			금융자산평가이익	821	⇨	99,000

(*) 99,000 − (88,000 + 1,653) = 9,347

	(차) 현금	99,000	(대)FVOCI금융자산	99,000	⇨	0
	(차) 금융자산평가이익	(*)821	(대)금융자산처분이익	821		

(*) 처분일의 평가손익누계액이 당기손익(금융자산처분손익)으로 재분류조정되는 금액으로서 포괄손익계산서에 기타포괄손익으로 보고된다.

(4) 연도별 부분 포괄손익계산서

	20×1년	20×2년	20×3년
당기손익			
이자수익	9,366	9,502	9,653
금융자산처분이익(손실)	–	–	821
	9,366	9,502	10,474
기타포괄손익			
금융자산평가이익(손실)	976	(9,502)	9,347
재분류조정	–	–	(821)
	976	(9,502)	8,526
포괄손익	10,342	–	19,000

제4절 | 금융자산의 손상

01 일반사항

필수암기! 금융자산의 손상 요약

신용손상의 단계		기대신용손실의 측정	이자수익(유효이자)
채무상품의 신용이 손상되지 않은 경우	신용위험의 유의적 증가 없음	12개월 기대신용손실	총장부금액 × 최초 유효이자율
	신용위험의 유의적 증가 있음	전체기간 기대신용손실	총장부금액 × 최초 유효이자율
채무상품의 신용이 손상된 경우		전체기간 기대신용손실	상각후원가 × 최초 유효이자율

1. 신용손실과 기대신용손실

① 금융자산의 손상은 금융자산에서 예상되는 신용손실(기대신용손실)을 조기에 당기손익(손상차손)으로 인식하는 회계처리를 말한다.

② 이때 신용손실(credit loss)은 계약에 따라 지급받기로 한 모든 계약상 현금흐름과 수취할 것으로 예상하는 모든 계약상 현금흐름의 차이(모든 현금부족액)를 최초 유효이자율로 할인한 금액을 말한다. 그리고 기대신용손실(expected credit loss)은 개별 채무불이행 발생 위험(확률)으로 가중평균한 신용손실을 말한다.

> **[신용손실과 기대신용손실]**
> ㉠ 신용손실: (계약상 현금흐름 – 수취할 것으로 예상되는 현금흐름)의 현재가치(할인율: 최초 유효이자율)
>
> 　　　　　　　　　　　　　　　모든 현금부족액
>
> ㉡ 기대신용손실(예상신용손실): Σ신용손실 × 채무불이행 발생확률(위험)

승철쌤's comment 기대신용손실

① **신용손실**: 금융자산 계약상 미래현금흐름의 하락효과만 손상으로 인식한다.

② **기대신용손실**: 신용손실을 발생확률을 고려하여 추정한 금액으로서, 당기 말 재무상태표에 손실충당금으로 보고할 누적손상차손을 말한다. 따라서 포괄손익계산서에 손상차손으로 인식할 당기손상차손은 기대신용손실의 변동액으로 계산한다.

2. 손상회계의 대상

[표 13-2] 손상회계의 대상

구분		손상차손 인식 여부	이유
지분상품	당기손익 - FV 측정 금융자산	손상회계 적용대상 아님	신용손실의 위험 없음
	기타포괄손익 - FV 측정 금융자산	손상회계 적용대상 아님	신용손실의 위험 없음
채무상품	당기손익 - FV 측정 금융자산	손상회계 적용대상 아님	평가손익을 당기손익 인식
	기타포괄손익 - FV 측정 금융자산	기대신용손실을 손상차손 인식	
	상각후원가 측정 금융자산	기대신용손실을 손상차손 인식	

① 개정 금융상품 기준서에서는 금융자산에서 예상되는 신용손실만을 손상차손으로 인식하도록 하고 있다. 따라서 금융자산 중 지분상품의 경우에는 신용손실의 위험이 없으므로 손상 회계처리의 대상이 아니다.

② 반면 채무상품은 신용손실의 위험이 발생하므로 손상 회계처리의 대상이 된다. 다만, 채무상품 중 당기손익 – 공정가치 측정 금융자산의 경우에는 어차피 손상의 효과가 평가손실로 하여 당기손익에 반영되기 때문에 손상 회계처리에서 제외하고 있다.

③ 결과적으로 금융자산은 상각후원가 측정 금융자산과 기타포괄손익 – 공정가치 측정 채무상품의 경우에만 손상 회계처리의 대상이 된다.

3. 기대신용손실의 인식

[표 13-3] 기대신용손실의 측정

신용손상의 단계		기대신용손실
채무상품의 신용이 손상되지 않은 경우	신용위험의 유의적 증가 없음	신용손실 × 12개월 채무불이행 확률
	신용위험의 유의적 증가 있음	신용손실 × 전체기간 채무불이행 확률
채무상품의 신용이 손상된 경우		신용손실 × 전체기간 채무불이행 확률(100%)

기업회계기준서 제1109호 '금융상품'에서는 금융자산의 신용이 손상되지 않은 경우에도 신용손실 금액을 추정하여 손상차손으로 인식하는 기대손실모형을 채택하고 있다.

> ⊘참고 개정 기준서의 손상모형
>
> ① 종전 기준서(제1039호 '금융상품: 인식과 측정')에서는 금융자산의 신용이 손상된 경우에만 손상을 인식하는 발생 손실모형(incurred loss model)을 채택하고 있었으며, 이에 따라 손상인식이 지연되고 이자수익이 과대하게 인식 되는 문제점이 있었다.
> ② 이에 대한 개선으로 개정 금융상품 기준서에서는 금융자산의 신용이 손상되지 않은 경우에도 신용손실을 조기에 손상으로 인식하는 기대손실모형(expected loss model)을 채택하게 되었다.

(1) 금융자산의 신용이 손상되지 않은 경우

① 개정 금융상품 기준서에 따르면, 금융자산의 신용이 손상되지 않은 경우에도 기대신용손실을 추정하여 손상차손으로 인식한다. 다만, 일반적으로 금융자산의 신용이 손상되기 전에 신용손상의 징후로서 신용위험이 먼저 발생할 것이다. 이때 신용위험은 금융상품의 발행자가 의무를 이행하지 않아 금융자산의 보유자에게 재무손실을 입힐 위험을 말한다.

② 따라서 금융자산의 신용이 손상되지 않는 경우에는, 다음과 같이 보고기간 말 현재 금융자산의 신용위험이 유의적으로 증가하였는지 여부에 따라 손상차손으로 인식할 기대신용손실 금액을 다르게 측정한다.

> ㉠ 금융자산의 신용위험이 유의적으로 증가하지 않은 경우: 12개월 기대신용손실에 해당하는 금액
> ㉡ 금융자산의 신용위험이 유의적으로 증가한 경우: 전체기간 기대신용손실에 해당하는 금액

> ⊘참고 12개월 기대신용손실과 전체기간 기대신용손실
>
> ① 12개월 기대신용손실: 보고기간 말 후 12개월 내에 발생가능한 금융상품의 채무불이행 사건으로 인한 기대신 용손실로서, 전체기간 기대신용손실의 일부에 해당한다. 따라서 12개월 기대신용손실은 신용손실에 12개월 이내 채무불이행 발생확률을 곱하여 계산한다.
> ② 전체기간 기대신용손실: 금융상품의 기대존속기간에 발생할 수 있는 모든 채무불이행 사건에 따른 기대신용손 실을 말한다. 따라서 전체기간 기대신용손실은 신용손실에 전체기간 채무불이행 발생확률을 곱하여 계산한다.

(2) 금융자산의 신용이 손상된 경우

금융자산의 추정 미래현금흐름에 악영향을 미치는 하나 이상의 사건이 생긴 경우에 해당 금융자산의 신용이 손상된 것이다. 금융자산이 후속적으로 신용이 손상된 경우에는 전체기간 기대신용손실을 손상차손으로 인식한다. 금융자산의 신용이 손상된 증거는 다음의 사건에 대한 관측가능한 정보를 포함한다.

---

① 발행자나 차입자의 유의적인 재무적 어려움
② 채무불이행이나 연체 같은 계약 위반
③ 차입자의 파산가능성이 높아지거나 그 밖의 재무구조조정 가능성이 높아짐
④ 재무적 어려움으로 해당 금융자산에 대한 활성시장의 소멸 등

⊘참고 계약상 지급의 연체일수와 손상여부 판단

① 연체: 계약상 지급기일이 도래하였지만 계약상대방이 지급하기로 한 금액을 지급하지 못한 경우, 해당 금융자산은 연체된 것이다.
② 계약상 지급의 연체일수와 금융자산의 손상여부 판단

계약상 지급의 연체일수	금융자산의 손상여부 판단
30일 이내	신용위험이 유의적으로 증가하지 않은 것으로 간주
30일 초과 90일 이내	반증이 없으면 신용위험이 유의적으로 증가된 것으로 간주
90일 초과	반증이 없으면 신용이 손상(채무불이행 발생)된 것으로 간주

4. 회계처리

금융자산에서 예상되는 기대신용손실은 손상차손(당기손익)으로 인식하고, 동 금액을 손실충당금으로 하여 금융자산에서 차감하여 표시한다. 만일 전기 이전에 인식한 손실충당금이 있는 경우에는 당기 말 손실충당금(기대신용손실)과의 차이를 손상차손(환입)으로 인식한다.

[당기 말 기대신용손실 > 전기 말 기대신용손실]
(차) 금융자산손상차손   ××× (대) 손실충당금   ×××

[당기 말 기대신용손실 < 전기 말 기대신용손실]
(차) 손실충당금   ××× (대) 금융자산손상차손환입   ×××

이때 금융자산의 손실충당금을 차감하기 전의 금융자산의 상각후원가를 금융자산의 총장부금액이라고 하며, 총장부금액에서 손실충당금을 차감한 후의 금액을 상각후원가라고 한다.

[총장부금액과 상각후원가]
금융자산의 상각후원가 = 금융자산의 총장부금액 - 손실충당금

(1) (주)한국은 '채무불이행 발생확률' 접근법에 따라 기대신용손실을 추정한다. 20×1년 말 현재 (주)한국이 보유하고 있는 채무상품의 기대신용손실 측정과 관련한 자료는 다음과 같다.

구분	채무불이행시 노출금액	채무불이행시 손실률[*]	발생확률
시나리오 1	₩400,000	5%	70%
시나리오 2	₩600,000	20%	30%

[*] 채무상품의 총장부금액 대비 현재가치의 비율임

(2) 20×1년 말 현재 상기 채무상품의 12개월 채무불이행 발생확률과 전체기간 채무불이행 발생확률은 각각 10%와 25%이다.

[요구사항]

20×1년 말 현재 (주)한국이 보유한 채무상품의 12개월 기대신용손실과 전체기간 기대신용손실을 각각 계산하시오.

해답 1. **기대신용손실의 측정**
① 기대신용손실은 금융상품의 기대존속기간에 걸친 신용손실(모든 현금 부족액의 현재가치)의 확률가중추정치이다.
② 다만, 기업은 기대신용손실을 측정할 때 다양한 접근법을 적용할 수 있으며, 이 중 '채무불이행 발생확률' 접근법에 따르면 기대신용손실을 다음과 같이 측정할 수 있다.

> ⊙ **12개월 기대신용손실**: 채무불이행시 노출금액 × 채무불이행시 손실률[*] × 12개월 채무불이행 발생확률
> ⓛ **전체기간 기대신용손실**: 채무불이행시 노출금액 × 채무불이행시 손실률[*] × 전체기간 채무불이행 발생확률
> [*] 채무불이행이 발생할 경우 총장부금액 대비 손실예상액(현재가치)의 비율로서, 손실예상액의 현재가치를 총장부금액으로 나누어 산정한다.

2. **12개월 기대신용손실과 전체기간 기대신용손실의 계산**
(1) 12개월 기대신용손실
채무불이행시 노출금액 × 채무불이행시 손실률 × 12개월 채무불이행 발생확률
= (400,000 × 5% × 70% + 600,000 × 20% × 30%) × 10% = 5,000

(2) 전체기간 기대신용손실
채무불이행시 노출금액 × 채무불이행시 손실률 × 전체기간 채무불이행 발생확률
= (400,000 × 5% × 70% + 600,000 × 20% × 30%) × 25% = 12,500

02 상각후원가 측정 금융자산의 손상

(1) 금융자산의 신용이 손상되지 않은 경우

① 상각후원가 측정 금융자산의 신용이 손상되지 않은 경우에는 금융자산 신용위험의 유의적인 증가 여부에 따라 각각 12개월 기대신용손실 또는 전체기간 기대신용손실을 손상차손과 손실충당금으로 인식한다.

② 이 경우 이자수익(유효이자)은 금융자산의 총장부금액에 최초의 유효이자율을 곱한 금액을 이자수익으로 인식한다. 즉, 금융자산의 신용이 손상되지 않은 경우에는 손실충당금을 차감하기 전의 총장부금액을 기준으로 이자수익을 인식한다.

> **[신용이 손상되지 않은 경우]**
> **기대신용손실(손실충당금)** = 12개월 기대신용손실(신용위험의 유의적 증가가 없는 경우)
> = 전체기간 기대신용손실(신용위험이 유의적으로 증가한 경우)
> **이자수익(유효이자)** = 총장부금액 × 최초의 유효이자율

(2) 금융자산의 신용이 손상된 경우

① 상각후원가 측정 금융자산의 신용이 손상된 경우에는 전체기간 기대신용손실을 손상차손과 손실충당금으로 인식한다. 이때 전체기간 기대신용손실은 해당 금융자산의 총장부금액과 추정 미래현금흐름을 최초의 유효이자율로 할인한 현재가치(회수가능액)의 차이로 측정한다. 만일 신용이 손상된 이후 회계기간에 기대신용손실이 감소한 경우에는 동 감소액을 금융자산손상차손환입으로 인식한다.

② 그리고 금융자산의 신용이 손상된 이후 이자수익(유효이자)은 금융자산의 상각후원가에 최초의 유효이자율을 곱한 금액을 이자수익으로 인식한다.

> **[신용이 손상된 경우]**
> **기대신용손실(손실충당금)** = 전체기간 기대신용손실
> = 총장부금액 – 회수가능액
> = 총장부금액 – 추정 미래현금흐름의 현재가치(최초의 유효이자율)
> **이자수익(유효이자)** = 상각후원가(총장부금액 – 손실충당금) × 최초의 유효이자율

(1) 20×1년 1월 1일, 12월 말 결산법인인 A사는 B사가 발행한 액면금액 ₩100,000의 사채를 ₩93,658에 취득하고 상각후원가 측정 금융자산으로 분류하였다. B사 사채의 만기일은 20×4년 12월 31일이며, 표시이자율은 8%로 매년 12월 31일에 지급한다. B사 사채 취득 시의 유효이자율은 10%이다.

(2) 20×1년 말 현재 B사 사채의 신용위험의 유의적인 증가는 없으며, A사는 12개월 기대신용손실과 전체기간 기대신용손실을 각각 ₩1,000과 ₩3,000으로 추정하였다.

(3) 20×2년 말 현재 B사 사채의 신용위험이 유의적으로 증가하였으며, A사는 12개월 기대신용손실과 전체기간 기대신용손실을 각각 ₩2,400과 ₩4,000으로 추정하였다.

(4) 20×3년 12월 31일 A사는 표시이자를 수령한 직후 B사 사채를 전액 ₩99,000에 처분하였다.

[요구사항]

1. A사가 B사 사채와 관련하여 포괄손익계산서에 인식할 이자수익, 손상차손(환입)과 처분손익을 연도별로 계산하시오.

2. A사가 B사 사채와 관련하여 수행할 회계처리를 일자별로 제시하시오.

3. A사의 부분 포괄손익계산서를 연도별로 작성하시오.

4. [본 물음은 독립적이다] 만일 A사가 B사 사채를 20×4년 3월 31일에 전액 경과이자를 포함하여 ₩99,200에 처분하였다고 할 경우 처분손익을 계산하시오. 단, 20×3년 말의 기대신용손실(12개월) 인식액은 ₩5,000이라고 가정한다.

해답   1. **연도별 손익계산서 효과**

(1) 연도별 총장부금액과 상각후원가

유효이자	(*)9,366	(*)9,502	(*)9,653
표시이자	8,000	8,000	8,000
상각액	1,366	1,502	1,653

	20×1.1.1	20×1.12.31	20×2.12.31	20×3.12.31
총장부금액	93,658	95,024	96,526	98,179
손실충당금		(1,000)	(4,000)	(4,000)
상각후원가		94,024	92,526	94,179

(*) 신용이 손상되지 않았으므로 기초 총장부금액에 유효이자율(10%)을 곱하여 유효이자를 계산한다.

(2) 연도별 손익계산서 효과

① 연도별 이자수익(유효이자): 9,366(20×1년), 9,502(20×2년), 9,653(20×3년)
② 연도별 손상차손(기대신용손실의 변동액): 1,000(20×1년), 3,000(20×2년)
③ 20×3년 처분이익(손실): 처분금액 - 상각후원가 = 99,000 - 94,179 = 4,821 처분이익

2. **일자별 회계처리**

20×1.1.1	(차) AC금융자산	93,658	(대) 현금	93,658	⇨	93,658
20×1.12.31	(차) 현금	8,000	(대) 이자수익	9,366		
	AC금융자산	1,366			⇨	95,024
	(차) 손상차손	1,000	(대) 손실충당금	1,000	⇨	94,024
20×2.12.31	(차) 현금	8,000	(대) 이자수익	9,502		
	AC금융자산	1,502			⇨	95,526
	(차) 손상차손	3,000	(대) 손실충당금	3,000	⇨	92,526
20×3.12.31	(차) 현금	8,000	(대) 이자수익	9,653		
	AC금융자산	1,653			⇨	94,179
	(차) 현금	99,000	(대) AC금융자산	(*)98,179		
	손실충당금	4,000	금융자산처분이익	4,821	⇨	0

(*) 총장부금액: 93,658 + 1,366 + 1,502 + 1,653 = 98,179

3. **연도별 부분 포괄손익계산서**

	20×1년	20×2년	20×3년
당기손익			
이자수익	9,366	9,502	9,653
손상차손	(1,000)	(3,000)	–
금융자산처분이익			4,821
기타포괄손익	–	–	–
포괄손익	8,366	6,502	14,474

금융자산(II): 지분상품과 채무상품

제13장

해커스 IFRS 김승철 중급회계 상

4. 이자지급일 사이의 처분

(1) 20x4.3.31 금융자산처분이익(손실)

① 처분일의 상각후원가

20x3.12.31 총장부금액		98,179
20x4.3.31까지 유효이자	98,179 × 10% × 3/12 =	2,454
20x4.3.31까지 표시이자	8,000 × 3/12 =	(2,000) (경과이자)
20x4.3.31 총장부금액		98,633
기대신용손실		(5,000)
20x4.3.31 상각후원가		93,633

② 금융자산처분이익(손실)

처분금액	99,200 − 2,000(경과이자) =	97,200
상각후원가		(93,633)
처분이익(손실)		3,567 처분이익

(2) 별해 금융자산처분이익(손실)

처분금액(경과이자 포함)		99,200
상각후원가(경과이자 포함)	98,179 + 2,454 − 5,000 =	(95,633)
처분이익(손실)		3,567 처분이익

(3) 참고 처분일의 회계처리

20×4.3.31 (차) 미수이자(경과이자) [*2]2,000 (대)이자수익 [*1]2,454 ⇨ 93,633
　　　　　　 상각후원가금융자산 454

[*1] 98,179 × 10% × 3/12 = 2,454
[*2] 8,000 × 3/12 = 2,000

(차) 현금 99,200 (대)미수이자(경과이자) 2,000
　　 손실충당금 5,000 　　 상각후원가금융자산 [*]98,633
　　　　　　　　　　　　　　 금융자산처분이익 3,567 ⇨ 0

[*] 처분일의 총장부금액: 98,179 + 454 = 98,633

예제 7 AC금융자산의 손상: 신용이 손상된 경우

(1) 20×1년 1월 1일, 12월 말 결산법인인 A사는 B사가 발행한 액면금액 ₩100,000의 사채를 ₩93,658에 취득하고 상각후원가 측정 금융자산으로 분류하였다. B사 사채의 만기일은 20×4년 12월 31일이며, 표시이자율은 8%로 매년 12월 31일에 지급한다. B사 사채 취득 시의 유효이자율은 10%이다.

(2) 20×1년 말 현재 B사 사채의 신용위험의 유의적인 증가는 없으며, A사는 12개월 기대신용손실과 전체기간 기대신용손실을 각각 ₩1,000과 ₩3,000으로 추정하였다.

(3) 20×2년 말 표시이자는 정상적으로 수령하였으나, B사 사채의 신용이 손상되어 추정 미래현금흐름은 다음과 같이 감소하였다.

구분	20×3년 말	20×4년 말
액면금액		₩60,000
표시이자	₩5,000	5,000

(4) 20×3년 말 표시이자는 전기 말에 예측한 ₩5,000을 수령하였으나, B사 사채의 신용손상이 일부 회복되어 추정 미래현금흐름은 다음과 같이 증가하였다.

구분	20×4년 말
액면금액	₩80,000
표시이자	6,000

(5) 20×4년 말 표시이자 ₩6,000과 액면금액 ₩80,000을 정상적으로 수령하였으며, 10%, 현재가치계수는 다음과 같다.

기간	현가계수	연금현가계수
1	0.9091	0.9091
2	0.8264	1.7355

[요구사항]

1. A사가 B사 사채와 관련하여 포괄손익계산서에 인식할 이자수익, 손상차손(환입)을 연도별로 계산하시오.

2. A사가 B사 사채와 관련하여 수행할 회계처리를 일자별로 제시하시오.

3. A사의 부분 포괄손익계산서를 연도별로 작성하시오.

해답   1. 연도별 포괄손익계산서 효과

(1) 연도별 총장부금액과 상각후원가

	20×1.1.1	20×1.12.31	20×2.12.31	20×3.12.31	20×4.12.31
유효이자		[*1]9,366	[*1]9,502	[*2]5,826	[*2]7,817
표시이자		8,000	8,000	5,000	6,000
상각액		1,366	1,502	826	1,817
총장부금액	93,658	95,024	96,526	97,352	99,169
손실충당금		(1,000)	[*4](38,264)	[*4](19,169)	(19,169)
상각후원가		94,024	[*3]58,262	[*3]78,183	80,000

[*1] 신용이 손상되지 않았으므로 기초 총장부금액에 유효이자율(10%)을 곱하여 유효이자를 계산한다.

[*2] 신용이 손상되었으므로 기초 상각후원가에 유효이자율(10%)을 곱하여 유효이자를 계산한다.

　　20×3년: 58,262(기초 상각후원가) × 10% = 5,826

　　20×4년: 78,183(기초 상각후원가) × 10% = 7,817 (단수차이 조정)

[*3] 회수가능액(상각후원가): 추정미래현금흐름의 현재가치(할인율: 최초 유효이자율)

　　20×2년 말: 60,000 × 0.8264 + 5,000 × 1.7355 = 58,262

　　20×3년 말: (80,000 + 6,000) × 0.9091 = 78,183

[*4] 산용이 손상된 이후의 손실충당금(누적손상차손): 총장부금액 − 회수가능액(상각후원가)

　　20×2년 말: 96,526 − 58,262 = 38,264

　　20×3년 말: 97,352 − 78,183 = 19,169

(2) 연도별 손익계산서 효과

① 연도별 이자수익(유효이자): 9,366(20×1년), 9,502(20×2년), 5,826(20×3년), 7,817(20×4년)

② 연도별 손상차손(기대신용손실의 변동액)

　　20×1년: 1,000

　　20×2년: [*]38,264 − 1,000 = 37,264

　　　　[*] 별해 현금부족액의 현재가치: 40,000 × 0.8264 + 3,000 × 1.7355 = 38,263

　　20×3년: 19,169 − 38,264 = [*](−)19,095(손상차손환입)

　　　　[*] 별해 현금회복액의 현재가치: (20,000 + 1,000) × 0.9091 = 19,091(현가계수 적용 단수차이)

2. 일자별 회계처리

일자	차변	금액	대변	금액		잔액
20×1.1.1	(차) AC금융자산	93,658	(대) 현금	93,658	⇨	93,658
20×1.12.31	(차) 현금	8,000	(대) 이자수익	9,366		
	AC금융자산	1,366			⇨	95,024
	(차) 손상차손	1,000	(대) 손실충당금	1,000	⇨	94,024
20×2.12.31	(차) 현금	8,000	(대) 이자수익	9,502		
	AC금융자산	1,502			⇨	95,526
	(차) 손상차손	37,264	(대) 손실충당금	37,264	⇨	58,262
20×3.12.31	(차) 현금	5,000	(대) 이자수익	5,826		
	AC금융자산	826			⇨	59,088
	(차) 손실충당금	19,095	(대) 손상차손환입	19,095	⇨	78,183
20×4.12.31	(차) 현금	6,000	(대) 이자수익	7,817		
	AC금융자산	1,817			⇨	80,000
	(차) 현금	80,000	(대) AC금융자산	(*)99,169		
	손실충당금	19,169			⇨	0

(*) 총장부금액: 93,658 + 1,366 + 1,502 + 826 + 1,817 = 99,169

3. 연도별 부분 포괄손익계산서

	20×1년	20×2년	20×3년	20×4년
당기손익				
이자수익	9,366	9,502	5,826	7,817
손상차손(환입)	(1,000)	(37,264)	19,095	–
기타포괄손익	–	–	–	–
포괄손익	8,366	(27,762)	24,921	7,817

03 기타포괄손익 - 공정가치 측정 금융자산의 손상

(1) 금융자산의 신용이 손상되지 않은 경우

① 기타포괄손익 – 공정가치 측정 금융자산의 신용이 손상되지 않은 경우에는 금융자산 신용위험의 유의적인 증가 여부에 따라 각각 12개월 기대신용손실 또는 전체기간 기대신용손실을 손상차손과 손실충당금으로 인식한다.

② 다만, 기타포괄손익 – 공정가치 측정 금융자산은 재무상태표에 공정가치로 보고해야 하므로, 손실충당금을 기타포괄손익(금융자산평가손익)에서 인식하고 재무상태표에서 금융자산의 장부금액을 줄이지 아니한다.

> **[기타포괄손익 – FV 측정 금융자산의 손상차손 인식]**
>
> (차) 금융자산손상차손 ××× (대) 금융자산평가손익(기타포괄손익) ×××

③ 그리고 이자수익(유효이자)은 금융자산의 총장부금액에 최초의 유효이자율을 곱한 금액을 이자수익으로 인식한다. 즉, 금융자산의 신용이 손상되지 않은 경우에는 손실충당금을 차감하기 전의 총장부금액을 기준으로 이자수익을 인식한다.

> **[신용이 손상되지 않은 경우]**
> 기대신용손실(손실충당금) = 12개월 기대신용손실(신용위험의 유의적 증가가 없는 경우)
> = 전체기간 기대신용손실(신용위험이 유의적으로 증가한 경우)
> 이자수익(유효이자) = 총장부금액 × 최초의 유효이자율

(2) 금융자산의 신용이 손상된 경우

① 기타포괄손익 – 공정가치 측정 금융자산의 신용이 손상된 경우에는 전체기간 기대신용손실을 손상차손으로 인식한다. 이때 전체기간 기대신용손실은 해당 금융자산의 총장부금액과 추정 미래현금흐름을 최초의 유효이자율로 할인한 현재가치(회수가능액)의 차이로 측정한다.

② 그리고 금융자산의 신용이 손상된 이후 이자수익(유효이자)은 금융자산의 상각후원가에 최초의 유효이자율을 곱한 금액을 이자수익으로 인식한다.

> **[신용이 손상된 경우]**
> 기대신용손실(손실충당금) = 전체기간 기대신용손실
> = 총장부금액 – 회수가능액
> = 총장부금액 – 추정 미래현금흐름의 현재가치(최초의 유효이자율)
> 이자수익(유효이자) = 상각후원가(총장부금액 – 손실충당금) × 최초의 유효이자율

예제 8 | FVOCI금융자산의 손상: 신용이 손상되지 않은 경우

(1) 20×1년 1월 1일, 12월 말 결산법인인 A사는 B사가 발행한 액면금액 ₩100,000의 사채를 ₩93,658에 취득하고 기타포괄손익 – 공정가치 측정 금융자산으로 분류하였다. B사 사채의 만기일은 20×4년 12월 31일이며, 표시이자율은 8%로 매년 12월 31일에 지급한다. B사 사채 취득 시의 유효이자율은 10%이다.

(2) 20×1년 말 현재 B사 사채의 신용위험의 유의적인 증가는 없으며, A사는 12개월 기대신용손실과 전체기간 기대신용손실을 각각 ₩1,000과 ₩3,000으로 추정하였다. 20×1년 말 현재 B사 사채의 공정가치는 ₩96,000이다.

(3) 20×2년 말 현재 B사 사채의 신용위험이 유의적으로 증가하였으며, A사는 12개월 기대신용손실과 전체기간 기대신용손실을 각각 ₩2,400과 ₩4,000으로 추정하였다. 20×2년 말 현재 B사 사채의 공정가치는 ₩88,000이다.

(4) 20×3년 12월 31일 A사는 표시이자를 수령한 직후 B사 사채를 전액 ₩99,000에 처분하였다.

[요구사항]

1. A사가 B사 사채와 관련하여 포괄손익계산서에 당기손익으로 인식할 이자수익, 손상차손(환입)과 처분손익을 연도별로 계산하시오.

2. A사가 B사 사채와 관련하여 포괄손익계산서에 기타포괄손익으로 인식할 금융자산평가손익과 재무상태표에 보고할 금융자산평가손익누계액을 연도별로 계산하시오.

3. A사가 B사 사채와 관련하여 수행할 회계처리를 일자별로 제시하시오.

4. A사의 부분 포괄손익계산서를 연도별로 작성하시오.

5. [본 물음은 독립적이다] 만일 A사가 B사 사채를 20×4년 3월 31일에 전액 경과이자를 포함하여 ₩99,200에 처분하였다고 할 경우 처분손익을 계산하시오. 단, 20×3년 말 B사 사채의 공정가치는 ₩99,000이고 기대신용손실(12개월) 인식액은 ₩5,000이라고 가정한다.

해답 **1. 연도별 손익계산서 효과**

(1) 연도별 총장부금액과 상각후원가

유효이자	(*)9,366	(*)9,502	(*)9,653
표시이자	8,000	8,000	8,000
상각액	1,366	1,502	1,653

	20×1.1.1	20×1.12.31	20×2.12.31	20×3.12.31
총장부금액	93,658	95,024	96,526	98,179
손실충당금		(1,000)	(4,000)	(4,000)
상각후원가		94,024	92,526	94,179

(*) 신용이 손상되지 않았으므로 기초 총장부금액에 유효이자율(10%)을 곱하여 유효이자를 계산한다.

(2) 연도별 손익계산서 효과

① 연도별 이자수익(유효이자): 9,366(20×1년), 9,502(20×2년), 9,653(20×3년)
② 연도별 손상차손(기대신용손실의 변동액): 1,000(20×1년), 3,000(20×2년)
③ 20×3년 처분이익(손실): 처분금액 – 상각후원가 = 99,000 – 94,179 = 4,821 처분이익

2. 연도별 금융자산평가손익과 금융자산평가손익누계액

(1) 연도별 금융자산평가손익누계액(재무상태표): 당기 말 공정가치 - 상각후원가

　　20×1년 말: 96,000 - 94,024 = 1,976

　　20×2년 말: 88,000 - 92,526 = (-)4,526

　　20×3년 말: 99,000 - 94,179 = 4,821(처분 직전 평가손익누계액)

(2) 연도별 금융자산평가손익(포괄손익계산서): 당기 말 평가손익누계액 - 전기 말 평가손익누계액

　　20×1년: 1,976

　　20×2년: (-)4,526 - 1,976 = (-)6,502

　　20×3년: 4,821 - (-)4,526 = 9,347(처분 직전 평가손익)

3. 일자별 회계처리

(1) 회계처리[방법 1]

20×1.1.1	(차) FVOCI금융자산	93,658	(대) 현금	93,658	⇨	93,658
20×1.12.31	(차) 현금	8,000	(대) 이자수익	9,366		
	FVOCI금융자산	1,366			⇨	95,024
	(차) FVOCI금융자산	(*)976	(대) 금융자산평가이익	976	⇨	96,000

(*) 96,000 - (93,658 + 1,366) = 976

	(차) 손상차손	1,000	(대) 금융자산평가이익	1,000		
20×2.12.31	(차) 현금	8,000	(대) 이자수익	9,502		
	FVOCI금융자산	1,502			⇨	97,502
	(차) 금융자산평가이익	1,976	(대) FVOCI금융자산	(*)9,502		
	금융자산평가손실	7,526			⇨	88,000

(*) 88,000 - (96,000 + 1,502) = (-)9,502

	(차) 손상차손	3,000	(대) 금융자산평가손실	3,000		
20×3.12.31	(차) 현금	8,000	(대) 이자수익	9,653		
	FVOCI금융자산	1,653			⇨	89,653
	(차) FVOCI금융자산	(*)9,347	(대) 금융자산평가손실	4,526		
			금융자산평가이익	4,821	⇨	99,000

(*) 99,000 - (88,000 + 1,653) = 9,347

	(차) 현금	99,000	(대) FVOCI금융자산	99,000	⇨	0
	(차) 금융자산평가이익	(*)4,821	(대) 금융자산처분이익	4,821		

(*) 처분일의 평가손익누계액이 당기손익(금융자산처분손익)으로 재분류조정되는 금액으로서 포괄손익계산서에 기타포괄손익으로 보고된다.

(2) 참고 회계처리[방법 2]

※ [방법 1]의 회계처리에서 공정가치 평가와 손상 회계처리를 묶어서 다음과 같이 회계처리 할 수도 있다.

| 20×1.1.1 | (차) FVOCI금융자산 | 93,658 | (대) 현금 | 93,658 | ⇨ | 93,658 |

20×1.12.31	(차) 현금	8,000	(대) 이자수익	9,366		
	FVOCI금융자산	1,366			⇨	95,024
	(차) FVOCI금융자산	(*1)976	(대) 금융자산평가이익	(*2)1,976	⇨	96,000
	손상차손	1,000				

(*1) 96,000 - (93,658 + 1,366) = 976
(*2) 대차차액

20×2.12.31	(차) 현금	8,000	(대) 이자수익	9,502		
	FVOCI금융자산	1,502			⇨	97,502
	(차) 손상차손	3,000	(대) FVOCI금융자산	(*1)9,502	⇨	88,000
	금융자산평가이익	(*2)1,976				
	금융자산평가손실	(*2)4,526				

(*1) 88,000 - (96,000 + 1,502) = (-)9,502
(*2) 대차차액

20×3.12.31	(차) 현금	8,000	(대) 이자수익	9,653		
	FVOCI금융자산	1,653			⇨	89,653
	(차) FVOCI금융자산	(*)9,347	(대) 금융자산평가손실	4,526		
			금융자산평가이익	4,821	⇨	99,000

(*) 99,000 - (88,000 + 1,653) = 9,347

| | (차) 현금 | 99,000 | (대) FVOCI금융자산 | 99,000 | ⇨ | 0 |
| | (차) 금융자산평가이익 | (*)4,821 | (대) 금융자산처분이익 | 4,821 | | |

(*) 처분일의 평가손익누계액이 당기손익(금융자산처분손익)으로 재분류조정되는 금액으로서 포괄손익계산서에 기타포괄손익으로 보고된다.

4. 연도별 부분 포괄손익계산서

	20×1년	20×2년	20×3년
당기손익			
이자수익	9,366	9,502	9,653
손상차손	(1,000)	(3,000)	–
금융자산처분이익	–	–	4,821
	8,366	6,502	14,474
기타포괄손익			
금융자산평가이익(손실)	1,976	(6,502)	9,347
재분류조정	–	–	(4,821)
	1,976	(6,502)	4,526
포괄손익	10,342	–	19,000

5. 이자지급일 사이의 처분

(1) 20×4.3.31 금융자산처분이익(손실)

① 처분일의 상각후원가

20×3.12.31 총장부금액		98,179
20×4.3.31까지 유효이자	98,179 × 10% × 3/12 =	2,454
20×4.3.31까지 표시이자	8,000 × 3/12 =	(2,000) (경과이자)
20×4.3.31 총장부금액		98,633
기대신용손실		(5,000)
20×4.3.31 상각후원가		93,633

② 금융자산처분이익(손실)

처분금액	99,200 - 2,000(경과이자) =	97,200	
상각후원가		(93,633)	
처분이익(손실)		3,567	처분이익

(2) 별해 금융자산처분이익(손실)

처분금액(경과이자 포함)		99,200	
상각후원가(경과이자 포함)	98,179 + 2,454 - 5,000 =	(95,633)	
처분이익(손실)		3,567	처분이익

(3) 참고 처분일의 회계처리

20×4.3.31 (차) 미수이자(경과이자)   (*2)2,000   (대) 이자수익   (*1)2,454
    기타포괄손익금융자산   454   ⇨ 99,454
    (*1) 98,179 × 10% × 3/12 = 2,454
    (*2) 8,000 × 3/12 = 2,000

(차) 금융자산평가이익   (*2)2,254   (대) 기타포괄손익금융자산   (*1)2,254   ⇨ 97,200
    (*1) [99,200 - 2,000(경과이자)] - (99,000 + 454) = (-)2,254
    (*2) ① 20×3년 말 누적평가이익: 99,000 - 93,179(= 98,179 - 5,000) = 5,821
        ② 20×3년 말 누적평가이익 5,821 중에서 처분 시점에 발생한 평가손실 2,254
           를 우선상계한다.

(차) 현금   99,200   (대) 미수이자(경과이자)   2,000
        기타포괄손익금융자산   97,200   ⇨   0

(차) 금융자산평가이익   (*)3,567   (대) 금융자산처분이익   3,567
    (*) 5,821 - 2,254 = 3,567

(1) 20×1년 1월 1일, 12월 말 결산법인인 A사는 B사가 발행한 액면금액 ₩100,000의 사채를 ₩93,658에 취득하고 기타포괄손익 – 공정가치 측정 금융자산으로 분류하였다. B사 사채의 만기일은 20×4년 12월 31일이며, 표시이자율은 8%로 매년 12월 31일에 지급한다. B사 사채 취득 시의 유효이자율은 10%이다.

(2) 20×1년 말 현재 B사 사채의 신용위험의 유의적인 증가는 없으며, A사는 12개월 기대신용손실과 전체기간 기대신용손실을 각각 ₩1,000과 ₩3,000으로 추정하였다. 20×1년 말 현재 B사 사채의 공정가치는 ₩96,000이다.

(3) 20×2년 말 표시이자는 정상적으로 수령하였으나, B사 사채의 신용이 손상되어 추정 미래현금흐름은 다음과 같이 감소하였다. 20×2년 말 현재 B사 사채의 공정가치는 ₩59,000이다.

구분	20×3년 말	20×4년 말
액면금액		₩60,000
표시이자	₩5,000	5,000

(4) 20×3년 말 표시이자는 전기 말에 예측한 ₩5,000을 수령하였으나, B사 사채의 신용손상이 일부 회복되어 추정 미래현금흐름은 다음과 같이 증가하였다. 20×3년 말 현재 B사 사채의 공정가치는 ₩81,000이다.

구분	20×4년 말
액면금액	₩80,000
표시이자	6,000

(5) 20×4년 말 표시이자 ₩6,000과 액면금액 ₩80,000을 정상적으로 수령하였으며, 만기일의 B사 사채의 공정가치는 액면금액과 동일한 ₩80,000이다. 10%, 현재가치계수는 다음과 같다.

기간	현가계수	연금현가계수
1	0.9091	0.9091
2	0.8264	1.7355

[요구사항]

1. A사가 B사 사채와 관련하여 포괄손익계산서에 당기손익으로 인식할 이자수익, 손상차손(환입)을 연도별로 계산하시오.

2. A사가 B사 사채와 관련하여 포괄손익계산서에 기타포괄손익으로 인식할 금융자산평가손익과 재무상태표에 보고할 금융자산평가손익누계액을 연도별로 계산하시오.

3. A사가 B사 사채와 관련하여 수행할 회계처리를 일자별로 제시하시오.

4. A사의 부분 포괄손익계산서를 연도별로 작성하시오.

해답　**1. 연도별 손익계산서 효과**

　(1) 연도별 총장부금액과 상각후원가

유효이자	(*1)9,366	(*1)9,502	(*2)5,826	(*2)7,817	
표시이자	8,000	8,000	5,000	6,000	
상각액	1,366	1,502	826	1,817	

	20×1.1.1	20×1.12.31	20×2.12.31	20×3.12.31	20×4.12.31
총장부금액	93,658	95,024	96,526	97,352	99,169
손실충당금		(1,000)	(*4)(38,264)	(*4)(19,169)	(19,169)
상각후원가		94,024	(*3)58,262	(*3)78,183	80,000

　　(*1) 신용이 손상되지 않았으므로 기초 총장부금액에 유효이자율(10%)을 곱하여 유효이자를 계산한다.
　　(*2) 신용이 손상되었으므로 기초 상각후원가에 유효이자율(10%)을 곱하여 유효이자를 계산한다.
　　　　20×3년: 58,262(기초 상각후원가) × 10% = 5,826
　　　　20×4년: 78,183(기초 상각후원가) × 10% = 7,817 (단수차이 조정)
　　(*3) 회수가능액(상각후원가): 추정미래현금흐름의 현재가치(할인율: 최초 유효이자율)
　　　　20×2년 말: 60,000 × 0.8264 + 5,000 × 1.7355 = 58,262
　　　　20×3년 말: (80,000 + 6,000) × 0.9091 = 78,183
　　(*4) 산용이 손상된 이후의 손실충당금(누적손상차손): 총장부금액 − 회수가능액(상각후원가)
　　　　20×2년 말: 96,526 − 58,262 = 38,264
　　　　20×3년 말: 97,352 − 78,183 = 19,169

　(2) 연도별 손익계산서 효과
　　① 연도별 이자수익(유효이자): 9,366(20×1년), 9,502(20×2년), 5,826(20×3년), 7,817(20×4년)
　　② 연도별 손상차손(기대신용손실의 변동액)
　　　　20×1년: 1,000
　　　　20×2년: (*)38,264 − 1,000 = 37,264
　　　　　　(*) **별해** 현금부족액의 현재가치: 40,000 × 0.8264 + 3,000 × 1.7355 = 38,263
　　　　20×3년: 19,169 − 38,264 = (*)(−)19,095(손상차손환입)
　　　　　　(*) **별해** 현금회복액의 현재가치: (20,000 + 1,000) × 0.9091 = 19,091(현가계수 적용 단수차이)

2. 연도별 금융자산평가손익과 금융자산평가손익누계액

　(1) 연도별 금융자산평가손익누계액(재무상태표): 당기 말 공정가치 − 상각후원가
　　　20×1년 말: 96,000 − 94,024 = 1,976
　　　20×2년 말: 59,000 − 58,262 = 738
　　　20×3년 말: 81,000 − 78,183 = 2,817
　　　20×4년 말: 80,000 − 80,000 = 0

　(2) 연도별 금융자산평가손익(포괄손익계산서): 당기 말 평가손익누계액 − 전기 말 평가손익누계액
　　　20×1년: 1,976
　　　20×2년: 738 − 1,976 = (−)1,238
　　　20×3년: 2,817 − 738 = 2,079
　　　20×4년: 0 − 2,817 = (−)2,817

3. 일자별 회계처리

(1) 회계처리[방법 1]

| 20×1.1.1 | (차) FVOCI금융자산 | 93,658 | (대) 현금 | 93,658 | ⇨ | 93,658 |

20×1.12.31	(차) 현금	8,000	(대) 이자수익	9,366		
	FVOCI금융자산	1,366			⇨	95,024
	(차) FVOCI금융자산	(*)976	(대) 금융자산평가이익	976	⇨	96,000

$^{(*)}$ 96,000 − (93,658 + 1,366) = 976

| | (차) 손상차손 | 1,000 | (대) 금융자산평가이익 | 1,000 | | |

20×2.12.31	(차) 현금	8,000	(대) 이자수익	9,502		
	FVOCI금융자산	1,502			⇨	97,502
	(차) 금융자산평가이익	1,976	(대) FVOCI금융자산	(*)38,502		
	금융자산평가손실	36,526			⇨	59,000

$^{(*)}$ 59,000 − (96,000 + 1,502) = (−)38,502

| | (차) 손상차손 | 37,264 | (대) 금융자산평가손실 | 36,526 | | |
| | | | 금융자산평가이익 | 738 | | |

20×3.12.31	(차) 현금	5,000	(대) 이자수익	5,826		
	FVOCI금융자산	826			⇨	59,826
	(차) FVOCI금융자산	(*)21,174	(대) 금융자산평가이익	21,174	⇨	81,000

$^{(*)}$ 81,000 − (59,000 + 826) = 21,174

| | (차) 금융자산평가이익 | 19,095 | (대) 손상차손환입 | 19,095 | | |

20×4.12.31	(차) 현금	6,000	(대) 이자수익	7,817		
	FVOCI금융자산	1,817			⇨	82,817
	(차) 금융자산평가이익	2,817	(대) FVOCI금융자산	(*)2,817	⇨	80,000

$^{(*)}$ 80,000 − (81,000 + 1,817) = (−)2,817

| | (차) 현금 | 80,000 | (대) FVOCI금융자산 | 80,000 | ⇨ | 0 |

(2) 참고 회계처리[방법 2]

※ [방법 1]의 회계처리에서 공정가치 평가와 손상 회계처리를 묶어서 다음과 같이 회계처리 할 수도 있다.

20×1.1.1	(차) FVOCI금융자산	93,658	(대) 현금	93,658	⇨	93,658
20×1.12.31	(차) 현금	8,000	(대) 이자수익	9,366		
	기타포괄손익금융자산	1,366			⇨	95,024
	(차) FVOCI금융자산	(*1)976	(대) 금융자산평가이익	(*2)1,976	⇨	96,000
	손상차손	1,000				

(*1) 96,000 − (93,658 + 1,366) = 976
(*2) 대차차액

20×2.12.31	(차) 현금	8,000	(대) 이자수익	9,502		
	FVOCI금융자산	1,502			⇨	97,502
	(차) 손상차손	37,264	(대) FVOCI금융자산	(*1)38,502	⇨	59,000
	금융자산평가이익	(*2)1,238				

(*1) 59,000 − (96,000 + 1,502) = (−)38,502
(*2) 대차차액

20×3.12.31	(차) 현금	5,000	(대) 이자수익	5,826		
	FVOCI금융자산	826			⇨	59,826
	(차) FVOCI금융자산	(*1)21,174	(대) 손상차손환입	19,095	⇨	81,000
			금융자산평가이익	(*2)2,079		

(*1) 81,000 − (59,000 + 826) = 21,174
(*2) 대차차액

20×4.12.31	(차) 현금	6,000	(대) 이자수익	7,817		
	FVOCI금융자산	1,817			⇨	82,817
	(차) 금융자산평가이익	2,817	(대) FVOCI금융자산	(*)2,817	⇨	80,000

(*) 80,000 − (81,000 + 1,817) = (−)2,817

	(차) 현금	80,000	(대) FVOCI금융자산	80,000	⇨	0

4. 연도별 부분 포괄손익계산서

	20×1년	20×2년	20×3년	20×4년
당기손익				
이자수익	9,366	9,502	5,826	7,817
손상차손(환입)	(1,000)	(37,264)	19,095	–
	8,366	(27,762)	24,921	7,817
기타포괄손익				
금융자산평가이익(손실)	1,976	(1,238)	2,079	(2,817)
	1,976	(1,238)	2,079	(2,817)
포괄손익	10,342	(29,000)	27,000	5,000

제5절 | 금융자산의 재분류(분류변경)

01 일반사항

① 금융자산을 관리하는 사업모형을 변경하는 경우에만 영향받는 모든 금융자산의 분류를 변경(재분류)한다. 금융자산의 재분류는 사업모형을 변경하는 경우에만 가능하므로 지분상품에 대한 투자나 파생상품은 재분류가 불가능하며, 채무상품에 대한 투자만 재분류가 가능하다.

> ⊘ 참고 **사업모형의 변경**
>
> 사업모형의 변경은 외부나 내부의 변화에 따라 기업의 고위 경영진이 결정해야 하고 기업의 영업에 유의적이고 외부 당사자에게 제시할 수 있어야 한다. 따라서 사업모형의 변경은 매우 드물 것으로 예상되며, 사업계열의 취득, 처분, 종결과 같이 영업에 유의적인 활동을 시작하거나 중단하는 경우에만 생길 것이다.

② 금융자산을 재분류하는 경우 재분류일은 금융자산의 재분류를 초래하는 사업모형의 변경 후 첫 번째 보고기간의 첫 번째 날이다. 예를 들어, 보고기간 말이 12월 말인 기업이 20×1년 중에 사업모형을 변경한 경우 금융자산의 재분류일은 20×2년 1월 1일이 되며, 따라서 20×2년 1월 1일에 재분류 회계처리를 한다.

③ 그리고 사업모형의 변경으로 금융자산을 재분류하는 경우 재분류 회계처리는 재분류일부터 전진적으로 적용한다. 따라서 재분류 전에 인식한 손익(손상차손·환입 포함)이나 이자는 다시 작성하지 않는다.

02 당기손익 – 공정가치 측정 범주에서 다른 범주로 재분류하는 경우

(1) 기타포괄손익 – 공정가치 측정 범주로 재분류하는 경우

① 금융자산을 당기손익–공정가치 측정 범주에서 기타포괄손익–공정가치 측정 범주로 재분류하는 경우 계속 공정가치로 측정한다. 따라서 재분류일의 공정가치가 기타포괄손익–공정가치 측정 채무상품의 새로운 총장부금액이 된다. 이때 유효이자율은 재분류일의 금융자산 공정가치에 기초하여 다시 산정하므로 재분류일의 시장이자율이 된다.

② 한편, 당기손익–공정가치 측정 금융자산은 기대신용손실을 인식하지 않지만, 기타포괄손익–공정가치 측정 금융자산은 기대신용손실을 인식해야 한다. 따라서 재분류일의 기대신용손실을 손상차손으로 인식하고, 동 금액을 금융자산평가이익(기타포괄이익)으로 인식한다.

(차) 기타포괄손익금융자산		FV	(대) 당기손익금융자산		FV
(차) 손상차손(당기손익)		×××	(대) 금융자산평가손익(기타포괄이익)		×××

(2) 상각후원가 측정 범주로 재분류하는 경우

① 금융자산을 당기손익 – 공정가치 측정 범주에서 상각후원가 측정 범주로 재분류하는 경우 재분류일의 공정가치가 상각후원가 측정 금융자산의 새로운 총장부금액이 된다. 이때 유효이자율은 재분류일의 금융자산 공정가치에 기초하여 다시 산정하므로 재분류일의 시장이자율이 된다.

② 한편, 당기손익–공정가치 측정 금융자산은 기대신용손실을 인식하지 않지만, 상각후원가 측정 금융자산은 기대신용손실을 인식해야 한다. 따라서 재분류일의 기대신용손실을 각각 손상차손과 손실충당금으로 인식한다.

(차) 상각후원가금융자산		FV	(대) 당기손익금융자산		FV
(차) 손상차손(당기손익)		×××	(대) 손실충당금		×××

예제 10 FVPL금융자산에서 다른 범주로 변경하는 경우

(1) 20×1년 1월 1일, 12월 말 결산법인인 A사는 B사가 발행한 사채(액면금액 ₩100,000)를 ₩93,600에 취득하고 당기손익−공정가치 측정 금융자산으로 분류하였다. B사 사채의 만기일은 20×4년 12월 31일이며, 표시이자율은 8%로 매년 12월 31일에 지급한다. B사 사채 취득 시의 유효이자율은 10%이다.

(2) 20×2년 중 A사는 사업모형을 변경하여 B사 사채를 기타포괄손익−공정가치 측정 금융자산으로 재분류하였다. 20×2년 말 B사 사채의 공정가치는 ₩98,200(시장이자율 9%)이다. 20×2년 말의 공정가치는 20×3년 초의 공정가치와 동일하며, 20×2년 말의 12개월 기대신용손실 추정치는 ₩1,000이다.

(3) 20×3년 말 B사 사채의 공정가치는 ₩98,000이며, 20×3년 말의 12개월 기대신용손실 추정치는 ₩1,500이다.

[요구사항]

1. A사가 B사 사채와 관련하여 20×3년에 수행할 회계처리를 제시하시오.

2. 만일 A사가 B사 사채를 상각후원가 측정 금융자산으로 재분류하였다고 가정할 경우 [요구사항 1]에 답하시오.

해답   **1. FVOCI금융자산으로 분류를 변경하는 경우**

20×3.1.1	(차) FVOCI금융자산	98,200	(대) FVPL금융자산	98,200
	(차) 손상차손	1,000	(대) 금융자산평가이익	1,000
20×3.12.31	(차) 현금	8,000	(대) 이자수익	(*)8,838
	FVOCI금융자산	838		

   (*) 98,200 × 9%(재분류일의 유효이자율) = 8,838

	(차) 금융자산평가이익	1,000	(대) FVOCI금융자산	(*)1,038
	금융자산평가손실	38		

   (*) 98,000 − (98,200 + 838) = (−)1,038

	(차) 손상차손	(*)500	(대) 금융자산평가손실	38
			금융자산평가이익	462

   (*) 1,500 − 1,000 = 500

2. AC금융자산으로 분류를 변경하는 경우

20×3.1.1	(차) AC금융자산	98,200	(대) FVPL금융자산	98,200
	(차) 손상차손	1,000	(대) 손실충당금	1,000
20×3.12.31	(차) 현금	8,000	(대) 이자수익	(*)8,838
	AC금융자산	838		

   (*) 98,200 × 9%(재분류일의 유효이자율) = 8,838

	(차) 손상차손	(*)500	(대) 손실충당금	500

   (*) 1,500 − 1,000 = 500

03 기타포괄손익 – 공정가치 측정 범주에서 다른 범주로 재분류하는 경우

(1) 당기손익 – 공정가치 측정 범주로 재분류하는 경우

금융자산을 기타포괄손익 – 공정가치 측정 범주에서 당기손익 – 공정가치 측정 범주로 재분류하는 경우 계속 공정가치로 측정한다. 이때 재분류 전에 인식한 기타포괄손익누계액(기타자본구성요소에 누적된 평가손익 누적액)은 재분류일에 재분류조정으로 자본에서 당기손익으로 재분류한다.

[당기손익 – FV 측정 금융자산으로 재분류]

(차) 당기손익금융자산 　　　　　　　　　　 FV 　(대) 기타포괄손익금융자산 　　　　　　 FV

[누적평가손익의 재분류조정]

(차) 금융자산평가손익(기타포괄손익) 　　×××　(대) 재분류이익(당기손익) 　　　　　　 ×××

---

(2) 상각후원가 측정 범주로 재분류하는 경우

① 금융자산을 기타포괄손익 – 공정가치 측정 범주에서 상각후원가 측정 범주로 재분류하는 경우 재분류일의 공정가치로 측정한다.

② 그리고 재분류 전에 인식한 기타포괄손익누계액은 자본에서 제거하고 재분류일의 기대신용손실 측정치를 손실충당금으로 인식한 후 나머지 금액은 재분류일의 상각후원가 측정 금융자산의 장부금액(공정가치)에서 조정(상계)한다. 이에 따라 최초인식시점부터 상각후원가로 측정했었던 것처럼 재분류일에 상각후원가 측정 금융자산을 측정하게 된다. 다만, 이러한 조정은 기타포괄손익에 영향을 미치지만 당기손익에는 영향을 미치지 아니하므로 재분류조정에는 해당하지 않는다. 따라서 재분류로 인해 유효이자율과 기대신용손실 측정치는 조정하지 않는다.

[상각후원가 측정 금융자산으로 재분류]

(차) 상각후원가금융자산 　　　　　　　　　 FV 　(대) 기타포괄손익금융자산 　　　　　　 FV

[누적평가손익과 상각후원가금융자산 장부금액 상계]

(차) 금융자산평가손익(기타포괄손익) 　　×××　(대) 손실충당금 　　　　　　　　　　 ×××
　　　　　　　　　　　　　　　　　　　　　　　　　　상각후원가금융자산 　　　　　　 ×××

예제 11 FVOCI금융자산에서 다른 범주로 변경하는 경우

> (1) 20×1년 1월 1일, 12월 말 결산법인인 A사는 B사가 발행한 사채(액면금액 ₩100,000)를 ₩93,600에 취득하고 기타포괄손익 – 공정가치 측정 금융자산으로 분류하였다. B사 사채의 만기일은 20×4년 12월 31일이며, 표시이자율은 8%로 매년 12월 31일에 지급한다. B사 사채 취득 시의 유효이자율은 10%이다.
>
> (2) 20×2년 중 A사는 사업모형을 변경하여 B사 사채를 당기손익 – 공정가치 측정 금융자산으로 재분류하였다. 20×2년 말 B사 사채의 공정가치는 ₩98,200(시장이자율 9%)이며, 총장부금액은 ₩96,500이다. 20×2년 말의 공정가치는 20×3년 초의 공정가치와 동일하며, 20×2년 말의 12개월 기대신용손실 추정치는 ₩1,000이다.
>
> (3) 20×3년 말 B사 사채의 공정가치는 ₩98,000이며, 20×3년 말의 12개월 기대신용손실 추정치는 ₩1,500이다.

[요구사항]

1. A사가 B사 사채와 관련하여 20×3년에 수행할 회계처리를 제시하시오.
2. 만일 A사가 B사 사채를 상각후원가 측정 금융자산으로 재분류하였다고 가정할 경우 [요구사항 1]에 답하시오.

해답   1. FVPL금융자산으로 분류를 변경하는 경우

20×3.1.1	(차) FVPL금융자산	98,200	(대) FVOCI금융자산	98,200
	(차) 금융자산평가이익(기타포괄손익)	(*)2,700	(대) 재분류이익(당기손익)	2,700

(*) 재분류일의 기타포괄손익금융자산 평가이익누계액: 98,200 – (96,500 – 1,000) = 2,700

20×3.12.31	(차) 현금	8,000	(대) 이자수익	8,000
	(차) 금융자산평가손실(당기손익)	200	(대) FVPL금융자산	(*)200

(*) 98,000 – 98,200 = (–)200

2. AC금융자산으로 분류를 변경하는 경우

20×3.1.1	(차) AC금융자산	98,200	(대) FVOCI금융자산	98,200
	(차) 금융자산평가이익(기타포괄손익)	(*1)2,700	(대) 손실충당금	1,000
			상각후원가금융자산	(*2)1,700

(*1) 재분류일의 기타포괄손익금융자산 평가이익누계액: 98,200 – (96,500 – 1,000) = 2,700
(*2) 대차차액

20×3.12.31	(차) 현금	8,000	(대) 이자수익	(*)9,650
	AC금융자산	1,650		

(*) 96,500(= 98,200 – 1,700) × 10% = 9,650

	(차) 손상차손	(*)500	(대) 손실충당금	500

(*) 1,500 – 1,000 = 500

04 상각후원가 측정 범주에서 다른 범주로 재분류하는 경우

(1) 당기손익 - 공정가치 측정 범주로 재분류하는 경우

금융자산을 상각후원가 측정 범주에서 당기손익−공정가치 측정 범주로 재분류하는 경우 재분류일의 공정가치로 측정한다. 금융자산의 재분류 전 상각후원가와 공정가치의 차이에 따른 손익은 당기손익으로 인식한다.

(차) 손실충당금	×××	(대) 상각후원가금융자산	총 BV
당기손익금융자산	FV	금융자산평가이익(당기손익)	×××

(2) 기타포괄손익 - 공정가치 측정 범주로 재분류하는 경우

금융자산을 상각후원가 측정 범주에서 기타포괄손익−공정가치 측정 범주로 재분류하는 경우 재분류일의 공정가치로 측정한다. 금융자산의 재분류 전 상각후원가와 공정가치의 차이에 따른 손익은 기타포괄손익으로 인식한다. 유효이자율과 기대신용손실 측정치는 재분류로 인해 조정되지 않는다.

(차) 손실충당금	×××	(대) 상각후원가금융자산	총 BV
기타포괄손익금융자산	FV	금융자산평가이익(기타포괄손익)	×××

예제 12 AC금융자산에서 다른 범주로 변경하는 경우

(1) 20×1년 1월 1일, 12월 말 결산법인인 A사는 B사가 발행한 사채(액면금액 ₩100,000)를 ₩93,600에 취득하고 상각후원가 측정 금융자산으로 분류하였다. B사 사채의 만기일은 20×4년 12월 31일이며, 표시이자율은 8%로 매년 12월 31일에 지급한다. B사 사채 취득 시의 유효이자율은 10%이다.

(2) 20×2년 중 A사는 사업모형을 변경하여 B사 사채를 당기손익 – 공정가치 측정 금융자산으로 재분류하였다. 20×2년 말 B사 사채의 공정가치는 ₩98,200(시장이자율 9%)이며, 총장부금액은 ₩96,500이다. 20×2년 말의 공정가치는 20×3년 초의 공정가치와 동일하며, 20×2년 말의 12개월 기대신용손실 추정치는 ₩1,000이다.

(3) 20×3년 말 B사 사채의 공정가치는 ₩98,000이며, 20x3년 말의 12개월 기대신용손실 추정치는 ₩1,500이다.

[요구사항]

1. A사가 B사 사채와 관련하여 20×3년에 수행할 회계처리를 제시하시오.

2. 만일 A사가 B사 사채를 기타포괄손익 – 공정가치 측정 금융자산으로 재분류하였다고 가정할 경우 [요구사항 1]에 답하시오.

해답 **1. FVPL금융자산으로 분류를 변경하는 경우**

20×3.1.1	(차) FVPL금융자산		98,200	(대) AC금융자산	96,500
	손실충당금		1,000	금융자산평가이익(당기손익)	2,700
20×3.12.31	(차) 현금		8,000	(대) 이자수익	8,000
	(차) 금융자산평가손실		200	(대) FVPL금융자산	(*)200
	(*) 98,000 – 98,200 = (–)200				

2. FVOCI금융자산으로 분류를 변경하는 경우

20×3.1.1	(차) FVOCI금융자산		98,200	(대) AC금융자산	96,500
	손실충당금		1,000	금융자산평가이익(기타포괄손익)	2,700
20×3.12.31	(차) 현금		8,000	(대) 이자수익	(*)9,650
	FVOCI금융자산		1,650		
	(*) 96,500 × 10% = 9,650				
	(차) 금융자산평가이익		1,850	(대) FVOCI금융자산	(*)1,850
	(*) 98,000 – (98,200 + 1,650) = (–)1,850				
	(차) 손상차손		(*)500	(대) 금융자산평가이익	500
	(*) 1,500 – 1,000 = 500				

제6절 | [보론] 계약상 현금흐름의 변경

1. 제거되지 않는 계약상 현금흐름의 변경

① 금융자산의 계약상 현금흐름이 재협상되거나 변경되었으나 해당 금융자산이 제거되지 아니하는 경우에는 해당 금융자산의 총장부금액을 재계산하고 변경손익(총장부금액의 변동액)을 당기손익으로 인식한다.

② 이때 해당 금융자산의 변경 후 총장부금액은 재협상되거나 변경된 계약상 현금흐름을 해당 금융자산의 최초 유효이자율로 할인한 현재가치로 재계산한다.

변경손익 = (*)변경 후 현재가치 - 변경 전 총장부금액
    (*) 변경된 미래현금흐름의 현재가치(최초의 유효이자율)

[제거되지 않는 계약상 미래현금흐름의 변경]

(차) 금융자산　　　　　　　　　　×××　(대) 변경이익　　　　　　　×××

2. 발생한 원가나 수수료

① 계약상 현금흐름을 재협상 또는 변경할 때 발생한 원가나 수수료는 변경된 금융자산의 장부금액에 반영(가산)하여 해당 금융자산의 남은 존속기간에 상각한다.

② 다만, 발생한 수수료를 금융자산 장부금액에 가산하면 이후 금융자산의 이자수익을 인식하기 위한 유효이자율이 달라지게 된다. 즉, 수수료를 가산한 금융자산 금액과 변경된 미래현금흐름의 현재가치를 일치시키는 이자율을 재계산하고, 이를 유효이자율로 사용하여 이자수익을 인식한다.

[발생한 원가나 수수료]

(차) 금융자산　　　　　　　　　　×××　(대) 현금(원가나 수수료 등)　　　×××

예제 13 | 계약상 현금흐름의 변경 [회계사 22 수정]

20×1년 1월 1일, (주)대한은 (주)민국이 발행한 사채를 발행일에 취득하였으며, 취득 시 상각후원가로 측정하는 금융자산(이하 'AC금융자산')으로 분류하였다.

(1) (주)대한이 취득한 사채와 관련된 조건은 다음과 같다.

- ○ 액면금액: ₩500,000
- ○ 표시이자율: 연 6%(매년 말 지급)
- ○ 유효이자율: 연 8%
- ○ 만기일: 20×3년 12월 31일

(2) 20×2년 12월 31일 (주)대한과 (주)민국은 다음과 같은 조건으로 재협상하여 계약상 현금흐름을 변경하였으며, 변경시점의 현행시장이자율은 연 10%이다. (주)대한은 재협상을 통한 계약상 현금흐름의 변경이 금융자산의 제거조건을 충족하지 않는 것으로 판단하였다.

- ○ 만기일을 20×4년 12월 31일로 연장
- ○ 표시이자율을 연 4%로 인하

(3) 기간별 현재가치계수는 다음과 같으며, 계산 결과는 소수점 첫째자리에서 반올림한다.

기간	단일금액 ₩1의 현재가치			정상연금 ₩1의 현재가치		
	6%	8%	10%	6%	8%	10%
1년	0.9434	0.9259	0.9091	0.9434	0.9259	0.9091
2년	0.8900	0.8573	0.8264	1.8334	1.7832	1.7355
3년	0.8396	0.7938	0.7513	2.6730	2.5770	2.4868

[요구사항]

1. (주)대한이 AC금융자산과 관련하여 20×2년과 20×3년 포괄손익계산서에 인식할 다음의 금액을 각각 계산하시오.
   (1) 20×2년 12월 31일 변경손익
   (2) 20×3년 이자수익

2. (주)대한이 AC금융자산의 취득일부터 20×3년 말까지 수행할 회계처리를 일자별로 제시하시오.

해답   1. 20×2년 말 변경손익과 20×3년 이자수익

    (1) 거래의 분석

        ① 금융자산의 계약상 미래현금흐름이 변경되었으나, 해당 금융자산이 제거되지는 않는 경우에는 미래현금흐름의 변동을 반영하여 변경 후 총장부금액을 재계산하고, 장부금액의 변동은 당기손익(변경손익)으로 인식한다.

        ② 이때 해당 금융자산의 변경 후 총장부금액은 변경된 계약상 현금흐름을 최초의 유효이자율로 할인한 현재가치로 재계산한다.

        참고 실질적 변경에 해당하지 않는 경우의 금융부채의 조건변경 회계처리와 동일하다고 생각하면 된다.

    (2) 20×2년 말 변경손익

        ① 조건변경 전 총장부금액

          ㉠ 20×1.1.1 최초원가: 500,000 × 0.7938 + 30,000(= 500,000 × 6%) × 2.5770 = 474,210

          ㉡ 20×1.12.31 총장부금액: 474,210 × 1.08 - 30,000 = 482,147

          ㉢ 20×2.12.31 총장부금액: 482,147 × 1.08 - 30,000 = 490,719

        ② 조건변경 후 총장부금액(할인율 8%)

          500,000 × 0.8573 + 20,000(= 500,000 × 4%) × 1.7832 = 464,314

        ③ 20×2.12.31 조건변경이익(손실)

          464,314 - 490,719 = (-)26,405 손실

    (3) 20×3년 이자수익

        464,314(조건변경 후 총장부금액) × 8% = 37,145

2. 일자별 회계처리

20×1.1.1	(차) AC금융자산	474,210	(대) 현금	474,210	⇨ 474,210
20×1.12.31	(차) 현금	30,000	(대) 이자수익	$^{(*)}$37,937	
	AC금융자산	7,937			⇨ 482,147
	$^{(*)}$ 474,210 × 8% = 37,937				
20×2.12.31	(차) 현금	30,000	(대) 이자수익	$^{(*)}$38,572	
	AC금융자산	8,572			⇨ 490,719
	$^{(*)}$ 482,147 × 8% = 38,572				
	(차) 변경손실	26,405	(대) AC금융자산	26,405	⇨ 464,314
20×3.12.31	(차) 현금	20,000	(대) 이자수익	37,145	
	AC금융자산	17,145			⇨ 481,459

3. **참고** 수수료 발생 시

    ① 금융자산 제거요건을 충족하지 않는 경우, 계약상 현금흐름 변경 시 발생한 수수료는 변경된 금융자산의 장부금액에 반영(가산)하고 해당 금융자산의 남은 존속기간에 상각한다.

    ② 예를 들어, 조건변경시 수수료가 2,000 발생하였다고 가정할 경우, 조건변경일의 회계처리는 다음과 같다.

20×2.12.31	(차) 변경손실	26,405	(대) AC금융자산	26,405
	(차) AC금융자산	2,000	(대) 현금(수수료)	2,000

    ③ 다만, 발생한 수수료를 금융자산 장부금액에 가산하면 이후 금융자산의 이자수익을 인식하기 위한 유효이자율이 달라지게 된다. 즉, 수수료를 가산한 금융자산 금액과 변경된 미래현금흐름의 현재가치를 일치시키는 이자율을 재계산하고, 이를 유효이자율로 사용하여 이자수익을 인식한다.

개념정리 OX문제

01 계약상 현금흐름을 수취하기 위해 보유하는 것이 목적인 사업모형하에서 금융자산을 보유하고, 금융자산의 계약 조건에 따라 특정일에 원리금 지급만으로 구성되어 있는 현금흐름이 발생하는 경우에는 금융자산을 상각후원가로 측정한다. (O, X)

02 계약상 현금흐름의 수취와 금융자산의 매도 둘 다를 통해 목적을 이루는 사업모형하에서 금융자산을 보유하고, 배당과 시세차익으로 구성되어 있는 현금흐름이 발생하는 경우에는 금융자산을 기타포괄손익−공정가치로 측정한다. (O, X)

03 당기손익−공정가치로 측정되는 지분상품에 대한 특정 투자의 후속적인 공정가치 변동은 최초인식시점이라도 기타포괄손익으로 표시하는 것을 선택할 수 없다. (O, X)

04 당기손익−공정가치 측정 지분상품은 최초인식시점의 해당 지분상품의 공정가치로 인식하고, 취득과 직접 관련된 거래원가는 발생 시점의 당기비용으로 처리한다. (O, X)

05 기타포괄손익−공정가치 측정 지분상품은 보고기간 말의 공정가치로 평가하고, 공정가치와 장부금액의 차액은 포괄손익계산서에 기타포괄손익으로 인식한다. 기타포괄손익으로 인식한 금융자산평가손익은 재무상태표의 자본항목에 누적되며, 추후 지분상품의 처분 시에 당기손익(처분손익)으로 대체한다. (O, X)

06 상각후원가 측정 금융자산은 만기까지 보유하면서 원금과 이자만을 수취할 목적으로 보유하므로 보유기간 동안의 공정가치 변동을 인식하지 않고 원가로 평가한다. (O, X)

정답 및 해설

01 O

02 X 계약상 현금흐름의 수취와 금융자산의 매도 둘 다를 통해 목적을 이루는 사업모형하에서 금융자산을 보유하고 금융자산의 계약 조건에 따라 특정일에 원리금 지급만으로 구성되어 있는 현금흐름이 발생하는 경우에는 금융자산을 기타포괄손익-공정가치로 측정한다.

03 X 지분상품은 최초인식시점에 후속적인 공정가치 변동을 기타포괄손익으로 표시하기로 선택할 수 있다. 다만, 이러한 선택은 최초인식시점에만 가능하며, 이후에 취소할 수 없다.

04 O

05 X 재무상태표의 기타자본구성요소에 누적된 FVOCI지분상품의 평가손익은 후속적으로 당기손익으로 이전되지 않는다. 다만, 자본 내에서 누적손익을 이전할 수는 있다(금융자산의 처분시점에 이익잉여금으로 직접 대체할 수 있다는 의미이다).

06 O

07 취득한 채무상품을 상각후원가 측정 금융자산과 기타포괄손익-공정가치 측정 채무상 (O, X)
품 중 어느 것으로 분류하더라도 보유기간 동안(처분시점 포함)의 당기손익에 미치는
영향은 동일해야 한다. 이에 따라 기타포괄손익-공정가치 측정 채무상품의 경우에도
(상각후원가 측정 채무상품과 동일하게) 유효이자율법을 적용한 유효이자를 이자수익
으로 인식한다.

08 기타포괄손익-공정가치 측정 채무상품은 보고기간 말의 공정가치로 평가하고, 공정 (O, X)
가치와 장부금액의 차액은 포괄손익계산서에 기타포괄손익으로 인식한다. 기타포괄손
익으로 인식한 금융자산평가손익은 재무상태표의 자본항목에 누적되며, 추후 채무상
품의 처분 시에 당기손익(처분손익)으로 대체한다.

09 금융자산의 손상은 금융자산에서 예상되는 신용손실을 조기에 당기비용으로 인식하는 (O, X)
회계처리를 말한다. 다만, 금융자산 중 지분상품의 경우에는 신용손실의 위험이 없으
므로 손상 회계처리의 대상이 아니다.

10 신용손실은 계약에 따라 지급받기로 한 모든 계약상 현금흐름과 수취할 것으로 예상하 (O, X)
는 모든 계약상 현금흐름의 차이(모든 현금 부족액)를 보고기간 말의 유효이자율로 할
인한 금액을 말한다.

11 최초인식 후에 금융상품의 신용위험이 유의적으로 증가하지 아니한 경우에는 보고기 (O, X)
간 말에 12개월 기대신용손실에 해당하는 금액으로 손실충당금을 측정한다.

12 금융자산의 재분류(분류변경)는 사업모형을 변경하는 경우에만 가능하므로 지분상품 (O, X)
에 대한 투자나 파생상품은 재분류가 불가능하며, 채무상품에 대한 투자만 재분류가
가능하다.

13 금융자산을 재분류(분류변경)하는 경우 재분류일은 금융자산의 사업모형의 변경이 속 (O, X)
하는 보고기간 말이다.

정답 및 해설

07 O

08 O

09 O

10 X 신용손실은 계약에 따라 지급받기로 한 모든 계약상 현금흐름과 수취할 것으로 예상하는 모든 계약상 현금흐름의
차이(모든 현금 부족액)를 최초 유효이자율로 할인한 금액을 말한다.

11 O

12 O

13 X 금융자산을 재분류하는 경우 재분류일은 금융자산의 재분류를 초래하는 사업모형의 변경 후 첫 번째 보고기간의
첫 번째 날이다.

제13장

객관식 연습문제

FVPL 지분상품 vs FVOCI 지분상품

01 (주)한국은 20×3년 10월 7일 상장회사인 (주)대한의 보통주식을 ₩3,000,000에 취득하고, 취득에 따른 거래비용 ₩30,000을 지급하였다. 20×3년 말 (주)대한의 보통주식 공정가치는 ₩3,500,000이었다. (주)한국은 20×4년 1월 20일 (주)대한의 보통주식을 ₩3,400,000에 매도하였으며, 매도와 관련하여 부대비용 ₩50,000을 지급하였다. (주)대한의 보통주식을 당기손익 - 공정가치 측정 금융자산(FVPL) 혹은 기타포괄손익 - 공정가치 측정 금융자산(FVOCI)으로 분류한 경우, (주)한국의 회계처리에 관한 설명으로 옳은 것은? [세무사 16 수정]

① 당기손익－공정가치 측정 금융자산으로 분류한 경우나 기타포괄손익－공정가치 측정 금융자산으로 분류한 경우 취득원가는 동일하다.
② 기타포괄손익－공정가치 측정 금융자산으로 분류한 경우나 당기손익－공정가치 측정 금융자산으로 분류한 경우 20×3년 말 공정가치 변화가 당기손익에 미치는 영향은 동일하다.
③ 당기손익－공정가치 측정 금융자산으로 분류한 경우 20×4년 금융자산처분손실은 ₩200,000이다.
④ 당기손익－공정가치 측정 금융자산으로 분류한 경우나 기타포괄손익－공정가치 측정 금융자산으로 분류한 경우 20×3년 총포괄이익에 미치는 영향은 동일하다.
⑤ 기타포괄손익－공정가치 측정 금융자산으로 분류한 경우 20×4년 금융자산처분이익은 ₩320,000이다.

FVOCI 지분상품

02 (주)세무는 대한의 주식 A를 취득하고, 이를 기타포괄손익 - 공정가치 측정 금융자산으로 '선택'(이하 "FVOCI") 지정분류 하였다. 동 주식 A의 거래와 관련된 자료가 다음과 같고, 다른 거래가 없을 경우 설명으로 옳은 것은? (단, 동 FVOCI 취득과 처분은 공정가치로 한다) [세무사 20]

구분	20×1년 기중	20×1년 기말	20×2년 기말	20×3년 기중
회계처리	취득	후속평가	후속평가	처분
공정가치	₩100,000	₩110,000	₩98,000	₩99,000
거래원가	500	-	-	200

① 20×1년 기중 FVOCI 취득원가는 ₩100,000이다.
② 20×1년 기말 FVOCI 평가이익은 ₩10,000이다.
③ 20×2년 기말 FVOCI 평가손실이 ₩3,000 발생된다.
④ 20×3년 처분 직전 FVOCI 평가손실 잔액은 ₩2,000이다.
⑤ 20×3년 처분 시 당기손실 ₩200이 발생된다.

03 (주)대한은 20×1년 1월 1일 (주)민국이 동 일자에 발행한 액면금액 ₩1,000,000, 표시이자율 연 10% (이자는 매년 말 지급)의 3년 만기의 사채를 ₩951,963에 취득하였다. 동 사채의 취득 시 유효이자율은 연 12%이었으며, (주)대한은 동 사채를 상각후원가로 측정하는 금융자산으로 분류하였다. 20×1년 말 사채의 신용위험은 유의적으로 증가하지 않았으며 (주)대한은 사채의 12개월 기대신용손실과 전체기간 기대신용손실을 각각 ₩3,000과 ₩5,000으로 추정하였다. (주)대한은 20×2년 7월 31일에 보유하고 있던 사채를 경과이자를 포함하여 ₩980,000에 전부 처분하였다. 동 사채 관련 회계처리가 (주)대한의 20×2년도 당기순이익에 미치는 영향은? (단, 단수차이로 인한 오차가 있으면 가장 근사치를 선택한다)

① ₩16,801 증가   ② ₩17,842 감소

③ ₩7,877 증가   ④ ₩31,508 감소

⑤ ₩51,310 증가

04 (주)세무는 20×1년 1월 1일에 (주)한국이 발행한 채권을 ₩927,910에 취득하였다. 동 채권의 액면금액은 ₩1,000,000, 표시이자율은 연 10%(매년 말 지급)이며, 취득 당시 유효이자율은 연 12%이었다. 20×1년 말 동 채권의 이자수취 후 공정가치는 ₩990,000이며, (주)세무는 20×2년 3월 31일에 발생이자를 포함하여 ₩1,020,000에 동 채권을 처분하였다. (주)세무의 동 채권과 관련된 회계처리에 관한 설명으로 옳지 않은 것은? (단, 채권 취득과 직접 관련된 거래원가는 없다) [세무사 16 수정]

① 당기손익-공정가치 측정 금융자산으로 분류한 경우나 기타포괄손익-공정가치 측정 금융자산으로 분류한 경우, 20×1년 말 재무상태표상에 표시되는 금융자산은 ₩990,000으로 동일하다.

② 당기손익-공정가치 측정 금융자산으로 분류한 경우, 20×1년 당기순이익은 ₩162,090 증가한다.

③ 당기손익-공정가치 측정 금융자산으로 분류한 경우나 기타포괄손익-공정가치 측정 금융자산으로 분류한 경우, 20×1년 총포괄손익금액에 미치는 영향은 동일하다.

④ 당기손익-공정가치 측정 금융자산으로 분류한 경우, 20×2년 당기순이익은 ₩30,000 증가한다.

⑤ 기타포괄손익-공정가치 측정 금융자산으로 분류한 경우, 20×2년 당기순이익은 ₩75,741 증가한다.

05 (주)대한은 (주)민국이 다음과 같이 발행한 사채를 20×1년 1월 1일에 취득하고 상각후원가로 측정하는 금융자산으로 분류하였다.

○ 발행일: 20×1년 1월 1일
○ 액면금액: ₩1,000,000
○ 이자지급: 연 8%를 매년 12월 31일에 지급
○ 만기일: 20×3년 12월 31일(일시상환)
○ 사채발행시점의 유효이자율: 연 10%

20×1년 말 위 금융자산의 이자는 정상적으로 수취하였으나, (주)민국의 신용이 손상되어 (주)대한은 향후 이자는 수령하지 못하며 만기일에 액면금액만 수취할 것으로 추정하였다. 20×1년도 (주)대한이 동 금융자산의 손상차손으로 인식할 금액(A)과 손상차손 인식 후 20×2년도에 이자수익으로 인식할 금액 (B)은 각각 얼마인가? (단, 20×1년 말 현재 시장이자율은 연 12%이며, 단수차이로 인해 오차가 있다면 가장 근사치를 선택한다) [회계사 18]

기간	단일금액 ₩1의 현재가치		정상연금 ₩1의 현재가치	
	10%	12%	10%	12%
1년	0.9091	0.8928	0.9091	0.8928
2년	0.8264	0.7972	1.7355	1.6900
3년	0.7513	0.7118	2.4868	2.4018

	20×1년도 손상차손(A)	20×2년도 이자수익(B)
①	₩168,068	₩82,640
②	₩168,068	₩95,664
③	₩138,868	₩82,640
④	₩138,868	₩95,664
⑤	₩138,868	₩115,832

06 (주)세무는 (주)대한이 다음과 같이 발행한 만기 4년인 회사채를 20×1년 1월 1일에 취득하고 상각후원가 측정 금융자산으로 분류하였다.

○ 발행일: 20×1년 1월 1일
○ 액면금액: ₩1,000,000
○ 이자지급: 액면금액의 4%를 매년 말에 후급
○ 만기 및 상환방법: 20×4년 12월 31일에 전액 일시 상환
○ 사채발행시점의 유효이자율: 8%

(주)세무는 20×1년 말에 상각후원가 측정 금융자산의 신용위험이 유의하게 증가하였다고 판단하고 전체 기간 기대신용손실을 ₩50,000으로 추정하였다. 20×2년 말에 이자는 정상적으로 수취하였으나 상각후 원가 측정 금융자산의 신용이 손상되었다고 판단하였다. 20×2년 말 현재 채무불이행 발생확률을 고려하 여 향후 이자는 받을 수 없으며, 만기일에 수취할 원금의 현금흐름을 ₩700,000으로 추정하였다. 상각 후원가 측정 금융자산 관련 회계처리가 (주)세무의 20×1년도와 20×2년도의 당기순이익에 미치는 영향 으로 옳은 것은? (단, 20×1년 말과 20×2년 말의 시장이자율은 각각 10%와 12%이며, 회사채 취득 시 손상은 없다) [세무사 19]

기간	단일금액 ₩1의 현재가치			정상연금 ₩1의 현재가치		
	8%	10%	12%	8%	10%	12%
1년	0.9259	0.9091	0.8929	0.9259	0.9091	0.8929
2년	0.8573	0.8264	0.7972	1.7833	1.7355	1.6901
3년	0.7938	0.7513	0.7118	2.5771	2.4869	2.4018
4년	0.7350	0.6830	0.6355	3.3121	3.1699	3.0373

	20×1년	20×2년
①	₩19,399 증가	₩206,773 감소
②	₩19,399 증가	₩216,913 감소
③	₩19,399 증가	₩248,843 감소
④	₩31,834 증가	₩206,773 감소
⑤	₩31,834 증가	₩248,843 감소

07 20×1년 1월 1일, A사는 B사가 발행한 액면금액 ₩100,000의 사채를 ₩93,658에 취득하고 기타포괄손익 – 공정가치 측정 금융자산으로 분류하였다. B사 사채의 만기일은 20×4년 12월 31일이며, 표시이자율은 8%로 매년 12월 31일에 지급한다. B사 사채 취득 시의 유효이자율은 10%이다. 20×1년 말 현재 B사 사채의 신용위험의 유의적인 증가는 없으며, A사는 12개월 기대신용손실과 전체기간 기대신용손실을 각각 ₩1,000과 ₩3,000으로 추정하였다. 20×1년 말 현재 B사 사채의 공정가치는 ₩96,000이다. 20×2년 말 현재 B사 사채의 신용위험이 유의적으로 증가하였으며, A사는 12개월 기대신용손실과 전체기간 기대신용손실을 각각 ₩2,400과 ₩4,000으로 추정하였다. 20×2년 말 현재 B사 사채의 공정가치는 ₩88,000이다. A사가 B사 사채와 관련하여 20×2년 포괄손익계산서에 기타포괄손익으로 인식할 금융자산평가손익과 20×2년 말 재무상태표에 보고할 금융자산평가손익누계액은 각각 얼마인가?

	금융자산평가손익	금융자산평가손익누계액
①	₩1,976	₩1,976
②	₩1,976	(−)₩4,526
③	(−)₩6,502	(−)₩4,526
④	(−)₩6,502	(−)₩9,502
⑤	(−)₩8,526	(−)₩9,502

08 (주)대한은 20×1년 1월 1일에 (주)민국이 발행한 사채(액면금액 ₩1,000,000, 만기 3년, 표시이자율 연 6%(매년 12월 31일에 이자지급), 만기 일시상환, 사채발행시점의 유효이자율 연 10%)를 ₩900,508에 취득(취득 시 신용이 손상되어 있지 않음)하여 기타포괄손익 - 공정가치로 측정하는 금융자산(FVOCI 금융자산)으로 분류하였다. 20×1년 말과 20×2년 말 동 금융자산의 공정가치는 각각 ₩912,540과 ₩935,478이며, 손상이 발생하였다는 객관적인 증거는 없다. 한편 (주)대한은 20×3년 1월 1일에 동 금융자산 전부를 ₩950,000에 처분하였다. (주)대한의 동 금융자산이 20×2년도 포괄손익계산서의 기타포괄이익과 20×3년도 포괄손익계산서의 당기순이익에 미치는 영향은 각각 얼마인가? (단, 단수차이로 인해 오차가 있다면 가장 근사치를 선택한다) [회계사 20]

	20×2년도 기타포괄이익에 미치는 영향	20×3년도 당기순이익에 미치는 영향
①	₩10,118 감소	₩13,615 감소
②	₩10,118 감소	₩14,522 증가
③	₩18,019 감소	₩13,615 감소
④	₩18,019 감소	₩14,522 증가
⑤	₩18,019 감소	₩49,492 증가

FVOCI 채무상품 - 손상차손, 평가손익

09 (주)대한은 (주)민국이 다음과 같이 발행한 사채를 20×1년 1월 1일에 발행가액으로 현금취득(취득 시 신용이 손상되어 있지 않음)하고, 기타포괄손익 - 공정가치로 측정하는 금융자산(FVOCI금융자산)으로 분류하였다.

> ○ 사채발행일: 20×1년 1월 1일
> ○ 액면금액: ₩1,000,000
> ○ 만기일: 20×3년 12월 31일(일시상환)
> ○ 표시이자율: 연 10%(매년 12월 31일에 지급)
> ○ 사채발행시점의 유효이자율: 연 12%

20×1년 말 (주)대한은 동 금융자산의 이자를 정상적으로 수취하였으나, (주)민국의 신용이 손상되어 만기일에 원금은 회수가능하지만 20×2년부터는 연 6%(표시이자율)의 이자만 매년 말 수령할 것으로 추정하였다. 20×1년 말 현재 동 금융자산의 공정가치가 ₩800,000인 경우, (주)대한의 20×1년도 포괄손익계산서의 당기순이익과 기타포괄이익에 미치는 영향은 각각 얼마인가? (단, 단수차이로 인해 오차가 있다면 가장 근사치를 선택한다) [회계사 20]

기간\할인율	단일금액 ₩1의 현재가치			정상연금 ₩1의 현재가치		
	6%	10%	12%	6%	10%	12%
1년	0.9434	0.9091	0.8929	0.9434	0.9091	0.8929
2년	0.8900	0.8264	0.7972	1.8334	1.7355	1.6901
3년	0.8396	0.7513	0.7118	2.6730	2.4868	2.4019

	당기순이익에 미치는 영향	기타포괄이익에 미치는 영향
①	₩67,623 감소	₩14,239 감소
②	₩67,623 감소	₩98,606 감소
③	₩67,623 감소	₩166,229 감소
④	₩46,616 증가	₩98,606 감소
⑤	₩46,616 증가	₩166,229 감소

재분류(분류변경)

10 금융자산의 재분류 시 회계처리에 관한 설명으로 옳지 않은 것은? [세무사 18]

① 상각후원가 측정 금융자산을 당기손익－공정가치 측정 금융자산으로 재분류할 경우 재분류일의 공정가치로 측정하고, 재분류 전 상각후원가와 공정가치의 차이를 당기손익으로 인식한다.

② 상각후원가 측정 금융자산을 기타포괄손익－공정가치 측정 금융자산으로 재분류할 경우 재분류일의 공정가치로 측정하고, 재분류 전 상각후원가와 공정가치의 차이를 기타포괄손익으로 인식하며, 재분류에 따라 유효이자율과 기대신용손실 측정치는 조정하지 않는다.

③ 기타포괄손익－공정가치 측정 금융자산을 당기손익－공정가치 측정 금융자산으로 재분류할 경우 계속 공정가치로 측정하고, 재분류 전에 인식한 기타포괄손익누계액은 재분류일에 이익잉여금으로 대체한다.

④ 기타포괄손익－공정가치 측정 금융자산을 상각후원가 측정 금융자산으로 재분류할 경우 재분류일의 공정가치로 측정하고, 재분류 전에 인식한 기타포괄손익누계액은 자본에서 제거하고 재분류일의 금융자산의 공정가치에서 조정하며, 재분류에 따라 유효이자율과 기대신용손실 측정치는 조정하지 않는다.

⑤ 당기손익－공정가치 측정 금융자산을 기타포괄손익－공정가치 측정 금융자산으로 재분류할 경우 계속 공정가치로 측정하고, 재분류일의 공정가치에 기초하여 유효이자율을 다시 계산한다.

재분류(분류변경): AC ⇨ FVPL

11 (주)대한은 (주)민국이 20×1년 1월 1일에 발행한 액면금액 ₩50,000(만기 5년(일시상환), 표시이자율 연 10%, 매년 말 이자지급)인 사채를 동일자에 액면금액으로 취득하고, 상각후원가로 측정하는 금융자산(AC금융자산)으로 분류하여 회계처리하였다. 그러나 (주)대한은 20×2년 중 사업모형의 변경으로 동 사채를 당기손익-공정가치로 측정하는 금융자산(FVPL금융자산)으로 재분류하였다. 20×2년 말 현재 동 사채와 관련하여 인식한 손실충당금은 ₩3,000이다. 동 사채의 20×3년 초와 20×3년 말의 공정가치는 각각 ₩45,000과 ₩46,000이다. 동 사채가 (주)대한의 20×3년 포괄손익계산서상 당기순이익에 미치는 영향은 얼마인가? (단, 동 사채의 20×3년 말 공정가치는 이자수령 후 금액이다) [회계사 21]

① ₩2,000 감소   ② ₩1,000 감소

③ ₩4,000 증가   ④ ₩5,000 증가

⑤ ₩6,000 증가

정답

01 ④　02 ⑤　03 ①　04 ⑤　05 ③　06 ①　07 ③　08 ①　09 ④　10 ③　11 ③

해설

01 ④　**(1) 금융자산 취득원가**
　① FVPL 분류 시: 3,000,000 (거래원가 30,000: 당기비용 인식)
　② FVOCI 분류 시: 3,000,000 + 30,000 = 3,030,000

(2) 20×3년 공정가치평가손익
　① FVPL 평가이익: 3,500,000 - 3,000,000 = 500,000 ⇨ 당기손익 인식
　② FVOCI 평가이익: 3,500,000 - 3,030,000 = 470,000 ⇨ 기타포괄손익 인식

(3) FVPL 처분이익(손실)
　3,400,000 - 3,500,000 - 50,000 = (-)150,000 처분손실

(4) 20×3년 총포괄손익 효과
　① FVPL과 FVOCI는 모두 공정가치로 측정하므로 총포괄손익에 미치는 영향은 동일하다.
　② 20×3년 총포괄이익

	FVPL	FVOCI
당기손익		
거래원가	(30,000)	-
평가이익	500,000	-
기타포괄손익		
평가이익	-	470,000
총포괄이익	470,000	470,000

(5) FVOCI 처분손실(거래원가): (-)50,000 처분손실

02 ⑤　**(1) FVOCI 취득원가**
　100,000 + 500 = 100,500

(2) 20×1년 말 FVOCI 당기평가이익(손실)
　110,000 - 100,500 = 9,500 평가이익

(3) 20×2년 FVOCI 당기평가이익(손실)
　98,000 - 110,000 = (-)12,000 평가손실

(4) 20×3년 처분 직전 FVOCI 누적평가손실 잔액
　99,000 - 100,500 = (-)1,500

(5) 20×3년 처분 시 당기손실(처분손익)
　처분손실 200(거래원가)

03 ① **(1) 20×2.7.31 상각후원가**

20×1.12.31 총장부금액	951,963 × 1.12 − 100,000 =	966,199
20×2.1.1~7.31 유효이자	966,199 × 12% × 7/12 =	67,634
20×2.1.1~7.31 표시이자	1,000,000 × 10% × 7/12 =	(58,333) (경과이자)
20×2.7.31 총장부금액		975,500
기대신용손실		(3,000)
20×2.7.31 상각후원가		972,500

(2) 20×2.7.31 처분이익(손실)

사채 처분가액	980,000 − 58,333(경과이자) =	921,667
장부금액(상각후원가)		(972,500)
처분이익(손실)		(50,833) 처분손실

(3) 20×2년 당기순이익 영향

67,634(이자수익) − 50,833(처분손실) = 16,801 증가

04 ⑤ **(1) 20×1년 말 재무상태표상 장부금액**

당기손익 - 공정가치 측정 금융자산(FVPL)과 기타포괄손익 - 공정가치 측정 금융자산(FVOCI)은 모두 공정가치로 측정하므로 20×1년 말 재무상태표에 표시되는 장부금액은 ₩990,000으로 동일하다.

(2) FVPL 분류 시 20×1년 당기손익 효과

이자수익	1,000,000 × 10% =	100,000
평가이익	990,000 − 927,910 =	62,090
당기손익		162,090 증가

(3) 20×1년 총포괄손익 효과

① FVPL과 FVOCI는 모두 공정가치로 측정하므로 총포괄손익에 미치는 영향은 동일하다.

② 20×1년 총포괄이익 효과

	FVPL	FVOCI
당기손익		
이자수익	100,000	[*1]111,349
평가이익	62,090	−
기타포괄손익		
평가이익	−	[*2]50,741
총포괄이익	162,090	162,090

[*1] 927,910 × 12% = 111,349

[*2] 990,000 − 939,259(= 927,910 × 1.12 − 100,000) = 50,741

(4) FVPL 분류 시 20×2년 당기손익 효과

이자수익	1,000,000 × 10% × 3/12 =	25,000 (경과이자)
처분이익	[*]995,000 − 990,000 =	5,000
당기손익		30,000 증가

[*] 1,020,000 − 25,000(경과이자) = 995,000

(5)FVOCI 분류 시 20×2년 당기손익 효과

이자수익	939,259 × 12% × 3/12 =	28,178
처분이익	^(*1)995,000 − ^(*2)942,437 =	52,563
당기손익		80,741 증가

^(*1) 1,020,000 − 25,000(경과이자) = 995,000
^(*2) 939,259 + 28,178 − 25,000 = 942,437

05 ③ **(1) 20×1.1.1 취득원가**
1,000,000 × 0.7513 + 80,000 × 2.4868 = 950,244

(2)20×1년 손상차손(A)

20×1년 말 총장부금액	950,244 × 1.1 − 80,000 =	965,268
20×1년 말 회수가능액	1,000,000 × 0.8264 =	(826,400)
20×1년 손상차손		138,868

별해 현금부족액의 현재가치: 80,000 × 1.7355 = 138,840(현가계수 적용 단수차이)

(3)20×2년 이자수익(B)
^(*) 826,400 × 10% = 82,640
^(*) 20×1년 말 상각후원가(회수가능액)

06 ① **(1) AC금융자산 취득원가**
1,000,000 × 0.7350 + 40,000 × 3.3121 = 867,484

(2)연도별 당기순이익 효과

	20×1년	20×2년
이자수익	^(*1)69,399	^(*2)71,751
손상차손	(50,000)	^(*3)(278,522)
당기순이익 효과	19,399	(206,771)

^(*1) 867,484 × 8% = 69,399
^(*2) (867,484 × 1.08 − 40,000) × 8% = 71,751
^(*3) ① 20×2년 말 기대신용손실: 40,000 × 1.7833 + 300,000 × 0.8573 = 328,522
② 20×2년 손상차손: 328,522 − 50,000 = 278,522

07 ③ **(1) 연도별 총장부금액과 상각후원가**

일자		총장부금액	손실충당금	상각후원가
20×1년 초		93,658		
20×1년 말	93,658 × 1.1 − 8,000 =	95,024	(1,000)	94,024
20×2년 말	95,024 × 1.1 − 8,000 =	96,526	(4,000)	92,526

(2)금융자산평가손익누계액(재무상태표)
당기 말 공정가치 − 상각후원가
20×1년 말: 96,000 − 94,024 = 1,976
20×2년 말: 88,000 − 92,526 = (−)4,526

(3)금융자산평가손익(포괄손익계산서)
당기 말 평가손익누계액 − 전기 말 평가손익누계액
20×2년: (−)4,526 − 1,976 = (−)6,502

08 ① **(1) 20×2년 기타포괄손익 영향**

　① 연도별 상각후원가

　　㉠ 20×1년 말: 900,508 × 1.1 - 60,000 = 930,559

　　㉡ 20×2년 말: 930,559 × 1.1 - 60,000 = 963,615

　② 연도별 누적평가손익(BS): 당기 말 FV - 상각후원가

　　㉠ 20×1년 말: 912,540 - 930,559 = (-)18,019

　　㉡ 20×2년 말: 935,478 - 963,615 = (-)28,137

　③ 20×2년 당기평가손익(PL): (-)28,137 - (-)18,019 = (-)10,118 평가손실

　④ 20×2년 기타포괄손익 영향(평가손익): 10,118 감소

(2) 20×3년 당기순이익 영향

　① 20×3년 초 금융자산처분이익(손실): 950,000(처분가액) - 963,615(상각후원가) = (-)13,615 처분손실

　② 20×3년 당기손익 영향(처분손익): 13,615 감소

09 ④ **(1) 20×1.1.1 취득원가**

　1,000,000 × 0.7118 + 100,000 × 2.4019 = 951,990

(2) 20×1년 당기순이익 영향

　① 20×1년 이자수익: 951,990 × 12% = 114,239

　② 20×1년 손상차손

　　㉠ 20×1년 말 총장부금액: 951,990 × 1.12 - 100,000 = 966,229

　　㉡ 20×1년 말 상각후원가: 1,000,000 × 0.7972 + 60,000 × 1.6901 = 898,606

　　㉢ 20×1년 손상차손: 966,229 - 898,606 = 67,623

　③ 20×1년 당기순이익 영향: 114,239(이자수익) - 67,623(손상차손) = 46,616 증가

(3) 20×1년 기타포괄손익 영향

　① 20×1년 말 평가이익(손실): 800,000(공정가치) - 898,606(상각후원가) = (-)98,606 평가손실

　② 20×1년 기타포괄손익 영향(평가손익): 98,606 감소

10 ③ 기타포괄손익 - 공정가치 측정 금융자산을 당기손익 - 공정가치 측정 금융자산으로 재분류할 경우 재분류 전에 인식한 기타포괄손익누계액은 재분류일에 당기손익으로 인식한다.

11 ③ **(1) 재분류일(분류변경일)**

　20×2년 중에 사업모형을 변경하였으므로 재분류일(분류변경일)은 20×3.1.1이 된다.

(2) 20×3년 당기순이익 효과

20×3.1.1 재분류이익	45,000 - (*)47,000 =	(2,000)
이자수익	50,000 × 10% =	5,000
20×3.12.13 평가이익	46,000 - 45,000 =	1,000
당기순이익 효과		4,000 증가

　(*) 20×2년 말 상각후원가: 50,000 - 3,000 = 47,000

주관식 연습문제

FVPL지분상품

01 다음은 (주)한국이 20×1년에 취득한 금융자산의 내역이다. 제시된 물음에 답하시오.

(1) 20×1년 11월 1일, (주)한국은 상장기업인 (주)서울이 발행한 주식의 1%에 해당하는 보통주식 100주(액면금액 ₩5,000)를 주당 ₩9,500에 취득하고 당기손익 – 공정가치 측정 금융자산으로 분류하였다. 취득과 직접 관련된 거래원가로 주당 ₩300이 지출되었다.

(2) 20×1년 말 (주)서울 주식의 공정가치는 주당 ₩9,900이며, 동 주식을 처분할 경우 발생할 수 있는 거래원가는 주당 ₩280이다.

(3) 20×2년 3월 5일, (주)서울은 20×1년도 결산 정기주주총회에서 현금배당 주당 ₩250과 주식배당 10%를 실시하였으며, 즉시 현금을 지급하고 보통주를 발행 교부하였다.

(4) 20×2년 6월 15일, (주)한국은 (주)서울의 주식 전부를 주당 ₩10,300에 매각하였으며, 매각 시 거래원가로 주당 ₩200이 지출되었다.

[물음] (주)서울 주식과 관련하여 (주)한국의 20×1년과 20×2년 당기손익에 미치는 영향을 각각 계산하시오. 단, 금액이 감소하는 경우에는 금액 앞에 (-)를 표시하시오.

해답 1. 20×1년 당기손익 효과

취득 시 거래원가	100주 × @300 =	(30,000)
금융자산평가이익(손실)	100주 × @(9,900 - 9,500) =	40,000
당기손익 효과		10,000 증가

2. 20×2년 당기손익 효과

배당금수익(현금배당)	100주 × @250 =	25,000
금융자산처분이익(손실)	$^{(*1)}$110주 × @(10,300 - $^{(*2)}$9,000 - 200) =	121,000
당기손익 효과		146,000 증가

$^{(*1)}$ 100주 × 1.1 = 110주
$^{(*2)}$ 9,900 ÷ 1.1 = 9,000

3. 참고 시점별 회계처리

20×1.10.1   (차) FVPL금융자산   950,000   (대) 현금 $^{(*)}$950,000
$^{(*)}$ 100주 × @9,500 = 950,000

(차) 지급수수료   30,000   (대) 현금   30,000

20×1.12.31   (차) FVPL금융자산   40,000   (대) 금융자산평가이익   40,000

20×2.3.5   (차) 현금   25,000   (대) 배당금수익   25,000
※ 주식배당은 회계처리 없음(무상주 10주 수령 비망기록)

20×2.6.15   (차) 현금 $^{(*1)}$1,133,000   (대) FVPL금융자산 $^{(*2)}$990,000
금융자산처분이익   143,000
$^{(*1)}$ 110주 × @10,300 = 1,133,000
$^{(*2)}$ 110주 × @9,000 = 990,000

(차) 금융자산처분이익   22,000   (대) 현금 $^{(*)}$22,000
$^{(*)}$ 처분 시 거래원가: 110주 × @200 = 22,000

FVOCI지분상품

02 (주)대한은 20×1년 중에 취득한 (주)민국의 주식을 취득하고 기타포괄손익 - 공정가치 측정 금융자산으로 분류하였다. 관련된 자료가 다음과 같을 경우, 제시된 물음에 답하시오.

일자	20×1.9.1 취득	20×1년 말	20×2년 말	20×3.4.1 처분
공정가치	₩98,000	₩130,000	₩120,000	₩140,000
거래원가	2,000	-	-	₩1,500

[물음 1] (주)대한의 20×1년 포괄손익계산상 ① 당기손익, ② 기타포괄손익과 ③ 총포괄손익에 미치는 영향을 각각 계산하시오. 단, 금액이 감소하는 경우에는 금액 앞에 (-)를 표시하시오.

[물음 2] (주)대한의 20×2년 말 재무상태표에 보고할 금융자산평가손익을 계산하시오.

[물음 3] (주)대한의 20×2년 포괄손익계산서상 ① 당기손익, ② 기타포괄손익과 ③ 총포괄손익에 미치는 영향을 각각 계산하시오. 단, 금액이 감소하는 경우에는 금액 앞에 (-)를 표시하시오.

[물음 4] (주)대한이 20×3년 포괄손익계산서에 인식할 금융자산처분손익을 계산하시오.

[물음 5] (주)민국 주식과 관련하여 (주)대한이 수행할 회계처리를 일자별로 제시하시오. 단, (주)대한은 기타포괄손익 - 공정가치 측정 지분상품을 처분할 때 관련 평가손익누계액을 이익잉여금으로 대체한다.

해답　**[물음 1] 20×1년 포괄손익계산서 효과**

　　1. 당기손익: 0

　　2. 기타포괄손익
　　　　① FVOCI지분상품 최초원가: 98,000 + 2,000 = 100,000
　　　　② 기타포괄손익(당기평가손익): 130,000 - 100,000 = 30,000 증가

　　3. 총포괄손익
　　　　① 총포괄손익: 0(당기손익) + 30,000(기타포괄손익) = 30,000 증가
　　　　② [별해] 총포괄손익: 130,000(당기 말 공정가치) - 100,000(최초원가) = 30,000 증가

　[물음 2] 재무상태표상 누적평가손익

　　재무상태표상 FVOCI지분상품평가손익(누적평가손익)
　　= 당기 말 공정가치 - 최초원가 = 120,000 - 100,000 = 20,000 누적평가이익

　[물음 3] 20×2년 포괄손익계산서 효과

　　1. 당기손익: 0

　　2. 기타포괄손익(당기평가손익)
　　　　포괄손익계산서상 FVOCI지분상품평가손익(당기평가손익): 120,000 - 130,000 = (-)10,000 감소

　　3. 총포괄손익
　　　　① 총포괄손익: 0(당기손익) - 10,000(기타포괄손익) = (-)10,000 감소
　　　　② [별해] 총포괄손익: 120,000(당기 말 공정가치) - 130,000(전기 말 공정가치) = (-)10,000 감소

　[물음 4] FVOCI지분상품처분손익

　　FVOCI지분상품처분손익: 1,500 처분손실(처분수수료)

　[물음 5] 일자별 회계처리

20×1.9.1	(차) FVOCI금융자산	98,000	(대) 현금	98,000	
	(차) FVOCI금융자산	2,000	(대) 현금	2,000 ⇨	100,000
20×1.12.31	(차) FVOCI금융자산	30,000	(대) 금융자산평가이익	30,000 ⇨	130,000
20×2.12.31	(차) 금융자산평가이익	10,000	(대) FVOCI금융자산	10,000 ⇨	120,000
20×3.4.1	(차) FVOCI금융자산	(*)20,000	(대) 금융자산평가이익	20,000 ⇨	140,000
	(*) 140,000 - 120,000 = 20,000				
	(차) 현금	140,000	(대) FVOCI금융자산	140,000 ⇨	0
	(차) 금융자산평가이익	40,000	(대) 이익잉여금	40,000	
	(차) 금융자산처분손실	1,500	(대) 현금	1,500	

투자채무상품: 취득, 평가 [세무사 2차 18]

03

(주)세무는 액면가 ₩1,000,000, 표시이자율 연 12%, 만기 3년, 이자지급일이 매년 말이며 권면상 발행일이 20×1년 1월 1일인 사채를 20×1년 5월 1일에 (주)한국에게 발행하고 상각후원가로 측정하는 금융부채로 분류하였다. 단, 동 사채의 권면상 발행일(20×1년 1월 1일)의 유효이자율은 연 13%이며 실제 발행일(20×1년 5월 1일)의 유효이자율은 연 15%이다. 현재가치 계산이 필요할 경우 다음의 현가계수를 이용하고 금액은 소수점 첫째 자리에서 반올림하여 계산한다.

〈단일금액 ₩1의 현가계수〉

기간	12%	13%	14%	15%
1	0.89286	0.88496	0.87719	0.86957
2	0.79719	0.78315	0.76947	0.75614
3	0.71178	0.69305	0.67497	0.65752

〈정상연금 ₩1의 현가계수〉

기간	12%	13%	14%	15%
1	0.89286	0.88496	0.87719	0.86957
2	1.69005	1.66810	1.64666	1.62571
3	2.40183	2.36115	2.32163	2.28323

[물음 1] (주)세무가 20×1년 5월 1일에 수행해야 할 회계처리를 제시하시오.

(차) ①	(대) ②

[물음 2] (주)세무와 (주)한국이 20×1년 말에 수행해야 할 회계처리를 각각 제시하시오. 단, (주)한국은 취득한 (주)세무 사채를 상각후원가로 측정하는 금융자산으로 분류하고 있다.

(주)세무	(차) ①	(대) ②

(주)한국	(차) ①	(대) ②

[물음 3] [물음 2]와 달리 (주)한국이 취득한 (주)세무 사채를 (ㄱ) 당기손익 - 공정가치로 측정하는 금융자산으로 분류하였을 경우와 (ㄴ) 기타포괄손익 - 공정가치로 측정하는 금융자산으로 분류하였을 경우 각각에 대해 동 사채와 관련한 회계처리가 (주)한국의 20×1년 포괄손익계산서상 당기순이익과 기타포괄이익에 미치는 영향(다음 표의 ① ~ ③)을 계산하시오. 단, 20×1년 말 현재 (주)세무가 발행한 동 사채의 시장이자율은 연 14%이다.

(ㄱ) 당기손익 - 공정가치 측정 금융자산으로 분류	당기순이익에 미치는 영향	①
(ㄴ) 기타포괄손익 - 공정가치 측정 금융자산으로 분류	당기순이익에 미치는 영향	②
	기타포괄이익에 미치는 영향	③

해답 **[물음 1]** (주)세무의 20×1년 5월 1일 회계처리

1. 사채발행금액과 현금수령액의 계산

20×1.1.1 현재가치(15%)	1,000,000 × 0.65752 + 120,000 × 2.28323 =	931,508
20×1.1.1 ~ 5.1 유효이자	931,508 × 15% × 4/12 =	46,575
20×1.1.1 ~ 5.1 표시이자	120,000 × 4/12 =	(40,000)
20×1.5.1 사채발행금액		938,083
경과이자		40,000
20×1.5.1 현금수령액		978,083

2. 회계처리

(차)	①	현금	978,083	(대)	②	사채	1,000,000
		사채할인발행차금	(*)61,917			미지급이자	40,000

(*) 1,000,000 − 938,083 = 61,917

[물음 2] (주)세무와 (주)한국의 20×1년 말 회계처리

1. (주)세무

(차)	①	미지급이자	40,000	(대)	②	현금	120,000
		이자비용	(*)93,151			사채할인발행차금	13,151

(*) 931,508 × 15% × 8/12 = 93,151

2. (주)한국

(차)	①	현금	120,000	(대)	②	미수이자	40,000
		상각후원가금융자산	13,151			이자수익	93,151

[물음 3] 투자채무상품의 포괄손익계산서 효과

1. FVPL금융자산 분류 시

① 20×1년 당기순이익 효과

이자수익	120,000 × 8/12 =	80,000
공정가치평가이익	(*)967,069 − 938,083 =	28,986
계		108,986

(*) 20×1년 말 공정가치: 1,000,000 × 0.76947 + 120,000 × 1.64666 = 967,069

2. FVOCI금융자산 분류 시

② 20×1년 당기순이익 효과(이자수익): 931,508 × 15% × 8/12 = 93,151

③ 20×1년 기타포괄손익 효과(FV평가이익)

공정가치 − 상각후원가 = 967,069 − 951,234(938,083 + 13,151) = 15,835

3. 답안의 작성

(ㄱ) 당기손익 - 공정가치 측정 금융자산으로 분류	당기순이익에 미치는 영향	① 108,986
(ㄴ) 기타포괄손익 - 공정가치 측정 금융자산으로 분류	당기순이익에 미치는 영향	② 93,151
	기타포괄이익에 미치는 영향	③ 15,835

04

(주)세무는 20×1년 1월 1일에 (주)나라가 다음과 같은 조건으로 발행한 사채를 ₩910,767에 취득하였으며 취득 시 신용이 손상되어 있지는 않았다. 동 사채의 취득시점의 유효이자율은 연 13%이다. 단, 현재가치 계산이 필요할 경우 아래의 현가계수를 이용하고 금액은 소수점 첫째 자리에서 반올림하여 계산한다.

○ 발행일: 20×1년 1월 1일
○ 액면금액: ₩1,000,000
○ 만기일: 20×4년 12월 31일
○ 표시이자율: 연 10%(매년 말 지급)
○ 상환조건: 만기일에 일시상환

다음은 (주)세무가 취득한 (주)나라 사채와 관련하여 매 보고기간 말에 발생한 상황들이다.

(1) (주)세무는 20×1년 말 (주)나라 사채의 신용위험이 유의하게 증가하지 않았다고 판단하였으며, 20×1년 말 현재 12개월 기대신용손실과 전체기간 기대신용손실을 각각 ₩10,000과 ₩20,000으로 추정하였다. 20×1년 말 현재 (주)나라 사채의 공정가치는 ₩940,000이다.

(2) (주)세무는 20×2년 말에 표시이자 ₩100,000을 정상적으로 수취하였으나 (주)나라 사채의 신용이 후속적으로 손상되었다고 판단하였다. (주)세무는 채무불이행 발생확률을 고려하여 20×3년과 20×4년에 수취할 이자의 현금흐름을 매년 말 ₩50,000으로, 만기에 수취할 원금의 현금흐름을 ₩800,000으로 추정하였다. 20×2년 말 현재 (주)나라 사채의 공정가치는 ₩670,000이다.

(3) (주)세무는 20×3년 말 (주)나라 사채의 신용손상이 일부 회복되어 20×4년 말에 이자 ₩80,000과 원금 ₩900,000을 회수할 것으로 추정하였다. 단, 20×3년 말에 수령할 것으로 예측한 이자 ₩50,000은 전액 수령하였으며, 20×3년 말 현재 (주)나라 사채의 공정가치는 ₩840,000이다.

〈추가자료〉 연 이자율 13%의 현가계수

기간	단일금액 ₩의 현가계수	정상연금 ₩의 현가계수
1	0.88496	0.88496
2	0.78315	1.66810
3	0.69305	2.36115

[물음 1] (주)세무가 취득한 (주)나라 사채를 상각후원가로 측정하는 금융자산으로 분류한 경우 동 금융자산과 관련하여 (주)세무가 ① 20×2년도에 손상차손으로 인식해야 할 금액과 ② 20×3년도에 손상차손환입으로 인식할 금액을 각각 계산하시오.

[물음 2] (주)세무가 취득한 (주)나라 사채를 기타포괄손익 - 공정가치로 측정하는 금융자산으로 분류하였다고 할 경우 동 금융자산과 관련한 회계처리가 (주)세무의 20×2년 포괄손익계산서상 ① 당기순이익에 미치는 영향과 ② 기타포괄이익에 미치는 영향을 각각 계산하시오.

해답 **[물음 1]** AC금융자산 분류 시 연도별 손상차손(환입)

1. 연도별 총장부금액과 상각후원가

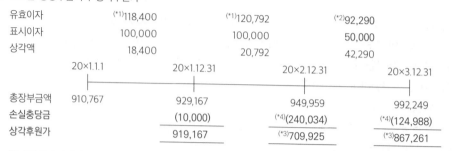

유효이자	(*1)118,400	(*1)120,792	(*2)92,290
표시이자	100,000	100,000	50,000
상각액	18,400	20,792	42,290

	20×1.1.1	20×1.12.31	20×2.12.31	20×3.12.31
총장부금액	910,767	929,167	949,959	992,249
손실충당금		(10,000)	(*4)(240,034)	(*4)(124,988)
상각후원가		919,167	(*3)709,925	(*3)867,261

(*1) 신용이 손상되지 않았으므로 기초 **총장부금액**에 유효이자율(13%)을 곱하여 유효이자를 계산한다.

(*2) 신용이 손상되었으므로 기초 **상각후원가**에 유효이자율(13%)을 곱하여 유효이자를 계산한다.

(*3) 회수가능액(상각후원가): 추정미래현금흐름의 현재가치(할인율: **최초** 유효이자율)
  20×2년 말: 800,000 × 0.78315 + 50,000 × 1.66810 = 709,925
  20×3년 말: (900,000 + 80,000) × 0.88496 = 867,261

(*4) 산용이 손상된 이후의 손실충당금(누적손상차손): 총장부금액 - 회수가능액(상각후원가)
  20×2년 말: 949,959 - 709,925 = 240,034
  20×3년 말: 992,249 - 867,261 = 124,988

2. 20×2년과 20×3년 손상차손(환입)

  ① 20×2년: (*)240,034 - 10,000 = 230,034 손상차손
      (*) **별해** 현금부족액의 현재가치: 200,000 × 0.78315 + 50,000 × 1.66810 = 240,035
  ② 20×3년: 124,988 - 240,034 = (*)(-)115,046 손상차손환입
      (*) **별해** 현금회복액의 현재가치: (100,000 + 30,000) × 0.88496 = 115,045

3. **참고** 일자별 회계처리

20×1.1.1	(차) AC금융자산	910,767	(대) 현금	910,767	⇨	910,767
20×1.12.31	(차) 현금	100,000	(대) 이자수익	118,400		
	AC금융자산	18,400			⇨	929,167
	(차) 금융자산손상차손	10,000	(대) 손실충당금	10,000	⇨	919,167
20×2.12.31	(차) 현금	100,000	(대) 이자수익	120,792		
	AC금융자산	20,792			⇨	939,959
	(차) 금융자산손상차손	230,034	(대) 손실충당금	230,034	⇨	709,925
20×3.12.31	(차) 현금	50,000	(대) 이자수익	92,290		
	AC금융자산	42,290			⇨	752,215
	(차) 손실충당금	115,046	(대) 손상차손환입	115,046	⇨	867,261

[물음 2] FVOCI금융자산 분류 시 20×2년 포괄손익계산서 효과

1. 20×2년 당기순이익 효과

이자수익	120,792
손상차손	(230,034)
당기순이익 효과	(109,242) 감소

2. 20×2년 기타포괄손익 효과(공정가치평가손익)

20×2년 말 평가손익누계액	670,000 - 709,925 =	(39,925)
(-) 20×1년 말 평가손익누계액	940,000 - 919,167 =	20,833
20×2년 공정가치평가이익(손실)		(60,758) 손실

3. 참고 일자별 회계처리

20×1.1.1	(차) FVOCI금융자산	910,767	(대) 현금	910,767	⇨ 910,767
20×1.12.31	(차) 현금	100,000	(대) 이자수익	118,400	
	FVOCI금융자산	18,400			⇨ 929,167
	(차) FVOCI금융자산	(*1)10,833	(대) 금융자산평가이익	(*2)20,833	
	금융자산손상차손	10,000			⇨ 940,000

(*1) 940,000 - 929,167 = 10,833
(*2) 대차차액

20×2.12.31	(차) 현금	100,000	(대) 이자수익	120,792	
	FVOCI금융자산	20,792			⇨ 960,792
	(차) 금융자산손상차손	230,034	(대) FVOCI금융자산	(*1)290,792	
	금융자산평가이익	20,833			⇨ 670,000
	금융자산평가손실	(*2)39,925			

(*1) 670,000 - 960,792 = (-)290,792
(*2) 대차차액

20×3.12.31	(차) 현금	50,000	(대) 이자수익	92,290	
	FVOCI금융자산	42,290			⇨ 712,290
	(차) FVOCI금융자산	(*1)127,710	(대) 손상차손환입	115,046	
			금융자산평가손실	(*2)12,664	⇨ 840,000

(*1) 840,000 - 712,290 = 127,710
(*2) 대차차액

05 다음 물음은 각각 독립적이다. 제시되는 물음에 답하시오.

> (주)한국은 20×1년 4월 1일, (주)민국이 발행한 사채를 ₩97,000에 취득하고 당기손익 – 공정
> 가치 측정 금융자산으로 분류하였다. 취득 시 거래원가 ₩1,000이 발생하였으며, (주)민국이 발
> 행한 사채의 발행조건은 다음과 같다.
> ○ 액면금액: ₩100,000
> ○ 발행일: 20×1년 1월 1일
> ○ 만기일: 20×3년 12월 31일(만기 3년)
> ○ 표시이자율: 연 8%(매년 말 후급)
> ○ 유효이자율: 연 10%
> 상기 투자사채의 20×1년 12월 31일 현재의 공정가치는 ₩98,243(시장이자율 9%)이다.

[물음 1] (주)한국은 상기 투자사채를 20×2년 6월 30일에 ₩101,000에 처분하였으며, 처분과 관련하
여 부대비용 ₩2,000을 지급하였다. 동 사채와 관련하여 (주)한국의 20×1년 당기손익에 미치
는 효과와 20×2년 금융자산처분손익은 각각 얼마인가?

[물음 2] (주)한국이 20×1년 10월 1일에 사업모형을 변경하여 (주)민국 사채를 기타포괄손익 - 공정가
치 측정 금융자산으로 재분류하였으며, 20×2년 말 현재 보유하고 있다고 가정한다. 동 사채와
관련하여 (주)한국의 20×2년 당기손익과 기타포괄손익에 미치는 영향을 각각 계산하시오. 단,
(주)민국 사채의 20×2년 말 공정가치는 ₩99,500이며, 12개월 기대신용손실은 ₩2,000
이다.

[물음 3] (주)한국이 20×1년 10월 1일에 사업모형을 변경하여 (주)민국 사채를 상각후원가 측정 금융자
산으로 재분류하였으며, 20×2년 말 현재 보유하고 있다고 가정한다. 동 사채와 관련하여 (주)
한국의 20×2년 당기손익에 미치는 영향을 계산하시오. 단, (주)민국 사채의 20×2년 말 공정
가치는 ₩99,500이며, 12개월 기대신용손실은 ₩2,000이다.

해답 [물음 1] FVPL채무상품: 이자지급일 사이의 취득·처분

1. 20×1.4.1 취득원가: 97,000 − ([*])2,000 = 95,000

   ([*]) 경과이자: 100,000 × 8% × 3/12 = 2,000

2. 20×1년 당기손익 효과

취득 시 거래원가		(1,000)
이자수익(표시이자)	100,000 × 8% × 9/12 =	6,000
금융자산평가이익(손실)	98,243 − 95,000 =	3,243
20×1년 당기손익 효과		8,243 증가

3. 20×2년 금융자산처분이익(손실)

처분금액	101,000 − ([*])4,000(경과이자) =	97,000
장부금액		(98,243)
처분 시 거래원가		(2,000)
금융자산처분이익(손실)		(3,243) 처분손실

   ([*]) 100,000 × 8% × 6/12 = 4,000

4. 참고 20×1년과 20×2년 회계처리

20×1.4.1	(차) FVPL금융자산	95,000	(대) 현금	97,000	
	미수이자	2,000			⇨ 95,000
	(차) 지급수수료	1,000	(대) 현금	1,000	
20×1.12.31	(차) 현금	8,000	(대) 미수이자	2,000	
			이자수익	6,000	
	(차) FVPL금융자산	3,243	(대) 금융자산평가이익	3,243	⇨ 98,243
20×2.6.30	(차) 미수이자	4,000	(대) 이자수익	4,000	
	(차) 현금	101,000	(대) 미수이자	4,000	
	금융자산처분손실	1,243	FVPL금융자산	98,243	⇨ 0
	(차) 금융자산처분손실	2,000	현금	2,000	

[물음 2] FVPL 측정 범주에서 FVOCI 측정 범주로 재분류

1. 20×2년 당기손익 효과

이자수익(유효이자)	98,243 × 9% =	8,842
손상차손		(2,000)
계		6,842 증가

2. 20×2년 기타포괄손익(금융자산평가이익) 효과

20×2년 말 공정가치		99,500
20×2년 말 상각후원가	98,243 × 1.09 − 8,000 − 2,000 =	(97,085)
계		2,415 증가

3. 참고 20×2년 회계처리

20×2.1.1	(차) FVOCI금융자산	98,243	(대) FVPL금융자산	98,243	⇨	98,243
20×2.12.31	(차) 현금	8,000	(대) 이자수익	8,842		
	FVOCI금융자산	842			⇨	99,085
	(차) FVOCI금융자산	(*1)415	(대) 금융자산평가이익	(*2)2,415	⇨	99,500
	손상차손	2,000				

(*1) 99,500 - (98,243 + 842) = 415
(*2) 대차차액

[물음 3] FVPL 측정 범주에서 AC 측정 범주로 재분류

1. 20×2년 당기손익 효과(물음 2와 동일)

이자수익(유효이자)	98,243 × 9% =	8,842	
손상차손		(2,000)	
계		6,842	증가

2. 참고 20×2년 회계처리

20×2.1.1	(차) AC금융자산	98,243	(대) FVPL금융자산	98,243	⇨	98,243
20×2.12.31	(차) 현금	8,000	(대) 이자수익	8,842		
	AC금융자산	842			⇨	99,085
	(차) 손상차손	2,000	(대) 손실충당금	2,000	⇨	97,085

2024 공인회계사·세무사 1, 2차 시험 대비

해커스
IFRS
김승철
중급회계 상

개정 3판 1쇄 발행 2023년 1월 25일

지은이	김승철
펴낸곳	해커스패스
펴낸이	해커스 경영아카데미 출판팀

주소	서울특별시 강남구 강남대로 428 해커스 경영아카데미
고객센터	02-566-0001
교재 관련 문의	publishing@hackers.com
학원 강의 및 동영상강의	cpa.Hackers.com

ISBN	979-11-6880-886-7 (13320)
Serial Number	03-01-01